P. Bonifatius Günther / Maria, die Gegenspielerin Satans

MARIA

die Gegenspielerin Satans

von

P. BONIFATIUS GÜNTHER O.C.D.

PAUL PATTLOCH VERLAG ASCHAFFENBURG

J + M

Opus

«Weg von der Finsternis – Hin zum Licht!

Satan, der Widersacher Gottes – Maria, die Gegenspielerin Satans»

a P. Bonifatio Günther O.C.D. conscriptum
imprimatur

Datum Monachii, die 11. Aprilis anni 1972

P. Werner Parzl, O.C.D.

Provincialis
Provinciae Bavaricae
Ord. Carm. Disc.

Imprimatur:
Würzburg, den 31. August 1972
Kötzner (Prälat)
p. t. Generalvikar

1972

Umschlagentwurf Gerhard Schramm

Druck: Mittelbayerische Druckerei- und Verlagsanstalt mbH
Regensburg

ISBN 3 557 91052 0

Vorwort

Dieses Buch enthält den zweiten Teil des Themas: «Weg von der Finsternis – Hin zum Licht!» Es zeigt Maria als die Gegenspielerin Satans und unsere himmlische Mutter. Gott selbst hat sie dazu bestimmt.

Sie war die erste, welche in den drei entscheidensten Augenblicken der Schöpfungsgeschichte Gott nicht enttäuscht hat. Luzifer, der erste Engel, hat sich gegen ihn erhoben. Die ersten Menschen haben ihrem Todfeind mehr geglaubt als ihrem Schöpfer und Vater. Maria hat zu der größten und schwersten Aufgabe, Mutter des Erlösers zu werden, ja gesagt: «Ich bin eine Magd des Herrn, mir geschehe nach deinem Wort.» Mit und durch ihren göttlichen Sohn ist sie darum berufen, der Schlange immer wieder den Kopf zu zertreten bis am Jüngsten Tag seinem Treiben ein für alle mal das Ende gesetzt wird.

Maria hat uns den Erlöser gebracht. Der ewige Vater selbst hat dies von ihrem Jawort abhängig gemacht. Das ist eine Tatsache von unausdenkbarer geradezu erschreckender Tragweite. Als einfachste Folgerung ergibt sich daraus: Wie Christus durch Maria zu uns gekommen ist, so ist der einfachste, schnellste und sicherste Weg zu ihm auch wieder der Weg über Maria.

Das vorliegende Buch versucht die Stellung Mariens im Heilsgeschehen besonders in der großen Linie «Weg von der Finsternis – Hin zum Licht» vorzulegen. Zum Verständnis der Ausführungen und zum Segen der Lektüre führt aber am besten die Haltung der großen Mystikerin Theresia von Avila, welche als erste Frau zur Kirchenlehrerin erhoben wurde. Sie schreibt: Als ich einmal die Horen betete, trug sich folgendes bei mir zu: Bei dem Verse «Gerecht bist du o Herr und gerecht ist dein Gericht», dachte ich darüber nach, wie vollkommen wahr diese Worte sind; denn hierin mochte der böse Feind mich niemals zu versuchen. Ich hatte nie daran gezweifelt, daß du o Herr der Inbegriff aller Vollkommenheiten bist; niemals hatte er Macht, mich gegen den Glauben anzufechten. Ja ich sage sogar; je weniger eine Glaubenswahrheit der natürlichen Ordnung entsprach, desto fester glaubte ich sie, und eine um so größere Andacht schien sie in mir zu wecken. In deiner Allmacht war mir die Möglichkeit aller deiner Wundertaten eingeschlossen, man darf in bezug auf Maria beifügen, die Möglichkeit aller deiner Wundertaten, welche du an deiner liebsten Tochter, Braut und Mutter durch sie gewirkt hast und durch sie wirkst.

P. Bonifatius Günther OCD

München, am Feste Maria Lichtmeß 1972

Der Ewige Vater hat die demütige Jungfrau von Nazareth zur Mutter seines eingeborenen Sohnes erwählt, sie auch uns zur Mutter geschenkt und zur Königin des Himmels und der Erde bestimmt.

Das Konzil hat ihre überragende Stellung in der ganzen Schöpfung bestätigt und feierlich erklärt, daß sie die Mutter der Kirche ist. An einem Marienfest, Mariens Mutterschaft, hat das Konzil begonnen und auch an einem Marienfest, Maria Immaculata, wurde es geschlossen.

Die gottgesetzte Feindschaft zwischen der Schlangenzertreterin und Satan

Maria steht in unüberbrückbarer Gegnerschaft zu Satan. Diese wurde von Gott selbst verschärft. In dem Kapitel seines «Goldenen Buches»: «Der große Endkampf zwischen Maria und Satan» schreibt Grignion von Montfort: «Die Immaculata ist die furchtbarste Feindin, die Gott dem Teufel entgegengestellt hat. Schon im Paradies, als sie erst in seinem Geist existierte, flößte er ihr den größten Haß gegen Satan ein. Er verlieh ihr alle Geschicklichkeit, die Bosheit der alten Schlange aufzudecken und alle Kraft, diesen stolzen, ruchlosen Geist zu besiegen, niederzuschmettern und zu zertreten. Darum fürchtet Satan die Schlangenzertreterin mehr als alle Engel und Heiligen, in gewissem Sinn sogar mehr als Gott selbst. Selbstverständlich ist die Macht Gottes unendlich größer als die der allerseligsten Jungfrau. Gott ist ja unendlich, ihre Eigenschaften aber sind begrenzt. Doch fürchtet Satan sie mehr als Gott, weil er viel mehr darunter leidet, von der demütigen Magd Gottes als von Gott selbst besiegt und bestraft zu werden. Für ihn ist es furchtbarer, von ihrer Demut als von Gottes Allmacht verdemütigt zu werden. Außerdem hat Gott seiner heiligsten Mutter eine ganz große Gewalt wider die Teufel verliehen. Ein Seufzer Mariens zugunsten einer Seele ist darum für Satan schlimmer als das Gebet aller Heiligen. Eine Drohung der Schlangenzertreterin quält ihn ärger als alles übrige an Qualen.» Der heilige Grignion beruft sich hier auf das Zeugnis von Dämonen, die das oftmals wider ihren Willen aus dem Munde von Besessenen gesprochen haben[1].

Damit steht eindeutig fest: Zu den großen Aufgaben der allerseligsten Jungfrau Maria gehört auch der Kampf gegen Satan. Zu ihren Titeln zählt auch der Titel «Schlangenzertreterin». Sie trägt ihn zwar noch nicht in der Lauretanischen Litanei, ist aber in vielen Bildern von alters her dargestellt, wie sie ihren jungfräulichen Fuß auf den Kopf der Schlange setzt und diese sich hilflos windet und krümmt.

Ebenso kommt die Tatsache der Sendung und Macht Mariens als Schlangenzertreterin in dem von Papst Leo XIII. herausgegebenen Exorzismus zum Ausdruck: «Es bändige dich die allerseligste Jungfrau Maria, die vom ersten Augenblick ihrer unbefleckten Empfängnis an dein überstolzes Haupt durch ihre Demut zertreten hat[2].» Ferner auch im folgenden Gebet:

«Unbefleckt Empfangene, jungfräuliche Mutter des Erlösers, Königin des Himmels, höchste Herrin der Engel! Du hast von Gott die Macht und Sendung erhalten, den Kopf des Satans zu zertreten. Wir bitten dich demütig, sende deine heiligen Legionen, damit sie unter deinem Befehl und durch deine Macht die höllischen Geister verfolgen, überall bekämpfen, ihre Verwegenheit zuschanden machen und sie in den Abgrund zurückstoßen.»

Hier ist wohl am besten am Platz, auf einen Fehler hinzuweisen, dem nicht selten auch fromme Seelen verfallen, nämlich ein gewisses Mitleid mit Satan und seinen Verdammten, z. B. auch mit Judas, zu haben. Gerade bei der oft meisterhaft gespielten Rolle dieses Verräters in den Passionsspielen ist die Sorge nicht unberechtigt, daß die Zuschauer versucht werden, doch ein wenig Partei für ihn zu ergreifen und so etwas wie einen kleinen Vorwurf gegen Gott zu empfinden, weil er es zugelassen, daß Judas so geendet hat.

Nun darf wohl unterschieden werden: An sich ist es richtig, nicht hart über Satan und seine Verdammten zu urteilen. Es steht uns Sündern nicht gut an, über gefallene Engel und gefallene Mitbrüder und

Mitschwestern den Stab zu brechen. Solange wir auf Erden weilen, gilt uns auch die Mahnung des Herrn: «Richtet nicht[3].» Würde Gottes Gnade uns nicht halten, könnten wir sehr gut noch in die furchtbare Gesellschaft der Verdammten gelangen. Ein hartes Urteil wäre darum Stolz. Dieser bedeutet aber immer das größte Unglück für jeden Menschen.

So unrichtig es nun ist, über Satan und seine Verdammten hart zu urteilen, so unrichtig ist es auch, Mitleid mit ihnen zu haben. Gott hat sie verdammt; es steht uns nicht zu, Gottes Urteil zu kritisieren. Es wäre auch lächerlich, wenn ein Geschöpf mehr Mitleid mit ihnen haben und damit anscheinend eine größere Liebe empfinden wollte als die unendliche Liebe selbst. Wir dürfen überzeugt sein: Gott hat den Engeln alle Gnaden gegeben, um die Prüfung bestehen zu können. Von ihm wird immer alles eingesetzt, um jeden Sünder zu retten. Darum darf kein Mensch ein Mitleid zeigen wollen, wo Gott es nicht hat und damit unbewußt zum Ausdruck bringen, mein Mitleid und meine Liebe sind größer als die deine; das hieße, sich über Gott stellen.

Das Beispiel der Muttergottes ist darum auch für ihre Kinder verpflichtend: kein stolzes Urteilen, aber auch kein schwaches Mitleid! Ein volles Ja zu den Urteilen Gottes und Kampf um die Seelen gegen Satan, der mit keinem der Unsrigen und selbst mit keinem der Seinen das geringste Mitleid hat, sondern nur die größte Grausamkeit kennt.

Zur Sendung und Macht der Muttergottes darf nun zusammenfassend ausdrücklich festgestellt werden:

Die Schlangenzertreterin ist stärker als Satan und die ganze Hölle. Satan fürchtet sie, Satan bebt und zittert vor ihr. Wo sie auftritt, muß er weichen. Satan haßt sie, aber er ist in seinem Haß gegen sie ganz ohnmächtig und ohne jede Kraft. Nur ihren Kindern kann er nachstellen. Aber auch da nur soweit sie es zuläßt oder soweit die unfolgsamen Kinder sich selbst der Gefahr aussetzen, von ihm geschädigt zu werden. Nie aber kann er einem Kinde Mariens wirklich schaden, das treu der himmlischen Mutter folgt und restlos auf sie vertraut.

Ihre treuesten Diener: Die heiligen Engel

Unsere himmlische Mutter ist auch Königin der Engel. Diese sind die Erstlinge der Schöpfung und reine Geister; ihre Natur ist erhaben. An Geistesschärfe überragen sie uns Menschen so sehr, daß es dafür keinen Vergleich gibt. Ihre Zahl ist riesengroß, für unseren Verstand unermeßlich. Sie sind gegliedert in neun Chöre. Jeder Chor und jeder Engel hat seine eigene Art, spiegelt andere Eigenschaften Gottes wider und verherrlicht Gott auf seine eigene Weise.

Die heiligen Engel sind auch die treuesten Diener der himmlischen Mutter. Für sie ist sie nicht Mutter, Mutter ist sie nur für uns. Für sie ist sie Königin. Aber die Engel sind nicht eifersüchtig. Daß Maria nur uns Mutter ist, tut ihrer Verehrung und ihrer Liebe zu ihrer Herrin keinen Eintrag. Nach Gott und Christus gilt der Königin der Engel ihre große Liebe und ihr dienen dürfen, ist für jeden, auch den höchsten Engel, ein ganz eigenes Glück. Das ist ein Lohn für ihre Treue in der Stunde der Entscheidung, den Gott selbst in besonderer Weise für sie ausgedacht und ihnen geschenkt hat. Die Anerkennung der kommenden Mutter des Ewigen Wortes als ihre Königin war ja nach der Auffassung der Väter mit ein Punkt der Prüfung. Darum soll gerade auch sie für die Engel jetzt immer ein Gegenstand besonderer Freude und Wonne sein.

Die Engel, unsere treuesten Beschützer

Die Königin des Himmels und ihre treuesten Diener, die heiligen Engel, sind miteinander eins in der Liebe zu uns armen Sündern. Sie wissen, wie Gott jede Seele liebt und was er sich für jede kosten ließ.

Soviel, daß selbst eine unendliche Allmacht, eine unendliche Weisheit und eine unendliche Liebe nicht mehr hätte einsetzen können. Sie schätzen darum jede Menschenseele. Jede ist kostbar in ihren Augen. Sie wissen auch, was Prüfung heißt. Sie waren ja auch darin gestanden. Sie kennen die Schwäche der menschlichen Natur und haben Mitleid mit ihren Trägern. Ihnen sind die Gefahren bekannt, in denen jeder Mensch von der Wiege bis zum Grabe schwebt. Sie kennen auch das furchtbare Los, das jeder Seele eine ganze Ewigkeit wartet, wenn Satan über ihn siegt.

Die Muttergottes und ihre treuesten Diener sind darum bereit, alle ihre Kräfte einzusetzen, um einen Sieg Satans über den Menschen zu verhindern. Sie wissen, wir gehören zu ihnen. Gott will, daß alle Menschen gerettet werden[4]; darum haben sie einen noch größeren Eifer, die Seelen zu retten als Satan hat, sie zu verderben.

Im Ringen um jede Seele treffen sich beide wieder, die Kämpfer der größten Revolution aller Zeiten, die Sieger und Besiegten der ersten und größten Geisterschlacht. Das Kräftespiel ist wie damals völlig ungleich. Die Engel sind den Teufeln an Zahl überlegen. Die Väter sprechen davon, daß ein Drittel der Engel gefallen sei. Dann ist also das Verhältnis zwei Drittel zu einem Drittel, also zwei Engel auf einen Teufel. Dazu kommt noch der Unterschied an Kraft. Der Engel ist immer stärker als der Teufel, weil Gott mit ihm ist und gerade im Kampf auch die «Schlangenzertreterin» hinter jedem ihrer treuesten Diener steht. Die Kirche bittet ja die himmlische Mutter: «Sende deine heiligen Engel, damit sie unter deinem Befehl und durch deine Macht die bösen Geister verfolgen, überall bekämpfen, ihre Verwegenheit zuschanden machen und sie in den Abgrund zurückstoßen[5].»

Gott hat in der Heiligen Schrift nicht nur den Schleier über die Gefahren von seiten Satans gelüftet, er hat den Menschen auch erhebende und überzeugende Beweise geliefert, welchen Schutz und welche Hilfe sie an den heiligen Engeln haben, wenn sie daran glauben und sich darum bemühen.

Der königliche Sänger David verkündigt ausdrücklich im Auftrag Gottes: Seine Engel hat er dir entboten, sie sollen wachen über dich auf allen deinen Wegen. Auf ihren Händen sollen sie dich tragen, damit du nicht stoßest deinen Fuß an einen Stein[6].» Deutlicher könnte Gott nicht mehr sprechen. Seine Versprechungen werden von ihm immer eingelöst. Den Beweis bilden viele Beispiele dieses Schutzes und dieser Sorge der heiligen Engel in beiden Testamenten der Hl. Schrift.

Die Tätigkeit der Engel im Alten Bunde

Als Abraham den Befehl vollziehen wollte, seinen Sohn Isaak zu opfern, fiel ihm ein Engel in den Arm durch sein Wort: «Lege nicht Hand an den Knaben.» Er zeigte ihm den Widder, den er an der Stelle des Sohnes opfern sollte[7]. Lot wurde im lasterhaften Sodoma von Engeln beschützt, als seine Mitbürger in sein Haus eindringen und sich an den Männern, die sie dort wußten, vergreifen wollten[8]. Die Engel waren es auch, die Lot befahlen, von dem Ort wegzuziehen, weil sie ihn zerstören mußten. Sie drängten ihn zur Eile, als er zu lange zögerte[9]. Auch Gedeon erschien ein Engel und brachte ihm den Auftrag Gottes, er soll der Retter seines Volkes werden[10].

Ein ganzes Buch in der Heiligen Schrift ist einem Engel gewidmet, dem heiligen Erzengel Raphael. Wie stark und treu erwies sich dieser Erzengel! Dem jungen Tobias war er der treueste Begleiter auf der Reise. Er führte ihn wohlbehalten hin und zurück, holte selbst das Geld bei Gabael, verhalf ihm zu einer Frau und vertrieb von ihr den bösen Geist. Er bewahrte Tobias vor dem Rachen des Fisches und schenkte dem alten Vater das Licht der Augen wieder. Er enthüllte auch, daß er das Gebet und die guten Werke des alten Tobias einst zum Himmel emporgetragen hatte und erklärte, warum alles so gekommen war: «Weil du Gott wohlgefällig warst, mußte Prüfung dich bewähren[11].» Gebet und Opfer tragen die Engel von jedem Menschen zu Gott empor. Wenn der Mensch auf die Engel hören wollte, würden auch sie ihm in schweren Stunden eingeben: «Das ist über dich gekommen, weil du Gott wohlgefällig bist und du dich in der Prüfung bewähren mußt.» Sie würden uns auch helfen, daß wir diese tapfer und treu durchstehen könnten.

Wie wunderbar und tröstlich ist der Schutz, den Judith im feindlichen Lager durch einen Engel erfahren durfte! Sie bekennt nach ihrer Rückkehr: «So wahr der Herr lebt, sein Engel hat mich behütet, als ich wegging, während ich dort weilte und als ich von dort zurückkehrte. Der Herr ließ nicht zu, daß seine Magd verunreinigt wurde. Ohne Verunreinigung durch eine Sünde rief er mich zu euch zurück, daß ich mich freue über seinen Sieg, meine Rettung und euere Freiheit. Dankt ihm alle, denn er ist gut und sein Erbarmen währet ewig[12]!»

Bekannt ist ja auch der Engel bei den drei Jünglingen im Feuerofen. Siebenmal so stark wie sonst war der Ofen geheizt worden. Die Männer, welche die drei hineinwerfen mußten, wurden von den Flammen ergriffen und gingen elend zugrunde. Die drei aber, die verbrennen sollten und sich mitten in den Gluten befanden, gingen einher ohne Leid und sangen. Nicht einmal ein Haar wurde ihnen versengt; aber nur deshalb, weil ein Engel bei ihnen war und dem Feuer die Gluthitze genommen hatte[13]. Wie gern würden die heiligen Engel den Menschen zu Hilfe kommen, die in Gefahr stehen, von einem anderen Feuer ergriffen zu werden und in den Gluten der Leidenschaften zu verbrennen! Sie möchten und könnten auch diesen Gluten die Hitze und die Gefahr der Sünde nehmen.

Ergreifend ist auch der Schutz des Engels bei Daniel in der Löwengrube. Tagelang hatten die Löwen nichts mehr zu fressen bekommen; groß ist ihr Hunger! Nun wird Daniel ihnen vorgeworfen. Endlich ist etwas da für einen Löwenrachen und für einen Löwenmagen. Dazu sind es sogar mehrere Löwen. Aber nichts passiert. Daniel bleibt unversehrt. Doch wieder nur, weil ein Engel da ist und den Löwen den Rachen verschließt. Als dann die Feinde Daniels hineingeworfen werden, fallen sie gierig über diese her und zerreißen und verzehren sie[14]. Kann Gott uns noch besser zeigen, daß wir keine Angst vor dem Löwen zu haben brauchen, der brüllend einhergeht, um uns zu verschlingen[15]! Daß wir nicht beben müssen vor dem höllischen Drachen! Ein Engel genügt, um ihm den Rachen zu verschließen und ihn unschädlich zu machen.

Viel zu wenig denkt man auch an das herrliche 3. Kapitel im zweiten Makkabäerbuch. Es wurde schon in einem früheren Zusammenhang angeführt und die Lesung empfohlen. Engel behüteten den Tempelschatz von Jerusalem und züchtigten jenen, der ihn rauben wollte. Sie wurden von Gott aber nur deshalb eingesetzt, weil der fromme Hohepriester Onias und mit ihm das Volk in tiefstem Schmerz, aber auch mit grenzenlosem Vertrauen Gott anflehten, das Furchtbare zu verhindern.

Heute geht es um mehr als um Tempelschätze, heute geht es um die Ehre Gottes, die Anerkennung seiner Existenz und seines Reiches. Heute geht es um die unsterblichen Seelen; denken wir nur an den kämpfenden Atheismus und dessen grausame Methoden. Auch heute wären die Engel stark genug, um die Gotteslästerer und Frevler zu züchtigen, wenn Gott in heißem Gebet und Opfern bestürmt werden würde wie damals. Die Züchtigung der Frevler müßte nicht in dieser sichtbaren Form wie bei Heliodor geschehen. Gott hat für den Einsatz seiner Engel viele Wege und Mittel, aber der Erfolg könnte der gleiche und ein noch größerer sein. Satan mit den Seinen würde wieder zurückgeworfen werden und auch im eigenen Haus könnte die Einsicht wieder kommen, daß nicht jeder zum Reformieren der Kirche berechtigt ist und das Recht hat, jahrhunderte alte Traditionen abzuschaffen und zu vernichten.

Die Aufgabe der Engel im Leben Jesu und ihr Wirken in der Urkirche

So waren schon im Alten Bund die Engel die treuesten Freunde und Helfer der Menschen. Sie erweisen sich als solche auch im Neuen Bund. Der demütigen Jungfrau von Nazareth brachte der Erzengel Gabriel die Botschaft von ihrer Auserwählung zur Mutter des Herrn und trug ihr Jawort mit Freuden in den Himmel hinauf[16]. Ein Engel nahm dem hl. Joseph seine Seelennot, als er merkte, daß seine Braut Mutter werden sollte und er sie verlassen wollte. Durch ihn wurde er über das Geheimnis der heiligsten Menschwerdung aufgeklärt[17]. Ein Engel verkündete den Hirten auf Bethlehems Fluren die frohe Botschaft von der Geburt des Erlösers. Ihm gesellte sich eine große Schar anderer Engel bei. Sie sangen auch das erste Gloria[18]. Ebenso war es ein Engel, der den heiligen Joseph im Traum warnte und ihm den Auftrag gab, er solle mit dem Kinde und der Mutter nach Ägypten fliehen. Später durfte er ihm die Stunde der Heimkehr verkünden[19].

Ganz groß stehen die heiligen Engel auch im Leben ihres Herrn und Schöpfers, des Gottmenschen Jesus Christus. Sie treten hier immer wieder auf. Zu den vorgenannten Engelserscheinungen und Engelsdiensten im Leben der allerseligsten Jungfrau Maria und des heiligen Joseph, die ja auch schon in innigstem Zusammenhang mit dem Leben Jesu standen, kommen noch andere. Die Szene in der Wüste: «Nachdem der Satan Jesus verlassen hatte, kamen Engel und dienten ihm[20].» Oft mögen Engel auch in den stillen Gebetsstunden in einsamen Nächten bei ihm gewesen sein. Vor allem aber traten Engel auf in seinem bitteren Leiden, bei seiner Auferstehung und Himmelfahrt. Am Ölberg sandte der Vater einen Engel und der Engel stärkte ihn[21]. Christus hätte ohne weiteres die Kraft aus seiner mit seiner heiligsten Menschheit verbundenen Gottheit nehmen können. Aber der Vater und er wollten es nicht. Der Vater hätte ihn auch selbst stärken können, aber er tat auch das nicht. Er sandte einen Engel.

Engel traten auch in Erscheinung und Tätigkeit bei der Auferstehung des Herrn. «Ein Engel stieg vom Himmel, wälzte den Stein weg und setzte sich darauf. Sein Aussehen war wie der Blitz und sein Gewand weiß wie der Schnee. Aus Furcht vor ihm zitterten die Wächter und waren wie tot[22].»

Engel erschienen den frommen Frauen. Ohne daß sie etwas sagten, werden sie von dem Engel angeredet: «Fürchtet euch nicht, ich weiß, ihr sucht Jesus, den Gekreuzigten. Er ist nicht hier. Er ist auferstanden, wie er es gesagt hat[23].»

Lukas schreibt in seiner Apostelgeschichte von der Himmelfahrt des Herrn: «Während sie noch unverwandt zum Himmel schauten, wie er hinging, da standen zwei Männer in weißem Gewand bei ihnen und sprachen: «Ihr Männer von Galiläa! Was steht ihr da und schaut zum Himmel empor? Dieser Jesus, der von euch weg in den Himmel aufgenommen ist, wird ebenso wiederkommen, wie ihr ihn habt zum Himmel auffahren sehen[24].»

An anderer Stelle berichtet der heilige Lukas: «Sie ließen die Apostel festnehmen und in das Staatsgefängnis werfen. Allein in der Nacht öffnete ein Engel des Herrn die Türen des Gefängnisses, führte sie hinaus und sprach: «Geht hin, tretet im Tempel auf und predigt dem Volke alle diese lebensspendenden Worte[25].» So war es auch hier ein Engel, der sie herausgeführt und ihnen den Auftrag zur weiteren apostolischen Tätigkeit gegeben hat. Ein Engel erschien dem Diakon Philippus und schickte ihn zum Kämmerer von Äthiopien[26]. Ebenso wurde auch der heidnische Hauptmann Kornelius von einem Engel aufgefordert, Männer nach Joppe zu senden, um einen gewissen Simon mit dem Beinamen Petrus, der beim Gerber Simon zu Gaste sei, dessen Haus am Meere lag, kommen zu lassen[27]. Sehr ergreifend ist auch die wunderbare Befreiung des heiligen Petrus aus dem Kerker durch einen Engel, wie sie im 12. Kapitel der Apostelgeschichte geschildert ist. Auch dem heiligen Paulus war in dem furchtbaren Sturm auf dem Meere ein Engel erschienen und hatte ihm die Botschaft und Bürgschaft gebracht, daß er und mit ihm alle Mitreisenden gerettet würden[28].

Die Engel in jedem Menschenleben

Die Engel stehen nicht im apostolischen Glaubensbekenntnis. Die vorhergehenden Seiten zeigen aber: Sie werden in der Heiligen Schrift oft genannt. Es ist auffallend und muß sehr genau bedacht werden: In den entscheidendsten Stunden der Menschheitsgeschichte setzt Gott Engel ein. Die Cherubin bewachen den Weg zum Baum des Lebens. Als die Verheißung des Erlösers sich verwirklichen sollte, verhandelte der Allerhöchste nicht selbst mit der demütigen Jungfrau von Nazareth, die ihm doch die liebste und teuerste Tochter ist, er schickte den Erzengel Gabriel. Und wiederum ist das ergreifendste; ein Engel darf dem Sohn Gottes in seinem tiefsten Leid am Ölberg Trost und Stärke bringen. Im Evangelium und in der Apostelgeschichte treten die Engel fast noch öfter auf als in den alttestamentlichen Schriften. Diese Tatsachen beweisen: Die Engel sind mit dem Erlösungswerk Christi und der ganzen Heilsgeschichte aufs innigste verbunden. Beide gehen aber weiter bis zum jüngsten Tag. Darum geht auch die Aufgabe der Engel weiter und haben sie auch ihren Platz in jedem Menschenleben. Sie sind die positiven Kräfte gegenüber den negativen in der Schöpfung. Immer stehen Engel gegen Teufel; erlaubt Gott letzteren, daß sie an die Menschen als Versucher herantreten, um sie zu prüfen, so stellt Gott die ersteren den Menschen zur Seite, damit sie in ihnen ihre treuesten Beschützer haben. Dies steht einwandfrei fest. Nach der ersten Aufgabe, die allen Wesen gleich ist, eben Gott zu verherrlichen und zu dienen, ist nach einem Glaubenssatz der Kirche die sekundäre Aufgabe der guten Engel der Schutz der Menschen und die Sorge für ihr Heil[29]. Ferner gilt als Lehre der Kirche, daß Gläubige von der Taufe an einen besonderen Schutzengel haben. Nach der Auffassung der Theologen besitzt überhaupt jeder Mensch einen solchen. Die in der Heiligen Schrift angeführten Beispiele wunderbarer Hilfe durch die heiligen Engel sind darum keine Ausnahmen. Jedem Menschen wird der gleiche Schutz der Engel zuteil, wenn er auch nicht immer so auffällig in Erscheinung tritt. Für alles, was mit seinem Heil und selbst seinem irdischen Leben zusammenhängt, ist vom Ewigen Vater der Schutzengel gegeben. Kein Mensch braucht darum vor Satan und seinem Anhang Angst zu haben. Er besitzt in seinem Schutzengel einen mächtigen Beschützer. Eindeutig und klar ist dies im Buche Tobias bewiesen. Die Gefahren sind nun heute noch viel größer als sie damals für den jungen Tobias waren. Der Schutz des Engels und seine Sorge darum sind deshalb heute noch viel notwendiger. Welcher Trost ist darum die Gewißheit: Von der Wiege bis zum Grabe begleitet mich mein heiliger Engel. Keinen Augenblick läßt er mich allein und keinen Augenblick aus dem Auge. Trotz oft großer Undankbarkeit bleibt er mein bester Freund. Kein Mensch kann uns eine solche Liebe, Sorge und Treue entgegenbringen wie der heilige Schutzengel. Ihm ist unsere Seele gleichsam ans Herz gebunden. Infolge seines Wesens und des Auftrages Gottes wird er in dieser Sorge und Liebe nie ermüden. Er kann nur enttäuscht und gehemmt sein, wenn der Mensch nicht auf ihn hört, wenn er die Wege der Sünde geht und mehr auf Satan als auf ihn, seinen besten Freund, achtet. Aber er läßt nicht ab, bis zu unserem letzten Atemzug alles einzusetzen, uns zu raten, zu helfen, an uns zu arbeiten, damit wir so werden, wie Gott uns haben will.

Es wäre darum jedem zum Segen, wenn er über diese Wahrheit und Tatsache einmal etwas nachdenken würde; sichtbaren Schutzengeln ist man oft so dankbar. Sie werden gefeiert und gehen sogar in die Geschichte ein. An den unsichtbaren Schutzengel wird aber oft so wenig gedacht und ihm so wenig gedankt. Seine Taten sind jedoch im Buch des Lebens eingeschrieben; wir werden sie einst lesen und dann staunen welche Gefahren er von uns ferngehalten, welchen Gefahren er uns entrissen, welche Gnaden er uns vermittelt, was wir alles Gute an Leib und Seele durch ihn empfangen haben. Hätten wir ihn besser verehrt, auf ihn besser gehört und ihm besser gefolgt, wäre es noch mehr gewesen.

Zu gewissen Zeiten ihres Lebens war die hl. Theresia in ihrem innerlichen Leben einfach an einem toten Punkt festgefahren. Sie kam nicht mehr weiter. Da gab ihr der Herr selbst den Wink: «Ich will, daß du nicht so viel mit den Menschen, sondern mit den hl. Engeln Umgang pflegest[30].» Sie gehorchte, dann ging es wieder aufwärts. Wie nötig wäre für viele von uns der gleiche Wink Jesu, nicht so viel Umgang mit den Menschen, sondern mehr mit den Engeln zu pflegen. Welcher Segen könnte es sein! Viele Niederlagen im geistigen Leben und manch schwere Unglücksfälle wären nicht eingetreten, wenn die Betreffenden den hl. Schutzengel angerufen hätten. Vor allem aber liegt der Segen dieser Freundschaft mit den hl. Engeln darin, daß sie uns zum innerlichen Leben verhilft und immer näher zu Gott führt. Ach, soviel hat der Mensch in seiner Hand! Er hat aber wegen seiner Neigung zur Veräußerlichung leider oft gerade in den wichtigsten Dingen eine so wenig glückliche Hand. Er ist darum an vielem Unglück selbst schuld und vor allem an dem Verlust so vieler übernatürlicher Güter, die Gott ihm zugedacht und sein heiliger Engel ihm vermittelt hätte.

Innerliche Seelen verehren darum treu ihren heiligen Schutzengel, auch andere hl. Engel, besonders die hl. Erzengel Michael, Gabriel, Raphael. Sie haben auch vertrauten Umgang mit den Engeln ihrer Umgebung. In einer Gegend soll es Brauch sein, daß sich die Begegnenden, selbst wenn jeder nur allein ist, mit dem Gruß begrüßen: Grüß Gott beieinander. Sie grüßen auch den Schutzengel des andern mit.

Vom hl. Franz von Sales und vom hl. Pfarrer von Ars ist bekannt: Sie haben beim Betreten eines Dorfes auch den Engel des Dorfes und die Engel der Bewohner begrüßt und sich ihnen empfohlen. Besonders sollten Eltern und Vorgesetzte die Schutzengel ihrer Kinder und Untergebenen oft anrufen. Sie finden in ihnen liebste und beste Helfer in ihrem sorgenvollen, schweren Amt.

Ein Geheimnis ist hier noch: Die Engel sind zwar immer stärker als die Teufel. Aber die Möglichkeit, von dieser Übermacht Gebrauch zu machen und ihre ganze Kraft für den Menschen einzusetzen, hängt immer von diesem selbst ab. Die unerläßliche Voraussetzung dafür ist stets das Mitgehen mit der Gnade und auch die Verehrung der heiligen Engel. Entscheidend bleibt, wieviel der Mensch auf seinen heiligen Schutzengel gibt, wie er an ihn glaubt und ihm dankt, wie er auf ihn hört und auf ihn vertraut. Wenn es für die Engel noch eine Trauer gäbe, dann wäre es die, den Menschen nicht so helfen zu können, wie sie an und für sich könnten und möchten. Der Sieg Satans über eine Seele ist darum nie eine Niederlage des Engels, sondern nur des Menschen selbst. Diese Niederlagen sollten wir aber in Zukunft vermeiden.

Gegen alle Anfechtungen und Angriffe der Hölle sind die Engel der Hemmschuh und das Hindernis, das Gott aufgestellt hat. In den treuesten Dienern der Mutter der Kirche haben Satan und sein Anhang die größten und stärksten Gegner. In ihnen finden sie immer die Meister, wenn der Mensch seinem Engel nicht in den Arm fällt, sondern treu folgt und vertraut. Unter dem Schutz der Königin der Engel, unter dem Schutz und Beistand der Sieger in der ersten Geisterschlacht kann auch jeder Mensch über die Besiegten von damals und die Besiegten am Jüngsten Tag Sieger werden.

Zu den treuen Dienern der großen Gegenspielerin Satans zählen auch die Heiligen. Sie haben während ihres Lebens ehrlich und tapfer gegen die Hölle gekämpft und ihr große Niederlagen beigebracht. Sie sind jetzt im Himmel und gehören zur triumphierenden Kirche. Sie wissen um die Not ihrer Brüder und Schwestern auf Erden. Glaube und Erfahrung sagen uns: Im mystischen Leib Christi bestehen wohl Grenzen zwischen Diesseits und Jenseits, aber diese Grenzen sind keine Scheidewand; die Beziehungen zwischen drüben und hier sind innig. Der Austausch von Fragen und Bitten, Antworten und Hilfe flutet ständig hin und her.

Die Bedeutung der Gemeinschaft der Heiligen

Ihre Stellung in unserem Glaubensleben

Im Credo sind nur die wichtigsten Glaubenslehren zusammengefaßt. Im 9. Glaubensartikel beten wir: «Ich glaube an die heilige katholische Kirche, Gemeinschaft der Heiligen.» Unter dieser Gemeinschaft ist zunächst jene der auf Erden lebenden Gläubigen zu verstehen. In der Heiligen Schrift werden sie auch Heilige genannt. Ebenso ist aber unter Gemeinschaft der Heiligen auch jene der Gläubigen auf Erden mit den Heiligen des Himmels gemeint. Gegen die Reformatoren hat das Konzil von Trient diesbezüglich als Glaubenssatz ausgesprochen: «Es ist erlaubt und nützlich, die Heiligen im Himmel zu verehren und sie um ihre Fürbitte anzurufen. Es ist erlaubt und nützlich, die Reliquien der Heiligen zu verehren[31].» Wird eine Wahrheit zum eisernen Bestand unseres Glaubenslebens erklärt, dann muß sie auch für unser religiöses Leben von größter Bedeutung sein. Die Ablehnung eines Glaubensartikels würde einen zum Häretiker machen. Eine Unterschätzung und Ausschaltung desselben im Leben muß zu Mißerfolgen, eine Hochschätzung und Auswertung zu Erfolgen führen. Dies gilt selbstverständlich auch von unserem Glaubenssatz der Gemeinschaft der Heiligen.

Maßgebend ist auch die durchgehend gleichbleibende Einstellung des kirchlichen Lehramts in diesem Punkt. Die Kirche hat die Heiligen gegenüber den Bilderstürmern, die alle Bilder des Herrn und der Heiligen sowie deren Reliquien ausmerzen wollten, in Schutz genommen, ebenso gegen die Reformatoren des 16. Jahrhunderts. Auch dieser Glaubenssatz hat seine Martyrer.

Dazu kommen die offiziellen Heiligsprechungen durch das höchste Lehramt der Kirche. Die Vorbereitungen und Prüfungen hierfür nehmen sehr viel Zeit der zuständigen Stellen in Anspruch. Das würde nicht geschehen, wenn die Sache nicht wichtig wäre.

Die Päpste haben deshalb bei jeder Heiligsprechung die Verehrung der Heiligen empfohlen und gehen mit dem besten Beispiel voran. Theresia vom Kinde Jesu hat Papst Pius XI. das Wort Gottes an die Menschheit genannt und von ihrer Verehrung viel für die heutige Gesellschaft erwartet. Papst Pius XII. hat als Legat bei der Einweihung der Kathedrale von Lisieux gesagt: «Die Lehrer des Gesetzes sind zu Kindern geworden in ihrer Schule. Der oberste Hirte hat sie verherrlicht und um ihre Hilfe gebeten.»

Daß die Verehrung der Heiligen zum eisernen Bestandteil der Kirche auch in der heutigen Zeit und weiterhin gehört, beweist die Tatsache: Papst Paul VI. hat den hl. Benedikt zum Patron von Europa ernannt sowie vor den Konzilsvätern ausdrücklich erklärt: «Er ordne an, die Seligsprechungen der beiden letzten Päpste Pius XII. und Johannes XXIII. einzuleiten.»

Wenn die Kirche so lehrt und die Päpste so denken und sprechen, dann ist dies für uns der Wille Gottes.

Die Heiligen in unserem Gebetsleben

Dabei kann das offizielle und private Gebet genommen werden. In den offiziellen Gebeten dürfen wir den klaren Ausdruck der Gedanken des Heiligen Geistes erkennen, aber auch in den Äußerungen gesunder Volksfrömmigkeit.

Beim Confiteor zeigt sich nun folgendes: Gott haben wir beleidigt. Wir bekennen aber deshalb unsere Schuld nicht allein vor ihm, sondern auch vor der allerseligsten Jungfrau und dem hl. Erzengel Michael. Dann schließt sich an, was der Mensch in solchen Situationen am notwendigsten braucht, die Bitte um die Fürsprache der Heiligen. Was wären wir im Leben, was wären wir im Sterben, was wären wir in der Stunde des Gerichtes, wenn wir ganz allein dem Dreieinigen Gott gegenüberstehen müßten?

Das gleiche Bild bietet die Volksfrömmigkeit mit ihren Andachten zu den Heiligen. Wieviel, darf man wohl sagen, wäre nicht wieder gefunden worden, wenn wir den hl. Antonius nicht hätten. Wieviel mehr Seuchen wären ausgebrochen und hätten mehr Opfer gefordert unter Mensch und Tier, wenn das gläubige Volk nicht den hl. Sebastian und den hl. Leonhard und Wendelin so vertrauensvoll angerufen hätten. Viel zu wenig bekannt ist in unserer Zeit auch die Kraft der vierzehn hl. Nothelfer.

Was wäre unser Kalender ohne die Heiligenfeste? Würden wir sie aus dem Missale und dem Brevier herausnehmen, was bliebe dann noch übrig? Manche liturgische Zeloten möchten das. Sie wären aber wahrscheinlich genauso entsetzt wie Luther und Lenin am Ende ihres Lebens über das, was sie mit ihren revolutionären Ideen angestellt haben.

Schließlich ist noch das Gebetsleben der Heiligen selbst heranzuziehen. Sie legten während ihres Erdenlebens viel Wert auf die Freundschaft mit den Freunden Gottes. Die große hl. Theresia verehrte besonders den hl. Joseph und auch den hl. Augustinus und Maria Magdalena[32]. Auch die kl. Theresia verehrte den hl. Johannes vom Kreuz und sie rief sogar ihre verstorbenen kleinen Geschwister an[33]. Man darf wohl ruhig sagen: Kein Heiliger ohne besondere Heiligenverehrung! Wer sich eben im Hause Gottes auskennt, schätzt auch die Hausgenossen und Freunde Gottes sehr. Sonst könnte man sich ja einmal mit ihnen in ihrer Gemeinschaft nicht recht wohlfühlen.

Die Heiligen in unserem Kulturleben

Es steht fest, die letzten 1900 Jahre des Abendlandes kann man sich ohne christliche Kultur nicht vorstellen. Was bliebe zurück, wenn man sie herausnehmen würde? Ähnlich wäre es mit dem Versuch, das gleiche mit der Verehrung der Heiligen zu tun. Man denke sich alles weg, was von ihnen auf den verschiedenen Gebieten des Geistes geschaffen wurde, was sie geplant, was sie geschrieben, was sie gebaut haben. Man nehme auch weg, was über die Heiligen geschrieben und für sie getan wurde: Die Bücher in den Bibliotheken, die Kirchen, die ihnen zu Ehren gebaut, die vielen Altäre, die ihnen geweiht, die Gnadensorte, an denen sie verehrt werden, dann bliebe ein häßlicher Torso zurück, ein Trümmerhaufen einstiger herrlicher christlicher Kultur.

Den meisten ist wohl noch gar nicht zum Bewußtsein gekommen, wie verankert die Heiligenverehrung in unserem Glaubens-, Gebets- und Kulturleben ist. Jetzt dämmert uns vielleicht schon etwas, welcher Schaden es sein würde, wenn etwas so Wichtiges nicht mehr gepflegt wird.

Die Pflege der Gemeinschaft der Heiligen

Die Heiligenverehrung ist Mittel, nicht Selbstzweck. Jeder Katholik macht einen großen Unterschied zwischen Gott und seinen Heiligen. Manche Äußerungen der Volksfrömmigkeit scheinen zwar in diesem Punkt etwas einseitig zu sein, aber meist meinen es die Leute schon recht. Wo wirklich guter Wille ist, kommt Gott nicht zu kurz. Man darf daher das Gute in der Heiligenverehrung nicht wegen des Mißbrauchs bekämpfen.

Die Heiligen hochschätzen in ihrer Person, in ihnen unsere Ideale sehen

Eigentlich bedürfte das keiner weiteren Begründung. Joseph von Ägypten deutete die Träume des Pharao. Dieser zog den Siegelring von seiner Hand und steckte ihn an Josephs Hand, ließ ihn hierauf in Gewänder von feinster Leinwand kleiden und legte ihm die goldene Kette um den Hals. Er ließ ihn auf seinem zweiten Wagen fahren und vor ihm ausrufen[34]: «Achtung!» So setzte er ihn über ganz Ägypten. Man kann sich leicht vorstellen, was dem geschehen wäre, der Joseph die vom König gewollte Anerkennung und Ehre nicht erwiesen oder gar ihn verachtet hätte! Es läßt sich darum auch leicht vorstellen, daß Gott keine Freude daran haben kann, wenn wir arme Erdenbürger die Heiligen, welche er ehrt und geehrt wissen will, gering schätzen, verkleinern oder gar verachten.

Die Heiligen sind Freunde Gottes. Unter Freunden gibt es keine Eifersucht, erst recht nicht von seiten Gottes. Der größte Dom der Welt ist nicht der Allerheiligsten Dreifaltigkeit geweiht, sondern jenem Apostel, der den Meister verleugnete, aber die Gnade annahm, alles wieder gutzumachen. Die Heiligen sind die Freunde Gottes. Freunde aber eifern gegenseitig für ihre Ehre. Die Heiligen haben das auf Erden für Gott getan! Nun tut es Gott für sie. Die Heiligen sind die Freunde Gottes. Wer seine Freunde beleidigt, beleidigt darum Gott selbst.

Die Heiligen hochschätzen in ihren Lehren, in den Gedanken der Heiligen denken

Einer ist unser Lehrer: Christus. Ein Buch haben wir von ihm bekommen, mit dem alle ihren Lebenskampf siegreich führen und ihr ewiges Ziel erreichen können: Das Evangelium. Aber selbst in den Kanon der heiligen Schriften hat das vom Heiligen Geist geleitete Lehramt der Kirche noch Schriften aufgenommen, in denen nicht bloß unmittelbare Worte Jesu aufgezeichnet sind, die Apostelgeschichte, Apostelbriefe und die Geheime Offenbarung. In den ersten christlichen Jahrhunderten haben wir die Kirchenväter. Es waren jene Männer, die das Evangelium in die Welt hinausgetragen und die junge Kirche gegen die jüdische und heidnische Wissenschaft verteidigt haben. Den Größten davon und den größten Lehrern späterer Zeiten gab die Kirche den Ehrentitel: Kirchenlehrer und hat sie zur Ehre der Altäre erhoben. Gewiß haben wir in der Heiligen Schrift alles, was wir brauchen, um heilig zu werden und wären wir geistig, bräuchten wir bestimmt kein anderes Buch. Aber schon der hl. Paulus sagt, daß er den Korinthern nur Milch reichen könne, weil sie für feste Speise im Geistigen noch nicht fähig seien[35]. Könnte Paulus heute ein besseres Urteil abgeben?

Außerdem darf nicht übersehen werden: Die Heilige Schrift ist an manchen Stellen dunkel. Jeder Häretiker hat sich auf sie berufen. Wieviel Ketzereien und Irrtümer hat der Geist der Lüge in den Köpfen trotz der Heiligen Schrift oder gerade durch den Mißbrauch der Heiligen Schrift hervorgerufen! Auch heute sind Richtungen vorhanden, die große Gefahren in sich schließen und sich stark auswirken können, wenn der Herr es nicht noch verhindert.

Der sicherste Weg ist darum, sich an die Worte der Heiligen zu halten. Als der hl. Bernardin von Siena von heimtückischen Feinden in Rom der Häresie angeklagt wurde, war es sein Glück, daß man in seiner berühmten Reisetasche die Meinungen und Lehren des hl. Chrisostomus, des hl. Gregor des Großen, des hl. Bernhard, des hl. Thomas und der drei großen Franziskaner: Bonaventura, Alexander von Hales und Duns Scotus fand. Sein Biograph schreibt: Er habe klar und sicher bewiesen, daß er nichts Neues lehrte, alles Dinge, die im Evangelium und bei den heiligen Vätern vorkommen. Er spreche scharfsinnig, genau und kühn, doch sich immer am Ärmel der Kirchenväter festhaltend[36].

Wieviel Irrwege wären der Menschheit erspart geblieben, wieviel dunkle Seiten der Kirchengeschichte fielen weg, wieviel weniger Menschen wären verloren gegangen, wenn alle Lehrer so gehandelt hätten.

Selbstverständlich waren auch die Heiligen nicht unfehlbar. Natürlich ist manches in ihren Schriften zeitbedingt; doch ist dies nicht schlimm. Unklare Sätze kann man ja an der Lehre der Kirche korrigieren, das Zeitbedingte abstreichen, doch muß darauf geachtet werden, daß manches nicht als zeitbedingt erklärt werden darf, was wohl überzeitlich wäre, aber dem modernen, besser dem modernistischen Geist nicht paßt. Auf jeden Fall geht man sicher, statt nach jeder Neuerscheinung auf hochgeistigem und schöngeistigem Gebiet zu greifen, den Schriften der Heiligen treu zu bleiben. Auf ihren Worten ruht nun einmal die Salbung des Heiligen Geistes, die wir bei den nichtheiligen Schriftstellern nicht in dem Maße finden und vergeblich erwarten. Vor allem sind die klaren Worte unseres Heiligen Vaters zu beachten, daß, um zu der nötigen Erneuerung der Kirche zu kommen, es wichtig sei, sich der Worte und der Beispiele der beiden Päpste Pius X. und Johannes XXIII. zu erinnern.

Sehr nützlich ist es auch, mit den Worten der Heiligen zu beten. Die meisten haben uns kostbarste Gebetsgedanken und Gebete hinterlassen. Ist es darum nötig, sich den Kopf anzustrengen, um Besseres zu finden? Gewisse Gebete der Heiligen sind wahre Schätze. Sie sind das Beste, die Frucht jahrelangen Flehens und Leidens; man denke nur an das «Gedenke» des hl. Bernhard und an das «Salve Regina», welches der gelähmte Mönch Herman von Reichenau der Welt geschenkt hat.

Die Heiligen hochschätzen als Vorbilder:

Auf den Wegen der Heiligen wandeln

Gewiß ist der Heiland unser bestes Vorbild. Wir wollen ihn immer wieder studieren. Aber es ist eigenartig, es bedarf einer gewissen inneren Reife, die sich aber nicht nach der Wissenschaft, sondern nach der Tugend richtet, um ihn zu verstehen. Die Heiligen sind nun der Schlüssel dazu.

Der Herr selbst hat auf die Heiligen des Alten Testamentes immer wieder als Vorbild hingewiesen. Die erste Heiligsprechung stammt von ihm: Johannes der Täufer[37]. Die Apostel sollten dann in seinem Auftrag seine Zeugen sein, mehr noch als durch ihr Wort durch ihr Beispiel. Darum mahnt der hl. Paulus auch die Philipper: Was ihr gelernt und überkommen, gehört und an mir gesehen habt, das tut[38]. Der Heilige Geist ist Paulus nicht in die Feder gefallen und hat ihn nicht getadelt: Paulus, was tust du, du darfst nicht von dir sprechen, du mußt bloß Christus verkünden. Statt dessen ruft uns der Heilige Geist immer wieder durch die Kirche zu: Ahmt die Heiligen nach!

Die Heiligen stehen uns auch menschlich, zeitlich und beruflich näher. Wie leicht tut man sich z. B. in der Nachfolge Christi in einem Orden, in dem man heilige Vorbilder und heilige Mitbrüder hat! Wie wertvoll ist z. B. das Verhalten der kleinen hl. Theresia in verschiedenen Situationen. Da sehen wir Dinge, die jeder nachahmen kann. Wenn wir manche Worte der Heiligen Schrift nicht verstehen, sehen wir auf das Beispiel der Heiligen und wir erfahren, wie man sie auslegen und in die Tat umsetzen kann. Der Weg, den die Heiligen gewandelt sind, hat sie zum Himmel geführt. Wandelt man in ihren Spuren, dann kann man unmöglich irregehen. Die Bedeutung der Heiligen als Vorbilder erhält eine feine Illustration durch die Tatsache, daß der so kritische «Rembrandtdeutsche» durch die Erkenntnis, daß die Heiligen das Christentum am lebendigsten verkörpert haben, zur katholischen Kirche gekommen ist.

Auf die Heiligen vertrauen

Der Heiland hat während seines Erdenwandels nicht alles allein getan. Er schickte die zwölf Apostel und auch die 72 Jünger aus. Sie durften nicht nur predigen, sondern auch Teufel austreiben und Kranke heilen. Der größte Teil der Welt vernahm nicht aus seinem Mund, sondern aus dem Mund der Seinen die Frohbotschaft und erhielt durch ihre Vermittlung Gnade und Hilfe. Selbst da, wo der Herr persönlich eingriff, wie bei Saulus vor Damaskus, wies er ihn doch wieder an die Heiligen. Auf die Frage, was willst du, daß ich tue, gab er Saulus die Weisung: «Steh auf, geh in die Stadt, dort wird man dir sagen, was du tun sollst[39].»

Die Hilfsbereitschaft der geweihten Menschen im Priestertum und der nicht geweihten im Laienapostolat steigert sich durch entsprechendes Wachstum der inneren Vollkommenheit, so daß das *Decretum gratianum* sogar sagt: «Nicht jeder Priester ist ein Heiliger, aber jeder Heilige ist ein Priester.» Was der Herr für die Erdenzeit als größtes Gebot und wohlgefälligste Tat sieht und wünscht: Die Mitarbeit an der Rettung und Heiligung der Seelen, wird er im Himmel sicherlich nicht unterbinden. Im Heiligen Geist haben darum verschiedene Heilige schon auf dieser Welt von ihrer Mission gesprochen, die sie vom Himmel aus erfüllen werden[40]. Die Tatsachen haben ihnen recht gegeben. Entscheidend ist aber wieder, daß die Kirche die Heiligen nicht bloß als Lehrer und Vorbilder hinstellt, sondern ihre Kinder immer wieder mahnt, die Heiligen anzurufen und auf ihr Fürbittgebet zu vertrauen.

Gewiß haben wir jederzeit Zutritt zum Herzen Gottes selbst. Aber es ist nicht bloß ein schönes Zeichen von Demut, sondern auch wegen unserer Unwürdigkeit und der Macht der Fürsprache der Heiligen erfolgreicher, wenn wir uns ihrer Vermittlung bedienen. Die Anrufung der verschiedenen Heiligen in den verschiedenen Anliegen, der Pest- und Vieh-Patrone, dürfte nicht bloß im frommen Sinn des Volkes, sondern in der Erfahrung ihren Ursprung und im Willen Gottes seinen tieferen Grund haben. Es hat wohl auch der Heilige Geist nicht umsonst die Heiligen in den Kanon hineingestellt, wahrscheinlich wohl deshalb, damit das herabsteigende Gotteslamm ganz reine und demütige Anbeter vorfindet.

Überblickt man das Thema: Die Heiligen, dann kann man sich der Tatsache nicht verschließen, sie haben ihren festen Platz in der katholischen Kirche und gehören darum auch in unser Leben. Es bedeutet keinen Fortschritt der Frömmigkeit, wenn man sie grundsätzlich alle abschafft. Was so untrennbar mit unserem Glaubens-, Gebets- und Kulturleben verbunden ist, muß nicht bloß erhalten, sondern auch treu gepflegt werden, sonst ist ein Schaden unausbleiblich. Die treue Pflege der Heiligenverehrung bringt aber reichlichen Segen.

Selbstverständlich kann man nicht täglich alle Heiligen anrufen, nicht zu möglichst vielen möglichst viele Vater Unser beten. Auch hier ist Maß und Ziel zu halten. Zunächst dreht es sich um die Grundeinstellung: Hochschätzung und Liebe zu den Heiligen. Sodann empfiehlt es sich, die zu verehren, die uns nahestehen: Die Muttergottes, den hl. Joseph, die Ordens- und Namenspatrone, überhaupt die Heiligen, die allgemein bekannt sind.

Ferner kann man die Heiligenverehrung pflegen, die sich in Liturgie und Ordensgebeten wie von selbst ergibt. Man trifft ja immer wieder mit den Heiligen in der geistigen Lesung zusammen, in der Betrachtung, besonders im Leben. Man sei vertraut mit ihnen wie mit den besten Freunden. Französisch lernt man am besten mit den Franzosen, Englisch mit den Engländern, Chinesisch mit den Chinesen, heilig werden lernt man am besten im Umgang mit den Heiligen. Das ist sicher: Um so leichter und um so schneller kommt man voran im Streben nach Heiligkeit, je mehr man die liebende Gemeinschaft mit den Heiligen und wie im früheren Kapitel schon angeführt, mit den heiligen Engeln pflegt.

Wie die himmlische Mutter in ihrem Wesen ist, so will sie auch ihre Kinder haben. So ist darum auch ihre Führung.

Das Arbeitsfeld Satans ist die falsche Mystik, das Besondere, die mystischen Begebenheiten, die außergewöhnlichen Werke. Das Arbeitsfeld der Gottesmutter ist gerade das Gegenteil: Der Alltag und hier das Gewöhnliche in treuer Pflichterfüllung im Gegensatz zum Besonderen, der Gott wohlgefällige Lebenswandel mit ständiger Wachsamkeit und tiefer Frömmigkeit im Gegensatz zu den mystischen Begebenheiten, die allseitige Tugendübung im Gegensatz zu den außergewöhnlichen Werken.

Das Gewöhnliche im Gegensatz zum Besonderen

Das Ziel, welches Satan bei der Betonung des Besonderen verfolgt, ist bei der Behandlung seines Arbeitsfeldes, die falsche Mystik, schon stark in Erscheinung getreten. Man kann und darf sich darum nicht mehr täuschen und nicht mehr dafür gewinnen lassen. Es ist ein schlechtes Zeichen, wenn der Mensch das Besondere zu sehr bejaht oder gar anstrebt. Es erinnert an den Morgen der Schöpfung mit seinem entsetzlichen: *Non serviam!* – Ich will nicht dienen! Es erinnert zu sehr an das Jasagen der ersten Menschen zu der großen Lüge: «Ihr werdet wie Gott sein[41]!» Immer wieder wird Satan die Neigung zum Besonderen, zum Auffallenden in die Herzen der Menschen hineintragen oder die schon vorhandenen Neigungen dazu beständig steigern.

Eine ganz andere Haltung zeigt die himmlische Mutter. Sie ist jedem Besonderen und Auffälligen abhold. An sich ist sie wirklich ein besonderer Mensch, etwas ganz Einmaliges: Immaculata, Mutter des Erlösers, Königin des Himmels und der Erde. Wer kann sich mit ihr messen? Gott hat sie unerreichbar groß gemacht und über alle Geschöpfe erhoben und dies nicht erst nach ihrer Himmelfahrt. Schon auf Erden durfte sie diese Stellung einnehmen. Sie war bereits in diesem Tränental die vielgeliebte Tochter des Ewigen Vaters, die wirkliche Mutter des Göttlichen Sohnes, die würdige Braut des Heiligen Geistes.

Von sich aus aber dachte sie nie an den ersten Platz und wünschte sich nie etwas Besonderes. Als sie um ihre Stellung wußte, ließ sie nie etwas davon merken. Im Tempel bringt sie das Opfer der Armen dar und steht, obwohl die Reinste der Reinen, in den Reihen der gesetzlich unreinen Frauen[42].

Sie verlangt aber auch von ihren Kindern die gleiche Gesinnung. Diese dürfen nichts Besonderes wünschen, sondern sollen zufrieden sein mit dem, was Gott für sie bestimmt hat. Würde jeder Mensch danach handeln, dann wären so viele soziale Gegensätze aus der Welt geschafft und alles, was damit an Unzufriedenheit und leidvollen Erscheinungen verbunden ist.

Die Heiligen haben sich nie für etwas Besonderes gehalten. Klar zeigt sich das an der hl. Theresia von Avila. Die große Reformatorin des Karmel hat nie etwas aus sich gemacht. Für sie waren ihre Ekstasen in Gegenwart anderer nur ein großes Leid. Soweit sie es vermochte, suchte sie dem auszuweichen. Was aber kann ein schwaches Menschenkind erreichen, wenn Gott es ergreift!

Geschrieben hätte Theresia nie etwas; sie tat es nur, weil ihre Vorgesetzten ihr dazu den Auftrag gaben. Ihr war die geringste Arbeit die liebste: Putzen, Fegen und Spinnen. Ginge es nach ihrer Gesinnung, dann müßte die große Reformatorin und mystische Schriftstellerin mehr mit dem Spinnrad als mit der Feder abgebildet werden.

Theresia war sodann ein außergewöhnlich einfacher, klarer und wahrer Mensch, der sich nichts vormachte, sondern die Dinge sah wie sie lagen. Zudem zeigte sich an ihr, daß der Mensch um so geringer von sich denkt und sich um so erbärmlicher vorkommt, je mehr Gott ihn an sich zieht. Ihre Worte von der «armen Sünderin» und ihr Lieblingsgebet noch beim Sterben: «Ein zerknirschtes Herz verschmähst du nicht, o Gott» kamen aus einem ehrlichen Herzen. Gott hat sie die Fehler ihrer Jugend, die Eitelkeiten und die Zeitverschwendung so erkennen lassen wie sie vor ihm sind und sie dadurch in der Demut begründet. Nur wir nehmen diese Dinge so leicht, vor Gott liegen sie anders.

Ihre Schriften aber und vor allem die Reform betrachtete sie nie als ihr Werk. Es war ihr immer nur das Werk des Herrn, für das sie sich einsetzen mußte, aber auch hier bekam sie immer nur von ihm die Kraft, den Erfolg und den Segen. Theresia tat recht, daß sie so dachte. Alles, was man für Gott tut, ist ja im Buch des Lebens verzeichnet. Der allwissende Gott übersieht nichts und der freigebigste Gott belohnt es zu seiner Zeit in überreichem Maße. Das soll jedem genügen. Dieses Bewußtsein ist auch der schönste Lohn, den der Mensch auf Erden haben kann, und dem einst überströmende Vergeltung in der Ewigkeit folgt. Das andere ist weniger schön: Immer von den Menschen gesehen werden zu wollen; immer wünschen, herausgehoben zu sein und als etwas Besonderes zu gelten. Der Mensch aber, der das Besondere flieht, mit dem Gewöhnlichen zufrieden ist, still seine Pflicht tut, macht Gott und der himmlischen Mutter Freude.

Pflichterfüllung:

Zufrieden sein mit den von Gott gestellten Aufgaben

Als erstes lehrt hier die himmlische Mutter, zufrieden zu sein mit dem Platz, an den Gott uns hingestellt hat. Sie selbst war nirgends anders zu sehen als dort, wo Gott sie haben wollte, und sie hat nichts anderes getan als das, was ihr Pflichtenkreis von ihr verlangte. Da mögen andere Aufgaben noch so schön und begehrenswert erschienen sein, sie spürte kein Verlangen danach. Für sie war nur maßgebend, was Gott von ihr wünschte und ihm wohlgefällig war. Alles andere zählt vor ihm nicht. Die himmlische Mutter hätte nach der Himmelfahrt ihres göttlichen Sohnes das äußere Apostolat ausüben können. Sie wäre die beste Führerin und Organisatorin aller Zeiten geworden.

Aber Gott wollte es nicht. Ihre Aufgabe war das stille Beten und Opfern, das beschauliche Leben, die Verwirklichung des Herrenwortes: «Maria hat den besten Teil erwählt[43].»

Bedeutung der Erfüllung der Berufs- und Standespflichten

Die himmlische Mutter will auch von ihren Kindern wieder die richtige Einstellung zu den Berufs- und Standespflichten. Diese müssen jeden Tag und jede Stunde ganz groß vor jedem stehen und treu erfüllt werden. Gott legt darauf viel mehr Wert als die Menschen glauben. Die Erfüllung der Berufs- und Standespflichten ist der Maßstab für den inneren Wert eines Menschen. Fehlt es hier, dann mag der einzelne noch so glänzen – vor Gott gilt das nicht viel. Bei ihm wiegt die Erfüllung oder Vernachlässigung der Alltagspflichten. Es würde ja die Ordnung leiden, wenn nicht jeder seinen Platz ausfüllen würde.

Noch eines ist wichtig: Die Absicht, mit welcher der Mensch seine Pflichten erfüllt. Die allerseligste Jungfrau weist uns auch hier wieder den rechten Weg. Sie tat alles aus Liebe. Jeder Mensch ist doch ein Geschöpf und Kind Gottes. Er ist für den Dienst Gottes bestimmt. Darum darf der Schwerpunkt der Absicht bei seiner Pflichterfüllung nicht in ihm selbst, in seinem Ehrgeiz und Vorteil, sondern muß in Gott liegen. Jeder hat die Lebensaufgabe, Gott zu dienen und für Gott zu arbeiten. Er darf es nicht unwillig, sondern muß es gern und freudig tun. Wer Geschöpf eines solchen Herrn, wer Kind eines solchen Vaters sein darf, hat allen Grund, alles mit ganz großer Freude und Liebe zu tun. Die Worte «in Gottes Namen» oder «im Namen des Herrn» oder «Heiland aus Liebe zu dir» müßten jeder Pflichterfüllung aufgeprägt sein. Erst diese Bereitschaft und diese Liebe geben ihr den wahren Wert. Freilich verlangt das Selbstverleugnung. Das eigene Ich muß dabei ausgelöscht werden.

Ein großes Hindernis für die Pflichterfüllung ist das Tempo, das Hasten und Rennen unserer Zeit. Der Mensch wird nur noch getrieben. Viele kommen sich selbst wie ein gehetztes Wild vor. Zu früh wird die Gesundheit verbraucht. Das wäre an sich gar nicht nötig. Gott will es anders. Durch vernünftige Arbeit sollen und können die Kräfte sogar gesteigert sowie die Freude an der Arbeit gehoben werden. Hast bewirkt aber das Gegenteil. Der Mensch gleicht nur mehr einem Lasttier, das sich mühsam fortschleppt.

Eine Besserung kann daher nur der erzielen, der den Mut hat, sich fest in die Hand zu nehmen. Ein erster Fehler bei vielen ist schon der, daß man sich zuviel vornimmt. Auch hier gilt: Die Augen dürfen nicht größer sein als der Magen! das heißt: Nicht mehr leisten wollen als Zeit und Kraft es erlauben. Man darf sich nur soviel vornehmen, als man in der zur Verfügung stehenden Zeit mit Ruhe erledigen kann. Weg also mit dem Übermaß! Soll die Arbeit gut werden, dann braucht sie eben ihre Zeit. Das andere führt bloß in die Hastarbeit und geht auf Kosten der Gediegenheit der Arbeit sowie der eigenen Gesundheit.

Grundsatz muß weiter sein: Ich will mir von vornherein die nötige Zeit nehmen und mir auch Zeit lassen. Dies kann sich der Mensch von heute, dem das Hasten und Hetzen schon direkt zur zweiten Natur geworden ist, nicht oft genug sagen. Sich Zeit nehmen und sich Zeit lassen! Immer die nötige Zeit, ohne die es nun einmal nicht geht! Gott hetzt den Menschen nicht. Das machen nur die Menschen selbst. Das versucht auch der Teufel. Gott will, daß seine Kinder ihre Aufgaben in Ruhe erfüllen.

Eine Voraussetzung dafür ist, alles Überflüssige über Bord zu werfen. Ist etwas mehr oder weniger wertlos für den Beruf sowie für Gott und die Ewigkeit, dann weg damit! Liebhabereien und Vergnügen müssen auf das ihnen zustehende Maß zurückgeschraubt werden. Der Mensch darf Liebhabereien pflegen. Sie sind für viele ein Schutz und besser als Müßiggang. Auch Erholung und ehrbare Vergnügen sind erlaubt. Beide zusammen dürfen aber nicht soviel Raum einnehmen, daß kein Tag mehr ausreicht, die wirklichen Pflichten in Ruhe und mit Freude zu erfüllen. Es wäre grundfalsch, für Dinge, die nicht in den eigentlichen Pflichtenkreis gehören, alle Kräfte einzusetzen und die pflichtgemäßen Aufgaben nur so nebenbei in unfroher Stimmung zu verrichten.

Weiter ist zu beachten, daß auch nützliche und wertvolle Arbeit in den rechten Grenzen bleiben muß. Der einzelne kann nicht überall sein und nicht alles selbst tun. Gerade an diesem Übel kranken nicht wenige Menschen. Wenn sich wirklich niemand finden läßt, dann muß ich mich damit trösten: Es geht nun einmal nicht anders. Sind aber noch weitere Kräfte vorhanden und warten unter Umständen sogar darauf, daß ihnen eine Aufgabe zugewiesen wird, dann ist dieses «alles selbst tun wollen» weder klug noch schön. Es verrät Mangel an Demut, Vernunft und Liebe und führt zum vorzeitigen Verbrauch der eigenen Kräfte.

Noch zwei Gründe sind die Ursachen mancher Überlastungen. Einer liegt in den zu großen persönlichen Ansprüchen ans Leben. Man braucht dazu Geld und um es zu erlangen, nimmt man mehr Arbeit auf sich als es auf die Dauer ohne Schädigung der Gesundheit geschehen kann. Hier gilt aber die Mahnung des Herrn in der Parabel von dem Mann, der seine Scheune niederreißen ließ und eine neue baute: «Du Tor, noch heute Nacht wird man deine Seele von dir fordern[44].» Was hat man dann von seinem ganzen Hasten nach Geld und seinem ganzen Besitz? Es wäre besser gewesen, weniger zu tun und mehr an Gott und seine Seele zu denken.

Der zweite Grund ist falsch verstandene Nächstenliebe und zu große Gefälligkeit gegenüber andern. Gewiß gehört beides zu den ersten Pflichten und sie sind der schönste Schmuck eines Christen. Um aber länger und mehr helfen zu können und besonders, um Gott nicht zurückzusetzen, muß man auch hier die richtigen Grenzen und das richtige Maß einhalten.

Damit ist nun nicht gesagt, daß Gott nicht zuweilen den letzten Einsatz der Kraft im Dienst der Liebe von uns fordert. Nur muß im einzelnen Fall geprüft werden, ob dies hier wirklich zutrifft oder es bloß um Gefälligkeiten geht, die nicht zum eigenen Pflichtenkreis gehören und auch von andern geleistet werden könnten.

Wer das nicht beachtet, macht manche Fehler und ist wirklich überlastet. Kommt er dann zum lieben Gott und beklagt sich darüber, dann liegt nahe, daß dieser ihm darauf sagt: Daran bist du bloß selbst schuld, nicht ich habe dir das aufgeladen. Hättest du dir Zeit genommen, zu fragen, was ich will, dann wärest du schon daraufgekommen, was du andern hättest überlassen können. Nicht einmal ich habe alles selbst getan[45]. Ich bin bloß zu den Schafen Israels gegangen, zu denen ich gesandt war, obwohl die Arbeit in den Heidenländern viel verlockender und lohnender gewesen wäre[46]. Es kommt immer und überall darauf an, was der Vater will. Danach habe ich gehandelt. Der Vater ist ein Gott des Friedens und will den Frieden der Seinen. Der Friede aber ist Ruhe in der Ordnung.

Ein weiteres Hindernis für die gediegene Erfüllung der Berufspflichten und ein Übel ist auch die Oberflächlichkeit. Sie hängt sehr mit dem Zuvielwollen und sich nicht Zeitnehmen zusammen. Doch kommt die oberflächliche Art zu arbeiten auch vor, wenn die Arbeit nicht drängt. Dann hat sie ihren Grund im Leichtsinn oder einem verträumten Wesen. Interesse und Liebe für das, was jetzt zu tun ist, fehlt; man ist mit den Gedanken und mit dem Herzen nicht da, wo die Pflicht es verlangt, sondern wo anders. Es mag sein, daß das andere einem mehr liegt und schöner ist, aber der Mensch ist nun einmal dazu da, seine Pflicht zu erfüllen und nicht bloß nach seinen Wünschen oder Stimmungen zu leben.

Das einzig Richtige ist, wirklich bewußt und mit ganzer Seele bei der Arbeit zu sein. Dann zeigt es sich, daß man selbst der uninteressantesten Arbeit etwas abgewinnen kann, wenn man mit ganzer Seele dabei ist und vor allem alles aus Liebe zu Gott tut. Der Sohn Gottes hat ja auch bis zum 30. Lebensjahr gewöhnliche Alltagsarbeit verrichtet.

Gewiß können Arbeiten, die aus immer gleichen Handgriffen bestehen oder in einem bestimmten Rhythmus verlaufen, mechanisch verrichtet werden. Durch Übung erlangt man ja eine bestimmte Fertigkeit.

Ein Fehler und Schaden ist es aber, nicht die nötige Aufmerksamkeit aufzuwenden und nicht die nötige Konzentration einzusetzen, wo sie von der Natur der Sache verlangt wird. Vor allem dürfen religiöse Übungen nicht gedankenlos und mechanisch verrichtet werden. Hier geht es ja um die wichtigste Beziehung, die es gibt, um die zu Gott, um das Aufnehmen und die Betätigung dieser Beziehung. Der allerhöchste und gütigste Vater kann aber nicht zufrieden sein, wenn dies nur nebenbei geschieht und er schlechter wie der unliebsamste Kunde bedient wird.

Eine andere Gefahr und ein Fehler liegt aber auch darin, wenn sich der Mensch zu sehr von der Arbeit einnehmen läßt. In diesem Fall hat er für andere Dinge keinen Blick mehr, übersieht wichtige Pflichten und reagiert unliebsam auf jede Störung. Vor allem aber werden auch Anrufe der Gnade überhört. Nicht die Arbeit darf den Menschen beherrschen, er muß sie beherrschen, er darf nicht ihr Sklave, er muß ihr Herr sein, innerlich frei und über den Dingen stehen.

Eine noch größere Gefahr ist, wenn man sich um liebe Menschen zuviel sorgt, durch deren Leid und schwere Schicksalsschläge sich zu sehr niederdrücken läßt. Sorge und Teilnahme gehören bestimmt zur aufrichtigen Liebe, die zugleich das größte Gebot ist und einst den reichsten Lohn empfängt. Doch muß man auch hier versuchen, das richtige Maß einzuhalten und die Ordnung zu beachten. Was hier die Grenzen überschreitet, nützt den andern nichts und schadet einem nur selbst. Immer liegt ja alles in der Hand Gottes. Es mag zwar manchmal anders aussehen, aber Gott vergißt keines seiner Kinder; ja er liebt selbst noch den größten Sünder. Er hat nur seine Pläne, die immer die besten sind, doch muß man bei ihm für sich und für andere warten können. Kindliches Gebet, Gottergebenheit und grenzenloses Vertrauen hilft dem Menschen und dem Nächsten mehr als alle unruhige Sorge und alles Sichgrämen und Trauern. Der gottverbundene Mensch wird alles für seinen Nächsten tun, was er tun kann; er wird aber vor allem das Größte tun: Durch seine gottergebene Haltung und Gottverbundenheit ihm Gnade über Gnade erflehen. Auch bei Sorge und Mitleid dürfen wir uns nicht über Gott stellen. Er sorgt am besten und er hat das teilnahmvollste Herz, das zu der von seiner Weisheit und Liebe festgesetzten Stunde hilft und auch bis dorthin von Minute zu Minute die Kraft zum Durchhalten schenkt.

Bei richtiger Einstellung zur Arbeit und zur Sorge für seine Mitmenschen gelangt der Mensch zur Ausgeglichenheit und erlebt ein dauerndes Wachstum in seinen Leistungen. Er wird von ihnen innerlich ausgefüllt und besitzt tiefen Frieden, den Segen Gottes und wird zum Segen auch für andere. Er hat kein Verlangen nach Besonderem, sondern kennt nur das eine Streben: Gott stets vollkommen zu dienen auf dem Platz, auf den er ihn hingestellt hat.

Nütze die Zeit!

Auch die Zeit gibt sich der Mensch nicht selbst, keinen Tag und keine Stunde. Er bekommt sie von Gott geschenkt, der eine zehn, der andere vierzig, ganz wenige achtzig Jahre oder noch etwas darüber hinaus. Wie Gott der Herr das Leben ist, so ist er auch der Herr der Zeit. Keiner weiß, wieviel Jahre ihm beschieden sind, nur Gott weiß es, nur er bestimmt es.

Nur einmal steht jedem Menschen die ihm zugemessene Zeit zur Verfügung. Jeder Tag, der vorübergegangen, ist unwiederbringlich entschwunden. Keine Stunde kehrt zurück. Auch die Zeit ist ein kostbares Geschenk Gottes. Sie ist nach den Gnadengütern das kostbarste, was der Mensch hat. In ihr kann er sein Heil wirken. Von ihm hängt es ab, wozu und wie er sie gebraucht, von ihm hängt darum auch sein Schicksal und sein Glück in der Ewigkeit ab.

Es ist eigenartig, in irdischen Belangen verstehen manche mit der Zeit zu geizen. Der Student nützt sie aus, um ein gutes Examen zu machen, der Strebsame, um in seinem Beruf voranzukommen. Der Kluge benützt die Jahre seiner Schaffenskraft, um sich einen schönen Lebensabend zu sichern. Für das, was vergeht, sorgen die meisten; für das, was bleibt, für die Ewigkeit, sorgen sie wenig. Ihnen gilt: «Du Tor, heute noch fordere ich deine Seele von dir!»

Damit ist nicht gesagt, man dürfe sich keine Ausspannung und Erholung gönnen. Im Gegenteil! Gott hat den Menschen so geschaffen, daß er diese braucht; er gab ja das Gebot der Sonntagsruhe. Gott gönnt sie nicht nur jedem, sondern wünscht sie für jeden.

Das «Nütze die Zeit» bedeutet: Der Mensch soll sich des Wertes der Zeit bewußt sein. Er darf nie vergessen, daß er jede Stunde, die

Gott ihm schenkt, verantworten muß. Er darf die Zeit nicht zum Sündigen mißbrauchen, er darf sie nicht vertrödeln durch zu viel unnützes Reden und unwichtiges Tun. Er muß den Tag einteilen und ihn ausnützen. Im Hinblick auf Gottes Willen, auf Gottes Ehre und die Ewigkeit. Keiner weiß ja, wieviel Jahre ihm noch zugemessen sind. Unaufhaltsam nimmt ihre Zahl ab. Mit jeder Stunde kommen wir der letzten näher. Wann sie schlägt: In zehn Jahren, in einem Jahr, morgen, noch heute, keiner weiß es. Dann aber ist ein für allemal die Möglichkeit, sein Heil zu wirken und sich Verdienste für die Ewigkeit zu erwerben, vorbei. Darum wirke solange es Tag ist, es kommt die Nacht, in der niemand mehr wirken kann[47].

Der Gott wohlgefällige Lebenswandel im Gegensatz zu den mystischen Begebenheiten

Satans Bestrebungen sind anders als die seiner Gegenspielerin. Er hat durch die mystischen Begebenheiten schon viele Erfolge erzielt und wird darum nicht ruhen, auf diesem Gebiet immer wieder neue Wege zu ersinnen, um die Menschen aufs neue dafür einzunehmen und darin zu fangen. Selbst wenn die Begnadeten heilig wären, wird der einzelne, der ihnen huldigt, dadurch nicht heilig, meist nicht einmal besser. Es wäre für ihn viel segensreicher und Gott wohlgefälliger, sich für die Hirtenschreiben der Bischöfe und besonders des Heiligen Vaters zu interessieren, hier seine ganze Kraft einzusetzen, um diesen Mahnungen zu folgen. Dieser Weg zum Himmel ist viel sicherer als das, was aus den meisten mystischen Weisungen der Begnadeten herauskommt. Oft wird durch das Getue mit ihnen die so notwendige Erfüllung der Alltagspflichten und die Besserung des eigenen Lebenswandels versäumt.

Die himmlische Mutter will, daß man die wirklich Begnadeten, welche überdurchschnittliche Tugend zeigen, nicht herabsetzt, wie das auch geschieht. Aber man soll nichts aus ihnen machen. Sie mögen besten Willen und schon große Tugend haben, aber heilig ist kein Mensch, solange er auf Erden weilt.

Gott urteilt anders als wir. Es ist doch bezeichnend, daß bei der Apostelwahl nicht Joseph, der bereits den Beinamen «der Gerechte» hatte, sondern Matthias die Stelle des abtrünnigen Judas einnehmen durfte[48]. Die Tugend wird erst richtig strahlend auf dem Totenbett. Nur durch ein gnadenvolles, gottergebenes Sterben bekommt sie den wahren und den letzten Glanz.

Wie manche, die für heiligmäßig gehalten wurden, haben später versagt und sind von ihrer Höhe herabgesunken. Man erweist keinem Menschen etwas Gutes, wenn man ihn so als begnadet oder gar als heilig verehrt, selbst wenn er es wirklich wäre. Jeder ist noch Mensch und hat noch seine schwachen Seiten. Gerade hier setzt Satan ein und verwickelt einen solchen in Versuchungen und Kämpfe, die ihm sonst erspart blieben oder wenigstens nicht so schwer werden könnten. Unvollkommene Seelen gefallen sich freilich in der Verhimmelung; aber dafür sind sie auch unvollkommen und verdienen nicht, daß man so viel aus ihnen macht.

Auch der begnadete Mensch ist auf Erden noch nicht vollendet. Wenn nämlich ein Menschenleben reif und fertig ist, pflückt der himmlische Weingärtner die Frucht und nimmt sie zu sich. Dann dürfen langsam die Vorbereitungen zur Seligsprechung begonnen werden. Dann kommen aber auch die Schwierigkeiten und es zeigt sich, wie selten selbst ein begnadeter Mensch für eine Heiligsprechung in Frage kommt.

Die mystischen Begebenheiten sind überhaupt ganz unwichtig, sind nur Mittel zum Zweck. Dem Empfänger nützen sie nichts, wenn er nicht die richtige Stellung dazu einnimmt und den nötigen Nutzen daraus zieht. Den Zeugen nützen sie nichts, wenn sie bloß Sensation dabei suchen. Die mystischen Begebenheiten machen nicht die Heiligkeit aus und sind zur Heiligkeit auch nicht notwendig.

Die große heilige Theresia von Avila erschien nach ihrem Tode einer Mitschwester und sagte: «Ich verdanke meine Glorie nicht den Offenbarungen, die ich gehabt habe, sondern der Übung der Tugenden.» Das ist auch immer die klare Lehre der Kirche gewesen und bleibt es für alle Zukunft.

Gott kann im einen oder anderen Falle auch außerordentliche Dinge, die er an einem Menschen oder durch ihn wirkt, benützen, um den erkalteten Glauben einer Zeitepoche wieder zu beleben. Aber es sind dies große Seltenheiten.

Das Bestreben aber, fast überall Begnadete zu entdecken, um mit ihnen Propaganda zu machen, ist wirklich nichts als übelste Lust an Sensation und erbärmliches Theater, Spiel des Teufels, der damit viel verdient. Es ist aber ein Ekel und ein Schmerz für Gott und den ganzen Himmel.

Gerade das Leben der Gottesmutter zeigt, worauf es ankommt. Nicht ihre großen mystischen Gnaden bedeuten ihre Größe und ihr Verdienst. Diese liegen vielmehr darin, daß sie nicht nur als Immaculata empfangen wurde, sondern durch eigene treue Mitarbeit eine Immaculata ihr ganzes Leben geblieben ist. Nicht ihre Begnadigung und Berufung allein erheben sie so hoch; ihre Größe und ihr Verdienst liegen in ihrem heiligen Lebenswandel. Darauf legt die himmlische Mutter auch bei ihren Kindern Wert. Ob jemand Erscheinungen und Offenbarungen hat, ob er in Ekstasen schwebt oder Wundmale besitzt, das ist nicht wichtig. Wichtig ist für die himmlische Mutter nur, welchen Lebenswandel ihre Kinder führen.

Dazu ist nötig, zu tun, was der Heiland den Seinen so sehr ans Herz gelegt hat: «Wachet und betet[49]!» In beiden Tugenden ist die allerseligste Jungfrau das erhabendste Vorbild.

Die Wachsamkeit

In seinen Parabeln mahnt der Heiland immer wieder zur Wachsamkeit: In der von den klugen und törichten Jungfrauen[50], in der vom getreuen und ungetreuen Knecht[51]. Den Aposteln legt er dringend ans Herz: «Wachet und betet; der Geist ist zwar willig, aber das Fleisch ist schwach[52].» Die törichten Jungfrauen mußten trotz ihrer Jungfräulichkeit das bittere Wort vernehmen: «Ich kenne euch nicht[53].» Der Knecht, den der Herr nicht wachend fand, wurde bestraft[54]. Die Apostel haben am Ölberg geschlafen[55] und Petrus in der Stunde der Gefahr versagt[56].

Wachsamkeit ist notwendig

Mangel an Wachsamkeit bringt den Menschen beim heutigen Verkehr leicht in Lebensgefahr. Er bringt ihn noch mehr in Gefahr für seine Seele und das ewige Heil. Ohne Wachsamkeit kann sich der Mensch auf dieser Welt nicht rein und unbefleckt bewahren.

Eine ständige Gefahr droht von Satan her. Er gibt ja nie Ruhe. Dieser Todfeind unseres Geschlechtes lauert den Menschen überall auf. Darum ist die Gefahr auch überall gegeben, in der Einsamkeit und im Betrieb der Großstadt, in der Klosterzelle wie unter den Menschen, selbst in der einsamen, stillen Natur. An den Herrn ist der Versucher sogar in der Wüste herangetreten.

Eine weitere Gefahr ist die Welt, nicht jene, die Gott geschaffen hat, sondern jene, die im Argen liegt: die Welt der Augenlust, der Fleischeslust und Hoffart des Lebens[57]. Gerade sie wird von Satan reichlich für seine Ziele ausgenützt.

Schließlich liegt die Gefahr auch in unserer eigenen Natur. Jeder Mensch leidet an den Folgen der Erbsünde und in irgendeiner Form auch am Erbe der Ahnen. Von unserer Gotteskindschaft sagt der hl. Paulus: «Diesen Schatz tragen wir freilich in irdenen Gefäßen[58].» Wie der Körper sind auch Verstand und Wille durch die Erbsünde geschwächt, und beide auch den Einwirkungen und der Raffinesse Satans ausgesetzt. Für den Verstand ist es darum vor allem wichtig, Klarheit und Wachsamkeit in bezug auf die Glaubenswahrheiten, für den Willen Wachsamkeit in bezug auf guten Willen und reine Absicht anzustreben und zu bewahren.

Sei wachsam über deinen Glauben

Der Glaube ist die Grundlage der Rechtfertigung. «Wer nicht glaubt, wird verdammt werden[59].» Darum hat es Satan gerade auf ihn abgesehen. Die meisten Menschen nehmen die Gefahren, die ihnen hier drohen, viel zu wenig ernst.

Ein Fehler ist schon, daß sie den Glauben oft gering schätzen, darum auch zu wenig darauf bedacht sind, ihn zu schützen und zu vermehren. Das so wichtige Gebetchen: «Jesus, vermehre uns den Glauben» ist heute vielfach nicht mehr geläufig.

Natürliche Gaben schätzt man, besondere Fähigkeiten werden sorgsam gepflegt, damit sie sich voll entfalten. Der wertvollsten Gabe aber, dem Glauben, stehen viele gleichgültig gegenüber. An seine Pflege und Entfaltung, ja Vollendung, denkt unter Tausenden vielleicht einer und doch ist dies das Entscheidendste für jeden Menschen. Davon hängt ja sein Los in der unvorstellbar langen Ewigkeit ab.

Sei wachsam über deinen Glauben! Lerne ihn besser kennen! Viel dummes Gerede gegen ihn und häßliche Anwürfe gegen die katholische Kirche kommen von Unwissenheit und Vorurteilen. Leider trifft das auch bei nicht wenigen Katholiken zu; bei ihnen ist es aber unverantwortlich. Für Neuigkeiten des Alltags interessiert man sich. Das Interesse für die Wahrheiten, die Schönheiten und die Pflichten des Glaubens ist aber nicht groß und doch wäre es gerade wichtig, sich dafür zu interessieren. Sehr viele mühen sich um die Gewinnung einer gediegenen Allgemeinbildung. Mit eisernem Fleiß arbeiten sie an der Vertiefung ihres Berufswissens und mit Recht, aber noch dringender wäre es, sich eine gediegene religiöse Bildung anzueignen und ständig an deren Vertiefung zu arbeiten. Satan könnte nicht so viel erreichen, wenn jeder Mensch wenigstens den Katechismus und die Kirchengeschichte besser kennen würde. Seine Schlagworte sowie das Geschwätz und Gespött seiner Helfershelfer könnten besser durchschaut und kräftiger zurückgewiesen werden.

Gewiß gibt die Literatur auf den verschiedenen Wissensgebieten interessante Einblicke und verschafft schöne Stunden. Sie hilft auch zum besseren Durchstehen im Lebenskampf und Meisterung der einzelnen Schwierigkeiten. Das alles steht aber in keinem Vergleich mit dem, was die Beschäftigung mit den Wahrheiten und Schönheiten des Glaubens, mit dem Einblick in die Welt Gottes und seiner Herrlichkeiten bieten kann. Ebenso schafft diese Beschäftigung auch ganz andere Voraussetzungen für den Lebenskampf als das profane Studium. Hier hört man die wahren Künstler des Lebens, die Heiligen. Hier wird der ringende Mensch an die Quellen geführt, aus denen er die Kraft für die Beherrschung jeder Situation und für die Überwindung aller Schwierigkeiten schöpfen kann.

Es ist bedauerlich, daß die Bibliotheken vieler Katholiken eine Menge Philosophen und Klassiker oder sonstiger profaner Schriftsteller aufweist, aber fast nichts Religiöses. Und doch müßte im Bücherschrank jedes Katholiken die religiöse Literatur den Ehrenplatz einnehmen und die Heilige Schrift, der Katechismus und die Nachfolge Christi die abgegriffensten Bücher sein.

Sei wachsam über den Glauben! Vorsicht bei Lektüre und Studium! Das religiöse Wissen allein macht noch nicht fromm, selbst wenn es sehr groß ist. Es muß richtig gelesen und verwertet ins Leben umgesetzt werden. Nicht die Theologen allein sind die Heiligen, sie sind nicht einmal immer jene, welche den lebendigsten Glauben haben. Das gäbe eigentlich schon zu denken und weist gebieterisch darauf hin, mehr Nachdruck auf die Umsetzung der religiösen Wahrheiten ins Leben zu legen, als bloß nach Aneignung religiösen Wissens zu streben.

Sei wachsam über den Glauben! Auch in der Auswahl der religiösen Bücher muß man vorsichtig sein. Nutzen bringt immer das Studium der Schriften, der Heiligen und jener Schriftsteller, welche durch ihr Leben, ihre Demut und ihren Gehorsam gegenüber der Kirche beweisen, daß sie den sicheren Weg führen. Jedes Buch dagegen, welches den Eindruck erweckt, dem Verfasser ginge es darum, um jeden Preis modern zu sein und möglichst schön und hochgeistig zu erscheinen, mag Ästheten ansprechen, aber kaum zur ernsten Kreuzesnachfolge des Herrn anspornen. Diese bleibt jedoch der Maßstab für den Wert jedes Schrifttums.

Sei wachsam über den Glauben beim Lesen! Die Menschen sind natürlich verschieden. Der eine ist überkritisch, der andere etwas leichtgläubig; beides ist falsch. Unser Glaube enthält nun einmal Geheimnisse. Wäre es anders, könnte er keinen Anspruch auf einen besonderen Wert haben. Wo alles verstanden wird, ist es nur Menschenweisheit, aber nicht göttliche Offenbarung. Es liegt in der Unendlichkeit Gottes, seiner unendlichen Weisheit und Allmacht, daß seine Geheimnisse unseren Verstand übersteigen. Von uns wird ja nicht verlangt, daß wir alles begreifen, sondern daß wir kindlich annehmen, was Gott geoffenbart und weil er es geoffenbart hat. Ihm, nicht Menschen, glauben wir in den durch die Propheten und besonders durch seinen göttlichen Sohn uns geschenkten Wahrheiten.

Sei wachsam über den Glauben! Habe Ehrfurcht vor seinen Geheimnissen! Meine nicht, du müßtest alles ergründen! Gott liebt es viel mehr, wenn der Mensch in tiefer Demut und heiliger Ehrfurcht sich seinen heiligen Geheimnissen beugt und sie anbetet. Dann kann sein, daß er ihn erleuchtet und ihm mehr als in gewöhnlicher Weise tiefen Einblick in seine Welt gewährt, so tief, wie es kein Hineinarbeiten und kein Studium erzielen könnte.

Es wurde schon darauf hingewiesen: Nicht auf das Wissen allein, auf das Tun kommt es an. Nicht alles verstehen, sondern Gott über alles lieben ist die Hauptsache. Ihn über alles zu lieben, lautet ja sein Gebot[60].

Sehr wertvoll ist der kindliche Glaube. Aber er findet sich selten. Wieviel Kritik muß Gott sich immer gefallen lassen! Wohl schweigt er anscheinend, aber warten wir nur, was er im Gericht einmal sagen wird. Es ist etwas Ungeheuerliches, daß der kleine Mensch mit seinem zwerghaften Wissen es wagt, die Geheimnisse und das Wirken der unendlichen Majestät Gottes zu kritisieren. Hier fehlt es an der richtigen Vorstellung und am richtigen Bild, das der Mensch von Gott haben sollte und haben müßte. Gottes Weisheit und Liebe hat jedem in jeder Lage und selbst der schwersten unantastbar zu sein. Dann könnte jeder erleben, wie Gott sein Kind an sein Herz zieht.

Sei wachsam über den Glauben! Unser Glaube muß auch kritisch sein. Nicht jedem darf ich glauben, nicht alles darf ich glauben. Nur Gott darf ich glauben und was er geoffenbart hat und seine Kirche lehrt. Alles, was anders lautet als was in der Heiligen Schrift und im Katechismus steht, ist auf jeden Fall verdächtig. Hier leuchten die Warnsignale auf: Vorsicht! Es gibt keine andere Wahrheit als jene, welche Christus gebracht hat und seine katholische Kirche lehrt. Die Wahrheit ist eine und bleibt ewig die gleiche. Gott und seine Wahrheit kennen keine Mode. Es müßte immer unterschieden werden zwischen dem, was die Theologen sagen und was kirchliche Lehre ist. Nicht immer deckt sich beides.

Sei wachsam über den Glauben! Nicht kritiklos hinnehmen, was man von den verschiedensten Seiten hört und in den einzelnen Büchern liest. Wachsam sein! Sich anschauen, wer spricht, fragen: Wer bist du? Darauf achten, was er spricht. Woher hast du dein Wissen? Stimmt es mit der Lehre der Kirche und der Offenbarung überein? Wie kritisch jeder bei allem sein muß, was mit der Mystik zusammenhängt, ist im Buch, «Satan, der Widersacher Gottes», genügend behandelt. Manche theologische Bücher und religiöse Schriften sind sogar eine direkte Gefahr. Durch den Hinweis auf viele Literatur, die verarbeitet wurde, erwecken sie den Anschein, daß sie das Erzeugnis echter Wissenschaft seien. Prüft man aber, dann erschrickt man über die Oberflächlichkeit und Anmaßung, mit der heilige und wirkliche Lehrer der Kirche abgeurteilt und sehr zweifelhafte persönliche Anschauungen vorgetragen werden. Erst kürzlich war ja der Heilige Vater gezwungen, in seiner Enzyklika über die heilige Eucharistie Irrtümer in theologischen Werken anzuführen und ihnen gegenüber die Wahrheit klar herauszustellen. Das wäre an sich nicht nötig gewesen; denn diese Irrtümer waren längst von der Kirche verurteilt. Erschreckend ist auch, welche Ansichten über Moral und Sittlichkeit in Leserbriefen vertreten werden. Ja, Satan versteht es zu unterwühlen und findet selbst in den Kreisen, welche die Wahrheit kennen und schützen müßten, sehr willige und eifrige Helfer.

Wachsam sein über den Glauben! Schau dir die Umgebung an, in der du dich bewegst! Es besteht kein Zweifel, sie färbt ab. Die Erfahrung beweist es. Unverantwortlich ist es darum für jeden Christen, sich ohne Notwendigkeit in ungläubigen Kreisen zu bewegen, solche Menschen zu Freunden zu erwählen und mit ihnen die Erholung zu verbringen. Es ist das erst recht unverantwortlich, wenn man immer wieder erlebt, wie versteckt oder offen diese an der Unterminierung der Glaubensüberzeugung anderer arbeiten.

Etwas anderes ist natürlich ein unvermeidliches Zusammenkommen mit für den Glauben gefährlichen Menschen im Berufsleben. Wäre die Gefahr sehr groß, sollte so bald als es möglich ist, eine Veränderung der Situation angestrebt werden. Geht das nicht, dann muß sich der einzelen durch sein zurückhaltendes Wesen und vermehrtes Gebet die Erhaltung und Vermehrung seines Glaubens sichern. In unvermeidlichen Gefahren läßt es Gott bei gutem Willen seines Kindes nicht an Hochherzigkeit und überreicher Hilfe fehlen. Ja, er sorgt dafür, daß jeder Angriff auf den Glauben diesen nur um so mehr aufruft und zu immer größerer Vertiefung und Entfaltung führt.

Wachsam sein über den Glauben! Noch auf etwas muß der Christ achten: Auf Prüfungen, die Gott selbst zur Läuterung und Vollendung seines Kindes schickt. Die kleine hl. Theresia vom Kinde Jesu hat ja am Ende ihres Lebens dreiviertel Jahre lang eine schwere Glaubensprüfung durchzustehen gehabt. Das Licht des Glaubens schien ihr erloschen, ihre Seele war wie ausgebrannt; sie schreibt jedoch: «Gott weiß ja, daß, wenn ich auch nicht das Gefühl habe zu glauben, ich doch die Werke des Glaubens vollbringe. Im letzten Jahre habe ich mehr Akte des Glaubens erweckt als in meinem ganzen früheren Leben[61].»

Damit wäre jedem, in dessen Seele sich Glaubensschwierigkeiten einstellen, der klare Weg gewiesen. Sind es nur Zweifel, die aus einem mangelnden Wissen hervorgehen, dann muß man sich Klarheit aus Büchern oder durch eine Aussprache bei einem Priester verschaffen. Hilft das aber nicht, weil Gott selbst die Seele läutert, dann ist die einzige Rettung, den Weg zu gehen, den Theresia vorangegangen ist: mehr Glaubensakte erwecken: Ich glaube alles, was die Kirche lehrt. Man soll aber auch immer wieder recht viel um Glaube, Hoffnung und Liebe bitten und das wichtigste tun: nach dem Glauben leben. Wird das befolgt, dann wird der Glaube nach der Prüfung um so heller und schöner wieder aufleuchten und um so größer der Lohn in der Ewigkeit sein.

Sei wachsam über deinen guten Willen!

Der freie Wille ist das große Geschenk Gottes, in ihm ist dem Menschen die Möglichkeit gegeben, die Entscheidung über sein zeitliches und ewiges Glück zu treffen. Nicht Gott entscheidet über unser Schicksal, sondern jeder Mensch selbst.

Selbstverständlich steht Gott über allem und wird von ihm alles bestimmt und gelenkt. Es wäre ja auch unmöglich ein Chaos zu vermeiden, wenn über allem menschlichen Wollen nicht ein alles ordnender göttlicher Wille stünde. Frei aber ist der Mensch in der Annahme und Durchführung dessen, was Gott in unendlicher Weisheit und Liebe für ihn bestimmt hat. Beugt er sich Gottes Willen, spricht er dazu ein freudiges oder wenigstens williges Ja, hält er seine Gebote und fügt sich in Gottes Führungen, dann ist sein Heil gesichert.

Widersetzt er sich aber und ist auch vor seinem Tode nicht bereit, diesen Widerstand aufzugeben, dann ist er ewig verloren. In diesem Sinne und aus diesem Grunde hat jeder Mensch tatsächlich sein Schicksal in der eigenen Hand.

So einfach es nun nach diesen Ausführungen erscheint, sich dem Willen Gottes unterzuordnen, so wenig einfach ist es tatsächlich im Leben. Es ist jedoch nicht überschwer, wenn der Mensch guten Willen hat; aber hier liegt die Gefahr, dieser gute Wille ist nicht immer ohne weiteres da. Auch er muß erkämpft und gesichert werden. Gerade er ist nicht geringen Gefahren ausgesetzt; ihm erwachsen ständig Angriffe durch verschiedene Feinde. Einer sitzt schon im eigenen Innern des Menschen selbst, das liebe Ich; es ist nicht immer zum Kampf und zum Opfer bereit. Nur zu gern drängt es auf den bequemen Weg. Zudem ist die Umwelt meist nicht dazu angetan, ihn von dieser verkehrten Einstellung abzubringen, sondern unterstützt das liebe Ich in seinem verkehrten Verlangen. Sehr arbeitet in dieser Richtung noch Satan, und zwar wieder raffiniert und mit größter Hartnäckigkeit. So erklärt sich der Zwiespalt im Menschenherzen und auch der Zwiespalt in seinem Wollen und Handeln. Es darf eben nicht übersehen werden: der Verheißung «Friede den Menschen auf Erden» im Gloria der Engel auf Betlehems Fluren war die Bedingung beigefügt: «denen die guten Willens sind[62].»

Das sicherste Zeichen für den guten Willen ist, daß man einen erkannten Irrtum sofort aufgibt sowie erkannte Fehler bereut und nicht mehr begeht. Ein Rückzug mit Deckung wäre in einem solchen Falle grundfalsch. Hier gibt es nichts anderes als das offene Geständnis: Ich habe mich getäuscht; ich habe das falsch gemacht; es tut mir aufrichtig leid. Ich widersage dem Irrtum und werde alle Kraft einsetzen, das wieder gutzumachen. Ich will darüber wachen, daß mir das nicht mehr passiert.

So lange eine Erkenntnis nicht da war, kann von einer Sünde keine Rede sein. Ist etwas aus bester Absicht und mit bestem Willen geschehen, wird es von Gott nicht als persönliche Schuld gewertet, sondern die gute Absicht und der gute Wille anerkannt. Aber es muß beides einwandfrei feststehen. Man darf sich hier nicht belügen. In den meisten Fällen war wohl schon irgendein Fehler dabei. Man hat Warnsignale überfahren und im Zwielicht gehandelt. Aber Gott und die himmlische Mutter verzeihen auch das, wenn man es einsieht und nicht mehr tut.

Wachsam sein auf den guten Willen heißt auch, sich nicht von dem gottgewollten Weg abdrängen lassen. Sich immer wieder sagen: Niemand meint es so gut mit mir wie Gott! Will ich etwas anderes als was Gott will, so kann das nie so gut sein als das ist, was er bestimmt. Darum muß jeder Mensch Gott stets wieder versichern: Ich will nur und alles, was du willst, Herr! Einzig dein Wille geschehe. Ich will nie im geringsten etwas anderes als was du willst.

Wachsam sein über den guten Willen! Die soeben genannte Einstellung ist wichtig; mit ihr ist viel, aber noch nicht alles gewonnen; denn der einzelne könnte den Willen Gottes ja aus selbstsüchtigen Gründen tun. In Zügen gibt es Schwarzfahrer; sie werden nicht immer entdeckt. Schwarzfahrer beim lieben Gott sind nun alle jene, die zwar ein christliches Leben führen, Gottes Gebote halten und gute Werke tun, aber dabei doch immer etwas noch für sich suchen: den eigenen Vorteil, irdischen Gewinn und irdische Ehren.

Zum guten Willen gehört darum nicht nur, daß der Mensch tut, was Gott will, sondern daß er auch alles in reinster Absicht und aus Liebe zu Gott tut. Es wurde schon an anderer Stelle darauf hingewiesen, aber in diesem Kapitel ist eben der Platz, auf die Wachsamkeit in dieser Richtung nochmals besonders dringend aufmerksam zu machen, weil in ihr immer wieder Gefahren drohen. Die Versuchungen Satans auf diesem Gebiete sind ja zu raffiniert. Kann er die Menschen von Gott nicht wegreißen, ihren Willen nicht ganz für sich gewinnen, so versucht er doch, Gott um die Freude der reinsten Liebe seines Kindes und dieses um sein volles Verdienst zu bringen. Sie bleiben nie verborgen und sind stets gefährlich.

Entscheidend für den Wert einer Handlung und den Wert des

Menschen ist eben seine innere Gesinnung. Gott beurteilt den Menschen nach seiner Selbstlosigkeit und Uneigennützigkeit ihm gegenüber, seinem höchsten Herrn und besten Vater. Nur er selbst sieht zutiefst in jedes Herz und erfaßt die geheimsten Absichten und leisesten Regungen der Seele. Was er da in ungetrübtester Klarheit sieht, macht den Wert des Menschen vor ihm aus; alles andere ist ohne Bedeutung, unter Umständen sogar schwere Belastung.

Wer Gott gefallen will, muß darum mit größter Wachsamkeit auf seinen guten Willen achten, auf die Reinheit seiner Absicht und die Bereitschaft, in wirklich selbstloser, uneigennütziger, reinster Liebe zu Gott alles zu tun und zu tragen. Aber auch das ist wie jede Tugend Gnade, um die der Mensch immer ringen und beten muß: O Gott! Gib mir einen recht guten Willen, schenk mir eine ganz große, selbstlose, uneigennützige Liebe zu dir!

Sei wachsam über die verschiedenen Schwächen!

Durch sie wird Gott beleidigt und anderen Ärgernis gegeben. Jeder Mensch muß vor allem darüber wachen, daß Schwächen und Charakterfehler immer mehr verschwinden. Freilich hat jeder seine schwachen Seiten; er selbst müßte sie am besten kennen. Fehlt es aber darin, dann wäre es erste Pflicht, daß dieser Mangel an Selbsterkenntnis behoben wird; dies ist ja immer der erste Schritt zur Besserung.

Eine ganz große Gefahr beim Umgang mit Menschen ist die *Leichtgläubigkeit und Vertrauensseligkeit.* Wie die Hölle sich tarnt und der Teufel als Engel verkleidet kommt, machen es auch die Helfershelfer und Diener Satans, die schlechten Menschen. Auch sie erscheinen als Engel des Lichtes und unter dem Schein des Guten.

Es ist keine Tugend, im Umgang mit anderen jede Vorsicht außer Acht zu lassen. Niemand kann einem Mangel an Nächstenliebe vorwerfen, wenn man nicht jedem Nächstbesten sein Vertrauen schenkt. Die Klugheit verlangt es, ebenso die eigene Sicherheit. Gerade die Hölle benützt ja die Menschen, um zu ihrem Ziel zu kommen.

Es ist auch nie gut und selten richtig, sich nach einer kurzen Begegnung ein fertiges Urteil über einen Menschen zu bilden. Man könnte bisweilen zu schwarz sehen und ein Unrecht begehen. Im allgemeinen ist aber die andere Gefahr größer, zu weiß zu sehen, weil der Partner bewußt oder unbewußt blendet. Die meisten Menschen zeigen ja zuerst ihre besten Seiten. Erst bei auftretenden Meinungsverschiedenheiten oder sonstigen Schwierigkeiten offenbart sich ihr wahrer Charakter.

Selbstverständlich soll jeder von seinem Nächsten nur Gutes denken und an das Gute in ihm glauben. Das hebt aber die Forderung der Klugheit und einer geordneten Eigenliebe nicht auf, sich vor Enttäuschung und Schaden zu schützen. Zu große Vertrauensseligkeit hat schon viele Enttäuschungen eingetragen und bittere Stunden bereitet.

Darum gilt: Das Herz in der Gewalt haben, nüchtern sein, abwarten, prüfen, nicht aus einem ungesunden Mißtrauen heraus, sondern aus Berücksichtigung der menschlichen Schwachheit; auch nicht, um zu richten, sondern um unvermeidlichem Schaden zu entgehen.

Dazu gehört noch: sich nicht gleich einnehmen lassen, sondern immer eine gewisse Zurückhaltung bewahren. Vorsicht! Von manchen Menschen geht eine suggestive Kraft aus, die sie ausnützen, um sich andere gefügig zu machen und sie zu beherrschen.

Diese Wachsamkeit mit ihrem «die Augen offen halten» ist nicht gegen die Liebe, sondern die einzig richtige Haltung, das wirklich Gute im Nächsten recht zu erkennen und vom Unguten zu unterscheiden. Kritisch bleiben und doch offen und herzlich sein im Umgang mit den Menschen! Aber immer Herr seiner selbst und innerlich frei bleiben!

Sehr wachsam muß der Mensch auch sein, wenn seine Natur zu *Leichtsinn* neigt. Dieser hat schon manchem die Existenz, Gesundheit und das Leben gekostet. Das Leben Jesu und Mariens war zu ernst und auch das Leben eines jeden Menschen ist es, als daß einer leichtsinnig sein darf. Es sind ja auch immer die eigene Seele und die Seelen anderer in Gefahr, die gerettet werden sollen.

Freilich wollen Gott und die himmlische Mutter nicht, daß ihre Kinder stets todernst oder gar traurig sind. Gott und die allerseligste Jungfrau möchten frohe Kinder haben. «Freuet euch!» ruft uns der

Apostel zu, freuet euch allezeit im Herrn[63]!» Aber Frohsinn darf nicht mit Leichtsinn in die gleiche Linie gestellt werden, wie auch nicht Ernst und Trübsinn. Frohsinn und Ernst können harmonisch miteinander verbunden sein.

Den Leichtsinn hat jedes Gotteskind, ebenso wie den Trübsinn mit aller Kraft zu bekämpfen. Der Leichtsinnige nimmt eben alles zu leicht und kommt in Gefahr, sowohl die Gebote Gottes wie die eigenen Berufs- und Standespflichten leicht zu nehmen, die einen leicht zu übertreten, die anderen leicht zu vernachlässigen. Der Trübsinnige fühlt in sich nicht die Kraft und die Freude, Gottes Gebote zu halten und seine Pflichten zu erfüllen. Er bleibt gern am Boden liegen. Beides, Leichtsinn und Trübsinn, sind nicht das Richtige.

Ein Gotteskind nimmt die Freude nicht zum Anlaß, die Gebote Gottes zu übertreten oder eine Pflicht zu vernachlässigen. Es findet und empfindet vor allem seine Freude im Ernstnehmen der Gebote Gottes und seiner Pflichten und im ernsten Streben nach Vollkommenheit. Wer zum Leichtsinn neigt, muß dies als Gefahr erkennen. Er darf sich nicht gehen lassen; merkt er: ich bin in einem gewissen Fahrwasser, dann muß er bremsen und sich zur Innerlichkeit zurückrufen. Er soll sich bewußt sein, Gott und die himmlische Mutter sind mir nahe und müssen mir näher sein als jeder Mensch, der vor mir steht.

Auch die gesellschaftlichen Verpflichtungen, besonders solche zu Feierlichkeiten und Vergnügen, können Last und Gefahr werden. Wohl bestehen solche Pflichten, aber sie dürfen nicht zu sehr ausgeweitet werden. Wichtiger sind die Pflichten der Erfüllung der Berufsarbeit und zum Streben nach Vollkommenheit. Würden die gesellschaftlichen Verpflichtungen die gottgewollte Grenze überschreiten, muß der einzelne selbst ein unbedingtes Halt gebieten.

Sei wachsam bei Versuchungen zur Lauheit!

Die Wachsamkeit muß besonders auch die Gefahr der Lauheit und des Wiederabsinkens im Auge haben. Kein Mensch ist davor sicher.

Beim Sport hat nur der den Sieg errungen, der wirklich als Sieger durch das Ziel ging. Es mag einer während des Rennens anderen weit vorausliegen, ist er aber noch nicht durchs Ziel gegangen, kann immer noch etwas Unerwartetes dazwischen kommen. Wie oft ist das schon passiert! Auch beim Fußball war das Ergebnis beim Schlußpfiff nach der zweiten Halbzeit oft ganz anders als nach der ersten. Nicht selten haben die letzten Minuten noch entschieden. Wie oft schon hat sich da der Mangel an Wachsamkeit und Durchhalten oder zu frühe Sicherheit gerächt!

Wachsamkeit! Der Mensch ist erst sicher, wenn das Zielband seines Lebens im Tode zerreißt, wenn Gott selbst das Zeichen gibt: der Lebenskampf ist zu Ende. Dann hat er die Gewißheit, daß keine Gefahr mehr besteht, abzusinken, allerdings auch keine Möglichkeit, noch mehr emporzusteigen. «Wohin der Baum fällt, dort bleibt er liegen[64]», sagt der Herr selbst.

Keiner darf sich gegen die Lauheit immun halten. Keiner weiß, wie sich die Verhältnisse um ihn noch gestalten werden, welche Krankheiten den Körper noch schwächen, welche Angriffe die Hölle noch unternehmen darf. Gewiß kann der Mensch immer auf Gottes Gnade vertrauen. Aber dieses Vertrauen muß als festes Fundament das Mißtrauen gegen sich selbst haben, eine echte und tiefe Demut. «O Herr, von meiner Schwachheit fürchte ich alles, von Deiner Güte hoffe ich alles.» Es wäre gegen die Demut, zu glauben: bei mir ist keine Gefahr. Das weiß nur Gott. Wer sich so sicher fühlt, der schwebt in der größten Gefahr.

Die Angst vor der Lauheit ist gut; nur darf sie nicht mit Unruhe verbunden sein und nicht aus zu geringem Vertrauen auf Gott kommen. Sie ist ein Schutz, weil sie zur Wachsamkeit ansporn. Sie führt den Menschen dazu, daß er sich nicht gehen läßt und sich das Leben nie leichter macht, sondern unverzagt den Weg der Nachfolge Christi weiterschreitet. Ausspannung und Ruhe soll er sich selbstverständlich in vernünftiger Weise gönnen; der Bogen darf nicht überspannt werden.

Die Wachsamkeit verlangt aber die ständige Treue im Kleinen. Sie wird immer prüfen, ob das Leben und jeder Gedanke, jedes Wort und jede Handlung mit den Geboten Gottes und einer gesunden Aszese übereinstimmt. Ein Geschäftsmann hat nur dann Gewißheit, daß seine Kasse in Ordnung ist, wenn er sie oft prüft. Es genügt aber nicht, etwa bloß abends den Kassasturz zu machen; er muß beim Einnehmen und Herausgeben tagsüber auch achtgeben, sonst kann er abends bloß feststellen, daß die Kasse nicht stimmt. Um kein Haar anders ist es mit unserem Lebenswandel. Die Hölle ist ja raffiniert; sie ist schon zufrieden mit Kleinigkeiten, kleinen Untreuen, kleinen Nachlässigkeiten, einem kleinen Versuch, sich das Leben leichter zu machen. Fällt der Mensch darauf herein, dann geht es abwärts und er arbeitet mit Verlust.

Sei wachsam gegenüber der Versuchung zur Vermessenheit!

Wachsam muß der Mensch sein auch auf die Gefahr, die von der Versuchung zur Vermessenheit droht. Gewiß ist Gottes Liebe unendlich; er hat uns unübertreffliche Beweise dafür gegeben. Alles, was der Heiland in seinem Leben gesprochen und getan, was er für uns gelitten, die Liebe, die er am Kreuz sogar noch seinen Feinden zeigte, sein Verhalten nach der Auferstehung, sein Verweilen und sein Sichschenken im Sakrament, das alles ist soviel Liebe, daß sie nie genug betrachtet werden kann und auf jeden Eindruck machen müßte. Darum hat Gott auch immer eine große Freude, wenn er Menschen findet, die grenzenlos an seine Liebe glauben und auf sie vertrauen. Kein Wort wegen Vermessenheit soll an diesem Glauben und an diesem Vertrauen im geringsten irgendwie rühren. Aber auch hier sucht die Hölle wieder zu gewinnen. Sie schiebt das Vertrauen in falsche Bahnen; dann wird das Schönste, das Gott uns schenkt und was ihn selbst so erfreut, zum Anlaß des Abgleitens unter Umständen bis in den Abgrund.

Der Mensch muß darum bei seinem Glauben und Vertrauen immer wieder prüfen und darüber wachsam sein, daß mit diesem auch sein ehrlicher Wille zu seiner Treue im Kleinen und zur unbedingten Erfüllung seiner Berufs- und Standespflichten Schritt hält. Wenn er diese Forderung nicht hundertprozentig ernstnimmt, wenn es da fehlt, sind sein Glaube und sein Vertrauen eine Täuschung und Vermessenheit; denn guter Wille und Vertrauen müssen sich die Waage halten.

Zur Wachsamkeit gehört auch, daß wir die Gelegenheit zur Sünde meiden. Es gibt in der Welt gesunde und ungesunde Gegenden. Das gleiche gilt auch in bezug auf die Seelen. Manche Familie wurde unglücklich, als der Vater einen anderen Arbeitsplatz bekam. Mancher junge Mann verlor in der Großstadt seinen Glauben und manches Mädchen seine Unschuld.

Darum verlangt das Heil der eigenen Seele auch das Meiden jeder Gelegenheit zur Sünde. Es gibt Orte, von denen ein anständiger Mensch sich sagen muß: da gehöre ich nicht hin. Wer trotzdem solche Orte aufsucht oder sich dorthin mitziehen läßt, begibt sich in die nächste Gelegenheit zur Sünde und gefährdet seine Tugend.

Wie ungesunde Gegenden können auch Personen mit ansteckender Krankheit eine Gefahr für Gesundheit und Leben sein. Das gleiche gilt auch wieder für die Gesundheit und das Leben der Seele. Es gibt Personen, die das gute Gewissen deutlich als Gefahr und Gelegenheit zur Sünde erkennen läßt. Wer trotzdem Umgang mit ihnen pflegt, obwohl keinerlei Notwendigkeit dazu besteht, oder wer sich solche Menschen nicht vom Halse hält, beweist entweder seine Arglosigkeit oder, daß auch bei ihm etwas fehlt. Immer ist es Vermessenheit, solche Gelegenheiten aufzusuchen und zu meinen, die himmlische Mutter müßte uns vor der Sünde bewahren.

Anders ist es, wenn jemand gegen seinen Willen in schlechte Gesellschaft kommt oder in dieser sein Brot verdienen muß. Auch kann einer durch äußeren Zwang verhindert sein, eine gefährliche Umgebung zu meiden. Dann ist es hier genauso wie bei den Gefahren in glaubensloser Umgebung; es liegt keine Schuld vor, sondern es ist ein Leid, das er aus Liebe zu Gott zu tragen hat. Besteht irgendwie eine Möglichkeit, die Situation zu ändern, muß es geschehen. Besteht sie nicht, dann ist doppelte Wachsamkeit und doppeltes Vertrauen auf Gottes Hilfe nötig.

Nicht nur Menschen, auch Bilder und Bücher können eine Gefahr sein. Erreicht Satan sein Ziel nicht durch lebende Werkzeuge, dann versucht er es auf diesem Wege. Hier ist es leichter, denn es sieht harmloser aus, ist aber um so gefährlicher, da das Gift nur tropfenweise in die Seele kommt, doch wirkt es um so sicherer, wenn keine Gegenmaßnahmen getroffen werden.

Jeder Hotelgast beschwert sich, wenn ihm ein schmutziges Zimmer angewiesen, eine übelriechende oder gar vergiftete Speise vorgesetzt wird. In welche moralische Schmutzlöcher lassen sich aber manche Leser von den Autoren führen, und welch widerliche, ja vergiftete Kost von ihnen reichen. Sagt da einer: das schadet mir nichts, dann ist er eben schon so infiziert, daß er es gar nicht merkt, wie weit es in seinem christlichen Denken und gesunden Empfinden bereits fehlt.

Große Ehrfurcht und heilige Scheu vor dem Geheimnis des Lebens und feines Taktgefühl, welches ablehnt, schmutzige Bilder zu sehen und schlechte Bücher zu lesen, hat mit Prüderie und Ängstlichkeit nichts zu tun.

Niemand war natürlicher und weniger prüde als die Mutter des Gotteskindes, aber auch niemand von einem feineren Zartgefühl und vollkommeneren Abstandhalten von diesen Dingen beseelt, wie die Reinste der Reinen. Auch hier gibt viel Klarheit die Frage: Was würde die himmlische Mutter an meiner Stelle tun? Man muß nur auf sie hören wollen, dann weist sie schon den richtigen Weg.

Der Herr mahnt und es ist auch der dringende Wunsch der besorgten Mutter: Sei wachsam! Sei es immer, ohne darin einmal auszusetzen oder nachzulassen! Einmal kommt dann die Stunde, wo der Herr selbst kommt und die Worte gelten: «Selig der Knecht, den der Herr bei seiner Ankunft wachend findet[65].»

Gott hat die Menschen nicht ins Leben gerufen, damit sie sich selbst überlassen seien. Er ist auch nach der Vertreibung aus dem Paradies ihr Vater geblieben und sorgt trotz ihrer Undankbarkeit immer wieder mit rührender Liebe für sie. Seine Kinder können ja gar nicht ohne diese Sorge leben. Diese Beziehung, die von Gott her geschaffen ist und immer wieder bestätigt wird, muß aber auch von ihnen bejaht werden. Da Gott der Vater ist, hat der Mensch sich als sein Kind zu fühlen. Da Gott sorgt, muß der Mensch für diese Sorge danken und sich ihrer würdig erweisen. Das Wichtigste im Menschenleben ist darum die Religion, das Verbundensein mit Gott und die Betätigung dieser Verbundenheit in den religiösen Übungen, in Gebet und Frömmigkeit. Doch nicht nur die Verbundenheit mit Gott, sondern auch mit seiner ganzen Welt, mit der Muttergottes, mit den heiligen Engeln und den Heiligen.

Zudem braucht der Mensch ja ständig neben der Sorge Gottes für sein leibliches Leben auch dessen Schutz und Hilfe für die Seele. Gott ist bereit, sie in überreichem Maße zu gewähren und den Menschen immer seine Gnade zu schenken. Die Quelle dieser Gnaden ist er selbst, der Gottmensch Jesus Christus. «Wer an mich glaubt, aus dessen Herzen werden, wie die Schrift sagt, Ströme lebendigen Wassers fließen[66].» «Wen dürstet, der komme und trinke[67].» Es ist ein großes Unglück, daß die Menschen so wenig an die Notwendigkeit der Gnade denken, so wenig die Gnade schätzen und so wenig zu Christus, der Quelle der Gnaden, kommen.

Der Heiland hat zum «Wachet!» auch das «Betet!» gesprochen und verlangt das Gebet in seinem ganzen Umfang. Beides, Wachsamkeit und Gebet, sind untrennbare Voraussetzungen zum christlichen Lebenswandel. Ein echter Christ muß wachsam sein; aber das genügt nicht, er muß auch beten.

Beten ist nun nichts anderes als diese Verbindung: «Gott mein Vater, ich sein Kind!» betätigen. Von Gott her ist diese Verbindung immer da; aber auch der Mensch muß sie bejahen und pflegen. Sie ist das Größte, was es gibt. Keine Verbindung ist so erhaben und keine so segensreich wie die Verbindung mit Gott. Was ist der Gelehrteste, der Mächtigste, der Größte dieser Erde gegenüber dem unendlichen Gott! Jeder darf jederzeit mit ihm sprechen, er wird jederzeit angehört und immer in Liebe aufgenommen. Der Herr selbst legt es nahe, «daß man allezeit beten müsse und nicht nachlassen dürfe[68].» Der Heiland lädt ein: «Kommet alle zu mir, die ihr mühselig und beladen seid, ich will euch erquicken[69]!»

Beten ist leicht, wenn wir diese Beziehung vor Augen haben: Gott und ich! Mein Schöpfer, der mich ins Dasein gerufen und mich stets ernährt! Mein Vater, der mich liebt und sich in Liebe zu mir neigt! Mein Vater, der mich besser kennt als ich mich selbst, und nur mein Bestes will! Mein Vater, der mich auch immer wieder in verzeihender Liebe an sich zieht, wenn ich meine Fehler einsehe und aufrichtig bereue!

Beten ist leicht. Der Mensch muß nur an die Größe und Macht und an die Liebe dieses Schöpfers und Vaters recht lebendig glauben, soll dessen ständige Gegenwart vor Augen haben und immer tiefer davon durchdrungen sein. Gott ist zwar unsichtbar, aber immer da. Er ist jedem nah, und zwar näher als dieser sich selbst. Um Gott zu suchen, sagt die große Lehrmeisterin des Gebetes, die heilige Theresia, brauchst du nur einsam in dein Inneres blicken, wo du ihn finden wirst[70]. Sich Gott zuwenden, ist Gebet. Gott ansprechen ist Gebet; sich Gott hingeben, ist Gebet. Gebet ist wirklich nichts anderes als das Atmen der Seele und für die Seele so lebenswichtig wie das Atmen der Lungen für den Leib.

Störungsversuche Satans in den Beziehungen zwischen Gott und Geschöpf:

Durch Verführung zur Sünde

Auch ins Gebet mischt sich der Teufel ein. Selbst bei der Frömmigkeit holt er sich seine Prozente. An sich braucht sich keiner darüber zu wundern. Schon sein erstes Auftreten im Paradies galt ja der Störung der Beziehung zwischen Gott und den ersten Menschen. Satan sucht diese Beziehung darum immer wieder zu stören. Es ist ihm ja besonders verhaßt, wenn sie recht innig ist, wenn der Mensch sich vertrauensvoll an den Vater anschmiegt, wenn er Gott treu sein und ihm viel Freude bereiten will. Das kann Satan für seine Pläne nicht brauchen und darum versucht er dazwischen zu treten.

Der stärkste Störungsversuch der Hölle ist selbstverständlich wie im Paradies der Versuch, die Harmonie zwischen Gott und Mensch zu stören. Durch die schwere Sünde geht ja die Freundschaft zwischen beiden in die Brüche. Das Kind hat sich seinem Vater widersetzt, hat ihm ins Gesicht geschlagen und aufs Herz getreten.

Der Mensch bleibt aber selbst dann noch in Beziehung zu Gott. Er ist immer Geschöpf und als solches ständig von Gott abhängig; aber er steht nicht mehr in der Gnade und Liebe Gottes. Es ist eine Spannung zwischen Gott und ihm. Er bekommt das auch zu spüren, wenn er nicht bald umkehrt, und er bekommt es ewig zu spüren, wenn er vor seinem Tod nicht noch die Gnade der Bekehrung annimmt. Solange darum schwere Sünden vorkommen, kann von Frömmigkeit überhaupt nicht die Rede sein. Man darf auch nicht davon sprechen, wenn der Mensch nicht alles einsetzt, um auch läßliche Sünden und bewußte Unvollkommenheiten zu meiden.

Wer auf einen geliebten Menschen keine Rücksicht nimmt, ihm wehtut, selbst in den Fällen, in denen er es bei einiger Aufmerksamkeit vermeiden könnte, zeigt, daß er keine wirkliche Liebe hat. Ebenso, wenn er nur sich kennt und nicht einmal den Ansatz macht, dem anderen entgegenzukommen und Freude zu bereiten. Immer gehört zu einem harmonischen Verhältnis liebevoll Rücksicht nehmen und zarte Aufmerksamkeit sowie das Eingehen auf die berechtigten Wünsche des anderen. Das gilt um so mehr hier, wo die Beziehung zur größten Liebe besteht und alles, was diese Liebe wünscht, nur das Beste des Menschen zum Ziele hat. Selbst in tiefster Nacht und schwerstem Leid könnte diese harmonische Einstellung zu Gott den Menschen tief glücklich machen; denn Gott läßt sich ja nie an Liebe übertreffen.

Dieses Glück besteht allerdings nicht in bloßen Gefühlen, sondern in der restlosen Zufriedenheit mit allem, was Gott bestimmt. Die Seele möchte es in gar keiner Weise anders haben. Dieses Glück besteht in der willigen Bereitschaft, jede Pflicht zu erfüllen und jedes Leid auf sich zu nehmen, alles in Geduld zu tragen, in der unerschütterlichen Überzeugung, Gott gibt mir immer die nötige Kraft und wo es gut ist, auch immer wieder Trost.

Durch den Versuch vom Gebet abzuhalten

Die Störungsversuche Satans gelten selbstverständlich auch dem Gebet. Kann er die gute Beziehung zwischen Vater und Kind selbst nicht verhindern, so sucht er doch die Betätigung dieser Beziehung zu stören. Er weiß ja, wie sich Gott freut, wenn sein Kind zu ihm kommt. Satan ist auch nur zu gut bekannt, welchen Segen jedes Gebet bringt, und zwar nicht nur für den Beter selbst, sondern auch für viele andere. Darum sucht er den Menschen vom Gebet abzuhalten. Durch die Betriebsamkeit, die er in die Welt hineingetragen, hat er in dieser Richtung viel erreicht. Es ist ihm damit ein Meisterstück gelungen. So gehetzt wie heute war der Mensch noch nie. Selbst in den beschaulichen Klöstern versucht Satan unter allen möglichen Begründungen die Hast heimisch zu machen. Nicht immer erkennen die Kinder Gottes die Gefahr. So manche haben das Verständnis für die Mahnung des Herrn verloren: «Martha, Martha, du kümmerst dich um Vieles, nur Eines ist notwendig[71].»

Gerade der Mensch, der Tätigkeit dem Gebete vorzieht, muß oft mit Petrus bekennen: «Herr, wir haben die ganze Nacht gearbeitet und nichts gefangen[72]!» Nur die Arbeit, die das Gebet nicht unnötig auf ein Mindestmaß herabdrückt, kann vor Gott bestehen. Ebenso ist nur die Arbeit, der das Gebet vorausgegangen und für die der Segen von oben erfleht ist, wirklich gesegnet. Die himmlische Mutter will, daß sich die Menschen wieder für das eine Notwendige Zeit nehmen und wieder mehr beten. Bekommt die Lunge zu wenig Sauerstoff zugeführt, wird das Atmen immer schwerer. Wenn der Seele die Gnade fehlt, kann der Mensch das Leben nicht mehr meistern. Nur der betende Mensch kann allen Gefahren siegreich begegnen und die Hölle bezwingen. Wer nicht betet, wird sehr leicht das Opfer des Teufels.

Durch Ablenken beim Gebet

Die Störungsversuche Satans zeigen sich dann beim Gebet selbst. Er sucht ja alles Gute den Menschen schwer zu machen. Darum natürlich auch das Gebet. Nicht immer, aber oft ist er es, der dem Menschen Müdigkeit einflößt und Langeweile und ihn mit einem zerstreuenden Gedanken nach dem anderen plagt. Bei vielen erreicht er dadurch, daß die Freude am Gebet vergeht und daß das Beten unterlassen wird. Andern, die trotzdem weiterbeten wollen, flößt er den Gedanken ein: Es ist besser, nicht zu beten als schlecht zu beten; du beleidigst dadurch nur Gott! In Wirklichkeit schaut Gott gar nicht auf diese Störungen, sondern lediglich darauf, wie das Kind sich dabei verhält, ob es trotzdem bei ihm bleiben will und sich bemüht, ihm seine Liebe zu schenken.

Anders verhält es sich natürlich mit den freiwilligen Zerstreuungen. Hier gibt sich der Mensch keine Mühe, sie zu meiden, sondern schweift bewußt ab. Wer den ganzen Tag sehr ausgegossen lebt, sich um keine innere Sammlung müht, wer alles sehen und hören, alles wissen will, wer nur die Welt und ihre Vergnügungen kennt, darf nicht damit rechnen, gut beten zu können. Wo nur Interesse für die

Welt da ist, ist kein Interesse für Gott vorhanden. Beides verträgt sich nicht. Gott will zwar auch diese Menschen an sich ziehen; aber es fehlt die gemeinsame Basis, auf der ein Kontakt zustande kommen könnte. Die Interessen Gottes und die Interessen seines Kindes gehen hier weit auseinander, ja sie widersprechen sich oft direkt. Gerade das Verhalten des Menschen im Gebet ist ein Prüfstein, wie stark oder schwach die wirkliche Beziehung zwischen dem Kinde Gottes und seinem Vater ist.

Voraussetzung für gutes Gebet

Aufrichtige Liebe zu Gott, echte Frömmigkeit, wirklicher Gebetsgeist verlangen darum eine gewisse Losschälung vom Irdischen, eine gewisse Verachtung der Welt, die im Argen liegt, samt ihren Eitelkeiten. Sie verlangen tiefe innere Eingezogenheit und Sammlung. Wem Gott etwas ist und wer Gott liebt, braucht sich nicht krampfhaft darum zu bemühen. Er muß auch nicht immer zur Zurückgezogenheit gemahnt werden. Gott selbst legt ihm die Neigung zur Einsamkeit ins Herz und zieht ihn an sich. Er darf nur dieser gottgeschenkten Neigung und diesem Ziehen Gottes keinen Widerstand entgegensetzen.

Jeder Mensch muß immer den richtigen Wertmaßstab an die Dinge legen. «Was nützt es dem Menschen, wenn er die ganze Welt gewinnt, aber an seiner Seele Schaden leidet[73].» Dabei geht es hier nicht immer um Himmel oder Hölle. Schon jener Schaden ist unermeßlich, nicht so zu werden, wie Gott mich haben will; nicht das Werkzeug zu sein, das Gott sich wünscht; in der Ewigkeit nicht die Glorie zu bekommen, die Gott mir zugedacht hatte. Es muß das eine Notwendige den Menschen wieder mehr vor Augen stehen, damit sie nicht auf jedes Ablenkungsmanöver der Hölle hereinfallen.

Sind diese Schwierigkeiten erkannt und werden sie gemieden, so bleibt doch noch eine weitere Gefahr und ein weiteres Intrigenspiel der Hölle. Es geht um die Haltung, in der der Mensch im Gebet seinem Gott gegenübersteht und wie er sich ihm gegenüber benimmt.

Gott ist gütig. Er verdeckt seine Majestät, sonst würde selbst das Gotteskind jede Fassung verlieren und kein Wort herausbringen. Gott läßt sich herab und läßt den Menschen seine Liebe spüren. So viele Beweise hat das menschgewordene Wort Gottes dafür geliefert und darf jeder Mensch, der einigermaßen guten Willens ist, immer wieder in seinem Leben erfahren. Mit Schmerzen muß aber festgestellt werden, daß nicht bloß die Feinde Jesu, sondern auch die Seinen es zuweilen allzuweit an der Ehrfurcht fehlen lassen. Sie gehen mit ihm um, wie mit ihresgleichen.

Diese Gefahr besteht für jedes Kind Gottes, besonders beim Beten. Man vergißt, wem man gegenübersteht. Man läßt die Majestät Gottes aus dem Auge und übersieht die große Kluft zwischen dem Heiligsten und uns armen Sündern. Gewiß hat Gott sie überbrückt, aber nicht, damit der Mensch sie übersehe und sich benehme, als hätte diese Kluft nie bestanden und als würde sie nicht bestehen. Sie bleibt immer bestehen, nicht als Kluft, sondern als Anruf zur Ehrfurcht gegen Gott. Gott bleibt immer Gott und der Mensch, auch als Kind Gottes, sein Geschöpf.

Eine andere List der Hölle ist es, den Mangel an Ehrfurcht den Menschen nicht einsehen zu lassen. Sie meinen, einem Kind, besonders einem ganz kleinen, sei alles erlaubt. Selbstverständlich darf und soll der Mensch Gott gegenüber Kind sein und sich wie ein Kind geben, aber nicht wie ein ungezogenes und nicht wie ein freches Kind. Gerade für den frommen Menschen ist die Ehrfurcht und Bescheidenheit Gott gegenüber am meisten am Platz und auch der Gradmesser seiner wirklichen Frömmigkeit. Wer Gott wirklich erlebt hat, wird bei aller Liebe, allem Glauben und allem Vertrauen immer die Grenze einhalten, die die unerläßliche Voraussetzung für das Wohlgefallen Gottes ist. Bezeichnend und vorbildlich ist in dieser Richtung, was die seraphische hl. Theresia von Avila über ihre Haltung im Gebet schreibt: «Am besten befand ich mich bei Jesus im Ölgarten. Hier leistete ich ihm Gesellschaft, ich gedachte des Schweißes und der Betrübnis, die er dort gelitten, ich wünschte, wenn es möglich wäre, ihm diesen schmerzlichen Schweiß abzutrocknen. Doch ich entsinne mich, daß ich nie wagte, dies zu tun, da mir meine so schweren Sünden gegenwärtig waren[74].» In Wirklichkeit hatte Theresia ihr ganzes Leben lang nie eine schwere Sünde begangen. Aber so denken Heilige und solche Ehrfurcht haben sie vor Gott.

Wie irdische Eltern an einem vorlauten, ungezogenen Kind keine Freude haben können, so auch Gott an seinem Kinde nicht, wenn es sich ihm gegenüber ehrfurchtslos benimmt. Es darf und soll vertraulich sein; Gott selbst freut sich darüber, wenn es sehr schlicht und einfach kommt und sehnt sich direkt danach. Er hat das Komplizierte und Steife gar nicht gern, aber noch weniger das Vorlaute und das sich ihm gegenüber soviel Herausnehmen. Es ist ein Gesetz, daß gerade die tiefste Liebe Gottes und seine Beweise dieser Liebe immer noch mehr Ehrfurcht und Bescheidenheit im Kindesherzen wecken und sich im Verhalten auch zeigen.

Man braucht ja nur vor Augen zu haben, wie sich das liebste Kind Gottes, die so hoch ausgezeichnete Tochter des Ewigen Vaters, in ihrem Benehmen ihm gegenüber gegeben hat. Der Vergleich wird jedem Menschen sofort zeigen, ob er auf dem richtigen oder auf einem falschen Wege ist. Wer die Bescheidenheit und Ehrfurcht der Muttergottes nicht hat, muß sich eindeutig sagen: du machst es nicht recht und bist in großer Gefahr, daß ein Großteil deiner religiösen Erlebnisse nicht von Gott kommt, sondern eine Täuschung des bösen Feindes ist. Zu einem ungezogenen Kind neigt sich Gott nicht vertraulich herab. Hier gilt auch wieder: An den Früchten werdet ihr es erkennen[75]!

Es wäre auch nicht richtig, sich in diesem Fall auf einen Ausspruch oder das Verhalten mancher echter Mystiker hinauszureden. Zunächst muß darauf hingewiesen werden: Es kommt sehr auf den Ton und die innere Gesinnung an. Außerdem ist auch gar nicht erwiesen, daß diese nicht das eine oder andere Mal das richtige Maß überschritten haben. Zuweilen sind ja auch sie in die Schranken gewiesen worden. Jedenfalls bleibt hier eine Gefahr bestehen, die am besten vermieden werden kann, wenn man sich nicht auf unsichere Beispiele verläßt, sondern die allerseligste Jungfrau vor Augen hat und ihre Gesinnung und ihr Verhalten nachahmt.

Gefährlich kann auch die Auswirkung des Gefühlslebens im Gebet werden. Gerade das Gefühl mißbraucht ja die Hölle so gern. Trostgefühle sind durchaus kein Beweis göttlichen Wohlgefallens; auch

Satan kann sie hervorrufen. Er tut es mit Vorliebe und der Mensch meint wunder wie gut er betet und in der Gnade Gottes steht. Frommes Gefühl allein ist kein Beweis göttlichen Wohlgefallens. Dieser liegt nur im Zeugnis eines wahrhaft guten Gewissens und erwiesener wirklicher Tugend, besonders der Demut und des Gehorsams sowie selbstloser uneigennütziger Liebe. Wer ein starkes Gefühlsleben hat, muß sehr vorsichtig sein.

Einfach und schlicht hat der Heiland zum Vater gesprochen. Einfach und schlicht hat er im Vater Unser die Apostel beten gelehrt. Einfach und schlicht war auch das Beten der demütigen Jungfrau von Nazareth. Alles Übertriebene, Sentimentale widerspricht der Wahrheit, ist gegen die Natur eines echten Gotteskindes und Gott wirklich nicht zur Freude. Er kennt doch jeden, darum soll kein Mensch ihm etwas vormachen wollen. Gott und die himmlische Mutter lieben es am meisten, wenn ein Kind sehr nüchtern, unter Umständen sogar trocken, aber um so treuer und opferbereiter ist.

Im Gefühl liegt auch die Gefahr der Unbeständigkeit. Wenn ein solcher Mensch Trost hat, dann ist er eifrig beim Gebet. Bleibt dieser aus, dann unterläßt er es. Man muß aber auch ohne Trost im Gebet treu sein.

Eine andere Gefahr ist noch: Man meint, Gott müsse einen unbedingt immer erhören. Manche möchten Gott durch Gebet einfach zwingen. Das ist ganz falsch und Gott auch sehr mißfällig.

Es ist kein ehrliches Gebet umsonst. Das Wann und Wie der Erhörung muß aber ganz Gott überlassen werden. Er weiß ja immer, was am besten ist, und wer Gott alles überläßt, kommt nie zu kurz. Will aber einer seinen Kopf durchsetzen, wird er nur Schaden haben.

Satan versucht immer wieder alles, was der Mensch Gutes tut, zu entwerten. Leider versteht er das sehr gut und fallen auch hier viele Menschen auf ihn herein. Die Gefahren, besonders auch im Gebet, können aber auf ein Mindestmaß herabgedrückt werden, wenn alle nur nach echter Frömmigkeit streben, alle Auswüchse vermeiden, jedes Extrem abstellen, sich etwas sagen lassen und wirklich alles ablegen, was der gesunden Frömmigkeit widerspricht. Sie müssen danach streben, einfach und schlicht zu sein und auch immer wieder die himmlische Mutter bitten: «O Mutter, komm, hilf beten mir!»

Christus hat seine Gnade nicht nur dem Gebet versprochen. Er hat sie noch mehr mit seinen Sakramenten verbunden. Sie sind Quellen, aus denen die Gnaden am stärksten fluten und nie versiegen.

Den Bedürfnissen des Menschen entsprechend hat der Herr sieben Sakramente eingesetzt, jedes von tiefer Bedeutung und reichem Segen. Durch die heilige Taufe wird das Kind Adams Kind Gottes und weil es als Kind Adams mit der Erbsünde behaftet ist, von dieser befreit. In der heiligen Firmung empfängt es noch in besonderer Weise den Heiligen Geist und mit ihm alle Gnaden, die es zum Kampf des Lebens nötig hat. Die heilige Ölung gibt ihm Kraft zum letzten schweren Gang und letzten schweren Streit und ebenso die Gesundheit wieder, wenn sie zu seinem Heile ist. Zwei Sakramente dienen der Vermittlung der so notwendigen Standesgnaden: das Sakrament der Ehe zur Vermittlung der Gnaden eines heiligen Ehelebens; das Sakrament der Priesterweihe macht den Menschen erst fähig, die priesterlichen Funktionen vor Gott gültig ausüben zu können und vermittelt die Gnaden, dieses Amt würdig und segensreich zu verwalten.

Für die Frömmigkeit sind vor allem zwei Sakramente besonders wichtig: das heilige Bußsakrament und das allerheiligste Sakrament des Altares. Sie können und sollen öfter empfangen werden und sind darum so recht die großen Quellen der Gnaden.

Das heilige Bußsakrament

Durch die Taufe wird die Erbsünde getilgt. Es wäre schön, wenn der Mensch nach der Taufe nicht mehr sündigen würde. Aber das ist bei den meisten Menschen leider nicht der Fall. Da jeder bis zum Lebensende geprüft wird und sich bis zum Lebensende bewähren muß, bleibt das Menschenleben ein Kampf bis zur letzten Stunde. Im Kampf besteht aber die Möglichkeit, Niederlagen zu erleiden und Verwundungen davonzutragen und das erst recht in diesem Kampf. Darum hat Gott in liebender Fürsorge seinen Kindern das Sakrament der verzeihenden Liebe geschenkt, in dem die Niederlagen immer wieder gutgemacht und die Verwundungen immer wieder geheilt werden können.

Am Abend des ersten Ostertages hauchte der Auferstandene die Apostel an und sprach: «Empfanget den Heiligen Geist! Wem ihr die Sünden nachlassen werdet, dem sind sie nachgelassen. Wem ihr sie behaltet, dem sind sie behalten[76].»

Mit drei Tatsachen rechnet also der Herr: Erste Tatsache, daß der Mensch wieder sündigt und immer wieder auf seine verzeihende Liebe angewiesen ist. Wie sehr das stimmt, hat die Zeit vor Christus und gerade die Geschichte des auserwählten Volkes gezeigt. Es wird auch in der Zukunft nicht anders werden. Der Heiland ist darum zum Verzeihen bereit, und zwar selbst, wenn die Sünden zahllos wären wie der Sand am Meer.[77]. Eindeutige Beweise dieser verzeihenden Liebe hat er während seines Erdenlebens reichlich gegeben.

Aber auch jeder Mensch, der von da an bis zur letzten Stunde der Weltgeschichte auf die Erde kommt, soll seine erbarmende Liebe immer wieder erfahren dürfen. Wer vor dem Priester, welcher kraft seiner Weihe und Jurisdiktion die Vollmacht zum Nachlaß der Sünden besitzt, diese aufrichtig und reumütig bekennt, kann den Frieden seiner Seele wieder finden. Alle Sünden sind dann durch das Blut Christi weggewaschen, selbst die schwerste Schuld ist von der Seele genommen. Er hat die Gewißheit: es ist genau so, als hätte ich jetzt aus dem Munde Jesu die Worte vernommen: «Deine Sünden sind dir vergeben[78]!» Die Parabel vom verlorenen Sohn wird bei jeder Beichte Wirklichkeit[79]. Was den Menschen von seinem Gott getrennt hat, ist wieder restlos beseitigt. Mit Freuden sieht und anerkennt der Vater auch im größten Sünder sein Kind wieder und schenkt ihm erneut seine ganze unendliche Liebe.

Zweite Tatsache: Die Verwaltung dieses Sakramentes ist von Christus in die Hände von Menschen gelegt, nicht in die Hände eines Engels, auch nicht des nächstbesten Menschen, sondern nur in die

Hände der Apostel und jener, welche von ihnen oder ihren Nachfolgern die Vollmacht bekommen, Sünden nachzulassen. Maßgebend sind ja nicht die Worte eines beliebigen Menschen, wenn er auch selbst noch so gut ist und es auch sehr gut meint. Um wirklich Sünden nachlassen zu können, muß einer Priester sein, der diese Vollmacht durch seine Priesterweihe und die notwendige Jurisdiktion von seinem Bischof besitzt.

Dritte Tatsache: Christus hat vorausgesehen, daß Menschen mit nicht richtiger Gesinnung in den Beichtstuhl kommen werden und darum keine Verzeihung erlangen können. Deshalb hat er ausdrücklich auch vom «Behalten» der Sünden gesprochen. Selbstverständlich liegt das nicht in der Willkür eines Beichtvaters. Maßgebend sind hier die Erfüllung oder Nichterfüllung der Bedingungen für eine gute Beichte, das aufrichtige Bekenntnis, die aufrichtige Reue, der ehrliche und ernste Wille zur Besserung und die Bereitschaft zur Annahme der Buße.

Das Sünden-Nachlassen und Behalten beweist auch, daß für die Nachlassung der Sünden nicht ein allgemeines, öffentliches Bekenntnis genügen kann, sondern das Bekenntnis sämtlicher schweren Sünden vor dem Beichtvater notwendig ist. Erst dadurch vermag dieser zu beurteilen, ob er imstande ist, die Sünden nachzulassen oder sich in der traurigen Notlage befindet, die Lossprechung verweigern zu müssen. Maßgebend ist ja nicht allein seine Lossprechung, sondern in besonderer Weise auch die richtige Verfassung des Beichtkindes zu einer guten Beichte. Voraussetzung dafür bleibt immer, wie schon angeführt, das aufrichtige Bekenntnis aller schweren Sünden. Täuscht jemand ein solches nur vor, empfängt er ohne den ehrlichen Willen, sich zu bessern, die Lossprechung, so ist diese ungültig und unwürdig. Statt von seinen Sünden frei geworden zu sein, hat er zu diesen noch eine neue schwere Sünde auf sich geladen. Jeder muß ja die Bedingungen erfüllen, die Gott für eine gute Beichte aufgestellt hat. Wohl kann der Beichtende den Beichtvater täuschen, Gott aber nicht. Er durchschaut ja die geheimsten Gedanken und durchschaut die verborgensten Falten jedes Herzens.

Wer aber aufrichtigen Herzens seine Sünden bekennt und bereut und sich wirklich bemüht, besser zu werden, darf nicht im geringsten an der grenzenlosen Barmherzigkeit und verzeihenden Liebe Gottes zweifeln. Satan wird gerade auch hier immer wieder zum Mißtrauen versuchen. Aber da gibt es nur eines: ein energisches «Weiche, Satan!» Ich tue, was ich kann und vertraue grenzenlos auf Gott und die Muttergottes. Gott und die himmlische Mutter sind barmherzig und getreu.

Mit der Beichte ist reichster Segen verbunden. Es mögen die schwersten Sünden den Menschen drücken, wenn er sie gut beichtet, werden sie ihm vergeben. Gott stößt kein Kind zurück, das sich ihm wieder aufrichtig nähert. Auch der größte Sünder darf nicht verzweifeln. Satan wird zwar alles aufbieten, um ihn von der Beichte abzuhalten; aber das ist Satan, auf den niemand hören darf. Christus nannte sogar einen Judas noch Freund und entzog sich nicht seinem Verräterkuß[80]. Er hat selbst am Kreuz noch für seine Feinde gebetet: «Vater, verzeih ihnen[81]!» Auch sie hätten diese verzeihende Liebe Jesu erfahren dürfen, selbst ein Annas und Kaiphas, auch die rohe Soldateska, die solchen Spott und Hohn und solche Grausamkeit mit ihm getrieben haben, und seine grausamsten Henkersknechte. Vielen von ihnen ist sie aber wahrscheinlich doch nicht zuteil geworden; nicht weil Christus nicht wollte, sondern weil sie nicht wollten und zu lange schon die Gnade zurückgewiesen hatten.

Hier stehen wir vor einem Geheimnis, das wir nie ergründen können und auch nicht versuchen sollen, es zu ergründen. Aber ernstnehmen soll es jeder. Es gibt ein Verscherzen der Gnade und Liebe Gottes. Es gibt das furchtbare «nun ist es zu spät!» Christus selbst hat dies mit Tränen in den Augen und tiefstem Weh im Herzen gesagt: «Möchtest du es doch erkennen an diesem deinem Tage, was dir zum Heile dient. Nun aber ist es vor deinen Augen verborgen[82]!» Ist es nicht schrecklich, dieses Wort aus dem Munde des besten Hirten zu hören, der das Letzte zur Rettung seines Volkes eingesetzt hat und trotzdem dieses «zu spät» sprechen mußte! Jerusalem ist der Beweis, daß auch die größten Gnaden verscherzt werden können und dann die Stunde kommt, von der ab es keine Rettung mehr gibt.

Was mit Jerusalem geschehen ist, kann jeden treffen, der in frivoler Weise sein Spiel mit Gott und der Gnade treibt; sei es, daß er trotz allen Beichtens nicht das geringste Bemühen zeigt, sich zu bessern; sei es, daß er überhaupt den Anruf zur Beichte und Besserung von vorneherein in den Wind schlägt.

Darum muß gerade der Mensch in tiefster Sündennot, wie ein Ertrinkender selbst noch einen Strohhalm, den Anruf der Gnade mit beiden Händen erfassen. Einen Ertrinkenden kann kein Strohhalm retten. Den Sünder kann aber dieser Anruf der Gnade retten, besonders, wenn er sich innig an die Mutter der Barmherzigkeit, die Zuflucht der Sünder, wendet und auf sie sein ganzes Vertrauen setzt.

Mit der Beichte sind aber auch für den strebsamen Menschen große Gnaden verbunden. Das Bekenntnis der Sünden ist immer ein Akt der Demut und als solcher sehr wertvoll. Selbst wenn sich der Mensch noch so sehr vor Gott selbst verdemütigt, kommt es dem nicht gleich, als wenn er sich vor einem Priester verdemütigt. Der Beweis ist ja, daß es den meisten so schwerfällt. Voraussetzung ist natürlich, daß sich der Beichtende auch wirklich verdemütigt und nicht für eine Anklage gleich zwei Entschuldigungen vorbringt oder mehr von seinen Tugenden als von seinen Fehlern spricht. Ehrlich strebsame Seelen meiden das; sie meiden sogar auch Beichtväter, die zuviel entschuldigen und zuviel loben.

Der besondere Segen der heiligen Beichte ist die immer wachsende Selbsterkenntnis. Sie ist ja die Voraussetzung und Grundlage für ein erfolgreiches Arbeiten an der Seele. Nicht was die Menschen von einem sagen und denken ist entscheidend, sondern wie man vor Gott steht. Nicht die Gebetszustände sind wichtig, sondern der Lebenswandel. Nicht die eine oder andere Tugend, auch nicht die Werke fallen in die Waagschale, sondern was für Fehler der Mensch noch hat und was für neue Fehler sich wieder einschleichen wollen. Jedes Alter hat ja seine eigenen Schwächen.

Es wäre falsch, wenn sich jemand ständig mit sich selbst beschäftigen würde. Er darf nicht grübeln, aber er muß doch größten Wert darauf legen, daß er sich selbst erkennt. Bedingung dafür ist, sich nüchtern zu betrachten und grundehrlich gegen sich selbst sein. Darum muß auch die Bitte immer wiederholt werden: Herr gib, daß ich Dich erkenne und daß ich mich erkenne!

Selbstverständlich kann die Selbsterkenntnis durch die tägliche Gewissenserforschung erreicht werden. Aber das Sakrament der

Beichte vermittelt doch noch mehr Licht und Gnade als eine bloße aszetische Übung.

Deshalb ist es auch bei öfter Kommunizierenden nicht richtig, wenn die Beichte weniger geschätzt und lange hinausgeschoben wird. Zu leicht wuchern dann trotz der öfteren heiligen Kommunion die Fehler. Diese werden nicht mehr genügend ernst genommen und auch nicht mehr genügend bekämpft. Solange darum die Neigung zu menschlicher Schwäche, zu Fehlern und Sünden besteht – und sie besteht wohl für jeden und besteht wohl immer – ist der Empfang des Bußsakramentes sehr wichtig.

Die meisten Gnaden strömen den Menschen durch das Allerheiligste Sakrament des Altares zu. In ihm ist Christus bei uns Menschen geblieben, zwar verborgen, aber wahrhaft, wirklich und wesentlich. In diesem Sakrament setzt er das Kreuzopfer gegenwärtig und läßt jedesmal den Segen dieser Stunden auf Kalvaria in seiner ganzen Fülle aufs neue ausströmen. In diesem Sakrament schenkt er sich selbst jedem Gläubigen mit Fleisch und Blut, mit Leib und Seele, mit Gottheit und Menschheit.

Gegenwart Christi im hochhl. Sakrament

Der gläubige Mensch weiß: Gott ist überall gegenwärtig. Er wohnt ferner in gnadenvoller Weise in jeder Seele, die sich im Stande der Gnade befindet. Er ist zugegen, wo zwei oder drei in seinem Namen versammelt sind. Im Allerheiligsten Sakrament des Altares ist aber doch noch etwas ganz Einzigartiges gegeben. Hier erneuert sich das Wunder der Heiligen Nacht, in der Gott in Christus als Mensch sichtbar wurde. Im Sakrament ist derselbe Christus zugegen, nicht mehr in seinem sterblichen Gewande, sondern in seinem verklärten Leib und in der ganzen Fülle seiner Gottheit. Es ist eine geheimnisvolle, aber wahre und wesentliche Gegenwart. Christus ist da und mit ihm der Vater und der Heilige Geist. Der Sohn Gottes hat wirklich die Verheißung erfüllt: «Ich bleibe bei euch alle Tage bis ans Ende der Welt[83].» Er ist bei uns geblieben, er wohnt unter uns. Er hat eine Stätte, wo die Menschen zu ihm kommen, wo sie mit ihm sprechen können, wo er wirklich ganz aufgeschlossen, ganz hilfsbereit für jeden da ist.

Diese seine Gegenwart gibt darum auch seinen Häusern das ganz eigene Gepräge. Zu allen Zeiten haben sich die Kirchen von anderen

Bauten unterschieden, äußerlich und innerlich. Eine Kirche ist keine Fabrik, sie ist kein Sportpalast, erst recht kein Kino. Eine Kirche aber, die genauso gut solchen Zwecken dienen oder in wenigen Stunden durch ein paar unwesentliche Veränderungen dazu umgestellt werden könnte, verdient nicht den Namen, ein Haus des Herrn zu sein. Anders ist es selbstverständlich in Notkirchen oder wenn das Umgekehrte der Fall ist, daß die genannten Räume zu gottesdienstlichen Zwecken verwendet werden müssen. Diese sind aber dann auch nicht das «Haus des Herrn».

Ebenso ist es mit dem Ehrenthron des Eucharistischen Gottes. Es muß ein Thron sein und nichts anderes. Die Erniedrigung des Herrn in Bethlehem und auf Golgatha ist vorbei. Jetzt verlangt er auch geehrt und angebetet zu werden. Wohl hat er für sich im Sakrament die unscheinbaren Gestalten von Brot und Wein gewählt. Sie können und dürfen nicht verändert werden, aber ebenso steht fest, daß der Herr nicht mehr zurückgesetzt und sein Tabernakel nicht so gewählt werden darf, daß es den Eindruck erweckt, man glaube nicht mehr an seine Gegenwart oder schäme sich ihrer. Bezüglich der Unterbringung des Allerheiligsten Sakramentes im Gotteshaus müssen die Vorschriften der Kirche eingehalten werden. Wer es nicht tut, zeigt damit nur, daß er auch nichts mehr vom Geist des Herrn hat, sondern von einem andern Geist geleitet wird, mögen noch so viele Erklärungen dafür abgegeben werden.

Die Gegenwart des Herrn verlangt selbstverständlich auch Besuchung und Anbetung. Das ist ja der Grund seiner Gegenwart im Sakrament. Christus will immer für die Menschen da sein, aber auch die Menschen sollen immer wieder zu ihm kommen. Er ist ja die Quelle der Gnaden und stets bereit, Gnade zu schenken, nicht nur beim heiligen Meßopfer, sondern auch bei jedem Besuch, der ihm gemacht wird. «Kommet alle zu mir, die ihr mühselig und beladen seid, ich will euch erquicken[84]!» Gerade die Stunden vor dem Tabernakel sind die großen Gnadenstunden der Menschen.

Einzigartig ist das Allerheiligste Sakrament des Altares auch wegen seiner Eigenschaft als Opfer. Das heilige Meßopfer ist ja nicht eine bloße Gedächtnisfeier, auch nicht eine Ergänzung des Kreuzesopfers, erst recht nicht ein vom Kreuzopfer verschiedenes Opfer. Es ist die Gegenwärtigsetzung des Opfers auf Kalvaria. Es ist der Gottesdienst, den Christus seiner Kirche geschenkt hat, den er als Oberster Hoherpriester immer wieder selbst vollzieht und bei dem er auch selbst wieder die Opfergabe ist. Der amtierende Priester, Brot und Wein sind ihm nur Werkzeug und Mittel.

Durch das Kreuzesopfer wurde die Welt erlöst. Im heiligen Meßopfer werden die Gnaden der Erlösung den Menschen zugewendet. Gott kann darum auf keine andere Weise besser geehrt und mehr verherrlicht werden; die Menschen können auf keine andere Weise größere Gnaden bekommen als durch die Feier der heiligen Messe. Auch der Hölle werden niemals größere Niederlagen zugefügt als durch die würdige Darbringung dieses Opfers. Das heilige Meßopfer ist der größte Exorzismus; dadurch wird die Macht Satans immer wieder gebrochen. Die Feier und die Mitfeier der heiligen Messe sind wirklich die größten Gnadenstunden des Tages.

Es wäre falsch, den Eucharistischen Gottesdienst zu einer bloßen Tischgemeinschaft herabzudrücken. Die heilige Kommunion ist selbstverständlich der Höhepunkt der Hingabe des Sohnes Gottes an die Menschen. Am Kreuzaltar auf Kalvaria hat er sich für alle geopfert. Hier kommt zu diesem Opfer noch die Hingabe seiner selbst an jede einzelne Seele. Für den Menschen und sein Erleben ist die heilige Kommunion das Größte. Für die Verherrlichung Gottes ist es das heilige Meßopfer, besonders die heilige Wandlung, in der sich die Gegenwärtigsetzung des blutigen Opfers auf Kalvaria unblutigerweise auf unseren Altären vollzieht. Nicht in der gemeinsamen Speisung der Gläubigen mit dem Leib des Herrn, sondern in der Verherrlichung des Vaters und der Versöhnung des Menschengeschlechtes mit Gott liegt das Wesen des katholischen Gottesdienstes. Er ist das erhabenste Lob- und Dank-, Sühne- und Bittopfer für alle Zeiten. Er ist nicht nur Kommunion, der katholische Gottesdienst ist das heilige Meßopfer.

Die heilige Kommunion ist nur das Geschenk Gottes für seine Kinder und vom Kommunizierenden her die Bereitschaft, Christus als Gast in sein Herz aufnehmen zu wollen und die Tatsache, ihn aufgenommen zu haben. Ohne das Opfer auf Kalvaria gäbe es keinen vollkommenen Gottesdienst und auch kein heiliges Meßopfer. Ohne Meßopfer gäbe es keinen Christus in den Eucharistischen Gestalten und keine heilige Kommunion; konsekriert darf ja nur in der heiligen Messe werden. Der rechtmäßig geweihte Priester könnte es wohl auch außerhalb derselben gültig tun; es ist aber streng verboten.

Das heilige Meßopfer ist darum in der Kirche Gottes zu allen Zeiten als der wertvollste Gottesdienst geschätzt und bestätigt worden. Kranke Priester haben mit dem letzten Aufgebot ihrer Kräfte das heilige Opfer gefeiert und es als ganz große Gnade betrachtet, wenn sie es noch bis zu ihrem Sterbetag tun konnten. Sie hatten den lebendigen Glauben, daß Gott durch die Feier des heiligen Meßopfers unendlich verherrlicht werde. Sie waren überzeugt, Gott kann auf diese Weise nie genug verherrlicht werden, weil er auf der anderen Seite auch durch die Sünde immer soviel beleidigt wird. Die Menschen können gar nicht genug Gnade dadurch bekommen. Sie haben nie an der Tatsache gezweifelt, daß das heilige Meßopfer unendlichen Wert hat und in seinen Gnadenschätzen unausschöpfbar ist. Sie wußten aber nur zu gut, daß der Mensch, sowohl der Priester wie der Laie, beschränkt sind und jeder von beiden oft nur mit einem ganz kleinen Gefäß aus dieser unendlichen Quelle schöpfen kann. Es ist darum stets gut, wenn Priester und Laien öfter zum Schöpfen kommen und wenn besonders der Priester den Laien öfter die Möglichkeit dazu bietet. Es kann beides gar nicht zu oft sein, weder für den Priester noch für den Laien. Übertreibungen und daraus sich ergebende Vernachlässigung anderer Pflichten, besonders bei «frommen Seelen», sind kein Beweis gegen die einwandfrei gute Sache. Mißbrauch gibt es überall; aber er ist nicht entscheidend und muß eben abgestellt werden.

Nach dem kirchlichen Gesetzbuch ist der Priester nicht verpflichtet, täglich das heilige Opfer zu feiern. Die Kirche wird ihren Grund für diese Bestimmung haben. Es kann aber wohl nicht abgeleugnet werden, daß ein Unterschied besteht bezüglich der Verherrlichung Gottes und der Gnadenvermittlung an die Gläubigen, ob der Priester einmal in der Woche oder täglich an den Altar tritt. Wer nur einmal in der Woche im Heiligtum steht, verehrt Gott durch diesen höchsten Gottesdienst nur einmal in der Woche und vermittelt nur einmal der ihm anvertrauten Gemeinde die damit verbundene und frei gewordene Gnadenfülle.

Es wird auch kaum für einen Priester in der Sterbestunde eine Erleichterung sein und im Gericht zu seinen Gunsten sprechen, wenn er ohne Grund Gott um diese Ehre und die Gläubigen um diese Gnaden gebracht hat. Priester und Laien müssen sich bewußt sein: Nichtausnützen bereitliegender Gnaden, Zurückweisung göttlicher Liebesbeweise können in die Gattung «Unterlassungssünden» hineingleiten. Der Hinweis auf die Parabel von den Talenten[85] ist hier durchaus nicht abwegig. Hier läßt der Herr erkennen, wie Gott darüber urteilt, wenn der Mensch mit seinen Talenten nicht arbeitet und nicht wuchert. Zu den wertvollsten Talenten aber, die ein Mensch bekommen kann, gehört die Priesterwürde und das höchste im Priestertum ist die unaussprechliche Gnade, das heilige Opfer feiern zu dürfen, für den Laien die Teilnahme am heiligen Opfer und der Empfang der heiligen Kommunion.

Fromme Laien, Männer wie Frauen, schleppen sich noch als Kranke zum heiligen Meßopfer. Man hätte ihnen die heilige Kommunion ans Bett gebracht; aber eine einfache Priestermutter sagte dazu: «Ich will auch dem heiligen Meßopfer beiwohnen; ich muß für meinen Sohn beten.» Sie empfand eben, daß das Gebet in der heiligen Messe und ihre Mitfeier doch mehr ist als Gebet außerhalb derselben. Sie blieb aus dieser Hochschätzung des heiligen Opfers heraus trotz schwerer Leiden auch noch in einer zweiten heiligen Messe.

Sie glaubte nicht, daß eine nicht genüge und zweifelte auch nicht an dem unendlichen Wert des heiligen Opfers. Sie war nicht theologisch gebildet; aber sie hatte ein gesundes, katholisches Empfinden und konnte soviel rechnen, daß sie sich sagte: Die Anteilnahme an zwei heiligen Messen ist doch mehr als der Besuch von einer. Ich kann Gott zweimal verherrlichen und zweimal eine Fülle von Gnaden aus dem heiligen Opfer schöpfen.

Selbstverständlich spielen noch andere Momente herein: Die Disposition der Gläubigen, die Absicht, mit der man dem heiligen Opfer beiwohnt, die Andacht und vor allem der eigene Lebenswandel.

Es wäre aber auch falsch der heiligen Messe beizuwohnen und dabei nur an sich zu denken; darauf aus zu sein, daß man selbst möglichst vielen heiligen Messen beiwohnen kann, während man andere mit den eigenen Pflichten und Arbeiten belastet. Gott ist es viel wohlgefälliger, einmal für sich auf eine heilige Messe zu verzichten und dadurch anderen den Besuch derselben zu ermöglichen. Ebenso ist es auch viel besser, nur einer heiligen Messe beizuwohnen und seine Berufs- und Standespflichten aufs beste zu erfüllen, als mehrere heilige Messen zu hören und dafür diese Pflichten zu vernachlässigen. Immer will Gott die Ordnung eingehalten haben.

Was hier ausgeführt wurde, sind grundsätzliche Erwägungen, welche immer schon Anschauung und Praxis der Kirche gewesen sind. An ihnen kann und darf nicht gerüttelt werden, mögen noch so bestechende und gelehrte Erklärungen gegeben werden. Der Teufel findet für alle eine Erklärung. Nicht auf schöne Erklärungen, sondern auf die Wahrheit kommt es an. Diese ist aber immer sehr in Frage gestellt, wenn ohne wirkliche und dringende Gründe jahrhundertealte Traditionen verächtlich abgetan werden.

Es wurde schon angedeutet, daß für den Empfang der Opfergnaden auch eine entsprechende Disposition notwendig ist. Das gilt ohne Zweifel für den Priester und auch für die Gläubigen. Wer als gläubiger Christ im Stande der schweren Sünde dem heiligen Meßopfer beiwohnt, bekommt wenig oder gar keine Gnaden. Er muß mindestens zu Beginn des heiligen Opfers seine Sünden bereuen.

Furchtbar wäre es, wenn ein Priester im Stande der schweren Sünde das Opfer feiern würde. Für ihn wäre es ein Sakrileg, ein Verbrechen von einem Ausmaß, das ein Gläubiger bei allen sonstigen Verbrechen kaum erreichen kann. Wer an den Altar tritt, muß im Stande der Gnade sein und alle Kräfte einsetzen, um sich vom Versucher nicht überwältigen zu lassen.

Die Erhabenheit der heiligen Handlung verlangt sodann aufmerksam Teilnahme am heiligen Opfer und innere Sammlung. Nicht bei allen Kirchenbesuchern ist sie vorhanden. Manche stehen am Sonntag nur die Zeit ab. Andere geben durch ihre Haltung Ärgernis. Sie beleidigen Gott dadurch mehr als sie ihn ehren. Immerhin ist es aber noch besser, wenn einer auf diese Weise das Sonntagsgebot – allerdings sehr schlecht – noch erfüllt, als wenn er jahrelang überhaupt nicht mehr in die Kirche geht. Im ersten Falle liefert er den Beweis, daß er dieses Gebot doch wenigstens noch erfüllen will, wenn er es auch dem Geiste nach nicht mehr erfüllt. Aber es ist doch die Möglichkeit gegeben, daß ihn dann eines Tages ein Strahl der Gnade trifft und er sein Leben zu bessern beginnt.

Die liturgische Bewegung hat zu einer lebendigen Anteilnahme der Gläubigen bei der Feier des heiligen Meßopfers geführt. Das Mitbeten der Meßtexte leistet hier sehr gute Dienste. Doch ist das nicht die einzige Gott wohlgefällige Art, der heiligen Messe beizuwohnen. Papst Pius XII. hat das in seiner Encyklika *Mediator Dei* ausdrücklich betont und folgende Gründe dafür angegeben:

«Es ist doch so, daß nicht wenige Christgläubige das Missale Romanum, auch wenn es in der Muttersprache gedruckt ist, nicht zu gebrauchen vermögen; auch sind nicht alle begabt genug, die Riten und liturgischen Formulare richtig und angemessen zu verstehen. Talent, Anlage und Menschensinn sind so stark verschieden, daß nicht alle auf die gleiche Weise von den Gebeten, Liedern und heiligen Handlungen, die Allgemeingut sind, sich bewegen und führen lassen können. Und außerdem sind die Bedürfnisse der Seelen und die Neigungen ihres Strebens nicht bei allen die gleichen und bleiben auch nicht bei den einzelnen dauernd sich gleich. Wer möchte also, von vorgefaßter Meinung dazu gedrängt, behaupten, all diese Christen könnten nicht am eucharistischen Opfer teilnehmen und seine Segnungen nicht genießen? Aber freilich können sie es; nur auf eine andere Weise, die eben manchen leichter fällt; so z. B. können sie die Geheimnisse Jesu Christi fromm überdenken oder sonstige fromme Übungen vollziehen und andere Gebete verrichten, die zwar der Form nach von den heiligen Riten sich unterscheiden, ihrer Natur nach aber gleichwohl mit denselben übereinstimmen[86].»

Auf jeden Fall bleibt oberste Forderung: Im Gotteshaus sollten unsere Gedanken immer wieder auf den im Tabernakel und auf dem Altar gegenwärtigen Gott gerichtet sein. Ohne diese innere Anteilnahme und Aufmerksamkeit ist auch der schönste Gottesdienst nur eine öffentliche Kundgebung, dient aber nicht der Verherrlichung Gottes und auch nicht zur Vermittlung der Opfergnaden.

Der entscheidende Faktor beim Empfang des Segens der heiligen Messe ist die Höhe des Gnadenstandes. Dieser ist gleichsam das Gefäß, mit dem der Mensch aus der überströmenden Gnadenfülle des Opfers seine Gnaden schöpft und auch anderen vermittelt. Ist dieses Gefäß sehr klein, dann nützt die ganze Überfülle der Gnaden beim heiligen Opfer nicht viel. Er kann nur soviel schöpfen, als in sein Gefäß hineingeht. Ebenso ist es auch mit der Vermittlung der Gnaden für andere. Auch hier spielt die Größe des eigenen Gnadenstandes eine starke Rolle und dieses ist der Grund, warum zweimal mit dem Gefäß schöpfen mehr einbringt als nur einmal schöpfen.

Der Priester vermittelt dem Täufling das Geschenk der Gotteskindschaft. Er nimmt dem Sünder in der heiligen Beichte die Sünden weg. Er stärkt den Sterbenden in der heiligen Ölung zum letzten Kampf. Er ruft Christus bei der heiligen Messe auf den Altar herab und reicht ihn den Gläubigen in der weißen Hostie. Damit ist diesen immer ein gewisses Maß von Gnaden gesichert. Christus ist es ja, der tauft, der Sünden nachläßt, der zum Lebenskampf stärkt. Christus ist im heiligen Meßopfer der Opferpriester und die Opfergabe. Darum sollen die Gläubigen immer voll Vertrauen auf Christus schauen, der keinen, welcher guten Willens ist, zu kurz kommen läßt.

Der Priester muß aber im Verantwortungsbewußtsein für seine Herde sehr das Bild vom Gefäß, noch besser vielleicht vom Kanal, vor Augen haben und sich sagen: es hängt von meinem Gnadenstand ab, ob die Menschen durch mich mehr oder weniger Gnaden bekommen.

Die heilige Kommunion

Einzigartig ist die heiligste Eucharistie noch wegen der heiligen Kommunion. Hier geht Christus wirklich mit jeder Seele die innigste Vereinigung ein, die es überhaupt gibt. In ihr hat er sich zum Brot des

Lebens gemacht, das tatsächlich Leben spendet. «Wie mich der lebendige Vater gesandt hat und ich durch den Vater lebe, so wird auch der, der mich ißt, durch mich leben[87].» In diesem Sichschenken zeigt Christus die letzte und tiefste Liebe. Noch mehr konnte selbst er nicht tun.

Auch hier funkt die Hölle herein und verführt zu Einseitigkeiten. Die heilige Kommunion ist in bezug auf den Gnadenempfang der Höhepunkt des heiligen Opfers. In ihr bekommt ja der Mensch den Urheber der Gnaden selbst, seinen Heiland und Erlöser, seinen besten Freund, die unendliche Liebe geschenkt. Es ist ein Sichtreffen zwischen Gott und Mensch, ein Sichfinden auf du und du.

Deshalb darf nicht übrsehen werden: Gemeinschaftskommunion und die in ihr sichtbare Tischgemeinschaft der Gläubigen ist wohl etwas Erhebendes; aber der Wert der heiligen Kommunion und die Freude, die der einzelne dem Heiland macht, liegt nicht in der Gemeinschaft. Die heilige Kommunion ist das Persönlichste, was es gibt. Sie ist der Besuch des Heilandes bei der Einzelseele. Der Herr kommt zu dem Kommunizierenden selbst. Er möchte für ihn da sein und ihn auch für sich haben. Wird ehrlich geprüft, muß zugestanden werden: hier ist die Gemeinschaft mehr Ablenkung als Förderung. Wenn sich der einzelne in den heiligsten Augenblicken, in denen der Herr in seinem Herzen weilt, nicht ganz von der Umgebung loslöst und wirklich allein mit dem Alleinigen verweilt, wird diese heilige Kommunion dem Heiland weniger Freude und dem Betreffenden auch weniger Gnaden bringen.

Wohl hat der Herr das Wort gesprochen: «Wenn zwei oder drei in meinem Namen versammelt sind, dann bin ich mitten unter ihnen[88].» Er hat aber auch das Wort vom Verweilen im stillen Kämmerlein gesprochen[89]. Letzteres gilt besonders, wenn er selbst Einzug in eine Seele gehalten hat und dort weilt. Ohne persönliches Gebet ist der Mensch überhaupt kein Christ, sondern nur ein religiöses Herdentier. Das wäre besonders bei der heiligen Kommunion schlimm. Das persönliche Beten muß gelernt werden, nicht daß der einzelne bloß in der Masse mitgezogen wird.

Ein Umstand bei der Kommunionausteilung darf auch nicht übersehen werden. Gewiß ist das Ideal der Empfang der heiligen Kommunion als Opfermahl in der heiligen Messe. Jahrhundertelange Praxis der Kirche beweist aber: der Herr weigert sich nicht, zu seinem Kinde zu kommen, auch wenn ihm am Werktag beim besten Willen die Zeit mangelt, einer ganzen heiligen Messe beizuwohnen. Christus sucht ja auch seine Kranken unter den Eucharistischen Gestalten auf, selbst wenn sie schon jahrelang nicht mehr seinem heiligen Opfer beiwohnen konnten. Gerade die heilige Kommunion ist eine Gnadenquelle und Gott hat durch Papst Pius X. die Gläubigen zu dieser Quelle gerufen. Es müßten ihnen darum auch alle Möglichkeiten gegeben werden, gerade unter den schwierigen Verhältnissen, die durch die heutige Berufstätigkeit vielfach gegeben sind, aus diesen Gnadenquellen zu schöpfen. Ist es nicht erfreulich, daß Gläubige, die den ganzen Tag in schwerer Arbeit stehen und weite Wege zur Arbeitsstätte haben, sich noch die Zeit nehmen, die heilige Kommunion zu empfangen, auch wenn sie nachher nicht mehr der heiligen Messe beiwohnen können? Hier wäre die Praxis, die heilige Kommunion nur während der heiligen Messe auszuteilen, eine unbillige Härte und es würde den Hirten der schwere Vorwurf treffen, er habe den Kindern das Brot verweigert.

Damit ist der oftmalige Empfang der heiligen Kommunion schon berührt. Es ist selbstverständlich, daß man dem Heiland keine Freude macht, wenn man ihn nur einmal oder selten im Jahr als Gast in sein Herz aufnimmt. Alle Gründe, womit das entschuldigt wird, sind leere Ausreden und gelten vor Gott nicht. Wer selten die heilige Kommunion empfängt, belügt sich selbst, wenn er behauptet, er habe Gott sehr lieb und tue alles für seine eigene Seele. Gewiß ist die heilige Kommunion nicht die einzige Gnadenquelle, aber sie ist die größte. Christus hat das selbst versichert: «Wer mein Fleisch ißt und mein Blut trinkt, der bleibt in mir und ich in ihm[90].» Jeder Mensch hat die Möglichkeit, sich oft aus dieser Quelle Gnaden zu holen. Wer es nicht tut, ist selbst schuldig und hat keine Entschuldigung, wenn er im Kampf des Lebens nicht so durchstehen kann, wie er es sollte und auch könnte, sobald er sich die nötigen Gnaden holen würde.

Vom Gnadenempfang der heiligen Kommunion gilt, was vom Gnadenempfang des heiligen Opfers bereits gesagt wurde. Es hängt vom Gnadenstand und vom guten Willen ab, mit dem der Mensch den Heiland in sein Herz aufnimmt. Sehr wichtig ist hier die Gesamtvorbereitung durch den Lebenswandel und dann die jeweilige Vorbereitung und Danksagung.

Zu große Ausgegossenheit und Vergnügungssucht nimmt den Sinn für die öftere heilige Kommunion. Bringt der Mensch es aber fertig, beides miteinander zu verbinden, darf er nicht damit rechnen, reiche Gnaden aus der heiligen Kommunion schöpfen zu können. Hier gilt nämlich das Wort: «Niemand kann zwei Herren dienen[91]!» Christus läßt sich nicht in jede Reihe hineinstellen. Er war im Leben demütig und anspruchslos, aber er kann sich trotzdem nicht vergeben und muß im Herzen des Kommunizierenden schon den ersten Platz verlangen.

Ebenso gilt von der heiligen Kommunion, was von jeder wichtigen Arbeit und von jedem bedeutungsvollen Empfang gilt: es ist eine entsprechende Vorbereitung notwendig. Die heilige Kommunion ist mit das größte Werk im Heilsplan; darum darf ihr Empfang nicht so nebenbei geschehen. Es ist ganz abwegig, sich hier auf einen Vergleich mit der Speise zu berufen, die auch von sich selbst aus ihre Wirkung hervorbringen würde. Christus ist keine gewöhnliche Speise. Er darf seiner Persönlichkeit nicht beraubt und die Wirkung der heiligen Kommunion nicht zum bloßen Verdauungsprozeß herabgewürdigt werden.

Beim Empfang hoher Persönlichkeiten und auch schon einfacher, aber lieber Menschen, werden unter Umständen große Vorbereitungen getroffen. Das darf auch beim Empfang der höchsten und liebsten Persönlichkeit nicht unterlassen werden. Christus verlangt selbstverständlich keine Äußerlichkeiten. Er ist auch mit einem Mindestmaß von Vorbereitung zufrieden; aber auf dieses Mindestmaß kann er nicht verzichten.

Noch mehr gilt das von der Danksagung. Schon fremde Gäste in einem Hotel werden nicht wortlos in ihr Zimmer geführt und dann ihrem Schicksal überlassen. In jeder Weise werden ihnen Aufmerksamkeiten erwiesen, sonst kommt bald kein Gast mehr. Christus aber, der in der heiligen Kommunion mit der ganzen Fülle der Liebe seines Herzens kommt, empfängt oft sehr wenig Aufmerksamkeit, vielleicht kaum einen liebenden Willkommensgruß.

Es ist ein Jammer: auf die Bekanntschaft mit den Großen dieser Erde geben die Menschen so viel. Wenn sie eine Audienz bekommen, sind sie selig. Geht es um wichtige Dinge, dann sind sie sehr froh, an die entsprechenden Persönlichkeiten herankommen zu können. Sie nützen jeden Augenblick aus, um ihr Ziel zu erreichen. Hier aber ist die höchste Persönlichkeit, die unendliche Liebe, das freigebigste und hilfsbereiteste Herz. Hier bekommt man alles angeboten, Gnade und Liebe. Und doch hat man für Christus bei einem Besuch oft nicht einmal zehn Minuten Zeit. Deshalb müssen diese wertvollen Minuten nach der heiligen Kommunion recht gut ausgenützt werden. Selbstverständlich können jene, die die Pflicht schon wieder ruft, die Danksagung auch auf der Straße beten. Wer aber die Möglichkeit einer längeren Danksagung in der Kirche hat, muß dem Heiland diese Zeit noch widmen, wenn man sich nicht selbst um den großen Nutzen der heiligen Kommunion bringen will.

Der Satz: «Wir tragen Christus in den Alltag», kann nur dann verwirklicht werden, wenn man vorher einen persönlichen Kontakt mit Christus bekommen hat. Es braucht das nicht jedesmal ein Erlebnis zu sein. Der Mensch muß nur von sich aus das Seine tun; dann geschieht von Christus her das andere und und zwar stets in überströmender Liebe und in überströmendem Maß.

Bei der guten Danksagung geht es immer um das persönliche, einfache, schlichte, kindliche Sprechen mit Christus. Wer zudem versucht, seine Mahnung zu befolgen «bleibt in mir[92]!», wer tagsüber auch öfter an den lieben, am Morgen ins Herz eingetretenen Gast denkt, öfter einen lieben Gedanken, ein liebes Wort für ihn übrig hat, der wird Christi Schutz und Segen auch im Alltag spüren dürfen. Er wird ihn überdies auch ohne viele Worte und ohne große Aktivität in die Welt hineintragen. Von einem Menschen, der in inniger Lebens- und Liebesgemeinschaft mit dem in seinem Herzen wohnenden Gott steht, wird Segen ausstrahlen, auch wenn er kein Wort von Christus sprechen würde. Im andern Fall ist das Apostolat ohne Innerlichkeit nur leerer Schall; Spreu, die der Wind sehr schnell verweht. Darum wünscht die himmlische Mutter dringend, daß die Priester und ihre Kinder dem Heiland im Sakrament wirklich Freude bereiten und aus der reichsten Quelle der Gnade fleißig schöpfen.

Für die Schwierigkeiten und den Kampf des Lebens hat Gott seinen Kindern noch die Sakramentalien geschenkt. Sie sollen ein besonderer Schutz in Gefahren von Seiten der Hölle, sein.

Die von der Kirche gebrauchten Segnungen und geweihten Gegenstände haben mit Aberglauben nichts zu tun. Es kann sich natürlich eine abergläubische Auffassung und ein abergläubischer Gebrauch damit verbinden. Die Hölle sucht ja alles für sich umzuwandeln. Auch Sakramente können in schwerster Weise mißbraucht werden und werden es leider auch. Aber der Mißbrauch einer Sache ist nie ein Beweis gegen den Wert und Nutzen der Sache selbst. Die Sakramentalien gehören zum Rüstzeug des Christen im Lebenskampf und im Kampf gegen die Hölle.

Den ersten Platz nimmt unbestritten das Kreuz ein. Es war früher das Zeichen der Schmach und des Fluches. Im Römerreich durfte kein römischer Bürger gekreuzigt werden, nur Sklaven. Im Alten Testament steht das furchtbare Wort geschrieben: «Verflucht sei jeder, der am Holze hängt[93]!» Selbstverständlich hatte das auch nur unter bestimmten Voraussetzungen Geltung. Aber jedenfalls sieht man daraus das Unfaßbare, das Christus auf sich nahm, als er in freiem Entschluß aus Liebe zu uns in tiefster Schmach und Qual am Kreuze sterben wollte. Nur durch ihn und dieses Sterben hat das Kreuz eine andere Bedeutung und seinen hohen Wert bekommen. Jetzt ist es das Zeichen des größten Sieges der Weltgeschichte, des Sieges Christi über Tod und Teufel, jetzt ist es das Schreckenszeichen für die Hölle, das überall, wo es gläubig aufgestellt, getragen und dem Teufel entgegengehalten wird, seiner Raffinesse und seiner Macht das Halt und das «Weiche, Satan!» gebietet. Satan fürchtet das Kreuz und was vom Kreuz ausgeht. Satan versucht freilich auch das Kreuz zu entwerten und zu schänden. Er kann letzteres zuweilen, aber es sind Ausnahmen. Er kann es nie ohne Hilfe der Menschen, sei es, daß ein Mensch sich dazu hergibt oder ein Besessener nicht genug Widerstand leistet. Immer bereitet das Berühren des Kreuzes Satan selbst große

Qual; aber er verbeißt diese, um seine Wut am Gekreuzigten auslassen zu können. Auch diese Zulassung gehört zu den Geheimnissen Gottes. Es sind Ausnahmen. In der Regel fürchtet der Teufel das Kreuz und geht ihm aus dem Weg. Dem Christen aber, der tiefgläubig das Kreuz umfaßt und sein ganzes Vertrauen auf den Gekreuzigten setzt, ist es eine unüberwindbare Waffe und Quelle der Kraft selbst im schwersten Kampf.

Eine ähnlich große Kraft wie das Kreuz hat der heiligste Name Jesus. Auch ihn soll der Christ oft zu seinem Schutze gebrauchen und besonders der Sterbende anrufen. «Im Namen Jesu sollen sich alle Knie beugen im Himmel, auf Erden und unter der Erde[94].» Im Namen Jesu muß der Christ sein «Weiche, Satan!» sprechen.

Nach dem Kreuz und dem Namen Jesus kommt an Bedeutung und Kraft der Rosenkranz. Auf ihm liegt die Weihe der Kirche, der besondere Schutz der himmlischen Mutter und der Segen der unzähligen Ave, durch die die Gottesmutter schon verherrlicht und um Hilfe gebeten wurde. Die Bedeutung des Rosenkranzes wurde immer wieder von den Päpsten den Gläubigen nahegelegt. Papst Leo XIII. allein forderte zehn Jahre lang jedes Jahr durch ein eigenes Rundschreiben über den Rosenkranz die Gläubigen zum Rosenkranzgebet auf. Pius XI. schrieb in seiner Rosenkranzenzyklika: «Man kann durch das Rosenkranzgebet jede Gnade erlangen, wenn man den Rosenkranz in der richtigen Gesinnung und in der richtigen Weise zur himmlischen Mutter betet[95].» In ihren von der Kirche anerkannten Erscheinungen in Lourdes und Fatima hat die Hohe Frau das Rosenkranzgebet dringend empfohlen. Wieviel Siege hat der Rosenkranz schon über die Feinde der Kirche errungen!

Das heilige Skapulier vom Berge Karmel ist das Gnadengeschenk der Königin des Karmels, ihr Kleid, das ihre Kinder tragen sollen. Sie selbst hat es dem heiligen Simon Stock, dem General ihres ältesten Ordens, überreicht mit den Worten: «Nimm hin, mein geliebter Sohn, dieses Kleid als Unterpfand meines mütterlichen Schutzes! Es ist ein Schutzkleid in den Gefahren des Leibes und der Seele. Wer mit diesem Gewande bekleidet stirbt, wird das ewige Feuer nicht erleiden[96]!» Wie der Rosenkranz, so erfreut sich auch das Skapulier vom Berge Karmel des ständigen Wohlwollens der Päpste. Immer wieder haben diese auf dieses heilige Kleid der himmlischen Mutter hingewiesen[97]. Mit der Rosenkranzbruderschaft ist die Skapulierbruderschaft unserer Lieben Frau vom Berge Karmel wohl die verbreitetste und segensreichste Bruderschaft. In Fatima hat sich die Muttergottes bei der letzten Erscheinung auch zu erkennen gegeben als Unsere Liebe Frau vom Berge Karmel[98].

Sehr bekannt und wertvoll und auch von der Muttergottes gesegnet ist die wundertätige Medaille, die die himmlische Mutter ihrer Kirche besonders für die Bekehrung der Sünder geschenkt hat.

Sakramentalien sind sodann auch das Weihwasser und die geweihten Kerzen.

Das Gebet, das bei der Weihe des Wassers gesprochen wird, gibt genügend Aufschluß über seine Bedeutung und Kraft[99]. Es ist wohl das am meisten gebrauchte Sakramentale in Verbindung mit dem Kreuzzeichen und ein ganz großer Schutz gegen die Hölle. Die Kirche verwendet es zusätzlich bei allen Weihen und Segnungen. Der Christ soll kein Gotteshaus betreten und verlassen, ohne Weihwasser genommen zu haben, und in gleicher Weise soll er es morgens und abends und beim Betreten und Verlassen seines Hauses halten.

Gegen Blitz und Ungewitter und für die schweren Stunden des Todes sind besondere Sakramentalien noch die geweihten Kerzen.

Daneben gibt es noch viele andere Sakramentalien: die verschiedenen Medaillen, Skapuliere und sonstige Andachtsgegenstände. Sie sind gut und waren jeweils aus dem Bedürfnis der Zeit hervorgegangen. Sie wollen je nach innerer Anregung gebraucht werden. Doch ist auch hier vor Übertreibung und Überladung zu warnen. Maßhalten im gesunden Vertrauen ist nie notwendig, aber für das richtige Maß im äußeren Gebrauch der Dinge zu sorgen, ist für alles zu empfehlen, auch für den Gebrauch der Sakramentalien.

DIE TUGENDEN IM GEGENSATZ ZU DEN «AUFFALLENDEN» WERKEN

Ein weiterer Gegensatz zwischen dem Arbeitsfeld Satans und der Mutter der Kirche besteht in der Einstellung beider zu den auffallenden Werken und den Tugenden.

Satan liebt das Auffallende. Dieses blendet und imponiert den Menschen. «Bist du Gottes Sohn, so befiehl, daß diese Steine da zu Brot werden[100].» Der Heiland läßt Steine Steine sein und macht sie nicht zu Brot. Er wird Brote wunderbar vermehren, wenn es gilt, Hungrige zu speisen und sie für die Annahme des Glaubens an das kommende große Wunder der heiligen Eucharistie vorzubereiten. Aber Schauwunder wirkt er nicht. «Bist du Gottes Sohn, so stürze dich hinab[101]!» Die Pharisäer werden immer wieder ein Zeichen verlangen. Hier wäre eines, das ihnen imponieren würde? Trotzdem stürzt sich der Herr nicht hinab. Er wird ihnen andere Wunder zeigen, vor allem sein vorbildliches Leben. «Wer von euch kann mich einer Sünde überführen[102]?» Er wird ihnen vor allem das Beispiel seiner grenzenlosen Geduld und Liebe in seinem Leiden geben.

Wohl sagt er: «Wenn ich nicht die Werke meines Vaters tue, so braucht ihr mir nicht zu glauben. Wenn ich sie aber tue und ihr wollt mir nicht glauben, so glaubt doch den Werken[103]!» Der Herr verzichtet nicht auf Werke. Er wird die Seinen sogar noch größere Taten verrichten lassen, als er gewirkt hat[104].

Aber es müssen die Werke sein, die der Vater will, die aus der richtigen Gesinnung und Haltung und einem guten Willen kommen. «So trägt jeder gute Baum gute Früchte. Ein schlechter Baum aber trägt schlechte Früchte[105].»

Die Pharisäer und Schriftgelehrten haben auch Werke verrichtet; sie haben gewissenhaft gefastet und alles bis auf den Heller verzinst. Äußerlich sind sie vorbildlich gewesen. Nach dem Zeugnis des allwissenden Gottes waren sie innerlich morsch. Übertünchte Gräber hat sie der Herr genannt[106]. Darum Vorsicht bei den Werken!

In die Werke mischt sich sehr leicht Satan ein. Hier können sich auch alle Leidenschaften des Menschen auswirken.

Gott und die himmlische Mutter verwerfen nicht alle Werke. Auch im Reiche Gottes muß etwas geleistet werden. Was wurde im Laufe der Jahrhunderte nicht alles geschaffen! Aber Gott ließ immer wieder betonen: Der Wert des Menschen liegt nicht in seinen Werken, sondern in seinem Innern, in seiner Gesinnung, in seiner Einstellung und Haltung gegen Gott, in seinem ganzen Charakter. Der Lehrer der Mystik sagt ausdrücklich: «Gott liebt an dir den mindesten Grad der Gewissenhaftigkeit mehr als alle deine Werke, die du vollbringen kannst[107].» Die Arbeit an sich selbst ist wichtiger als die Arbeit nach außen; besser noch: beide müssen im Einklang stehen. Ohne auffallende Werke kann man heilig werden, aber nicht ohne ganz große Tugend. Darum sind viel wichtiger als die «auffallenden Werke» die Tugenden.

Einige derselben werden noch im Kapitel «Marienverehrer» behandelt. Darum seien hier nur zwei Tugenden herausgegriffen, welche die meiste Anstrengung kosten, dafür aber auch sehr grundlegend sind. Sie wurden vom Heiland selbst als Bedingung für die Jüngerschaft aufgestellt: «Wer mir nachfolgen will, verleugne sich selbst, nehme sein Kreuz auf sich und folge mir nach[108]!» Also Abtötung und Opfergeist.

Notwendigkeit der Abtötung

Die Arbeit an sich selbst ist die schwerste. Durch die Erbsünde wurde die Harmonie im Menschen gestört. Selbst der Völkerapostel klagt: «Ich nehme in meinen Gliedern ein anderes Gesetz wahr, das im Streite liegt mit dem Gesetze meines Geistes[109].»

Wer nicht strebt, hat es anscheinend leichter, doch nur anscheinend und nur bis zu einem gewissen Grad. Er weicht dem Kampf aus, aber er belastet damit sein Gewissen. Man kann den Leidenschaften, der Welt und dem Versucher nicht nachgeben, ohne mit Gottes Geboten in Konflikt zu kommen. Das ist aber das größere und das einzige Übel und Unglück.

Gott verlangt von jedem Menschen ein gewisses Maß von Abtötung. Sie gehört zum ABC des geistlichen Lebens. Auch in dieses Gebiet hat die Hölle ihre Vorstöße unternommen, leider nicht ohne Erfolg. Das Wort Abtötung ist heute geächtet. Man will nicht mehr die Abtötung, sondern das Leben; nicht mehr den Verzicht, sondern das Genießen. Die alte Aszese wurde in Verruf gebracht, sie passe nicht mehr für den modernen Menschen. Auch die Aszese sei zeitbedingt und müsse der Zeit angepaßt werden. Doch auch heute noch gilt: Wer sich nicht beherrschen und überwinden will, wer zu verlockenden aber verbotenen Freuden nicht Nein sagen kann, wer nicht einmal auf Erlaubtes zu verzichten imstande ist, bleibt ein Schwächling sein Leben lang. Er bringt es nicht einmal in dieser Welt zu etwas und erst recht nicht im geistigen Leben.

Heilige ohne Abtötung gibt es nicht. Nach dem Muster der modernen Aszese, welche die alte herabsetzt und ablösen will, ist noch niemand heilig geworden und wird es auch keiner werden. Diese genügt nicht einmal zur Vermeidung der Sünde, geschweige denn zur Vollkommenheit. Sie führt nur zur Selbsttäuschung oder Heiligkeit in der Einbildung, zur Scheinheiligkeit.

Gott verlangt die Beherrschung des ganzen Menschen, all seiner Kräfte, Sinne und Triebe. Daraus ergibt sich ein weites Feld und reiche Arbeit, Kämpfe, aber auch Siege.

Beherrschung der Gedanken und Phantasie, der Stimmungen und Gefühle

Beim Blick in sein Inneres kann der Mensch erkennen, wie es um ihn steht. Er muß nur prüfen, welches sind die Gedanken und die Bilder, die meinen Geist beherrschen? Sind es gute oder schlechte? Stimmen sie mit den Geboten Gottes überein? Gehören sie zu meinen Berufs- und Standespflichten? Werde ich durch sie im Guten gefördert oder abgelenkt oder sind es Gedanken und Bilder, die sich nie verwirklichen lassen?

Alles, was mit Gottes Geboten und den Berufs- und Standespflichten nicht übereinstimmt, muß aus meinem Innern entfernt und ferngehalten werden. Gerade die Beherrschung der Gedanken und der Phantasie ist entscheidend. Satan erzielt große Erfolge bei jedem, der nicht beide eisern in der Hand hat. Hier ist der Ausgangspunkt, in dem Gottes Werke entstehen oder auch vereitelt werden. Hier nimmt alles Gute und auch alles Böse seinen Anfang, je nachdem wie der Mensch die Weichen stellt und wie er sich von anderen beeinflussen läßt.

Unbedingt nötig ist auch die Beherrschung der Stimmungen und Gefühle. Die Erfahrung zeigt, daß der Mensch mit beiden rechnen muß. Keiner kann sagen, er leide an keinen Stimmungen und an keinen Gefühlen. Diese stellen sich von selbst ein. Es gibt auch ein inneres Barometer, welches steigt und fällt.

Der Grund liegt in der Natur des Menschen, die unwillkürlich auf Einwirkungen reagiert. Von der Art dieser Reaktion hängen dann die

Stimmungen sowie die Lust- und Unlustgefühle ab. Hier spielen nun der Gesundheitszustand, wirtschaftliche Sorgen, Enttäuschungen und Hoffnungen, Freude und Leid eine wichtige Rolle. Dazu kommt das Verhalten der Umgebung, auch Versuchungen Satans und Prüfungen Gottes.

Keiner kann sich diesen Einwirkungen ohne weiteres entziehen. Diese kommen einfach über ihn; aber es ist entscheidend, wie sich der einzelne dabei verhält und damit fertig wird.

Das Innere des Menschen darf nicht wie ein See sein, dessen Wasser sich der Wind bemächtigt und damit spielt. Es darf auch nicht dem Boot im Sturm ohne Steuermann gleichen. Jeder Mensch muß sich in der Gewalt haben; sonst leidet er Schaden und geht im Lebenskampf unter. Darum beherrsche dich selbst!

Die himmlische Mutter will keine Stimmungsmenschen. Ein solcher ist bald himmelhoch jauchzend und dann wieder zu Tode betrübt. Dem Bild vom See und vom Boot ohne Steuermann kann hier beigefügt werden: Er gleicht auch der Windfahne auf dem Dach, die bald nach Süden, bald nach Norden zeigt oder nach Ost und West, selten länger feststeht und sich immer dreht. Das Wesen eines Stimmungsmenschen ist wie das Wetter, das sehr leicht umschlägt und nicht selten auch Blitz und Donner, Unwetter und Hagel und Unglück bringt. Die Stimmungsmenschen machen sich und ihrer Umgebung das Leben schwer. Das muß und darf aber nicht sein. Jeder hat die Pflicht, sich zu beherrschen und jeder kann es. Er braucht sich nur in allem auf den Willen Gottes einzustellen, Gott hinter allem zu sehen, sich in Gottes Willen zu fügen und grenzenlos zu vertrauen! Was Gott will, ist stets gut. Was Gott zuläßt, lenkt er immer zum Besten. Er schafft mit der Versuchung auch den guten Ausgang[110], gibt beim Kampf den Sieg und nach dem Sturm die Ruhe und nach der Nacht auch wieder Morgen und Sonnenschein. Das beste Mittel, die Stimmungen und Gefühle zu beherrschen, ist ein innerliches Leben zu führen.

Menschen mit guten Nerven sind heute selten. Viele sind in ihrer Anlage schon belastet und das Leben belastet sie noch mehr: Der Lärm und die Hetze im Verkehr und in den Fabriken, das Tempo, die Terminarbeit in Büro und Betrieb, das Mitkommenmüssen im Geschäft und im Wirtschaftsleben, die Aufregungen, die damit verbunden sind. Das alles wäre allerdings ein Grund, manche Unbeherrschtheiten und Entgleisungen zu entschuldigen. Doch sind gerade diese Punkte auf der anderen Seite ebenso dringende Alarmzeichen, sich zu beherrschen, damit die Nerven nicht noch schlechter werden. Im Programm der Nervenpflege steht die Selbstbeherrschung mit an erster Stelle.

Zur Gesundheit der Nerven gehört eine vernünftige Lebensweise. Auch die besten Nerven können durch eine unvernünftige Art der Arbeit, übertriebenen Sport und Ausschweifungen zugrunde gerichtet werden. Der Vater im Himmel hat durch das Gebot der Sonntagsruhe die nötige Ausspannung und Erholung vorgesehen. Wie manche gehen aber auch hier auf Gottes weise Absicht und sorgende Liebe nicht ein; statt Erholung bringt der freie Tag noch mehr Unruhe und Belastung. Manche Mehrarbeit erzwingt nur der Ehrgeiz. Aufregungen und Depressionen haben ihren Grund darin, daß man den eigenen Kopf nicht durchsetzen kann. Kummer und Gram werden verursacht vom Mangel an Ergebung in den heiligen Willen Gottes. Es geht nicht so hinaus, wie man es möchte. Unruhiges Sorgen kommt von zu geringem Gottvertrauen. Viel Nervenkraft könnte gespart werden, wenn man nur und alles wollte, was Gott will, wenn man die unerschütterliche Überzeugung hätte: die himmlische Mutter sorgt für alles bis ins kleinste.

Selbstverständlich können die Nerven verbraucht sein und trotz aller Versuche, sie zu heilen, weiter ständig versagen. Da hilft kein Sich-noch-so-sehr-beherrschen-wollen. Der Betreffende hat sich eben beim besten Willen nicht mehr in der Gewalt. Es zittern die Hände oder der Fuß, ohne daß er es irgendwie verhindern könnte. Hier bleibt nur eines: dieses Kreuz Gott zuliebe zu tragen. Allen aber, die noch nicht so weit sind, sei es eine ernste Mahnung, der Grenzen seiner Nervenkraft sich bewußt zu sein, sparsam damit umzugehen und rechtzeitig auszuspannen, bevor es zu spät ist. Die Welt lohnt es nicht und von Gott ist es nicht gewollt, daß der Mensch sich dauernd überanstrengt.

Bei vielen aber sind die Nerven bloß eine Ausrede und ein Deckmantel für die eigene Unbeherrschtheit und Empfindlichkeit. Darum die Mahnung: Beherrsche deine Empfindlichkeit! Du bist noch lange keine Majestät, an die man nicht hinkommen darf, und selbst wenn du es wärest, müßtest du diese gerade in der Herrschaft über dich beweisen. Nur wer sich selbst beherrscht, hat ein Recht und die Fähigkeit, über andere zu herrschen.

Was ließ sich der Sohn Gottes nicht alles gefallen! Die größten Gemeinheiten wurden ihm von seinen Feinden ins Gesicht geschleudert. Zum Schluß haben sie ihn noch angespieen, ins heiligste Antlitz geschlagen, gegeißelt, mit Dornen gekrönt und gekreuzigt. Hat er sich empfindlich gezeigt? War er beleidigt? Ist er aufgebraust? Nein! Lernen wir von ihm, daß wir unsere Empfindlichkeit beherrschen sollen!

Bei nicht wenigen Unbeherrschten spielt der Stolz eine Rolle. Das eigene Ich ist in seiner eingebildeten Hoheit getroffen. Darum geht der Mensch so leicht hoch und tut dann so beleidigt, statt immer vor Augen zu haben, daß doch auch er bloß ein armer Sünder ist.

Allerdings könnte der Stolz auf der anderen Seite der tiefere Grund zu einer bewundernswerten Selbstbeherrschung sein. Mancher beherrscht sich, weil er es unter seiner Würde findet, sich etwas anmerken zu lassen oder gar sich in irgendeiner Weise zu vergeben. Dies ist zwar für die Umgebung angenehmer als unliebsame Temperamentsausbrüche anderer, vor Gott aber wertlos, weil von ihm nicht anerkannt wird, was aus Stolz geschieht. Darum beherrsche dich, aber aus Liebe zu Gott!

Die Augen sind die Fenster der Seele. Mit ihnen kann der Mensch Gottes Schönheit, Gottes Sorge, Gottes Liebe aufnehmen, welche sich ihm in der Natur zeigen. Diese bietet viel Anregung zum Guten, die Welt aber auch viel Schlechtes, was seiner Seele schaden, ja sogar den geistigen Tod bringen kann. Schon der Lieblingsjünger Jesu spielt darauf an, wenn er von der Augenlust der Welt[111] spricht, die im Argen liegt. Auch die Worte Jobs sind eine Mahnung zur Beherrschung der Augen: «Ein Bündnis schloß ich mit meinen Augen; wie soll ich da schauen nach einer Jungfrau[112]?»

In der Umgebung der Urkirche, im sittenlosen römischen Reich war es besonders schlimm. Hier konnte durch die Augen viel Gift in die Seele eindringen und sie verderben. Heute ist es nicht minder arg. Männer und Frauen kommen vielfach wie personifizierte Versuchungen daher. Anstand und Sitte werden als Enge und Prüderie abgetan. Es ist an Hand von Statistiken einwandfrei nachgewiesen, daß ein Teil der Gesellschaft von heute tief abgesunken ist. Wohl stimmt der Hinweis: Sünden hat es immer gegeben, doch läßt sich nicht abstreiten, so viele zerrüttete Ehen, soviel Ausschweifungen, so viele Morde am keimenden Leben, eine solche Verdorbenheit in einem großen Teil der Jugend läßt sich in keiner christlichen Zeit feststellen. Wenn der Mensch seine Augen nicht beherrscht, wird er immer wieder von Gott abgelenkt und zum Bösen hingezogen. Er darf über Zerstreuungen und über Kämpfe nicht jammern; er muß die Schuld bei sich selbst suchen und hier mit der Beherrschung der Augen einsetzen.

Auch die Ohren liefern der Seele reichen Stoff. Wie durch die Augen, so kommt auch durch sie Gutes und Böses in die Seele hinein, leider bei vielen mehr Böses als Gutes.

In beiden Fällen liegt der große Fehler darin, daß der Mensch zu arglos ist. An verkehrsreichen Straßen steht der Verkehrsschutzmann oder gibt die Verkehrsampel die nötigen Zeichen. Bei dem Verkehr von Innen- und Außenwelt müßte auch ein Ordner sein. Auch gegen Feinde des Eigentums schützt sich der Mensch besser als gegen jene seiner Seele. Häuser haben elektrische Türöffner und -schließer. Es kommt keiner ohne Schlüssel oder ohne zu läuten hinein, erst recht nicht jene, die man für gefährlich hält. So müßte es auch beim Menschen in seinem Innern sein. Er darf die unausgesetzte Selbstkontrolle nie unterlassen. Gute Helfer stehen ihm dabei treu zur Seite: das Gewissen und der heilige Schutzengel. Es dürfen nur nicht immer die Fenster und Türen offen stehen. Jeder muß wie seine Augen auch seine Ohren treu bewachen und beherrschen.

Freilich sitzt in der Seele selbst noch ein Feind, die Neugierde, die alles sehen und hören will. Sie schickt die Augen und Ohren nur allzu gern aus, wieder Neues herbeizubringen, und ist leider oft gar nicht unglücklich, wenn auch Unschönes und Gefährliches dabei ist. Darum muß die Warnung immer wieder in den Ohren klingen: Beherrsche dich selbst! Laß die Neugierde nicht mehr aufkommen! Nur eines ist notwendig, daß du an deine Seele, an Gott und die Ewigkeit denkst!

Die Neugierde findet freilich immer wieder so viele Gründe, an Stelle des Notwendigen soviel Nichtnotwendiges, ja Gefährliches zu setzen. Dazu wird dann Zeit und Kraft vergeudet, das Gute aber verhindert. Selbstverständlich ist damit nicht das ernste wissenschaftliche Interesse gemeint, ebenso nicht das Interesse für alles, was den Beruf fördert. Es wäre falsch, das eine Notwendige als Grund vorzuschieben, die Aneignung der pflichtmäßigen Berufskenntnisse aber zu vernachlässigen. Auch hat Gott die Menschen mit verschiedenen Anlagen geschaffen und zu verschiedenen Berufen bestimmt. Das darf und muß berücksichtigt werden. Es kann und braucht auch nicht jeder ein beschaulicher Mönch und nicht jede eine beschauliche Nonne sein; aber alle müssen dafür sorgen, daß sie im rechten Rahmen bleiben und sich auch die Mahnung des Herrn zu Herzen nehmen: «Was nützt es dem Menschen, wenn er die ganze Welt gewinnt, aber dabei seine Seele verliert[113].» Man kann hinzufügen: seine Seele vernachlässigt und das ihr zu geben unterläßt, was sie braucht und was Gott ihr schenken möchte.

Gott und die himmlische Mutter haben es gern, wenn man mehr an das eine Notwendige denkt. Darum: Beherrsche dich selbst, beherrsche deine Augen, deine Ohren, deine Neugierde, ebenso aber auch allen ungeordneten Wissensdrang. Manche haben durch ihn schon ihre Gesundheit zugrunde gerichtet. Sie haben auch durch das Streben nach Wissen die Seele vernachlässigt, sind wohl Riesen an Wissen geworden, aber Zwerge in der Tugend geblieben.

Beherrschung der Zunge

Von der Zunge kann und soll Segen ausgehen, aber es kommt durch sie auch der Fluch. Gott hat den Menschen die Zunge gegeben, daß sie ihn damit loben und preisen. Sie ist auch das Hauptverständigungsmittel der Menschen untereinander. Auch sollen sie sich damit gegenseitig das Leben erleichtern und im Kampf des Lebens einander helfen. Wie anspornend und erhebend wirkt schon jedes aufmunternde gute Wort! Welchen Trost bringt es besonders im Leid! Wieviel Segen geht von sorgend liebenden Mutterworten aus und erst recht von jedem Wort aus Priesters Mund!

Aber es kann auch Unsegen und Fluch mit dem Worte verbunden sein: Verführung, Leid und Schmerz. Schon das Unglück im Paradies ist der Beweis dafür. Hätte die Schlange doch nie gesprochen! Eva sich nie betören lassen! Es wäre ihnen und ihrer Nachkommenschaft soviel erspart geblieben. Dazu kommen noch die Vielen, die ihre Zunge nur im Dienst des Verführens, zum Verderben und Leid der Seelen gebrauchen. Diese Zungen sind mit Gift gefüllt. Bald träufeln sie es wie süßen Honig in die Herzen ihrer Opfer, so daß diese kaum ahnen, wie ihr Inneres vergiftet wird. Dann wieder spritzen sie es wie ätzende Säure oder gar als Weißglut ins Gesicht der Menschen, die ihnen unbeliebt sind. Wer zählt die glaubens- und sittenlosen Reden, wer die Worte, die tiefer wie Messer gehen und ärger als Feuer brennen, immer aber zutiefst verletzen und bitterste Stunden bereiten!

Jeder muß sich fragen: Was geht von meiner Zunge aus, Segen oder Fluch? Oder wenn das nicht ist: finden sich in meinen Reden nicht viele unnötige Worte? «Beim vielen Reden», sagt doch die Heilige Schrift, «geht's nicht ohne Sünde ab[114].» Auch die Nervosität der heutigen Zeit wird durch das viele Geschwätz nur noch mehr gesteigert. Ein Schwätzer kann nie ein innerlicher Mensch sein, wird auch nicht ernst genommen und nicht geachtet.

Wenn Worte versteuert werden müßten! Hier stünde das Finanzamt vor unlösbaren Schwierigkeiten. Aber bei einem finden sie doch Aufmerksamkeit, bei Gott! Von ihm wird jedes Wort kontrolliert und muß auch verantwortet werden. Der Heiland sagt: «Wahrlich, wahrlich, Ich sage euch, von jedem unnützen Wort, das die Menschen reden, müssen sie am Tag des Gerichtes Rechenschaft geben[115].» Welche Rechenschaft wartet da auf die meisten?

Aber schon hier auf Erden rächt sich das unbeherrschte und unüberlegte Reden. Manche Menschen sind nicht durch andere, sondern durch ihre Geschwätzigkeit in schwierige Situationen geraten. Auch trägt nicht nur die Bosheit der andern, sondern die eigene Unklugheit im Reden die Schuld an vielen, das über solche schon gekommen ist. Wer aber seine Zunge in der Gewalt hat, kann sich viel Leid ersparen, er imponiert und wird ernst genommen. Jeder müßte darum an sich arbeiten, seine Zunge zu beherrschen.

Ein Fehler ist auch, wenn jemand meint, man könne durch Leutseligkeit und ein gewisses joviales Wesen gewinnen. Für eine gewisse Klasse von Menschen mag das stimmen. Dagegen werden intelligente und feinfühlende Menschen dadurch abgestoßen. Sie finden es nicht schön, wenn jemand zu sehr aus sich herausgeht. Es heißt dann: Er hat das Herz auf der Zunge. Sie empfinden das nicht als leutselig und erkennen es auch nicht als Tugend an, sondern sagen vielmehr: Er besitzt schlechte Manieren; er läßt sich zu sehr gehen; er hat sich nicht in der Gewalt; seine Natur ist ungehemmt. Das sind Urteile, die man nicht widerlegen kann, die die himmlische Mutter aber nicht gern über ihre Kinder hört.

Ein Christ muß seine Zunge in der Gewalt haben. Er soll nicht zu rasch und nicht unüberlegt im Reden sein. Er darf sich nicht verausgaben, sondern muß immer eine gewisse Zurückhaltung zeigen; jedes Wort hat er abzuwägen. Das Kind Mariens soll etwas von der Mutter haben und durch sein Benehmen beweisen, daß es das Kind der vornehmsten und feinsten Frau ist.

Sehr wichtig ist die Diskretion. Gerade sie wird aber durch das viele und unüberlegte Reden so oft gefährdet. Satan versucht hier durch alle möglichen gutscheinende Gründe zu täuschen. Darum heißt es vorsichtig sein. Indiskretion ist ein schwerer Fehler und ein großer Mangel am Charakter. Jeder sollte darauf achten, daß man von ihm nicht sagen darf: er kann nichts für sich behalten. Die Menschen haben ein Recht, zu verlangen, daß über Dinge geschwiegen werde, die sie nicht gern bekannt haben möchten. Es muß erst recht geschehen, wenn sie darum gebeten haben und noch mehr, wenn das Wort dafür gegeben wurde. Indiskretion verletzt die einen und nimmt den anderen das Vertrauen. Anders ist es natürlich, wenn übelstes Strebertum, Eifersucht, Habsucht und Bosheit unter dem Siegel der Verschwiegenheit zu ihrem Ziel kommen und ihr Spiel treiben wollten. Hier besteht sogar die Pflicht, solchen Kreaturen die Maske von ihrem Gesicht herunterzureißen. Sonst aber ist Vertrauen die Voraussetzung und Grundlage für ein gedeihliches Zusammenleben und -arbeiten der Menschen.

Darum die Mahnung: Beherrsche deine Zunge! Du mußt weniger reden, zurückhaltend und besonnen in allen Fragen und in allen Dingen sein, mußt lernen zu schweigen und wieder zu schweigen. Die meisten Menschen von heute haben das Schweigen verlernt. Beherrsche deine Zunge! Der Apostel Jakobus sagt: «Wer sich im Wort nicht verfehlt, ist ein vollkommener Mann[116]!» Die himmlische Mutter wünscht, daß es alle ihre Kinder werden.

Beherrschung der Genußsucht und Gaumenlust

Gott hat den Menschen aus Leib und Seele erschaffen. Er will, daß auch der Leib gesund erhalten wird, um für die ihm zufallenden Aufgaben leistungsfähig zu sein. Zur Erhaltung der Gesundheit bedarf es einer vernünftigen Ernährung. Viele Krankheiten und Leiden wären erspart geblieben, wenn dieses treu beobachtet worden wäre. Einstimmig betonen dies die Ärzte immer wieder.

Schlimm wäre es, wenn der Mensch Sklave der Genußsucht und Gaumenlust würde. Das Tier weiß, wann es genug hat. Manche Menschen wissen das nie. Sie wissen es nicht beim Essen und nicht beim Trinken und auch nicht beim Gebrauch anderer Genußmittel. Die Folgen sind nicht nur die schon genannte Schädigung der Gesundheit, sondern auch das Hineingleiten in die Sünde. Klar zeigt das die Heilige Schrift. Beim Gastmahl im Königssaal zu Babylon ist es zur Entweihung der heiligen Geräte des Tempels gekommen[117]. Es geschah, als sie betrunken waren. Auch das Schicksal des Täufers wurde bei einer Tafel entschieden. Hier hat ein ehebrecherisches Weib die Feststimmung ausgenützt, ein feiger König nachgegeben und die Hinrichtung vollziehen lassen[118]. Aber auch unter Christen besteht die Gefahr wegen Unmäßigkeit im Essen und Trinken in Sünden zu fallen und von Gott wegzukommen. Deutlich schreibt das der hl. Paulus in seinem Brief an die Philipper: «Ich habe es euch schon oft gesagt und sage es jetzt unter Tränen: Viele wandeln als Feinde des Kreuzes Christi. Ihr Ende ist das Verderben, Ihr Bauch ist ihr Gott[119].»

Der Christ und erst recht der um Tugend Ringende muß darum auch hier seine Triebe beherrschen. Er soll die Gaben des Schöpfers im rechten Maß genießen und sich daran erfreuen; denn auch dieser Freude bedarf der Mensch. Aber er muß vor allem wissen, wann sein Maß voll ist und aus Liebe zu Gott seinem Gaumen Zügel anlegen können. Auch hier naht sich der Versucher und muß zurückgewiesen werden. Auch auf diesem Gebiet muß der Mensch nein sagen und verzichten können.

Der Heiland gab uns das Beispiel des 40tägigen Fastens in der Wüste. Vor ihm haben zur Vorbereitung auf große Gnaden Moses und Elias das gleiche getan. Jahrhundertelang war das Fasten in der Kirche üblich und strenge Pflicht. Nun wird es zum größten Teil dem Gläubigen selbst überlassen. Ob er dazu wirklich schon mündig ist und jeder die entsprechende Liebe zu Gott hat, wird sich noch zeigen. Sicher ist freilich, daß Gott ein freiwilliges Fasten mehr freut als ein erzwungenes, das nur aus Angst vor der Sünde und der Hölle beobachtet wird.

Auf jeden Fall ist es nicht möglich, zu der nötigen Beherrschung der Genußsucht und Gaumenlust zu kommen, wenn man nicht von Zeit zu Zeit auf erlaubte Freuden im Essen und Trinken und sonstige

Genüsse verzichtet. Man vergesse nicht: treiben die Menschen es hier im Nachgeben gegenüber dem Eßtrieb zu weit, greift Gott ein. Sind sie sehr wählerisch, haben sie an allem etwas auszusetzen, ist ihnen nichts mehr gut genug, dann lehrt sie der himmlische Vater durch Hunger und Not wieder zufrieden zu werden. Wir haben das in den beiden Weltkriegen schon zweimal erlebt. Und wenn die Kinder Gottes weiter nicht hören, ist Gott gezwungen, ihnen die bittere Lektion immer wieder zu erteilen. Der gütige Vater will es ihnen gern ersparen, aber die meisten Menschen sind zu wenig ansprechbar für seine Güte, darum muß sie Gott zur rechten Zeit durch Strenge wieder zur Vernunft bringen.

Jetzt sollte noch die Liebe zum Nächsten zu freiwilligem Opfer auf diesem Gebiet anspornen. Mehr als früher wissen wir um den Hunger in der Welt. An ihm darf keiner achtlos vorübergehen und vor allem besteht kein Zweifel: Es wird jedem im Gericht einmal schlecht ergehen, der durch zuviel Essen und Trinken an seinem frühen Tod selbst schuld ist, während sich andere ihr Leben lang nie satt essen konnten. und durch Hunger elend zugrunde gingen.

So ist die Beherrschung der Genußsucht und Gaumenlust zugleich eine wertvolle sowie segensreiche Übung der Nächstenliebe und erschließt uns die Fülle der göttlichen Liebe.

Beherrschung der Betriebsamkeit und Vergnügungssucht

Wer die Augen aufmacht und ehrlich ist, muß gestehen, diese Beherrschung der Betriebsamkeit und Vergnügungssucht ist sehr nötig. Beides findet sich heute ungewöhnlich stark in fast allen Kreisen der menschlichen Gesellschaft. Auch hier hat Satan sehr gute Arbeit geleistet.

Immer ist etwas los. Immer muß Betrieb sein. Wäre aber ein Tag einmal etwas ruhig, dann können die meisten das nicht ertragen; es muß Betrieb gemacht werden. Für Ruhe, innere Sammlung und Einsamkeit fehlt vielfach das Verständnis und auch das Verlangen danach. Viele Menschen sind direkt auf der Flucht vor sich selbst.

Eine Stunde der Selbstbesinnung, in der einmal alles Äußere schweigt, in der es auch still in einem selbst ist, kennen die meisten nicht mehr und wollen es auch nicht.

Manche aber, welche das Bedürfnis danach hätten, werden von anderen davon abgehalten. Man rühmt zwar heute die Demokratie und Freiheit, aber gerade hier herrscht oft ein direkt sklavischer Zwang. Durch moralischen Druck oder gar dienstlichen Befehl wird der Mensch genötigt, überall dabei zu sein, auch da, wo es ihm selbst absolut nicht liegt. Jeder hat einfach mitzumachen, selbst wenn das Gewissen Bedenken anmeldet und sogar schwerste Belastungen erfährt. Aber es wird einfach bestimmt: niemand darf fehlen, vollzähliges Erscheinen ist Pflicht. Will sich jemand ausschließen und zeigt sich bei der Ausgelassenheit der anderen zurückhaltend und maßvoll, dann ist er unkameradschaftlich und ein Spielverderber. Ja, Satan versteht sein Geschäft und die Menschen sind meist ohne es zu ahnen ihm die willigsten und treuesten Helfer. Fast kein Gesellschaftskreis ist von dieser Zeitkrankheit ausgenommen.

Hierdurch verliert der Mensch sehr viel. Unnötiges Zusammensein mit anderen, zu große Geselligkeit raubt jedem viel vom besseren Ich und läßt keine wahre Innerlichkeit aufkommen. Sogar der Heide Seneca klagt: «Sooft ich unter Menschen gewesen bin, war ich nach meiner Rückkehr weniger Mensch[120].»

Das völlige Aufgehen in der Arbeit, das Betriebmachen sowie die Vergnügungssucht bringen immer Schaden. Die meisten wollen es nur nicht wahrhaben oder nicht zugeben, aber die Tatsachen liefern die Beweise dafür: der Verlust der Gesundheit, vor allem aber die geistige und noch mehr religiöse Leere, die sich bei solchen Betriebmachern unvermeidlich einstellt. Von wahrem Geist und echter religiöser Substanz ist in ihnen nur mehr herzlich wenig, meist sogar gar nichts mehr vorhanden.

Jeder Mensch braucht eben auch Zeit für sein besseres Ich. Er ist ja für Höheres als bloß für die Arbeit und die Geselligkeit geschaffen. Nicht nur beruflicher oder wissenschaftlicher Fortschritt und Vollendung sind der Zweck seines Lebens, sondern das Reifwerden für Gott und die Ewigkeit. Die Liebe zu seinem Schöpfer und Vater bleibt zu allen Zeiten die Hauptaufgabe jedes Menschen.

Dazu bedarf es aber ruhiger Stunden und äußerer wie auch innerer Einsamkeit. Wohl ist uns Gott im Getriebe der Großstadt, an der unruhigsten Arbeitsstätte und bei der zerstreuendsten Arbeit genauso nah wie im einsamen Zimmer, in einer stillen Kirche und draußen in der schweigenden Natur. «In ihm leben wir, bewegen wir uns und sind wir[121].» Aber nur die wenigsten spüren in dieser Umgebung seine Nähe; die meisten können dort gar nicht an ihn denken, geschweige denn mit ihm traute Zwiesprache halten und ihn tiefer finden. Im Getriebe der Welt sind die Sendungen Gottes zu sehr von anderen überlagert und werden fast immer von ihnen gestört.

Ein wirklich innerliches Leben läßt sich darum mit Betriebsamkeit und Vergnügungssucht nicht in eine Linie bringen. Sie schließen sich gegenseitig aus. Innerlichkeit und Liebe zur Einsamkeit gehören zusammen. Sie lassen sich nicht voneinander trennen. Selbstverständlich kann nicht jeder ein Einsiedler werden. Aber eine zeitweilige Einsamkeit, Stunden der Selbstbesinnung, der Gemeinsamkeit mit Gott sind jedem nötig.

Eine Bestätigung dafür und zugleich ernste Mahnung zu einer gewissen Zurückgezogenheit ist das Beispiel Jesu selbst. Im Häuschen von Nazareth war bestimmt kein Gehen und Kommen vieler Menschen. Die heilige Familie machte auch bestimmt nicht viele Besuche. Sie hat einfach, schlicht und glücklich für sich gelebt. Trotzdem finden wir den Heiland vor Beginn seiner Lehrtätigkeit in einer noch tieferen Einsamkeit in der Wüste, um ganz allein beim Vater zu sein[122].

Selbst während seiner Lehrtätigkeit in der Zeit, in der er vollkommen für die Menschen da war, zog er sich immer wieder zurück. In jenen Tagen ging er weg auf einen Berg. Die ganze Nacht brachte er im Gebete mit Gott zu[123]. Manchmal waren die Volksscharen da, um ihn zu hören und von ihm geheilt zu werden. Den Herrn mußte man aber erst suchen. Er befand sich in der Einsamkeit im Gebet[124]. Wie sehr seine heiligste Mutter die Einsamkeit liebte, braucht nicht erst ausgeführt zu werden. Sie war ihr Element, in dem sie gern lebte. Sie wünscht, daß auch ihre Kinder, besonders aber die Ordensleute, etwas von dieser Liebe zur Einsamkeit in sich haben.

Einsamkeit ist darum auch das Element des Marienkindes und

muß es besonders der Ordensleute sein. Jeder Mensch muß sich immer wieder die nötige Zeit zur Selbstbesinnung nehmen. Nur in der Einsamkeit kommt er wieder zu sich und findet seinen Gott. Aus ihm schöpft er alle Kraft zum Kampf des Lebens und besonders zur Selbstbeherrschung, wie er sie in jeder Lage und auf jedem Gebiete braucht.

Selbstüberwindung

Zur Selbstbeherrschung gehört auch die Selbstüberwindung. Hierfür muß eine gewisse Kraft eingesetzt werden.

Die himmlische Mutter fordert auch: Überwinde dich selbst! Die Wege nach oben sind stets mit Anstrengungen verbunden. Abwärts geht es leichter. Da rollt der Wagen von selbst. Von Natur aus scheuen die meisten Menschen Anstrengungen, besonders auch im geistigen Leben; hier am allermeisten. Dazu schaltet sich noch Satan ein und macht das Streben nach Tugend noch schwerer. Andererseits zeigt die Erfahrung: Es ist unglaublich, was einer alles zustande bringt, wenn er will und entschieden anpackt. Er muß nur die Unentschlossenheit und Angst abwerfen, eisern hinter einer Sache her sein und dabei immer auf Gott und die himmlische Mutter vertrauen.

Jeder soll ein für allemal mit der Einwendung Schluß machen: ich kann nicht. Schon früher wurde betont und immer wieder muß betont werden: Es ist tatsächlich nur Satan, der die Erfüllung unserer Pflichten mit Hilfe der Einbildungskraft als unüberwindlich hinstellt.

Menschen mit schwacher Gesundheit und geringer Begabung haben schon Besseres geleistet als solche, welche die beste Gesundheit hatten und mit allen Talenten ausgezeichnet waren, aber sich nicht so überwunden haben. Gerade den Hemmungen von Seiten Satans gegenüber muß der Mensch seine ganzen Kräfte einsetzen und immer wieder sagen: Heiland, aus Liebe zu dir! Es geht anfangs schwer und kostet Anstrengung. Der Herr sagt selbst: «Das Himmelreich kostet Gewalt[125]!» Darum schafft es, nur wer die Anstrengung nicht scheut, der seinen ganzen Willen, seine ganzen Fähigkeiten einsetzt und in seinem Vertrauen auf die Hilfe Gottes und der himmlischen Mutter nicht wankend wird.

Überwinde dich selbst! Das gilt schon vom Aufstehen. Der erste Sieg und die erste Niederlage des Tages haben bereits einen gewissen Einfluß auf den ganzen Tag. Überwinde dich selbst! Das gilt besonders, wenn ein leichterer Weg sich darbietet, wenn eine Möglichkeit des Ausweichens und Ausreißens gegeben ist. Der Mensch darf nicht immer ausweichen, auch nicht einmal, sonst weicht er zehnmal aus. Er muß den Weg gehen, den Gott will. Überwinde dich selbst gilt auch bei der Arbeit, die einen nicht freut. Oft kommt es vor: man möchte sie aufschieben, unterbrechen oder beiseite legen. Diesen Neigungen darf man nicht nachgeben, sondern muß sich zwingen, die jeweilige Pflicht treu zu erfüllen. Es geht, wenn man sich daran gewöhnt, immer sofort entschieden anzupacken, eisern durchzustehen und jede Aufgabe bis zur letzten Konsequenz durchzuführen.

Dies scheint zwar schwer zu sein, aber es ist nicht so. Auch hier erfüllt sich das Gesetz der Gewohnheit. Welche Überraschung ist es dann, wenn man erleben darf, es geht und wie groß ist die Freude, wenn man den Erfolg sieht.

Wer sich nicht überwinden will, wird überwunden. Er kann sich im Leben nie durchsetzen, er wird nie Herr, er bleibt immer Sklave. Er schwebt immer in großer Gefahr, vom Versucher, auch in wichtigen Dingen, überwunden zu werden. Das Leben ist ein Kampf und nur, wer wirklich kämpft, kann Sieger bleiben. Überwinde dich selbst! Täglich, stündlich muß der Mensch dazu bereit sein. Dadurch steigern sich seine Kräfte, dadurch wird er leistungsfähiger, dadurch kann er in der Tugend wachsen und den Anforderungen der Gnade entsprechen und sicher sein ewiges Ziel erreichen.

Jedes Leben und jeder Beruf fordert Opfer. Viele Menschen versuchen ihnen wohl auszuweichen, doch es wird kaum einem ganz gelingen.

Die Pflicht, Unannehmlichkeiten willig auf sich zu nehmen

Der Opfergeist ist die Gipfelleistung, die schönste Blüte und der größte Segen der Abtötung. Er liegt in der Linie der Selbstbeherrschung und Selbstüberwindung und hat als tiefste Wurzel, aber auch als reichste Frucht die Selbstverleugnung. Der Anruf der himmlischen Mutter zur Abtötung ist ja ein dreifacher: Beherrsche dich selbst! Überwinde dich selbst! – Davon hat das vorhergehende Kapitel gehandelt. Das «Verleugne dich selbst!» deckt sich mit Opfergeist. Es ist aber nicht gut, soviel vom Opfern zu sprechen. Jeder Mensch muß solche bringen.

Von den Opfern des Alltags sollte man überhaupt nicht viel reden, das Wort «Opferseele» nie in den Mund nehmen. Die Opfer des Alltags sind nun einmal wegen der leidensfähigen Natur des Menschen, der Schwierigkeiten im Zusammenleben mit anderen und wegen der Bosheit Satans nicht aus der Welt zu schaffen. Gerade der Todfeind des Menschengeschlechtes wird immer wieder zu Opfern und Leiden Anlaß geben. Es ist nur sehr vernünftig und klug, die Dinge zu nehmen, wie sie liegen und es ist nun einmal so, daß jeder Tag seine Plage hat. Darum soll sich auch der einzelne mit seinen Opfern nicht so wichtig machen. Er muß sich sagen: Ich bin nun einmal ins Leben gestellt, um die Unannehmlichkeiten jedes Tages als etwas Selbstverständliches hinzunehmen. Auch Jesus und Maria und alle Heiligen waren davon nicht frei, aber sie haben sie mit in Kauf genommen. Das war die Sühne für Adams Schuld. Bei uns kommt noch ein bestimmtes Maß von Sühne für die eigenen Sünden dazu, die jeder

Mensch auch selbst leisten muß. Gott will nicht, daß mit Opfern soviel Aufhebens gemacht wird. Viele werden nur dadurch so schwer, weil sie so schwer genommen werden.

Klagen über Opfer verrät immer einen gewissen Tiefstand der Liebe. Die Liebe spricht ja überhaupt nicht vom Opfer. Eine Seele, die sich Gott zur Verfügung gestellt hat, wird sich niemals beklagen; im Gegenteil! Sie sieht in allem Unangenehmen, das der Tag bringt, eine willkommene Gelegenheit, Gott durch die Tat ihre Liebe und Treue beweisen zu können. Darauf kommt es an.

Der Heiland hat in den drei Leidensweissagungen[126] wohl seine kommenden Leiden vorausgesagt. Aber finden wir nur ein Wort in der Schrift, daß er es Opfer genannt hat? Im Gegenteil, er versicherte: «Ich habe erst eine Taufe auf mich zu nehmen und wie drängt es mich, bis sie vollzogen ist[127]!» So spricht die Liebe. Sie verklärt jedes Opfer und macht es auch leichter. Fraglos, wunschlos, klaglos, schweigend das Leben mit seinen Opfern meistern ist das einzig Richtige und auch das einzige Mittel, das Leben erträglich, ja leicht und die Voraussetzung, es verdienstvoll zu gestalten. Vorbild ist uns neben dem Herrn seine heiligste Mutter. Sie ging den schweren Kreuzweg und stand unter dem Kreuz.

Die richtige Einstellung zu Krankheit und Schicksalsschlägen

Zum Menschenleben gehören auch die Krankheiten. Manche Menschen bleiben von ihnen lange verschont. Sie wissen nicht, was es heißt, krank zu sein. Andere müssen ihr ganzes Leben daran tragen. Auch hier hat es keinen Wert, auf andere zu schauen und unnütz immer wieder nach dem Warum zu fragen. Gott weiß warum; er verleiht auch stets die nötige Kraft. Einst schenkt er überreichen Lohn. «Die Leiden dieser Zeit sind nicht zu vergleichen mit der künftigen Herrlichkeit, die an uns offenbar werden soll[128].»

Allerdings gibt es Krankheiten, an denen die einzelnen selbst schuld sind: Schädigung der eigenen Gesundheit durch eine unvernünftige oder sündhafte Lebensart. Die solches tun, treiben mit ihrer Gesundheit Raubbau. Auch Unglücksfälle werden vom Menschen oft selbst durch seinen Leichtsinn verursacht. Hier muß man sich sagen, das hätte wirklich nicht sein müssen. So manches Kreuz kommt im Menschenleben, das ihnen Gott nicht zugedacht, sondern sich die Betreffenden selbst aufgeladen haben. Dazu gehören auch die Opfer mancher Berufe, die man nicht hätte ergreifen müssen; ebenso manche selbstgewollte, unglückliche Heiraten. Wie oft hat Gott da gewarnt oder hat warnen lassen; aber der Mensch hörte nicht darauf und muß es dann fühlen. Dafür darf aber Gott nicht verantwortlich gemacht und ihm gegenüber kein Vorwurf erhoben werden.

Doch selbst diese Leiden sind zu tragen, wenn der Betreffende seine Schuld einsieht und eingesteht, sie bereut und dieses selbstgezimmerte Kreuz nun willig und gottergeben zu tragen bereit ist. Bittet er Gott um seine Hilfe und Gnade, so bekommt er diese auch in einem selbstverschuldeten Leid. Jeder kann dadurch Gott näherkommen und einen besseren Platz im Himmel erwerben.

Den Krankheiten gegenüber muß der Christ eine vernünftige Einstellung einnehmen. Er hat sich ebenso vom blinden Fatalismus wie von der übertriebenen Angst vor der Krankheit fernzuhalten. Er darf und soll alles tun, um die Gesundheit wieder zu erlangen. Er soll zum Arzt gehen und sich die notwendige Schonung gönnen. Es wäre ganz verkehrt, hier einfach zu sagen: Gott macht mich schon wieder gesund. Gott wirkt keine unnötigen Wunder. Er will, daß die natürlichen Mittel angewandt werden. Für die Krankheit hat er ja Heilmittel geschaffen und schenkt den Ärzten noch größere Fortschritte und Erfolge in ihrer Kunst.

Die Sorge für die Wiedererlangung der Gesundheit steht nicht im Gegensatz zum Opfergeist, zur Leidensbereitschaft oder zur Blankovollmacht, die man Gott ausgestellt hat. Es ist die gewöhnliche Ordnung, daß man als Kranker sich um die Wiederherstellung seiner Gesundheit bemüht; denn Gott liebt immer die Ordnung.

Auch die Gesundheit ist ein Geschenk Gottes und soll nicht aufs Spiel gesetzt werden. Jeder muß sein Leben für den Dienst Gottes und der Gemeinschaft erhalten. Er darf hier nicht leichtsinnig sein und nichts unterlassen, was der Vernunft als Pflicht der Erhaltung und

Wiedergewinnung der Gesundheit nötig erscheint. Gott hat keine Freude, wenn der Mensch durch solche Fehler seiner Aufgabe auf Erden zu früh entrissen wird. Selbstverständlich soll und darf er keine übermäßige, aber eine vernünftige Sorge für seine Gesundheit tragen und Gott für jede Stunde dankbar sein, die er ihm hier auf Erden schenkt; denn nur hier kann er sein Heil wirken und nur hier sich seine Krone für den Himmel verdienen.

Mit dem Tode fällt die Entscheidung für immer. Dann aber ist die Möglichkeit, Gott durch Treue, durch Arbeit und Leid verherrlichen zu können, für immer vorbei. Was der Mensch in der Sterbestunde erreicht hat, bleibt ihm ewig. Neues kann nicht mehr dazugewonnen werden. Darum ist das Erdenleben wirklich wertvoll und Pflicht eines jeden, seine Gesundheit als ein Gut zu betrachten, das er nicht verschleudern darf.

Erst wenn verschiedene Versuche, die Gesundheit wieder zu erlangen, nichts nützen und der Arzt erklärt, hier kann nicht mehr geholfen werden, muß der Mensch seine Krankheit als unabwendbar hinnehmen; in sie ergeben soll er sich ja schon von Anfang an, er darf aber versuchen, sich Heilung zu verschaffen. Haben diese Bemühungen jedoch keinen Erfolg, dann hat er seine Krankheit als Kreuz zu tragen und soll sich bewußt sein, daß das geduldige Ertragen der Krankheit für ihn die beste Art des Gottesdienstes ist. Darum besteht aber dann auch wirklich die Pflicht, aus dem Leiden möglichst viel für die Seele und für die Ewigkeit herauszuholen. Der Kranke darf der Umgebung durch seine Klagen und Ansprüche nicht noch größere Opfer auferlegen, als er selbst zu tragen hat. Ein solches Verhalten nähme der Krankheit jedes Verdienst und würde dazu noch den Kranken vor Gott sehr stark belasten. Der Ewige Vater ist unzufrieden mit jedem, der schlecht und ungeduldig sein Kreuz trägt.

Von Christus und der himmlischen Mutter kann und muß jeder Christ Geduld im Leiden lernen. Lernt er sie nicht, dann ist es ihm selbst am meisten zum Schaden. Wer aber sein Kreuz umfaßt, wird es immer tragbar finden und sogar Trost erleben dürfen. Vor allem erhält erst dadurch die Krankheit ihren Wert vor Gott und für die Ewigkeit.

Ebenso ist es mit den Opfern bei Schicksalsschlägen. Gott kann hier Schwerstes verlangen: Verluste im Wirtschaftsleben, Verlust der Existenz, Verlust von Haus und Hof, Verlust lieber Menschen oder schweres Leid derselben. Auch hier weiß der Christ: Es gibt keinen Zufall, sondern nur Zulassung Gottes. Ja, jedes Kreuz ist noch mehr, es ist ein Anruf Gottes. Manche Menschen wären ohne solches Leid zugrunde gegangen. Gott hat sie dadurch zurückgerufen. Manche haben später selbst diese Stunden die größten Gnaden genannt. Sie wären ohne sie Gott nie so nahe gekommen.

Unglück ist in der Hand Gottes ein großes Erziehungsmittel und deshalb auch eine große Gnade für den Menschen. Gott hält die Seele für so stark, daß sie diese Leiden tragen kann. Dann darf der Betreffende Gott aber auch nicht enttäuschen, das Kreuz nicht widerwillig tragen und erst recht nicht ihm vor die Füße werfen. Wenn der Mensch Gott nicht enttäuscht, wird Gott auch ihn nicht enttäuschen. Er wird ihm immer die nötige Kraft geben und ihn zum reichen Segen für andere machen. Auch hier gilt: Verleugne dich selbst!

Die drei Stufen des Kreuztragens

Beim Kreuztragen können drei Stufen unterschieden werden und bei den Kreuzträgern zwei Gruppen. Die drei Stufen beim Kreuztragen sind: das Kreuz ergeben tragen, das Kreuz dankbar tragen, das Kreuz froh tragen.

Ergeben tragen

Hierzu gibt es zwei gegensätzliche Einstellungen. Jede ist falsch. Die eine verkörpern jene Menschen, welche überhaupt vom Kreuz nichts wissen wollen. Sie wehren sich immer mit Händen und Füßen dagegen. Das bezieht sich natürlich nicht auf die Bemühungen, in der Krankheit Hilfe zu bekommen und von ihr wieder frei zu werden. Es betrifft auch nicht die Linderungen, die dem Menschen in der Krankheit geboten werden können. Der Heiland hat ja selbst Kranke geheilt und die Kirche gibt sogar einen eigenen Krankensegen. Was über das Verhalten in der Krankheit schon gesagt wurde, wird hier nicht widerrufen. Kreuze finden sich ja außer Krankheit und deren Folgen noch genug. Gott kann Leiden auferlegen, denen auch der Schlaueste nicht auskommen kann.

Sich gegen die Kreuze wehren ist der Gegensatz zum gottergebenen Kreuztragen und sollte bei einem Christen nicht vorkommen. Jedes Wehren ist in sich schon unvernünftig, weil das Kreuz dadurch nicht leichter, sondern schwerer wird. Wenn sich ein Zugtier unter dem Joch recht wild gebärdet und aufscheuert, hat es sich keine Erleichterung verschafft, sondern das Joch nur noch unerträglicher gemacht. So ist es auch beim Menschen, falls er sich gegen ein Opfer, das Gott von ihm verlangt, aufbäumt.

Noch unvernünftiger ist sich gegen das Leid vom Standpunkt des Glaubens aus zu wehren. Von den Fällen abgesehen, in denen der Mensch sein Leid selbst verschuldet hat, ist es ja Gott, der das Kreuz auferlegt. Gegen Gott aber darf man sich nicht auflehnen. Gott meint es ja immer gut und möchte durch das Kreuz Schlimmeres verhüten oder Besseres geben. Wenn der Mensch aber nicht will, muß Gott das Übel zulassen und kann die vorgesehene Gnade nicht schenken. Der Betreffende gerät dadurch vom Regen in die Traufe und erleidet dazu noch einen unersetzlichen Verlust an Gnaden. Außerdem kommt für den, welcher sich so aufbäumt, dann doch einmal eine Zeit, in der er sich nicht mehr aufbäumen kann, im Fegfeuer oder in der Hölle. Im Fegfeuer ist er dann gottergeben und geduldig; aber es gibt dort kein Verdienst mehr. In der Hölle tobt er zwar weiter, aber er kann das Kreuz nicht mehr abwerfen und den furchtbaren Qualen nie mehr entrinnen. Hier heißt es dann: leiden, leiden und wieder leiden. Gerade das möchte Gott ihm ersparen, ja selbst schon das Fegfeuer. Darum ist die einzig richtige Haltung: «Herr, dein Wille geschehe!» Selbstverständlich nützt der Teufel gerade die Stunden des Leidens aus, um den Menschen zu versuchen. Er reizt ihn zur Ungeduld und besonders zur Unzufriedenheit mit Gott. Er erreicht, daß der Kranke sich gegen das Leiden aufbäumt, zuviel klagt, ja mit Gott hadert.

Ein wirklich ergebener Kreuzträger sucht darum dem Kreuz nicht zu entfliehen. Er weicht auch nicht immer gleich aus, bittet nicht um Abnahme des Kreuzes, sondern nur um Kraft und bemüht sich, im Leiden tapfer durchzustehen. Er ahnt wenigstens die wahren Schätze, die in jedem Kreuze liegen.

Nur in den dunkelsten Stunden zeigt sich der wahre Kern eines Menschen; in ihnen fällt die Schale ab. In der tiefsten Not bleibt hier keine Möglichkeit mehr, sich weiter noch selbst zu belügen. Deshalb kommen die Mißerfolge, Enttäuschungen und Leiden über den Menschen. Es sind Prüfsteine echter Tugend. Im tiefsten Leid muß der ehrlich Ringende erkennen: wer er ist, wie er ist, was er ist? O gesegnete Not! Welche die Wahrheit enthüllt und zur wahren Demut führt!

Der andere Gegensatz zum ergebenen Kreuztragen ist: Gott um Leiden bitten. Das haben Heilige getan. Aber schon bei ihnen findet man: es kamen Stunden, in denen auch sie, wie eine hl. Theresia, sagten: O Herr, soviel hätte ich nicht gewollt[129]!

Einer tiefen Weisheit wird es am besten entsprechen, sich weder zu weigern, ein Kreuz auf sich zu nehmen, noch direkt um eines zu bitten. Bereit sein ist die beste Haltung. Man darf annehmen, daß die allerseligste Jungfrau auch in dieser Beziehung auf ihren eigenen Willen verzichtet hat. Ihre Haltung war ja ein für allemal in dem Wort bei der Verkündigung festgelegt: «Mir geschehe nach deinem Worte[130]!» Sie ist auch hier wieder das schönste und sicherste Vorbild.

Bei der Bitte um Leiden sowie den selbstgesuchten Opfern weiß der einzelne ja nicht, ob dies wirklich immer aus den edelsten und selbstlosesten Motiven geschieht. Es steckt nicht selten ein geistiges Strebertum, ein bißchen zu großes Selbstvertrauen und auch ein geistiger Egoismus dahinter, der für sich das meiste an Verdienst einholen möchte. Oft spielt der eigene Wille eine wichtige Rolle; dann aber ist das Verdienst in Wirklichkeit nicht immer gar so groß als es scheint. Doch froh sich in das fügen, was die Umstände mit sich bringen, aus Liebe, und zwar nur aus Liebe zu Gott, macht ihm viel Freude. Es ist darum auch immer das einzig Richtige auch hier: Verleugne dich selbst; nichts verweigern und nichts erbitten!

Bestimmt ist es hochherzig, wenn man sich nach Leiden sehnt. Es kann Nahrung für die Seele sein, aber im allgemeinen sind das seltene Erscheinungen. Eine Opferseele ist ja ohnehin ins Leid hineingestellt. Für alle aber gilt: Was nützt es, wenn man Bußwerke übt und meint, wunder was man leistet, aber die täglichen Widerwärtigkeiten nicht mit Gleichmut und Dank gegen Gott entgegenzunehmen vermag. Man kann auch Leiden verlangen und dabei sogar den eigentlichen Weg, die eigentliche Aufgabe, die Dinge übersehen, die Gott von uns ausgewertet wissen möchte.

Die richtige Einstellung ist darum: sich zur Verfügung stellen. Was dann Gott mit einem macht, ist das Beste. Es ist auch immer das Beste, ruhig dankbar sein, wenn man es einige Tage leichter hat. Der Ewige Vater weiß, daß man wieder zu Kräften kommen muß. Dafür soll man dann die neuen Schwierigkeiten um so beherzter tragen und nie vergessen, darum zu bitten, daß man es fertigbringt. Vor allem aber ist es wichtig, die Augen offen zu halten, die alltäglichen Schwierigkeiten voll und ganz auszunützen, Gottes heiligsten Willen anzunehmen und aus den kleinen Dingen das Beste herauszuholen. Das ist zwar nicht so ruhmvoll als das Bewußtsein: ich kann leiden und sühnen für andere; vor Gott ist es aber doch groß.

Von den freigewählten Opfern sind selbstverständlich wieder jene zu unterscheiden, ohne welche die Sünde nicht gemieden oder kein Wachstum in der Tugend errungen werden kann. Auch das, was bei «Beherrsche dich selbst» und «Überwinde dich selbst» gesagt worden ist, wird hier nicht widerrufen. Das sind keine freiwilligen, sondern unbedingt notwendige Opfer. Nur vor dem wirklich nicht notwendigen oder sehr nach eigenem Geschmack und eigener Neigung ausgesuchten Opfer muß gewarnt werden. Ebenso widerspricht dem nicht, daß Gott es gern sieht, wenn man freiwillige Buße auf sich nimmt. Doch muß dieses mit Klugheit geschehen und soll sie besonders durch das willige Jasagen zu den Widerwärtigkeiten des Alltags bestätigen, zu allem, was gegen den eigenen Willen und die eigenen Wünsche geht: freiwilliger Verzicht auf weltliche und nichtige Freuden, die einem Gott nicht näherbringen. Solche können der eigenen Natur sehr schmerzhaft sein, wenn sie an diesen Dingen hängt. Gerade das sind die Opfer der Sühne, die Gott Freude bereiten.

Ebenso kann Gott einen sehr klar erkennen lassen: die Erfüllung dieser oder jener großen Aufgabe und die damit verbundenen Opfer wünsche ich von dir. Diese sind dann wohl freiwillige, auf sich genommene Opfer, aber eben nicht selbst gesuchte, sondern von Gott geforderte.

Gewarnt muß dagegen vor jenen freiwilligen Opfern werden, welche die Kräfte übersteigen, schwächen oder zerstören. Die zuerst genannten Opfer stärken ja die Seele, diese aber schaden ihr. Die ersteren nützen, weil sie Schädliches ausschalten und Zeit für Ruhe und wirkliche Erholung freimachen. Die andern aber schwächen den Körper, ermüden die Seele und dürfen darum nicht gebracht werden. Hier kann Eigenliebe dabei sein, geheime Wünsche und geheimer Stolz, mehr als andere zu leisten. Auch besteht die Möglichkeit, daß Satan sich einschaltet, um die Betreffenden zugrunde zu richten. Der Mensch macht sich auf diese Weise unfähig, seine ganze Kraft für die Aufgaben einsetzen zu können, die Gott ihm noch zugedacht hat. Darum ist bei freiwilligen Opfern Vorsicht sehr am Platz, besonders bei Fasten, körperlichen Bußwerken und körperlicher Bußstrenge. Fasten um jeden Preis ist falsch, wenn man durch den geschwächten Körper dann überreizte Nerven hat und es deshalb nicht fertigbringt, mit dem Nächsten sich zu vertragen. Ich darf mich nicht abtöten, wenn es über die eigenen Kräfte geht. Die Gesundheit ist sehr schnell aufgerieben und verloren, aber nicht so schnell zurückgewonnen. Immer ist hier die Klugheit und das Maßhalten im Auge zu behalten, und es ist das Beste, nicht selbst zu wählen, sondern es Gott zu überlassen, was er schicken will. Zu diesen Opfern gibt Gott dann auch immer die nötige Kraft und verbindet damit seinen reichen Segen. Die Hauptsache ist, bereit sein und dann auch willig jedes Kreuz anzunehmen, das kommt. Das ist die wahre Gottergebenheit und Selbstverleugnung, wie Gott sie wünscht.

Dankbar tragen

Die zweite Stufe des Kreuztragens besteht darin, das Kreuz dankbar zu tragen. Dafür fehlt vielen Menschen das Verständnis. Sie können und wollen für ein Leid nicht danken und doch ist es gar nicht so schwer. Sie müßten bloß konsequent im Denken sein. Die Behandlung beim Zahnarzt ist trotz aller Fortschritte und Anwendung der Anästhesie kein Vergnügen. Es kann nicht gesagt werden, daß er durch die Behandlung seinem Patienten schöne Stunden bereitet. Das gleiche gilt von einer Operation. Die Zeit auf dem Operationstisch, besonders wenn keine Narkose gemacht werden kann und die oft wochenlange und noch längere Nachbehandlung wird niemand in die Reihe der freudigen und schönen Erlebnisse einreihen. Und doch fällt es niemandem ein, dem Zahnarzt oder Arzt deswegen Vorwürfe zu machen. Jedermann ist im Gegenteil heilfroh, von Zahn- oder anderen Übeln befreit zu werden. Der Mensch nimmt alles mit in Kauf und ist dem Arzt sehr dankbar, wenn er ihm geholfen und das Leben gerettet hat. Von den Schmerzen ist dann gar keine Rede mehr. Warum stellt sich der Mensch nun Gott gegenüber ganz anders ein?

Freilich kann vorkommen und ist es nicht gegen die Hingabe, wenn auch das Gotteskind einmal weint und stöhnt, weil der Schmerz eben gar so groß ist. Doch selbst dann ist es noch möglich, innerlich zu danken. Es kommt ja auf diese innere Einstellung an und hier kann trotz Weh und Aufbäumung und trotz des Zusammenbruchs der Natur der Mensch noch sein «Danke» sprechen.

Und gerade Gott und die himmlische Mutter werden hier am besten trösten. Beten wir doch «O Mutter, so komm, hilf leiden mir!» Dann werden wir erfahren dürfen, immer ist es die Mutter, die dem Kinde auch das Schwerste tragen hilft.

Bei der Behandlung durch Arzt und Zahnarzt geht es um die leibliche Gesundheit, bei der Behandlung durch Gott um die seelische; dort um eine Lebensverlängerung vielleicht um Jahre, hier um Güter für eine ganze Ewigkeit, um das Entrinnen aus ewigen Qualen, um den Gewinn der ewigen Freuden. Wer einigermaßen vernünftig denkt, muß sich sagen: Das Wohl der Seele ist mir doch hundert und noch viele Male mehr wert als das Wohl des Leibes, besonders, da doch eine Ewigkeit hereinspielt. Der Mensch braucht das Leid bloß mit anderen Augen sehen als er es gewöhnlich tut. Er muß es mit den Augen des Glaubens betrachten; dann sind einem die Kreuze, die Gott schickt, für die Seele wertvoller als jede Operation und jede

Medizin für die Gesundheit des Leibes. Er möchte dann keines davon missen und wird keinen Tag unterlassen, Gott dafür zu danken.

Jeder Patient weiß, kein Arzt fügt mir unnötige Schmerzen zu, nur soviel, als eben nicht zu umgehen sind. Bei Gott müßte man in dieser Beziehung noch mehr überzeugt sein. Weiter sollte beachtet werden: Dem Arzt steht der Patient meist fern und nicht so nahe wie Gott; für ihn ist er der Patient und der Arzt für den Patienten eben der Arzt. Dieser betreut ihn wohl auch mit dem Herzen. Schließlich stehen sie sich dann nicht mehr fremd gegenüber; aber richtige oder tiefere Beziehungen kommen doch meist nicht in Frage. Ganz anders ist es bei Gott. Hier sind wirklich die letzten Beziehungen: Gott ist mein Vater und ich bin sein Kind. Er ist der beste Vater und jeder Mensch wirklich sein von ihm geliebtes Kind. Gott hat dafür schon genügende Beweise geliefert. Darum muß jeder in seinem Leid davon überzeugt sein, der Ewige Vater schickt kein Kreuz und läßt kein Leid zu, das nicht für die Heilung seines Kindes notwendig und nicht zu seinem Besten wäre. Dafür schuldet aber jedes Kind Gott wirklich aufrichten Dank.

Froh tragen

Die dritte Stufe des Kreuztragens ist: froh das Kreuz tragen. Ein guter Patient ist tapfer und wird dem Arzt sagen, wo er besondere Schmerzen hat, damit nichts übersehen wird. Aber er wird nicht immer ein wehleidiges Gesicht machen, nicht in Tränen aufgelöst oder unfreundlich sein, wenn der Arzt zur Visite kommt. Er wird versuchen, einen frohen Eindruck zu erwecken. Das Kind Gottes kann und soll sich dem himmlischen Vater gegenüber genauso verhalten. «Einen fröhlichen Geber hat Gott lieb.» Und Gott ist ja immer da. Es kann schon sein, daß es nicht leicht fällt, zu lächeln, wenn das Kreuz gar so schwer drückt. Es kann ein Lächeln unter Tränen sein; aber es soll der Versuch gemacht werden.

Gerade beim Leid hat ja der gläubige Mensch so viele Beweggründe trotz des Leidens, ja sogar wegen des Leides innerlich froh zu sein. Es kommt nur darauf an, worauf der Mensch seine Aufmerksamkeit lenkt. Gewiß kann man sich nicht jeden Schmerz wegsuggerieren. Aber es steht einwandfrei fest, daß es in vielen Fällen sehr viel am Menschen selbst liegt, wie er den Schmerz spürt und ihn tragen kann. Wenn man bloß an den Schmerz denkt, sich immer wieder mit dem Leid und Kreuz befaßt, dann kann die Einbildungskraft sehr stark arbeiten. Sie tut es auch und das Leid erscheint immer größer. Viel Wahrheit liegt in dem Sprichwort: Einbildung macht krank. Nicht jede Krankheit kommt von der Einbildung; aber für so manche gilt es. Vor allem aber kann jede Krankheit, wenn man die Einbildungskraft arbeiten läßt, schlimmer werden und schwerer zu tragen sein. Der Satan ist gerade da nicht untätig, sondern sorgt dafür, daß sich alles ins Übermaß steigert, damit von einem frohen Gotteskind gar nichts mehr übrig bleibt. Dann hat er wieder den Boden, auf dem er weiter hetzen und den Menschen zur Auflehnung, zum Widerspruch, zur Lästerung gegen Gott treiben kann.

Darum darf der Mensch nicht so viel an sein Kreuz denken und sich nicht unnötig damit befassen. Er hat ja die Möglichkeit, statt dessen aufs Kreuz und den Gekreuzigten zu schauen und an ihn und seine grenzenlose Liebe zu denken. Er darf überzeugt sein, Gott gibt ihm immer die nötige Kraft zu tragen, was auch immer noch kommen könnte. Dieses Vertrauen verleiht ihm dann stets frohe Zuversicht und macht ihn glücklich. Er muß nur auch immer wieder um recht viel Vertrauen bitten und viele Akte des Vertrauens erwecken.

Schon der Arzt freut sich, einen frohen Patienten zu haben; um so mehr freut sich Gott darüber. Der frohe Kreuzträger macht ihm darum die größte Freude und sich selbst das Kreuz um so leichter.

Die schwachen und starken Kreuzträger

Noch eine Unterscheidung kann vorgenommen werden. Zwei Gruppen von Kreuzträgern gibt es: die schwachen und die starken. Sie finden sich in allen drei Stufen des Kreuztragens. Die beiden Vorzeichen, Schwäche und Stärke, sagen schon, worum es hier geht. Der eine Mensch ist schwach und tut sich nicht leicht, sein Kreuz zu tragen. Dem andern dagegen ist es nicht so schwer; meistens tritt es auch nach außen nicht in Erscheinung. Er trägt sein Kreuz mit Fassung und muß nicht einmal in der tiefsten Not klagen.

Die schwachen Kreuzträger dürfen nicht verwechselt werden mit jenen Menschen, die ihr Kreuz willig tragen. Diese kennen kein Gehenlassen und wollen auch nicht ausweichen. Sie tragen das Kreuz willig und dankbar und bemühen sich, unter Tränen zu lächeln. Wenn man sie fragt, wie es ihnen geht, sagen sie immer, es geht gut. Sie sind bei aller Schwäche frohe Menschen und gehören auch zu den frohen Kreuzträgern.

Doch für den Körper kann das Kreuz so schwer werden, daß sie zusammenbrechen. Der Zusammenbruch ist durchaus nicht ein Zeichen von persönlichem Versagen. Gott kann es einmal über die natürlichen Kräfte eines Menschen gehen lassen, um zu offenbaren, daß der Betreffende wirklich schon über seine Kraft gelitten hat. Dann ist das vor Gott kein Versagen und auch Gott hat hier mit seiner Hilfe nicht versagt. Es gehört das eben dann auch zum Leid des Betreffenden. Gott behält ihn aber immer in der Hand und läßt nicht zu, daß dadurch seine Seele Schaden leidet. Der Zusammenbruch ist vielmehr wieder Quelle von neuen großen Gnaden und neuem Aufstieg, teils schon auf dieser, immer aber in der anderen Welt.

So sind die Dinge übernatürlich gesehen. Der Heiland selbst hat zum Trost dieser Seelen das gleiche auf sich genommen. An ihm beweist sich, daß selbst ein Zusammenbruch noch zum Siege führen kann. Christus ist unter dem Kreuz gestürzt. So mußte offenbar werden, daß es auch bei ihm über seine Kräfte ging. Er ist öfter gestürzt und hat zur Vollendung des Kreuzweges sogar fremde Hilfe in Anspruch genommen. Nicht einmal die Stärkung durch den Engel hatte ausgereicht. Der Vater sandte aber keinen Engel mehr, sondern einen Menschen, Simon von Cyrene. Der Herr war damit zufrieden. Er hätte ihn abweisen können; er hat es nicht getan.

Gewiß darf dieser Zusammenbruch unter dem Kreuz nicht mit dem gewöhnlichen Zusammenbrechen von Menschen verglichen werden. Christus hat dabei keine Herrschaft über sich selbst verloren.

Er ist innerlich und äußerlich gefaßt geblieben. Christus stellt immer und auch hier noch eine gewisse Hoheit vor. Man sieht es ja bei der Szene mit den weinenden Frauen[131]. In ihm ist eben alles in vollster Harmonie vereinigt, menschliche Schwäche und göttliche Hoheit. Aber der Zusammenbruch unter dem Kreuz zeigt: Er hat in der ganzen Leidensfähigkeit und Schwäche der Menschennatur sein Kreuz getragen. Er hat es getan allen schwachen Kreuzträgern zum Trost.

Die starken Kreuzträger sind jene, denen man die Schwere ihres Kreuzes nicht anmerkt. Hier ist die Muttergottes zu nennen, die Königin der Märtyrer. Sie stand unter dem Kreuz[132]. Es wird immer noch zu wenig begriffen, was sich hinter diesem Stehen unter dem Kreuz an Seelenstärke verbirgt. Man muß vor Augen haben, wie und was sie in den schwersten Leidensstunden ihres Göttlichen Sohnes mitgelitten, was sie an Schmerz durchgekostet hat, wie der Kelch auch ihres Leidens randvoll mit Bitterkeit angefüllt war. Der greise Simeon hatte ja vorausverkündet: «Deine Seele wird ein Schwert durchdringen[133].» Nun ist es eingetroffen. Es war ärger gekommen, als sich ein Mensch hätte vorstellen können. Aber auch ihre Seele und ihre Liebe zu Gott erwiesen sich stärker als irgendwie vorauszusehen war. Sie hatte sich in der Gewalt; sie brach nicht zusammen; sie stand unter dem Kreuz; sie war eine starke Kreuzträgerin. Nicht alle können so stark sein.

Wer also gottergeben, dankbar jedes Kreuz auf seine Schultern nimmt, erfüllt die schwere Pflicht des Kreuztragens, so wie Gott sie erfüllt haben will. Gott schenkt ihm dann die Gnade, daß er bei allem Schweren und aller Schwäche doch ein froher Kreuzträger sein kann.

Abtötung, Selbstbeherrschung, Selbstüberwindung und Opfergeist mit aufrichtiger Kreuzesliebe sind die Tugenden, welche die himmlische Mutter mehr als alle Werke an ihren Kindern sehen will. Ihr Anruf ist täglich: Beherrsche dich selbst, überwinde dich selbst, verleugne dich selbst, trage meinem Göttlichen Sohn und mir dein Kreuz nach; ich werde dir immer die Kraft dazu geben.

Zwischen dem Alltag und der echten Mystik besteht noch ein Grenzgebiet, in das sich die Hölle sehr gerne einmischt.

Es umfaßt die Gabe des Hellsehens, die Krankenheilungen, die schwarze und weiße Magie.

Das Hellsehen

Dieses ist eine natürliche Gabe, durch welche ihr Träger Ereignisse in der Ferne sieht, oder solche, welche erst in der Zukunft eintreten werden. Doch gibt es auch Fälle, in denen der Mensch solche Kenntnisse auf übernatürlichem Wege erhält. Diese gehören dann in das Gebiet der Mystik. Bei natürlicher Veranlagung im Hellsehen ist ein Sich-Hineinversenken nötig. Ist es übernatürlich, so wird es dem Menschen plötzlich mitgeteilt. Auch besteht die Möglichkeit, daß jemand mit der natürlichen Gabe des Hellsehens von Gott noch in das eigentliche Gebiet der Mystik gerufen wird. Das ist aber wieder reine Sache Gottes. Er kann den Betreffenden im Rahmen dieser natürlichen, jedoch besonderen Fähigkeit belassen oder ihn auch in die Höhe führen. Aus sich darf dieser aber nicht weiter vorstoßen wollen, sonst gerät er bestimmt auf eine falsche Bahn.

Jeder, der die Gabe des Hellsehens besitzt, muß sie verwenden, wie Gott sie verwendet wissen will. Er darf sich nichts darauf einbilden, eine Fähigkeit zu besitzen, die anderen fehlt. Er soll darüber schweigen. Hellsehen ist zumeist ein Leid, das im rechten Sinne getragen werden muß. Es ist ein Anruf zu Gebet und Opfer, zuweilen auch eine Mahnung zu größerer Wachsamkeit. Ein in dieser Weise begabter Mensch darf sich nicht vom Bösen mißbrauchen lassen. Er muß Gott bitten, daß er diese Fähigkeit nur zu seiner Verherrlichung verwende, sonst könnte es auf diesem Wege sogar bis zur Besessenheit kommen. Bei auftretenden Unklarkeiten empfiehlt es sich, die ganze Angelegenheit einem Priester vorzulegen, damit gründlich geprüft wird; denn nicht immer ist der Pferdefuß des Bösen gleich zu erkennen. Satan tarnt seine Arbeit sehr. Sonst hätte er ja bei den Menschen nicht soviel Erfolg.

Mit Hellsehen wird viel Unfug getrieben. Wer aber wirklich diese Gabe hat, hüte sich, sie zu mißbrauchen. Er muß sich immer bewußt bleiben, daß auch damit eine große Verantwortung verbunden ist.

Die Gabe der Heilung

Sie zählt an sich zu den ohne eigenes Verdienst verliehenen Gnadengaben Gottes und gehört damit in das Gebiet der Mystik. Daß der Schatten des hl. Petrus[134] und die Schweißtüchter des hl. Paulus[135] Kranke geheilt haben, waren von Gott bewirkte Wunder. Da es aber auch besondere natürliche Gaben auf dem Gebiete der Heilung gibt, wurden sie in dieses Kapitel hereingenommen.

Beide Arten müssen von vornherein unterschieden werden von der Tätigkeit des Heilpraktikers, der diese auf Grund eines erworbenen Wissens und seiner Erfahrung ausübt. In den beiden vorgenannten Fällen sind es eben besondere Gaben, sei es natürlicher oder übernatürlicher Art, doch nicht absolut und nicht unfehlbar. Es hängt von verschiedenen Bedingungen ab, die im Träger des Charismas und im Kranken liegen, vor allem im freien Willen Gottes, der allein entscheidet, ob ein Kranker geheilt werden soll oder nicht. Hier findet sich auch der Grund, warum die Betätigung dieser Gabe manche Mißerfolge und auch manch bittere Erlebnisse im Gefolge hat.

Wer von Gott mit der Gabe der Heilung beschenkt ist, muß die gleiche Vorsicht walten lassen, wie schon im Vorhergehenden von der Gabe des Hellsehens angeführt wurde. Auch sie darf nur der Verherrlichung Gottes dienen. Ihre Träger müssen klein bleiben und ein bescheidenes Leben führen. Sie dürfen sich nur als Werkzeuge Gottes betrachten und müssen selbstlose Helfer der leidenden Menschheit sein. Gott hat ihnen die Gabe verliehen, nicht damit sie sich bereichern oder sich ein bequemes Leben erlauben können. Sie haben direkt die Pflicht, den Menschen in ihren Nöten uneigennützig beizustehen.

Bezüglich der Entschädigung ist zu unterscheiden: Übt der Träger dieser Gabe die Heilpraxis als Beruf aus, dann ist er natürlich darauf angewiesen, durch seine Berufstätigkeit den Lebensunterhalt für sich und seine Familie sicherzustellen und darf ein angemessenes Honorar beanspruchen.

Wer in einem festen Beruf steht und von der ihm verliehenen Gabe der Heilung nur nebenbei Gebrauch macht, darf für etwa anfallende Reisekosten eine gewisse Entschädigung annehmen. Das Gleiche gilt bei einem freien Beruf, für etwa ausfallenden Arbeitslohn; sonst aber müßte es der Betreffende für ein Vergeltsgott tun. Hier ist das Wort des Herrn anzuwenden: «Umsonst habt ihr empfangen, umsonst sollt ihr geben [136]!»

Das Pendeln

Eine Warnung ist auch hier angebracht. Auch das Pendeln kann zum Einfallstor der Hölle werden. Gewiß haben manche Menschen dazu Fähigkeiten; aber sobald sie den rein sachlichen Boden verlassen und in seelische Gebiete vorstoßen wollen, der Neugierde nachgeben und in Lieblosigkeiten sich verlieren, umfängt sie bereits wieder die Atmosphäre der falschen Mystik und sie befinden sich schon im Schlepptau des Teufels.

Die schwarze und die weiße Magie

Es ist erstaunlich, wieviel Unfug mit der Magie getrieben wird.

In der schwarzen Magie sind dämonische Kräfte am Werk; in der weißen kommt die Hilfe von oben. Die erstere bezweckt die Schädigung des Menschen und seines Besitztums mit Hilfe des Teufels; die letztere nimmt diesen Schaden wieder weg und sucht ihn für die Zukunft zu verhindern. Nun muß zunächst ganz stark betont und darf nie übersehen werden: viele Unglücksfälle, die man der schwarzen Magie in die Schuhe schiebt, haben rein natürliche Ursachen: eigene Schuld, Mangel an Sauberkeit, ungünstige Lage, Wasseradern, Krankheitsübertragung von außen . . . Es muß wirklich erst erschöpfend nachgewiesen sein, daß für ein Unglück eine natürliche Ursache ausgeschlossen ist. Dann bleibt aber immer noch die Möglichkeit einer reinen Heimsuchung Gottes offen.

Großer Schaden kann schon dadurch entstehen, daß nicht wenig Menschen durch ihre Leichtgläubigkeit auf diesem Gebiet von Schwindlern an der Nase herumgeführt, ausgenützt und ausgeplündert werden.

Die meisten der Leute, die vorgeben, den durch schwarze Magie entstandenen Schaden beseitigen zu können, glauben weder an die eine noch an die andere. Sie sind meist überhaupt nicht religiös, sondern haben nur erkannt, daß man auf diese Weise billig zu Geld kommen kann und um das allein geht es ihnen. Sie verstehen es auch andere, die sich noch nicht um Magie gekümmert haben, einzuseifen und auch sie zu einer gut tragenden Melkkuh für sich zu machen. Immer wieder bringen die Zeitungen solche Fälle. Leider werden nur die Betreffenden selbst, doch nicht viele andere durch diesen Schaden klug.

Hier gilt auch wieder: nüchtern bleiben, klare Sinne bewahren, das allein bewahrt vor Schaden.

Schlimmer aber noch und bitter ist, daß auch wirklich Unschuldige der schwarzen Magie und böswilliger Schädigung anderer verdächtigt, deshalb angefeindet, sogar direkt verfemt werden. Das Gericht kennt keine Hexenprozesse mehr und das ist gut. Im Kapitel «Der Bund mit Satan» wurde schon darauf hingewiesen; die Bekämpfung dämonischer Menschen liegt auf einer anderen Ebene. Sie geschieht von dort aus wirksamer als durch das ordentliche Gericht. Im Gegensatz dazu verfolgt aber die Volksmeinung und das «Volksgericht» nicht wenige Unschuldige als Hexen und macht ihnen das Leben noch schwerer als das Sterben der Hexen im Mittelalter war.

Es ist erschreckend, was der Hexenwahn auch in unserer Zeit noch für Blüten treibt und für Unheil anrichtet. Das Buch «Aberglaube und Hexenwahn» von Herbert Auhofer[137] bringt dafür erschütternde Dokumente. Der Kampf gegen diesen Wahn ist darum ein Werk der Gerechtigkeit und Liebe. Nur darf das Kind nicht wieder mit dem Bad ausgeschüttet werden. Leugnet man zur Überwindung des Hexenwahns den Teufel und die Hölle überhaupt, dann kommt Satan damit sehr gut auf seine Rechnung und hat in dieser Weise wieder reichen Erfolg erzielt.

Wohl steht einwandfrei fest, daß viel Unfug mit der schwarzen und weißen Magie getrieben wird. Trotzdem wäre es aber falsch, deshalb zu behaupten, die Magie sei immer ein Schwindel, Schädigung eines Menschen und seiner Habe durch böse Menschen mit Hilfe des Teufels könnte gar nicht vorkommen. Ebenso wäre es unmöglich, solchen Schaden durch Gebet und Beschwörung zu beheben. Dieser Behauptung stehen genügend Tatsachen entgegen und auch die Praxis der Kirche, die durch ihre Exorzismen und Segnungen die Menschen und ihr Hab und Gut schützt.

Die schwarze Magie hat es zu allen Zeiten gegeben und gibt es auch heute noch; sie wird auch weiter bestehen, solange es Teufel und schlechte Menschen gibt. Im Kapitel «Bund mit Satan» wurde darüber schon gesprochen, doch auf einer anderen Ebene. Hier geht es mehr um materiellen Schaden; aber auch hier muß im einzelnen Fall sehr genau geprüft werden.

Scheint es nun ziemlich sicher zu sein, daß eine Schädigung von seiten des Teufels vorliegt, so ist der einzig richtige Weg für einen gläubigen Christen, einen Priester zu holen. Dieser kann auf Grund seiner priesterlichen Gewalt durch die Gebete der Kirche helfen. Der Brauch, statt des Priesters einen Laien beizuziehen, der im Rufe steht, weiße Magie ausüben zu können, ist gefährlich. Im allgemeinen soll sich kein Laie mit Beschwörungen befassen. Das ist nicht seine Aufgabe. Dafür ist der Priester da. Es ist gut und empfehlenswert, wenn der Laie den Exorzismus Leo XIII. betet. Damit kämpft man aber nur indirekt gegen die Hölle und das gehört in den Aufgabenkreis eines jeden Christen, nicht aber der direkte Kampf gegen Satan. In diesen einzutreten ist immer gefährlich.

Eine Ausnahme von dieser Regel wäre nur denkbar und angebracht an einem Sterbebett, wenn ein Sterbender gegen die Angriffe der Hölle dringend Hilfe braucht, aber kein Priester da ist. Hier drängt sich der Laie nicht in dessen Amt ein, sondern erfüllt einen wirklichen Liebesdienst, wenn er Weihwasser sprengt und im Namen Jesu die bösen Geister beschwört, zu weichen. Es ist hier eine gewisse Parallele zum Sakrament der hl. Taufe, die im Notfalle auch jeder Laie spenden darf.

Diesen Ausführungen dürfte nun wahrscheinlich entgegengehalten werden: Es gibt Fälle, in denen Männer und Frauen durch weiße Magie schon geholfen haben, nachdem erwiesen war, daß ein Priester nicht helfen konnte. Darauf ist zu sagen: Ja, es gibt zuweilen auch Laien, die auf diesem Gebiet ein gewisses Charisma besitzen. Aber sie müssen einen ganz einwandfreien Lebenswandel aufweisen. Trifft das nicht zu und sie haben trotzdem Erfolg, so sind sie Helfershelfer Satans. Da kann auch nicht das Wort des Herrn dagegen angeführt werden: «Jedes Reich, das wider sich selbst uneins ist, zerfällt [138].» In diesem Falle ist der Teufel innerhalb seines Reiches nicht uneins. Hier kommt er sehr wohl auf seine Rechnung. Der materielle Schaden wird weggenommen und dafür um so mehr seelischer angerichtet. Die Person, welche die weiße Magie ausgeübt hat, war nur der sichtbare Strohmann für die Arbeit Satans.

Die Laien, die ohne Charisma und richtige Haltung solches tun, geraten immer mehr auf die falsche Bahn und in die Gewalt der Hölle; denn es ist gefährlich, sich mit diesen Dingen zu befassen.

Wegen des Unglücks, das Satan unmittelbar selbst oder mittelbar durch böse Menschen verursacht, ist zu beachten: Auch hier gilt, was vom Leid und den Heimsuchungen Gottes bereits gesagt wurde. Es wäre verfehlt, erwarten zu wollen, daß immer alles gut wird, wenn man sich an Gott oder die himmlische Mutter wendet bzw. hier, wenn man beim Unglück im Stall einen Priester holt. Das wäre sehr einfach, dann gäbe es wenig Unglück auf der Welt. In keinem Falle besteht die Sicherheit, daß unbedingt geholfen werden kann. Gott schickt die Kreuze und läßt manche seiner Kinder lange im Schmelzofen der Läuterung leiden. Weggenommen wird das Kreuz erst in der Stunde, die er bestimmt hat, wenn der Zweck, den seine weise Vorsehung damit verfolgt, auch wirklich erreicht ist. In diesem Falle kann kein Priester, auch nicht der beste Exorzist und erst recht kein Laie helfen, ehe Gottes anbetungswürdiger Ratschluß erfüllt ist. Hier müssen die Erwähnten in Geduld und Liebe, in unbegrenztem Vertrauen auf Gottes Kraft und Gnade in ihren Leiden ausharren und dürfen überzeugt sein, daß für sie daraus größter Segen fließt. Beweis dafür ist der edle Dulder Job, dem der Herr nach bestandener Prüfung das Doppelte von dem schenkte, was Satan ihm hatte nehmen dürfen[139]. Der Christ darf aber noch weiter denken – an den Lohn und das Glück in der Ewigkeit, das dem geduldigen Kreuzträger verheißen ist.

Die echte Mystik ist die schönste Auswirkung des Gnadenlebens und führt in die Tiefen der göttlichen Liebe hinein. Auf ihr ruht darum immer das wachsame Auge der himmlischen Mutter und liegt ihre schützende Hand. Nur wenn jemand nicht auf sie hört, kann Satan sich auch in dieses Gebiet einmischen und großen Schaden anrichten.

Rosa mystica

Gerade die himmlische Mutter wurde von Gott diesen geheimnisvollen Weg geführt. Sie kennt ihn und dieses Gebiet aus Erfahrung und ist wie sonst niemand das vollkommenste Vorbild echter Mystik. Sie wird ja in der Lauretanischen Litanei von ihren Kindern auch als die geheimnisvolle Rose begrüßt.

An der Mutter des Herrn können darum Wesen und Zweck der Mystik sowie zwei besondere Merkmale derselben klar erkannt werden.

Nehmen wir die Verkündigungsszene im Lukas-Evangelium[140], dann sehen wir: Gott greift in das Leben der demütigsten Jungfrau ein. Es geschieht nicht durch ein Ereignis der gewöhnlichen Vorsehung. Er schickt einen Engel; dieser tritt an Maria heran; das ist ein Erlebnis mit einem Boten von der anderen Welt. Schon die Engelserscheinung gehört in das Gebiet der Mystik, aber sie bedeutet noch nicht ihr Wesen. Dies liegt vielmehr im Erleben Gottes selbst. Bei Maria vollzog sich das durch die Überschattung des Heiligen Geistes. Über dieser Tat göttlicher Weisheit, Allmacht und Liebe liegt der Schleier des Geheimnisses. Wir dürfen ihn nicht lüften wollen, aber wir können erkennen: es war ein Erfahren und Erleben der Allmacht und Liebe Gottes, wie es sonst nie ein Geschöpf erlebte und erleben wird.

Sicher darf man annehmen, die Überschattung des Heiligen Geistes war nicht das erste und letzte mystische Erlebnis Mariens. In ihr Leben hat ja Gott schon im ersten Augenblick ihres Daseins eingegriffen. Sie wurde als einziges Kind Adams frei von der Erbsünde empfangen. So entfiel von vornherein jedes Hindernis für Gottes Wirken sowie für das Einströmen seiner Gnade und seiner Liebe.

Die Seele Mariens war auch wie keine andere für Gott und das Göttliche aufgeschlossen. Als kommende Braut des Heiligen Geistes durfte sie von Anfang an seine besondere Nähe und das ganze Ausmaß seiner freigebigen Liebe an sich erfahren. Noch vor der Erhebung zur Würde der Gottesmutter wurde sie vom Erzengel als die Gnadenvolle begrüßt[141]. Es kann darum kein Zweifel bestehen, daß die Mutter des Erlösers von Anfang an eine vertiefte Erkenntnis Gottes besaß. Ihr Blick war ja nicht durch die Erbsünde getrübt, sondern hell und klar, ihr Herz glühte in der Liebe zu Gott. Sie wurde keinen Augenblick von den Geschöpfen eingenommen und von Gott abgezogen. Wie sonst niemand erfaßte sie das Wort: «Gott allein genügt.»

Wer aber so tief sieht und so glühend liebt, nichts anderes kennt und liebt als Gott, lebt auch in inniger Verbundenheit und Vereinigung mit ihm. Es ist auch weiter klar: Jene, welche dem Sohne Gottes das Leben schenken und seine Mutter sein durfte, sollte in der Verbundenheit mit dem Vater nicht erst im späteren Leben ihm ähnlich werden, sondern mußte es schon vorher sein; die Gegenwart Gottes war dann während des Erdenwandels ihres göttlichen Sohnes für die himmlische Mutter dreiundreißig Jahre eine sichtbare und greifbare; der Emanuel, Gott mit uns, weilte ja wirklich immer bei ihr. Zudem bewegte sich ihr ganzes Leben in ständig aufsteigender Linie. So war das innere Wachstum der Hochbegnadeten nie unterbrochen, sondern wurde unaufhaltsam zur Vollendung geführt.

Wesen der Mystik

Aus dem Leben der allerseligsten Jungfrau ersehen wir also, worin das Wesen der Mystik besteht. Es liegt in einem bestimmten E i n g r e i f e n Gottes in das Leben der Seele und in einer Berührung derselben, die eine tiefere Gotteserkenntnis und glühendere Liebe zu Gott verleiht, als sie auf dem gewöhnlichen Gnadenwege erlangt werden kann. In ihrem Gefolge findet sich ein lebendiges Bewußtsein der Gegenwart Gottes, eine stets stärker zunehmende Gottverbundenheit und Gottvereinigung, ja eine direkte Umwandlung der Seele, so daß sie in ihrer ganzen Gesinnung, Haltung und in ihren Handlungen dem Sohne Gottes immer mehr gleichförmig wird. Selbstverständlich gibt es hier verschiedene Grade. Sie werden von Gott bestimmt und hängen auch von der Bereitschaft ab, mit welcher der Mensch den Absichten Gottes entspricht.

Die Verkündigungsszene zeigt: Vor der Jungfrau von Nazareth stand plötzlich eine Lichtgestalt, der hl. Erzengel Gabriel. Engel kommen nicht, wenn der Mensch es sich wünscht, sondern nur, wenn Gott sie schickt. Der Evangelist sagt ausdrücklich: «Der Engel ward von Gott gesandt[142].» Ebenso wäre es Maria nie eingefallen, an eine Überschattung des Heiligen Geistes auch nur zu denken. Der Engel verkündete ihr: «Der Heilige Geist wird dich überschatten [143].» So ist es bei jeder echten Mystik; sie geht einzig von Gott aus. Das ist entscheidend. Würde diese Tatsache den einzelnen immer vor Augen stehen, dann könnten viel Täuschungen und Irrwege vermieden werden. Der Mensch darf sich nie selbst in dieses Gebiet eindrängen wollen. Nur Gott ruft hinein, wen und wann er will.

Zwei wichtige Merkmale

Verborgenheit

Gott selbst wählt für solche Gnadenstunden die Verborgenheit. Die Verkündigungsszene fand nicht auf dem Marktplatz von Nazareth und nicht im Tempel von Jerusalem statt. Sie ging in der Verborgenheit einer stillen Betkammer vor sich. Kein Zeuge war dabei und niemand hat das geringste gemerkt.

Gewiß will Gott sein Gnadenwirken nicht in gewisse Formen

gepreßt wissen. Er bleibt immer Herr in vollster Freiheit. Er kann Ausnahmen machen wie bei Lourdes, Fatima und anderen Orten. Hier vollzogen sich die Erscheinungen in der Öffentlichkeit. Dies war deshalb der Fall, weil die Welt aufhorchen und befolgen sollte, was dort geoffenbart wurde. Die Regel aber ist: Gott wählt für sein Gnadenwirken die Verborgenheit.

Allerdings konnten zuweilen Heilige nicht verhindern, daß Ekstasen in der Kirche oder im Kreise von Mitmenschen über sie kamen, doch haben sie darunter gelitten und zu verdecken gesucht, was sie verdecken konnten.

Wenn dagegen die Öffentlichkeit oder gar der Zustrom der Massen gesucht wird, ist die Sache von vornherein faul und trägt den Stempel des Krankhaften oder des Dämonischen an sich. Besonders Satan liebt großes Theater und läßt in glänzender Regie sogar viele Heilige auftreten, die aber in Wirklichkeit nicht Heilige, sondern Gebilde seiner Raffinesse und seiner Macht sind.

Auch bei echten Begnadeten werden von der Umwelt leider meist nicht alle Fehler vermieden. Man meint es gut und will die Herrlichkeit Gottes offenbaren. Aber Gott hat selten die Absicht, daß das geschehen soll. Die Hauptaufgabe und Hauptleistung dieser Begnadeten ist ja nicht, durch ein Schauspiel in glaubensschwachen Menschen den Glauben wieder zu stärken, sondern durch ein wirklich vermehrtes und erhöhtes Gebets- und Opferleben der Welt erneut viele Gnaden zukommen zu lassen. Das andere, die Stärkung des Glaubens, kann einmal in den Ratschlüssen Gottes liegen. Es dürfte aber für nur wenige Fälle gelten, ist jedoch dann ein sehr großes Kreuz für die Betreffenden und bedarf großer Gnaden sowie großer Treue, um den Gefahren, die damit verbunden sind, zu entgehen und nicht von der eigenen Berufung abzusinken. Ruhig kann gesagt werden, solche Begnadeten hätten ruhiger gelebt, meist besser ihre Aufgaben erfüllt und wären heiliger geworden, wenn man sie nicht so an die Öffentlichkeit gezogen hätte. Hier ist die Zurückhaltung der Umgebung gleich von Anfang an sehr wichtig. Für die Begnadeten ist eben das Entscheidende der Lebenswandel, die Nachfolge Christi, das ständige Wachstum und die Vollendung ihrer Tugenden und, in der Nachfolge des Gekreuzigten, besonders ihre Sühnehaltung.

Das alles kann aber und wird meistens am vollkommensten nur in der Verborgenheit erreicht werden.

Schweigen

Auch für das zweite Wesensmerkmal der echten Mystik gibt der Heilige Geist durch sein eigenes Verhalten und das Verhalten seiner liebsten Braut das überzeugendste und verpflichtendste Beispiel. Es wurde schon darauf hingewiesen, die Verkündigungsszene war bestimmt nicht das einzige mystische Erlebnis, das Gott und die allerseligste Jungfrau miteinander verband. Über alle anderen mystischen Erlebnisse der rosa mystica ist aber der Schleier des Schweigens gebreitet. Kein Evangelist bringt auch nur das geringste darüber.

Uns Menschen möchte das als geradezu unersetzlicher Verlust und unermeßlicher Schaden erscheinen: kein Wort von all diesen vielen Gebetsgnaden, kein Wort aus dem Umgang Gottes mit dieser feinsten und empfänglichsten aller Seelen. Wieviel Nutzen hätten viele daraus ziehen können und doch hat der Heilige Geist über all das in den Evangelien nichts geoffenbart.

Dieses Schweigen ist ein Zeichen, daß es eben viel Wertvolleres gibt als das Offenbaren und das Offenbarwerden mystischer Erlebnisse. Es liegt in der Erfüllung der Aufgabe, die Gott dem betreffenden Menschenkind zugedacht und auferlegt hat. Es ist, wie vorhin angeführt wurde, die Arbeit, die Gott von diesem Menschen geleistet, das Leid, das er von ihm getragen haben will, die Vollendung der eigenen Persönlichkeit durch die Vollendung der Tugend, nach der Gott sich so sehr sehnt. Das Wertvollste in einem Menschenleben bleibt stets, daß der Mensch wirklich das Meisterwerk wird, das Gott aus ihm machen will, und die Aufgabe erfüllt, zu der Gott ihn berufen und für die er ihm alle Gnaden geschenkt hat.

Es versteht sich von selbst, daß dieses Schweigen auch die Höchstbegnadete selbst treu beobachtet hat. Sie kennt ja nichts anderes, als den leisesten Wunsch Gottes zu erspüren und seinem leisesten Wink zu folgen. Wir finden auch bei ihr dieses Schweigen: Das Geheimnis dem König! Selbst auf die Gefahr, vom heiligen Joseph verlassen zu werden, hat sie den Schleier über das tiefste Geheimnis ihres Lebens nicht gelüftet[144]. Es darf wohl angenommen werden, daß Gott dieses Schweigen nicht bloß gefallen, sondern sogar gefordert hatte. Er wäre enttäuscht gewesen, wenn die Mutter des Herrn anders gehandelt hätte; sie enttäuschte ihn aber nicht. Sie überließ es ihm, für sie einzutreten und das Schwere, das ihr drohte, zu verhindern. Gerade aber, weil sie gehorchte und schwieg, hat Gott eingegriffen und alles zum Besten gelenkt. Er greift immer ein, wenn ein Mensch treu zu ihm steht, in Not kommt und auch in der Not ihm ganz treu bleibt.

Bezeichnend für die Wichtigkeit des Schweigens über mystische Erlebnisse ist auch eine Stelle bei Lukas 24. Den zurückgekehrten Emausjüngern sagten die Elfe: «Der Herr ist wahrhaft auferstanden und dem Simon erschienen [145].» Nur die Tatsache meldete der Evangelist. Er fügt kein weiteres Wort bei. Diese Gnadenstunde bleibt ein Geheimnis zwischen Jesus und dem treulosen Apostel. Auch Petrus hat das Geheimnis des Königs gewahrt. Uns hätte natürlich gerade dieses erste Wiedersehen der beiden nach der Verleugnung sehr interessiert. Aber Gottes Offenbarung dient nicht der Stillung der Neugierde und Gott weicht nie dem Drang sensationslüsterner Reporter. Ihm geht es immer nur um die Seelen.

Andere Erscheinungen nach der Auferstehung des Herrn werden ausführlich berichtet, eben jene, bei denen Gott einen Zweck verfolgt. So die Erscheinung, in welcher der Heiland Petrus als Fels der Kirche bestätigt und ihm das Hirtenamt überträgt: «Weide meine Lämmer, weide meine Schafe[146]!» Gott hätte so gern, daß alle Kinder seiner Kirche, besonders aber seine Begnadeten, Sachlichkeit lernen und auch die Beichtväter diesen eindeutigen Wunsch des Herrn mehr beachten: Die Geheimnisse Gottes wirklich geheim bleiben zu lassen. Sie sollen nicht so viel eindringen wollen und von allem, was sie erfahren dürfen, nichts an die große Glocke hängen.

Schon die Anerkennung von seiten der Menschen und Erfolge sind eine Gefahr für die Seele; noch mehr aber jedes Gerufensein von Gott. Hier bemüht sich Satan erst recht, selbst in die demütigste Seele wenigstens einen Schatten von Stolz hineinzutragen. Er versucht es leider nicht immer umsonst. Nur wer über die Gnadenerweise und das Gerufensein von oben, wer über Gottes besonderes Wirken schweigen kann und auch Verkennung der Preisgabe seiner inneren Vorzüge vorzieht, ist wahrhaft frei von jeglichem Stolz und bleibt in der Gnade. Die großen Taten Gottes reifen in der Verborgenheit und ertragen kein vorzeitiges Enthüllen. Denken wir an das Geheimnis von Nazareth und das in der Heiligen Nacht! Gott selbst enthüllt es, wann er will.

Menschen, die darum so gern und leicht über ihre mystischen Erlebnisse sprechen, erwecken den Verdacht, daß etwas nicht in Ordnung ist. Es kann einmal eine Notwendigkeit zum Sprechen gegeben sein, aber immer nur in bestimmten Fällen und nur aus ernsten Gründen und nie gegen so viele und jeden Nächstbesten.

Sehr klar sagte das der große Lehrer der Mystik, Johannes vom Kreuz. Nachdem er darauf hingewiesen hatte, daß manche die Tätigkeit eines äußerst lebhaften und scharfen Verstandes als außerordentliche Gebetsgnaden ansehen, betonte er: «Dann schreiben sie das, was in ihnen vorgeht, nieder oder lassen es niederschreiben. Und doch ist das alles vielleicht nichts und enthält nicht eine Idee von Tugend und dient zu nichts weiter, als daß sie sich damit nur aufblähen. Möchten doch solche Menschen lernen, auf nichts anderes zu achten, als wie sie den Willen in der Kraft demütiger Liebe fest begründen und wahre Tugend üben, indem sie dem Sohn Gottes in seinem Leben und Leiden nachfolgen und in allem sich abtöten; denn das allein ist der Weg zu allen geistigen Gnaden, nicht aber eine Menge innerer Ansprachen[147].»

Nicht übergangen werden darf an dieser Stelle auch die Indiskretion mancher Beichtväter und Seelenführer im Hinblick auf die mystischen Erlebnisse ihrer Anvertrauten. Selbstverständlich fallen die Eröffnungen solcher Erlebnisse nicht unter das Beichtsiegel; es sind keine Sünden, die hier zur Frage stehen. Darum haben leider zu allen Zeiten nicht wenig Beichtväter sehr leicht und ohne Rücksicht auf die Folgen, die es haben könnte, darüber gesprochen. Was hat z. B. eine hl. Theresia von Avila unter der Indiskretion jener gelitten, die sie in ihren seelischen Nöten beim ersten Auftreten ihrer mystischen Erlebnisse zu Rate zog! Ganz Avila wußte von ihren Visionen;

seine Bewohner meinten, sie müßten sich um diese Dinge wie um ihre eigenen Angelegenheiten kümmern. Viele bittere Stunden sind der Heiligen daraus entstanden. Von der hl. Katharina von Siena schreibt ihr Biograph, der selige Raimund von Capua: «Wenn dieses heilige Mädchen keine anderen Leiden zu erdulden gehabt hätte als die, welche ihr von Seiten taktloser Seelenführer zugefügt wurden, sie wäre durch ihre Geduld in gewissem Sinne eine Märtyrin.»

Begleiterscheinungen der Mystik: Visionen und Offenbarungen

Hier ist es wohl am Platze, zuerst den Unterschied zwischen dem Wesen der Mystik und ihren Begleiterscheinungen hervorzuheben. Erstere wurde schon als geheimnisvolles Eingreifen und Wirken Gottes definiert. Begleiterscheinungen sind Visionen, Offenbarungen und Ekstasen. Ihre Einstufung in die Reihe der Begleiterscheinungen deutet darauf hin, daß man sie nicht als das Wichtigste werten darf. Es kann auch sein, daß sie im Leben eines Mystikers verhältnismäßig selten vorkommen.

Von Laien auf diesem Gebiet werden diese Dinge aber meist sehr wichtig genommen und damit das Unwesentliche zu stark in den Vordergrund gestellt. Als Schaden ergibt sich daraus, es wird vielfach übersehen, was Gott mit diesen Begleiterscheinungen für ein Ziel verfolgt. Diese falsche Einstellung ist auch schuld daran, daß der Wert, welcher auch in diesen Gnadengaben liegt, nicht erfaßt, sowie jede Erscheinung und Offenbarung verdächtigt, ja von gewissen Seiten sogar als Übel angesehen wird. Dabei scheint das große Unheil, welches schon von falschen Erscheinungen und Offenbarungen ausging, diese Einstellung zu rechtfertigen; doch mit Unrecht.

Was von Gott stammt, ist gut, und muß auch als solches gewertet werden. Das gilt ebenfalls von diesen Gnadengeschenken Gottes. Gewiß sind Gefahren vorhanden, sogar sehr große; das zeigt dieses Buch ja zur Genüge. Aber Gefahren gibt es sonst auch überall, z. B. schon auf der Straße. Soll deshalb niemand mehr auf die Straße gehen oder soll man die Autos abschaffen? Ebenso dürfen durch die Nachäffung Satans und die falsche Einstellung mancher Menschen die Werke Gottes nicht in Mißkredit gebracht werden. Das Treiben der Hölle mahnt zur Vorsicht, aber nicht zur Einseitigkeit und Übertreibung.

Zweck der Erscheinungen und Offenbarungen

Auch sie haben ihre Bedeutung. Echte Erscheinungen und Offenbarungen sind als Anrufe und Aufträge Gottes in sein Heilswirken eingebaut, und zwar nicht als unwichtigster Faktor. Gerade die Verkündigungsszene liefert den besten Beweis dafür. Sie ist aber zugleich der eindringlichste Hinweis darauf, daß nicht das Erlebnis, sondern der Anruf und Auftrag in einer Schau oder Ansprache, vor allem die Verwirklichung desselben das entscheidenste ist.

Am Tag der Verkündigung war es Gott nicht darum zu tun, dem Mädchen Maria eine freudige Überraschung zu bereiten, auch nicht um eine Auszeichnung der braven Tempeljungfrau, die sich ja durch ihre Treue sein Wohlgefallen erworben und schließlich auch einen Beweis desselben verdient hatte. In dieser Zeit stand der Wunsch Gottes im Mittelpunkt, die Verheißung des Erlösers nun Wirklichkeit werden zu lassen. Dazu hatte er von Ewigkeit her dieses einzigartige Geschöpf erwählt und es mit unendlicher Liebe geführt und umhegt. Sie selbst sollte als erste die Kunde davon vernehmen; aber das Entscheidende war der Auftrag, sie solle Mutter des Erlösers werden und in freier Entscheidung ihre Zustimmung geben.

Gerade hier sieht man auch sehr klar, worum es bei der Erscheinung und Offenbarung ging. Nicht daß sie eine Erscheinung hatte, nicht daß zu ihr der Erzengel Gabriel gekommen war, das war ganz unwichtig, wichtig war der Anruf und der Auftrag Gottes, Mutter des Erlösers zu werden; wichtig war, wie sie sich dazu stellte, am allerwichtigsten, wie sie ihr ganzes Leben lang diesen Auftrag erfüllt. Was hätte die Erscheinung, was hätten die ehrenden Worte des himmlischen Boten genützt, wenn sie die Engelserscheinung und seine Worte als das Wichtigste angesehen, das wirklich Wichtige aber, das Mitgehen mit der Gnade, übersehen und unterlassen hätte?

Die Erfassung des Zweckes dieser Begleiterscheinungen zerstreut viele kindliche und kindische Vorstellungen über die Mystik. Sie dient auch zur Entdeckung krankhafter Einbildungen und dämonischer Arbeit auf diesem Gebiet. Es muß immer wieder darauf hingewiesen werden: Bei echter Mystik geht es nie um Spiel, nie um Sensation oder Schwelgen in süßen Gefühlen, erst recht nicht um das Stillen menschlicher Neugierde oder Betätigung krankhafter Einbildung; es geht auch nicht darum, daß sich der Mensch recht herausgehoben fühlt und sich darauf etwas zugute tut, sondern daß er mehr als andere für Gott und die Seelen zu opfern und zu leiden hat.

Wenn sich Gott einem Menschen offenbart und ihn in besonderer Weise an sich zieht, so ist damit immer eine bestimmte Aufgabe verbunden. Nie geschieht es, damit der Betreffende nur ein angenehmes Erleben habe und seine Freude darin finde. Es hat vielmehr immer einen tiefen Sinn und eine ganz starke Auswirkung nicht nur im eigenen Leben, sondern oft noch mehr im Leben der Um- und Nachwelt. Im letzteren Falle sind die Begnadeten nur Werkzeuge in der Hand Gottes und gewinnen aus dem Anruf nur so viel persönlichen Nutzen, als das wiegt, was sie dabei selbst an Arbeit und Opfern eingesetzt haben.

Für jeden Anruf gilt: Die Seele wird dadurch in eine bestimmte Aufgabe hineingestellt, die sie zu erfüllen hat. Das Erlebnis selbst ist nicht wichtig zu nehmen, sondern nur der Auftrag, was sie zu tun, zu opfern und zu leiden hat.

Mit dem Empfang des Auftrags ist das Erlebnis für die Seele vorbei. Es bleibt nur die Pflicht im Bewußtsein zurück, deren Erfüllung sie aufgetragen bekam, und die Opfer, die sie auf sich nehmen muß. Eine echte Begnadete legt keinen Wert auf das außergewöhnliche Erlebnis. Sie sieht einzig und allein auf die gestellte Aufgabe. Diese ist auch tatsächlich der Hauptzweck des ganzen Erlebnisses und muß von ihr auch so genommen werden. Was sie dabei zusätzlich erleben durfte, wiegt nicht groß in ihren Augen; es ist nur ein kleiner Trost für das Schwere, das nun auf die Seele wartet. Sie weiß genau, nicht darauf kommt es an, daß sie das Außergewöhnliche erleben durfte, sondern wie sie jetzt ihre Pflicht erfüllt.

Eine Begnadete soll sich deshalb nach dem Erleben überhaupt nicht mehr damit beschäftigen, sondern sich lediglich bemühen, den Auftrag in die Tat umzusetzen, sonst kann Satan sich einmischen. Gott liebt an seinen Begnadeten die nüchterne Art, den strengen Gehorsam gegen seine Gebote und Aufträge. Er liebt es aber gar nicht, daß die Seele sich in Gefühle ergieße und sich diesen freiwillig hingibt. Er liebt es erst recht nicht, wenn sie immer wieder nachkosten will, was sie in Wirklichkeit erlebt hat.

Folgt die Seele aber diesem falschen Zug, so ist Satan schon am Werk und sie bereits auf dem Weg in die falsche Mystik. In allen Fällen, in denen sie sich mit dem Erlebten wieder befaßt, wird viel Phantasie in das Ganze hineingetragen. Dies geschieht selbstverständlich in noch verstärkterem Maße, wenn so viel darüber gesprochen und immer wieder gefragt wird. Vor allem aber kann Satan arbeiten und selbst das, was echt war, noch in falsche Bahnen bringen. Es steht einwandfrei fest: Auch in echte Visionen und Offenbarungen kann er sich einmischen und Widersprüche hineintragen. Es muß darum darauf geachtet werden, daß die einzelnen den Absichten Gottes entsprechen.

Gerade die Tatsache, daß die Hölle selbst bei echten Offenbarungen des Himmels sich einschalten kann, erklärt auch die Widersprüche oder wenigstens Abweichungen, welche sich bei Visionen über das Leben und Leiden Jesu finden.

Manche Schriftsteller haben verschiedene Erklärungen dafür gegeben. Vielleicht ist aber doch die genannte die nächstliegende und jene, welche der Wahrheit auch am besten entspricht.

Eigenartig ist ebenso, daß bei manchen Visionärinnen Begebenheiten gebracht werden, die sich mit Berichten in apokryphen Schriften decken. In diesen Fällen liegt es wohl sehr nahe, anzunehmen, daß auch hier wieder die Hölle gearbeitet hat.

Was darum auch nur den geringsten Schatten auf die Persönlichkeit Christi, seine Gesinnung und sein Verhalten werfen könnte, muß unbedingt als Produkt eigener Phantasie oder des Lügengeistes abgelehnt werden.

Gesundem Empfinden widerstrebt der Kitsch in unseren Kirchen; noch mehr muß es jedem Christen widerstreben, den Herrn in der Rolle eines schmachtenden Liebhabers sehen zu müssen, als den ihn manche Offenbarungen erscheinen lassen. Christus ist in seiner Liebe tief wie niemand, aber doch wirklich nicht süß, sondern eher herb. Die Evangelisten zeichnen ein anderes Bild von ihm, als Visionärinnen ihn in ihren Gesichtern sehen. Wer die Wahrheit sucht, muß sich ans Evangelium halten. Hier lernt er Christus kennen und erleben wie er ist. Dieses Christusbild der Evangelien ist darum auch der Prüfstein und Maßstab für jede Christuserscheinung in einer Vision.

Was von Christus gilt, gilt auch von den anderen großen Persönlichkeiten der Heilsgeschichte. Werden in Offenbarungen weniger schöne Dinge aus ihrem Leben gesagt, welche in der gesunden Tradition der Kirche bis jetzt völlig unbekannt waren oder bloß in apokryphen Schriften enthalten sind, so entspricht es der gesunden Frömmigkeit, sie abzulehnen, selbst wenn jene, welche die Visionen hatten, heiligmäßige Menschen sind und erwiesener Weise sich der Himmel zu ihnen herabgeneigt hat.

Auch ihre Visionen müssen an den in diesem Buch genannten und schon von jeher in der gesunden Mystik geltenden Maßstäben geprüft und gewertet werden. Nur so bleibt man vor Täuschungen bewahrt und kann nicht in eine falsche Mystik gedrängt werden.

Kennzeichen der Anrufe und Aufträge Gottes

Für die Prüfung der Echtheit von Erscheinungen und Offenbarungen kommt besonders ihr Inhalt in Frage.

Zunächst muß unterschieden werden zwischen jenen Anrufen und Aufträgen, welche an die Öffentlichkeit weiterzugeben sind, und jenen, welche diese Auflage nicht haben. Ersterer Art waren die Visionen der hl. Margaretha Alacoque sowie die Muttergottes-Erscheinungen von La Salette, Lourdes und Fatima sowie andere.

Besonders stark ist hervorzuheben: Die Anrufe und Aufträge Gottes, die weitergegeben werden müssen, sind sehr selten. Sie erfolgen nur in entscheidenden Stunden der Geschichte und in wichtigen Dingen. Das beweist die Erfahrung: Echte Erscheinungen mit solchen Aufträgen gibt es in jedem Jahrhundert nur wenige. Man braucht nicht viele Seiten im Geschichtsbuch, um sie anzuführen. Die echten Aufträge sind klar, kurz und bündig. Der Empfangende kann nicht anders handeln; er kann und wird sie erfüllen.

Zum «kurz und bündig» des Anrufes muß noch ergänzt werden: Gott kann ausnahmsweise einmal mehr sprechen. Das geschieht aber noch seltener. Immer liegt ein wichtiger Grund vor: Die breite Masse ist auf die schiefe Ebene geraten, gefährliche Irrtümer haben sie vergiftet, auf die ordentliche Lehrverkündigung wird von vielen nicht mehr gehört. Da kann Gott nun Menschen als Werkzeuge benützen, um die Öffentlichkeit aufzurütteln; aber auch diese Offenbarungen unterliegen dem Urteil der Kirche. Ihr Inhalt mag sehr einleuchtend und wertvoll erscheinen; sichere Wahrheit ist er erst dann, wenn das kirchliche Lehramt sein Ja dazu gesprochen hat.

Um jedem Mißverständnis vorzubeugen, muß außerdem noch gesagt werden: Gott kann wohl durch außergewöhnliches Eingreifen die Masse zum Aufhorchen bringen, wie z. B. durch das Auftreten verschiedener Heiliger. Aber eine Zurückführung breiter Kreise zur Wahrheit und zum sittlichen Leben, eine durchgreifende Reform vollzieht sich immer nur unter der Führung der Kirche. Die Geschichte der Konzilien, besonders jenes von Trient, liefert den Beweis dafür und zeigt, welch einschneidende Bedeutung ein allgemeines Konzil in dieser Beziehung unter Umständen sogar auf Jahrhunderte hat.

Beim außerordentlichen Eingreifen Gottes kommen aber keine neuen Wahrheiten, sondern werden lediglich die alten wieder neu eingeschärft und klar hervorgehoben. Oder es vollzieht sich dadurch eine noch klarere Offenbarung mancher Geheimnisse seiner Liebe, die jedoch schon in irgendeiner Weise in den heiligen Schriften enthalten sind. Immer bleibt der Satz bestehen: Die Offenbarung Gottes ist mit dem Neuen Testament abgeschlossen. Wenn Gott etwas offenbart, sind es stets nur Wahrheiten, die in dieser Zeit besonders gefährdet sind und den Menschen in noch größerer Klarheit und Tiefe aufleuchten sollen.

Ein weiteres Merkmal für die Echtheit der Erscheinungen und Offenbarungen ist das Moment des Unerwarteten. Sollen Anrufe und Aufträge Gottes echt sein, dann müssen sie von den Menschen unbeeinflußt kommen. Die Seele darf keinen Wunsch haben, von Gott gerufen zu werden; man darf sie auch von außen nicht in eine gewisse Richtung schieben wollen. Der Mensch soll nur annehmen, was Gott ihm schickt, aber er darf sich niemals selber in Ekstase versetzen wollen oder durch andere sich versetzen lassen. Hier ist Absicht und besonders äußere Beeinflussung die Ursache des «mystischen Geschehens» und der Hysterie Tür und Tor geöffnet, aber keine von Gott gegebene Vision vorhanden. Immer muß beachtet werden: Echt ist nur, wenn in keiner Weise von menschlicher Seite nachgeholfen wird. Das Licht, die Entrückung überfällt die Seele wann und wo Gott will und nicht wie die Menschen es wünschen. Am echtesten sind darum Anrufe und Aufträge Gottes bei jenen Menschen, die nie etwas Außergewöhnliches gewollt haben und deren Richtschnur die Übereinstimmung mit dem Wirken Gottes ist. Der Gleichklang der Seelen mit seinem Willen bringt als Frucht Fortschritt in der Tugend und Aufstieg zur Vollkommenheit.

Trifft dies nicht zu, so bedarf das keiner weiteren Überlegung. Es liegt einwandfrei falsche Mystik vor.

Gott schenkt seine Aufmerksamkeiten und Tröstungen nicht bloß zur Freude, sondern als Ansporn zu noch ernsterem Streben, zu noch größerer Losschälung und noch tieferer Opferbereitschaft. Gottes Nähe muß auch nach außen sichtbar werden; denn die echte Mystik hat die Tat, das Besserwerden, die rücksichtslose Bekämpfung des eigenen Ichs im Gefolge und als Frucht.

Die falsche Mystik weist leere Redensarten auf. Hier ist alles auf Schein aufgebaut. Die Tugend besitzt kein Fundament, deshalb gibt es auch kein wirkliches Voranschreiten, sondern nur ein eingebildetes.

Hauptbedingung für die Echtheit einer Erscheinung ist stets die Umwandlung des Menschen. Immer wieder muß betont werden: Eine Erscheinung wird einem nie zum bloßen Vergnügen zuteil, sondern immer nur zu einem bestimmten Zweck. Mit solchen Menschen haben Gott und die himmlische Mutter etwas Bestimmtes vor. Alle anderen Erscheinungen sind wertlos.

Unterschied zwischen den Sühneleiden der Mystiker und den Krankheiten der Hysteriker

Eine besondere Beachtung verlangt das Auftreten vieler Krankheiten, ihre oft schnelle Folge sowie die dämonischen Quälereien im Leben der Mystiker. An sich liegen diese Dinge sehr einfach. Sie sind eben nichts anderes als die Auswirkungen des Sühneauftrages.

Für Fachgelehrte besteht aber hier die Gefahr, die Notwendigkeit einer gewissen Gesamtschau zu übersehen; sie besitzen wohl ein großes Fachwissen, auch hat die Medizin und Psychologie im Kampf gegen die falsche Mystik der Kirche schon große Dienste geleistet. Bei aller Anerkennung derselben darf aber nicht übersehen werden, daß ein letztes Verständnis für die Erscheinungen der Mystik für sie doch oft sehr schwer ist. Fast jeder Fachmann sieht die Dinge meist zu sehr nur von seinem Fachstandpunkt aus. Dieser Neigung können sich die wenigsten entziehen. Dazu ist hier die Gefahr doppelt groß, weil manche Erscheinungen in der Mystik tatsächlich manchen Krankheitserscheinungen täuschend ähnlich sind.

Es ist immer ein Fehler, nur nach den äußeren Erscheinungen zu urteilen. Das viel Wichtigere sind ja die Ursachen sowohl bei den Krankheiten als auch bei der Besessenheit und ebenso hier bei der Mystik; auf sie kommt es in erster Linie an. Werden nun die Ursachen nicht berücksichtigt, dann ergeben sich Fehlschlüsse, mögen sie noch so blendend erscheinen und der einzelne von ihrer Richtigkeit noch so sehr überzeugt sein.

Um zu einem klaren Urteil zu kommen, ist immer die Voraussetzung, in erster Linie auf die Ursachen zurückzugehen. Das hat sich längst als das einzig Richtige auf dem Gebiet der rein natürlichen Krankheiten erwiesen und sich auch durchgesetzt. Man weiß heute, mit welch unglaublichen Fähigkeiten Hysterische solche vorspiegeln und sich in sie hineinsteigern können. Bei manchen arbeitet das Nervensystem so stark, daß sie mit Krankheiten auf Bestellung aufwarten können. Darum unterscheidet man hier klar zwischen Krankheiten, die auf hysterischer Grundlage beruhen und anderen Krankheiten, von denen kein Arzt behauptet, sie seien hysterisch; auch fällt es keinem ein, alle Kranken als Hysteriker anzusehen und als solche zu behandeln.

Nun treten gerade bei den Mystikern Krankheiten in einem Ausmaß und in einer Stärke auf, die in Staunen setzen. Ist es nun zwingend und richtig, deshalb die Mystiker mit den Hysterikern auf eine Stufe zu stellen? Als weiteres kommen bei manchen Begnadeten noch die Auswirkungen manch teuflischer Machenschaften hinzu; dann fällt das Urteil erst recht nachteilig aus. Ihr religiöses Leben wird als ungesund bezeichnet und der Charakter als unzuverlässig benotet.

Ist das aber nun wirklich die einzig richtige Erklärung und die volle Wahrheit? Dürfen Krankheiten immer bloß als Krankheiten mit rein natürlichen Ursachen angesehen werden? Zu Tobias sagte doch der Engel: «Weil du Gott wohlgefällig warst, mußte dich die Prüfung bewähren[148].» Auch bei allem Unglück, das Job traf, war es das gleiche. Hier durfte sich Satan einschalten und sein Unwesen treiben.

Darum ist wohl die Frage angebracht: Kann Gott einer Sühneseele nicht am laufenden Band Krankheiten schicken, die eine wieder wegnehmen, wenn die Sühnearbeit für den einen Fall geleistet ist, und dann für die nächste Sühneaufgabe wieder eine neue auftreten lassen? Tatsächlich verhält es sich auch so bei den echten Sühneseelen; hier steht aber Gott hinter den Krankheiten und es besteht also ein großer Unterschied gegenüber den Hysterischen, hinter deren Krankheit eine krankhafte Anlage zu finden oder ihre Ichbezogenheit und ihr bewußtes Täuschenwollen die Ursache ist.

Aus den Sühneaufträgen der Sühneseele dürfte sich auch wohl folgendes ergeben: Sie hat nicht deshalb die verschiedensten Krankheiten immer wieder neu zu tragen, weil sie einen für Krankheiten sehr anfälligen Körper besitzt, sondern weil diese Krankheiten eben zu ihrer Sühneaufgabe gehören. Solche Menschen wären gesund, wenn Gott sie nicht da hineingerufen hätte. Man darf darum auch nicht sagen: Diese vielen Krankheiten sind verdächtig; hier ist etwas nicht gesund. Hier ist nichts Verdächtiges und nichts ungesund, sondern hier ist ein Mensch, der durch seine Sühneleiden der sündigen und kranken Menschheit die größten Dienste zu ihrer seelischen Gesundung leisten muß und leisten darf. Verdächtig und ungesund wären nur die Dinge, die bei den Scheinbegnadeten klar und deutlich angeführt wurden, und falsch wäre, wenn man nicht stets ein wachsames Auge über die Vorgänge behalten würde und weitere Prüfungen für unnötig hielte.

Da ferner die Möglichkeit besteht, daß sich bei Sühneseelen auch Satan einmischen darf, lassen sich manche Widersprüche, die sonst immer bleiben, sehr leicht lösen.

Nicht nur von der Medizin oder Psychologie, auch von der Theologie her müßte der Versuch gemacht werden, den einzelnen Fall gewissenhaft zu lösen. Schließlich ist es nicht einmal so schwer, wenigstens einigermaßen die Ursachen finden zu können. Bei dem starken Wechsel der Krankheiten der Mystiker liegen die Merkmale für die Unterscheidung im religiös-sittlichen Charakter der Betreffenden. Wer die Mühe langer und gründlicher Beobachtung dieser Menschen auf sich nimmt, kann schon auf den Unterschied zwischen Sühneleidenden und Hysterischen stoßen. Spielen noch dämonische Einflüsse herein, dann ist es wohl schwerer, aber auch nicht unmöglich. Besonders in diesem Fall braucht der Arzt die Mitarbeit des Priesters, welcher für diese Dinge Verständnis und auch eine gewisse Zuordnung hat.

Die Zuständigkeit der Medizin, Psychologie und Theologie

Obiger Bemerkung liegt nicht klerikale Wichtigtuerei zugrunde, sondern ehrliches Wohlwollen gerade gegenüber jenen Fachleuten auf medizinischem und psychologischem Gebiet, die dämonische Kräfte anerkennen und mit ihnen rechnen. Es gibt zudem Fälle, in denen auch ein tief religiöser Laie den Blick für diese Dinge sowie die Fähigkeit und Kraft zu ihrer Behandlung besitzt.

Aber das sind Ausnahmen, im allgemeinen wahrt Gott die von ihm geschaffene Ordnung: Der Arzt ist für den Körper und seine Krankheiten da, der Psychologe für die Seele, ihre natürlichen Anlagen und Auswirkungen, der Priester für die Seele und was mit ihrem ewigen

Heil zusammenhängt, die Einwirkung Satans und das gnadenvolle Wirken Gottes.

Dabei ist es selbstverständlich zu begrüßen, daß auf jedem der drei Gebiete nicht einseitig gearbeitet wird, sondern auch die angrenzenden Disziplinen mitberücksichtigt werden, so vom Arzt auch das Gebiet der Psychologie, vom Psychologen auch das der Medizin, von beiden wegen des innigen Zusammenseins von Leib und Seele und der übernatürlichen Bestimmung des Menschen auch die Theologie. Das gleiche gilt vom Theologen und der Zusammenarbeit mit Arzt und Psychologen. Im allgemeinen ist jedoch jeder in seinem Fach der zuständigste.

Aber leider muß hier beigefügt werden: Selbst manchen Theologen fehlt die richtige Sicht, besonders jenen, welche nur von der Theorie herkommen und persönlich keine Fühlung mit echter Mystik und Dämonie haben. Wie mancher Fall von Besessenheit wurde schon als klassisches Beispiel hundertprozentig krankhafter Erscheinung hingestellt, obwohl für den Kenner kaum ein Zweifel besteht, daß hier nichts anderes als Besessenheit vorliegt.

Vielleicht darf in aller Bescheidenheit eine rein persönliche Meinung geäußert werden:

Man kann es selbstverständlich keinem Wissenschaftler übelnehmen, wenn er sich auch für die Phänomene der Mystik interessiert. Es befremdet aber, daß sie im allgemeinen zu einer sehr negativen Einstellung ihnen gegenüber kommen. Selbst wenn sich die Erscheinungen bei Heiligen finden, werden sie von vielen nicht als wirkliche Gnaden, sondern als Krankheiten oder Mängel angesehen und der Satz aufgestellt: Die Betreffenden sind trotzdem heilig geworden.

Meist kommt diese Einstellung wohl daher, daß manche Fachleute der Ansicht sind, die Übernatur könnte in den Fällen, in denen sie sich mit der Natur berührt, nach den für diese geltenden Gesetzen beurteilt und erklärt werden. Wohl heißt ein Satz «die Gnade baut auf der Natur auf», doch ist seine Geltung bereits wieder stark eingeschränkt durch das Pauluswort: «Was vor der Welt töricht erscheint, hat Gott auserwählt, um das Weise zu beschämen; was der Welt schwach erscheint, um das Starke zu beschämen[149].» Nach dem Satz, «die Gnade baut auf der Natur auf», dürfte Gott nur jene mit «zehn

Talenten» Ausgestatteten als Werkzeuge seiner großen Taten benützen. Er nimmt bestimmt auch solche, aber gerade bei seinen allergrößten Taten benützt er mit Vorliebe Werkzeuge mit nur einem oder einem Zehntel Talent. Ebenso ist Gott bei der Verleihung mystischer Gnaden nicht an gewisse körperliche Dispositionen gebunden. Er verleiht auch diese Gnaden wem er will.

Vor allem sind echte mystische Vorgänge wesentlich von rein natürlichen zu unterscheiden und darf ihre Ursächlichkeit nicht in einer Anlage oder eigenen Tätigkeit des Begnadeten gesucht werden. Es ist schon genügend betont worden: Hier kann der Mensch aus sich nichts tun; bei echter Mystik wird er von Gott gerufen und diese wird von Gott bewirkt. Darum ist es ein Irrtum, an sie mit natürlichem Wissen und natürlichen Erfahrungen heranzutreten und sie natürlich erklären zu wollen. Das Walten Gottes in der Natur läßt sich vom Natürlichen aus erklären und für diese Ebene gelten die Gesetze der Natur. Das Walten der Gnade ist von der Natur grundverschieden; hier gelten nicht mehr die Gesetze der Natur, sondern der Gnade.

Wie vorsichtig man im Urteil sein muß, zeigt die Tatsache: Die Hölle kann Geisteskrankheiten vorspiegeln, obwohl es ausgesprochene Besessenheit ist. Das beweist, wie man fehlgeht, wenn man glaubt, alle diese Erscheinungen natürlich erklären zu können. Es ist sogar folgendes möglich: Ein gläubiger Arzt und ein Exorzist haben Beweise, hier liegt wirkliche Besessenheit vor. Läßt Gott es aber zu, daß Satan bei einer entscheidenden Prüfung vor einer Kommission sein Theater so raffiniert spielen darf, wie nur er es kann, dann stellen andere Ärzte nach allen Regeln ihrer Wissenschaft eindeutig Geisteskrankheit fest; der gläubige Arzt und selbst der erfahrenste Exorzist müssen dann den Vorwurf der Leichtgläubigkeit und Täuschung über sich ergehen lassen.

Ebenso kann Gott bei mystischen Phänomenen dieselben einmal gerade in dem Augenblick ausbleiben lassen, in dem sie nachgeprüft werden. Bei Gemma Galgani ist das ja einmal geschehen[150]. Es scheint, Gott liebt nicht die wissenschaftliche Zergliederung seiner mystischen Phänomene und nicht die Schaustellung seiner Begnadeten und Besessenen. Die Mystiker sollen in der Stille ihrer Leidensaufgabe erfüllen und den Besessenen soll in der Stille geholfen werden.

Gott will die ärztliche Prüfung und Anerkennung seiner Wunder, die er seiner Kirche als göttliche Bestätigung der Heiligkeit mancher seiner Diener und Dienerinnen schenkt, aber in den anderen Fällen legt er keinen Wert auf ärztliche oder wissenschaftliche Bestätigung. Auch sie kann jene nicht überzeugen, die sich nicht überzeugen lassen wollen. Der Beweis dafür ist das Leben Jesu selbst. Weder Krankenheilungen noch Teufelsaustreibungen, nicht einmal Totenerweckungen vor ihren Augen haben seine Feinde bekehrt. Selbst die größten Wunder können aus einem Saulus keinen Paulus machen, wenn er nicht will.

Anders ist die Arbeit der Wissenschaft beim Verdacht falscher Mystik; hier können Medizin und Psychologie wertvolle Dienste leisten. Dies erfolgt aber unter anderen Gesichtspunkten und ist etwas anderes als der Versuch wissenschaftlicher Erklärung der echten mystischen Phänomene.

Nicht selten muß bei der negativen Beurteilung der Erscheinungen der Mystik der große Kirchenlehrer der Mystik, Johannes vom Kreuz, als Kronzeuge auftreten. Hier teilt er das Los mit einem anderen großen Kirchenlehrer, dem hl. Augustinus. Diesen nahm Luther für seine Irrtümer als Gewährsmann in Anspruch. Augustinus betonte im Kampf mit den Pelagianern sehr stark die Gnade. Luther benützte nun dessen Ausführungen einseitig und behauptete dann Dinge, die Augustinus nie gemeint hatte.

Johannes vom Kreuz warnt im Kampf gegen die falsche Mystik vor Überbewertung der mystischen Phänomene und der Sucht nach Außergewöhnlichem. Der gleichen Aufgabe soll ja auch dieses Buch dienen. Es folgt ganz den Spuren des großen Kirchenlehrers. Nur muß es auch gegen das andere Extrem abriegeln, damit eben nicht alle Mystik abgelehnt wird. Satan nützt ja jede Chance aus. Muß er an einem Frontabschnitt das Feld räumen, so sucht er an einem anderen wieder Boden zu gewinnen.

Sehr klar hat das darum bei den Schriften des hl. Johannes vom Kreuz besonders im ersten Band des «Aufstiegs zum Berge Karmel» beachtet zu werden. Scheinbar ist meinem heiligen Ordensvater selbst schon vorgekommen, daß er einmal zu falscher Einstellung gegenüber der Mystik als Vorspann herhalten soll. Er hält darum mitten im Schreiben inne und sagt ausdrücklich, möge der Leser stets die Absicht und den Zweck im Auge behalten, den ich in diesem Buche verfolge. Es ist kein anderer, als die Seele durch alle diese natürlichen und übernatürlichen Wahrnehmungen hindurchzuleiten, so daß sie ohne Täuschung und unbehindert im ungefälschten Glauben zur Vereinigung mit Gott gelangt[151].» Johannes vom Kreuz spricht in vielen Kapiteln ausdrücklich von übernatürlichen Wahrnehmungen, von Visionen und Offenbarungen als von Tatsachen. Er äußert sich nicht abfällig darüber, er bezeichnet sie auch nicht alle als Einbildungen oder Teufelswerk, er warnt nur vor den Gefahren. Abfällig spricht er über das Verlangen danach und die falsche Haltung dabei, aber nicht über die Visionen selbst. Das hätte ihm schon die Ehrfurcht vor Gott und dessen Gnadenwirken verboten. Der Heilige ist auch viel zu klar und ehrlich, um nicht den Widerspruch zu sehen, in den er bei Ablehnung sämtlicher außergewöhnlichen Erscheinungen der Mystik mit sich selbst geraten wäre. Gerade er war ja mit diesen Gnadengaben Gottes reich beschenkt, auch er hatte eine Schau, den Anruf und Auftrag Gottes, zur Rettung der Reform furchtbares Leid auf sich zu nehmen. Ja, er fand es sogar angebracht, dieselbe auf ein Papier aufzuzeichnen[152]. Johannes vom Kreuz hat die Anrede des Heilandes: «Bruder Johannes bitte mich, um was du willst; denn ich werde es dir gewähren für den Dienst, den du mir erwiesen hast», nicht einfach wissentlich übergangen, sondern darauf geantwortet: «Herr leiden und verachtet werden[153].» Also darf dieser große Kirchenlehrer nicht in dem Sinne ausgelegt werden, Visionen und Offenbarungen wären nur negativ, nur eine Gefahr und alles müßte in Bausch und Bogen verworfen werden. Bei dieser Einstellung und Haltung käme es ja auch nie zu einer Erfüllung des Auftrages und zum Durchstehen des Leidens, welche eine Schau ankündigt und verlangt. Johannes vom Kreuz und diese Ausführungen decken sich beide und betonen: Man darf auf Visionen und Offenbarungen nicht zu viel Wert legen, man darf sie nicht suchen und nicht daran hängen, sondern muß das tun oder mit sich geschehen lassen, wie Gott dabei will.

Doch sei eigens nochmals betont, diese Ausführungen dürfen nicht im geringsten dazu ausgenützt werden, nun doch wieder etwas nach diesen Dingen hinzuschielen und ihnen einen anderen Wert beizulegen als jener ist, der in ihnen liegt, sie nämlich lediglich als Anruf und Auftrag Gottes zur Erfüllung bestimmter Aufgaben und besonders zur Übernahme von Leid zu betrachten.

Wundmale und Herzensverwundung

Im Sühneleiden der Mystiker findet sich als besondere Erscheinung das Auftreten der Wundmale und das Miterleben der Passion des Herrn. Die Tatsache kann nicht bestritten werden. Der erste Stigmatisierte war der hl. Franziskus, der große Heilige von Assisi. Die Kirche feierte sogar ein Fest am 17. September anläßlich dieses Ereignisses. Ein ähnliches Vorkommnis ist auch die Herzensverwundung der großen Lehrmeisterin der Mystik und Reformatorin des Karmel, der hl. Theresia von Avila. Der von ihr reformierte Orden der Unbeschuhten Karmeliten und Karmelitinnen begeht das Gedächtnis dieses Geschehens als Fest der Herzensverwundung ihrer heiligen Mutter am 27. August.

Nun gibt es leider auch hier nicht wenige, denen es lieber wäre, die Kirche hätte diese Feste nie eingeführt. Sie meinten, es wäre eben in einer Zeit geschehen, in der man sich noch kein klares Urteil über den Ursprung solcher Phänomene bilden konnte; heute habe man eine größere Erfahrung auf diesem Gebiet und würde es nicht mehr tun. Wundmale und Herzensverwundung werden dann als bewußte oder unbewußte Täuschung hingestellt. Besonders muß auch das Wort Autosuggestion als Erklärung herhalten. Abgemildert wird auch die doch sehr simple Behauptung aufgestellt: Diese Menschen hätten sich zu sehr in das Leiden Christi hineinvertieft und dadurch bei entsprechender körperlicher und vor allem nervlicher Anlage die Wundmale oder die Herzensverwunderung verursacht. Sie sagen: Die Seele besitze eben Kräfte, welche wir noch zu wenig kennen. Meist wird dann auch darauf hingewiesen, daß die Wundmale an Stigmatisierten genauso seien, wie sie sich am Kruzifix befinden, vor dem die

Betreffenden ihre Betrachtung über das Leiden Christi hielten. Wer gewohnt ist, alles nachzusagen, was auf diesem Gebiet von der «Wissenschaft» geboten wird, findet diese Erklärung vielleicht treffend und in Ordnung. Trotzdem ist sie nicht richtig. Es dürfte nämlich der schmachtende Blick der Stigmatisierten auf das Kreuz an der Wand oder in der Hand mehr der Auffassung des Künstlers, der sie so darstellt, als der Wirklichkeit entsprechen. Eine Gebetsseele ist bei der Betrachtung des Leidens Christi nicht auf ein Bild oder Kruzifix angewiesen, schon gar nicht eine mystisch Begnadete. Diese schließen bei ihrer Betrachtung meist die Augen, hier verschwindet dann das Kreuz vor ihrem körperlichen Auge und der Beter sieht es nur mehr mit dem inneren Auge. Dabei schaut er aber nicht auf die Stellung der Nägel, sondern auf die grenzenlose Liebe des Herrn, die ihn erst recht wiederum von allem Bildlichen weg ins Geistige hineinzieht.

Schließlich müßte doch auch darauf gehört werden, was die Stigmatisierten selbst sagen: St. Franziskus hat sein Erleben lange, aber nicht ganz verdecken können; wohl auf die Bitten seiner Brüder entschloß er sich dann darüber zu sprechen. Wieder ein Heiliger, der hl. Bonaventura, hat uns den Vorgang aufgezeichnet. «Zwei Jahre vor seinem Tode hatte Franziskus sich auf den Berg Alverno zurückgezogen, um dort zu Ehren des hl. Erzengels Michael ein vierzigtägiges Fasten zu halten. Am Feste Kreuzerhöhung sah er, während er am Abhang des Berges betete, die Gestalt eines Seraphs mit sechs leuchtenden feurigen Flügeln aus der Höhe des Himmels herniedersteigen. Seine Hände und Füße waren ausgespannt und ans Kreuz genagelt. Als Franziskus die grausame Kreuzigung sah, durchbohrte das Schwert schmerzlichen Mitleids seine Seele. Vom Seraph wurde er innerlich belehrt, er soll nicht durch leibliches Martyrium, sondern durch ein andauerndes Feuer in seinem Innern zu einem getreuen Abbild Jesu Christi des Gekreuzigten werden. Als die Erscheinung wieder verschwunden war, fanden sich an Franziskus die Wundmale[154].»

Also kam die Stigmation des Heiligen nicht durch Autosuggestion, nicht durch die Betrachtung eines Kruzifixes, sondern durch die Erscheinung eines Seraphs. Gott ist es, der sich durch ein wunderbares Wirken offenbarte.

Jetzt steht aber wieder zur Frage: Wird die Aussage des hl. Franziskus und das Zeugnis des hl. Bonaventura ernst genommen? Von vielen sicher nicht. Die gleichen Zweifler glauben aber unbedenklich alles, was in einem Buch über indische Yogas zu lesen ist, selbst wenn ihnen darin die unglaublichsten Dinge vorgesetzt werden. Warum nun diese gegensätzliche Haltung? Sind Yogas und ihre Berichterstatter glaubwürdiger als unsere Heiligen und ihre Biographen?

Es ist wirklich bedauerlich, daß man gerade solchen Männern und Frauen gegenüber nicht einmal die gewöhnlichsten Regeln des Anstandes, einer wissenschaftlichen Untersuchung und eines gerichtlichen Verfahrens gelten läßt.

In dieser persönlichen Angelegenheit ist doch das Zeugnis des Betreffenden immerhin von Bedeutung, ja sogar entscheidend.

Zu echter Wissenschaft gehört Voraussetzungslosigkeit und Gründlichkeit. Beides fehlt aber, wenn historische Tatsachen einfach übergangen und leere Behauptungen dafür aufgestellt werden. Bei Gericht fällt die eigene Aussage sehr in die Waagschale. Leugnet ein Verbrecher seine Schuld, so wird die Strafe trotz eines klaren Indizienbeweises oft nicht in der ganzen Strenge verhängt.

Heilige sind aber keine Betrüger, auch keine Verbrecher; sie sind auch keine Menschen, denen man ein klares Urteil absprechen könnte. Dazu decken sie meist nur durch den Gehorsam gezwungen ihr inneres Erleben auf und die Folge davon ist, es wird ihnen nicht so viel Glaubwürdigkeit zuerkannt wie jedem anderen Menschen; es wird ihnen nicht so viel Recht eingeräumt, in ihren Aussagen ernst genommen zu werden wie einem Verbrecher, und das nur deshalb, weil man selbst mit diesen Phänomenen nicht zurecht kommt und es schon Täuschungen und Betrug auf diesem Gebiet gegeben hat.

Reden sich nun manche wieder darauf hinaus, auch Heilige könnten sich trotzdem einmal täuschen, auch sie sind nicht unfehlbar, so ist das richtig. Aber bei den Wundmalen gibt es keine Täuschung, wenn andere sie einwandfrei feststellen. Es ist auch immer noch ein Unterschied zwischen den Rötungen der Haut, zwischen Blutschwitzen und einer Art Wundmale, wie sie heute die Medizin kennt, und von Wundmalen der Heiligen. Warum lehnt man auch unbedingt das Hervorbringen der Wundmale durch den Teufel ab? Er äfft doch alles nach. Warum soll er hier eine Ausnahme machen und es nicht auch hier tun?

An sich wäre die Frage nach dem Ursprung der Wundmale überhaupt nicht mehr diskutabel, da der Lehrer der Mystik, der hl. Johannes vom Kreuz, nicht nur sehr eindeutig für die göttliche Herkunft der Wundmale eingetreten ist, sondern diese in seiner tiefen Sicht auch näher erklärt. Er spricht von der durch den Seraph zugefügten inneren Verwundung und Verletzung und fügt bei: «Manchmal gestattet Gott, daß die Wirkung davon sich dem körperlichen Sinne auch äußerlich mitteilt, so daß die Wunde und das Mal ähnlich der inneren Verwundung auch nach außen sichtbar wird, wie es beim hl. Franziskus der Fall war, als der Seraph ihn verwundete. Nachdem er die fünf Liebeswunden in der Seele empfangen, trat die Wahrnehmung derselben auch am Körper zum Vorschein, und zwar in der Weise, daß der Seraph dieselben auch dem Leibe eindrückte und ihn verwundete, wie er sie seiner Seele durch die Liebesverwundung beigebracht hatte. Denn Gott gewährt gewöhnlich dem Leib keine Gnade, wenn er sie nicht zuvor in erster Linie der Seele erwiesen hat[155].»

Ebenso verhält es sich bei der Herzensverwundung der hl. Theresia. Auch hier ist das Wesentliche nicht das Äußere, sondern das Innere, die Verwundung der Seele und damit die Aufnahmefähigkeit für immer noch größere Gnaden und stärkere Liebesglut zu Gott. Johannes vom Kreuz spricht zwar nicht ausdrücklich von der Herzensverwundung der Heiligen, aber in der Erklärung der zweiten Strophe seiner Lebendigen Liebesflamme behandelt er ausführlich die Liebesverwundung der Seele und gebraucht auch das Bild vom Seraph und dem Pfeil. Er schreibt wörtlich: «Es kann sein, daß die von Liebe zu Gott entflammte Seele das Gefühl hat, als werde sie von einem Seraph mit einem vom Feuer der Liebe ganz brennendem Pfeil oder Speer getroffen, der die Seele durchdringt.» Anschließend sagte er: «Die Seele gewahrt, wie sie selber zu einem unermeßlichen Feuer der Liebe geworden, das hervorbricht von jenem glühenden Punkt im Innersten des Geistes.» Hier darf wohl darauf hingewiesen werden, daß Johannes vom Kreuz bei diesem Feuer sowohl an Theresia von Avila dachte als auch von der eigenen Erfahrung sprach. Denn er fährt fort: «Wenige Seelen gelangen so weit, aber manche haben diese

Stufe erreicht, vor allem jene, deren Tugend und Geist sich auf ihre Nachkommen fortpflanzen mußten. Da erfüllte Gott die Familienhäupter als die Erstlinge des Geistes mit Reichtum und Kraft, je nach der großen oder geringen Zahl jener, die ihre Lehre und ihren Geist sich aneignen sollen[156].«

Auch das trifft wieder auf Theresia und auf ihn zu. Wie Theresia die Mutter, ist Johannes der Vater der Reform; sie sind die heiligen Eltern vieler Söhne und Töchter. Von Theresia darf man noch sagen, selbst Johannes vom Kreuz war ihr Sohn, wenn er auch später noch ihr geistlicher Vater wurde. Ohne sie wäre er kein Karmelit geworden, da er zu den Kartäusern gehen wollte[157]. Sie hat ihn dem Orden erhalten und zum ersten Unbeschuhten Karmeliten gemacht. Er hat ihr das nie vergessen. Weiter darf nicht übersehen werden: Wie viele Töchter und Söhne zählen Theresia und Johannes vom Kreuz während der dreihundert Jahre seit der Reform? Bloß unsere Zeit gerechnet, sind es 14 000 Töchter und 4000 Söhne aus dem Orden der Unbeschuhten[158] Karmeliten und Karmelitinnen, die Theresia als Mutter verehren. Greifen wir nun auf die Herzensverwundung der hl. Theresia zurück, nehmen wir die gerade ausgeführte diesbezügliche Abhandlung des hl. Johannes vom Kreuz dazu, dann sind diese vielen Söhne und Töchter doch eher ein Beweis für die Echtheit der Herzensverwundung ihrer heiligen Mutter als es Röntgenaufnahmen und wissenschaftliche Gutachten sein könnten.

Zu der Frage der Wundmale ist folgendes zu sagen: Diese sind eine außerordentliche Begnadigung, die Gott ab und zu einem Menschen geben kann. Das geschieht aber nie zum Segen des Betreffenden allein, sondern noch weit mehr zum Heil vieler Seelen. Mit ihnen ist immer eine große Aufgabe und ein schweres Leben verbunden. Bei der Beurteilung der Wundmale ist wieder entscheidend, ob das ganze Leben im Einklang mit Gott steht.

Wundmale, welche bewußt durch Instrumente und sonstige Machenschaften beigebracht wurden, verdienen überhaupt keiner Erwähnung. Sie scheiden als Betrug an sich schon aus. Will sich aber jemand auf dem Wege der Autosuggestion die Wundmale des Herrn aneignen, so nähert er sich in Vermessenheit Gott und wird dafür seine gerechte Strafe finden.

Manche Heilige haben sie besessen. Wildfremden Menschen sagten sie deren Seelenzustand und die verborgensten Sünden ins Gesicht. Doch hatten sie diese Fähigkeit nur in den Fällen, in denen Gott ihnen den Seelenzustand offenbarte. Solche Gaben sind immer beschränkt und bleiben vom Willen Gottes abhängig. Nur die falschen Propheten wissen auf alles eine Antwort[159].

Johannes vom Kreuz zitiert in solchem Zusammenhang den Propheten Ezechiel: «Wenn jener Mensch (der mit Vorwitz und hochmütigen Geistes etwas auf göttlichem Weg erfahren möchte) zum Propheten kommt, um mich durch ihn zu befragen, so werde ich mein Angesicht voll Zorn auf ihn richten und wenn der Prophet in dem, um was er gefragt wurde, sich irrt, so bin ich es, der Herr, der den Propheten getäuscht hat, d. h. indem ich ihm mit meiner Gnade nicht beistehe, um nicht in Irrtum zu fallen. Das soll heißen, Gott entzieht einem solchen Menschen seine Huld und Gnade und die unausbleibliche Folge davon ist, daß dann derselbe ein Opfer des Betruges wird. Da ist dann gleich der Teufel zur Stelle und willfahrt einem solchen Menschen nach dessen Geschmack und Verlangen.»

Eine übernatürliche Offenbarung über den Seelenzustand eines Menschen liegt nur dann vor, wenn sie ungefragt kommt. Es gelten hierfür die gleichen Regeln wie für die Offenbarungen überhaupt.

Ein Beispiel dafür bietet sich im Leben des hl. Pfarrers von Ars. Zwar könnte er ebenso gut im nächsten Kapitel angeführt werden, beleuchtet aber auch hier die anfallenden Fragen sehr gut, weil es ja den Seelenzustand sowohl einer Lebenden als eines Verstorbenen betraf. Der Biograph schreibt:

«Eine Dame, die erst kurz ihren Mann verloren hatte und unbedingt glaubte, er wäre ewig verloren, befindet sich in der Kirche von Ars. Nun erscheint der Pfarrer, geht zu der Dame in Schwarz, neigte sich zu ihrem Ohr und sagte: «Er ist gerettet.» Die Unbekannte schreckt empor, Vianney wiederholt: «Er ist gerettet.» Eine Geste des Unglaubens war die ganze Antwort der Dame. Darauf antwortete der Heilige: «Ich sage Ihnen, er ist gerettet, er ist im Fegfeuer; man muß viel für ihn beten. Zwischen dem Brückengeländer und dem Wasser hat er noch Zeit gehabt, einen Akt der Reue zu erwecken. Die liebe Muttergottes hat ihm diese Gnade erwirkt. Erinnern Sie sich an den Monat Mariens in Ihrem Zimmer, obwohl glaubenslos, hat er sich bisweilen mit ihrem Gebet vereint. Das hat ihm die Reue und ein letztes Erbarmen verdient[160].»

Hier ist es einfach über den Pfarrer von Ars gekommen und er mußte das sagen. Nur bei dem, was so unvermittelt, ungesucht und ungefragt bei bereits anerkannt heiligmäßigen Menschen kommt, besteht eine gewisse Sicherheit, daß es von Gott stammt.

Die Gabe der Herzenskenntnis ist nur zum Heil derer gegeben, deren Seelenzustand Gott geoffenbart hat. Dies geschieht nie, damit darüber öffentlich gesprochen oder gar die Betreffenden in übles Licht gebracht werden. Wenn der Allwissende ein solches Geheimnis lüftet, dann hat es einzig den Zweck, daß der Empfänger der Offenbarung für den Betreffenden betet und nur diesem selbst mitteilt, wie es um seine Seele steht. Auf jeden Fall liegt über diesem Wissen die Pflicht des Schweigens bis ins Grab. Gottes Gaben dienen nie der Neugierde und erst recht nicht der Schadenfreude oder Rachsucht der Menschen. Wenn solches vorkommt, ist bei diesen Enthüllungen nie Gott dabei, dann ist es der Mensch selbst, der auf irgendeine Weise zu dieser Kenntnis kam, die man bei ihm nicht vermutet hat, oder es ist die Hölle, die hier wieder gearbeitet hat.

Falsch ist auch, wenn die Menschen Begnadete mit allen möglichen Fragen bestürmen, um von ihnen eine übernatürliche Antwort zu bekommen. Die Begnadeten sind keine Fragekästen und sollen nicht dazu herabgewürdigt werden. Auch ihnen gibt Gott nicht immer Antwort. Außerdem liebt er es nicht, auf diese Weise gefragt zu werden. Die Menschen sollen nicht in die Geheimnisse Gottes eindringen wollen, sondern glauben, Gottes Vorsehung achten und sich ihr unterwerfen.

Gott selbst gibt jedem Menschen die nötige Kenntnis, die er zu seinem Heil braucht; darum ist keine Anfrage bei Begnadeten nötig. Nach bestem Wissen und Gewissen seinen Weg auszurichten, den Verstand zu Hilfe zu rufen, das ist die sicherste Grundlage für das richtige christliche Leben. Auf mysteriöse Weise aber sein Leben einrichten wollen ist falsch; auf diese Weise wird so viel verbildet und so viel Falsches hineingetragen.

Die wahren Mystiker, die Auskunft geben, meinen es gut; sie wollen den Menschen helfen. Aber auch sie haben keine Garantie, daß das, was sie als Antwort ansehen, wirklich Gottes Antwort ist. Schon jede Frage ist nämlich eine Beeinflussung, auf die hin das Unterbewußtsein arbeiten und auch die Hölle sich einmischen kann.

Etwas anderes sind Ratschläge und Antworten, die solche Menschen aufgrund ihrer Menschenkenntnis und Erfahrung geben, oder wenn es ein Priester ist, aufgrund seines theologischen Wissens und gewöhnlicher Erleuchtungen.

Sehr klar und ausführlich hat das der Lehrer der Mystik, Johannes vom Kreuz, gelehrt; er wurde aber leider vielfach nicht gehört. Er schreibt: «Die Menschen halten die Neugierde, die sie bisweilen dazu veranlaßt, auf übernatürlichem Wege etwas zu erfahren, für etwas Gutes; da Gott manchmal ihrem inständigen Bitten nachgibt, meinen sie, es sei dieser Weg, den sie eingeschlagen, ein guter und Gott habe sein Wohlgefallen daran. Indes, wenn es auch seine Richtigkeit damit hat, daß Gott auf ihre Bitten eingeht, so ist dies gleichwohl nicht der rechte Weg und Gott hat durchaus keine Freude daran, im Gegenteil, es mißfällt ihm. Ja, noch mehr, in den meisten Fällen wird er dadurch erzürnt und beleidigt. Warum? Weil kein Geschöpf die Schranken, die ihm Gott nach den Gesetzen der Natur zu seiner Leitung gesetzt hat, überschreiten darf. Dem Menschen nun hat Gott seiner Leitung die Schranken der Natur und der Vernunft gewiesen. Also ist es nicht angängig, über dieselben hinauszuwollen und etwas ergründen und auf übernatürlichem Wege erreichen zu wollen; denn das hieße die Grenzen der Natur durchbrechen zu wollen. Das aber ist unerlaubt und infolgedessen hat Gott kein Wohlgefallen daran, da er durch alles, was unerlaubt ist, beleidigt wird. Wenn wir aber dennoch Antwort erhalten, so ist es manchmal nur der Teufel, der Antwort gibt. In den Fällen aber, wo es Gott selber tut, tut er es aus Rücksicht auf die Schwachheit jener Seele, die diesen Weg einschlagen will; er willfahrt ihr, damit sie nicht entmutigt und so rückfällig werde, ferner, damit sie nicht denke, Gott sei ihr böse und prüfe sie allzu schwer, oder auch aus anderen Ursachen, die nur Gott bekannt sind und die in der

Schwachheit jener Seele ihren Grund haben.» Und mit ernsten Worten mahnt er die Seelen, die gierig danach sind, etwas auf übernatürlichem Wege erfahren zu wollen. « ... ich sehe nicht ein, wie eine nach solchen Dingen gierige Seele zum mindesten nicht läßlich sündigen sollte, mag auch ihre Absicht noch so gut sein, und mag sie auch noch so weit in der Vollkommenheit voran sein. Ein Gleiches gilt auch von dem, der sie dazu aufmuntern würde oder damit einverstanden wäre. Nichts von alledem ist notwendig. Wir haben die natürliche Vernunft, das Gesetz und die Lehre des Evangeliums; das reicht vollständig hin zu unserer (geistlichen) Leitung. Es gibt keine Schwierigkeit, die nicht gelöst, und keine Seelennot, die mit den angedeuteten Mitteln nicht geheilt werden könnte, und zwar weit gottgefälliger und der Seele viel ersprießlicher als auf dem anderen Wege.

Ja, wir müssen uns an die Vernunft und die Lehre des Evangeliums so genau halten, daß wir sogar von den Dingen, die uns etwa auf übernatürlichem Wege, ob mit oder ohne unser Zutun, kund würden, nur dasjenige annehmen dürfen, was mit der Vernunft und mit der Lehre des Evangeliums voll übereinstimmt. Und nimmt man es dann an, so soll es geschehen, weil es vernünftig ist, und nicht, weil es geoffenbart ist; man soll dabei ganz absehen von allem, was dabei nach Offenbarung schmeckt. Aber man muß gleichwohl jenen Vernunftschluß weit schärfer ins Auge fassen und prüfen, als wenn man darüber keine Offenbarung gehabt hätte, denn auch der Teufel sagt manches, das in der Folge sich bewahrheitet und mit der Vernunft in Einklang steht, um einen dadurch zu täuschen.

Darum bleibt uns in allen unseren Nöten und Leiden und Schwierigkeiten kein besseres und zuverlässigeres Mittel als das Gebet und die Zuversicht, Gott werde für die Mittel sorgen, die er anwenden will. Diesen Rat gibt uns auch die Heilige Schrift[161].»

Armeseelen-Erscheinungen

Erscheinungen der Armen Seelen kommen vor. Doch bestehen gerade bei ihnen sehr ernste Gründe, die zur Vorsicht mahnen.

Für die Echtheit sprechen die gleichen Bedingungen, die bei der Herzenskenntnis und sonstigen mystischen Phänomenen ein wichtiger Punkt sind. Auch hier ist entscheidend, daß sich die Menschen nie mit Armenseelen-Erscheinungen befaßt haben und aus sich nichts davon wissen wollen. Ferner fällt stark in die Waagschale, ob sie etwas daraus machen oder darüber schweigen. Armenseelen-Erscheinungen sind die Offenbarungen von Geheimnissen Gottes an eine bestimmte Person, die irgend etwas für die Armenseelen zu beten, zu opfern oder zu tun hat. Nie dienen sie dazu und nie dürfen sie zum sich-wichtig-machen mißbraucht werden und auch nie zur Befriedigung der Neugierde anderer.

Wer Kenntnis über den Zustand einer Armen Seele hat, muß darüber schweigen, selbst den Angehörigen gegenüber soll nicht gesprochen werden, auch nicht, wenn die Seele in den Himmel eingegangen ist. Gerade eine solche Mitteilung könne zum Nachteil der Armen Seele sein, und zwar deshalb, weil die Seherin doch nicht hundertprozentig sicher sagen kann, ob sie richtig gesehen, sich getäuscht hat oder vom Teufel getäuscht worden ist. Die Angehörigen würden sich darauf verlassen, und nichts mehr für die verstorbene Seele tun, während diese in Wirklichkeit noch sehr notwendig Gebet und Opfer brauchen könnte.

Gott will auch hier den Schleier nicht weggezogen wissen. Er zieht ihn im einen oder anderen Fall nur weg, damit die Betreffende meist durch ein mehr als gewöhnliches Sühneleid der Seele zu Hilfe komme. Die Angehörigen sollen grenzenlos auf die Barmherzigkeit Gottes vertrauen und alles für ihre lieben Toten tun, was die echte Liebe von ihnen verlangt. Nur wenn ein Hinterbliebenes in der berechtigten Unsicherheit über das ewige Heil eines lieben Menschen fast verzweifeln würde, läßt Gott einmal eine beruhigende Mitteilung diesem zuteil werden, wie wir es beim hl. Pfarrer von Ars gesehen haben. Das sind aber seltenste Ausnahmen.

Wenn aus den Leben der Heiligen Armenseelen-Erscheinungen bekannt geworden sind, geschah das meist aus Gehorsam gegenüber dem Beichtvater. Wer aus sich selbst darüber spricht, läuft Gefahr, daß diese Gabe ihm wieder genommen wird, wenn sie echt war. Die Erscheinungen mögen zwar in diesem Falle noch weitergehen, aber nicht mehr als Gabe Gottes, sondern als Arbeit der eigenen Phantasie und Arbeit Satans, der es natürlich versteht, auch hier wieder reichen Gewinn zu erzielen.

Richtige Einstellung gegenüber den mystischen Phänomenen

Abschließend kann gesagt werden: Die Ausführungen über die falsche Mysik mit den beiden anschließenden Kapiteln über «Die Scheinheiligen» und «Begnadeten» im Buche: «Satan, der Widersacher Gottes» dürften zur Genüge aufgezeigt haben, wie falsch und gefährlich die kritiklose Annahme von Erscheinungen mystischer Art und die geradezu krankhafte Sucht nach diesen Dingen sind. Es wäre aber ebenso falsch, nach der anderen Seite hin über das Ziel hinauszuschießen und die Möglichkeit echter mystischer Phänomene abzulehnen, jede Äußerung derselben von vornherein zu verdächtigen und alles ungesehen und ungeprüft in das Gebiet der falschen Mystik zu verweisen. Dadurch könnte man schwer gegen die Liebe und auch gegen Gott fehlen.

Markus berichtet zu den letzten Erscheinungen des Herrn: «Zuletzt erschien er den Elf, während sie bei Tische waren. Er verwies ihnen ihren Unglauben und ihre Herzenshärte, daß sie denen nicht geglaubt hätten, die ihn, den Auferstandenen, gesehen hatten[162].» Bestimmt können die mystischen Begebenheiten nicht auf die gleiche Linie mit diesen Erscheinungen Jesu gestellt werden. Diese waren von Jesus selbst klar vorausgesagt und dienten zum Beweise seiner Gottheit und seines Erlösungswerkes. Daß es aber falsch ist und von keiner großen Erleuchtung spricht, jede Möglichkeit einer übernatürlichen Erscheinung und Offenbarung abzulehnen, beweist die Apostelgeschichte, die auch von Erscheinungen und Ansprachen berichtet: Die Erscheinung des Herrn und sein Anruf an Saulus auf dem Wege nach Damaskus[163], die Vision des hl. Petrus mit den reinen und unreinen Tieren[164], die Engelserscheinungen im Kerker und die Befreiung des hl. Petrus[165], die Erscheinung des Engels, als das Schiff, auf dem der hl. Paulus war, im Sturm auf dem Meere trieb[166], der heidnische Hauptmann Kornelius[167].

Allerdings kann auch hier wieder eingewendet werden: Diese Berichte stehen in den Heiligen Schriften und sind damit vom Heiligen Geiste verbürgt. Aber weder in der Heiligen Schrift noch in der Lehre der Kirche ist auch nur ein Anzeichen dafür da, daß das die letzten Erscheinungen für alle Zeiten waren und Gott sich selbst das Gebot auferlegt habe, sich keinem Menschen mehr auf diesem Wege zu nähern und nie mehr seinen Willen auf diese Weise kundzutun. Die Geschichte der Kirche beweist das Gegenteil. Gott hat von Zeit zu Zeit Privatoffenbarungen gegeben und auf diesem Wege manche vergessene oder augenblicklich ganz besonders wichtige Wahrheiten wieder mehr ins Bewußtsein gerufen. Selbstverständlich kommt den Privatoffenbarungen nur menschliche Glaubwürdigkeit zu. Sie haben nur so viel Wert, als die Person, welche sie empfing, und erst recht ihr Inhalt glaubwürdig sind. Verweigert jemand diesen Glauben, so kann ihm niemand einen Vorwurf machen, er wäre kein guter Katholik. Hat sich dagegen die Kirche schon sehr eindeutig und klar für die Echtheit einer Offenbarung ausgesprochen, dann verrät es doch wieder eine eigenartige Geisteshaltung, wenn man sich negativ zu ihr stellt und klüger und erleuchteter als die Kirche sein will. Ist die Offenbarung als echt erklärt, dann hat Gott gesprochen und sollte jeder darauf hören, der ein gutes Kind Gottes sein will.

Die andere Frage ist die, aus welchem Motiv eine grundsätzliche und – wenn es vorkommen sollte – eine wegwerfende Ablehnung hervorgeht. Im Motiv und in der Haltung kann sehr wohl ein Fehler, und zwar ein wirklicher Fehler gegen die Liebe liegen. Ein solcher wäre bestimmt gegeben, wenn jemand bloß aus Grundsatz jede Mystik als Hysterie abtun und damit auch ehrliche, ja wirklich begnadete Menschen zu Hysterikern oder gar Schwindlern stempeln würde. Ebenso wäre es ein Fehler gegen Gott selbst, wenn man ihm jede Möglichkeit der besonderen Offenbarung seiner Liebe absprechen und übelnehmen wollte. Vorsicht ist immer notwendig und berechtigt. Gegen diese Dinge zurückhaltend zu sein und sie zu prüfen, ist in Ordnung und muß geschehen. Doch ist das wesentlich verschieden von der Haltung mancher Menschen, die es als ihre Aufgabe betrachten – man könnte besser sagen, die es sich zum Sport machen –, jedes mystische Erleben als pathologisch hinzustellen. Etwas anderes ist es, sich jedes Urteils nach der einen wie nach der anderen Seite zu enthalten. Solange die Kirche nicht gesprochen hat, ist dieser Standpunkt sogar sehr zu empfehlen. Er zeugt von Klugheit und Bescheidenheit, während der andere eine gewisse Leichtgläubigkeit einerseits und Anmaßung und Lieblosigkeit andererseits verrät.

Das mystische Gnadenleben

Neben den außerordentlichen Erscheinungen der Mystik bedarf unserer Aufmerksamkeit vor allem das mehr verborgene mystische Gnadenleben. In diesem trägt erst die eingegossene Beschauung den wahren Charakter eines mystischen Geschehens. Die Schule unterscheidet sie von der erworbenen Beschauung, zu welcher der Wandel in der Gegenwart Gottes, das Gebet der inneren Sammlung und der inneren Ruhe zählt. Diese Gebetsstufen kann der Mensch mit Unterstützung der Gnade durch sein eigenes Bemühen erlangen. Bei der eingegossenen Beschauung verhält es sich anders. Sie ist wieder reine Sache Gottes und besteht im Innewerden Gottes, im lebendigen Erfassen seiner Größe und Nähe, in einem Verweilen mit liebendem Blick auf ihn und einem innig sich mit ihm Verbundenwissen ohne Worte und ohne besondere Gefühle. Dieses Geschenk Gottes ist anfangs nicht von langer Dauer. Es kommt und geht; es ist, wie der Heiland bei Nikodemus sagt: «Der Geist weht wo er will[168]!»

Wenn Gott die Beschauung oder ein anderes mystisches Erleben schenkt, sollte sich die Seele passiv verhalten und nichts festzuhalten versuchen. Sie muß das Augenmerk darauf legen, nur um so treuer gegen Gott zu sein. Das ist der schönste Dank für Gottes Gnade und das beste Mittel, neue Gnaden zu bekommen. Alles andere würde in eine falsche Beschauung führen.

Der weitere Verlauf dieser von Gott eingeleiteten innigsten Beziehung zwischen ihm und der Seele hängt von der Seele ab. Gewiß kann die Art und der Grad der Liebe Gottes zu seinen Geschöpfen nie von diesen bestimmt und der freie Gott auf keine Weise gebunden werden; aber er ist gebunden in seiner eigenen Liebe und seinem eigenen Wesen; in seiner Liebe in dem Sinne, daß er einer willigen Seele nie auch nur einen Tropfen unter dem Vollmaß seiner Liebe schenkt, die sie aufzunehmen vermag. Gott ist in seinem Wesen gebunden, insofern er sich an Größe, Uneigennützigkeit und Hingabe von keinem Geschöpf erreichen, geschweige denn übertreffen läßt.

Auch in den Beziehungen zwischen Gott und Seele ist es um kein Haar anders als wie bei den irdischen Beziehungen. Es mag wohl der eine sehr viel einsetzen, doch das Ideal einer innigsten Verbundenheit wird nur erreicht, wenn das auch der andere in gleicher Weise tut. In den Beziehungen zwischen Gott und der Seele fehlt es an Einsatz von seiten Gottes nicht. Er hat es bewiesen durch die Hingabe seines Sohnes. Fast sieht es ja dadurch so aus, als würde er uns sogar mehr lieben als ihn. Freilich stimmt das nicht, aber als Beweis seiner Liebe können wir diesen kleinen Rechenfehler ruhig einsetzen. Hier ist das Eigenartige und Einmalige, daß sogar ein Fehler zum besseren Verständnis für Gottes Größe und Liebe dient. Der Vater zeigt uns also seine Liebe, indem er seinen Sohn für uns geopfert hat und ihn uns schenkt, das Beste, was er zu schenken hat, und in ihm alles, was noch des Begehrens und Besitzens wert ist. Bei einem solchen Unterpfand der Liebe haben wir also den Beweis, daß von Gott her dem Weg der innigsten Vereinigung mit ihm nichts entgegensteht. Es müßte nun auch von unserer Seite her so sein, aber leider ist es sehr oft nicht der Fall. Hier sind Teufel, Welt und das liebe Ich, ein schweres aber nicht unüberwindliches Hindernis. Der Mensch müßte nur den Weg gehen, der offen vor ihm liegt, in den bereits hinreichend bekannten Pflichten gegen Gott, die Mitmenschen und sich selbst. Er muß alles annehmen, was Gott schickt und sich ihm restlos überlassen.

Es ist bitter für Gott, sehen zu müssen, wie viel Hingabe sich bei jedem Menschen findet, aber nicht an ihn, der sie in erster Linie und allein verdient und bei dem allein es sich hundertprozentig lohnt, sondern Hingabe an Geschöpfe und an das eigene Ich. O Geheimnis menschlicher Blindheit und menschlicher Schwäche, aber auch Geheimnis der Raffinesse der Hölle, die gerade in dieser Richtung so viel erreicht, so viele Menschen um so viele meist unwiederbringlich verlorene, unaussprechlich reiche Schätze bringt!

Von der Beschreibung weiterer Stufen der Beschauung, des mystischen Gebetes und seines Erlebens kann hier abgesehen werden, da sie sich in den Schriften des hl. Johannes vom Kreuz und der hl. Theresia viel besser findet, als sie hier geboten werden könnte. Aufgabe dieses Buches ist ja in erster Linie, immer auf die jeweiligen Gefahren hinzuweisen. Inzwischen erschien 1971 vom gleichen Verfasser und im gleichen Verlag «Weg und Gotteserfahrung der Kirchenlehrerin Theresia von Avila». Hier wird tieferer Einblick in die mystischen Erscheinungen gegeben.

Verwechslung des gewöhnlichen mit dem mystischen Gnadenleben

Ein wichtiger Punkt für die Beurteilung der Mystik ist die klare Unterscheidung zwischen den Vorstufen der Mystik und den eigentlichen Stufen derselben. Im allgemeinen wird viel zu oft schon die Entfaltung des gewöhnlichen Gnadenlebens als Mystik aufgefaßt.

Zunächst steht fest, Gott erwartet von jedem seiner Kinder eine gewisse Innerlichkeit. Sie dürfen nie vergessen, daß er sich würdigt, in ihrem Innern zu wohnen. «Wir werden kommen und Wohnung bei ihm nehmen[169].» Gott selbst ist der vornehmste Gast in jedem Menschenherzen; er kommt sinnenfällig in der heiligen Hostie zu jedem, der ihn aufnehmen will. Es ist aber auch die Heiligste Dreifaltigkeit in einzigartiger Weise in der Seele eines jeden Menschen, der sich im Stande der Gnade befindet, ständig gegenwärtig. Ein so hoher Gast darf nicht so sehr übersehen werden, wie es leider meist geschieht. Er darf nicht weniger aufmerksam als ein lieber Mensch behandelt und erst recht nicht als ein unliebsamer Bettler abgespeist werden.

Wer betet und dadurch zeigt, daß er mit Gott reden will, muß darum so viel bei der Sache sein, daß er weiß, mit welch hohem Herrn er sprechen darf. Niemand wendet hier auch nur ein wenig Aufmerksamkeit auf, ohne nicht etwas von der Güte der unendlichen Liebe erleben zu dürfen. Die Freuden, welche der Mensch in seinem Umgang mit Gott geschenkt bekommt, sind ja immer die schönsten. Mit ihnen können die Freuden der Welt nie verglichen werden. Sie sind rein und tief und machen den, der sie empfängt, wirklich glücklich. Der Beter findet im Gebet eine innere Ruhe, ihm geht ohne viele Worte ein inneres Licht auf, die Geheimnisse Gottes erschließen sich ständig mehr, sein Wissen um Gott und die Wahrheiten unserer heiligen Kirche werden klar und überzeugend; im Kampf des Lebens besonders um die höchsten Ideale empfindet er eine große Kraft; auch bekommt er immer wieder neue Anregungen zum Guten. Der Schleier, der ihn von Gott und der anderen Welt trennt, ist zwar nicht verschwunden, aber man könnte sagen, schon etwas durchsichtiger geworden.

Das alles gönnt Satan natürlich den Menschen nicht. Dazu entsteht aus einer solchen Haltung für ihn noch großer Schaden. Diese innerlichen Menschen wollen ja Gott ganz treu dienen und für Gott viele Seelen retten. Sie tun es auch. So sind gerade sie erst recht wieder seine Feinde und funkt er, wie im Kapitel «Die Frömmigkeit» schon kurz gestreift wurde, auch in ihr Gebetsleben hinein.

Gefahren im gewöhnlichen Gebetsleben

Die geistige Genußsucht

Eine schwache Stelle, bei der Satan einsetzen kann und eine Gefahr bei vielen ist die geistige Genußsucht, mehr unbewußt als bewußt, aber doch wieder eine Sucht und darum schädlich. Die Freuden Gottes sind ja wirklich süß, bildlich gesprochen süßer als jene, die man beim Genuß von irdischen Süßigkeiten empfindet. Gewiß schenkt Gott sie. Aber wie schon im natürlichen Leben nicht alle Tage Sonntag ist, so ist es auch hier. Diese Freuden sollen ja nur ein Vorgeschmack jener des Himmels sein. Letztere müssen aber wieder in den Mühen des gewöhnlichen Betens und der Werktagsarbeit im Innenleben verdient werden. Darum mißfällt Gott, wenn die Menschen gar so sehr auf die Tröstungen im Gebete aus sind. Es ist dies die geistige Genußsucht. Bei ihr zeigt sich: Solche Menschen sind wie Kinder, die immer Süßigkeiten nachlaufen und nur so lange jemand lieben, als sie von ihm damit beschenkt werden. Sie gleichen auch solchen Kindern, die alles vernaschen. Sie wenden ihre Aufmerksamkeit und Kraft dafür auf, solche Gefühle zu erhaschen oder gar zu erzwingen. Gelingt es ihnen nicht, dann sind sie bitter enttäuscht, unterlassen das Gebet oder greifen zu Methoden, die nicht nur die eigene Gesundheit zerstören, sondern auch von Gott mehr weg- als zu ihm hinführen.

Immer gilt: Die Menschen sollen nur nehmen, was Gott schenkt, aber nichts begehren und nichts suchen.

Der ungesunde Ehrgeiz

Dieser ist eine weitere Gefahr. Die meisten frommen Seelen kranken an der Sucht, von Gott aus der Masse herausgeholt zu werden; Gott liebt aber die einfache schlichte Weise seiner Kinder und führt sie mit Absicht den ganz kleinen Weg. Gerade die Begnadeten führt er am unauffälligsten durchs Leben und zur Vollendung, so daß die Umwelt gar nicht ahnt, welch wertvoller begnadeter Mensch in seiner Umgebung weilt.

Den Gegensatz dazu bilden jene, welche sich einbilden, sie wären schon auf einer hohen Stufe des Gebetslebens. Sie übersehen aber die Tatsache, nicht nur sie, sondern jeder Mensch kann eine gewisse innere Ruhe und Sammlung in sich fühlen. Die Voraussetzung dafür ist nur, daß er sich ein wenig von seinen Sorgen freimacht, diese in die Hände Gottes legt, sich nicht mehr unruhig damit beschäftigt und besonders im Gebetsleben sich bemüht, die Zerstreuungen zu bekämpfen. Zu dem gibt es ja schon eine natürliche Sammlung, die auch ein Ungläubiger sich aneignen kann und die gar nichts mit Gott zu tun hat. Jede gute Leistung setzt ja ein gewisses Maß von Ruhe und Konzentration voraus. Von dieser hängt direkt das Gelingen und der Wert einer Arbeit ab. Ist die innere Sammlung Gottes wegen gesucht und auf ihn eingestellt, dann wirkt selbstverständlich die Gnade mit, aber deshalb darf sich der Betreffende noch nicht für besonders begnadet halten.

Ebenso sind die guten Anregungen, welche eine Seele verspürt, richtig zu beurteilen; solche erhalten sogar arme Sünder, um wieder auf die richtige Bahn zu kommen. Jeder Mensch hat ja ein Gewissen, das sich zur rechten Zeit geltend macht. Er hat auch einen Schutzengel, der auf ihn einwirkt, eine gute Stimme, die in der Gefahr warnt und zum Guten anregt.

Selbstverständlich ist aber auch hier wie bei den anderen Stimmen immer zu prüfen, ob die Anregungen wirklich gut sind und dem schon oft genannten Maßstab, Glaube und Sittenlehre sowie Berufs- und Standespflichten Stand halten. Vor allem dürfen diese Anregungen nicht als etwas Besonders angesehen werden und die einzelnen nicht meinen, sie wären deshalb schon auf einer höheren Stufe des mystischen Gnadenlebens. In Wirklichkeit sind gerade solche Seelen oft noch sehr schwach und noch manche Fehler bei ihnen vorhanden. Es fehlt vielfach das Fundament, die Demut und die Selbsterkenntnis. Sie müssen sich zuerst ganz kennenlernen, die eigenen Sünden, die große eigene Armseligkeit; sie müßten gelernt haben und fähig sein, ihre Fehler und Schwächen immer besser zu überwinden und so in der Tugend voranzuschreiten. Statt sich aber hier zu mühen, beschäftigen sie sich lieber mit den Gebetsgnaden. Der Grund liegt darin: Es ist einfacher, sich in einer Welt aufzuhalten, die bloß eine süße Scheinwelt ist. Süß wird eben das Bewußtsein empfunden, ein innerlicher Mensch und anderen gegenüber im Gebetsleben weit voran zu sein. Der Hauptgrund liegt aber wohl darin: Diese Beschäftigung mit den Gebetsgnaden tut nicht so weh als der tägliche und unerbittliche Kampf gegen das eigene Ich und das mühselige Ringen, sich selbst ganz abzusterben.

Hier dürfte eben nicht übersehen werden: Betrachtung und Beschauung müssen das Wachstum in der Tugend, besonders in der Demut und Selbstverleugnung, zum Ziele haben, aber nicht das

Gegenteil bewirken, nämlich die Einbildung noch zu steigern, schon auf einer sehr hohen Stufe der Mystik zu stehen. Freilich ist diese Einbildung, wie schon gesagt, süß, bitter jedoch die Wahrheit, wenn sie einmal zum Durchbruch kommt. Dann gibt es aber ein furchtbares Erwachen. Diese Seelen sehen sich mit leeren Händen vor Gott und müssen ganz klein von vorn anfangen.

Wer seine ganze Aufmerksamkeit auf die Erlernung der Beschauung verwendet, übersieht die Schwierigkeiten, die das Leben mit sich bringt; er ist einseitig und lebt nicht mehr auf dem Boden der Tatsachen. Der Mensch muß beides miteinander verbinden: das innere Leben mit Gott und zugleich mit beiden Füßen im irdischen Leben stehen und es meistern, sonst wird er überfahren.

Als Folge einer falschen Einstellung zur Beschauung halten sich dann manche für wunder wie begnadet und meinen, wie vertraut Gott mit ihnen umgeht. Über solche schreibt Johannes vom Kreuz: «Wenn eine Seele, deren Betrachtung keine vier Pfennige wert ist, bei der geringsten Sammlung schon Ansprachen zu spüren meint, nennt man das alles gleich göttlichen Ursprungs und es heißt, Gott hat mir das und das gesagt. Gott hat mir geantwortet. Und doch ist es durchaus nicht so. Die Seele gerät dadurch nur in ein geschwätziges Wesen hinein. Statt daß sie Demut und bußfertige Gesinnung aus ihrem Gebet schöpft, wird ihre Lauterkeit getrübt.[170]»

Noch schlimmer ist es, wenn manche bei jedem Einfall, der ihnen tagsüber kommt, sagen: Der liebe Gott hat mir gesagt, ich soll jetzt das tun. Gewiß gibt Gott Anregungen zum Guten, davon wurde schon gesprochen; er gibt sie besonders, wenn ein Kind gern mit ihm und der himmlischen Mutter alles bespricht. Aber man darf daraus kein Wesen machen, ebenso nicht zu arglos sein und jeden Gedanken als eine Erleuchtung von oben ansehen. Auch hier kann sich der Versucher einschalten und tut es ständig. Darum muß immer geprüft werden. Untersucht man aber bei solchen Menschen, zu denen der liebe Gott so viel gesagt haben soll, was angeblich von ihm stammt, dann ist man überrascht, was dabei herauskommt. Jeder vernünftige Mensch erkennt auf den ersten Blick, hier hat nicht Gott gesprochen, sondern die eigene Neigung, nicht selten die ziemlich arge Beschränktheit. Solche Leutchen liefern am laufenden Band Beweise, wie leicht ein Mensch, der immer auf das Mystische eingestellt ist, in die Fallen Satans geht, und mit einer solchen Frömmigkeit die wahre Frömmigkeit in Verruf bringt.

Jeder müßte sich bewußt sein und sagen lassen: Gott führt einen erwachsenen Menschen, dem er Verstand gegeben hat, nicht wie ein noch nicht zum Gebrauch der Vernunft gelangtes Kleinkind, auch nicht wie ein Medium, das unter dem Befehl eines Hypnotiseurs steht und willenlos dessen Befehle ausführt. Gott will, daß der Mensch seinen Verstand und seine Fähigkeiten einsetzt. Als Schöpfer hat er sie ihm ja deshalb gegeben, damit er sie in seinem Dienst gebrauche und sich dabei auch etwas kosten lasse, aber nie und nimmer die ausgefallensten Einfälle als Anruf und Aufträge Gottes ausgeben. Sonst entspringt wirklich großer Schaden daraus.

Beide Süchte, das Haschen nach den inneren Freuden des geistigen Lebens sowie die nach dem Herausgehobensein aus der breiten Masse, geben natürlich Satan eine gewisse Macht, solche Menschen zu täuschen und auf falsche Wege zu bringen. So bewirkt er auch, daß diese Leute manche Sätze der Mystik ganz verkehrt auslegen und auch zu Methoden greifen, ihr Ziel zu erreichen, die vollständig falsch sind.

Falsche Auffassung mancher Sätze der Mystiker

In religiösen Büchern ist immer wieder zu lesen: «Wer Gott finden will, muß auf seinen eigenen Verstand und seinen eigenen Willen verzichten.» Das ist richtig, darf aber nicht falsch aufgefaßt werden.

Richtig ist: Die Geheimnisse Gottes, seines Wesens und Wirkens kann der Mensch mit seinem Verstand nie durchschauen. Unbegreiflich bleibt der unendliche Gott dem kleinen Sterblichen. Wie unerforschlich sind seine Ratschläge und wie unergründlich seine Wege[171]!

An diese Geheimnisse darf der Mensch darum nicht in der Absicht herantreten, sie bis ins kleinste ergründen zu wollen. Er hat zu glauben. Hier muß der Verstand zurücktreten und schweigen. Gott liebt es, daß der Mensch ein großes Sehnen hat und sich bemüht, ihn immer besser zu erkennen, um ihn glühender zu lieben und treuer dienen zu können. Es muß aber in Demut und Geduld geschehen und nie darf übersehen werden, daß das Motiv entscheidend ist, um ihn glühender zu lieben und treuer dienen zu können. Wer dies nicht als die Hauptsache betrachtet, der klopft bei Gott an verschlossene Türen. Will er aber eigenmächtig weiter vordringen, dann kommt er nur zu leicht auf falsche Bahnen. Bei dem Streben, Gott immer besser zu erkennen, und bei aller gewonnenen Erkenntnis darf keiner aus dem Auge verlieren, daß man Gott um so näher kommt, je mehr man von allem absieht, was man von ihm bis jetzt erkannt und auch erlebt hat; denn diese Erkenntnisse bleiben immer Stückwert. Gott ist unendlich größer und erhabener als wir uns nur irgendwie vorstellen können. Davon müssen wir überzeugt sein und das muß immer ganz groß vor uns stehen.

Um Gott darum möglichst nahe zu kommen, muß man den Verstand und seine Tätigkeit ausschalten, schweigen und anbeten.

Dagegen braucht der Mensch im Kampf des Lebens den Verstand sehr nötig. Dieser ist unerläßlich, um die Wahrheit vom Irrtum unterscheiden zu können. Es besteht ja die Pflicht, alles zu prüfen, um nicht in einen Irrtum zu geraten und nicht in Konflikt mit dem Willen Gottes zu kommen. Wer hier seinen Verstand ausschalten würde, verfällt einer Täuschung nach der andern und kommt auf eine ganz falsche Bahn, ja rennt blindlings und sicher dem Abgrund zu. Ausdrücklich sagt der große Lehrer der Mystik, Johannes vom Kreuz, «die geistliche Seele darf nie unterlassen, an das zu denken und sich an das zu erinnern, was sie tun und wissen muß, um ihre Pflicht zu erfüllen[172]».

Auch bezüglich des Willens gilt: Auf seinen Willen muß jeder Mensch in all den Fällen verzichten, in welchen der Wille Gottes eindeutig feststeht. Geht es um die Gebote der Sinai, die Erfüllung der Berufs- und Standespflichten, um einen besonderen Anruf der Gnaden, dann verlangt nicht bloß die Liebe zu Gott, sondern auch das Heil meiner Seele, daß ich mich Gott restlos unterwerfe, ohne Widerspruch seine Gebote halte, meine Pflichten erfülle, ohne auszuweichen seinem Ruf folge. Hier gilt die Vaterunserbitte: «Dein Wille geschehe, wie im Himmel, so auf Erden!»

In allen anderen Fällen darf der Mensch aber auf seinen Willen nicht verzichten, sondern muß ihn mit ganzer Kraft zum Widerstand gegen das Böse und zur Ausführung des Guten einsetzen, sonst kommt er ja nie dazu, den Willen Gottes zu erfüllen; dann würden der Teufel und die Leidenschaften das Regiment führen. Und was da herauskommt, kann sich jeder denken; erinnern wir uns bloß an die Versuchung gegen das 6. Gebot und gegen die Liebe sowie alle Sünden, die daraus entstehen würden.

Die falsche Auffassung von der Ausschaltung des Verstandes und des Willens hat schon sehr böse Früchte gezeitigt und ist wieder eine Falle Satans. Den Quietismus in jeder Form, der alle vier gerade sein läßt, hat die Kirche längst verurteilt[173]. Ein klarer Verstand und ein starker Wille sind Geschenke Gottes und wertvolle Helfer im Kampf gegen die Hölle.

Anwendung falscher Methoden

Auch hier kommen schwere Fehler vor. Selbstverständlich ist eine gewisse Konzentration im Gebet notwendig und Pflicht, zerstreuende Gedanken abzuweisen sowie eine gewisse innere Sammlung anzustreben. Falsch aber ist, über das gewöhnliche ruhige Arbeiten hinauszugehen und künstliche Mittel zu gebrauchen, um auf diesem Weg zu mystischen Erlebnissen zu kommen.

Dazu gehört die Anwendung von Autosuggestion und das Streben, sich direkt in einen Trancezustand zu versetzen. Gott läßt sich aber auf diese Weise nicht zwingen, sich zur Seele herabzuneigen. Was hier entsteht, ist nicht von ihm gewirkt. Hier arbeitet der eigene Geist, der auf diese Weise krank wird, und auch der böse Geist, dem Gott hier wieder Gewalt läßt, weil der Mensch stolz in Bezirke eindringen will, die er ihm selbst noch nicht eröffnet hat.

Echte Mystiker vermeiden das Absinken, sie tun alles, daß es nicht soweit kommt, und das hat wieder seinen Grund. Beim Absinken verliert der Mensch die Freiheit über sich selbst und weiß nicht, was dann mit ihm geschieht. Die himmlische Mutter liebt es gar nicht, wenn die Menschen sich so schnell ihres freien Willens berauben lassen. Ist das Absinken von Gott hervorgerufen, dann ist es etwas anderes. Gegen Gott kann sich der Mensch nicht wehren, da wird er einfach mitgerissen. Aber in diesem Fall ist es kein Unglück, hier ist er ja in der besten Hand.

Bei Besessenheit führt Satan das Absinken herbei, wenn er von dem Menschen Besitz ergreift. Auch hier kommt es vor, daß das Opfer das Absinken nicht verhindern kann. In diesem Fall ist es Zulassung Gottes und hat auch wieder tiefen Sinn.

Satan versucht dieses grausame Spiel aber öfter als Gott es will. Hier hat nun der Besessene die Möglichkeit und die Pflicht, sich gegen das Absinken zu wehren. Es gelingt in jenen Fällen, die von Gott nicht gewollt und nur von Satan versucht sind. Um so schlimmer ist es, wenn jemand selbst einen solchen Zustand herbeiführt, in dem solche Gefahren auf ihn lauern.

Ist der Mensch nämlich abgesunken, dann weiß er nicht bloß nicht, was mit ihm geschieht, sondern ist auch den Einwirkungen Satans hilflos ausgesetzt. Dieser versucht ja immer in das Innere des Menschen hineinzufunken, z. B. schon beim natürlichen Schlaf. In allen Fällen, in denen der Mensch sich ohne Schuld in bewußtlosem Zustand befindet, wachen Gott und die Engel über ihne. Es muß ihm aber schon zur Gewohnheit sein, sich unter diesen Schutz zu stellen. Ist dagegen einer an seinem bewußtlosen Zustand selbst schuld, hat er sich zu wenig gegen das Absinken gewehrt oder es sogar selbst herbeigeführt, dann hat er ziemlich sicher damit zu rechnen, daß Gott Satan freie Hand läßt und dieser dies reichlich ausnützt.

Es ist darum ganz falsch und sehr verwerflich, wenn sich manche durch Autosuggestion oder gewissen Übungen in einen gehobenen Zustand zu versetzen suchen. Sie können ihn unter Umständen schon haben; aber in diesem Fall ist es kein von Gott Ergriffensein und was dabei vor sich geht, auch kein echtes Gotteserlebnis; sie können schon etwas erleben und das sogar für etwas ganz großes ansehen; eines Tages werden sie aber erkennen müssen, wer der Urheber dieses Erlebnisses war; bitter ist es dann, daß sie sich sagen müssen: ich bin selbst schuld daran.

Gerade dieses Wort wird vielfach ganz falsch aufgefaßt, so daß sich viel Unheil damit verbindet. Hier zeigt sich wieder, was Satan anrichten und wie er die Menschen verführen kann, wenn keine klaren Begriffe bestehen.

Die mystische Ehe ist eine Beziehung zwischen Gott und der Seele. Sie ist etwas rein Geistiges und hat mit anderen Menschen, mit dem Körper und körperlichen Gefühlen überhaupt nichts zu tun. Trotzdem bestehen unglaubliche Auffassungen darüber. Die harmloseste Verirrung ist noch jene, welche die mystische Ehe als eine geistige Freundschaft zwischen zwei Menschen ansieht. Diese mag wirklich ganz geistig sein oder auch nicht, aber wie immer sie auch sei, mit mystischer Ehe hat sie nicht das geringste zu tun. Bei dieser spielt immer nur – das kann nie genug betont werden – Gott und die Seele eine Rolle. Hier hat ein Dritter überhaupt nichts dabei zu suchen.

Ausdrücklich und stark muß weiter betont werden: Gott und die Seele, nicht der Körper. Zu welchen Verstiegenheiten sind da schon manch fromme Seelen gekommen und in welche Irrwege geraten, wenn ihnen das nicht bekannt war oder von ihnen unbeachtet gelassen wurde! Sinnliche Gefühle betrachten sie als Ausdruck starker Liebe zu Christus; in Wirklichkeit ist das Auftreten derselben nur der Beweis ganz großer Armseligkeit und gefährlichen Verhaftetseins im Körperlichen. Hier ist eine große Gefahr gegeben: sie erleben sich als Frau und Christus als Mann; sie bewegen sich also auf einer ganz schwülen Ebene und betätigen sich in geradezu entgegengesetzter Richtung als die ist, in der die mystische Ehe sich vorfindet. In dieser gibt es nur ein Erleben zwischen Gott und der S e e l e. Hier hat der Körper gar nichts damit zu tun. Alles andere ist nur von Satan hineingetragen und kann durch seine Raffinesse zu Dingen führen, die noch schlimmer sind als die schon Genannten und als sich die meisten vorstellen können.

Die Menschen sollen bescheiden und zufrieden sein, still und einfach den Weg gehen, den Gott sie führen will. Jedes Kind Gottes muß sich von jedem Rechten und Feilschen mit Gott freihalten. Er ist der unumschränkte Herr in unumschränkter Freiheit. Mit keinem Bitten und auch mit keiner Tugend kann ein Geschöpf ihn bestimmen oder gar ihn zwingen, ihm ein Amt – auch das muß hereingenommen werden – oder eine Gnade zu geben, die es haben möchte.

Gott erwählt, wen er will, und gibt auch, was er will. Er beruft Saulus zum Völkerapostel, Ananias erklärt er, «geh nur hin, er ist das Werkzeug, das ich mir auserwählt habe[174]». Niemand wird sagen können, Saulus hätte aus sich verdient, dieses Werkzeug zu werden. Er war damals alles andere als ein Mensch, auf den Gott mit Wohlgefallen herabschauen konnte. Er nennt sich selbst eine Mißgeburt[175]. Wohl entspricht er dann den Forderungen Gottes. Das war aber in erster Linie Gnade. «Durch die Gnade Gottes bin ich, was ich bin[176].»

Vom Sitzen zu seiner Rechten und seiner Linken sagt der Heiland: «Es gebührt denen, für die es von meinem Vater bereitet ist[177].» Die Grundeinstellung eines Menschen, der zu Gott kommt, muß also sein: Ich kann und will dich nicht bestimmen, tue was du willst; ich weiß, deine Freiheit ist keine Willkür, du willst immer nur das Beste für jedes deiner Geschöpfe; du bist die unendliche Weisheit und Gerechtigkeit, die unendliche Liebe und das unendliche Erbarmen. All' deine Entscheidungen sind von deinem anbetungswürdigsten heiligsten Willen bestimmt. Die Erwählung und die Schicksale der Menschen sind Geheimnisse, aber immer anbetungswürdig und für jeden, der sie anbetet und sich in sie fügt, beseligende Geheimnisse und das Unterpfand eines in jeder Weise unvorstellbar grenzenlosen Glücks.

Jeder ist ja ein Kind Gottes, keiner kommt in der Liebe des Ewigen Vaters zu kurz. Aber gerade deshalb muß er ihm alles überlassen: die Aufgabe, die er für ihn bestimmt hat und den Weg, den er ihn führen will. Eine andere Einstellung wäre gegen die Demut, ein Unrecht gegen Gott und immer zum Schaden. Zur Genüge wurde schon darauf hingewiesen, wie schlimm es ist, sich zu etwas Besonderem berufen zu fühlen. Hier geht es bestimmt schief. An den «Reformatoren» in der Geschichte, in den Orden, in der Kirche ist es zu sehen. Das gleiche gilt vom Eindringenwollen in das Gebiet der Mystik. Auch das ist grundfalsch und führt in die ungesunde Mystik.

Wenn Gott Menschen mystische Gnaden geben will, dann geschieht dies, ohne daß der Mensch etwas speziell in dieser Richtung tun müßte. Das einzige, wodurch er dazu beitragen kann, ist das aufrichtige Streben, jede Sünde zu meiden und so zu werden, wie Gott ihn haben will. Aber damit ist noch nicht gesagt, daß Gott immer mystische Gnaden schenken muß. Er bleibt stets der freie Herr seiner Ratschlüsse.

Das scheint nun dem zu widersprechen, was früher gesagt wurde: Der weitere Verlauf der von Gott eingeleiteten innigsten Beziehung zwischen ihm und der Seele hängen von dieser und ihrem Mitgehen mit der Gnade ab. Und doch ist das richtig: Es muß aber nicht auf dem Weg der Mystik sein; Gott kann die Seele auch auf einem anderen Weg zur Vollendung führen und da ist kein Anlaß, zu befürchten, sie könne dadurch in der Liebe Gottes zu kurz kommen. Gott schenkt jedem Menschen so viel Gnade und Liebe, als er irgendwie zu fassen vermag. Entscheidend ist ja nicht der Weg, auf dem der Vater sein Kind führt, sondern, daß es die Vollendung und damit jene unaussprechliche Seligkeit erreicht, die er ihm zugedacht hat. Wir dürfen aber überzeugt sein, daß kein anderer Weg besser dazu führt als jener, den der beste Vater mit unendlicher Weisheit und Liebe zu diesem Zweck für sein Kind von Ewigkeit her ersonnen und festgelegt hat. O hätten wir doch mehr Glauben an die unendliche Liebe des Herrn, mehr Vertrauen auf seine Führung und würden wir uns doch durch nichts, aber auch gar nichts darin erschüttern lassen! Diese Überzeugung schenkt uns den Frieden in jeder Lage und entzieht auch dem Versucher den Boden, uns dahin zu bringen, immer wieder auf andere zu schauen und mit dem unzufrieden zu sein, was Gott für uns bestimmt hat. Nicht dem Gewinn hoher Gebetsgnaden, sondern der Aneignung heroischer Tugend muß unser ganzes Streben gelten.

Die Heiligkeit besteht nicht in mystischen Erlebnissen, sondern in strengster Selbstbeherrschung, Selbstüberwindung und Selbstverleugnung. Es ist falsch, wenn manche meinen, die mystische Beschauung gehöre zum Menschen wie das tägliche Brot.

Die Mystik ist nicht notwendig zum Heiligwerden. Nicht jeder Heiliger war ein Mystiker und auch nicht jeder Mystiker ein Heiliger. Wohl kann der Mystiker ein Heiliger werden, sogar im allgemeinen leichter wie mancher andere, wenn er wachsam bleibt und mit der Gnade mitgeht. Maßgebend sind aber nicht die mystischen Erlebnisse, sondern die Tugenden zu deren Übung er hier in vermehrtem Maße Gelegenheit hat. Durch das Zuneigen Gottes erfährt er auch immer stärker dessen Liebe und wird dadurch zu größerer Gegenliebe und größerem Tugendstreben angespornt. Bringen die außerordentlichen Gnaden Gottes diese Wirkung aber nicht hervor, entspricht der Betreffende nicht den Erwartungen des Herrn, geht er den Anstrengungen aus dem Weg, dann nützen ihm alle diese Gnaden nichts; es besteht im Gegenteil sogar die Gefahr, nach der anderen Richtung auszuschlagen und tiefer als ein anderer Mensch zu sinken, denn der Teufel ist ja besonders hinter den Begnadeten her.

Immer wieder muß betont werden: Die meisten Menschen haben eine ganz falsche Auffassung von der Mystik; sie sehen bloß das Außergewöhnliche, die Liebesbeweise Gottes, achten aber nicht auf den Kelch, der damit gereicht wird und bis zur Hefe getrunken werden muß.

Ganz anders ist die Einstellung der echten Mystiker. Sie machen wenig Aufhebens von ihren Erlebnissen. Meist wäre es ihnen sogar lieber, nicht in die Mystik gerufen zu sein.

Begnadete haben eben neben den außerordentlichen Begünstigungen auch außerordentliche Bedrängnisse von seiten der Hölle zu bestehen. Was echt ist, ist immer schwer zu tragen, auch wenn es vor den Menschen noch so glänzend und überwältigend, ja erhaben dasteht. Wer es mit dem, was Gott ihm zugewiesen hat, ernst nimmt, der hat kein leichtes Leben; er hat im Gegenteil Aufgaben zu meistern und schwerste Stunden durchzustehen, die über den Durchschnitt hinausgehen. Er hat alles hinzunehmen und zu tragen, was Gott an Bitterem und Hartem in sein Leben hineinstellt. Auf allen Begnadeten lastet eine schwere Verantwortung. Wer es leicht nimmt, arbeitet dem Teufel in die Hände und muß stets in Sorge um die eigene Seele sein. Das sollten jene beherzigen, die sich in die Mystik hineindrängen wollen.

Außerdem kommen gerade im Leben der Begnadeten immer wieder Stunden, in denen jedes Lichtlein ausgelöscht ist. Vor der demütigen Jungfrau von Nazareth war wohl bei der Verkündigungsszene der Erzengel gestanden; auch durfte sie die Überschattung des Heiligen Geistes erleben. Am Heiligen Abend aber schien selbst die gewöhnliche göttliche Vorsehung auszusetzen; in der Herberge fand sich kein Platz für sie[178] und sie standen auf der Straße. Hier mußte die Muttergottes ihren ganzen Glauben, ihr ganzes Vertrauen auf den Vater einsetzen und durfte nicht im geringsten einem anderen Gedanken Raum geben. Später war sie wieder Zeugin mancher Wunder ihres Göttlichen Sohnes und auch seines feierlichen Einzuges in Jerusalem. Aber sie hatte auch den Karfreitag zu durchkosten, die ganze Schmach und Qual bis in die letzte Verlassenheit unterm Kreuz.

Diese zweite Seite der Mystik darf nicht übersehen werden. Daraus ersieht man deutlich: Der beste Beweis für einen hohen Gnadenstand besteht nicht in den mystischen Erlebnissen, sondern daß eine Seele in wirklich schweren Stunden heldenmütig Gott ergeben und zufrieden ist. Dies hat mehr Wert als die eingegossene Beschauung und alle Ekstasen.

In der Gegenwart Gottes wandeln ist Pflicht eines jeden Christen, ist Pflicht der Liebe zu diesem in unserem Herzen wohnenden großen liebenden Gott; der Wandel in der Gegenwart Gottes ist zugleich der beste Schutz gegen die Sünde. Hier sucht die Seele Gott und dient auch Gott; hier arbeitet sie für Gott und opfert sich Gott. Will sie aber um jeden Preis die Gegenwart Gottes verkosten oder gar noch mehr erleben und sich darin verlieren, dann sucht der Mensch, das muß man immer wieder betonen, nur sich selbst und übersieht auch die Nadelstiche des Lebens voll aufzunehmen und bewußt als Zeichen der Liebe anzubieten. Gerade das aber erwartet Gott von ihm.

Die Ausführungen dieses Buches zeigen, daß Klarheit in bezug auf die Schulung in der Mystik bestehen muß. Es gibt hier, wie überall, ein Zuwenig und ein Zuviel, oder besser gesagt, eine Schulung am falschen Platz und in der falschen Weise. Sowohl das Zuwenig wie das Zuviel ist ein Übel und bringt Schaden.

Ein Zuwenig an Schulung schadet dem Theologen und den von ihm geleiteten Seelen. Die Unkenntnis wirkt sich nach beiden Seiten nachteilig aus. Die einen verurteilen, was sie nicht kennen und weil sie es nicht kennen. Wehe dann, wenn eine wirklich begnadete Seele in ihre Hände kommt! Der sonst so milde hl. Johannes vom Kreuz erhebt schwere Anklagen gegen sie. Er schreibt: «Seelenführer irren vielleicht in gutem Glauben, da sie es nicht besser wissen, aber deswegen sind sie doch nicht zu entschuldigen, wenn sie sich anmaßen, Ratschläge zu geben, ohne selbst den Weg zu kennen und den Geist, von dem die Seele geführt wird. Wenn ihnen aber diese Kenntnis fehlt, dann sollen sie sich auch nicht unterfangen, ihre plumpe Hand an ein Werk zu legen, das sie nicht verstehen. Sie sollen es einem anderen überlassen, der das nötige Wissen hat. Es ist keine kleine Verantwortung und kein geringes Unrecht, wenn man die Schuld daran trägt, daß eine Seele vermessener Ratschläge wegen unschätzbare Güter verliert und ganz vom Ziel abkommt. Wer darum aus Vermessenheit sich täuscht, obwohl er wie jeder andere verpflichtet ist, in seinem Amte recht zu handeln, der wird je nach dem Schaden, den er angerichtet hat, zur Rechenschaft gezogen werden; wenn die Angelegenheiten Gottes muß man mit großer Behutsamkeit und Vorsicht behandeln[179].»

Andere Theologen glauben alles, was sie an mystischen Erlebnissen von anderen hören. Sie sind arglos und leichtgläubig und werden darum nicht selten das Opfer falscher Mystik. Gediegene Vorlesungen über Mystik gehören darum in den Lehrplan der theologischen Semester oder des Pastoraljahres genauso wie die anderen Disziplinen.

Eine gewisse Einführung in die Mystik, besser in das innerliche

Leben, wäre bei allen Ordensleuten gut. Sie sollen erfahren, welche Liebe sie von Gott her erleben können, wenn sie ihn in selbstloser Liebe suchen und ihm treu dienen. Sie sollen auch die Gefahren kennenlernen, denen sie im geistlichen Leben entgehen müssen. Die hl. Theresia hatte ihre Werke nicht so sehr für Theologen, sondern für ihre Töchter geschrieben. Mystik ist ja die Wissenschaft der Liebe; gerade das Leben der Ordensleute soll aber ein Leben der Liebe sein. Es müßte in den einzelnen Genossenschaften auch mehr die Möglichkeit des innerlichen Gebetes gegeben und die Gebetszeiten nicht zu sehr mit nur mündlichen Gebeten ausgefüllt sein. Manches Ordensleben würde viel mehr Sonnenschein haben, wenn die Betreffenden etwas mehr von der Freigebigkeit Gottes und seiner unendlichen Liebe wüßten und ihnen der sichere Weg zu diesen Quellen gezeigt werden würde. Auch manche Obere würden sich dann mit ihren Untergebenen leichter tun, weil echte Innerlichkeit ja immer zu größerer Demut, kindlichem Gehorsam und selbstloserer Liebe führen.

Die Einführung in die Mystik ist aber grundverschieden von der Schulung in der Mystik. Von letzterer kommen vielfach die Entgleisungen her, vor denen das Buch warnen muß.

Einführung besagt: Sie sollen diese Dinge wissen und die richtige Einstellung zu ihnen gewinnen, aber jetzt nicht angeleitet werden, wie sie Mystiker werden können. Echte Begnadete wissen ohne Schulung, was von den fraglichen Erlebnissen zu halten ist, da bedarf es keiner Aufklärung. In die Mystik ruft Gott oft Menschen, die nicht im entferntesten auf so einen Gedanken gekommen wären oder auch nur den geringsten Wunsch zu einer solchen Berufung gehabt hätten. Es sind jene einfachen schlichten Seelen, welche die Mystik erleben und keine Ahnung haben, daß sie Mystiker sind. Als Beispiel dafür seien neben anderen Margaretha Alacoque, Katharina Emmerich, Bernadette und die Kinder von Fatima genannt. Es besteht hier auch meist keine Gefahr, daß sie auf Abwege kommen. Dafür sind sie viel zu einfach und schlicht und haben auch ein gewisses Gespür für das, was echt ist. Auch wachen Gott und die himmlische Mutter treu über sie. Solche Begnadete können mit mystischen Schriften nichts anfangen, sie brauchen auch keine Schulung. Die Glaubens- und Sittenlehren der Kirche sind ihnen Richtschnur, die treue Erfüllung der Aufträge Gottes, das Kreuz, ist der Inhalt ihres Lebens. Nicht ausgeschlossen ist aber dadurch die Notwendigkeit und der Segen eines Führers, der sich auf diesem Gebiete gut auskennt, und die Gefahren, die einem solchen Begnadeten von Seiten der Hölle und fast noch mehr von unvernünftigen Menschen drohen, fernhält. Dieses ist aber etwas anderes, als in der Mystik zu schulen.

Vielleicht darf hier noch bemerkt werden: Mystische Gnaden bekommen auch so manche stillen Kreuzträger, Männer wie Frauen, die fast nie etwas Schönes im Leben haben, nur ihre Arbeit kennen, meist nicht gesund sind und doch immer ihre letzten Kräfte einsetzen; dazu von anderen, deren Laune, Herzlosigkeit und Grausamkeit viel aushalten müssen und auch das in Geduld tragen. Gott wäre ja nicht der gütigste Vater, wenn er nicht auch besonders auf diese mit ganz großer Liebe herabsehen und nicht in besonderer Weise für sie sorgen würde! Können sie darum ihr Kreuz fast nicht mehr schleppen, dann zieht er sie an sein Herz und dürfen sie seine Liebe spüren. Sie reden nicht darüber, denken auch an keine Mystik, sondern sind bloß froh, wieder die Kraft zu haben, ihr Kreuz weiter tragen zu können. Gott hat manche verborgene wirkliche Opferseele, welche die Welt nicht kennt, aber von ihren Opfern lebt. Diese Seelen brauchen auch keine Schulung in der Mystik, für die ist das Kreuz die Schule.

Gift wäre eine Schulung der Mystik dagegen für Menschen, welche sehr phantasiebegabt sind und zur Schwärmerei neigen, alle, welche in ihrem Charakter jene Mängel aufweisen, die mit der Hysterie zusammenhängen. Eine nüchterne Aufklärung ist selbstverständlich auch für sie gut und sogar dringend, daß sie immer mehr die Gefahren erkennen und sich wirklich entschließen, diese mit allen Kräften zu meiden. Nicht gut wäre aber eine Anleitung, wie sie unter Umständen Mystiker werden könnten. Menschen, in deren Wesen gefährliche Bruchstellen sind, legt Gott keine Aufgabe auf, an der sie zerbrechen, und führt sie keinen Weg, auf dem sie leicht in die Irre gehen und abgleiten könnten. Auch diese Menschen liebt Gott und auch sie können zur Vollkommenheit und Heiligkeit gelangen, aber auf andere Weise und besonders dadurch, daß sie mit den Belastungen ihres Temperamentes und ihrer Anlagen, die übrigens bei jedem in irgend einer Form vorhanden sind, das Leben meistern, und alles

Schwere, das gerade aus diesen Belastungen kommt, in Liebe Gott schenken.

Eine Gefahr ist auch die Pflege der Mystik in einem Kreis, der mystisch angehaucht ist, in welchem sich die Mitglieder als fortgeschritten und den anderen Gläubigen gegenüber überlegen vorkommen. Gut illustriert dies das nachstehende Vorkommnis: Eine fromme Seele mit ganz einfacher Bildung gehörte einem solchen Kreis an. Eines Tages wurde sie von ihrem Seelsorger gefragt: «Nun, was haben sie da gehört?» Sie gab zur Antwort: «Hochwürden, das kann ich ihnen nicht sagen, das verstehen Sie nicht.» Diese Antwort sagt wohl alles. Selbstverständlich kann die Naivität einer Teilnehmerin nicht ohne weiteres einem ganzen Kreis zur Last gelegt werden. In diesem Fall war die Antwort aber schon eine Frucht vom Geist dieses Kreises. Deshalb läßt sich immer wieder feststellen, daß solche in sich abgeschlossene mystische Kreise nicht der Nährboden für echte Mystik sind.

Eine andere Sache ist es natürlich, wenn sich eine für die Mystik interessierte Hörerschaft zusammenfindet, dort diese Fragen nüchtern und sachlich behandelt werden und die Teilnehmer sich nicht wie eine Sekte benehmen.

Eine weitere Gefahr ist auch immer die einseitige Darstellung der Mystik, wenn so schmachtend oder ekstatisch von der Liebe Gottes gesprochen, die Erhabenheit der verschiedenen Gebetsstufen so gepriesen, die Wonnen der Mystik zu breit dargelegt werden. Kehren dazu Ausdrücke wie «mystische Ehe», «in Gott umgewandelt werden» immer wieder, so daß die menschlichen Handlungen dann schon göttliche Handlung sind, so gibt das vielfach eine Begriffsverwirrung und ganz falsche Vorstellungen.

Gewiß finden sich diese Ausdrücke bei den Mystikern, aber sie dürfen nicht übertrieben werden. Im Pilgerstand auf dieser Erde bleibt der Mensch immer noch Mensch und kann sehr schnell nicht bloß wieder auf dem Boden, sondern im Schmutz liegen. Eine der größten Mystikerinnen, die hl. Theresia von Avila, hat noch in den letzten Stunden ihres Lebens eindeutig und klar erklärt: «Meine Töchter, vergebt mir das schlechte Beispiel, das ich euch gegeben habe. Lernt nicht von mir, die ich die größte Sünderin auf Erden war und so schlecht die Regel und Satzungen beobachtet habe.» In den Stunden, die folgten, murmelte sie beständig Worte des Gebetes; besonders verweilte sie bei dem Vers des Ps. 50: «Ein zerknirschtes und gedemütigtes Herz wirst du, o Gott, nicht verachten[180].»

Vom Lehrer der Mystik, dem hl. Johannes vom Kreuz, schreibt sein Biograph: «Der Provinzial meinte ihn zu trösten als er sagte: ‚P. Johannes seien sie guten Mutes, vertrauen sie auf Gott und gedenken sie der Werke, die wir geleistet, und der Mühsale, die wir zu Beginn der Reform erlitten haben.' Da schreit der Kranke auf: Sagen sie mir das nicht, Pater, sagen sie mir meine Sünden[181].»

Der hl. Paulus sagt wohl im Galaterbrief: «Nicht mehr ich lebe, sondern Christus lebt in mir!» Er führt aber darin auch aus, was er darunter versteht: «Was ich jetzt im Leibe lebe, ist ein Leben im Glauben an den Sohn Gottes, der mich geliebt und sich für mich hingegeben hat[182].» Das hört sich schon anders an als wie manche die Ausdrücke der Mystiker verstehen.

Ein besonderes Augenmerk verdienen ferner die mystischen Schriften selbst, und zwar bezüglich ihres Inhaltes und ihrer Lektüre. Bezüglich ihres Inhaltes ist zu sagen: Ihr Wert ist sehr verschieden. Ebenso verschieden groß aber auch die Gefahr, die mit ihrer Lektüre verbunden ist. Es gibt solche Schriften, die mehr Sensationen bringen, und solche, die dem Fortschritt der Seelen dienen.

Zu ersteren gehören Schriften, welche sehr stark von Wundern, Erscheinungen, Offenbarungen und Prophezeiungen handeln. Diese sind mit großer Vorsicht zu gebrauchen. Selbstverständlich fallen Abhandlungen über Lourdes und Fatima und sonstige von der Kirche anerkannte Erscheinungsorte nicht ohne weiteres darunter, doch muß gesagt werden, daß mancher Übereifer und Unverstand Fatima mehr geschadet als genützt hat. Bei den Abhandlungen über solche kirchlich anerkannte Wallfahrtsorte kommt es eben wieder darauf an, wie die Dinge dargestellt und daß nichts dazugemacht wird. Die anderen Schriften aber, welche von außerordentlichen Erscheinungen der Mystiker strotzen, schaffen eine ungesunde Atmosphäre, in der die Menschen ihren klaren Kopf verlieren und Satan leicht arbeiten kann.

Welche Vorsicht und Zurückhaltung besonders bei der Wiedergabe von Prophezeiungen am Platze sind, haben die diesbezüglichen Ausführungen in den vorhergehenden Kapiteln schon besprochen. Eindeutig und klar behandelt das Johannes vom Kreuz im 17. und 18. Kapitel seines Aufstiegs zum Berge Karmel[183]. Hier sei nur nochmals eingeschärft: auf die Befolgung der Warnungen und Forderungen, die der Himmel gegeben und gestellt hat, kommt es an, nicht auf das Wie und Was nun alles kommen könnte. Wird aber darauf zu viel Wert gelegt, dann wird die Besserung des eigenen Lebens übersehen und vernachlässigt und hat die Hölle wieder erreicht, was sie wollte. Besonders darf nicht außer Acht gelassen werden: Es genügt nicht, verschiedene Gebete mit größten, manchmal geradezu fanatischem Eifer zu verrichten, vielmehr wird die Übung der Tugend, besonders der Gehorsam gegenüber der Kirche verlangt.

Unter den mystischen Schriften finden sich hervorragende Werke. Von ihnen ist schon reicher Segen ausgegangen und geht weiter aus. Selbst Ungläubige und Andersgläubige haben durch sie den Weg zur Wahrheit und zur Kirche gefunden. Besonders war es die große hl. Theresia von Avila und ihre Schriften, mit denen Gott Wunder der Gnade verbunden hat[184].

Bei den Mystikern finden diese Wahrheits- und Gottsucher das, wonach sie sich sehnen und was sie suchen, nicht nur die Wahrheit, sondern hundertprozentig gelebtes Christentum. Durch diese erhielten sie auch den Beweis, daß in der katholischen Kirche die Gnadengaben des Heiligen Geistes noch wirksam sind. Es ist auch klar, in ihren Schriften leben die Heiligen weiter, in ihnen lebt auch weiter ihre Liebe zu den Seelen und ihre Sorge um dieselben. Was schon im Kapitel «Die Heiligen» gesagt wurde, sei hier nochmals ausdrücklich betont. Mit der Lektüre der Schriften der Heiligen sind für den Leser, wenn er disponiert ist, ganz andere Gnaden verbunden als mit der Lektüre eines Buches, dessen Verfasser, wenn auch nicht in erster Linie, aber vielleicht doch so nebenbei, sich selbst gesucht hat. In diesem Falle mag er ein großer Theologe und auch ein glänzender Schriftsteller sein. Die Gnadenfülle, die mit den Schriften der Heiligen verbunden ist, und der Segen, welcher aus ihnen hervorgeht, sind hier aber nicht zu spüren. Ja, begeistert sind vielleicht manche Leser. Der Verstand, ihr künstlerisches Bedürfnis ist auf seine Rechnung gekommen; nach dem eigentlichen Zweck und der Bedeutung des Buches sucht man jedoch meist vergebens: nach dem Auftrieb und Aufstieg zum Guten, zu tieferer Demut, größerem Opfergeist, zu selbstloser Liebe zu Gott und zum Nächsten.

Doch auch bei den besten mystischen Schriften hängt deren Segen sehr viel von der Art der Lektüre ab. Sogar die beste Medizin kann zum Schaden werden und wie Gift wirken, wenn der Patient die Anordnung des Arztes nicht befolgt und sie nicht richtig nimmt.

Auf die Gefahr, welche das Lesen mystischer Schriften für jene, welche so stark auf die Mystik eingestellt sind, bringen kann, braucht nicht mehr eingegangen zu werden. Wer zu Ich-bezogen ist und zu Übertreibungen neigt, soll die Hand davon lassen. Für solche sind auch die besten mystischen Schriften Gift. Ihnen ist die Nachfolge Christi von Thomas von Kempen zu empfehlen, die wirklich in die letzten Falten der Seele hineinleuchtet und einen unerbittlichen Kampf gegen das eigene Ich führt. Innerliche Menschen aller Zeiten schätzen sie sehr hoch und haben reichsten Gewinn daraus gezogen.

Bei der Lektüre aller geistlichen Schriften, vor allem aber der mystischen, muß jeder darauf achten, daß er sie in der richtigen Absicht liest; es darf nicht aus Neugierde geschehen und auch nicht einseitig sein. Sie dürfen den Blick nicht auf das Außergewöhnliche richten, sondern vielmehr auf die Tugenden. Der Zweck jeder Lektüre eines geistigen Buches und besonders auch der mystischen Schriften ist ja, selbst besser zu werden, immer mehr seine Fehler abzulegen und immer mehr in den einzelnen Tugenden zu wachsen.

Die Gefahr, in eine falsche Richtung hineinzukommen, ist nie ganz ausgeschlossen. Den Beweis dafür liefern die eigenen Töchter der hl. Theresia. Dem P. Gratian, dem Provinzial der Unbeschuhten Karmeliten und Visitator der Frauenklöster zur Zeit der hl. Theresia, wurde vorgeworfen, er wäre manchen mystischen Begebenheiten gegenüber zu leichtgläubig gewesen[185]. Daraus ergibt sich schon, daß nicht alles, was damals als Mystik angeschaut wurde, auch wirklich echte Mystik war. Das gleiche bestätigen die Schriften der hl. Mutter; sie mußte manche Verschrobenheit im einen oder anderen Kloster abstellen und hat zuweilen mit ihrem ganzen Temperament verdrehten Töchtern den Kopf wieder zurechtgesetzt.

Schuld an diesen Früchten sind aber nicht die mystischen Schriften selbst, sondern nur die falsche Einstellung bei deren Lektüre. Theresia und Johannes haben so klar geschrieben, sie haben allen Nachdruck auf den Weg zu diesen Gnaden gewiesen und immer wieder betont, die Schwestern sollen nicht danach verlangen, sich nicht dabei aufhalten, sondern die Tugenden üben. Als Theresia im «Weg der Vollkommenheit» vom Gebet zu schreiben begann, fing sie mit der Übung der heiligen Armut an. Dringend legt sie diese ihren Töchtern ans Herz[186]. Dann kommt sie auf die Losschälung von den Verwandten zu sprechen[187]. Welchen Kampf führt sie gegen Privatfreundschaften[188], das ofte und lange Sitzen im Sprechzimmer[189]; wie verlangt sie die schwesterliche Liebe aller zu allen[190]! Immer besteht sie auf der Demut[191] und gibt selbst das beste Beispiel dafür. Das sind die Voraussetzungen für den Empfang großer Gnaden, aszetische Kleinarbeit, Nachfolge Christi.

Wie unerbittlich ist Johannes vom Kreuz. Er führt die Seele von einer Nacht in die andere. Er verlangt letzte Losschälung, das vollständige Absterben seiner selbst[192]. Der Weg zum Gipfel, den er seine Schüler führt, ist der Weg der Abtötung und Selbstverleugnung, die Einlösung des Herrenauftrages: «Wer mein Jünger sein will, verleugne sich selbst und folge mir nach[193].» Der Aufstieg zum Karmel geht an den Kreuzwegstationen des Heilands entlang und ist ein Miterleben seines Kreuzweges, seines bitteren Leidens und Sterbens. Wer die Dinge anders sieht und etwas anderes sucht, der täuscht sich selbst.

Je näher der Mensch zu Gott kommt, desto mehr muß er geläutert sein; es ist ein Fegfeuer schon auf dieser Erde. Darüber darf kein Zweifel bestehen und muß auch hier erneut betont werden; ohne Läuterung wird niemand Gott erleben und Gott einst schauen können. Durch ein Fegfeuer muß jeder Mensch hindurch, entweder hier oder drüben.

In dieser Richtung hat die richtige Lektüre mystischer Schriften ihren Wert. Sie spornt den Leser dazu an, den Weg der Läuterung zu gehen und zeigt ihm, wie er die einzelnen Aufgaben dabei meistern kann. Wie hat gerade die Heilige unserer Tage, Theresia vom Kinde Jesus, das zutiefst erfaßt! Den mystischen Phänomenen steht sie als echte Tochter des hl. Johannes vom Kreuz ganz kühl gegenüber[194]; sie legt keinen Wert auf sie, dafür um so mehr auf das restlose Sichaufgeben und bedingungslose Sichhingeben an Gott. Vom 4. Lebensjahr an hat sie ihm kein Opfer verweigert. Die Nachfolge Christi des Thomas von Kempen kennt sie auswendig[195] und das ist das Entscheidende: Sie setzt deren Forderungen auch ins Leben um. Im Kloster waren zwei Jahre lang die Schriften des hl. Johannes vom Kreuz ihre herbe, doch geliebte geistige Kost[196]. Sie waren ihr der Führer nach oben, und zwar deshalb, weil sie nicht das Lesen seiner Werke, sondern die Befolgung seiner Ratschläge als die Hauptsache betrachtete und dementsprechend gehandelt hat. Nicht die Kenntnis der Schriften der großen Mystiker, nicht das gewandte Redenkönnen über sie und alles was Mystik betrifft, sondern das Ringen um die darin geforderte Tugend macht das eigene Leben fruchtbar und wohlgefällig in den Augen Gottes und der himmlischen Mutter. Wer in dieser Gesinnung und mit dieser Bereitschaft zur Arbeit an sich selbst die genannten Schriften liest, wird reichen Segen dabei empfangen.

Richtige Beurteilung des beschaulichen Lebens und der beschaulichen Orden

Dieses Kapitel soll nicht abgeschlossen werden ohne den Hinweis auf den Wert des beschaulichen Lebens und die Bedeutung der beschaulichen Orden.

Beschaulichkeit darf nicht mit Nichtstun gleichgesetzt und beschauliche Orden nicht als unfruchtbare Überbleibsel einer überlebten Zeit angesehen werden. Wer eine solche Einstellung hätte, müßte sie einer Prüfung unterziehen. Auf jeden Fall sollte die Ernennung der hl. Theresia vom Kinde Jesus zur zweiten Patronin der Missionen durch den Missionspapst Pius XI. doch etwas zu denken geben[197]. Keinem Missionar, keinem Organisator, keinem Doktor, ganz gleich welchen Grades, wurde diese Ehre zuteil, sondern einer jungen Nonne im verborgenen Karmel zu Lisieux. Also ist in den Augen des obersten Hirten der Kirche das beschauliche Leben, welches die zweite Patronin der Mission verkörpert, doch nicht so wertlos und darf auch nicht als überlebt erklärt werden. Bei der Verteilung der Preise wurde ihr sogar der erste Preis zuerkannt. Selbstverständlich muß das beschauliche Leben immer voll und ganz gelebt werden. Bei Theresia ist das auch der Fall gewesen.

Das Vorgehen Pius XI., dieses großen Papstes, war keine ausgefallene Neuerung, die im Widerspruch mit der bisherigen Auffassung der Kirche über das beschauliche Leben steht, sondern lediglich die erneute Bestätigung dessen, was in ihr schon immer in dieser Richtung geglaubt und hochgehalten wurde.

Der Wert des beschaulichen Lebens stützt sich ja auf Christi Wort und Christi Beispiel. Die klassische Stelle lautet: «Martha, Martha, du kümmerst dich um vieles; nur eins ist notwendig; Maria hat den besten Teil erwählt[198].» Das klassische Vorbild ist Christus selbst. Man wird doch nicht glauben, daß die Handarbeit während seines verborgenen Lebens die Haupttätigkeit und der Hauptinhalt dieser dreißig Jahre war! Christus ist doch die beschaulichste Seele; denn er betonte: «Ich und der Vater sind eins[199].» Das unterstreicht auch sein Aufenthalt in der Wüste sowie sein immer wieder erneutes Sich-Zurückziehen in die Einsamkeit selbst während seiner Lehrtätigkeit. Wie sehr legt er gerade den Aposteln, die er in die Weltmission hinausschickt, die Pflege des beschaulichen Lebens ans Herz: «Bleibt in mir und ich bleibe in euch[200].» Ja, er macht den Segen ihrer Arbeit direkt von der Vollkommenheit abhängig, mit welcher sie diese Forderung erfüllen und erreichen. Er sagt ausdrücklich: «Wie die Rebe aus sich selbst keine Frucht bringen kann, wenn sie nicht am Weinstock bleibt, so auch ihr nicht, wenn ihr nicht in mir bleibt[201].» Die Apostel haben darum auch den Dienst am Tisch wieder aufgegeben und dafür Diakone aufgestellt. Sie sagen ausdrücklich: «Wir aber werden weiter dem Gebet und dem Dienst des Wortes obliegen[202].» Es ist wohl nicht Zufall, sondern hat tiefen Sinn, daß sie zuerst das Gebet und dann erst den Dienst des Wortes anführen. Ohne Gebet, ohne innerliches Leben bleiben alle Worte nur leerer Schall.

Was den Aposteln galt, gilt jedem Arbeiter im Weinberge des

Herrn; aber nicht jeder bringt es in der Verbindung vom beschaulichen und tätigen Leben zur Vollendung, so daß die Früchte seines Schaffens nicht sehr reich sein können. Darum ist es wieder der Ausdruck göttlicher Sorge und Weisheit, daß er Stätten schuf, in denen die Gnade erfleht und den kämpfenden Brüdern zugeleitet wird.

Es ist richtig, Gott verlangt von seinen Aposteln den vollen Einsatz all ihres Wissens und ihrer Kraft. Keiner darf hierin nachlässig sein und sich nur auf sein Gebet verlassen. Aber auch das ist richtig: Aller persönliche Einsatz genügt nie; man kann selbst mit einleuchtendsten Gründen und der größten Beredsamkeit niemand überzeugen; man möchte zwar meinen, dieser oder jener Beweisführung könnte sich der andere nicht verschließen, besonders wenn die Wahrheit so offenkundig daliegt, und doch geschieht es.

Ein Beweis dafür ist auch das Verhalten vieler Juden gegenüber Paulus. In seiner Verteidigungsrede anläßlich seiner Verhaftung im Tempel zu Jerusalem führt er folgendes an: «Als ich später nach Jerusalem zurückkehrte und im Tempel betete, geriet ich in Verzückung. Ich sah ihn und er sprach zu mir: «Geh eilens weg von Jerusalem, denn sie werden dein Zeugnis über mich nicht annehmen.» Ich entgegnete: «Herr! Sie wissen doch, daß ich gerade deine Gläubigen in den Kerker werfen und in den Synagogen geißeln ließ und als das Blut deines Zeugen Stephanus vergossen wurde, stand ich mit Wohlgefallen dabei und verwahrte die Kleider seiner Mörder.» Doch sprach er zu mir: «Ziehe weg, ich will dich in die Ferne zu den Heiden senden[203]!»

Das Entscheidende für uns ist nun hier: «Sie nehmen dein Zeugnis nicht an.» Hier steht wieder das Geheimnis der Freiheit des menschlichen Willens und der Gnade. Man möchte doch meinen, sie müßten das Zeugnis annehmen, sie kennen doch Paulus, sie wissen um seine ausgezeichnete allgemeine und noch bessere theologische Bildung, sie wissen um seinen Haß gegen Christus und die Christen. Wenn nun der Mann jetzt für Christus spricht, da müssen sie doch stutzig werden und sich sagen: Hier ist doch etwas Außerordentliches vor sich gegangen. Da müssen sie doch prüfen und sich überzeugen lassen. Aber nein! Was Gott Paulus sagte, bleibt wahr: «Sie nehmen dein Zeugnis nicht an.»

Das ist eine erschütternde Tatsache: «Sie nehmen dein Zeugnis nicht an!» Wie oft hat sich das im Laufe der Geschichte schon wiederholt!

Übrigens noch viel erschütternder ist es ja, was hier in dieser Beziehung dem Sohne Gottes selbst widerfuhr. Auch sein Zeugnis nahmen viele nicht an, selbst nicht, als er es im Angesicht des Todes unter heiligem Schwur vor dem Hohen Rat ablegte: «Ja, ich bin es[204]!» Wenn man bedenkt, wer hat dieses Zeugnis gegeben? Gott selbst. Welche Wunder hat er gewirkt, wie hat seine Demut und Liebe alle Hindernisse für den Glauben weggeräumt! Trotzdem nahmen viele auch von ihm das Zeugnis nicht an.

Ein weiterer Beweis, wie der Mensch sich gegenüber den einleuchtendsten Gründen verschließen kann, sind die Juden im Laufe der Jahrhunderte nach Christus. Immer wieder lesen sie die Prophezeiung Daniels von den 70 Jahrwochen[205]; sie kennen die Zeit, in der Daniel lebte und von der aus sie die 70 Jahrwochen berechnen können. Und auf 70 können sie zählen, dann kommen sie auf die Zeit, in der Christus lebte und starb. Auch der Geburtsort des Herrn, Bethlehem, steht eindeutig in ihren Schriften. «Du Bethlehem im Lande Juda, bist keineswegs die geringste unter Judas Fürstenstädten; denn aus dir wird hervorgehen der Fürst, der mein Volk Israel regieren wird[206].»

Der Psalm 21 schildert bis ins Kleinste sein bitteres Leiden und Sterben. Man kann dazu noch die Prophezeiung des Herrn über die Zerstörung Jerusalems hinzunehmen[207]; alles deutet auf ihn, den Gekreuzigten von Golgotha. Man sollte meinen, es müßte jeder glauben. So hätte es von Gott aus auch sein können, sogar sein müssen. Der Herr selbst weist darauf hin: «Ihr forscht in den Schriften, gerade sie sind es, die Zeugnis von mir geben[208].» Aber wie eine Binde liegt es vor ihren Augen, sie sehen und sehen doch nicht. Da hat man wieder den Beweis: Der Glaube hängt vom guten Willen ab. Aber es zeigt sich ebenso: Der Glaube ist auch eine Gnade, und Gnaden können in andere nicht hineingeredet, sondern müssen mit viel Gebet, Tränen und Leid erbetet und eropfert werden; das aber ist die Aufgabe der beschaulichen Klöster.

Der Wert des beschaulichen Lebens, erwiesen durch das Leben der allerseligsten Jungfrau Maria und die Vernunft

Sie ist die Mutter des Herrn; darin liegt in erster Linie ihre Größe. Aber es versteht sich von selbst, daß mit der Geburt des Göttlichen Sohnes ihr Lebensinhalt nicht erschöpft und ihre Lebensaufgabe nicht ganz abgeschlossen sein konnte. Schon daß der Heiland dreißig Jahre lang sein Leben der Verborgenheit mit ihr teilte, machte das unwahrscheinlich. Welche Mühe gab er sich während seiner Lehrtätigkeit, seine halsstarrigen Volksgenossen in die Geheimnisse des Reiches Gottes einzuführen? Sollte er diese dann vor seiner heiligsten Mutter, der für die Gnade aufgeschlossensten Seele verborgen und ihr nur die Aufgabe des Waschens, Putzens und Kochens zugewiesen haben? Das ist unmöglich! Wir dürfen im Gegenteil davon überzeugt sein, daß Jesus niemand mit größerer Freude und niemandem tiefer sein Innerstes mit all seinen Gedanken und Gefühlen geoffenbart hat als gerade seiner gelehrigsten Schülerin, seiner heiligsten Mutter. Wenn nun schon uns arme Sünder der tiefere Einblick in Gottes Geheimnisse und Liebe zu noch größerer Liebe entzündet und eine immer innigere Verbundenheit mit Gott herbeiführt, dann war das doch erst recht bei dieser begnadetsten Seele der Fall, und zwar in einem Ausmaß, das wir uns gar nicht vorstellen können. Die Hochbegnadete hat doch auch in der Beschauung die beschaulichste Seele weit überragt.

Dieses gnadenreiche Innenleben und die lebendige Hingabe an den immer nahen und innewohnenden Gott war darum auch der wertvollste Inhalt all der Jahre nach der Himmelfahrt ihres Sohnes bis zur eigenen Aufnahme in den Himmel. Schon bei der Verkündigungsszene besaß die allerseligste Jungfrau die Gnade in ihrer ganzen Fülle, so daß der Engel dies bei der Begrüßung eigens hervorhob. Im Zusammensein mit ihrem Göttlichen Sohn und durch ihre einzigartige Treue hat sich diese ständig noch vermehrt. Dann kam die Herabkunft des Heiligen Geistes am Pfingsttag. Sie hatte für Maria ein noch stärkeres Erfülltsein von Gott und noch tieferes Hineingenommenwerden in den Stromkreis der göttlichen Gnade und ewigen

Liebe zur Folge. Nun muß doch gefragt werden: Was hätten diese Gnaden aber alle für einen Sinn gehabt, wenn sie nicht zu einem intensiven tiefsten und höchsten beschaulichen Leben gedient und nicht für alle Zeiten in einzigartiger Weise hätten fruchtbar sein sollen? Gerade das letztere kann nicht abgelehnt werden und müßte sowohl für die Verehrung und Liebe zur allerseligsten Jungfrau wie für das Verständnis des beschaulichen Lebens entscheidend in die Wagschale fallen.

Von niemand, nicht einmal von allen Aposteln zusammen, der nimmermüde Paulus eingeschlossen, ging so viel Segen aus als von der Gnadenvollsten, die der Herr uns allen zur Mutter gegeben hat. Dieser Segen floß aber nicht nur aus ihrer Gottesmutterschaft, sondern ebenso aus ihrem beschaulichen Leben des Gebetes und des Opfers. Sie war die größte Beterin und die größte Opferseele nicht nur bis zum Karfreitag, sondern auch nachher; denn die Erinnerung an das bittere Leiden und Sterben ihres göttlichen Sohnes erneuerte nicht nur jeden Freitag, sondern jede Stunde ihren Schmerz. Die Sehnsucht nach ihm war noch brennender als die Sehnsucht aller Armen Seelen zusammen. Die allerseligste Jungfrau Maria kommt an Seelenstärke, an Opferbereitschaft und Opferliebe sofort nach ihrem göttlichen Sohn. So ist gerade sie selbst, ihr Leben des Gebetes und des Opfers der beste Beweis für die Bedeutung, die Notwendigkeit und den Segen des beschaulichen Lebens.

Lassen wir aber auch noch die Vernunft sprechen und nehmen wir dazu Beispiele des täglichen Lebens. Wir sehen dann: Schon bei einem Hausbau ist nicht der Maurer die wichtigste Persönlichkeit, auch nicht die modernste Maschine, sondern der Architekt. Im Kriege sind wichtig die Kämpfer an der Front und ihre Waffen, aber die Entscheidung fällt doch meist durch die Arbeit des Generalstabs.

Vielleicht bildet sich zwar einmal ein Maurer oder gar der letzte Hilfsarbeiter am Bau ein, ihm sei das fertige Haus zu verdanken; vielleicht schimpft ein Landser, der zudem noch in einer sehr kampfruhigen Gegend Posten steht, über die Faulenzer im Generalstab, oder wenn der menschliche Körper als Beispiel herangezogen werden darf, so hält sich der Nagel an der kleinen Zehe oder ein Milchzahn gar für wichtiger als das Auge und das Herz!

Doch wird ihnen niemand recht geben und jeder ehrlich denkende Mensch würde über solche Gedanken und Auffassungen lächelnd hinweggehen. Bezüglich der Beurteilung des beschaulichen Lebens gibt es leider ähnliche Anschauungen. Gewiß kann nicht von jedem verlangt werden, daß er die letzten Zusammenhänge in dem Geheimnis der Gnade kennt. Jeder müßte aber hier doch etwas von dem *Sentire cum Ecclesia*[209] haben. Er dürfte sich nicht das Recht herausnehmen, über den Wert des beschaulichen Lebens und der beschaulichen Orden klarer zu sehen und richtiger zu urteilen als die Kirche, die sich in ihrem Urteil doch auf den Beistand des Heiligen Geistes und reicher eigener Erfahrung stützen kann. Selbstverständlich gilt das immer nur unter der Voraussetzung, daß das beschauliche Leben so gemeint und gelebt wird wie es sein soll.

Damit ist nicht gesagt, daß das beschauliche Leben allein Wert hat und alles andere nichts ist. Die tätigen Menschen und die tätigen Orden sollen dadurch nicht herabgesetzt und der Wert ihrer Person und ihrer Leistung nicht im geringsten angezweifelt werden. Jeder gottgewollte Stand hat seine Berechtigung, und in jedem sind Stand und Person wesentlich getrennte Dinge, die nie gleichgesetzt werden dürfen. Die Person aber und der Wert ihrer Leistung für das Reich Gottes hängen immer von der Gesinnung und vom Einsatz der Kräfte, von der Treue zu Gottes Willen ab. Da mag ein Missionar, eine Mutter, auch die niedrigste Arbeiterin in einer Fabrik vor Gott höher stehen und mehr Seelen retten als eine mittelmäßige beschauliche Seele. Doch in der Rangordnung der Stände besitzt das beschauliche Leben den Vortritt vor dem tätigen; es ist das gleiche wie bei der Gegenüberstellung der Jungfräulichkeit und der Ehe. Auch hier hat die Jungfräulichkeit einwandfrei den Vorrang. Vom Herrn selbst wurde diese Ordnung bestimmt: «Nicht alle fassen es, sondern nur die, denen es gegeben ist[210].» St. Paulus gebraucht ausdrücklich das Wort «besser»; er sagt: «Wer seine Jungfrau verheiratet, handelt gut; wer sie nicht verheiratet, handelt besser[211]!» Aber deshalb gibt es auch heilige Frauen und unheilige Jungfrauen. Das gleiche gilt für das beschauliche und das tätige Leben sowie ihre Träger. Auch hier finden sich heilige Apostel, heilige Lehrer, heilige Arbeiter und unheilige beschauliche Nonnen und Mönche.

Für die Wahl des Standes ist die Berufung entscheidend. Es gibt eine solche zur Jungfräulichkeit und eine solche zur Ehe. So gibt es auch eine Berufung zum beschaulichen und zum tätigen Leben, in beschauliche oder tätige Orden. Der Ruf kommt von Gott. Was der einzelne aber in seinem Stande wirkt und leistet, hängt von ihm ab.

Im menschlichen Organismus wäre es falsch, wenn sich das Herz über den Fuß erheben würde, die Hände auf das Auge eifersüchtig wären; jedes gehört zum einen Körper und hat in ihm seinen Platz; jedes hängt in seinem Wohlergehen mehr oder minder vom Wohlergehen der andern und des gesamten Leibes ab. So ist es auch im Organismus der Kirche. Die Beschaulichen dürfen nicht auf die Tätigen herabsehen, die Tätigen nicht die Beschaulichen verachten, der Laie, der einfache Mann, die einfache Frau nicht beide beneiden, jeder soll zufrieden sein an seinem Platz und hier sein Bestes leisten. Jeder soll nur ein Ziel kennen: Liebe zu Gott und Liebe zueinander, Ehrfurcht voreinander und Eintracht im Kampf gegen den gemeinsamen Feind Satan, den Todfeind des Menschengeschlechtes Nummer eins.

Eine Haltung der Kirche, die oft nicht ganz verstanden wird

Ihre strenge Einstellung zu den Begnadeten

Zum Schluß dieser Ausführungen über die echte Mystik ist noch ein Punkt besonders klar hervorzuheben. Die Kirche unterwirft die Begnadeten, besonders jene, welche die öffentliche Aufmerksamkeit erweckt haben, einer strengen Prüfung, und ist manchen von ihnen lange sehr negativ gegenübergestanden. Dies hat schon manch heftige Kritik an der Kirche zur Folge gehabt, doch mit Unrecht. Die Prüfungen der Begnadeten sind sehr notwendig. Die Kirche kann in bezug auf die außerordentlichen Begebenheiten nicht kritisch genug vorgehen. Nur dadurch bleibt ausgeschaltet, daß sie etwas gutheißt oder einführt, was vom Teufel stammt. Es ist nicht Undankbarkeit gegen Gott, wenn seine Aufträge an die Menschen nicht ohne weiteres angenommen werden, vielmehr ist es sein ausgesprochener Wille, daß die Kirche die strenge Zensur über die Echtheit jeder Erscheinung beibehält, sonst würde die wahre Religion vollständig verfälscht werden; denn Satan sucht zu allen Zeiten immer wieder falsche Lehren in die Kirche hineinzubringen. Er weiß selbst die Wahrheit so zu verdrehen, daß es schon oft sehr schwer ist, das Wahre vom Falschen zu unterscheiden. Er sucht ja meist unter dem Schein des Guten zu fälschen.

Echte Visionen und echte Aufträge Gottes werden sich durchsetzen; denn wenn Gott etwas will, kommt es auch zu einem guten Ende. Er wird, wenn auch erst nach Jahren, andere Werkzeuge senden, welche die Aufgabe dann nach seinem Willen lösen; die Machenschaften Satans werden aber eines Tages im Sande verlaufen.

Darum kann nie genug betont werden: Alles, aber auch alles, was auf geheimnisvolle und übernatürliche Weise den Menschen mitgeteilt wird, muß streng geprüft werden. Dies ist selbst in jenen Fällen unerläßlich, in denen die Person, welche diese Dinge erlebt, hundertprozentig glaubwürdig ist und auch hundertprozentig glaubwürdig aussieht, was sie sagt.

Nur so kann die falsche Mystik keinen Boden mehr gewinnen, die echte aber den ganzen Segen bringen, den Gott auf diesem Wege der Menschheit schenken will.

Sie sollen und wollen nichts anderes als ihr Werkzeug sein. Es sind dieses die Kinder Mariens, die Ordensleute und die Priester des Herrn.

Jeder Mensch zum Kind Mariens berufen

An sich ist jeder Mensch schon seiner Bestimmung nach ein Kind unserer lieben Frau. Für alle ist Christus gestorben und allen hat er seine Mutter zur Mutter geschenkt[212]. Ob der einzelne dann wirklich in dieses wahre Verhältnis kommt: Du meine Mutter und ich dein Kind! hängt davon ab, wie er zu Gott und zu ihr steht.

Die himmlische Mutter hat für alle ein Herz. Dieses schlägt auch für solche, die nie etwas von ihr erfahren und auch für jene, die ihren göttlichen Sohn viel beleidigt haben. Sie hat ein Herz selbst noch für alle, die sie lästern. Dieses Herz kennt nur Liebe und Mitleid und den Einsatz aller ihm zur Verfügung stehenden Mittel, um jeden noch zu retten, der sich retten lassen will. Diese Mutter freut sich über jene, die sie als Mutter anerkennen und als ihre Kinder zu ihr kommen.

In jeder Familie ist die Stellung zur Mutter verschieden. So ist es auch in der großen Gottesfamilie und hier im Verhältnis des einzelnen zur himmlischen Mutter. Die einen fühlen sich mehr zu ihr hingezogen, die anderen weniger. Der heilige Ludwig Grignion von Montfort spricht sogar von einem Geheimnis, das hier verborgen liegt. Er nennt es das Geheimnis Mariens[213]. Es ist auch tatsächlich durch die Erfahrung bewiesen, daß innige Marienverehrung ein Geheimnis und eine Gnade ist.

Die Kirchenväter sehen in ihr ein Zeichen der Auserwählung. Ein Marienkind kann nicht verloren gehen, außer es würde von einem bestimmten Zeitpunkt seines Lebens an immer und immer wieder bewußt der Gnade widerstehen. Doch ist Kind Mariens sein erst recht kein Freibrief für ein bequemes Leben. Das Gegenteil ist richtig. Die himmlische Mutter verlangt von ihren Kindern sogar mehr als von anderen. Sie sollen ihr ja ähnlich werden. Dies geht jedoch nicht ohne Anstrengung und Opfer. Der Vorteil, Kind Mariens sein zu dürfen, liegt vor allem darin, daß diese Mutter ihrem Kind immer zur Seite steht. Sie macht es stark und gottergeben, ja sie schenkt ihm frohe Stunden und Freuden, die alle Vorstellungen übersteigen.

Die Pflege der Beziehung: Du meine Mutter und ich dein Kind

Die erste Aufgabe der Kinder Mariens besteht darin, eine ganz persönliche Beziehung zur himmlischen Mutter zu gewinnen und diese immer noch mehr zu vertiefen. Aus sich hätte kein Mensch den Anspruch, in jener seine Mutter zu sehen, die in einzigartiger Weise Mutter des Sohnes Gottes ist; aber jeder darf und soll es. Gott selbst hat diese Beziehung geschaffen und will, daß sie anerkannt und gelebt wird. «Sieh da deine Mutter, sieh da deinen Sohn[214]!» Es gibt darum kaum einen Heiligen und einen Menschen, der sich nicht als ihr Kind fühlen und sie nicht als seine Mutter betrachten würde.

Wohl bleibt die allerseligste Jungfrau stets die überragende himmlische Herrin und wir die armen Sünder. Dies dürfen wir nie aus dem Auge verlieren. Doch neigt sich die Hohe Frau als Mutter zu uns hernieder und wünscht, daß unser Verhältnis zu ihr immer inniger und kindlicher werde. Ein gutes Kind geht mit allem, was es hat, zu seiner Mutter; es sieht in ihr immer die Vertraute seines Herzens. Noch mehr müßte das dieser Mutter gegenüber sein. Sie ist uns ja in Wirklichkeit noch mehr Mutter als die leibliche; diese hat uns nur das irdische Leben geschenkt, sie aber durch ihren göttlichen Sohn das ewige. Sie kennt in Gott die letzten Falten unseres Herzens, unsere guten und schwachen Seiten. Sie weiß um unsere Schwierigkeiten und jede Not. Darum wäre es doch das vernünftigste und ist es so gut, immer sofort zu ihr zu flüchten und ihr alles zu sagen, was uns drückt. Sie wartet schon darauf und hält immer Trost und Hilfe bereit.

Hat die himmlische Mutter aber geholfen, dann darf das Kind nicht undankbar sein und das Danken nicht unterlassen. Auch Christus empfand die Undankbarkeit der Aussätzigen, die er geheilt hatte; er überging sie nicht mit Schweigen, sondern hat mit wehem Herzen gefragt: «Wo sind denn die übrigen neun? Hat sich keiner gefunden, der Gott die Ehre gab[215]!»

Undankbarkeit ist schon abscheulich gegenüber Menschen, insbesondere dann, wenn diese aus ihrem guten Herzen heraus und Gott zuliebe das Gute tun. Undankbarkeit sollte darum in dem Verhältnis von Mutter und Kind erst recht nie vorkommen. Maria gegenüber ist sie ja besonders häßlich, weil sie die größte Wohltäterin der Menschheit ist und jedes ihrer Kinder bei ihr in tiefer Schuld steht. Ihrer Seligkeit tut die Undankbarkeit zwar keinen Abtrag, aber das Kind hat dadurch großen Schaden. Seinem Charakter hängt damit ein unschöner Zug an, selbst aber versperrt es sich den Weg zu weiteren Gnaden und kommt nie in das innige Verhältnis: Mutter und Kind. Die Dankbarkeit dagegen schafft eine feinere Harmonie, tieferes Verstehen, Geborgenheit unter ihrem mächtigen Schutz und ständigen Fortschritt im geistigen Leben an ihrer kundigen Hand.

Alles muß gelernt sein! Auch die Betätigung dieser Beziehung: Du meine Mutter und ich dein Kind! Sehr verhilft dazu das öftere, am besten tägliche Beten des Rosenkranzes. Gerade dagegen aber läuft Satan mit allen Kräften Sturm. Er weiß wieviel der Rosenkranz ihm schadet. Dies könnte auch jeder erkennen und an sich erfahren, wenn er ohne Vorurteil die Tatsachen auf sich wirken läßt.

Die Bedeutung und der Segen des Rosenkranzes

Der Rosenkranz ist von der Mutter des Herrn und der Liebe zu ihr nicht wegzudenken. Man wird vielleicht einwenden: Es gab eine Zeit, da er überhaupt noch nicht bekannt und nicht in Übung war. Gut, aber seit Jahrhunderten ist das anders. Immer dringender wies der Himmel und weisen die Päpste sowie die Heiligen auf seine Bedeutung und seinen Segen hin. Immer eifriger wird er gebetet. Bedeutet es nichts, daß die Muttergottes in Lourdes selbst mit Bernadette den Rosenkranz betete! Daß sie ihn auch in Fatima in der Hand hielt, daß sie in beiden Erscheinungen eindringlich sogar zum täglichen Rosenkranzgebet auffordert! Das müßte doch wirklich zu denken geben, zudem es sich um keine Neuerung handelt, sondern durch die dringenden Mahnungen der Päpste vom Himmel immer wieder unterstrichen wurden und werden. Wenn aber die Kirche spricht, muß der Mensch gehorchen. Man wird doch nicht glauben, daß die Einstellung Gottes im Punkte Rosenkranz nicht die gleiche sei als die seiner liebsten Tochter, Braut und Mutter. Man wird doch erst recht nicht wagen, zu behaupten, die allerseligste Jungfrau habe überall, wo sie zum Rosenkranzgebet aufforderte, bloß aus sich und zu ihrem Vorteil so gesprochen und gehandelt! Sie, die auf Erden nichts anderes kannte als Magd und nur für Gott da zu sein, will auch im Himmel nichts anderes als seinen Wünschen und seinem Willen dienen.

Weist man aber darauf hin, es seien bloß Privatoffenbarungen gewesen, dann darf nicht übersehen werden: Die Kirche hat sie ausdrücklich als echt anerkannt. Noch mehr aber ist der Segen, der von diesen Stätten ausging, eine Bestätigung, daß es sich um wirkliche Erscheinungen der Muttergottes und den Ausdruck des göttlichen Willens handelt. Er ist zugleich eine Warnung für jeden, der sich berufen fühlt, dagegen zu sprechen. Zum wahren Gotteskind gehört – das muß immer wieder betont werden – das Fühlen mit der Kirche, ihre Entscheidungen anzunehmen und sich nicht ein anderes Urteil anmaßen zu wollen als sie besitzt.

Neben der Anwaltschaft des Himmels hat der Rosenkranz noch so bedeutende Anwälte und erdrückende Zeugnisse für sich, daß das alles, was gegen ihn vorgebracht wird, dagegen nicht aufkommen kann.

Alexander Volta, gest. 1827, der berühmte Erfinder, betete täglich den Rosenkranz. Louis Pasteur tat dies sogar im Zug. Auch Ampère betete ihn oft vor dem Allerheiligsten in tiefer Andacht. Als Friedrich Ozanam, der in jungen Jahren nicht zu den praktizierenden Katholiken gehörte, dies eines Tages sah, war er erschüttert. Dieses Erlebnis machte auf ihn einen so nachhaltigen Eindruck, daß er sein Leben vollkommen änderte. Später sagte er einmal: Der Rosenkranz Ampères hat in mir mehr bewirkt als alle Bücher, die ich gelesen habe. Der Maler Paul von Deschwanden, gest. 1881, pflegte ebenfalls jeden Abend das Rosenkranzgebet. Außerdem verrichtete er es mit seinen Kunstschülern täglich in den Malpausen oder auch während der Arbeit. Er hat mehr als 50 herzinnige, vollendete Rosenkranzbilder geschaffen. Auch der Bildhauer Wilhelm Achtermann, gest. 1884, durch dessen wunderschöne weltberühmte Pietà im Dom zu Münster einst ein vornehmer Engländer sich bewogen fühlte, zum katholischen Glauben überzutreten, worauf noch weitere Bekehrungen erfolgten, war ein Mann des Rosenkranzgebetes. Der Komponist Josef Haydn, gest. 1809, der das Werk «Die Schöpfung» schuf, sagte von sich selber: Wenn es mit dem Schaffen nicht so recht gelingen will, so gehe ich den Rosenkranz betend auf und ab und dann kommen mir die Gedanken wieder. Auch Mozart gest. 1791, schrieb aus Paris an seinen Vater: Ich kam voll Freude aus der Symphonie ... und betete den versprochenen Rosenkranz. Ebenso betete Tilly, gest. 1632, der Sieger in 36 Schlachten, täglich seinen Rosenkranz. Auch im Feldlager schritt er abends gern ihn betend zwischen den Zeltreihen einher. Ebenfalls waren Prinz Eugen, der edle Ritter, gest. 1736, und der Feldmarschall Radetzky, gest. 1858, eifrige Rosenkranzbeter und gaben ihren Soldaten das beste Beispiel. Andreas Hofer, der Tiroler Freiheitskämpfer, gest. 1810, hielt das Rosenkranzgebet für die beste Waffe und Verteidigung. Sogar bei beschwerlichen Bergmärschen betete seine Mannschaft, seinem Beispiel folgend, den Rosenkranz gemeinsam. In seiner Umgebung geschah dies jeden Abend und alle mußten sich daran beteiligen. Auch als er in Mantua zum mannhaften Sterben schritt, trug er den Rosenkranz in der Hand[216].

Selbstverständlich galt erst recht den Heiligen der Rosenkranz sehr viel. So schrieb Franz von Sales: «Die angenehmste Beschäftigung und die reinste Freude ist das Rosenkranzgebet.» Clemens Hofbauer bekannte: «Ohne den Rosenkranz kann ich nicht leben. Durch ihn habe ich alles erlangt, was ich wünschte. Er ist die Bibliothek ohne Bücher.» Der hl. Pfarrer von Ars versicherte: «Es ist unmöglich, von Gott abgekehrt zu leben, wenn man aufrichtig den Rosenkranz betet.» Grignion von Montfort schrieb: «Nichts stärkt Gottes Reich in uns mehr als das besinnliche Beten des Rosenkranzes.» Der hl. Alfons von Ligouri unterließ trotz der Last seiner Arbeiten als Ordensstifter und Bischof nie das Rosenkranzgebet und verrichtete es immer mit einer unübertrefflichen Sammlung und Andacht. Oft erklärte er: «Von diesem Gebet hängt mein Seelenheil ab[217].»

Die wertvollsten Zeugen aber für den Rosenkranz sind die Stellvertreter Christi auf Petri Thron. Sie haben immer wieder auf die Bedeutung des Rosenkranzes hingewiesen und die Gläubigen zum öfteren und guten Beten desselben aufgefordert. Pius IX. schrieb: Betet jeden Abend in der Familie den Rosenkranz. Er ist das Evangelium in Kurzform. Der große soziale Papst Leo XIII. gab 11 Jahre lang jedes Jahr eine eigene Encyklika heraus (1883 sogar 2). Als ein Gesandter nach seiner Audienz dem Sekretär gegenüber seine Verwunderung aussprach, daß auf dem Schreibtisch des Papstes der Rosenkranz liege, gab dieser zur Antwort: «Leo XIII. hat den Rosenkranz gebetet bevor sie eintraten und jetzt, nachdem sie ihn verlassen haben, betet er ihn wieder. Wenn Leo XIII. nicht arbeitet, betet er den Rosenkranz.» Letzterer Satz ist selbstverständlich richtig zu verstehen, aber es ist verständlich, daß der Herausgeber von 12 Rosenkranz-Encykliken im Rosenkranzbeten selbst mit dem besten Beispiel voranging. Sein Nachfolger Pius X. erklärt: Unter allen Gebeten ist der Rosenkranz das schönste; es ist das Gebet, das am meisten Gnaden vermittelt und die Gottesmutter am meisten rührt. «Wollt ihr Frieden haben in euern Familien und in euerm Vaterland, dann betet täglich gemeinsam den Rosenkranz; er gibt den Frieden, betet ihn jeden Tag mit innerster Hingabe; das ist das Testament, das ich euch gebe[218].» Der eucharistische Papst war auch tief marianisch. Papst Pius XI. gab beim Herannahen des 2. Weltkrieges 1937 seine Rosenkranz-Encyklika heraus. In ihr erklärt er ausdrücklich: Man kann durch den Rosenkranz jede Gnade erlangen, wenn man ihn in der richtigen Weise und in der richtigen Gesinnung zur himmlischen Mutter betet. Wäre er mit seiner Aufforderung an die Gläubigen, täglich den Rosenkranz zu beten, nicht die Stimme eines Rufenden in der Wüste gewesen, dann wäre der Menschheit viel erspart geblieben. So mußten viele monatelang fast täglich mehrere Stunden im Luftschutzkeller sitzen und noch all die sonstigen Leiden ertragen, die dieser unselige Krieg mit sich brachte. Es hat dies mehr Zeit und Opfer gefordert, als das tägliche Beten des Rosenkranzes gekostet hätte. Auch Pius XI. war ein eifriger Rosenkranzbeter. Als er einmal nach schwerer Tagesarbeit abends müde in sein Schlafgemach zurückkehrte, hatte er noch nicht den ganzen Rosenkranz gebetet. Er schenkte sich aber nicht die noch fehlenden Gesetzchen, sondern sagte sich: Wenn der Papst den Rosenkranz nicht gebetet hat, hat er überhaupt nicht gebetet. Auch dieses Wort ist in richtigem Sinn zu nehmen; denn er hat ja die hl. Messe gelesen und sein Brevier gebetet. Doch ist es klar, was er damit sagen wollte. Auch die beiden letzten großen Päpste: Pius XII. und Johannes XXIII. traten immer für den Rosenkranz ein und waren von Jugend auf auch selbst eifrige Rosenkranzbeter. Vom Vater des II. Vatikanischen Konzils sei nur noch besonders angeführt: Er betete täglich drei Rosenkränze; das hat er selbst bezeugt. Man geht bestimmt nicht irre, wenn man besonders darin das Geheimnis seiner Güte und Heiligkeit sieht.

Zu der Fülle dieser Zeugen kommt noch als letztes: Erfolg und Segen des Rosenkranzgebetes. Diese sind ja immer das einleuchtendste und zugkräftigste Zeugnis. Von P. Pleyton stammt das schöne Wort: «Die Familie, die zusammen betet, hält auch zusammen[219].» Die Legion Mariens, die heute in allen Ländern zu der besten katholischen Aktion zählt und besonders in China direkt Unglaubliches geleistet hat, nahm ihren Anfang durch einen Rosenkranz, mit dem die ersten Mitglieder ihre erste Versammlung begonnen haben. Im Alkazar hielt während der Belagerung der Roten die Besatzung unter schwersten Opfern durch. Sie selbst sah im ununterbrochenen Rosenkranzgebet, das sie durch ständige Ablösung vor dem Bild der Madonna verrichteten, den Grund ihres Durchstehens und ihrer Rettung. Österreich erlangte durch den Rosenkranzkreuzzug das Freiwerden von der russischen Besatzung. Die eigenartigste unblutigste Revolution: der Sturz der kommunistischen Regierung in Brasilien wurde durch den Rosenkranz gewonnen. Die Frauen zogen Rosenkranz betend durch die Straßen, und die Rosenkranzkönigin hat gesiegt. Ja, man kann durch den Rosenkranz wirklich alles erreichen, wenn man ihn beharrlich betet und grenzenlos vertraut. Ein Marienkind greift darum in der Not immer zum Rosenkranz, und es ist nie umsonst.

Auf eine Schwierigkeit beim Rosenkranzbeten ist aber wohl noch besonders hinzuweisen: Manche finden das ofte Beten des Vater Unsers und der Ave Marias eintönig; andere behaupten sogar, der Rosenkranz sei geistlos. Hierzu schrieb ausgerechnet einer der geistvollsten und imposantesten Kirchenfürsten der letzten Zeit, Kardinal Faulhaber, wörtlich:

«Ich gestehe, wenn mir über dem Vielerlei meiner täglichen Arbeiten der Kopf müde und schwer wird, und wenn ich dann am Abend in der Hauskapelle den Rosenkranz, zehnmal und zehnmal, und so fünfmal zehnmal das gleiche ‹Gegrüßet seist du, Maria›, im Ausblick auf die ewig alten und ewig neuen Geheimnisse unserer Erlösung bete, dann ist es mir wie ein Ausruhen des Geistes nach all der Hitze und Hetze des Tages, dann ist es, wie wenn die Hand der Gottesmutter sich auf den müden Kopf legen und alle Müdigkeit wegstreichen würde[220].»

Den Abschluß aller Zeugen möge noch der große englische Kardinal Newman machen:

Als er alt und blind geworden war – er wurde 90 Jahre alt –, konnte er weder seine Messe mehr lesen noch sein Brevier beten. Die meiste Zeit verbrachte er im Lehnstuhl und betete fast ununterbrochen den Rosenkranz. «Wißt ihr, mein Rosenkranz ist mir jetzt alles, heilige Messe und Brevier. Mit ihm will ich den großen Schritt vor Gottes Richterstuhl antreten.»

Nun darf wohl die Frage gestellt werden: Sind die Gelehrten, die Künstler, die Heerführer, die so klar und deutlich für den Rosenkranz Zeugnis abgelegt haben, nicht ernst zu nehmen? Vielleicht stellen manche aber ihrem Zeugnis die Worte anderer entgegen, die von Rosenkranz und der Rosenkranzkönigin nichts wissen wollten! Doch darf man fragen: Wer sind diese Zeugen? Haben sie noch gebetet und standen sie überhaupt noch auf gläubigem Boden? Es wären schlechte Zeugen, wenn man diese Frage nicht mit Ja beantworten könnte. Aber man wird es nicht können.

Fragen wir weiter: Sind die Heiligen keine Zeugen, die tiefer als andere in die Geheimnisse hineingeschaut haben? Man darf überzeugt sein, Gott wünscht, man nehme sie ernster als alle Gegner des Rosenkranzes. Diese müßten, um glaubwürdig zu erscheinen, zuerst Beweise der Heiligkeit geliefert haben.

Sind die Päpste keine Zeugen? Ihre klaren Worte, ihr eigenes Beispiel; haben uns ein Pius XII., ein Johannes XXIII. nichts zu sagen? Wenn nicht, dann müßte man allerdings fragen: Ja, auf wen wollen wir dann noch hören? Wessen Zeugnis hat uns noch etwas zu geben? Merkt man nicht, wohin die Gegnerschaft gegen den Rosenkranz führt? Sind die greifbaren Erfolge des Rosenkranzes nichts und bringen sie nicht eine gewisse Verpflichtung mit sich, den Rosenkranz zu schätzen und zu beten? Sollen wieder Katastrophen kommen, soll Europa lieber untergehen, weil man die Kraft der Rosenkranzkönigin und des Rosenkranzes nicht anerkennen will?

Als Ende des letzten Krieges die Gefahr eines großen Fliegerangriffes auf Würzburg in der Luft lag und das Volk sein Vertrauen auf die Gnadenmutter vom Käppele setzte, erklärte der Gauleiter von Mainfranken: Lieber soll Würzburg zerstört werden, als daß es heißt, die dort oben habe die Stadt gerettet. Würzburg ist dann tatsächlich zu 72 % zerstört worden. Gott läßt manche Frevlerworte in Erfüllung gehen, besonders wenn sie von solchen, die eine Autorität verkörpern, ausgesprochen werden. Das Vertrauen seiner Kinder aber lohnt er auf andere Weise.

Überlegen wir noch einmal folgendes: Gewiß ist es nicht jedermanns Sache, eine besondere Verehrung zur Gottesmutter und zum Rosenkranz zu haben. Es steht jedem frei. Aber wenn man über den Rosenkranz urteilen will, dann kann nur der, welcher in einem innigen Verhältnis zur Gottesmutter steht und selbst täglich treu den Rosenkranz betet, darüber reden.

Abschließend sei nochmals darauf hingewiesen: Der Rosenkranz hat wirklich die Kraft, Wunder zu wirken. Durch beharrliches Rosenkranzgebet wurde schon alle Raffinesse und alle Macht Satans zu schanden, Niederlagen in Siege umgewandelt, Menschenschicksale entschieden. Der Rosenkranz hat in den entscheidendsten Stunden die Christenheit gerettet. Er ist auch heute noch das Schicksal der Welt.

Freilich ist ein hl. Meßopfer mehr wert als alle Rosenkränze aller Zeiten zusammen; in ihm liegt die Fülle der Gnaden und des göttlichen Erbarmens. Der Rosenkranz ist aber nach den angeführten Zeugnissen und dem erwiesenen Segen neben der würdigen Feier und Mitfeier des hl. Meßopfers das beste Mittel, seine Gnaden dem einzelnen und der Menschheit zu erschließen. Warum dieses durch das hl. Meßopfer und die eucharistische Frömmigkeit allein nicht geschieht, ist wiederum ein Geheimnis. Aber die Tatsache steht nun einmal fest: Die Rosenkranzkönigin und der Rosenkranz nehmen einen sehr beachtenswerten Platz im Heilsgeschehen und im Wohlergehen der Völker ein. Es zeigt sich auch immer wieder, gerade die Rosenkranzbeter zählen zu den innigsten Verehrern des Herrn im Sakrament. Sie sind es, die am liebsten und längsten vor dem Tabernakel knien. Dies ist aber kein großes Geheimnis; es erklärt sich so leicht aus der Tatsache: Die himmlische Mutter führt ihre Kinder immer zu ihrem göttlichen Sohn.

Die Aufgabe der himmlischen Mutter, ihre Kinder zu formen

Die Aufgabe einer Mutter beschränkt sich aber nicht bloß darauf, für ihre Kinder zu sorgen, jedes Ungemach von ihnen fernzuhalten oder, wenn sie durch eigene Schuld hineingeraten sind, sie wieder herauszuholen. Gewiß gehört dies zur Mutter, und eine gute Mutter handelt auch so, erst recht die beste aller Mütter, unsere himmlische Mutter.

Darüber hinaus hat Gott aber jeder Mutter die große Pflicht auferlegt, sich in erster Linie um die gute Erziehung und Führung ihrer Kinder zu mühen. Sollte er nun jene, welche er als idealstes Vorbild aller Mütter auf den Leuchter gestellt hat, davon ausgenommen haben? Nie und nimmer! Im Gegenteil ist es gerade ihre eigentlichste Aufgabe, uns nach dem Bilde ihres göttlichen Sohnes gleichförmig zu gestalten. Daß sie wie sonst niemand dazu befähigt ist, kann wohl nicht in Frage gestellt werden, auch wenn wir sehen und erleben, wie – menschlich gesprochen – bitter und schmerzlich dieser Auftrag Gottes für die himmlische Mutter oft werden mag, da sie ihn wegen des Widerstandes ihrer Kinder nicht immer erfüllen kann. Selbstverständlich geschieht auch hier wieder die ganze Arbeit der himmlischen Mutter an ihrem Kinde nie aus ihrem eigenen Willen, sondern in innigster Verbundenheit mit Gott und einzig in der Richtung der Absichten, die Gott mit seinem Kinde hat. Kein Vater und keine Mutter sind in der Erziehung ihrer Kinder so eins wie der himmlische Vater und die himmlische Mutter.

Aus dieser Sicht erklärt sich auch die Weihe an die Muttergottes und an ihr Unbeflecktes Herz. Sie ist das Ja des Kindes zu dieser Beziehung, die Gott geschaffen, und zu der Aufgabe, die er Maria übertragen hat. Immer müssen die Beziehungen von beiden Seiten anerkannt und bestätigt werden, wenn sie fruchtbar sein sollen. So auch hier; besonders im Reich der Gnade wird nichts erzwungen.

Das Ja des Marienkindes muß aber aus ganzem Herzen kommen und darf sich nicht auf den Tag der Weihe beschränken. Die Weihe muß gelebt werden, wenn die von Gott gesteckten Ziele erreicht werden sollen. Marienkinder dürfen nicht meinen, mit schönen Worten und Händefalten wäre schon alles getan; sie müssen durch die Tat und ihr Leben beweisen, daß sie echte Marienkinder sind. Die Kinder müssen zwei Forderungen erfüllen:

Erste Forderung: Meide die Sünde

Klar hat die allerseligste Jungfrau das in Fatima ausgesprochen. Sie sagte: «Die Menschen sollen aufhören, meinen göttlichen Sohn zu beleidigen.» Diese Forderung ist durch und durch biblisch. Sie deckt sich mit dem Satz: «Wer meine Gebote hat und sie hält, der ist es, der mich liebt[221].» Damit steht einwandfrei fest: Wer sie nicht hält, liebt ihn auch nicht. Ebenso zeigt sich, daß ein solcher auf die Liebe des Herrn nicht viel gibt.

In der Forderung: Meide die Sünde! ist die himmlische Mutter unerbittlich. Wohl ist sie die Zuflucht der Sünder, aber nicht, damit die Menschen sich aus der Sünde nichts machen und immer wieder sündigen; sie ist die Zuflucht der Sünder, um sie aus der Sünde herauszuholen. Wohl ist die allerseligste Jungfrau die Mutter der Barmherzigkeit, aber nicht, damit die Menschen auf die Barmherzigkeit Gottes sündigen, sondern durch sie gerettet werden.

Die Forderung, jede Sünde zu meiden, sagt selbstverständlich nicht, daß im Leben eines Marienkindes keine Fehler mehr vorkommen dürfen. Niemand weiß so gut als die himmlische Mutter, wie schwach der Mensch sein kann. Sie hat es sogar an Petrus erlebt, der schon die Zusicherung hatte, daß er der Fels sei, auf dem Christus seine Kirche bauen will. Er hat trotzdem versagt. O Geheimnis der Sünde und der menschlichen Schwäche! Die Forderung, jede Sünde zu meiden, sagt nur, daß man den aufrichtigen Willen haben muß, keine Sünde mehr zu begehen, vor allem, die Gelegenheit zu meiden und tapfer jeder Versuchung zu widerstehen. Ist dieser gute Wille vorhanden, dann wird das Kind von der himmlischen Mutter immer rechtzeitig gewarnt und bekommt auch stets die nötige Gnadenhilfe. Entscheidend ist hier, für diese Warnungen und überhaupt jede Anregung des Himmels ein offenes Ohr und ein williges Herz zu haben. In diesem Fall können die schweren Sünden ganz ausgerottet werden und nehmen auch die überlegten läßlichen Sünden ab, ja sogar manche weniger schöne Charakterseiten schwinden immer mehr. Versagt ein Kind aber doch einmal, dann wird es deshalb nicht mutlos. Es eilt schnell zur himmlischen Mutter und bittet sie kindlich um Verzeihung. Diese gewährt sie gern und erlangt sie auch vom himmlischen Vater. Die beste Mutter macht immer wieder alles gut.

Zweite Forderung: Der himmlischen Mutter freie Hand lassen

Am vollkommensten geschieht diese Hingabe an sie nach dem Goldenen Buch des hl. Grignion von Montfort: «Die vollkommene Andacht zu Maria.» Sie ist nicht Pflicht und auch nicht Sache eines jeden. Aber sie ist eine sehr große Gnade für den, der sie erfaßt und übt. In ihr schenkt man sich selbst mit allem, was man ist und hat, der himmlischen Mutter. Man ist vor allem bereit, sich von ihr führen und formen zu lassen.

Dies besagt nicht, daß man jetzt die Hände in den Schoß legen darf und in dem Gedanken dahinleben kann: Die himmlische Mutter sorgt für alles! Sich von ihr führen und formen, ihr freie Hand lassen, bedeutet: auf den eigenen Willen, der wirklich oft sehr eigenwillig ist, zu verzichten. Dies geht aber nicht ohne Anstrengung und Kampf.

Das ist alles andere als die Hände in den Schoß legen; es heißt, alle Kräfte einsetzen, damit die Pläne Gottes nicht durchkreuzt werden. Der Verzicht auf den eigenen Willen ist ja schon immer nötig, wenn sich der eigene Wille dem Willen Gottes widersetzt und den Menschen in die Gefahr der Sünde bringt. Er ist aber ebenso und noch mehr für das Wachstum des innerlichen Lebens und den Fortschritt in der Vollkommenheit unentbehrlich. Man meint es bei eigenen Ideen und Wünschen oft gut, wird aber trotzdem nicht selten von der Eigenliebe und dem bösen Feind getäuscht. Viel Zeit und Kraft geht auf diese Weise verloren, wenn Gott auch hier wieder großzügig und barmherzig ist, sobald der Mensch den Fehler einsieht und bereut. Um aber nun künftig jedem Schaden zu entgehen, ist der volle Verzicht auf den eigenen Willen das beste. Er besteht in der Einstellung: Ich will keine eigenen Pläne schmieden, ich will keine eigenen Wünsche dulden, ich will mir keine unnötigen Sorgen machen. Selbstverständlich werden solche immer wieder aufsteigen und sich aufdrängen. Sie müssen dann eben ausgeschaltet werden, indem man immer wieder sagt: Ich will nur und alles, was die himmlische Mutter will. Man müht sich, dies immer besser zu erkennen und besser zu tun. Vor allem gehört aber noch dazu, alles anzunehmen, was einem bei dieser Hingabe an die himmlische Mutter widerfährt.

Der himmlischen Mutter freie Hand lassen, ist wirklich das vernünftigste, was man tun kann. Das zeigt der Vergleich der Arbeit der himmlischen Mutter an ihrem Kind mit der Arbeit eines Künstlers an seinem Kunstwerk. Es kann aus Holz oder aus Stein sein. In dem einen Fall muß der Meister mit dem Schnitzmesser, im andern mit Hammer und Meißel daran arbeiten. In beiden Fällen hängt sein Erfolg neben der eigenen Geschicklichkeit vom Material ab, das ihm zur Verfügung steht. Beim Maler kommt noch dazu, ob das Modell auch ruhig sitzt. Bei der Arbeit der himmlischen Mutter in der Formung ihrer Kinder zu einem Kunstwerk kann es um kein Haar anders sein. Auch hier spielt das Material, die Anlage des Kindes, eine Rolle, aber noch mehr sein guter Wille, das einfache Stillhalten und Zufriedensein mit allem, was die himmlische Mutter mit ihrem Kinde tut.

Man möchte es für selbstverständlich halten, daß das Marienkind nicht die geringste Schwierigkeit macht, aber leider ist es meist nicht so. Nur sehr wenige lassen der himmlischen Mutter freie Hand. Immer wieder drängen sich das eigene Meinen, das eigene Wünschen und das eigene Wollen und auch die vielen Wenn und Aber dazwischen. Manche Marienkinder leben zu wenig aus dem Glauben und gehen darum zu wenig auf die Gedanken der himmlischen Mutter ein. Immer aber ist die Voraussetzung und Bedingung für den Erfolg ihrer Arbeit: Ganz eins zu sein mit ihr im Geist und im Wollen.

Man kann für die Arbeit der himmlischen Mutter an ihrem Kind auch noch das Bild vom Gießer nehmen. Welch herrliche Kunstwerke wurden durch den Guß in eine Form schon geschaffen! Keines aber reicht an die Kuntwerke heran, welche die größte Künstlerin aus ihren Kindern gestaltet, wenn sich diese ihr ganz überlassen.

Bleibt man beim Bild von der Form, da kann es auch vorkommen, daß die himmlische Mutter ihre Kinder aus der einen Form herausnimmt und in eine andere hineinlegt. Auch hier muß das Kind immer damit einverstanden, ja dankbar und froh sein. Für das praktische Leben ergibt sich dann folgendes: Man kann in der besten Absicht und der sichersten Überzeugung, es wäre das Richtige, ein Ziel verfolgen. Plötzlich läßt die himmlische Mutter ihr Kind aber erkennen, daß sie jetzt etwas anderes will. Hier verlangt nun die Hingabe und Liebe zu ihr, ohne mit der Wimper zu zucken, sofort darauf einzugehen, unverdrossen und mutig den neu gewiesenen Weg zu wandeln. Je freudiger das geschieht, desto mehr gefällt es der himmlischen Mutter und erleichtert ihre Arbeit. An sich wäre das doch vernünftig. Wir wissen ja meistens nicht, was Gott will. Unser Verstand ist doch beschränkt, unser Blick reicht nicht weit. Wir sehen immer nur eine kurze Strecke unseres Weges vor uns, die himmlische Mutter überblickt aber alles. Sie kennt die Pläne Gottes mit uns und ist wie sonst niemand imstande, zu helfen, daß sie an uns verwirklicht werden. Mit der Hingabe an die himmlische Mutter ist kein Risiko verbunden.

Ein klassisches Beispiel aus neuester Zeit ist Otto Neugebauer, gest. 1940. An ihm offenbart sich als erstes die Verkehrtheit des eigenwilligen Strebens. Er war begabt, fromm und wollte Priester werden. Dann steckte er sein Ziel noch höher. Jetzt ist der gelehrte berühmte Professor sein Ideal. In einem Artikel über ihn heißt es: Er war ehrgeizig bis zur Härte.

Bald aber durchkreuzte Gott seine Pläne. Otto Neugebauer stürzt 1931 vom Rad und zog sich eine gefährliche Verletzung des Hüftgelenkes zu. Acht Jahre war er ans Krankenlager gefesselt. Als junger Mensch, von unvorstellbaren Schmerzen gequält, ohne Aussicht auf Besserung, schien sein Leben nun anscheinend zwecklos und sinnlos zu sein.

Nicht jeden läßt nun Gott die Verkehrtheit des eigenwilligen Strebens so erfahren wie Otto Neugebauer. Tut er das nicht, dann ist es für diesen um so gefährlicher, denn die wenigsten Menschen fragen ja danach, was Gott will. Sie haben ihre Pläne, sie halten sie für richtig, besonders wenn sie ihnen als gut erscheinen. Aber nicht alles, was gut scheint, ist gut, und nicht alles, was gut ist, will Gott für mich. Wer das nicht im Gebet ins Auge faßt, wer sich nicht immer Zeit nimmt und sich nicht fragt: was will Gott?, verliert viel Zeit und Kraft durch unnötige Umwege. Er hat in seinem Leben viel Leerlauf, selbst wenn die Welt ihn feiert, er wird nie so, wie Gott ihn haben will und muß das einmal verantworten.

Seine Vaterunser-Bitte: Dein Wille geschehe wie im Himmel, also auch auf Erden, ist nur Lippengebet. Sie hat nicht die formende Kraft in seinem Leben, wie Gott es will. Satan freut sich darum immer sehr und kann viel für sich buchen, wenn die Menschen so viel selbst wollen und sich nicht immer erst bemühen, den Willen Gottes zu erkennen.

Otto Neugebauer wurde von Gott durch die harte Schule des Leidens von allen diesen Irrwegen bewahrt. An ihm zeigt sich, worauf es in jedem Menschenleben ankommt: auf die volle Ergebung in den Willen Gottes, erst recht bei allem, was dem Sterben vorausgeht und was im Sterben selbst vor sich geht. Erst dieses macht das Sterben zu dem Meisterwerk, das es sein soll. Bei Otto Neugebauer war diese Hingabe an sich sehr schwer. Wir sehen ja: zerstörte Pläne, einen gebrochenen Körper, furchtbare Schmerzen ohne Aussicht auf Linderung und Heilung. Trotzdem heißt es in dem Artikel über ihn: Er wurde zufrieden, sein Ehrgeiz begann zu schwinden, er wollte nichts mehr, was Gott nicht wollte. Er begann ja zu sagen zu seinen Schmerzen und zu allem, was ihm begegnete, auch zu seinen sehr heftigen seelischen Leiden. Gerade ohne diese gibt es ja kaum eine Vollendung. Der Beweis dafür sind ja die ungeheuren seelischen Leiden, welche die Schmerzensmutter selbst ertragen hat.

Nicht alle Menschen müssen einen solch schweren Weg gehen wie Otto Neugebauer. Darum wäre es für sie leichter und deshalb um so verpflichtender, doch wenigstens auf diesem leichteren Weg und in den einfachen Dingen des Alltags sich um den Willen Gottes zu kümmern und ganz sich Gott hinzugeben. Nur wenn sie dies tun, werden sie es auch fertigbringen, zu den entscheidensten Heimsuchungen Gottes ihr volles Ja zu sprechen.

Bei Otto Neugebauer ist nun das wichtigste die Antwort auf die Frage: Wie kam er zu dieser vorbildlich heroischen Hingabe an den Willen Gottes auf diesem schweren Lebensweg? Sie lautet: durch die himmlische Mutter. Seine Jugend war Gott sei Dank nicht mit den verschiedenen Bedenken belastet, welche heute auch in unseren Kreisen bis zum Überdruß gegen die Verehrung der Muttergottes erhoben werden. Ihm stand darum der Weg zur himmlischen Mutter offen. So ging er eben in seiner Not zu ihr und durfte erfahren: Es ist noch nie erhört worden, daß Maria eine Bitte nicht gewährt; stets zeigt sie, daß sie Mutter ist, wo die Not am größten ist. Ihm gab auch der Rosenkranz sehr viel Kraft. Im Sanatorium zu Isny schleppte er sich, so lange er noch konnte, täglich mit letzter Kraft in die Kapelle, wo dieser gemeinsam gebetet wurde. Aus ihm schöpfte er immer wieder neue Kraft und Segen.

Die große Gnade seines Lebens war aber sein Bekanntwerden mit dem «Goldenen Buch» des hl. Grignion von Montfort. Es ging ihm hier zuerst, wie vielen, die es zum erstenmal lesen. Auch ihm gefiel manches nicht. Er wußte nicht, was er damit anfangen sollte. Später arbeitete er sich aber tiefer in die erhabenen Gedanken des Heiligen hinein und gelangte so zu der heroischen Haltung, die sein Leben krönte.

Er bekannte: «Alle Bedenken und Vorwürfe weichen, je mehr man darüber nachdenkt; es ist gar nicht so einseitig, da es einem doch immer hinführt zum Heiland, zum Vater. Das Ja Vater, war das Leben Mariens. Immer mehr lerne ich die Muttergottes schätzen und lieben. Gern schenke und weihe ich mich ihr ganz, um so besser für die Interessen Gottes wirken zu können. Möge ich doch ein treues

Marienkind bleiben und so immer mehr in der Liebe Gottes wachsen!»

Würden sich diese Worte unsere marianischen Minimalisten und Andersgläubige zu Herzen nehmen, dann würde sich auch ihnen der Weg zum Verständnis für innige Marienverehrung und Liebe zur himmlischen Mutter, für den Rosenkranz und die Lehre der vollkommenen Hingabe des hl. Grignion öffnen, und würden auch sie schnell und sicher zu Christus und zum Vater kommen. Nicht die Theologie, auch nicht die hochgeistigsten Ausführungen entscheiden über den Wert einer Lehre und Sache, sondern die Früchte, die sich zeigen. Otto Neugebauer ist neben vielen, vielen andern der Beweis dafür: Es gehört zu den größten Gnaden, das richtige Verhältnis zur himmlischen Mutter zu finden, das Geheimnis Mariens zu verstehen und durch Maria zu Jesus zu kommen.

Zusammenfassend sei noch festgestellt: Marienkinder werden von der himmlischen Mutter gerufen, um von ihr geformt zu werden. Pflichtbewußtsein, selbstverständliche Pflichterfüllung auch unter schwersten Umständen ist als Gegensatz zum Hang nach Besonderem das Ziel ihrer Arbeit. Ebenso sind es Wachsamkeit und Frömmigkeit als Gegensatz zur Betonung der mystischen Begebenheiten. Der Gegensatz zu den auffallenden Werken ist der immer wiederkehrende Aufruf zum Tugendstreben, besonders der Anruf: Beherrsche dich selbst, überwinde dich selbst und verleugne dich selbst.

Immer wieder muß eingeschärft werden: Nicht in der einen oder anderen Frömmigkeitsübung, auch nicht durch das Beten vieler Rosenkränze allein und ebenso auch nicht durch das Tragen eines marianischen Kleides oder Medaillen und erst recht nicht durch starke Aktivität ohne Innerlichkeit, sondern durch Übung der Tugenden kann und muß das Marienkind zeigen, daß es ein echtes Marienkind ist und auch wirklich der himmlischen Mutter Freude machen will. Zu weiteren Tugenden, die an sich jeder Christ haben muß, zählen Armut, Reinheit, Demut, Gehorsam und Nächstenliebe.

Ihre Stellung im Leben Jesu und Mariens

Der Eintritt des Ewigen Wortes in die Welt erfolgte nicht in einem Palast, auch nicht in einem Bürgerhaus, sondern in einem armen Stall. Das war nicht Zufall, sondern Gottes Wille. Bethlehem zeigt: Die Armut nimmt einen entsprechenden Platz im Leben Jesu und in seiner Nachfolge ein. Schon bei seiner Geburt war er arm; noch ärmer aber in seinem Tode. Sie haben ihn seiner Kleider beraubt und ans Kreuz geschlagen[222]. Ein Balken, auf dem er nicht einmal liegen konnte, sondern hängen mußte, diente ihm als Sterbebett. Was zwischen Geburt und Tod lag, war auch nicht mit Reichtum und dessen Annehmlichkeiten angefüllt. Sonst hätte der Herr nicht sagen können: «Die Füchse haben ihre Höhlen, die Vögel ihre Nester, der Menschensohn aber hat keine Stätte, wohin er sein Haupt legen kann[223].»

Der Sohn fand bei der Mutter für diese Armut volles Verständnis. Menschlich war das für sie nicht leicht. Ein liebendes Mutterherz hätte ihrem liebsten Kinde einen anderen Empfang, ein anderes Leben und ein anderes Sterben gewünscht. Aber die Magd des Herrn hat sich auch hier dem Ratschluß des Vaters gebeugt und ist den Weg der Armut tapfer mitgegangen. Sie brachte im Tempel das Opfer der Armen dar[224]. In Ägypten hatte diese Armut dann bestimmt noch eine besonders harte Note. Das Haus zu Nazareth war das schlichte Heim eines Zimmermanns. Nach der Himmelfahrt ihres göttlichen Sohnes wurde sie bald wieder Flüchtling und lebte arm und still in der Fremde.

Ihre Bedeutung im Leben eines jeden Menschen

Wer an Christus und seine heiligste Mutter glaubt, darf diese Seite ihres Lebens nicht übersehen und diesen Punkt in seinem Leben nicht zu leicht nehmen. Hier geht es um grundsätzliche Dinge, eben um die richtige Einstellung den Geschöpfen gegenüber. Gott hat diese uns nicht gegeben, damit sie uns von ihm abziehen sollen und erst recht nicht, daß sie unsere Götter werden. Die Geschöpfe haben die Aufgabe, den Menschen zu seinem Schöpfer zu führen. Mit dieser Zweckbestimmung ist darum auch deren Gebrauch bestimmt. Das Kind Gottes darf sich ihrer nur so weit bedienen, als sie diese Aufgabe erfüllen. Es muß sich ihrer so weit enthalten, als sie ihm dabei im Wege stehen oder gar Anlaß zur Sünde werden[225].

Der Heiland hat sehr klar gesprochen: «Ihr könnt nicht Gott dienen und dem Mammon[226].» Hier gibt es nur ein Entweder – Oder. Er hat auch sehr ernste Worte geprägt: «Leichter geht ein Kamel durch ein Nadelöhr als ein Reicher in das Reich Gottes[227].» Am erschütterndsten sind seine furchtbaren Wehrufe über die Reichen[228] und seine Parabel vom reichen Prasser[229].

Doch ist klar herauszustellen, was Christus unter Armut und Reichtum versteht. Armut, die er selig preist, bedeutet nicht jede Armut, sondern nur die ihm zuliebe gesuchte und gelobte oder die ihm zuliebe getragene Armut. Trotz bitterster Armut kann ein Mensch von Gott ganz weit weg sein. Das ist dann der Fall, wenn sein Herz in Gier nach Reichtum brennt oder wenn er mit Gott wegen seiner Armut hadert. Umgekehrt kann ein Reicher ganz hoch in der Gnade Gottes stehen. Er muß nur sein Herz freihalten von der Anhänglichkeit an die Güter dieser Welt und den richtigen Gebrauch von seinem Reichtum machen.

Armut und Nachfolge Christi

Auf jeden Fall ist mit der Nachfolge Christi die richtige Einstellung zu den Geschöpfen und die Liebe zur Armut untrennbar verbunden. Unter den Disteln des Reichtums und der Sorge um ihn erstickt der Glaube sowie die Liebe zu Gott und den Menschen[230].

Besonders zeigt das die Szene mit dem reichen Jüngling im Evangelium[231]. Dieser junge Mann ist an sich sympathisch. Er sucht den Heiland. Sein Herz ist rein. Als der Herr ihm die Gebote aufzählt, die er halten soll, um ins ewige Leben einzugehen, kann er ihm offen in die Augen schauen und aus frohem Herzen bekennen: «Dies alles habe ich von meiner Jugend an beachtet[232].» Er will aber noch mehr tun. Da enthüllt ihm der Heiland das Geheimnis: «Willst du vollkommen sein, so gehe hin, verkaufe alles, was du hast und gib den Erlös den Armen, so wirst du einen Schatz im Himmel haben. Dann komm und folge mir nach!» Es ist ein Ruf des Herrn wie bei der Berufung der Apostel – aber der Jüngling versagte ... «Er ging betrübt von dannen; denn er besaß viele Güter.»

Der Heiland streicht diesen Punkt jedoch nicht aus dem Programm seiner Nachfolge. Er läßt den Jüngling ruhig gehen und schaut ihm nur traurig nach. In einer Stunde der Entscheidung hat Satan wieder einmal triumphiert, sogar in einer Gnadenstunde, in welcher ein Mensch Christus Aug in Aug gegenüberstand. Eine Tatsache, die sehr zu denken geben und Anlaß zu ernster Betrachtung sein müßte.

Wie viele Gnaden werden durch falsche Einstellung zu den Geschöpfen verscherzt! Wie viele Siege erringt Satan durch die Anhänglichkeit der Menschen an Reichtum und Besitz. Die Hölle arbeitet auch auf diesem Gebiete sehr gut und hat damit ihre Position in der Welt sehr weit vorangetrieben. Darum soll auch hier wieder ein Halt geboten werden. Die Welt und die Seelen dürfen nicht im Materialismus untergehen. Die himmlische Mutter will selbstverständlich Sparsamkeit nicht mit Geiz verwechselt wissen, und liebt es nicht, wenn zuweilen die Liebe zur Armut als Deckmantel für ihn oder die Lieblosigkeit genommen wird. Sie weiß auch, daß zu große Armut der Boden für Unzufriedenheit und für die Wühlarbeit Satans ist. Darum sorgt sie dafür, daß ihre Kinder das Nötige haben. Aber auf mehr sollen sie keinen Wert legen.

Sogar von ihren Kindern in der Welt verlangt sie die Liebe zur Armut. Diese müssen auf vieles verzichten und können sich nicht immer alles anschaffen und erlauben, was sie gerne hätten. Das erleben auch ihre Kinder in den Klöstern. Sie sind treu und zufrieden. Es gibt aber auch Marienkinder und Ordensleute, die es hier nicht sehr ernst nehmen. Sie machen Gott und der himmlischen Mutter keine Freude und schaden sich selbst am meisten.

Lassen wir nun die Tatsachen sprechen, dann sehen wir: Zur Nachfolge Christi gehört die heilige Armut. An der Armut des Herrn und seiner heiligen Mutter kommt keiner vorbei. Der Stall zu Bethlehem und das Kreuz sprechen eine zu deutliche Sprache. Darum haben alle Ordensstifter die Armut in ihr Programm aufgenommen. Alle Heiligen haben sie geliebt und geübt.

Die klösterliche Armut

Jede Ordensperson gelobt Armut in dem Rahmen, der durch die Vorschriften des Ordens bestimmt ist. Was man gelobt hat, muß man halten. Das gilt schon in der Welt, erst recht Gott gegenüber und besonders im Kloster. Gelübde dürfen nicht leicht genommen werden. Sie sind vor Gott abgelegt und Gott nimmt sie sehr ernst. Keiner kann sich der Stunde entziehen, in der er zur Rechenschaft gezogen wird, wie er die Gelübde gehalten hat.

Tatsache ist nun leider: Satan versteht auch Ordensleute und ganze Kommunitäten immer wieder auf die schiefe Bahn zu schieben. Den Beweis liefern die traurigen Fakten der Kirchengeschichte, die Verweltlichung und Aufhebung der Klöster. Geht man den tieferen Ursachen nach, dann findet man immer, die Armut wurde nicht mehr gehalten und damit auch die ganze Ordenszucht gelockert. Nicht bei jedem aufgehobenen Kloster traf das zu. Denn Unschuldige müssen ja mit und für Schuldige leiden. Aber allgemein gilt: «Wenn aber das Salz schal wird, womit soll man dann salzen? Es taugt zu nichts mehr. Man wirft es hinaus und es wird von den Menschen zertreten[233].»

Tatsache ist auch, daß die ganze Geschichte der Orden von einem Ringen um die heilige Armut durchzogen ist. Immer wieder setzen Bestrebungen ein, das ursprüngliche Ideal der Armut aufs Neue zur Geltung zu bringen. Leider geschah es nicht immer mit dem notwendigen Maß von Zurückhaltung, Klugheit und Liebe, so daß Satan auch dadurch wieder zum Zuge kommen, den Erfolg vereiteln und manchen großen Erfolg für sich buchen konnte. Gerade auch bezüglich der Armut lüftet er nicht leicht sein Visier und enthüllt nicht seine Pläne. Auch hier arbeitet er unter dem Schein des Guten und mit lauter gutscheinenden Motiven, die besonders aus den jeweiligen Zeitverhältnissen genommen sind. Man glaubt, sich ihnen nicht verschließen zu dürfen und merkt nicht, wohin sie führen.

Der Aufwand für Kirchen und Häuser

In den Klöstern besteht nun ein Unterschied zwischen der Armut des Ordens und des einzelnen. Dies ist durch die Regel klar festgelegt und wird in den einzelnen Orden verschieden streng gehandhabt.

Eine Gefahr ergibt sich nun schon aus dem Aufwand für Kirchen und Häuser. Die Kirche ist das Haus Gottes. Selbstverständlich soll sie würdig sein. Hier wäre zu große Sparsamkeit am falschen Platz, besonders wenn in anderen Punkten nicht so gespart wird. Es nimmt sich aber schlecht aus, wenn Klosterkirchen alle anderen an Pracht und Ausstattung übertreffen wollen und das Geld dazu den Wohltätern in nicht immer feiner Weise aus der Tasche gezogen wird. Der Vorzug der Klosterkirchen müßte besonders die Sauberkeit und die vornehme Bescheidenheit sein. Gott schaut ja mehr auf das Gold der Herzen als auf das der Altäre oder Gitter. Alle Heiligen sind für ein würdiges Gotteshaus eingetreten.

In der Auffassung darüber sind sie aber etwas auseinandergegangen. Manche wollten auch hier die Armut streng beobachtet wissen. Tatsächlich hängt ja die Andacht nicht vom äußeren Schmuck, sondern von der Einstellung des einzelnen zu dem im Tabernakel gegenwärtigen Gott ab. Diese strenge Auffassung fand sich meist als Reaktion gegenüber gewissen Entgleisungen auf der anderen Seite.

Neben solchen Auffassungen läßt sich aber bei anderen Heiligen feststellen, daß sie dem Grundsatz huldigten: «Für Gott nur das Beste.» Doch müssen diese Aussprüche aus ihren Verhältnissen genommen und den Verhältnissen angepaßt sein, dürfen aber nicht ins Endlose ausgeweitet werden. Hier spielen sonst eigene Neigungen herein, mehr als man sich eingesteht, sowie auch die Raffinesse der Hölle, mehr als man ahnt.

Der Herr hat viel mehr Freude am Tugendschmuck seiner Liebenden als am Gold seiner steinernen Tempel. Dieser Schmuck: Demut, Armut, Keuschheit, Gehorsam, Liebe verlangt allerdings mehr Anstrengung als das Herbeischaffen des Geldes zum äußeren Schmuck.

Damit soll in keiner Weise auch nur ein Wort gegen eine würdige und schöne Ausstattung der Kirchen gesprochen sein. Immer muß Gott und hier auch sein Haus an erster Stelle stehen. Es sei lediglich vor der Sucht gewarnt, den Gläubigen durch unnötige Ausgaben am laufenden Band zur Last zu fallen, sowie Anschaffungen zu machen, die wohl einem Mäzen gut anstehen, aber nicht Ordensleuten, welche Armut gelobt haben. Es ist doch eigenartig, daß sich von den klingenden Namen der großen Kunstgönner kaum einer im Verzeichnis der Heiligen findet. Das wäre aber besonders für geistliche Personen das Wichtigere.

Bezüglich der Klosterniederlassungen haben Zweck und Bedürfnisse stark berücksichtigt zu werden. Mutterhäuser, in denen der Nachwuchs herangebildet wird, müssen entsprechend groß und gut eingerichtet sein. Schulen und Krankenhäuser in den Händen von Ordensleuten dürfen in ihrer Ausstattung nicht gegen andere Schulen und Krankenhäuser abfallen. Sie dienen ja dem Gemeinwohl und müssen auf der Höhe der Zeit stehen. Hier wäre Sparsamkeit am verkehrten Platz. Auch die beschaulichen Klöster, in denen sich das Leben der Insassen nur innerhalb der vier Klostermauern abspielt, bedürfen mancher Räume, die bei kleinen Filialen einer Kongregation nicht gebraucht werden. Sie benötigen auch einen entsprechend großen Garten, weil dieser ihnen ja die einzige Erholungsmöglichkeit bietet. Wenn sich hier die heilige Armut in der zu starken Begrenzung des Raumes zeigen wollte, ginge es auf Kosten der Gesundheit und Leistungsfähigkeit der Mitglieder.

Ein anderer Punkt ist aber die Ausstattung der Häuser und die Frage: Dürfen sie den ganzen Fortschritt der Zeit mitmachen? Mit jenem der Technik können auch die Klöster Schritt halten. In Beleuchtung und sanitären Anlagen ist das unvermeidlich. Ebenso ist selbstverständlich, daß eine Ordensperson die weiten Wegstrecken heute nicht mehr zu Fuß zurücklegen kann oder in einem Fuhrwerk, wie es früher geschehen ist. Aber auch beim Gebrauch der technischen Errungenschaften gibt es Unterschiede. Man soll aus praktischen Gründen nicht das Billigste nehmen, weil dann gleich wieder die Reparaturen einsetzen. Gerade die Armut, welche unnötige Ausgaben vermeiden soll, verlangt, daß Gediegenes angeschafft wird. Doch darf es nicht das Beste und Teuerste sein. Wenn das nicht beachtet wird, ist es schon ein Abgleiten vom wahren Geist der Armut. Ebenso gilt dies bezüglich der Benützung von Fahrgelegenheiten, von der Marke des Autos und von der billigeren oder teuereren Art des Reisens. Ein großer Fehler ist hier, daß manchmal nur gefragt wird: Können wir uns das leisten? Diese Einstellung ist grundfalsch. Bei Ordensleuten kommt es nicht darauf an, ob sie es sich leisten können, sondern ob es mit dem Geist der Armut vereinbar ist.

Die himmlische Mutter will zwar nicht gerade jeden Pfennig umgedreht wissen, aber sie wünscht, daß jede Ordensperson immer vor Augen hat: Es ist Gottes Gut, mit dem ich umgehe. Mit dem Gut Gottes muß es gewissenhaft und sparsam geschehen. Unter den Almosen sind so viele Pfennige armer Leute. Sie haben sich diese vom Munde abgedarbt. Darum darf es nicht vorkommen, daß einfach darauf losgewirtschaftet wird. Notwendige Anschaffungen sind in Ordnung; aber nicht ist es der Fall, wenn für unnütze Dinge das Geld hinausgeworfen wird. Leider ist jetzt auch in die Klöster die Sucht eingezogen, immer wieder Veränderungen vorzunehmen, die nicht nötig sind. Einrichtungen, welche noch länger ihren Dienst tun würden, durch andere um teueres Geld zu ersetzen, bloß weil sie nicht modern genug sind. Dies steht durch und durch im Gegensatz zur Armut, die man gelobt hat. Die Ordensleute machen sich ja auf diese Weise mit ihrem Gelübde der hl. Armut vor der Welt direkt lächerlich, vor Gott aber strafbar. Sie vergessen so leicht: Sie sind nur Verwalter; sie vergessen auch: Einmal wird die Stunde kommen, in der es heißt: «Gib Rechenschaft von deiner Verwaltung, du kannst nicht mehr länger mein Verwalter bleiben[234].» Diese Rechenschaft darf nicht leicht genommen werden. Gott nimmt sie sehr ernst. In der Welt fragen sich manche Leute: Ist es wirklich notwendig, daß ich das anschaffen muß? Selbst da kommt es aber vor, daß trotz der Notwendigkeit die finanzielle Lage ein hartes Nein dagegen spricht. Wie manche Arme haben kaum die nötige Kleidung und das nötige Essen! Wie manche Familienmitglieder mußten Angehörige schon dahinsiechen und sterben sehen, weil sie die teueren Medizinen, die sie hätten retten können, nicht aufbringen konnten! Sie werden im Gericht einst Ankläger gegen jene Ordensleute sein, denen nichts schön genug war, die stets wieder alles besser haben mußten, wenn das andere noch längst genug gewesen wäre.

Viele Menschen, vielleicht sogar in der nächsten Umgebung, leiden noch Not. In den Missionen gehen Seelen verloren, weil für die Missionsstationen die nötigen Mittel fehlen. Hier soll es angelegt werden. Das ist Gott wohlgefälliger und trägt mehr Zinsen, als wenn es zu überflüssiger Pracht der Kirchen und immer größerem Staat mit Paramenten und Gefäßen aufgewendet wird.

Dies deckt sich vollkommen mit dem, was das Konzil den Ordensleuten aufs Herz bindet. «Wohl haben die Institute nach Maßgabe der Regel und Konstitutionen das Recht, Mittel für den Lebensunterhalt und die Ordenstätigkeit zu besitzen, doch ist jeder Anschein von Luxus, übersteigertem Gewinnstreben und Vermögensballung zu vermeiden.»

Bezüglich der Errichtung und Einrichtung von Häusern besteht eine große Gefahr, daß die Oberen vergessen: Nicht die Architekten, sondern sie sind für die Wahrung des Ordensgeistes und des Geistes der heiligen Armut verantwortlich. Sie müssen sich nach den Vorschriften des Ordens und nach ihrem Gewissen richten. Diese Verantwortung kann ihnen niemand abnehmen. Gedankenlosigkeit und Schwäche würden sich in diesem Falle in der Stunde des Gerichtes bitter rächen. Gelübde müssen gehalten werden!

Für jede Ordensperson ist noch ihre eigene persönliche Einstellung zur Armut wichtig. Auch hier sind die Regeln und Satzungen des Ordens maßgebend. Diese müssen beachtet werden. Auf sie hat sich die einzelne Ordensperson bei der Ablegung der Gelübde festgelegt. Niemand darf darum später daran lockern oder einfach darüber hinweggehen. Das Konzil brachte hier nicht eine von manchen erwartete Erleichterung. Es stellt im Dekret über die zeitgemäße Erneuerung des Ordenslebens vielmehr klar heraus: «Die Armut der Ordensleute beschränkt sich nicht auf die Abhängigkeit von den Obern im Gebrauch von Geld und Sachwerten; ausdrücklich fordert es, die Mitglieder müssen auch tatsächlich und gesinnungsmäßig arm sein, da sie ihre Schätze im Himmel haben.»

Im allgemeinen spürt die Ordensperson nicht die Not der Armut. Es kann wohl einmal vorkommen, daß sich Klöster sehr einschränken müssen; aber das ist meist eine Ausnahme und dann oft nur vorübergehend, zudem in den Ländern und nach den Zeiten sehr verschieden. An sich steht die Ordensperson ja nicht ohne weiteres auf der Stufe der sozial Armen. Ihre Berufstätigkeit und ihre Stellung erlauben ihr besonders heute nicht, wie wirklich Arme daherzukommen. Die Zeit ist vorbei, in welcher die Heiligkeit damit begonnen hat, als Bettler durch die Lande zu ziehen. Tatsächlich hängt die Heiligkeit auch gar nicht davon ab. Entscheidend ist der Geist der Armut. Dieser verlangt aber den Verzicht auf alles Unnötige, besonders auf die Erfüllung zu persönlicher Wünsche. Es wäre ganz falsch, wenn man sich im Kloster mehr erlauben würde und mehr Ansprüche an das Leben stellen möchte, als man es könnte, wenn man in der Welt geblieben wäre. Der Ordensperson gilt immer die Mahnung: Vergiß nicht die Nachfolge Christi im Geiste der Armut!

Eine Gefahr für die Beobachtung der heiligen Armut sind ohne Zweifel die heutigen Zeitverhältnisse. Selbst Kinder von weniger bemittelten Familien bekommen Wünsche erfüllt, die mehr in elterlicher Unvernunft als in der Liebe ihren Grund haben. Dieser Geist versucht sogar in die Klöster einzudringen. Die Wellen des Lebensstandards schlagen auch über die Klostermauern. Finden darum Ordensleute überhaupt nichts mehr dahinter, die wertvollsten Gegenstände zu haben, so sind das schon Kennzeichen dafür. Es kann auf ganz legalem Wege geschehen sein. Die Obern können die Erlaubnis zur Anschaffung oder wenn sie geschenkt wurden, zum Gebrauch solcher Dinge gegeben haben. Oft wird aber auch folgender Umweg dazu benützt: Die Gegenstände gehören nicht der Ordensperson, sondern Angehörigen oder Freunden. Dadurch sind sie geschickt dem Zugriff und dem Verfügungsrecht des Obern entzogen und bleiben unantastbar Jahre und Jahrzehnte praktisch in der Hand des Betreffenden. Hier darf gefragt werden: Stimmt das noch mit dem Geist der Armut überein? Und kann man bei einer solchen Praxis im Gewissen wirklich ganz ruhig sein?

An sich könnte einem solchen Übel leicht abgeholfen werden; denn zur klösterlichen Armut gehört auch, daß die Ordensperson ohne Erlaubnis ihrer Obern nichts annehmen, nichts verschenken und nichts besitzen darf. Also bräuchte der Obere nur auf diesen Punkt hinweisen, die Erlaubnis verweigern und so für die Einhaltung der Armut sorgen. Aber – und hier gibt es sogar mehrere Aber – das letzte Aber wäre allerdings, der einzelne müßte hier an sein Gewissen und das des Oberen denken sowie an die Rechenschaft, die beide vielleicht schon bald ablegen müssen.

Anders liegt der Fall bei der Anschaffung eines Gegenstandes, der einer Ordensperson bei der Ausübung ihres Berufes große Dienste leistet. Wenn hier Angehörige oder Wohltäter etwas beisteuern, so ist vom Standpunkt der Armut aus nichts dagegen einzuwenden. Entscheidend ist nur, daß es sich nicht um einen Gegenstand zum Vergnügen handelt, die Wohltäter nicht zum Geben gedrängt werden und die Ordensperson den Gegenstand auch im Geiste der Armut gebraucht.

Sehr gegen den Geist der Armut sind aber Hobbys, die oft ziemlich teuer kommen, jedoch keinem wissenschaftlichen Zweck dienen und auch ohne Nutzen für die Gemeinschaft sind. Hobbys, mit denen sich große Auslagen verbinden, können sich sogar die meisten Menschen in der Welt nicht erlauben. Darum ist es erst recht unbillig und nicht zu verantworten, wenn ausgerechnet jene, welche sich zur Nachfolge des Herrn in der heiligen Armut verpflichtet haben, für Hobbys viel Geld aufwenden und dadurch dringenden Zwecken entziehen.

Eine weitere Gefahr und Raffinesse Satans liegt in der Art des Bettelns im allgemeinen und durch den einzelnen. Für Bettelorden ist es im Kirchenrecht direkt vorgesehen und erlaubt. Hier müssen nur die Brüder, welche dieser Aufgabe obliegen, immer eine gewisse Bescheidenheit und einen gewissen Takt bewahren. Gewiß sind auch andere Orden und Kongregationen zum Bau von Kirche und Kloster, unter Umständen auch zum Unterhalt, ebenfalls auf die Wohltätigkeit guter Menschen angewiesen. Sie sind gezwungen, zu sehen, wie sie das Geld für diese Auslagen herbeibringen. Hier besteht nun aber bei vielen, die sich mit dem Mammon abgeben müssen, die Gefahr, daß der Geist ins Materielle absinkt und die Sorge um ihn sich zu sehr in den Vordergrund schiebt. Auch Ordensleute müssen mehr an das mahnende und so beruhigende Wort des Herrn denken: «Seid nicht ernstlich besorgt und fragt nicht: Was sollen wir essen, was sollen wir trinken, womit sollen wir uns kleiden? Um das sorgen sich die Heiden. Euer himmlischer Vater weiß ja, daß ihr dies alles nötig habt[235].» Wenn das jemand gilt und es gilt jedem, dann gilt es doch besonders jenen, die Gott zuliebe alles verlassen haben und so erst recht seiner Sorge anvertraut sind. Heilige haben hier eine ganze eigene Art gezeigt, ein grenzenloses Gottvertrauen gehabt und auch bewiesen, daß man damit mehr erreicht als auf den Wegen, die auch die Welt geht.

Gefährlich ist noch der Fall, in dem das Almosen nicht für die Kirche und das Haus, sondern für persönliche Zwecke erbettelt wird. Käme es vor, daß die Oberen nicht genügend für die Bedürfnisse ihrer Untergebenen sorgen würden, so ist natürlich die Versuchung, auf diese Weise sich das Notwendige zu verschaffen, sehr groß. Hier setzt dann das Übel ein, die Wohltätigkeit Außenstehender nicht selten mehr als gut in Anspruch zu nehmen. Selbst in diesem Fall ist das Anbetteln Außenstehender nicht in Ordnung; aber noch viel weniger, wenn man ohnehin das Notwendige oder sogar bereits ein beträchtliches darüber hat. Es ist ein ganz falscher Standpunkt, bei jeder Gelegenheit zu sagen: Das laß' ich mir schenken und dann dafür zu sorgen, daß man oft und viel geschenkt bekommt. Schon jedem gesunden und feinem Empfinden widerspricht es, wenn ein Hilfesuchender immer wieder hemmungslos an einen Wohltäter herantritt; um so mehr ist das bei einem Bittsteller der Fall, der durch seinen Stand vorgibt, die Armut zu seiner Braut erwählt zu haben. Daran ändert auch der Umstand nichts, daß die Bettelei zuweilen in sehr geschickt getarnter Form geschieht. Manche Wohltäter des Klosters erfüllen wohl die Bitte. Aber sie wären durch ein anderes Verhalten von der Bescheidenheit und Vornehmheit jener, welche die vornehmste Frau zur Mutter haben, mehr erbaut; außer es sind solche Wohltäter, denen ihre Gaben als Handhaben für ihre Ansprüche gegen die Ordenspersonen auf anderen Gebieten willkommen und darum nie zu hoch sind.

Man braucht nur die Augen aufzumachen, um die Übel des Bettelns und des Sich-großzügig-beschenken-lassens zu erkennen. Es ist das Verpflichtetwerden und die Abhängigkeit, in die jeder Beschenkte gerät. Statt dem Gebet und anderen Pflichten obliegen zu können, müssen manche Beschenkte oft zu ungünstiger Zeit und unnötig lang für die Wohltäter da sein. Die Folge ist, der Hauptwohltäter, Gott und sein Dienst, kommen zu kurz. Die ganze Ordnung und Klosterzucht leidet. Wie groß war dieser Mißstand gerade im Kloster der Menschwerdung in Avila, in welchem die große heilige Theresia ihre ersten 27 Ordensjahre zugebracht hatte[236]. Die Nonnen waren mehr Gesellschaftsdamen für die bessere Gesellschaft dieser Stadt einschließlich ihrer Kavaliere als Bräute in der Gesellschaft ihres Göttlichen Bräutigams. Darum sind später Theresia und noch mehr Johannes vom Kreuz so gegen dieses sich Mühen um Almosen gewesen. Ihre Einstellung war: Dient Gott, dann gibt er es den Herzen der Menschen ein, daß sie euch helfen[237]!

Freilich waren das eine heilige Theresia und ein heiliger Johannes vom Kreuz. Der volle Verzicht auf das Erbitten von Almosen setzt schon einen überdurchschnittlichen Glauben und einen gewissen Heroismus voraus. Wer ihn aber aufbringt, wird bestimmt nicht enttäuscht. Im allgemeinen wünscht aber sogar die Kirche, daß die Klöster eine gewisse materielle Sicherheit haben und erlaubt im gegebenen Fall auch das Nachsuchen um materielle Gaben. Doch dürfen dabei die genannten Gefahren nicht außer Acht gelassen werden.

Für Obere besteht bezüglich der Beobachtung des Gelübdes der Armut die doppelte Pflicht, einerseits für die Bedürfnisse ihrer Untergebenen zu sorgen und dabei nicht kleinlich zu sein. Andererseits tragen sie die Verantwortung dafür, daß der Geist des Ordens auch im Punkte Armut treu bewahrt wird. Was für die Erhaltung der Gesundheit und die Weiterbildung im Beruf nötig ist, das muß – soweit es möglich ist – geschehen. Der Ausfall einer Arbeitskraft im Kloster bedeutet ja meistens eine Mehrbelastung für andere und eine Erschwerung des ganzen Betriebes. Auch eine beständige Weiterbildung ist für eine gesegnete Wirksamkeit unentbehrlich.

Zur Erhaltung der Gesundheit gehört auch die Erholung. Sie ist bei der heutigen Überlastung der Nerven direkt notwendig; aber sie kann auf bescheidene, der Armut entsprechende Weise, erreicht werden und oft besser als durch große Reisen. Sind solche zur Weiterbildung im Beruf notwendig, ist es in Ordnung, wenn nur dieses Ziel nicht aus dem Auge gelassen wird und die Ordensperson sich auch hier immer ihres Standes und der damit verbundenen Verpflichtungen bewußt bleibt.

Größere Reisen aber, die bloß zum Vergnügen gemacht werden oder aus dem Bestreben heraus, etwas zu sehen und überall dabei zu sein, sind gegen den Geist der Armut und des Ordenslebens überhaupt. Wer ins Kloster geht, macht diesen Schritt ja in der Absicht: Ich will auf alles verzichten. Sonst ist es doch kein Ordensleben sondern Lüge. Zu demselben gehört notwendig die Abkehr von der Welt, die Liebe zur Einsamkeit, der bewußte Verzicht darauf, die Welt immer wieder zu sehen. Wer das nicht will und solche Abwechslung braucht, soll besser nicht ins Kloster gehen. Hat sich aber jemand schon für die Nachfolge Christi entschieden, dann muß sie auch richtig durchgeführt werden. Sonst ist dieses Ordensleben ein Ärgernis. Gott darf man ja nicht belügen, Gott und seinem Gericht kann ja kein Mensch entrinnen.

Es wäre nun bestimmt falsch, in den einzelnen Fällen bei jenen, auf welche diese Ausführungen zutreffen, bösen Willen anzunehmen. Es ist der Zeitgeist, der unbemerkt die diesbezügliche Auffassung und Einstellung in Ordenspersonen hineinfiltriert. Noch mehr aber gehen die kleinen und großen Abweichungen vom Ideal der Armut auf die

Raffinesse Satans zurück. Er operiert auch hier wieder sehr geschickt mit seinen Schlagworten und schiebt sich langsam, aber sicher in zu laxe Auffassungen und unverantwortliche Praxis hinein. Seinen Plänen steht ja immer die Abtötung und der Verzicht entgegen. Im geistigen Leben können aber nun einmal beide Tugenden nirgends ganz ausgeschaltet werden.

Durch den Verzicht auf die nicht mit der heiligen Armut zu vereinbarenden Freuden wird das Ordensleben aber nicht eintönig und freudeleer; es gibt ja höhere Freuden. Die Voraussetzung dafür aber ist, daß man auf das andere gern verzichtet. Man kann nicht zwei Herren dienen und auch nicht an zwei Tischen sitzen. Es ist unmöglich, weltliche und geistige Freuden miteinander zu vermischen; entweder das eine oder das andere, aber nicht beides. Und man muß das Bessere vorziehen.

Nur wenn wir wirklich alles verlassen haben und nichts mehr zurücknehmen, dürfen wir die tröstliche Verheißung erfahren: «Jeder, der Haus, Bruder, Schwester, Vater, Mutter, Kind und Acker um meines Namens willen verläßt, wird das Hundertfache empfangen und das ewige Leben erben[238].»

Vorbild für die Reinheit und die beste Hilfe im Kampf um sie ist die Jungfrau der Jungfrauen, die reinste Mutter des Herrn. Als Immaculata bleibt sie immer das Vorbild der Reinheit, als Schmerzensmutter erlebte sie, was es Furchtbares um die Sünden des Fleisches ist. Deretwegen mußte ihr göttlicher Sohn die Entblößung an der Geißelsäule und auf Kalvaria auf sich nehmen, die unvorstellbare grausame Geißelung mit all ihren körperlichen und seelischen Qualen über sich ergehen lassen. Welche Schmerzen das für das Herz der Reinsten der Reinen und der besten Mutter waren, kann sich niemand vorstellen.

Über das Thema der Reinheit zu sprechen ist nicht leicht. Diese ist eine Blüte, die am schönsten strahlt und am herrlichsten duftet, wenn sie unberührt bleibt. Bei manchen Menschen werden bei der Behandlung dieses Themas Wunden berührt, die man besser heilen lassen sollte. Andere haben kein Verständnis dafür und ziehen nur alles in den Schmutz. Die Behandlung dieses Themas geschieht aber in Ehrfurcht und heiliger Scheu mit dem Blick auf die himmlische Mutter und im Vertrauen auf ihren Beistand. Es werden auch keine Wunden neu aufgerissen, ihr Bluten wird gestillt, Friede und Freude ziehen ins Herz ein. Auch die Spötter müssen sich ihrem reinen Blick beugen und sich von ihrer reinen Hand aus dem Sumpf herausführen lassen, wenn noch ein Funke guten Willens in ihnen glimmt. Ist aber dieser schon erloschen, dann kann nichts mehr helfen.

Die richtige Einstellung zum Geheimnis des Körpers und des Lebens

Wir müssen zunächst die Aufmerksamkeit auf die Grundhaltung lenken, welche der Mensch zum Geheimnis des Körpers und des Lebens einnimmt. Es kann eine rein natürliche Auffassung sein. Dann hat aber der Betreffende im Ringen um die Reinheit schon eine schlechte

Ausgangsstellung und im Kampfe selbst eine schlechte Deckung. Dieser ist zwar nicht ganz aussichtslos, aber der Ausgang ist doch schon von vorneherein sehr zweifelhaft. Siege aus rein natürlichen Beweggründen sind Ausnahmen.

Die richtige Grundhaltung besteht darin, daß der Mensch den Körper und was mit dem Geheimnis des Lebens zusammenhängt, übernatürlich sieht. Auch diese Sphäre ist von Gott hineingebaut in die Gesamtsphäre des menschlichen Daseins und Lebens sowie aller seiner Aufgaben. Wer auf diesem Gebiet nicht abgleiten will, muß auch hier immer die Bestimmung des Menschen vor Augen haben.

Sie lautet: «Wir sind auf Erden, um Gott zu erkennen, ihn zu lieben, ihm zu dienen und einst ewig bei ihm zu leben[239].» Durch diese Bestimmung wird dem Körper mit seinen Sinnen und Trieben schon die zentrale Stellung im menschlichen Wesen verwehrt. Er wird an den Rand hinausgestellt. Eindeutig steht dadurch fest: Die Seele ist wichtiger als der Leib, am wichtigsten aber Gott und der Dienst, den der Mensch ihm leisten muß. Gott ist der Mittelpunkt eines jeden Menschenlebens; überläßt der Mensch nun Gott die gebührende zentrale Stellung in seinem Sein und Wirken, dann schafft die Gegenwart Gottes, sein heiligster Wille und seine Gnade eine Atmosphäre der Ruhe und Sicherheit. Es können infolge besonderer Prüfung und Zulassung Gottes auch da noch die Wogen der Versuchung sehr hoch gehen, aber sie vermögen nie den Willen mitzureißen. Die Reinheit bleibt durch einen eisernen Willen und das grenzenlose Vertrauen auf die Gnade Gottes unerschütterlich bestehen, wie der Fels im stürmischen Meer.

Schutz der Reinheit: Die Ehrfurcht vor dem Körper und das Schamgefühl

Als ganz großen Schutz im Kampf um die Reinheit hat Gott selbst die Ehrfurcht und das Schamgefühl in den Menschen hineingelegt und der reinen Seele einen feinen Takt für ihre ganze Haltung gegenüber diesem Gebiet geschenkt.

Heute hat sich aber das Urteil über diesen Regulator auf sittlichem Gebiet vielfach stark geändert und sind dessen Grenzen stark in Fluß gekommen. Das gottgewollte Schamgefühl wird nun vielfach als Prüderie ins Lächerliche gezogen und als schädlich gebrandmarkt. Darum ist es wohl gut, beide durch klare Herausstellung ihres Wesens scharf voneinander abzugrenzen.

Prüderie findet sich bei jenen Menschen, die Gott korrigieren möchten. In ihnen schwingt im Hinblick auf den Körper und die Ehe der Gedanke mit: Gott habe hier etwas falsch gemacht. Sie sehen in jenen Teilen, die der Schöpfer für die Fortpflanzung des Menschen geschaffen hat, etwas Schlechtes. Die Ehe bleibt in ihren Augen immer mit einem Makel behaftet. Auch notwendige Handlungen erscheinen ihnen in ihrer verkehrten Einstellung als unerlaubt. Die Folge davon ist natürlich eine übertriebene Ängstlichkeit, die nicht selten ins Gegenteil umschlägt und diese armen Menschen dann zu Predigern einer ungehemmten Freiheit macht. Sie fallen von einem Extrem ins andere.

Beim gesunden Schamgefühl ist es ganz anders. Der reine Mensch hat Ehrfurcht vor dem Körper als einem Wunderwerk göttlicher Weisheit und Allmacht und auch vor dem Geheimnis des Lebens. Er weiß wohl, von welchen Gefahren er in dieser Richtung umgeben ist, aber er weiß auch, daß Gott selbst ihn durch das Schamgefühl, welches er in ihn hineinlegte, schützt. Der reine Mensch reagiert sofort auf jede Gefahr, die dieser Tugend droht. Er ist nicht ängstlich, aber wachsam. Sein feines Empfinden warnt ihn rechtzeitig vor jeder Gefahr; wer ihm folgt, erspart sich darum alle Gewissensbisse, wächst in der Gnade und damit auch immer noch mehr in der vollen Klarheit über die Stellung zu diesen Dingen und in einen tiefen Frieden hinein.

Die Gefahren, welche auftreten können, sind für den reinen Menschen ja nur Gelegenheit zur Bewährung in der Reinheit und das Schamgefühl ist der Schutz gegen sie. Er weiß, ein unvorhergesehener und ungewollter Blick oder eine sinnliche Regung sind noch keine Sünde, sondern nur Gefahr, die aber durch das rechtzeitige Reagieren seiner Seele überwunden werden kann. Wichtig ist nur, daß er nicht neugierig oder begehrend daran haften bleibt, sondern der Warnung eines sittlichen Taktes folgend sofort wegsieht und dadurch beweist, daß er von den sinnlichen Gefühlen nichts wissen will. Auf diese Weise wird ihnen bereits die meiste Kraft entzogen.

Daß dies nichts Verkrampftes oder Überholtes ist, wie es manche Kreise heute darzustellen suchen, beweist schon ein flüchtiger Blick auf die Immaculata. Von ihrer Reinheit ist diese zarte Reaktion der Seele und diese feine Haltung überhaupt nicht wegzudenken. Ein freies Benehmen wäre bei ihr einfach unvorstellbar. Dieser edle Takt gehört untrennbar zu ihrem ganzen Wesen. So muß es aber auch bei jedem Menschen sein, der auf Menschenwürde und Menschengröße Anspruch erhebt und ein echtes Kind Mariens sein will.

Für Eltern und Erzieher liegt schon hier eine große Verantwortung. Es darf nicht bereits im Elternhaus eine Fehlentwicklung auf diesem Gebiet einsetzen. Die Menschenseele ist ja von Natur aus christlich und auf das Gute eingerichtet, durch die Folgen der Erbsünde aber auch zum Bösen geneigt.

Wird nun das von Gott ins Herz hineingelegte Schamgefühl nicht geweckt und gepflegt, dann gelingt es Satan sehr bald, dem Kind die Unschuld zu nehmen und ihm auch fürs kommende Leben seine Richtung zu weisen. Die Erziehung zur Schamhaftigkeit ist darum die Voraussetzung für ein reines Leben und die späteren Siege im Kampf um die Reinheit.

Ein weiterer Fehler wäre die zu freie Atmosphäre im Benehmen der Eltern zueinander und überhaupt im Haus. Sie zerstört nicht bloß, was von anderer Seite an Zartgefühl im Kinde geweckt wurde, sondern ist auch die Ursache, daß die Kinder später keine große Ehrfurcht mehr vor ihren Eltern haben. Erziehungsfehler in diesem Sinn rächen sich später oft bitter. Gottes Ordnung läßt sich eben nicht ungestraft übertreten. Die Menschen dürfen nicht alles besser verstehen wollen als der Schöpfer und nicht eigensinnig und eigenwillig ihre Wege gehen. Gott weiß ja immer alles am besten und will auch immer nur das Beste für seine Kinder.

Satan kennt sehr gut die Bedeutung der Ehrfurcht vor dem menschlichen Körper und dem Geheimnis des Lebens. Darum sucht er gerade schon hier zu unterminieren. Im Paradies war sein Schlagwort: Ihr werdet Gott gleich sein[240]. Hier lautet es: Freiheit, und zwar Freiheit im Denken und Reden über Dinge, die mit dem Körper und dem Geheimnis des Lebens zusammenhängen, Freiheit in der Haltung und im Benehmen der Geschlechter zueinander. Satan hat es mit einer unheimlichen Raffinesse verstanden, sich die Menschen auch hier hörig und willig zu machen. Sie haben früher bestandene Schranken nicht so sehr niedergerissen, sondern langsam, wortlos, lächelnd umgelegt. So stehen sie jetzt da, wo der Teufel sie haben will. Wie das Gott-gleich-sein-wollen im Paradiese ist aber auch die Freiheit auf dem genannten Gebiet gottwidrig und führt immer mehr von Gott weg.

Satan versteht diese Freiheit als Errungenschaft hinzustellen; der Mensch tut sich leichter, er denkt sich bei gewissen Dingen nichts mehr und findet nichts mehr dahinter. Sein Gewissen zeigt sich unbelastet und sein Geist ist froh. Doch bleibt die Frage hier offen, ob Gott sich auch nichts dabei denkt und nichts dahinter findet, und ob dieser Friede auch wirklich ein echter ist. Es bleibt immer gefährlich, eine Gesinnung und eine Haltung, die aus dem herkömmlichen Rahmen herausfällt, nun als die Gedanken und den Willen Gottes ansehen zu wollen.

Jedenfalls ist es am Platz, die Früchte dieser neuen Richtung zu prüfen. Hier stehen aber traurige Tatsachen fest, welche durch die Statistiken erwiesen sind. Freilich versteht auch diese Satan wieder zu entkräften, indem er Artikel in die Presse hineinlanciert, in welchen mit der unschuldigsten Miene den Zeitgenossen vorgesagt wird, die Menschen von heute seien auch nicht schlechter als die von früher. Trotzdem bleiben aber die Tatsachen bestehen und geben nicht nur Priestern, sondern auch Erziehern, Soziologen, Ärzten und Richtern zu denken. Sie bereiten ihnen wirkliche Sorgen. Diese Freiheit weckt in der Jugend viel zu früh und in ganz ungesunder Weise das Triebleben. Es gibt hier sehr traurige Kapitel jugendlicher Verirrungen in mehr als gewöhnlichem Maß und leider in aufsteigender Richtung. Ebenso ist auch Erwachsenen diese Freiheit nicht zum Segen gewesen. Die immer mehr zunehmenden Ehescheidungen und nicht nur eine, sondern drei und vier in einem Menschenleben sind Beweise dafür. Dazu kommt auch die immer größere Zahl der armen Opfer, die bereits im Mutterschoße sterben müssen. Kein vernünftiger und ehrlich denkender Mensch wird diesen Rückschritt auf sittlichem Gebiet als Errungenschaft ansehen und vertreten können. Es sind das bestimmt keine Früchte, über die man sich freuen kann.

Hier geht es bereits ums Ganze, um das Stehen und Fallen der steinernen Tafeln vom Sinai. Die brennende Frage ist nun: Bleibt das 6. und 9. Gebot Gottes noch bestehen? Von Gott her gesehen ist es klar. Er ändert seine Gebote nicht, auch nicht jene, die hier in Frage kommen. Von seiten Satans ist es auch klar, seine Parole heißt: Weg damit, macht das Volk unsittlich und es wird reif für die Revolution, auch für die unseligste, für die Revolution gegenüber Gott. Satan sagt das nicht in dieser plumpen Form, er hat wieder seine Schlagzeilen, die an anderen Stellen noch aufgeführt werden. Gerade hier ist die Reform sehr nötig. Sie lautet aber: Zurück zur gesunden Moral! Das Triebleben gehört nicht in den Vordergrund, wie es heute immer wieder hingestellt wird. Diese Haltung und dieses Tun ist des Menschen unwürdig. Er besitzt ja nicht nur einen Leib, sondern auch eine Seele. Diese soll die Herrschaft über den ganzen Menschen ausüben. Sie ist die Königin, der Körper nur ihr Diener, aber nicht umgekehrt.

Es ist traurig, wenn das ganze Denken und Wünschen des Menschen sich nur mehr um den Körper dreht, und zwar lediglich als Gegenstand der Lust und allem, was eine verdorbene Phantasie damit verbinden kann. Dazu kommt die beschämende Tatsache: Für manche gibt es keine Unterhaltung, kein Vergnügen, ohne daß nicht etwas vorkommt, was die niederen Sinne und Triebe auf ihre Rechnung kommen läßt. Fehlt dieses Spiel mit dem Feuer oder – nennen wir es doch gleich mit dem richtigen Namen – fehlt das, was die Geilheit reizt, dann zieht kein Buch, kein Kinostück und kein Theater. Das ist ein Armutszeugnis ohnegleichen. Gibt es wirklich nichts anderes für einen Menschen, als diese niedrige und schmierige Sphäre.

Der Mensch ist doch als Gottes Ebenbild geschaffen und nun gilt ihm nur das, was er mit dem Tier gemeinsam hat, wobei manche Menschen darin noch schlimmer sind als Tiere. Sie stehen dann wirklich trotz ihrer Anlage mit Verstand und freiem Willen unter dem Tier. Dazu hätte ihnen Gott aber nicht die geistigen Fähigkeiten geben brauchen, auch nicht als Erlöser für sie sterben, wenn sie doch nur das Fleisch und nicht den Geist kennen. Selbstverständlich ist hier in keiner Weise von einem Menschen die Rede, der schwach wird und einmal fällt, sich aber wieder aufrafft und auch bei weiteren Niederlagen trotzdem wieder kämpft. Hier sind diejenigen gemeint, für welche das 6. und 9. Gebot überhaupt nicht mehr existiert, deren liebster Aufenthalt Nachtlokale mit ihren zweifelhaften Darbietungen sind. Sie müßten bloß ein wenig daran denken, unter welchem Einfluß und unter welcher Gewalt sie stehen, natürlich unter jenem der unreinen Geister. Diese sind es, die so zur Unreinheit treiben. Sie sind auch die Erzieher der Meisterdirnen und die eigentlichen Lehrer im Unterricht über die Unsittlichkeit und Schlechtigkeit. Sie lassen sich dafür aber auch teuer bezahlen. Zum Schluß verlangen sie als Preis für das, was sie gegeben haben, die Seele.

Beherrschung der Gedanken, Phantasie und Gefühle

Im Kampf um die Reinheit spielt die innere Einstellung eine bedeutende Rolle. Hat der Mensch hier keine klare Linie und keine festen Grundsätze, dann gelingt es Satan leicht, Fuß zu fassen. Darum sollte jeder lernen, die Dinge, die mit dem Körper und dem Geheimnis des Lebens zusammenhängen und durch das 6. und 9. Gebot umgrenzt sind, nüchtern und klar zu sehen und ihnen ebenso gegenüberzustehen.

Nun sagen uns der Glaube und auch die Tatsachen: Gott hat den Menschen nicht als bloßen Geist, sondern mit Leib und Seele geschaffen. Er hat ihn als Mann und Frau ins Dasein gesetzt und ihnen den Auftrag gegeben: Wachset und mehret euch[241]! Durch Christus wurde die Ehe dann sogar zu einem Sakrament erhoben. So ist die einzig richtige und gottgewollte Haltung gegenüber dem eigenen

Körper und dem Körper jedes anderen sowie gegenüber der Ehe und allem, was mit ihr zusammenhängt, große Ehrfurcht und heilige Scheu. Was Gott geschaffen hat, ist nicht schlecht. Es darf darum auch vom Kind Gottes nicht als schlecht, sondern muß als rein und heilig gesehen werden. Schlecht wird es erst, wenn man diese Dinge nicht mehr so sieht und sich in dieser Sphäre nicht mehr so benimmt, wie Gott es haben will. Selbstverständlich taucht auch hier wieder sein Widersacher, der Teufel, auf. Er versucht, die Menschen von dieser gottgewollten edlen Haltung abzubringen und für seine Zwecke zu gewinnen. Ihm kommt dabei zugute, daß in der Versuchung tatsächlich immer etwas Verlockendes liegt und dazu der Mensch von Jugend auf zum Bösen geneigt ist. Man darf eben nie außer Acht lassen: Das Triebleben ist durch die Erbsünde nun einmal in Unordnung geraten und kann nur durch eisernen Willen beherrscht werden.

Will der Mensch rein bleiben, dann ergibt sich als erste und unerläßliche Pflicht eine ständige, ruhige Wachsamkeit. Erst durch sie ist es möglich, jeden unreinen Gedanken, jedes häßliche Bild, jede ungeordnete Regung sofort als Gefahr zu erkennen und abzuweisen. Entscheidend ist hier, daß die Abwehr sofort und entschieden einsetzt. Zögert man, schielt man mit einem Auge auf das Verlockende und Reizende der Versuchung oder ist die Abwehr schwach, dann steigert sie sich und es wird schwer, mit ihr fertig zu werden. Hat sie einen gewissen Grad erreicht, dann ist es dem Willen kaum mehr möglich, zu widerstehen; er wird mitgerissen, es geht in die Sünde hinein. Die Schuld reicht aber weiter zurück; sie liegt in der Zeit, in welcher die erste und entschiedene Abwehr versäumt wurde. Es ist eine wirkliche Schuld, weil die Pflicht zur Wachsamkeit und zum Kampf für jeden besteht, der versucht wird. Die Schuld ist natürlich größer, wenn der Mensch bewußt mit dem Feuer gespielt hat.

Eine Gefahr für die Seele und ein Vorteil für den Versucher ist in der Versuchung noch eine gewisse Unsicherheit im Urteil, ob es bereits Sünde war oder nicht. Dies gilt besonders dann, wenn die Angriffe Satans länger dauern und er unter Umständen im pausenlosen Einsatz die Seele mit seinen verlockenden Bildern lange und heftig bedrängt sowie die Begierden aufpeitscht. Solches kann beim besten Willen und trotz ständiger Abwehr vorkommen. Gott läßt es zu, damit die Reinheit dann um so schöner erstrahlt. Wer niemals im Kampf gestanden, wird nie als Sieger geehrt, wer nie in Versuchung gewesen, hat nie seine Tugend bewährt. Ist aber tatsächlich der genannte gute Wille vorhanden, dann bekommt dieser immer von Gott die Kraft zum siegreichen Durchstehen selbst in den schwersten Kämpfen, die Satan entfesselt.

Hier ist von größter Bedeutung die Klarheit im Urteil. Keiner darf einen noch so schweren Kampf für verloren halten, wenn er noch nicht sein Ja gesprochen hat. Er darf erst recht nicht den Mut verlieren und wegen der Heftigkeit der Angriffe nicht meinen, jeder weitere Widerstand wäre umsonst, er würde doch erliegen. Er muß im Gegenteil vor Augen haben: Gott sieht nicht auf die Gedanken und mögen sie noch so häßlich sein, er sieht nicht auf die Bilder, welche die Phantasie ihm vorgaukelt und mögen sie noch so schmutzig sein, er sieht nicht auf die Gefühle und mögen sie noch so stark sein, ja, er sieht nicht einmal darauf, wenn sie ungewollt zur Auslösung kommen: Gott sieht einzig auf den guten Willen, er sieht darauf, wie der Mensch sich zu diesen Gedanken, Bildern und Gefühlen stellt. Will er sie nicht, stimmt er nicht zu, dann kann der ganze Schmutz, den Satan vor ihm ausbreitet oder auf ihn wirft, die Seele nicht berühren. Ihre Reinheit hat wieder eine Feuerprobe bestanden und ihre Schönheit an Glanz nur zugenommen. Wichtig aber ist bei einem solch schweren Kampf der Blick auf Christus, das Hinflüchten zur Immaculata: Süßes Herz Mariä, sei meine Rettung! Hier gilt wirklich: Über allem steht die Liebe, die Liebe zur reinsten Mutter und noch mehr die Liebe zu Christus, unserer ewigen Liebe! Diese Liebe erringt immer den Sieg. Auf jeden Fall darf keiner vergessen: Um rein zu bleiben, muß man ein beherrschter, ein innerlicher, ein betender, ein Gott liebender Mensch sein.

Beherrschung der Augen

Was im Kapitel «Abtötung» bereits gesagt wurde, gilt erst recht hier. Keiner kann sein Inneres rein bewahren, wenn er in seinen Blicken zu frei ist. Hat sich jemand nicht ganz in der Gewalt, dann ist zwischen Sehen und Begehren, wie es der Herr im Evangelium klar unterscheidet, kein weiter Schritt, um so weniger, wenn der Betreffende noch dazu ein heißes und unbeherrschtes Herz hat. Aber auch sonst rächt sich jede Unbeherrschtheit der Augen. So viele Versuchungen treten ja heute an jeden heran: An den Litfaßsäulen, in den Illustrierten, in der Lichtreklame und erst recht im Film, in dem sich Frauen und Mädchen, frei und verführerisch kleiden und sich so benehmen. Freilich kann heute keiner wie einst ein hl. Aloisius mit niedergeschlagenen Augen durch die Straßen gehen. Aber man vermag trotzdem zu erreichen, daß nicht alle diese gefährlichen Bilder aufgenommen werden und sich im Innern und besonders im Unterbewußtsein festsetzen können. Nochmals muß betont werden: Es ist eben ein Unterschied zwischen Sehen und Ansehen, die Dinge bloß im Vorbeigehen zu bemerken oder den Blick darauf ruhen lassen und sich dabei freiwillig ergötzen. An vielen späteren Kämpfen ist der Mensch selbst schuld. Er könnte sich manch schwere Stunde ersparen, wenn er beherzigen würde: Was ich mit meinen Augen aufnehme, arbeitet in mir weiter und verwickelt mich immer wieder in Kämpfe. Darum vorsichtig und wachsam sein, ausschalten und abschalten, sich über die Dinge stellen, sie nur rein und heilig sehen! Nur Reines und Heiliges in sich aufnehmen, über das andere in Ruhe und mit dem Schmerz hinweggehen, daß Gott hier wieder beleidigt wird, sowie Brüder und Schwestern in Christo so in die Irre und in den Sumpf geraten sind.

Die Gefahr zu freier Kleidung

Das Kleid spielt im Leben der meisten Frauen eine große Rolle. Wieviel Zeit und Geld werden dafür verwendet? In welche Gewissenskonflikte sind nicht zuweilen schon zu allen Zeiten edle Frauen gekommen? Den Übertriebenheiten in der Mode steht auf der anderen Seite die Vernachlässigung in der Kleidung mancher frommer

Seelen gegenüber. Geschmacklosigkeit in der Bekleidung ist kein Beweis für echte Frömmigkeit. Man kann dadurch der guten Sache keinen Dienst erweisen. Es stößt nur ab; Gott will das nicht. Eine hl. Elisabeth legte in der Abwesenheit ihres geliebten Gatten Ludwig einfache Kleider an; doch wenn er zu Hause war, schmückte sie sich, damit sie ihm gefalle und er nur sie liebe. Manche Frau dürfte sich das zu Herzen nehmen. Läßt sie es hier fehlen und sich gehen, dann darf sie sich nicht wundern, wenn die Liebe des Mannes zu ihr abnimmt. Sie ist der Anlaß dazu und auch schuld, wenn die Sekretärin, die Bedienung oder eine andere Frau oder Mädchen mehr Eindruck auf ihn machen als gut ist. Hier gilt wirklich: Mensch ist eben Mensch und auch diese menschlichen Momente sind zu berücksichtigen. Selbstverständlich braucht eine Frau deshalb keine Modedame zu sein und darf auch die Kasse des Mannes nicht zu sehr belasten. Auf die goldene Mitte kommt es immer an. In ihr können beide Übel gemieden werden.

Schlimmer als die Geschmacklosigkeit in der Kleidung und das sich darin Gehen-lassen ist die Entgleisung in der anderen Richtung. Es gibt Frauen, deren Wert nur mehr in dem liegt, was sie anhaben und als Schmuck tragen. Das ist ein Armutszeugnis. Der Ewige Vater hat seinen Töchtern so viel körperliche und seelische Werte geschenkt, daß es nicht auf die Kleidung ankommt und auch nicht darauf, die Schönheit durch künstliche Mittel zu heben. Zwar versuchten das die Töchter Evas schon zu allen Zeiten und in allen Zonen; sie werden es auch weiter versuchen, doch darf es nicht übertrieben werden. Eine Schönheitspflege in gewissen Grenzen hat wohl ihr Recht. Dieses steht aber nicht bloß der Frau, sondern auch dem Mädchen zu, dessen Ideal die Ehe ist, aber schließlich auch jeder anderen, welche es für notwendig hält. Doch muß ausdrücklich betont werden: In gewissen Grenzen. Das über die Grenzen Hinausgehende hat eine gesund denkende Mutter in einem Bericht über ihre Tochter äußerst treffend dargelegt. Sie schreibt: «Ihre technische Schönheit ist für mich wie für den Stier ein rotes Tuch. Ich sage ihr immer wieder, dies ist das leere Plakatgesicht der heutigen Zeit! Ein Antlitz sucht man doch im Menschen und bei der Frau, aber antlitzlos ist das technisch hergerichtete Gesicht; ich hasse solche Gesichter, sie haben etwas fratzenhaft Leeres an sich. Manchmal wirken sie direkt böse mit den ausrasierten oder zurechtgezupften Augenbrauen. Man kann doch aus einem Spatzen keinen Kanarienvogel machen. Wenn aber einmal die schwarze Hautfarbe modern würde, dann hätte ich plötzlich eine Negertochter.»

Die Frau hat recht, die Seele ist es doch, die sich im Antlitz widerspiegelt. Der Liebreiz, den Gott jedem Mädchen und jeder Frau geschenkt hat, macht sie schön. Er liegt sogar noch im Anlitz der bejahrten Frau. Fehlt freilich die Seele, dann muß mit künstlichen Mitteln nachgeholfen werden.

Die Frauenwelt zeigt heute in vielen Berufen und besonders auf sportlichem Gebiet Mut, der bei ihren Schwestern früherer Zeiten nicht so in Erscheinung getreten ist. Manche haben ihn auch auf religiös-sittlichem Gebiet, aber es müßten ihn noch viel mehr Frauen und Mädchen in dieser Richtung nachweisen. Die himmlische Mutter sieht ihren dummen Kindern viel nach, doch lieber wäre es ihr, wenn diese die Gedanken der Mutter verkörpern und in die Welt hineintragen würden. Die Frauenwelt aller Zeiten, besonders aber wiederum die von heute, sollte sich bewußt sein: Es gibt auch fremde Sünden, die auf der Waage des Gerichtes einmal schwer wiegen werden. Vielleicht denken sie nicht daran, aber es steht fest, daß eine gewisse Mode, gewisse Entkleidungen den Männern Anlaß zur Sünde sein können. Wollen sie dies nicht, dann sind sie doch für ihre Gedankenlosigkeit verantwortlich, weil man es ihnen ja gesagt hat. Legen sie es direkt darauf an, so ist es um so schlimmer und gilt ihnen das Wehe, welches der Herr über die Ärgernisse ausgesprochen hat. In diesem Fall leisten sie wirklich Teufelsdienste und sollten mehr daran denken, welche Folgen das für sie haben wird.

Die Gefahren der Jugend

Im allgemeinen ist das Kind im Elternhause gut behütet. Freilich kann auch da schon der Böse einbrechen. Besonders aber bietet ihm dazu reiche Gelegenheit der Eintritt der Jugend ins Leben. Selbst

Vorgesetzte und auch Mitarbeiter geben zuweilen mehr schlechtes als gutes Beispiel. Manche mißbrauchen ihre Autorität, um sich die ihnen Unterstellten für ihre unsauberen Wünsche gefügig zu machen. Geschieht es nicht in dieser Form, dann appellieren sie an das gute Herz und die Mütterlichkeit mancher Mädchen. Sie jammern ihnen vor, wie wenig sie von der eigenen Frau verstanden werden und suchen hier Verstehen und Liebe. Auf diese Weise kommen sie unter Umständen noch leichter als auf die erste Art an ihr Ziel.

Bei jungen Männern unterminiert der Spott ihre sittliche Stärke. Sie wollen nicht immer als die Dummen dastehen. Auch ist es für Mädchen und junge Männer schwer, auf die Dauer gegen den Strom zu schwimmen; leider geben nicht wenige den Widerstand auf. Man muß wirklich sagen, arme Jugend, die heute so vielen Gefahren ausgesetzt ist. Trotzdem gibt es auch jetzt immer noch prächtige Mädchen und junge Männer. Innige Liebe zum Heiland im Sakrament und zur reinsten Mutter, ein wahres innerliches Leben sind die beste Schulung dazu, der beste Schutz und die beste Hilfe gegenüber allen Schwierigkeiten, die sich ihren Idealen entgegenstellen. Hier darf der junge Mensch die Wahrheit des paulinischen Wortes an sich erfahren: «Ich vermag alles in dem, der mich stärkt[242].» Wertvolle Dienste leisten edle Freundschaft sowie der Zusammenschluß Gleichgesinnter in religiösen Gemeinschaften. Von wenigen Ausnahmen abgesehen, ist es immer schwer und gefährlich, wenn der Mensch allein steht. Gleiche Ideale und gegenseitiges gutes Beispiel sind mächtige Stützen für das Gute. Auch für das religiös-sittliche Ringen der Jugend gilt der Satz: Einigkeit macht stark. Doch darf nie übersehen werden, daß die Stärke von Gott kommt und auch hier sich wieder erfüllt: «Wo zwei oder drei in meinem Namen versammelt sind, bin ich mitten unter ihnen[243].»

Eine große Gefahr für die Jugend sind zu frühe Freundschaften von Jungmännern und jungen Mädchen. Man darf nicht hinter jeder gleich etwas suchen. Manche sind edel und rein. Auch hat die eine oder andere Jugendliebe schon zur glücklichsten Ehe geführt. Immer aber ist auf beiden Seiten ehrlicher und guter Wille und wieder ein innerliches Leben die Voraussetzung, sonst gleiten sie zu leicht ab und sind sie oft der Anfang immer neuer Freundschaften und immer stärkerer sittlicher Verirrungen. Das Urteil über die Größe der Sünde, der Verfehlungen auf diesem Gebiet steht nur Gott zu. Dies ist auf der einen Seite ein Trost. Gott sieht ins Herz und er ist barmherzig.

Auf der anderen Seite ist es aber doch eine ernste Sache. Gott ist gerecht; er nimmt es wohl nicht immer so streng wie manche strenge Sittenrichter, aber wahrscheinlich auch nicht so leicht, wie manche in ihrem Leichtsinn sich einreden. In die Waagschale fällt auch hier der Mangel an gutem Willen und sicher sehr stark auch die unverantwortliche Unterlassung eines geregelten Gebetslebens und der fleißige Empfang der heiligen Sakramente.

Steht auch nur Gott das letzte Urteil zu, so ist doch eine gewisse Klarheit auf diesem Gebiet besonders heute sehr nötig. Dabei sind zwei Extreme zu meiden: Zu strenge und zu leichte Auffassungen. Man darf wohl zugeben, daß früher das 6. Gebot zu sehr betont wurde. Vor Gott sind Sünden des Hochmuts und Stolzes, grobe Verstöße gegen die Wahrheit, Gerechtigkeit und vor allen Dingen gegen die Liebe mindestens genauso schwer, ja bestimmt noch schwerer. Ebenso war man gegen Mädchen, welche ein uneheliches Kind bekommen haben, meist zu hart. Andere haben nicht weniger gesündigt als diese, nur hatten sie, wie es hieß, Glück oder sie haben im Gegensatz zu ihren Mitschwestern die Folgen der Sünde nicht auf sich genommen, sondern eine noch viel schwerere auf sich geladen. Darum müßte man bei aller Betonung der Sünde es immer anerkennen, wenn ein Mädchen den Mut hat, die Folgen seines Fehltrittes zu tragen und müßte es ihm als Sühne angerechnet werden.

Die Sünden gegen das 6. und 9. Gebot darf man nicht übertreiben. Vor allem muß gegenüber einseitiger Betonung der Reinheit und Jungfräulichkeit eindeutig darauf hingewiesen werden, sie sind zwar sehr wichtig, aber nur eine Seite im Charakter. Zu diesem gehört nämlich vor allem noch die Lauterkeit des ganzen Menschen. Ohne diese hätte ja selbst eine Immaculata keine Immaculata sein können. Ihr ganzes Denken und Fühlen war durch und durch wahr, ihre Worte ohne jede Verschleierung, jede Irreführung, jede Verstellung, ihre Haltung gegenüber jedem Menschen war unbestechlich gerecht. Dies gilt von jedem Urteil und jeder Behandlung jedes Menschen. An ihrem Beispiel zeigt sich die Verkehrtheit der Einstellung mancher, die auf alles, was mit dem 6. und 9. Gebot zusammenhängt, geradezu prüde, gehemmt und verkrampft reagieren, aber in sehr greifbarer Weise gegen Aufrichtigkeit, Ehrlichkeit, Gerechtigkeit und besonders gegen die Liebe fehlen. Man möchte es nicht glauben, aber es ist wahr, daß Lüge, Unehrlichkeit und Ungerechtigkeit sich nicht selten neben anscheinendem Eifer um die Haltung der Keuschheit finden. Die reinste Mutter ist aber eine eindringliche Mahnung, es nicht nur mit dem 6. Gebot, sondern auch mit diesen Tugenden ernst zu nehmen.

Hier muß aber besonders betont werden: Es geht unter keinen Umständen, daß die Sünden gegen die Keuschheit als Bagatelle hingestellt werden, sei es nun die Sünde mit sich oder mit anderen, damit arbeitet man nur wieder dem Teufel in die Hand. Natürlich ist es sehr bequem und eine billige Sache, auf diese Weise die hier nun tatsächlich vorhandenen Schwierigkeiten einfach wegzuschieben, und den Menschen für ihre Triebe und ihre «Liebe» einen Freibrief auszustellen. Aber Gott hat nun einmal die Forderung der Reinheit ins Menschenherz hineingelegt und mit eisernem Griffel in die zweite Tafel vom Sinai eingraviert. Keine Naturgewalt kann sie wegwischen und keine Menschenhand herauskratzen.

Christus hat ausdrücklich eine noch höhere Sittlichkeit gefordert und zu ihrer Hüterin seine Kirche aufgestellt. Jedem, der ein Gotteskind sein will, hat er aufs Herz gebunden, sie zu hören und sich ihrem Urteil zu unterwerfen. Damit wurde von ihm eindeutig für immer festgelegt: Es steht nicht dem einzelnen zu, sich seine eigenen Anschauungen über Sünde und Nicht-Sünde über die Reinheit zu formen. Die heute vielfach so verwaschene Moral steht im Widerspruch zu dem, was die Kirche im Auftrag ihres Stifters schon Jahrhunderte lang gelehrt hat und auch weiterhin nicht anders lehren kann.

Allerdings waren menschliche Schwächen und Leidenschaften sowie die Arbeit der Hölle immer wieder das große Hindernis, den Forderungen Christi stets und überall Geltung zu verschaffen. Auch der Getaufte behält ja die Freiheit des Willens und viele gebrauchen sie leider mehr zum Bösen als zum Guten. Aus dieser traurigen Tatsache ergibt sich dann auch die eine oder andere laxe Auffassung über sittliche Fragen so mancher Zeiten.

Gewisse Handlungen, durch welche bestimmte Gefühle ausgelöst werden, sowie der Genuß jener Freuden, welche Gott für die Ehe geschaffen hat, sind und bleiben für Unverheiratete Sünde. Wer anderes behauptet, steht damit in Widerspruch mit der klaren Lehre der Kirche. Geschieht dieses noch von einem Priester, dann ist es unverantwortlich. Er denkt nicht an Gott und nicht an die Rechenschaft, die er im Gericht einmal ablegen muß und der er nicht entgehen kann. Er arbeitet nicht für den Herrn und die Seelen, sondern für den Teufel und die Hölle. Aber auch jenen, welchen er durch diese Haltung helfen möchte, hilft er in Wirklichkeit nicht, sondern schädigt sie in ihrem religiös-sittlichem Wachstum schwer. Der junge Mensch hält es dann überhaupt nicht mehr für nötig, den Versuchungen zu widerstehen; statt seine Kräfte einzusetzen, die Triebe zu beherrschen, gibt er ihnen schon beim geringsten Anlaß nach und wird immer willens- und hemmungsloser. Was dabei herauskommt, beweisen zur Genüge die Zeitungen mit ihren bald täglichen Berichten von Sittlichkeitsverbrechen verschiedenster Art. Gerade der junge Mensch muß angeleitet werden, diesen stärksten aller Triebe beherrschen zu lernen. Geschieht dies von Anfang an, dann ist es gar nicht so schwer. Schwer ist es, aus den Verirrungen wieder herauszufinden und sich zu einem reinen Leben wieder durchzukämpfen.

Selbstverständlich hängt die Frage, ob die Verfehlung schon schwere oder noch nicht schwere Sünde war, von verschiedenen subjektiven Momenten ab. Erkenntnis und freier Wille spielen hier eine große Rolle, auch die raffinierte Arbeit der Hölle und ihrer Helfershelfer; dies mildert natürlich die Schuld der Hereingefallenen. Es ist auch ein Unterschied, ob es einmal geschehen ist oder ob es ohne den Versuch eines Widerstandes ständig geschieht. Immer aber besteht beim Mangel an Erkenntnis und freiem Willen die Pflicht, beide Mängel zu beheben. Jeder muß sich in den fraglichen Punkten bei einem gewissenhaften Priester Klarheit verschaffen und die Schwäche des Willens durch öfteren Empfang der heiligen Sakramente immer mehr beheben. Mag nun die Frage, ob schwere oder noch nicht schwere Sünde vorliegt, im einzelnen Fall offensteht, so ist doch dringend abzuraten, in einem solchen Zustand ohne Beichte zur heiligen Kommunion zu gehen.

Die Gefahren der Jugend überwindet am besten lebendiger Glaube und aufrichtige Liebe zur himmlischen Mutter und zu Christus im Sakrament. Sie bürgen dafür, daß in der Stunde der Versuchung ihnen das Wort des Täufers leuchtend vor Augen steht, das er Herodes zugerufen hat: «Es ist dir nicht erlaubt[244].» Achten sie auf diese Mahnung und richten sie sich danach, dann schenkt Gott ihnen um so mehr erlaubte und größere Freuden. Der Sünde folgt die Strafe, der Treue der Lohn schon in dieser und erst recht in der anderen Welt.

Bedingungen für eine glückliche Ehe

Kirche und Vaterland benötigen gute Väter und Mütter. Die Keimzelle in beiden ist die Familie. Von ihr hängt das Wohl der religiösen wie der staatlichen Gemeinschaft ab. Vor allem wünscht die Kirche, aber noch mehr Gott, daß ihre Kinder in der Ehe glücklich werden. Der Weg dazu führt über die richtige Wahl des Ehepartners und das richtige Verhalten in der Brautzeit.

Die richtige Wahl des Ehepartners

Die Hauptsache für junge Menschen ist nicht, daß sie zu einer Ehe kommen. Dies ist für die meisten nicht allzu schwer. Die Hauptsache ist, daß beide zusammenpassen und bei jedem die Voraussetzung gegeben ist, den andern glücklich zu machen.

Die Wahl des Lebensgefährten verlangt darum viel Überlegung und ernste Prüfung. Sagt doch schon der Dichter: «Es prüfe wer sich ewig bindet, ob sich das Herz zum Herzen findet. Der Wahn ist kurz, die Reu ist lang[245].» Die richtige Wahl verlangt aber noch mehr als die Prüfung viel und sogar sehr viel Gebet, damit man den Lebensgefährten findet, den Gott einem bestimmt hat.

Heute sind die jungen Menschen in ihrer Wahl ganz frei. Beide müssen ja miteinander leben. Ob die Voraussetzungen dazu aber gegeben sind, weiß nur Gott am besten. Da er zugleich der beste Vater ist, liegt ihm das kommende Eheglück seiner Kinder mehr als den leiblichen Eltern am Herzen. Darum sagt auch ein altes Sprichwort: «Wahrhaft glückliche Ehen werden im Himmel geschlossen.» Die Erfahrung bestätigt es. Am besten ist das Glück in der Ehe gesichert, wenn der Vater im Himmel selbst beide zusammengeführt und so den Bund für sie schließt. Ganz auffallend war dies bei den Eltern der hl. Theresia vom Kinde Jesu der Fall. Die angeführten Gedanken sind darum gar nicht so ausgefallen wie manche sie nennen möchten, sondern die einzig richtige Einstellung, zu einer glücklichen Ehe zu kommen.

Daran denken aber die wenigsten. Würden sie gerade in solch entscheidungsvollen Stunden, wie die der Wahl des Ehepartners, das Wort des Herrn vor Augen haben: «Suchet zuerst das Reich Gottes[246]«, dann dürften sie wirklich erleben: «Alles andere wird euch hinzugegeben werden.» Dies gilt schon für das, was sonst noch zu einem guten Ehepartner gehört: Daß er nicht zu alt, nicht zu jung, daß er gesund und nüchtern ist, daß er einen guten Charakter hat und eine gewisse Existenz bietet. Dies alles wird euch hinzugegeben werden, gilt aber noch besonders für die kommenden Jahre der Ehe selbst. Das Glück in ihr wird nie wolkenlos sein. Auch in ihr zeigt sich: «Des Lebens ungemischte Freude ward und wird keinem Irdischen zuteil.» Ebenso bekommt das andere Sprichwort immer wieder recht: Ehestand ist Wehestand! Letzteres kann verschiedene Ursachen haben: Existenzschwierigkeiten, Krankheiten, die vielen Sorgen mit den Kindern, von denen es heißt: Kleine Kinder kleine Sorgen, große Kinder große Sorgen! Alles aber ist zu tragen und wird immer wieder gut, wenn beide Teile gleichen Glaubens sind und wahre Frömmigkeit besitzen.

Bei einer Rundfrage in der jüngsten Zeit, wie sich die einzelnen den Lebensgefährten oder die Lebensgefährtin wünschten, wurden alle möglichen Eigenschaften aufgezählt. Die erste Voraussetzung aber für eine glückliche Ehe wurde von keinem einzigen erwähnt, daß nämlich der andere Teil den gleichen Glauben haben und tiefgläubig sein soll. Arme Jugend! Darum geht es auch oft so schief.

Damit ist nicht gesagt, daß rechtmäßig geschlossene gemischte Ehen immer unglücklich sind. Es gibt auch unter den Andersgläubigen ausgezeichnete Ehepartner; doch ist das Glück in der Regel nicht so gesichert und nicht so groß, als wenn die beiden auch im Glauben ein Herz und eine Seele sind. Junge Menschen sollten darum nie übersehen: Der Schritt in die Ehe ist ein entscheidungsvoller Schritt. Er kann glücklich oder unglücklich machen, oft nicht nur für die Zeit, sondern auch für die Ewigkeit. Er darf darum nie voreilig und unüberlegt gemacht werden; immer soll ihm viel Überlegung und noch mehr Gebet vorausgehen.

Das richtige Verhalten in der Brautzeit

Auch hier hat Satan heute schon gute Arbeit geleistet und für seine Ideen und Schlagworte willige Hörer gefunden, aber zu Unrecht und nur zum Schaden all jener, die auf ihn hören.

Gerade für die Brautzeit ist einzig und allein Gott und sein heiligster Wille maßgebend. Er hat den Menschen den Auftrag gegeben: «Wachset und mehret euch[247]!» Er hat einen Teil seines Schöpfersegens in den menschlichen Organismus hineingebaut, aber siebenfach versiegelt durch das 6. und 9. Gebot. Nicht Menschen haben diese Grenzen gezogen; Gott hat es getan und fordert die treue Einhaltung seiner Gebote. Erst in heiliger Stunde an heiliger Stätte wird dieser Schöpfersegen freigegeben und bekommen die beiden, die den Bund fürs Leben schließen, den Auftrag, nun mitzuarbeiten am Aufbau der menschlichen Gesellschaft. Ein eigenes Sakrament, das der Ehe, verbindet sie bis der Tod sie scheidet und noch darüber hinaus. Es vermittelt ihnen alle Gnaden, die sie brauchen, um die Ehe gottgewollt und gut führen und auch ihre kommenden Kinder im richtigen Geist erziehen zu können. Das Sakrament ist das Unterpfand, Gott selbst der Bürge des Glückes ihrer Ehe.

Hier liegt auch der Grund, warum vor der Ehe in keiner Weise erlaubt ist, was in der Ehe heiliges Recht und heilige Pflicht ist. Die beiden mögen alt genug sein, auch die Fähigkeiten zum Gebrauch der Ehe besitzen und ebenso eine wirkliche Liebe im Herzen tragen, trotzdem ist der Einbruch in diese Sphäre der Ehe Sünde, solange sie die heilige Weihe am Altar noch nicht empfangen haben. Vielleicht versteht man das besser durch den Vergleich mit dem Verhalten eines Priesterkandidaten vor und nach seiner Priesterweihe. Dieser mag bereits das ganze theologische und pastorale Wissen besitzen sowie sämtliche liturgischen Funktionen beherrschen, trotzdem darf er aber weder die hl. Messe lesen noch Beichte hören, weil er eben die hl. Weihe und für das Beichthören die Jurisdiktion noch nicht hat. Auf den Empfang des heiligen Weihesakramentes kommt es an. Das gleiche gilt auch für die kommenden Eheleute. Bedenkt man dazu die Bedeutung der Reinheit der Eltern für die körperliche und erst recht religiös seelische Entwicklung der kommenden Kinder, dann sind alle Opfer, die in dieser Richtung vor der Ehe gebracht werden, nicht zu hoch. Hier erleben die einzelnen immer wieder: Was der Mensch sät, das wird er ernten.

Auch heute und für immer bleibt darum die Forderung Gottes bestehen: Bis zur Stunde des Treuwortes am Traualtar muß dem Bräutigam die Braut ein verschlossener Garten bleiben; er darf kein Raubritter, er muß ein Ritter voll Ehrfurcht und heiliger Scheu sein, ihre Reinheit, ihr Gewissen und ihre Seele achten. Bei ihm muß die kommende Mutter seiner Kinder ihre Mädchenehre und ihre Jungfräulichkeit geborgen wissen. Alles andere ist Unbeherrschtheit und Leidenschaft. Mit wahrer Liebe hat die Verletzung der Reinheit nichts zu tun. Wahre Liebe fordert nicht und wahre Liebe gibt nicht, was man ohne Sünde nicht geben und nicht fordern darf. Wahre Liebe zeigt sich anders. In ihr ist man sich nicht gegenseitig Anlaß zur Sünde, sondern hilft einander über die Schwierigkeiten hinweg, um die Höhenpfade reiner Liebe zu wandeln. Es ist nicht immer leicht, wenn Kinder nicht bloß mit der Erbsünde ihrer Stammeltern, sondern auch mit den vorehelichen Sünden ihrer Eltern belastet in die Welt treten müssen. Gottes Gebote haben immer ihren tiefen Sinn, ihre tiefen Zusammenhänge und geheimnisvollen Auswirkungen. Sie können nicht ungestraft übertreten werden. Es bedarf vieler Tränen und vielen Leides, bis wieder gutgemacht ist, was so leichtsinnig falsch gemacht wurde. Umgekehrt bringt das treue Eingehen auf Gottes Wünsche auch reichlichen Segen.

Das richtige Verhalten im Brautstand ist folglich: Große Ehrfurcht und heilige Scheu vor dem Leib und der Seele des andern, heilige Reinheit. Selbstverständlich sind gegenseitige Beweise der Liebe erlaubt, doch nur in reiner Liebe und mit dem ernsten Willen, alles zu vermeiden, was die erlaubten Grenzen überschreitet sowie die Gefahr in sich trägt, schwere Versuchungen heraufzubeschwören.

Das richtige Verhalten in der Brautzeit hängt aber vor allem, wie überhaupt alles in unserem Leben, von der Stellung zu Christus und seiner heiligsten Mutter ab. Christus ist kein Feind echter Liebe und wahrer Freude junger Menschen. Er hat ja die Liebe und diese Freuden geschaffen. Er hat auch mit seinem eigenen Herzblut alle Gnaden verdient, welche die Menschen zu einer reinen Brautzeit benötigen. Haben sie Christus vor Augen, sind sie sich seiner Nähe bewußt, sehen sie in ihm den besten Freund sowie in der allerseligsten Jungfrau die beste Mutter, dann ist es nicht schwer, den Brautstand rein zu bewahren und sich so den besonderen Segen des Himmels zu einer glücklichen Ehe zu verdienen.

Die glückliche Ehe

Sie ist der Traum und die Sehnsucht vieler in der Jugend. Gott wünscht selbst, daß die Menschen in ihr das Glück finden. Er hat ja dem ersten Mann die erste Frau nicht als Hauskreuz gegeben und der Eva ihren Adam nicht, damit sie schwer an ihm zu tragen habe. Die beiden sollten miteinander glücklich sein. Nicht einmal durch den Sündenfall wurde dieses Glück zerstört. Als der Herr wegen ihres Ungehorsams die Strafe über sie verhängte, war kein Wort dabei, das in dieser Richtung hätte aufgefaßt werden können. Man darf wohl im Gegenteil annehmen: Es sollte ein Stück vom Glück des Paradieses sein, das sie mit in die Verbannung dieser Erde mitnehmen durften. Das Fundament und die Sicherung dieses Glückes der Ehe sind nun neben inniger Gottverbundenheit die heilige Liebe und die Treue.

Die Liebe hat verschiedene Arten: Kindesliebe, Elternliebe, Freundesliebe. Eine Liebe eigener Art ist die Liebe zwischen Mann und Frau, die durch das Sakrament der Ehe besonders innig miteinander verbunden sind. In ihr findet sich nicht nur die Einheit der Herzen, sondern auch das Einssein im Körperlichen. Christus sagt, daß «Beide nur mehr ein Leib seien».

Verzichten manche auf die Betätigung dieser körperlichen Verbindung, dann spricht man von einer Josefsehe; immer aber kann es nur unter beiderseitiger Zustimmung geschehen; nie darf der eine Eheteil dem andern den Verzicht als Zwang auferlegen. Der hl. Paulus sagt ausdrücklich: «Der Mann hat das Recht über den Leib der Frau und die Frau das Recht über den Leib des Mannes[248].» Die Nichtanerkennung dieses Rechtes wäre staatlicherseits ein Grund zur Ehescheidung. Vor Gott ist es Sünde, denn es handelt sich hier um eine Pflicht und Pflichten müssen erfüllt werden.

Auch die körperliche Liebe in der Ehe ist von Gott als Quelle reiner heiliger Freuden gedacht und geschenkt. Sie kann aber auch eine solche von Mißverständnissen, Leid und zuweilen auch großer seelischer Not werden.

Mißverständnisse gibt es schon infolge falscher Einstellung zu dieser Seite der Ehe. Es ist richtig: Außer der Ehe ist die Bezeigung gegenseitiger Liebe, wie sie in der Ehe Recht und Pflicht ist, nicht erlaubt. Geschieht sie aber doch, so wird einwandfrei die Keuschheit verletzt. Diese richtige Bewertung solch verkehrter Gesinnung und Handlung schwingt nun bei manchen auch in der Beurteilung der körperlichen Dinge in der Ehe noch stark mit herein. Manche sind versucht, auch hier noch an Unkeuschheit zu denken. Dies ist aber durchaus falsch. Hier gilt nicht eine andere Moral, sondern die Moral sagt: Erlaubt und keusch ist in der Ehe ein und dasselbe. Mann und Frau dürfen sich in ihrer Liebe auch körperlich schenken und die Gefühle, die dabei auftreten, sind von Gott in den Menschen hineingelegt und somit gottgewollt und in Ordnung. Die Ehe und ihre Liebe ist rein und heilig zu sehen. Immer wieder mußte die Kirche gegen falsche Auffassungen in dieser Richtung einschreiten. Übertriebener Spiritualismus erklärte den Leib für schlecht und erst recht alles, was mit der Fortpflanzung des Menschengeschlechtes zusammenhängt. Auch die Prüderie will die oben angeführte Wahrheit nicht gelten lassen, sondern bleibt hartnäckig bei ihrem abfälligen Urteil über die Ehe bestehen.

Nun hat aber gerade Gott selbst diese Art der Fortpflanzung in die Schöpfung hineingelegt, angefangen von den niederen Lebewesen bis hinauf zum höchsten, dem Menschen. Gott aber darf man nicht kritisieren und korrigieren wollen. Niemandem wird es einfallen, das Liebesleben der Tiere als Unkeuschheit zu bezeichnen. Wer es tut, irrt sich, denn das Tier folgt dem vom Schöpfer geschaffenen Trieb und der von ihm dabei gewollten Gesetzlichkeit. Beim Menschen kommt noch sein Erkennen und freies Wollen hinzu, um bewußt die ihm zugedachte Aufgabe zu erfüllen und auch die erlaubten Freuden mit Dank gegen Gott zu genießen. In diesem Rahmen ist darum auch die eheliche Liebe etwas Gott wohlgefälliges und brauchen sich die Eheleute nicht wie einst Adam und Eva nach der Sünde vor ihm verstekken. Er ist ja dabei und darf dabei sein, wenn die beiden ihre Liebe auch körperlich erleben. Er ist es ja, der diese Freuden geschaffen und sie ihnen schenkt. Fehlt freilich die Liebe, dann wird man den Eindruck des weniger Schönen nicht los und kann es wenigstens für die Frau zur Qual werden. Doch dies darf nicht Anlaß sein, unschön von der Ehe zu denken.

Diese körperliche Seite der Ehe ist nicht das einzig Schöne in ihr, aber sie gehört zum Schönen und nimmt vielfach einen großen Raum in der Ehe ein. So versteht sich auch, daß Freude und Leid in der Ehe sehr davon mitbestimmt werden, wie die beiden Menschen sich auch hier verstehen, aufeinander Rücksicht nehmen und füreinander da sind. Eheleute, die hier ein Herz und eine Seele sind, bedürfen keiner Eheseminare, in denen sie die wahre Liebe lernen müssen. Bei diesen ist das Herz der zuverlässigste Führer, und diese Liebe läßt sie auch erleben, daß dem Reinen alles rein ist.

Leid und seelische Not aber stellen sich ein, wenn der Mann nur an sich denkt und die Frau nur der zahlende und unter Umständen leidende Teil ist oder auch umgekehrt, wenn der Hingabe der Frau die

Seele fehlt und sie die Ehe eben nur als eine Versorgung betrachtet hat und betrachtet.

Wie nun die beiden die Ehe gebrauchen und sich dabei ihre Liebe beweisen, hängt von ihnen selbst ab. Gott hat hier bestimmt keine zu engen Grenzen gesteckt. Hier spricht die Liebe ein entscheidendes Wort. Sind es dazu innerliche Menschen, dann dürfen sie auch hier eine innere Führung Gottes an sich erfahren. Diese kommt aber auch wieder aus dem verstehenden und sehr groß liebenden Herzen, welches diese Sphäre geschaffen und die beiden in sie berufen hat. Auch sie ist darum weit entfernt von der Engherzigkeit allzu strenger Moralisten.

Nicht aber erlaubt Gott und nicht spricht Gott frei von Sünde, wenn ein Eheteil, ohne den andern daran teilnehmen zu lassen, sich Freuden auf diesem Gebiet verschafft, die sie nur miteinander genießen dürfen.

Seelische Not gibt es auf diesem Gebiet auch für einen oder beide Teile, wenn sie in Konflikt mit Gottes Geboten und ihrem Gewissen kommen. Es gilt ja die Forderung der Keuschheit auch für die Ehe. Sie betrifft nicht die eheliche Liebe und ihre Betätigung als solche; bei ihr geht es um die Erfüllung des Hauptzweckes der Ehe, die Fortpflanzung des Menschengeschlechtes.

Dies führt zur Frage der Geburtenregelung. Früher gab es diese überhaupt nicht. Heute ist sie auch bei ehrlich strebenden Eheleuten zu einer eigenen Not geworden. Die Gründe sind bekannt und brauchen deshalb nicht angegeben zu werden. Ihre Lösung liegt der Mutter Kirche sehr am Herzen. Darum wäre es nicht in Ordnung, hier eine Lösung für die Beseitigung dieser Not bringen zu wollen.

Eine Lösung liegt freilich immer vor und ein Weg kann jederzeit gegangen werden, die Lösung und der Weg des Verzichtes auf die angeführten Freuden aus Liebe zu Gott. Seine Gnade ist stark genug, um jeden zu dieser Haltung zu befähigen, seine Liebe so freigebig, um für den Verzicht noch schönere und größere Freuden zu schenken. Bei dieser Haltung können die Menschen dann erfahren, daß es leichter geht, als sie glaubten; sie dürfen auch erleben, durch den Verzicht auf das Körperliche werden sie sich nicht fremder, die Liebe wird im Gegenteil um so geistiger und größer und die Verbundenheit der Seelen um so inniger. Eine Ehe, in der Gott das Körperliche geopfert wurde, wird nicht ärmer, sondern reicher. Das letzte Ziel in der Ehe sind ja nicht die körperlichen Belange und die körperlichen Freuden; auch in der Ehe und gerade in ihr spielt die Seele die entscheidende Rolle. Über der körperlichen Liebe steht darum die seelische Liebe und über dem körperlichen Einssein das Einssein und die Verbundenheit der Herzen. Sie steht meist nicht gleich am Anfang; hier ist fast immer die Natur stärker. Aber gerade durch die reine, heilige, körperliche Liebe wächst auch immer mehr die geistige und führt zum wunderbaren Einklang der Herzen und der Seelen auf allen Gebieten. Beide sollen ja aneinander wachsen, miteinender zu Gott gehen, gemeinsam immer mehr in ihn hineinwachsen und in ihm dann eins sein. Dazu bedarf es nun nicht wieder großer Wissenschaft und hoher Geistigkeit, dazu bedarf es bloß einer aufrichtigen Gatten- und Gottesliebe, dann ergibt sich das alles, man könnte sagen von selbst durch Gottes Gnade und das treue Mitgehen mit ihr.

Die heilige Liebe ist nicht immer leicht, denn Satan haßt sie. Immer will er die Quellen des Lebens verschütten und vergiften. Aber Gott und die himmlische Mutter wachsen darüber. In der Ehe blüht darum wirklich die heilige Liebe, wenn die beiden Gott immer vor Augen haben, ihn um diese Liebe täglich aufs Neue bitten und die Liebe zueinander und besonders zu ihm in ihren Herzen treu pflegen.

Die goldende Treue

Herrscht in der Ehe die heilige Liebe, dann lebt in ihr auch die goldene Treue. Mann und Frau haben sich ja diese vor Gott geschworen. Ihr eigenes Herz verlangt danach. Auch der Trauring mahnt sie daran, daß niemand dieser Gemeinschaft zu nahe kommen, niemand sich dazwischen drängen und erst recht niemand sie sprengen darf. Doch ist die Gefahr dazu heute größer denn je. Nur in Gott ist diese Treue gesichert, und das sicherste ist auch hier täglich um die Gnade dieser Treue zu bitten.

Der Widersacher Gottes steht ja immer auf der Lauer. Er sucht Gott und seine Gebote zu boykottieren; sein Ziel ist immer, die Pläne des Allerhöchsten zu durchkreuzen. Sein Neid gönnt den Menschen nicht dieses Glück der heiligen Liebe und goldenen Treue. Er versucht alles, um dieses glückliche Band zu sprengen. Leider ist sein Streben vielfach nicht umsonst. Die Totengräber der ehelichen Liebe und Treue sind Ehebruch und Ehescheidung. Sie leisten ihm gute Dienste.

Ehebruch

Wie sehr dieser dem gesunden natürlichen Empfinden des Menschen widerspricht, beweist die Härte, mit der selbst primitive Völker diesen Fehltritt bestrafen. Bei den alten Germanen wurde die Ehebrecherin ausgepeitscht und aus der Gemeinschaft des Dorfes ausgewiesen. Im alten Israel stand auf dieser Sünde die Steinigung. Dies galt noch zur Zeit Christi. Die Szene mit der Ehebrecherin bezeugt es. Der Herr hat sie aber den Händen ihrer Ankläger entrissen. Er war ja gekommen, nicht um zu richten, sondern um zu retten. Er hatte schon manchen die Sünde weggenommen, nun tat er es auch bei ihr und schenkte ihr die Strafe, aber er befahl ihr auch: «Gehe hin und sündige nicht mehr[249]!» Man darf annehmen, daß dieser Befehl bei ihr angekommen ist, sonst hätte der Heiland wohl, wie beim 38jährigen Gichtbrüchigen, hinzugefügt, «damit dir nicht noch Schlimmeres widerfahre[250]». Das Schlimmere können irdische Leiden sein, ist aber vor allem die Verantwortung vor Gottes Richterstuhl und die dann dort verhängten Strafen des Fegfeuers oder der Hölle. Christus wollte ja durch sein Gesetz der Gnade nicht das Sündigen, sondern die Tugend und hier die goldene Treue leichter machen. Wenn nun trotz der Fülle der Gnaden, die jedem offenstehen, die Sünde des Ehebruchs vorkommt, haben diese eine größere Verantwortung und auch schwerere Strafen zu befürchten. Es wäre darum ganz verkehrt, wegen der heutigen milden Praxis der Gerichte und der Barmherzigkeit Gottes den Ehebruch leicht zu nehmen. Er kommt ja einmal vor

Gottes Gericht; dort aber wiegt diese Sünde unter Christen hundertmal schwerer als jene der Ehebrecher in der vorchristlichen Zeit und auch jetzt unter den Heiden. «Wem viel gegeben ist, von dem wird auch viel gefordert werden[251].» An diese Wahrheit und unumstößliche Tatsache müßte jeder denken, welcher einer anderen Moral huldigt als jener, die Christus klar und deutlich aufgestellt hat.

Eine Gefahr für die goldene Treue kommt von außen; es ist die Eva in mancher Frau und manchem Mädchen. Nicht wenige sind eitel und möchten gefallen. Bestimmt sind nicht bei allen schlimme Absichten damit verbunden; manche merken meist gar nicht, was sie dadurch heraufbeschwören und wohin es geht. Und doch zeigt sich immer wieder die Wahrheit des Satzes: Sie suchte zu gefallen, sie hat gefallen und sie ist gefallen, sie und jene, denen sie durch ihre Eitelkeit zur Versuchung wurde.

Manche wundern sich, wenn sie von Männern in unsauberer Weise bedrängt werden. Sie müßten sich ehrlich fragen, ob sie nicht doch irgendwie selbst daran schuld sind? Gewiß hetzt die Hölle Männer auch auf gute Frauen; aber diese suchen nicht zu gefallen und wissen auch die Aufdringlichkeiten abzuwehren, während die andern vielfach schwach oder zum mindesten in manche Kämpfe mit sich verwickelt werden.

Jeder Mann müßte darum die Gefahr bei jenen Frauen immer sofort klar erkennen, die in der Kleidung oder noch mehr in ihrem ganzen Benehmen ihm zu gefallen suchen. Hier arbeitet bereits die Sinnlichkeit, die zur Leidenschaft führt.

Solche Frauen und Mädchen sind die Verführung in der Person. Möchten die Männer doch nicht vergessen: Die Eva vom Paradies ist nicht ausgestorben, und der Teufel weiß, wieviel er durch sie erreicht hat und durch Töchter, die ihr ähnlich sind, erreichen kann. Auch der Mann in der Welt muß alles mehr im Lichte des Glaubens sehen. Auch er braucht eine gewisse Aszese, wenn er anständig bleiben will, und zwar nicht die moderne, die alles so leicht macht, sondern die gediegene, die eisern auf der Forderung besteht: Meide die Gelegenheit! Der Schutz gegen Gefahren, die jedem Mann und Jungmann in dieser Richtung drohen, ist darum die Wachsamkeit über seine Augen und über sein Herz. Mann und Jungmann müssen immer einen gewissen Abstand und feinen Takt gegenüber jeder Frau und jedem Mädchen haben. Tritt eine Gefahr an sie heran, müßten sie immer an das Wort des Herrn denken: «Wer ein Weib ansieht und ihrer begehrt, bricht bereits in seinem Herzen die Ehe[252]!» Das Sehen ist selbstverständlich nicht immer zu vermeiden; das Begehren aber muß bewacht und immer sofort ausgeschaltet werden. In dieser Mahnung des Herrn vor dem Blick liegt erst recht die Warnung vor dem Kuß und den noch gefährlicheren körperlichen Annäherungen. Da Christus schon vor dem Blick gewarnt hat, war das andere nicht mehr nötig. Mehr als der Blick bringen ja Kuß und Berührungen die Menschen einander näher und darum viel leichter über die Grenzen hinweg, die Gott gesteckt hat.

Folglich läßt sich ein reines Mädchen nur von dem küssen, der es einst an den Traualtar führen wird, und eine reine Frau nur von ihrem Mann, aber nicht von anderen Männern. Die Frau und das Mädchen büßen nämlich immer dabei ein. Sie sind wie eine Blume und Blüte, auf die sich der Reif legt. Doch auch bei den Männern und Jungmännern ist es nicht anders. Man darf nie übersehen, im Kleinen und scheinbar Harmlosen fängt es an, doch bleibt es selten dabei. Es geht weiter, Satan drängt immer dem letzten, der Sünde, dem Abgrund zu.

Selbstverständlich bezieht sich diese Ausführung nicht auf die Liebkosungen zwischen zwei Gatten, zwischen Eltern und Kindern, doch ist es immer gut, auch hier nicht außer acht zu lassen, wie der Kuß gegeben wird und ein gewisses Maß und gewisse Formen der Liebkosung nicht zu überschreiten. Immer soll alles in Ehrfurcht, Reinheit und Liebe geschehen.

Nicht weniger als der Mann ist heute auch die Frau in ihrer goldenen Treue Gefahren ausgesetzt. Durch die veränderten Zeitverhältnisse sind diese größer als früher. Auch Männer können Verführer sein. Es ist dabei nicht gesagt, daß immer von Anfang an die Absicht dazu vorliegt. Satan ist auch hier raffiniert. Das verhältnismäßig viele Fernsein von der eigenen Frau, das stundenlange Zusammensein mit anderen Frauen und Mädchen, das Angewiesensein auf deren Mitarbeit sowie ihre Hilfsbereitschaft erleichtert die Arbeit des Versuchers. Die schöne Zusammenarbeit, das Sich-Verstehen weckt immer mehr die Sympathie füreinander und gleitet nur zu leicht in Zuneigung und Liebe über. Tritt dies ein, dann müssen es schon hochstehende und in der Gnade gefestigte Charaktere sein, damit diese Liebe nicht auch ins Körperliche eindringt und in falsche Bahnen hineinführt.

Auf diese Momente muß auch die Frau besonders achten, um nicht die Gefahr erst zu erkennen, wenn es zu spät ist. Eine solche liegt ferner, wie im Kapitel «Die Gefahren der Jugend» schon ausgeführt wurde, in ihrer Mütterlichkeit, ihrem guten Herzen, ihrem Mitfühlen und Mitleiden mit den Schwierigkeiten anderer und ihrer Hilfsbereitschaft. In den richtigen Grenzen ist dies eine Tugend. Eine Gefahr wird es aber, wenn das Herz zu weich ist, der Blick nicht ganz klar, der Wille nicht stark genug, um an der richtigen Grenze haltzumachen und im gegebenen Fall auch ein entschiedenes Nein zu sprechen. Eine Frau darf nur ihren Mann, wie auch ein Mann nur seine Frau lieben.

Die Ehescheidung

Nicht von heute auf morgen gehen Ehen auseinander. Meist haben sich beide Teile schon lange auseinandergelebt. Die heilige Liebe war ziemlich erloschen. Immer war von einem oder beiden Gatten übersehen worden: Auch in der Ehe ist der Mensch noch kein Engel. Seine Fehler nimmt er auch in diese Gemeinschaft mit und sie haben beide aneinander zu tragen. Echte Liebe empfindet dies nicht schwer und überbrückt alle Gegensätze. Kommt es wirklich einmal zu einem Streit, dann schlägt die Stunde der Versöhnung wieder schnell, und sie haben sich wieder aufs neue sehr lieb. Werden Meinungsverschiedenheiten und Schwierigkeiten aber nicht behoben, nimmt der eine auf den andern weiter keine Rücksicht, dann verletzt das immer tiefer und dringt wie ein Stachel ins Herz hinein. Immer stärker nagt der Zweifel, hat mich der andere überhaupt noch lieb oder je wirklich lieb gehabt? So öffnet sich eine Kluft zwischen beiden, sie wird immer größer. Gelingt dazu anderen der Einbruch in diese Ehe, dann führt das leicht zum Ehebruch und über kurz oder lang zur Ehescheidung. Das Unglück ist da, oft nicht nur für diese Zeit, sondern auch für die Ewigkeit; denn Paulus sagt: «Ehebrecher werden das Reich Gottes nicht erben[253].» Freilich muß hinzugefügt werden: Außer sie haben die Sünde wieder aufgegeben und an ihren Frauen wieder gut gemacht, was sie gesündigt haben. Selbstverständlich gilt das gleiche von der Ehebrecherin.

Schaut man in die heutige Welt, dann muß leider festgestellt werden: Es sieht hier nicht gut aus. Satan ist es schon sehr gelungen, die echte Moral zu verdrehen, die goldene Treue wird von vielen nicht mehr ernst genommen, die Wiederverheiratung bei Lebzeiten des andern geradezu als selbstverständlich angesehen und die Anerkennung dieser Ehe gefordert. Im weltlichen Recht ist dies ja bereits nach einer staatlichen Ehescheidung der Fall. Dies ist kein Wunder. In Literatur, im Kino und im Theater wird die goldene Treue keineswegs als Ideal hingestellt; fast durchwegs erfreut sich das Gegenteil großer Verherrlichung. Unsauberer Flirt, Spiel mit dem Feuer, Ehebruch, dritte, vierte und fünfte Eheschließung werden in die Welt hinausposaunt und gefeiert. Wundert man sich da über die Früchte, die unglücklich geschiedenen Ehen und all das, was an Leid damit verbunden ist. Man braucht sich darüber nicht zu wundern, doch wird übersehen: An all dem sind alle jene mitschuldig, die an der Verherrlichung einer Sache mitwirken, welche Gott verboten hat und nie anders als schwere Sünde sieht. Mitwirkende werden mitschuldig und können dem ewigen Richter nicht entgehen. Darum müßten gerade sie daran denken und ihnen ein reines Gewissen mehr wert sein als unsauber verdientes Geld und unsauber erlangter Ruhm.

Daß es Satan aber gelungen ist, für diese verkehrte Einstellung über die Unauflöslichkeit der Ehe selbst in frommen Kreisen Anhänger und Verteidiger zu finden, ist sehr schlimm und menschlich gesprochen für Gott sehr bitter. Es soll zwar in keiner Weise hier ein persönliches Urteil gefällt, aber es muß doch die Wahrheit ausgesprochen und für sie Anerkennung gefordert werden. Solange die Welt bestehen wird, bleibt die Wiederverheiratung Geschiedener und deren Rechtfertigung ein Irrtum und Fehler. Der Satz: Die Kirche kann doch nicht verlangen, daß jemand als Geschiedener sein Leben lang allein bleiben muß, hört sich sehr menschlich an, aus Mitgefühl möchte ihn wohl jeder bejahen, und doch darf dies nicht sein. Nicht die Kirche ist gegen die Wiederverheiratung Geschiedener, Gott verlangt es, und gegen Gott kommt kein Mensch mit seinen Meinungen und auch nicht mit seinem Herzen auf. Gott gegenüber hat jeder zu gehorchen.

Gewiß ist das Alleinbleiben-müssen ein bitteres Los für jeden, den es trifft. Es kann auch wirklich einmal einer unschuldig sein, aber in vielen Fällen hätten die betreffenden Leidtragenden ihm entgehen können, wenn sie bei der Standeswahl vorsichtiger gewesen wären, wirklich geprüft hätten, nicht bloß, ob sich das Herz zum Herzen findet, sondern auch, ob alle Voraussetzungen zu einer Gott wohlgefälligen Ehe vorhanden sind. Ist aber ein wirklich Unschuldiger in diese Situation geraten, dann zählt das eben zu einem der verschiedenen Kreuze, deren die Menschen so viele tragen müssen und mit Gottes Gnade auch tragen können.

Was auf diesem Gebiet vor Christus anders war, erklärt sich aus verschiedenen Gründen. Selbst im auserwählten Volk waren die Menschen noch unerlöst. Satan hatte noch große Macht und vermochte zu täuschen. Christus betont ausdrücklich: «Um eurer Herzenshärte willen gab Moses die Erlaubnis zum Scheidebrief[254].» Aber es war von Anfang an nicht so, mit anderen Worten: es war eine Ausnahme. Darum dürfen die Verhältnisse im Alten Bund nie zur Entkräftigung der Unauflöslichkeit der Ehe und Rechtfertigung der Ehen Geschiedener angeführt werden. Es fehlt jede Begründung und jedes Recht, in die Zeit vor Christus zurückzugehen. Mit ihm begann eine neue Zeit. Jetzt gilt sein Gesetz. «Ich aber sage euch[255]», jetzt ist auch die Zeit der Fülle der Gnaden, so daß trotz der Folgen der Erbsünde die Forderungen Christi erfüllt werden können, auch bezüglich der Ehe und vor allem ihrer Unauflöslichkeit. Seine Forderung an beide, denen er in der Stunde der Hoch-Zeit der Liebe segnend die Hände aufgelegt, lautet: Goldene Treue, eure Ehe ist unauflöslich! So denkt und so spricht klar und deutlich Christus, der Herr, und einstige Richter.

An der Unauflöslichkeit der Ehe darf darum niemand rütteln; sie ist Gottes Gebot. Nur wenn aus gewissen Umständen die Ehe von vornherein ungültig war, kann nicht eine zweite, sondern eine wirkliche Ehe bei Lebzeiten des Partners, mit dem man vor Gott nie ein Ehepaar war, geschlossen werden. Sonst aber bleibt die Tatsache bestehen, daß keine noch so aufrichtige Liebe, kein noch so feiner Charakter und kein noch so fester staatlicher «Segen» eine solche Verbindung vor Gott erlaubt machen und ihnen das Kainsmal einer sündhaften Verbindung nehmen können.

Gottes Gesetz kann kein Mensch und kein Staat, auch kein Priester, kein Bischof und nicht einmal der Papst ändern. Darum wieder zurück zur gesunden Moral auch in bezug auf die Ehe!

Die Jungfräulichkeit

Sie muß unterschieden werden von der gewöhnlichen Ehelosigkeit. Diese kann sogar auf sehr wenig edle Beweggründe zurückgehen: auf Egoismus, Opferscheu, Freisein-wollen von jeder Bindung oder auf verschrobene Ideen über die Ehe. Sie ist darum in den Augen Gottes nicht groß und hat mit Jungfräulichkeit, welche der Heiland als Vorbild aufgestellt hat, nichts zu tun. Diese besteht im Verzicht auf die ehelichen Freuden aus Liebe zu Gott sowie in der restlosen Hingabe an ihn. Ihr ist der große Lohn verheißen, daß sie dem Lamme folgen[256] und ein Lied singen, welches die anderen nicht verstehen. Nur von ihr gilt das Wort des Völkerapostels: «Heiraten ist gut, nicht heiraten ist besser[257]!»

Für die Jungfräulichkeit ist die Reinste der Reinen das Vorbild aller Zeiten. Sie hat sich schon als Kind dem Herrn geweiht, ihm allein wollte sie ganz und ungeteilt gehören. Diese Haltung war auch der Grund ihrer Frage an den Boten Gottes, als er ihr die Botschaft brachte: sie soll Mutter des Erlösers werden. «Wie soll das geschehen, da ich keinen Mann erkenne[258]?» Die Begründung darf nicht so aufgefaßt werden, daß unter ihren Bekannten zu dieser Zeit kein Mann war, den sie hätte heiraten können, denn sie war ja mit dem hl. Joseph verlobt. In diesem Falle wäre die Frage der Mutter des Herrn gar nicht am

Platze gewesen und hätte der Engel auf das bereits bestehende Verlobtsein hinweisen können und müssen.

So steht also hinter dieser Frage etwas anderes als die Verlegenheit, daß sie keinen Mann erkenne. Es liegt darin der Beweis und die Absicht, man darf ruhig sagen: der entscheidende Wille beider, auch in der kommenden Ehe jungfräulich zu bleiben.

Der moderne Mensch will das nicht mehr gelten lassen. Er sagt: Die Jungfräulichkeit stand damals nicht hoch im Kurs. In Israel war die Ehe das Ideal. Kinderlosigkeit wurde als größtes Unglück empfunden, ja galt geradezu als Strafe Gottes. Maria und Joseph wären auch Kinder ihrer Zeit gewesen; darum argumentiert man, müßten sie auch so gedacht haben. Dann trägt man noch eigene Gedanken und eigenes Empfinden in sie hinein und behauptet: die allerseligste Jungfrau müßte wie die anderen jüdischen Mädchen die Sehnsucht nach Kindern gehabt haben. Vom hl. Joseph glaubt man sagen zu sollen: Als gesunder Mann wird es ihm nicht leicht gewesen sein, unter ständigem Verzicht an der Seite seiner angetrauten Braut zu leben. Solche Auffassungen kommen bestimmt nicht aus bösem Willen. Man möchte die beiden großen Heiligen uns menschlich nahe bringen und doch ist es grundfalsch.

Entscheidend ist nicht, daß die Jungfräulichkeit in Israel nicht im Kurs stand; entscheidend ist, daß sie bei Gott im Kurs stand. Da aber war sie die Voraussetzung und Bedingung für die Gottesmutterschaft: «Die Jungfrau wird empfangen[259].» Man bringt es freilich fertig, auch diese Stelle mit allerhand schönen Worterklärungen zu entkräftigen. Sie sind aber nur ein Beweis, wie weit man sich verirrt, wenn man bei der wissenschaftlichen Beschäftigung mit der Heiligen Schrift das Licht des Glaubens stark abblendet, die guten Sicherungen der Tradition herausreißt und dafür die Lampe der Wissenschaft als Leuchter aufstellt.

Entscheidend ist ferner noch: Maria und Joseph waren nicht nur Kinder ihrer Zeit und ihres Volkes, sie waren die zwei Menschen, die wie sonst keiner in der ganzen Menschheit herausgehoben und in die tiefen Geheimnisse Gottes hineingestellt waren. Ihnen wurde das Übernatürliche nicht erst dann wie ein Kleid übergestülpt, als die Aufgabe, für die Gott sie bestimmt hat, an sie herantrat. Es war von

Anfang an in sie eingesenkt und in ihnen organisch gewachsen. Die allerseligste Jungfrau und ihr jungfräulicher Gemahl lebten von Anfang am mehr in der Welt der Gnade als der Natur. Eine Immaculata war ja frei von jeder Makel und auch allen Folgen der Erbsünde. Ein hl. Joseph war in ihre und in die Nähe des menschgewordenen Gottessohnes gerufen. Wenn dessen Vorläufer schon im Mutterschoß geheiligt wurde und der Mann war, welcher die Natur ganz unter seinen Füßen hatte, dann gilt dies doch erst recht von jenem, der die höchste Würde, die des Nährvaters Jesu Christi einnehmen durfte und Christus von allen Männern am nächsten stand.

Man beachte doch die Geheimnisse, in welchen diese beiden heiligsten Menschen standen. Einmalig ist doch die Menschwerdung des Ewigen Wortes, einmalig die Annahme unserer menschlichen Natur. Einmalig bei der allerseligsten Jungfrau ihre unbefleckte Empfängnis und einmalig die Überschattung durch den Heiligen Geist. In diese einmaligen Geheimnisse ist sie nicht als Schauende, sondern als Beteiligte, ja nach Gott als die entscheidendste Persönlichkeit hineingenommen. Was heißt da: Kind ihrer Zeit zu sein, was bedeuten da die Auffassungen und Gewohnheiten ihrer Umgebung?

Zum Amt, der Gemahl der reinsten Mutter und der Nährvater des Sohnes Gottes zu sein, gab Gott sodann dem hl. Joseph bestimmt alle Gnaden, um dieses Amt in vollkommenster Weise erfüllen zu können. Da war aber auch die Gabe eines nicht erst erkämpften, sondern von Gott geschenkten vollkommenden Freiseins von jeder Begierlichkeit dabei. Immer wieder muß gefordert werden, die Dinge stets im Lichte der Offenbarung und des Glaubens zu sehen.

Ahnen wir darum, wie wertvoll der allerseligsten Jungfrau die eigene Jungfräulichkeit und auch die ihrer Kinder ist? Weil es eben nichts Höheres gibt, als Gott, der unendlichen Liebe allein und ungeteilt gehören zu dürfen. Wie tief hat das die kleine hl. Theresia erfaßt, da sie einmal die Frage stellte: «Wem soll ich meine ganze Liebe schenken? Wer wird diese Liebe zu schätzen und gebührend zu vergelten wissen? Nur einer ist es, der sie zu schätzen und zu vergelten weiß, der Heiland Jesus Christus[260]!» Wie wahr ist das! Aber wie wenig wird das erkannt. Die allerseligste Jungfrau hatte immer diese Einstellung. Darum ist es ihr stets eine ganz besondere Freude, wenn ein Marienkind ihren Spuren folgt und auch jungfräulich durchs Leben gehen will, auf die Liebe der Menschen verzichtet und seine ganze Liebe der himmlischen Mutter und durch sie Gott schenkt. Es ist wohl für die himmlische Mutter selbst immer ein eigenes Erlebnis, wenn sie wieder eines ihrer Kinder ihrem göttlichen Sohn als Braut zuführen darf. Nach der Berufung zum Priestertum ist ja die größte Gnade, die einem Menschen zuteil werden kann, Braut des Herrn werden zu dürfen.

Leider ist die hohe Auffassung über die Jungfräulichkeit und besonders die gottgeweihte im Ordensstand vielfach verloren gegangen, zum größten Schaden der Kirche und der Seelen. Es fehlt das Verständnis für sie selbst in Kreisen, in denen es da sein müßte. Ohne Zweifel braucht die Zeit von heute gute christliche Mütter. Die Voraussetzung dafür bleibt aber, daß Reinheit und ihre höchste Vollendung, die Jungfräulichkeit, wieder mehr geschätzt werden. Ein Volk, das Gott im Ordensstand jungfräuliche Menschen schenkt, bekommt als Gegengabe von Gott und der himmlischen Mutter die Gnade christlicher Eheleute und christlicher Familien. Nur durch gesunde Ehen, nur durch eine Jugend, die wieder Ehrfurcht vor dem Körper und dem Geheimnis des Lebens, die wieder Verständnis für das höchste Ideal, die Jungfräulichkeit und den Dienst Gottes besitzt, kann der Aufstieg kommen.

Der entscheidende Gegensatz zwischen der Königin des Lichtes und dem Fürsten der Finsternis ist ihre Haltung Gott gegenüber. Luzifer schrie stolz: «Ich will nicht dienen.» Er wurde erniedrigt und verworfen. Die Jungfrau von Nazareth sprach demütig: «Ich bin eine Magd des Herrn, mir geschehe nach deinem Wort.» Sie wurde erhöht und gekrönt. Durch ihre Demut zertritt sie immer wieder das stolze Haupt ihres Widersachers. Zu den Tugenden der Kinder Mariens gehört darum auch besonders die Demut. Ohne sie kann überhaupt kein Mensch vor Gott bestehen.

Die Demut offenbart sich in einer vierfachen Haltung:
klein sein in den eigenen Augen;
bescheiden sein in der Beurteilung des eigenen Könnens;
gottergeben sein bei Mißerfolgen und Verdemütigungen;
vorsichtig sein bezüglich einer zu großen Sicherheit.

Klein sein in den eigenen Augen

Dies war der Grundzug im Leben der allerseligsten Jungfrau. Sie erkannte wie niemand den Abstand zwischen Schöpfer und Geschöpf. An seiner Größe wurde ihr die eigene Kleinheit offenbar. Für sie bestand kein Zweifel: Gott ist alles, ich bin nichts! Was konnte sie da anders, als in ihren Augen ganz klein sein! das änderte sich auch nicht, als sie später um ihre hohe Begnadigung wußte. Es war ja wiederum nur Gnade, die sie zwar erhöhte, aber auch in um so tiefere Dankesschuld gegenüber Gott brachte. Darum auch ihr Ausruf im Magnifikat: «Hoch preiset meine Seele den Herrn! Denn er hat angesehen die Niedrigkeit seiner Magd[261]!» Maria genügte es nicht, ihre Dankbarkeit im freudigen Jubel des «Hoch preiset . . .» kundzutun. Sie verband damit eine tiefe Selbstverdemütigung, die in den Worten «Niedrigkeit» und «Magd« zum Ausdruck kam.

Umgekehrt deckt das Verhalten der gefallenen Engel klar auf, wie ungeheuerlich der Stolz ist. Sie treten in der Stunde der Prüfung auf, als ob sie aus sich wären und aus sich etwas könnten. Wohl waren sie etwas: strahlende Geister, unvorstellbar schön, am schönsten Luzifer. Sie hatten Fähigkeiten, einer allein größere als alle Menschen zusammen – aber nicht aus sich, sondern vom Schöpfer. Darum hätten sie nie vergessen dürfen, daß sie nur Geschöpfe waren, Gott aber ihr Schöpfer blieb; er ist schon von Ewigkeit; er allein, ohne jeden Anfang. Dann erst sind sie gekommen; so spät, daß jede Zeitangabe dafür versagt; in dem Augenblick, in dem es ihm gefiel, hat Gott sie erschaffen. Sie wurden nicht gefragt, ob sie es wünschen. Sie hatten dabei auch nichts zu tun. Gott allein hat alles bestimmt und geordnet, ihre Größe, Zahl, Fähigkeiten, Aufgaben. Darum bleibt es immer eine furchtbare Lüge und ein unerhörtes Unrecht gegen Gott, aufzutreten, als ob man etwas wäre und etwas aus sich könnte.

Dazu ist noch das Unfaßbarste: die von Gott ins Dasein gerufen wurden und nur durch ihn existieren konnten, wollten ihm gleich sein und sogar noch über ihm stehen.

Leider sind ihren Spuren auch die ersten Menschen gefolgt und immer wiederholt sich aufs neue das gleiche Unrecht gegenüber dem Schöpfer in kleinem oder in großem Ausmaß. Auch ihre Nachkommen treten gegen Gott auf, als ob sie aus sich etwas wären und aus sich etwas könnten. Dabei nimmt sich ihr Stolz noch viel lächerlicher aus als der ihrer Stammeltern und der gefallenen Engel, weil wirklich kein einziger von ihnen einen Grund hat, sich etwas einzubilden. Jeder weiß doch, wie armselig und hilflos er in der Wiege lag. Noch viel hilfloser wird er auf seinem Sterbebett sein und ebenso hilflos in vielen Situationen seines Lebens. Immer stößt der Mensch auf die Grenzen seines Wissens und seiner Kraft. Oft sind diese sehr eng gezogen und ist das Nichtwissen und Versagen viel größer als sein Wissen und Können. Keinen Zentimeter kann der einzelne seiner Größe zusetzen und keine Minute sein Leben verlängern[262]. Alles liegt einzig in Gottes Hand, in seinem Willen und in seiner Liebe.

Die Menschen machen sich aber gegenseitig soviel vor. Sie rühmen sich selbst und andere viel zu viel. Gott mißfällt das, den Betreffenden aber bringt es nur Schaden. Man sollte mehr an das Wort des Völkerapostels denken: «Was hast du, das du nicht empfangen hättest? Hast du es aber empfangen, was rühmst du dich, als hättest du es nicht empfangen[263]?» Auch ein Ausspruch Christi wird hier viel zu wenig beachtet: «Wie könnt ihr Glauben haben, da ihr voneinander geehrt sein wollt[264]!» Hier deckt der Herr das Hindernis auf, warum Glaube und Gnade nicht so strömen können, wie er es möchte. Es ist die Sucht nach Ehre und das Annehmen derselben von anderen – der Stolz. Man müßte darum mehr darüber nachdenken, die Folgerungen ziehen und jede Ehre, jede Anerkennung, jedes Lob fliehen.

Damit soll aber niemand herabgesetzt und kein Verdienst geschmälert, erst recht nicht die Ehrfurcht voreinander und der Obrigkeit als unnötig oder falsch hingestellt werden. Diese zählt mit zum Fundament, auf dem die menschliche Gesellschaft ruht, und ist Pflicht für jeden Menschen. Auch wird jedem noch Ehre zuteil, die wahre Ehre von Gott, aber erst nach dem Tode.

Solange wir im Pilgerstande weilen, dem Haß und der Raffinesse Satans ausgesetzt sind, ist Weihrauch für die meisten Kinder Adams Gift. Darum bleibt die Hauptpflicht eines jeden, darauf zu achten und dafür zu sorgen, daß kein Milligramm davon in ihn eindringen kann. Ist das aber vorgekommen, dann muß es sofort wieder unschädlich gemacht werden. Nur die zur rechten Zeit von Gott geschickten Verdemütigungen können wirklichen Schaden verhindern.

Die Gefahr zum Stolz besteht bei jedem Menschen, mag er auch noch so unwissend und schwach sein. Der mit einem Vierteltalent Begabte kann unter Umständen noch eingebildeter sein als einer mit zehn Talenten. Er hätte keinen Grund dazu. Aber oft ist gerade der Mangel an Talenten für manchen der Anlaß aufzutreten, als ob er etwas wäre, um eben nicht offenbar werden zu lassen, wie armselig, nicht selten sogar erbärmlich er tatsächlich ist. Allerdings kann er damit nur noch Blinderen und Schwächeren imponieren. Die Klügeren durchschauen ihn und finden es lächerlich. Vor Gott aber bleibt es stets verwerflich.

Jeder soll sich immer wieder die Frage stellen: Was bin ich eigentlich? Und darauf unentwegt die einzig richtige Antwort geben: nur ein armer Sünder und sonst nichts. Das *mea culpa* im Confiteor muß jeder beten. Die Vaterunserbitte «vergib uns unsere Schuld» darf keiner auslassen. Auch die himmlische Mutter schenkt nicht einem das «bitte für uns Sünder» in dem an sie gerichteten Gruß. Hier geht es um Tatsachen, die nicht übergangen werden dürfen. Die letzten Worte der hl. Bernadette, der Seherin von Lourdes, waren: »Muttergottes, bitte für mich ärmste Sünderin[265]!» Je näher der Mensch zu Gott kommt und je tiefer er in die andere Welt hineinschauen darf, desto tiefer ist auch die Erkenntnis seines Nichts und seiner Unwürdigkeit, desto überzeugter sein Bekenntnis, ich bin wirklich nichts anderes als ein armer sündiger Mensch.

Satan ist diese Einstellung aber verhaßt. Er bietet alles auf, um den Menschen davon abzubringen. Er weiß ja aus Erfahrung: das größte Unglück für jedes Geschöpf ist der Stolz. Nichts mißfällt Gott mehr und nichts macht das Werk seiner Hände in seinen Augen häßlicher als wenn es sich etwas einbildet. Darum arbeitet Satan so beharrlich in dieser Richtung.

Klein sein in den eigenen Augen ist darum die unerläßliche Voraussetzung und das Kennzeichen eines wirklich strebsamen Menschen. Wenn es fehlt, liegt viel Selbsttäuschung vor und kann von Heiligkeit keine Rede sein.

Bescheiden sein in der Beurteilung des eigenen Könnens

Die Fähigkeiten eines jeden Geschöpfes sind beschränkt. Jedes besitzt nur soviel, als Gott ihm gegeben hat. Freilich spielt dann auch der eigene Fleiß mit eine Rolle. Die einen lassen ihre Talente verkommen, die andern wuchern mit ihnen. Erstere begehen ein Unrecht; denn Gott hat die Fähigkeit gegeben, damit mit ihnen gearbeitet wird. Die Nichtverwertung derselben zieht die entsprechende Strafe nach sich. Der Knecht, welcher sein Talent vergraben hatte, wurde vom Herrn bös und faul genannt und in die äußerste Finsternis hinausgeworfen, wo Heulen und Zähneknirschen ist[266]. Jene dagegen, welche fleißig waren, wurden gelobt und über vieles gesetzt. Sie durften in die Herrlichkeit des Herrn eingehen[267].

Es ist klug, bei der Beurteilung der eigenen Leistungen bescheiden zu sein. Die meisten erliegen der Gefahr, daß sie sich zu gut benoten. Bezeichnend sind die Worte des großen Kirchenlehrers der Mystik, Johannes vom Kreuz, die er auf seinem Sterbebette zu einem Mitbruder sagte: «Ich versichere, daß ich kein Werk getan habe, über das ich mir keine Vorwürfe machen müßte[268].» So urteilen Heilige. Sie kennen eben nicht diese Selbstgefälligkeit und Überheblichkeit, dieses Sattsein, dieses mit sich selbst so zufrieden sein, wie es andere oft schon bei geringen Leistungen und trotz größter Mängel fertigbringen.

Ferner dürfen wir nicht wünschen, für jede Arbeit, die wir Gott zuliebe tun, immer gleich bezahlt zu werden. Gott will ja mit ewigem Lohn belohnen. Darum sollten wir ihn nicht schon vorwegnehmen. Es ist besser, unsere Leistungen jetzt gering zu bewerten und in der Ewigkeit von der Art, wie Gott sie bewertet und uns dafür beschenkt, überrascht und beglückt zu werden als umgekehrt, jetzt von ihrer Vortrefflichkeit so überzeugt zu sein und in der Ewigkeit enttäuscht zu werden. Wer gibt uns die Garantie, daß Gott uns so beurteilt wie wir uns oder unsere Umwelt? Daß er hundertprozentig mit uns zufrieden sein kann? Bei ihm gelten andere Maßstäbe. Ein ernstes Wort sagt der Heilige Geist bei Job: «Siehe, er traute seinen Heiligen nicht, selbst die Himmel sind ihm nicht rein, geschweige denn der Mensch[269].» Wir brauchen bloß ein wenig nachdenken, um zu erkennen, wieviel Nachsicht, Geduld und Erbarmen Gottes jedem, selbst seinen Auserwählten gegenüber walten lassen muß. Erinnern wir uns nur an Moses bei Kades in der Wüste, wo er zweimal an den Felsen schlug, an David, an die Schwäche der Apostel, an das Versagen des zukünftigen Papstes in der Nacht des Gründonnerstags, an den Unglauben des Thomas nach der Auferstehung, dem der Herr sagen mußte: «Sei nicht ungläubig, sondern gläubig[270].» Begehen wir aber jetzt nicht schon wieder den Fehler, daß wir auf das Flüstern Satans hören: Ja, das waren jene, aber dir passiert so etwas nicht. Bekennen wir lieber in Demut: Ich habe schon oft versagt und kann im nächsten Augenblick noch mehr versagen.

Von großer Bedeutung für die Demut ist die richtige Einstellung zu den Erfolgen. Jeder möchte sie haben. Nicht mit Unrecht. Schließlich sind sie ja das Ziel aller Arbeit und aller Mühen. Auch Gott will sie sowohl im natürlichen wie auch im übernatürlichen Bereich. Damit ist aber nicht gesagt, daß jedes Unternehmen von Erfolg gekrönt sein muß. Auch Mißerfolge haben ihren tiefen Sinn. Erfolge dürfen aber nicht bloß als Gefahr für die Demut gesehen werden, sonst wirft man nicht mit Unrecht unserer Aszese vor, sie sei nur negativ. Erfolge können beides sein: Segen, leider aber oft mehr auch Gefahr. Beides muß beachtet werden.

Erfolge sind Segen. Sofort erkennt man das, wenn man an die Arbeit des Landmanns denkt. Würde sie keine Früchte tragen, müßten wir verhungern. Seine Erfolge sind ein Segen. Das Gleiche gilt von der Arbeit der Wissenschaft und Technik. Sie verhalfen der Menschheit zum Aufstieg auf verschiedenen, besonders auch auf geistigen Gebieten. Ebenso zeigt sich die Bedeutung des Erfolges bei der guten Erziehungsarbeit der Eltern und Lehrer. Ohne Erfolg wäre es schlimm um die menschliche Gesellschaft bestellt. Erfolge darf und soll der Mensch darum mit allen Kräften anstreben; ebenso darf er sich über sie freuen. Jedes Kind freut sich, wenn ihm etwas gelungen ist. Schon das Kleinkind eilt damit zum Vater und zur Mutter; das größere ist glücklich, wenn es den Eltern ein gutes Zeugnis bringen konnte. Immer freuen sich die Eltern mit. Erfolge sind Segen.

Erfolge können aber auch eine Gefahr für die religiös-sittliche Entwicklung des Menschen sein. Sie können ihm in den Kopf steigen, ihn stolz, selbstsüchtig und ungerecht machen. Manche nehmen Erfolge für sich allein in Anspruch. Wieviel Fortschritt auf allen Gebieten wären nie zustande gekommen, wenn frühere Geschlechter nicht die Vorarbeit geleistet hätten. Immer ist der Mensch bei all seiner Tüchtigkeit auch auf seine Mitarbeiter angewiesen. Besonders häßlich ist es darum, wenn Erfolge nur durch treue Zusammenarbeit mehrerer zustande gekommen sind und nun einer das nicht zugibt, sondern alle Ehre und allen Gewinn für sich allein beansprucht. Wer Anteil an der Arbeit hat, hat auch Anteil am Erfolg und am Gewinn.

Mit noch mehr Recht gilt das gegenüber Gott. Gewiß darf einer nach längerer Arbeit sagen: ich habe es geschafft. Er sollte aber das «Gott sei Dank» davor nicht vergessen. Gewiß hat er es geschafft, aber womit? Nur mit den Fähigkeiten, die der Ewige Vater ihm gegeben; nur mit dem Segen Gottes, ohne den nichts zustande gekommen wäre.

Erfolge dürfen und brauchen kein Anlaß zu Stolz und Selbstüberhebung sein. Drei Stellen des Evangeliums könnten uns davon leicht überzeugen: Die Szene mit dem reichen Fischfang. Als Christus Petrus den Auftrag gab, fahr hinaus in den See, hielt ihm dieser entgegen: «Meister, wir haben die ganze Nacht uns abgemüht und nichts gefangen[271].» Dabei verstanden sie aber doch ihr Handwerk. Sicher hatten sie auch öfter Erfolg, aber diesmal hatten sie ihn nicht. Hier zeigt sich klar: alle Tüchtigkeit und Erfahrung allein nützen nichts. Immer bleibt das Psalmwort wahr: «Wenn Gott das Haus nicht baut, bauen die Bauleute umsonst. Wenn Gott die Stadt nicht bewacht, wachen die Wächter umsonst [272].» Auf Jesu Wort hin und mit seinem Segen hatten die Apostel dann reichen Erfolg.

Bleiben wir darum immer ehrlich. Wieviel Leerlauf und Fehlleistungen weist jedes Menschenleben und jede Art von Arbeit auf! Jeder Mensch bleibt stets von Gott und seinem Segen abhängig. Gott streckt ihm zwar immer wieder Kapital vor, auch wenn er keine Zinsen bekommt. Es ist dann, wenn der Mensch die Notwendigkeit des Segens und der Gnade Gottes nicht anerkennt und Gott nicht dankt.

Erfolge dürfen nie Anlaß zum Stolz sein. Ausdrücklich sagt der Heiland: «Wenn ihr alles getan habt, dann sagt: wir sind unnütze Knechte, wir haben nur unsere Schuldigkeit getan [273].» Der Herr hat hier noch sehr schonend gesprochen. Er hätte ebenso gut sagen können: Ihr habt fast nie alles getan, wie ihr es schuldig wart. Schon im ersten Fall also, wenn man alles getan hat, ist kein Grund vorhanden, sich zu rühmen. Es war nur Pflicht, alles gut zu tun. Im zweiten Fall, wenn man fast nie alles getan, ist erst recht kein Grund vorhanden, sich etwas einzubilden. Es wäre vielmehr angebracht, die göttliche Barmherzigkeit anzurufen, damit Gott die bestehenden Mängel nachsieht und wieder ausgleicht.

Erfolge sind kein Grund zu Stolz, zeigt in ergreifender Weise das Beispiel des Heilands selbst. Klar erklärt er: «Die Worte, die ich zu euch rede, sage ich nicht aus mir, die Werke vollbringt der Vater, der in mir ist[274].» So spricht die Ewige Wahrheit und da sie so spricht, muß das wahr sein. Dabei ist Jesus selbst Gott, der wesensgleiche

Sohn des Ewigen Vaters, gleich weise, gleich mächtig und doch sagt er immer: der Vater. In gleicher Weise hat seine heiligste Mutter den Lobpreis ihrer Base Elisabeth im Magnifikat sofort auf Gott abgebogen. Sie hat sich nur als Magd bezeichnet und Gott allein alle Ehre gegeben. Wenn diese beiden heiligsten Personen sich so verhalten haben, dann verpflichtet dieses Beispiel auch jeden von uns und wissen wir, wie wir uns bei Erfolgen zu verhalten haben.

Es wurde schon gesagt: Wir dürfen uns über Erfolge freuen; weil aber Satan immer lauert, die Menschen zu Fall zu bringen, ist Vorsicht am Platz. Wir dürfen nicht zu lange bei der Freude am Erfolg verweilen, sonst schleicht sich doch eine gewisse Selbstgefälligkeit ein. Wir müssen vor allem an die nächste Aufgabe und Arbeit herangehen, sonst geht es einem wie beim Sport und im Krieg: man ruht auf seinen Lorbeeren aus und muß das nächstemal schwere Niederlagen einstecken.

Das betrüblichste aber ist, daß so viele Menschen sich dadurch um den ewigen Lohn ihrer Arbeit und ihrer Mühen bringen, ja unter Umständen vor Gott in schwere Schuld kommen. Auch hier rächt sich der Mangel an übernatürlicher Einstellung und wahren Glaubensgeistes. Es ist ja lächerlich, wenn die Menschen sich wegen der Fortschritte auf wissenschaftlichem und technischem Gebiet wie «Götter» vorkommen. Dies wäre doch wirklich nicht notwendig; denn sie haben absolut keinen Grund dafür. Auch diese «Götter» könnten demütig sein, auch über ihnen steht der unendliche Gott, auch sie sind trotz ihrer Erfolge ärmer und gefährdeter als die Menschen früherer Zeiten, auch sie bleiben arme Sterbliche und ernten auch zur rechten Zeit den Undank der Welt. Oft werden solche, die sie mit Blumen bekränzt hatten, bald wieder ins Eck gestellt und nicht selten sogar mit Steinen beworfen. Das vergessen die meisten im Taumel ihrer Erfolge; aber selbst wenn sie bis an ihr Lebensende gefeiert werden, nützt ihnen das nichts für die Ewigkeit. Weder Geld noch Ruhm macht ihnen die Rechenschaft vor Gottes Richterstuhl leicht. Bei ihm gilt kein Ansehen der Person. Ach hätten die Menschen doch etwas mehr Vernunft, würden sie nur ein wenig denken, hätten sie etwas mehr Glauben, dann würden sie erkennen, daß Erfolge kein Grund zum Stolz und erst recht kein Anlaß zur Abkehr von Gott sein können. Die einzig richtige Haltung ist: Gott alle Ehre zu geben und ihm kindlich für alles zu danken.

Durch diese Einstellung, Gott allein die Ehre zu geben, verliert ja niemand etwas an Freude, im Gegenteil: jene, die der Mensch allein auskostet, ist gering und immer schnell verflogen. Die Freude aber, die er im Dank zu Gott trägt, ist doppelt, tiefer und unvergänglich. Die Verbindung mit dem freigebigen Vater ist noch inniger und die Folge davon ist, er kann seinem dankbaren Kinde noch mehr Beweise seiner allvermögenden Gnade und grenzenlosen Liebe schenken. Alles Irdische, alle Geschöpfe, aber auch alles Schaffen, eigenes und fremdes, soll uns darum immer noch mehr von seiner Größe und Liebe künden und uns immer inniger mit ihm verbinden.

Gottergeben sein bei Mißerfolgen und Verdemütigungen

Mißerfolge und Verdemütigungen bleiben keinem Menschen erspart, schon gar nicht jenen, die Christus nachfolgen, aber auch jenen nicht, die von Gott nichts wissen wollen. Letzteren sind sie immer sehr bitter, nicht wenige zerbrechen daran; doch selbst die Jünger und Jüngerinnen des Herrn brauchen eine gewisse Zeit, bis sie sich damit ab- und darin zurechtfinden. Es ist aber immer ein Zeichen, daß der Glaube noch nicht lebendig genug ist und die Demut noch keine tiefen Wurzeln gefaßt hat. Der wahrhaft Gläubige und wirklich Demütige empfindet Mißerfolge gar nicht so schrecklich, sie sind ihm eine Selbstverständlichkeit.

Er weiß, Gott schuldet ihm nicht, daß er jede Mühe immer gleich mit Erfolg belohnt. Er versteht auch, es wäre gar nicht gut, immer Erfolg zu haben. Ebenso ist er überzeugt, daß er Gott durch geduldiges Hinnehmen des Mißerfolges erst recht Freude machen kann. Es ist ja eine Tugend, bereitwillig darauf zu verzichten, sagen zu können: Ich habe das erreicht, wofür ich mich so eingesetzt habe.

Hier zeigt sich auch zugleich der Segen der Demut für den Demütigen selbst. Der andere Mensch grämt sich ab, sucht und forscht, ist trostlos, unter Umständen verbittert und schadet sich damit selbst am meisten. Er ändert die Dinge ja nicht und bringt sich nicht bloß um den Frieden des Herzens, sondern auch um Gottes Wohlgefallen und um Gottes Lohn.

Im Grunde ist alles so leicht, wenn die Menschen es im Lichte des Glaubens sehen und Christus nachfolgen wollten. Wie viele Worte und Wunder des Herrn waren für viele seiner Zeitgenossen umsonst! Je mehr er sich anstrengte, die Menschen zum Vater zu führen, desto mehr zogen sie sich zurück und je mehr er verdient hätte, daß sie mit ihm gehen, desto mehr stellten sie sich gegen ihn. Der Schluß war: «Hinweg mit ihm! Ans Kreuz mit ihm[275]!» Menschlich gesehen ist das ein schreckliches Fiasko all seiner Arbeiten und Mühen, seiner Wunder und seiner Liebe.

Wie hat Christus darauf reagiert? Hat er geklagt? War er verbittert? Nein! Er ließ sich dadurch am Auftrag des Vaters und in seiner Liebe zu uns Menschen nicht irre machen. Wir kennen seine Liebe und Treue bis zum Tod. Uns wird es immer ein Rätsel bleiben, wie er bei soviel bodenloser Gemeinheit seiner Feinde noch sprechen konnte: «Vater, verzeih ihnen! Sie wissen nicht, was sie tun[276].» Wir staunen über dieses geduldige Ausharren bei diesem Spott und diesen Qualen, bis er das letzte Wort sprechen konnte: «Es ist vollbracht[277]!»

Könnten wir nicht von ihm lernen, daß der augenblickliche Erfolg gar nicht maßgebend ist. Maßgebend ist die reine Absicht, der gute Wille und der Einsatz aller Kräfte. Damit stellen wir Gott zufrieden, und das ist die Hauptsache. Umsonst sind Arbeit und Opfer nie. Der Erfolg und Lohn kommt schon zu der Zeit, die Gott dafür bestimmt hat. Er ist um so größer und kommt um so schneller, je gottergebener, zufriedener und williger sein Kind den Mißerfolg trägt.

Zur Demut gehören auch die Verdemütigungen. Manche Menschen haben vor ihnen mehr Angst als vor Schmerzen. Und doch kommt kein Kind Gottes an ihnen vorbei. Nur sie sind die Prüfsteine wahrer Demut, erst sie der Beweis, daß diese Tugend wirklich vorhanden ist. Ein wirklicher Jünger des Herrn und Kind der himmlischen Mutter übersieht nicht, daß gleich die erste Station auf dem Kreuzweg lautet: «Er wird unschuldig zum Tode verurteilt.» Ein

Doppeltes eröffnet sich hier: Unschuldig und gleich zum Tode und zu was für einem Tod – zum Kreuzestod. Wir ahnen heute gar nicht mehr, welche Schmach es bedeutete, am Kreuze zu sterben, und zugleich, welch furchtbare Qual es war: ein buchstäbliches Vertropfen des Lebens. Kein römischer Bürger durfte gekreuzigt werden; nur Sklaven mußten dieses furchtbare Los über sich ergehen lassen. Christus aber, dem allein es zukommt, wirklich der Herr zu sein, hat das für uns auf sich genommen. Dazu noch den Spott und Hohn, der zusätzlich mit ihm getrieben wurde.

Es ist eine Gemeinheit, wenn Menschen in ihrer Menschenwürde zertreten werden, wie es im KZ geschah und geschieht. Außer jedem Vergleich steht es aber, was sie Christus angetan haben. Hier traf das grausame Spiel nicht bloß den Menschen, sondern den Sohn Gottes. Gerade als solchen verhöhnten sie ihn und überhäuften ihn mit Schmach. Er wird seiner Kleider beraubt und wie ein Verbrecher ausgepeitscht[278]. Sein Haupt wird verhüllt und auf ihn eingeschlagen, dabei dann gehöhnt: «Messias künde uns, wer hat dich geschlagen[279]?» Dann reißen sie ihm den Fetzen wieder weg, glotzen ihm frech in die Augen und speien ihren Unrat in sein heiligstes Antlitz. Sie geben ihm Backenstreiche, beugen das Knie vor ihm und rufen: «Sei gegrüßt, König der Juden[280]!» Es geht alles in der Richtung, Jesus als Messias, als Propheten, als den Sohn Gottes zu verhöhnen.

Nun ist es schon schlimm, wenn einer als König verhöhnt wird, der es nicht ist; schlimmer, wenn er zwar König ist, aber nur eine Karikatur desselben und nun verhöhnt wird, denn er ist immerhin König; am schlimmsten aber, daß Jesus Christus, der vom Scheitel bis zur Sohle König und wirklich der König ist, in seiner Königswürde so zertreten wurde. Welche Schmach war es also, die Christus angetan wurde! Kaum ein Engelsverstand, geschweige denn unserer, kann fassen, daß Christus sich das bieten ließ. Aber was tut seine unendliche Liebe nicht alles, um Unwürdige zu retten!

Denken wir daran: Was läßt der Heiland mit sich in der weißen Hostie Jahr um Jahr, Jahrhundert um Jahrhundert, geschehen bis ans Ende der Welt! Die Feder würde sich sträuben, alle die Scheußlichkeiten aufzudecken, die gegen ihn im Sakramente schon begangen wurden und werden. Seinetwegen möchte man wünschen, daß die

Welt nicht noch Jahrtausende stehe und diese Schmach für den Herrn nicht mehr so lange dauere. Doch wer kann darüber etwas Bestimmtes sagen? Wahrhaftig, Christus hat bewiesen, daß er demütig ist, aber auch, daß zur Demut auch Verdemütigungen gehören. Wir können über eine solche Demut nur staunen und ihn um so mehr lieben.

Zugleich müssen wir aber erkennen, daß es auch für uns eine Demut ohne Verdemütigungen nicht geben kann. Dürften wir es als Liebende besser haben wollen als der Geliebte? Würde in unserem Leben nicht etwas fehlen, wenn es frei von Verdemütigungen oder bloß arm daran gewesen wäre?

Christus wurde nicht ernst genommen, obwohl das Ernstgenommen-Werden zu seiner Sendung gehörte. Warum leiden wir denn so sehr darunter, wenn uns das gleiche einmal begegnet? Christus wurde abgelehnt, wir wollen immer anerkannt werden. Christus mußte sogar das furchtbare Wort vernehmen: «Hinweg mit ihm! Ans Kreuz mit ihm[281]!» Würde man uns das einmal zurufen, dann hätten wir es wegen unserer Sünden verdient. Christus hat es nicht verdient und doch erleben müssen. Er hat es in Geduld getragen. Darum sollen wir uns ganz tief in unser Herz hineinschreiben: Man muß aus Liebe zu Christus auch einmal Unrecht ertragen können. Wenn wir aus eigener Schuld leiden müssen, geschieht es ja nur zu recht. Aber nicht einmal das wollen die meisten auf sich nehmen. O wie sind wir Menschen doch so verkehrt! Erst, wenn wir wirklich unschuldig Unrecht leiden, können wir Christus ähnlich werden.

Verdemütigungen bereitet aber auch der Teufel mit Gottes Zulassung. Es wurde schon auf das KZ hingewiesen. Wieviel Schmach wurde hier Millionen und Abermillionen Menschen zugefügt; die Menschen tatsächlich zu Sklaven, zum Tier erniedrigt – im 20. Jahrhundert, im Zeitalter der Humanität, das sogar zum Schutz der Tiere eigene Vereine unterhält! All die Schmach und das Leid in den KZ sind aber nur dann vor Gott wertvoll und für den einzelnen verdienstlich, wenn sie in der Gesinnung Christi aus Liebe zum Vater und zum Heil der Seelen angenommen werden. Verdemütigungen ohne innere Demut und Liebe zu Gott sind wertlos, mögen sie noch so furchtbar sein. Sie können in dieser Gesinnung auch nur ganz schwer getragen werden und führen meist zur Verbitterung und zum seelischen Zusammenbruch. Mit Christus ist aber die größte Schmach und Qual und jede Verdemütigung zu meistern. Gerade sie bringen den einzelnen Christus näher. Sie sind Marksteine in jedem Menschenleben. Wehrt sich der Mensch jedoch dagegen, dann geht es abwärts. Nimmt er sie an, dann setzen die großen Gnaden ein; denn zu niemand neigt sich Gott und die himmlische Mutter erbarmungsvoller herab als zu dem Kind, das die anderen am meisten mit Schmutz bewerfen, wenn es das aus Liebe zu Gott geduldig erträgt.

Verdemütigungen auch empfindlicher Art schweigend und gelassen hinzunehmen, ja sogar Gott im Herzen dafür danken, ist ein Geschenk der Gnade und ein Gradmesser des erreichten Gnadenstandes. Wer auf dieser Stufe steht, ist für Gott zu allem bereit, aber nicht nur mit den Lippen, sondern durch die tägliche Bejahung des Göttlichen Willens.

Dabei darf man aber nicht übersehen: Das Ertragen von Verdemütigungen muß jeder erst im Kleinen anfangen, und zwar durch wirkliches Ja-Sagen zu den Verdemütigungen im Alltag. Gerade diese sind ja unvermeidbar. Schon hier steht der einzelne jeden Tag so und so oft am Scheideweg, an dem es ab- oder aufwärts geht. Da müßte jeder immer sofort daran denken: Verdemütigungen sind Schätze für das Himmelreich. Schätze darf man sich nicht entgehen lassen. Man muß nur die echten von den falschen unterscheiden. Die meisten Menschen sammeln die falschen und verachten die echten und wahren. Das Kind Mariens sollte aber für die Unterscheidung ein geschultes Auge haben. Die wahren Schätze sind die Verdemütigungen. Wer sie so nimmt, läßt sich keine mehr entgehen und kann dadurch auch das, was für die Natur schwer ist, leichter überwinden, ja so weit kommen, daß er Johannes vom Kreuz wenigstens versteht oder gar ihm nachspricht: «Herr! Was ich möchte, daß du es mir gibst, ist Mühsal, die ich für dich erleiden darf und daß ich gering geschätzt und für nichts geachtet werde[287]!» Der Heiland hat nämlich zu ihm gesagt: «Bruder Johannes, bitte mich um was du willst; denn ich werde es dir gewähren für den Dienst, den du mir erwiesen.» Es bezog sich auf den Dienst bei der Reform des Ordens und das war die Antwort des Heiligen.

Eigenartig ist wieder, daß die wirklichen und tiefsten Verdemütigungen von den meisten gar nicht als solche aufgefaßt werden, nämlich die Verdemütigung, die in jeder Sünde liegt. Es ist doch immer eine Schande, auf dem wichtigsten und entscheidendsten Gebiet, auf dem Gebiet der Tugend und des Charakters zu versagen. Die gesunde Natur empfindet es noch. Sie errötet. Eine strebsame Seele leidet sogar sehr darunter. Auch ist nicht rühmlich, sich eingestehen zu müssen: Nun hat Satan trotz aller Sorge der himmlischen Mutter und Gnade Gottes doch wieder über mich gesiegt, nicht durch ein Versagen der himmlischen Mutter oder der Gnade, sondern einzig durch meine Schuld.

Die Menschen müssen die Sünde wieder viel mehr als die eigentliche und tiefste Verdemütigung erkennen lernen. Dann würde sich auch die Mentalität der Welt wieder ändern und die Großen der Welt auf den verschiedensten Gebieten wegen ihrer vier oder fünf Ehescheidungen höchstens noch bemitleidet, aber nicht mehr als Gegenstand der Huldigung und als Vorbild in Frage kommen. Jeder und gerade der, der mehr sein und hoch über andern stehen will, sollte sich zutiefst über jede Sünde schämen. Das ist das beste Mittel und der beste Schutz, öftere Rückfälle zu verhindern. Nichts gibt auch Gott mehr die Ehre zurück und nichts versöhnt ihn schneller als dieses: die eigene Schuld anzuerkennen und sich vor ihm tief zu verdemütigen. «Ein gedemütigtes und zerknirschtes Herz verschmähst du nicht, o Gott[283]!» Beides muß da sein: gedemütigt, aber das nicht nur äußerlich, sondern auch innerlich, eben zerknirscht. Wie hat David das an sich erfahren, aber auch dann die grenzenlosen Erbarmungen, die Gott ihm dafür wieder geschenkt hat.

Nicht bei allen zeigt sich diese Haltung und Wirkung wie bei ihm. Deshalb muß hier wieder vor einer neuen Gefahr gewarnt werden, nämlich jener, die Sünde als wertvoll oder gar als notwendiges Mittel zur Erlangung der Demut zu betrachten. Satan mischt sich ja überall ein und sucht alles für seine Ziele reichlich auszunützen. Jeder muß sich darum klar sein: Sünden sind immer das größte Unglück. Sie sind nie wertvoll, geschweige denn notwendig. Man meint zwar, der Mensch sei durch diesen Hereinfall in die Sünde kleiner geworden. Unter Umständen heißt es: Wäre ihm das nicht passiert, dann wäre er nie von seiner Höhe heruntergekommen. Das wird im einen oder anderen Falle auch stimmen. Man muß sich aber trotzdem hüten, Ursache und Wirkung hier zu sehr zu verbinden. Die Engel sind tief, sehr tief gefallen und sehr gedemütigt worden. Auch bei verschiedenen Menschen läßt sich das gleiche feststellen. Daß Sünde den Menschen zur Demut führe, ist wieder in erster Linie Werk der Gnade, die allerdings jedem angeboten wird, aber dann das Mitgehen fordert. Für Petrus ist sein Fall ein Segen geworden, weil er seine Schuld einsah, bitterlich weinte und seine Tat aufrichtig bereute. Trotzdem muß man sich darüber klar sein: Notwendig sind Sünden zu wahrer Demut wirklich nicht; denn die demütigste aller Geschöpfe, die Mutter des Herrn, ist ohne jede Sünde. Und wie viele Heilige, die sich sehr vor der Sünde in Acht genommen haben, waren demütiger als die größten Sünder. Wohl kann und soll die Sünde den Menschen demütig machen; das wäre bei allem Unglück noch der Segen, der herauskommen könnte. Aber ganz groß muß sich jeder, um nicht in eine falsche Richtung hineinzukommen, merken: Gott braucht Sünde und Versagen nicht, um die Seele demütig zu machen. Würde man die Sünde auch nur in etwa als Hilfe zur Demut ansehen, dann würde schon wieder der Abscheu gegen die Sünde gemindert, eine Schwächung im Widerstand gegen sie einsetzen und Gott dadurch beleidigt werden. Die Sünde bleibt immer etwas Negatives. An ihr darf nie etwas Positives gesehen werden. Sie muß stets als ein Versagen gewertet, verurteilt und bereut werden.

Die Sünde unserer Stammeltern bleibt ein furchtbares Unglück. Den Beweis dafür liefert die Schöpfung von der ersten bis zur letzten Stunde. Als *felix culpa* wird sie nur besungen, weil sie uns den Erlöser gebracht hat. Daß er kam, hatte aber als tiefsten Grund nicht die Schuld der ersten Menschen, sondern die grenzenlose Erbarmung Gottes. Ohne diese wäre die Sünde ein auswegloses Unglück gewesen; groß genug war es ja ohnehin. Das kann nicht abgeleugnet werden. Darum darf das *felix culpa* nicht falsch aufgefaßt und angewendet werden. Hier ist wieder der Boden, auf dem Satan arbeiten kann. Wertvoll ist nur die Gnade und das Erbarmen Gottes, welcher auch die Sünde wieder zum Besten lenken kann. Dies geschieht aber nur dann, wenn sie aufrichtig bereut und wirksam mit allen Kräften bekämpft wird.

Wenn auf Grund gewisser Erlebnisse und Erfahrungen Sünden die Aufgabe erfüllten, uns bescheiden zu machen, dann kann das nur ein neuer Anlaß sein, sich noch mehr zu verdemütigen. Man muß sich sagen: Es ist traurig, daß bei mir alle anderen Bemühungen Gottes nichts genützt haben und er ausgerechnet die Sünde zulassen mußte, um mich wirklich klein zu kriegen. Wie groß muß mein Stolz gewesen sein und wie muß ich darauf achten, daß er nicht wieder hochkommt! Gerade in diesem Falle bleiben darum Mißerfolge und Verdemütigungen der Ausdruck der Sorge Gottes und der himmlischen Mutter.

Vorsichtig sein bezüglich einer zu großen Selbstsicherheit

Damit soll nicht der Unentschiedenheit und Ängstlichkeit im Innern und Äußern das Wort geredet werden. Dies alles hemmt die Arbeit und das Streben und verhindert jeden gottgewollten Erfolg auf jedem Gebiet. Klar und entschlossen, ruhig und sicher muß das Auftreten sein. Gerade im Kampf gegen den Satan bedarf der Mensch auch eines richtigen Rückgrates, da wäre das andere nur sein Verderben. Jedes Kind Gottes muß den alles bezwingenden Glauben besitzen: «Der Sieg, der die Welt überwindet, ist unser Glaube[284]!» und auch das Vertrauen auf die himmlische Mutter, daß sie ihre Kinder nie im Stiche läßt. Ebenso gehört hierher die Überzeugung von der Unerschütterlichkeit des Herrenwortes: «Die Pforten der Hölle werden sie nicht überwältigen[285].»

Es ist traurig, daß immer sofort ein Großteil der Katholiken kleinmütig wird, wenn das Pendel etwas zugunsten der Feinde der Kirche ausschlägt; ebenso, wenn die Angst sie befällt, die Wissenschaft möchte etwas finden, was die Fundamente des Glaubens erschüttern könnte. Wo ist da der Glaube? Selbst wenn der Antichrist fast die ganze Welt gewinnt und sein Prophet Wunder über Wunder wirkt, wenn der Kirche Glied um Glied ausgerissen wird und die Feinde unentwegt sich bemühen, sie im Herzen zu treffen, bleibt sie unüberwindlich und Siegerin im Endkampf. Christus hat sein Wort dafür verpfändet: »Die Pforten der Hölle werden sie nicht überwältigen! Ich bleibe bei euch alle Tage bis ans Ende der Welt[286]!» Christus ist unüberwindlich, Christus ist treu. Vom Ausgang des furchtbaren Endkampfes steht schon fest: «Das Zeichen des Menschensohnes wird am Himmel erscheinen und alle Völker der Erde werden wehklagen.» Dann offenbart sich, wer seine Kirche ist, wie er immer bei ihr weilte und seine Kirche über die Hölle triumphiert. Betreff neuer Entdeckungen der Wissenschaft bleibt unverrückbar bestehen: Die echte Wissenschaft kann nichts finden, was gegen das spricht, was gegen Christus, die ewige Wahrheit, und seine Kirche spricht. Diese Sicherheit ist da. Die muß jeder Christ freudig in seinem Herzen tragen und darf sie durch nichts erschüttern, ja nicht im geringsten herabdrücken lassen; denn «Himmel und Erde vergehen, aber seine Worte werden nicht vergehen[287]».

Von dieser Sicherheit aber, die sich auf die grenzenlosen Erbarmungen des Vaters, auf Christus und seine Gnade, auf die Liebe und Treue der himmlischen Mutter, der Siegerin in allen Schlachten, stützt, ist verschieden die Sicherheit, in welcher der Mensch auf sich, seine Tugend und seine Treue baut. Diese Sicherheit ist sehr zweifelhaft. Hier gilt: «Wer meint, er stehe, der sehe zu, daß er nicht falle[288]!»

Immer wieder muß man vor Augen haben: Es ist jedem Menschen verborgen, in welche Situationen er noch kommt, welche Prüfungen er noch durchstehen muß, in welcher körperlichen und seelischen Verfassung ihn ein Angriff der Hölle vorfindet. Wer hätte geglaubt, daß Moses, der Mann, der 40 Tage bei Gott auf dem Sinai sein durfte, noch versagen werde! Er hat Gott enttäuscht und durfte deshalb das gelobte Land nur von ferne sehen, aber das Volk nicht hineinführen[289]. Was hat König Salomon an Weisheit niedergeschrieben! Man müßte das lesen und sein Lebensende damit vergleichen. Ihm wurde wie selten einem Erkenntnis über Erkenntnis geschenkt. Er konnte sehr gut anderen sagen, was sie tun sollen; er selbst aber hat es zum Schluß doch nicht getan[290]. Dabei kam das Versagen nicht aus einem Mangel an Gnade, sondern lag ganz allein auf seiner Seite, weil er die

Mahnungen Gottes nicht befolgt hatte. Wieviele Beispiele könnten dafür aus der Geschichte noch angeführt werden! Es wäre darum wirklich kein Zeichen von Demut, wenn jemand trotz dieser erschütternden Beispiele behaupten wollte, bei mir kommt das nicht in Frage.

Dabei hat Gott schon längst durch seine Kirche gewarnt und gegen solche falsche Einstellung in zwei Glaubenssätzen die Wahrheit klar herausgestellt. Der eine lautet: Ohne besondere göttliche Offenbarung kann niemand mit Glaubenssicherheit wissen, ob er sich im Stande der Gnade befindet[291]. Dazu noch der andere: Der Gerechte kann ohne besondere Hilfe Gottes nicht in der empfangenen Gerechtigkeit bis ans Ende verharren[292]. Durch den ersten Satz darf niemand, der ehrlich gegen sich selbst und guten Willens ist, beunruhigt werden. Seine Aufstellung war durch überhebliche Behauptungen mancher Irrlehrer nötig geworden. Im zweiten Satz heißt es nur, daß der Mensch nicht ohne besondere Hilfe Gottes ausharren kann.

Aber gerade in diesen unverrückbaren Wahrheiten offenbart sich wieder die Weisheit und Fürsorge Gottes in der Führung seiner Kinder. Sie beugt zwei Gefahren vor. Als erste droht: Der Mangel an Wachsamkeit. Wer sich zu sicher fühlt, unterläßt sie. Er ist ja überzeugt: Es kann mir nichts passieren. Aber das ist schon wieder die große Lüge Satans; denn auch der begnadetste Mensch darf von ihm bis zum letzten Augenblick versucht werden. Die zweite Gefahr ist die: Er läßt sich gehen. Wer den Himmel schon in der Tasche hat, braucht sich ja nicht mehr zu plagen. Und doch ist das falsch. Auf der Rennbahn kommt es auf den Endspurt an. Bei der Besteigung eines Berges sind meist die letzten Strecken die schwersten. Der Besuch einer höheren Schule ist zwar wichtig, aber entscheidend ist das Abschneiden beim Abitur. Das gleiche gilt auch für die Rennbahn des Lebens, für den Aufstieg zur Vollkommenheit, für das Bestehen der Prüfung in der Stunde des Gerichtes. Bis zum Schluß hat der Mensch nichts in der Tasche.

Darum zeigt sich, daß gerade die Menschen, welche die im Glaubenssatz angeführte Offenbarung über die Gewißheit ihres Gnadenstandes und das Ausharren bis zum guten Ende haben, alles einsetzen, damit diese Verheißung sich auch an ihnen erfüllen kann; denn der

Völkerapostel schreibt: «Wer im Wettkampf streitet, wird nicht gekrönt, wenn er nicht rechtmäßig gekämpft hat[293]», und zwar bis zum Schluß. Gerade der begnadete Mensch weiß am besten: Niemand hat sich selbst in der Hand, nur die Gnade hält und trägt den Menschen.

Sich nicht sicher fühlen, ist auch der beste Beweis wahrer Demut. Ein Demütiger weiß besser als jeder andere um die Gefahr, die ihm ständig von seiten Satans droht. Sünder schädigen dessen Interessen nicht. Sie dienen ihm. Aber strebsame Menschen stehen ihm bei der Durchführung seiner Pläne überall im Wege; noch mehr, sie bringen der Hölle schwere Verluste bei. Darum sind sie im wahrsten Sinne des Wortes seine Feinde. Es wäre geradezu unnatürlich, wenn Satan sie nicht bekämpfen würde. Von seinem immer vorhandenen Haß und Neid gegen jeden Menschen abgesehen, ist der Kampf gegen die Guten für ihn direkter Selbstschutz und fordert von ihm die Wahrung der eigenen Interessen.

Ein begnadeter Mensch weiß darum um diesen Gegner und seinen Haß, seine Raffiniertheit und seine Macht. Er versteht nicht, wie sich andere über Satan lustig machen können. Wo ist der Mensch, der noch nie auf ihn hereingefallen wäre? Der Demütige zittert vor Satan nicht, ja er fürchtet ihn im Grunde seines Herzens nicht einmal; aber er nimmt ihn ernst und tut gut daran. Er glaubt unerschütterlich an den Endsieg über die Hölle und setzt alles dafür ein; er weiß aber auch, in jedem Kampf gibt es ein auf und nieder, und ich kann nur durch die Gnade siegen. Doch läßt Gott gerade bei seinen Besten die Gnade zuweilen sehr stark in den Hintergrund treten, so daß der Mensch von ihr nichts mehr spürt und sich verlassen und elend vorkommt. Das mußte sogar Christus selbst erleben und offenbarte es uns, als er am Kreuze ausrief: «Mein Gott, mein Gott, warum hast du mich verlassen[294]?» Wer diese Verlassenheit und die große Macht der Hölle noch nicht durchkosten mußte, sondern immer noch ein großes Vertrauen in sich spüren durfte, kann sich freilich davon kein Bild machen, aber er soll es wenigstens als Warnung nehmen, sich nie auf sich selbst, dafür aber um so mehr und unbedingt auf Gott und die himmlische Mutter zu stützen. Bleibt der Mensch sich seiner Schwäche bewußt, versucht er, demütig zu sein, wie die himmlische Mutter es war, dann wird er auch immer ihre Liebe und Treue erfahren dürfen. Wahre Demut hat klar erkannt und bekennt froh:

Alles ist und bleibt reinste Gnade und reinstes Erbarmen,
unverdient und unverdienbar,
immer gefährdet durch meine Armseligkeit
und durch die Raffinesse der Hölle,
aber unbedingt gesichert durch das grenzenlose Erbarmen Gottes
und das nie ermüdende Sorgen der Mutter,
wenn ich mich dieses Erbarmens nicht unwürdig mache
und dieser Sorge nicht entziehe.

Der Gehorsam ist die konsequente Auswirkung und Frucht der Demut. Demut und Gehorsam finden sich immer beisammen wie auch Stolz und Ungehorsam nicht voneinander zu trennen sind. Der Demütige folgt gern. Der Stolze hat immer ein Wenn und Aber und meist ein unbeugsames Nein.

Der Gehorsam gegenüber Gott und seinen Stellvertretern

Der Gehorsam gegenüber Gott ist sehr einleuchtend. Der Schöpfer hat Engeln und Menschen den freien Willen nicht gegeben, damit sie der Willkür und Laune folgen oder sich gar gegen ihn empören. Sie sollen in Freiheit und Liebe ihm dienen, seinem heiligsten Willen sich beugen und ihn vollziehen. Wie das geschehen soll, hat der Sohn Gottes selbst vorgelebt. Er war gehorsam bis zum Tode, ja bis zum Tode am Kreuze[295]. Auch die himmlische Mutter kennt nur den Gehorsam. «Siehe, ich bin eine Magd des Herrn[296]!» Wer Magd sein will, darf nicht herrschen und nicht befehlen, auch nicht seinen Kopf durchsetzen wollen, sondern muß dienen und folgen.

Gott begnügt sich aber nicht mit diesem unmittelbaren Gehorsam ihm gegenüber. Er verlangt auch die Unterwürfigkeit gegen seine Stellvertreter in der hausväterlichen, staatlichen und kirchlichen Autorität. Schon unter den Geboten des Sinai steht als viertes: «Du sollst Vater und Mutter ehren, auf daß es dir wohlergehe und du lange lebest auf Erden[297]!» Auch hier ist Christi eigenes Vorbild die beste Auslegung dieses Gebotes. «Dann zog er mit ihnen hinab und kam nach Nazareth und war ihnen untertan[298].» Bezüglich der Unterwürfigkeit gegenüber der staatlichen Gewalt ist die klassische Stelle die Szene vor Pilatus, dem ungerechten heidnischen Richter. Christus antwortet ihm: «Du hättest keine Gewalt über mich, wenn sie dir nicht von oben gegeben wäre[299].» Selbst einem himmelschreienden Urteil beugt sich der Sohn Gottes. Damit ist das Urteil nicht anerkannt, aber die Gewalt. Für den ungerechten Richter ist später schon noch die Stunde gekommen, in der er wegen Mißbrauchs der Gewalt zur Rechenschaft gezogen und bestraft wurde. Das müßte jeder Träger einer Staatsgewalt immer vor Augen haben, es ist Gewalt von Gott, die er mißbraucht. Ihm muß er darum auch Rechenschaft ablegen.

Die Pflicht gegenüber der Kirche gehorsam zu sein hat der Herr sehr scharf formuliert: «Wer euch hört, hört mich, wer euch verwirft, verwirft mich! Wer aber mich verwirft, verwirft den, der mich gesandt hat[300].» Und an anderer Stelle: «Hört er aber selbst auf die Kirche nicht, so gelte er dir wie ein Heide und Zöllner[301]!» An Klarheit lassen diese Worte nichts zu wünschen übrig. Sie sind auch wie alle seine Worte nicht nur für damals, sondern für alle Zeiten gesprochen. Für Ungehorsam gegenüber den Gesetzen und Geboten der Kirche gibt es keine Ausrede und keine Entschuldigung. Am Gehorsam scheiden sich die Geister und zerbrechen die Geschöpfe, wenn sie sich nicht beugen.

Der Gehorsam gegen Gott wurde schon im Kapitel «Die Sünder», in «Satan, der Widersacher Gottes», eingehend behandelt. Darum folgt hier der Gehorsam gegen die elterliche, staatliche und kirchliche Autorität.

Der Gehorsam der Kinder gegen die Eltern

Wie sehr Gott ihn fordert zeigt die Tatsache, daß das vierte Gebot das einzige ist, mit dem der Herr eine besondere Verheißung verbunden hat: «Auf daß es dir wohlergehe und du lange lebest auf Erden.» Da dieses Buch nicht für Kinder, sondern für Erwachsene geschrieben ist, dürfte es am Platze sein, von den Pflichten der Eltern gegen ihre Kinder zu sprechen.

An erster Stelle steht das eigene gute Beispiel. Sie müssen das Vorbild einer gediegenen Frömmigkeit und hoher Sittlichkeit, heiliger Gottesfurcht und echter Gottesliebe sein und in ihr vor allem eine wahre elterliche Liebe zu ihren Kindern haben. Was diese an ihren Eltern sehen und erleben, bestimmt sehr stark ihre ganze seelische und religiös-sittliche Entwicklung. Meist gestaltet sich das Bild des Ewigen Vaters und der himmlischen Mutter nach jenem, das sie vom irdischen Vater und der irdischen Mutter im Herzen tragen. Manche haben deshalb nie den Weg zu einem guten Gott und der himmlischen Mutter gefunden, weil der Vater oder die Mutter hart und herzlos gegen sie gewesen sind. Es gilt zwar auch hier: Keine Regel ohne Ausnahme, die Gnade geht ihre eigenen Wege, aber es ist das Angeführte die allgemeine Regel.

Die Eltern müssen ferner wissen: Ihre Kinder sind von allen Gaben, die Gott ihnen gegeben hat, das größte Geschenk, das er ihnen geben konnte. Es sind ihre Kinder; sie gehören ihnen immer. Die Eltern bleiben auch in der Ewigkeit ihr Vater und ihre Mutter. Die Kinder gehören aber noch mehr Gott. Er ist ihr Schöpfer und ihr Erlöser. Er liebt sie und diese Liebe ist für sie noch lebensnotwendiger und beglückender als die ihrer Eltern.

Stets muß darum das Streben gläubiger Eltern sein, ihre Kinder für Gott und den Himmel zu erziehen. Sie müssen ihre Kinder beten lernen und ihnen die Liebe zu Gott ins Herz einflößen. Es wäre furchtbar, wenn ein Kind durch die Schuld des Vaters oder der Mutter durch schlechtes Beispiel und schlechte Behandlung oder Unterlassung einer guten Erziehung ewig verloren ginge.

Eine Gefahr und ein großer Schaden für die Kinder ist heute: Viele Eltern haben vor lauter Haschen nach den Gütern der Welt fast keine Zeit mehr für ihre Kinder. Diese sind sich selbst überlassen und das ist nicht gut. Sie haben zu wenig vom Vater und von der Mutter. Oft sind die Kinder der reichsten Eltern hierin sogar die ärmsten. Diese müßten sich aber merken, alles, was sie ihren Kindern an materiellen Gütern bieten, kann nie den Hunger nach wahrer Elternliebe und das Glück dieser Liebe ersetzen. Ein Kind braucht ein Heim, vor allem das Heim am Herzen von Vater und Mutter. Für die Kinder ist das größte Geschenk, daß sie gute, gläubige Eltern haben, denen ihre Kinder wirklich das wertvollste sind und die sie in Gott lieben.

Die Elternliebe muß vor allem übernatürlich sein. Heute wird vielfach nur das irdische Wohl des Kindes ins Auge gefaßt, und selbst hier meist nicht das wirkliche. Dies ist aber grundfalsch. Jeder vernünftige Erzieher müßte sich sagen: Ich kann einem Kinde doch nichts Gutes tun, wenn ich alle seine Launen durchgehen lasse, alle Unarten dulde und alle seine Wünsche erfülle. Auf diese Weise wächst das Unkraut in der Seele nur noch ärger. Es wuchert ja ohnehin schon in jedem Menschen und muß in jedem immer wieder beschnitten werden. Geschieht es nicht, dann wird es ständig größer. Später kommt dann das Leben und das Leben kann hart sein. Vor allem stößt der junge Mensch – der ältere erst recht – dann mit seinen Launen und Unarten überall an und schafft sich unnötige Gegner. Er macht nur noch schwerer, was an sich schon schwer ist.

Ebenso können im Laufe des Lebens nicht alle Wünsche erfüllt werden. Hat jemand in der Jugend nicht gelernt, sie zu zügeln, auf etwas zu verzichten, dann gelingt ihm dies später noch viel weniger. Seine Wünsche sind ja mit ihm gewachsen und bringen ihn nicht selten in schwere Konflikte, vor allem mit den Geboten Gottes, unter Umständen auch mit den Gesetzen des Staates. Im Leben heißt es immer wieder sich beherrschen und überwinden, heißt es Opfer bringen. Wenn der junge Mensch das nicht schon als Kind gelernt hat, kommt später das große Versagen. Vor allem müßte jeder Erzieher sich auch bewußt sein, nicht die Leistung im Sport, nicht einmal die Leistung in der Schule, sondern die Leistungen in der Bildung des Charakters, und dazu gehört vor allem die richtige religiöse Einstellung, sind entscheidend. Erst sie stärken den Menschen für den Lebenskampf und geben ihm den wahren Wert für die Gesellschaft und das ewige Leben.

Heute ist es aber vielfach so, daß Eltern und Erzieher sich fast nichts mehr zu sagen getrauen. Sie pflegen bloß noch zu schweigen und nachzugeben, vielleicht noch zu seufzen. Das ist aber nicht richtig. Es wird sich schon zeigen, welche Früchte hier reifen und was die Eltern mit diesen Kindern noch erleben. Wirklich christliche Eltern setzen sich wenigstens bei ihren Kindern gegen diesen verkehrten Zeitgeist durch. Sie haben ja auch im Sakrament der Ehe alle Gnaden bekommen, die sie für diese heute doppelt schwere Aufgabe der Kindererziehung brauchen. Auch wissen sie und müssen restlos davon überzeugt sein, wenn sie Gottes Willen erfüllen, steht Gott hinter ihnen und kann es im großen und ganzen nicht schief gehen. Sollten sie im einen oder anderen Falle trotzdem keine Erfolge erzielen, so haben sie wenigstens das Bewußtsein: Ich habe vor Gott meine Pflicht erfüllt und das ist entscheidend. Alles andere ist wieder ein Geheimnis. Jeder Mensch hat eben seinen freien Willen. Aber Eltern, die ihre Pflicht getan haben, dürfen hoffen, daß der Same ihrer Arbeit schon aufgehen und Segen bringen werde. Ihre Arbeit und Mühe ist nicht verloren.

Der Gehorsam gegenüber der staatlichen Autorität

Der Mensch ist ein soziales Wesen und lebt in der Gemeinschaft. Schon die Vernunft fordert für sie eine Autorität. Viel Köpfe, heißt es, viel Sinn. Ruhe und Ordnung ist darum nur gesichert, wenn eine Gewalt über ihnen steht, welche die Macht hat, alles in die richtigen Bahnen zu lenken und in ihnen zu halten. Diese obrigkeitliche Gewalt und die Unterordnung eines jeden unter sie ist gottgewollt und auch die Gewalt selbst von Gott verliehen. Diese wurde durch die früher schon angeführten Worte und das Beispiel des Sohnes Gottes vor Pilatus ein für allemal festgestellt und festgelegt. Auch daran kann der Mensch nichts ändern und darf daran nicht rütteln.

Beide, Vorgesetzte und Untergebene, sind vor Gott verpflichtet, die ihnen hier anfallenden Pflichten treu zu erfüllen. Beide müssen in der Stunde des Gerichts auch darüber Rechenschaft ablegen. Gott ist es darum zu tun, daß in seiner Schöpfung Ruhe und Ordnung herrscht, noch mehr aber die Liebe. Nicht auf ihn kann es darum abgeladen und nicht ihm ein Vorwurf gemacht werden, wenn Ruhe und Ordnung in einem Staate fehlen. Warum wollen die Menschen immer gescheiter sein als Gott?

Für die Pflichten der Untergebenen ist neben dem Vorbild des Herrn das klassische Beispiel sein Wort: «Gebt dem Kaiser, was dem

Kaiser gebührt, und Gott, was Gott gebührt[302].» An beidem ließen es die damaligen Juden fehlen. Die meisten achteten nicht auf die Autorität des römischen Kaisers; die meisten brachten Gott wohl äußere Opfer dar, aber nicht im richtigen Geist. Sie schenkten ihm nicht ihr Herz. Hätten sie von jener Stunde an, in der Christus so klar gesprochen hatte, seine Worte befolgt, dann wäre es zu keinem Gottesmord gekommen, auch nicht zum Aufstand gegen die Römer und nicht zur Zerstörung von Jerusalem mit allen seinen furchtbaren Folgen.

«Gebt dem Kaiser, was dem Kaiser gebührt», bleibt darum die Grundlage jeder Rechtsphilosophie und jeder Ordnung. Dieser Satz ist das Wort und die Forderung Gottes und verpflichtet jeden Staatsbürger ohne Ausnahme. Dies kann unter Umständen sehr schwer werden, wenn der Staat seinen Untertanen große Opfer an Hab und Gut auferlegen und von ihnen im Kriegsfall den Einsatz des Lebens fordern muß.

Ist außerdem die Staatsführung schlecht, läßt sie sich Übergriffe ins Gewissen der Bürger zuschulden kommen, sucht sie diese mit Gewalt zu knechten, dann möchte sich jeder der Pflicht des Gehorsams als entbunden betrachten und solch hartes Joch abschütteln. Das ist sehr verständlich und doch spricht Gott dazu sein glattes Nein. Er fordert: Gebt dem Kaiser, was dem Kaiser gebührt.

Sehr klar und deutlich hat dies auch der Völkerapostel in seinem Römerbrief geschrieben: «Ein jeder soll sich der obrigkeitlichen Gewalt unterordnen. Denn es gibt keine Gewalt, die nicht von Gott stammt. Wo eine Gewalt besteht, ist sie von Gott angeordnet. Wer sich daher gegen die Gewalt auflehnt, lehnt sich gegen die Anordnung Gottes auf. Wer sich aber gegen diese auflehnt, zieht sich das Gericht zu. . . . deshalb muß man sich ihr unterordnen nicht nur um der Strafe, sondern auch um des Gewissens willen[303].» Das schreibt der hl. Paulus ausgerechnet den Christen von Rom, in dessen Mauern Christus und die Christen blutig verfolgt und sogar ausgerottet werden sollten. Auch er selbst ist dann dort das Opfer einer solchen Verfolgung geworden. Ja, Gott stellt Forderungen, die manche nicht einsehen und nicht anerkennen wollen, aber doch von der Weisheit und vom Willen Gottes diktiert sind und im Gewissen verpflichten.

Dies gilt besonders von Verfolgungen der Kirche und ihrer Kinder durch die Obrigkeit. Auch sie sind ganz stark in den Heilsplan Gottes eingebaut und dürfen nicht herausgebrochen werden. Ausdrücklich sagt der Heiland zu den Seinen: «Sie werden euch den Gerichten ausliefern und in den Synagogen geißeln[304].» Petrus läßt er erkennen, daß er den gleichen Tod sterben werde wie er, sein Meister. Aber nicht nur den Aposteln galten diese Worte, sondern auch ihrer Herde, ihren Nachfolgern und den Christen aller Zeiten. Die Erfahrung beweist es: Immer wieder erlebt die Kirche mit ihren Kindern das Wort des Herrn: «Haben sie mich verfolgt, werden sie auch euch verfolgen[305].» Besonders klar ist dies in der Geheimen Offenbarung ausgesprochen. In der Zeit des Antichrist ist der Vernichtungskampf gegen Christus und seine Kirche am stärksten, so daß selbst Auserwählte irre werden würden, wenn es möglich wäre. Die Kirche trägt immer das Zeichen des Kreuzes. Die Liebe zu ihrem gekreuzigten Heiland und Erlöser aber gibt ihr auch immer die Kraft, dem geliebten Meister das Kreuz der Verfolgung nachzutragen und den Kreuzweg tapfer und siegreich durch die Jahrtausende zu gehen. In dieser Sicht bekommen die Leiden, welche eine ungerechte Obrigkeit ihren Untertanen zufügt, ihren letzten und tiefsten Sinn. Es sind Zulassungen Gottes, der das Leid seiner Kinder gewissermaßen zum Ausgleich und zur Sühne für die eigenen Vergehen und die Sünden der Welt braucht. «Ich ergänze das in meinem Fleische, was am Leiden Christi noch mangelt[306].»

Immer ist ja Gott der Herr und hat alles in seiner Hand. Für ihn ist es eine Kleinigkeit, dem Toben der Bösen ein plötzliches Ende zu bereiten. Er hat es in der Geschichte schon oft getan; aber ihm müssen wir es überlassen, nicht wir dürfen hier eingreifen.

Blutige Revolutionen gegen ungerechte Obrigkeit liegen darum nie im Plan und Willen Gottes. Der Mensch darf ihm nicht dareinpfuschen. Erstens ist damit der Willkür und Ungerechtigkeit Tür und Tor geöffnet; denn es gibt immer unzufriedene Untertanen und Radaubrüder. Zweitens kostet eine Revolution viel Blut und oft sind die Guten die Zahlenden. Der Beweis dafür sind die unglücklichen Opfer des 20. Juli 1944. Ihr Mißerfolg nimmt ihnen nichts von ihrer guten Absicht und edlen Haltung. Gott hat hier mehr als den Einsatz ihrer Persönlichkeit und Kraft, ihr furchtbares Leid angenommen, so daß in diesem Sinn ihre Opfer nicht umsonst waren. Blutige Revolutionen aber sind nicht in seinem Sinn.

Vielleicht weist man auf den Erfolg Francos hin, als er gegen das Rote Regime aufstand, und auf die Bedeutung dieses Erfolges für ganz Europa. Aber hier saß eine Minderheit noch nicht fest im Sattel und suchte das Land erst zu knechten. Es war ein Ringen zwischen zwei ebenbürtigen Kräften. Opfer hat es aber trotzdem auch hier noch viel gekostet.

Statt blutiger Revolutionen will Gott die viel wirksamere Revolution des Gebetes und der Opfer. Österreich und Brasilien zeigen das deutlich. Dort hat diese Revolution zum Sieg geführt. O hätten die Kinder Gottes doch mehr Glauben, wären sie doch von der Macht der Muttergottes überzeugt! Genügen denn die vielen Beweise der Hilfe und Siege des Rosenkranzgebetes immer noch nicht? Müssen die Menschen immer erst in der größten Not an ihn erinnert werden und als letzte Hilfe zu ihm greifen? Groß ist die Verantwortung aller, welche diesen Weg ablehnen und vom Einsatz dieser siegreichen Waffe nichts wissen wollen. Wer innige Liebe und großes Vertrauen zur Rosenkranzkönigin hat und eifrig seinen Rosenkranz betet, ist der größte Gegner gegen ungerechtige Obrigkeit. Er ist es aber so, wie Gott es will und trägt in seiner Art am meisten zu deren Sturz bei. Aber es müßten viele Beter sein, einige allein schaffen es nicht und sie müßten beharrlich beten bis zu der Stunde, die Gott in seinem Plan für die Befreiung festgelegt hat.

Die staatlichen Vorgesetzten vom obersten bis zum untersten müßten sich aber immer bewußt sein: Über ihnen steht Gott, er hat ihnen die Gewalt gegeben, aber auch deren Grenzen festgelegt: Seine eigene Ehre und das Wohl der Untertanen.

Die Träger der staatlichen Autorität dürfen diese nicht überspannen, immer bleibt der Untertan ein freier Mensch, er darf nicht versklavt werden, er hat das Recht auf freie Meinung und deren Äußerung, auf Rücksicht auf sein Gewissen, auf die Möglichkeit und Sicherheit einer gewissen Existenz und seines Fortkommens. Der Staat muß gerecht sein; er darf die einen Stände nicht zugunsten anderer belasten und ausnützen; es wäre Mißbrauch der Amtsgewalt und Sünde, wenn die Armen und Schwachen zugunsten der Reichen und Starken benachteiligt würden. Er schafft damit nur den Boden zur Unzufriedenheit und zum eigenen Sturz.

Das Amt, das die Vertreter des Staates innehaben, darf ihnen nicht in den Kopf steigen. Auch als höchste Träger der Staatsgewalt sind sie noch keine Götter, sondern nur Menschen. Auch sie sind klein vor Gott und sollten immer vor Augen haben: Er kann ihrer Herrlichkeit sehr schnell ein Ende bereiten. Das Wichtigste aber ist: Für jeden kommt einmal die Stunde der Rechenschaft. Der irdischen Gerechtigkeit können sie sich bei einem Fiasko ihrer Regierung entziehen, der ewigen Gerechtigkeit aber nicht; Gott kommen sie nie aus.

Ebenso falsch wie die Überspannung der Autorität ist auch das Schleifen-lassen der Zügel der Regierung. Diese Gefahr ist heute im Zeitalter der Demokratie noch größer als die andere. Sie liegt im System und in ihm liegt folgende Schwäche: In dieser Staatsform sind die Regierungen durch die Wahlen zu abhängig vom Volk. Hätten wir wirklich ein heiliges Volk, dann wäre die Abhängigkeit gut; so aber kann dies nicht behauptet werden und beweist es sich immer wieder: Viele wählen nicht nach ihrem Gewissen, sondern nach anderen Motiven. Sie glauben denen, die ihnen am meisten versprechen. Vom Staat fordern sie immer noch mehr und leisten selbst immer weniger. Es ist nicht Schwarzmalerei, sondern traurige Tatsache. Die Berufsethik und das Pflichtbewußtsein gehen zurück, der gerühmte deutsche Fleiß und die deutsche Tüchtigkeit sind im Abnehmen. Darüber dürfen manche Einzelleistungen nicht hinwegtäuschen. Die vielen Fremdarbeiter sind der Beweis für den Rückgang der eigenen Einsatzbereitschaft.

Ein Unglück ist auch die unvernünftige Hofierung der Jugendlichen durch zu große Freizeit und zu gute Bezahlung. Mit beiden wissen die meisten nichts anzufangen. Sie kommen nur auf dumme Gedanken und falsche Wege. Presse und Film tragen noch das Ihrige dazu bei. So kann es gar nicht anders sein, daß die Verbrechen der Jugendlichen ständig steigen. Verantwortlich sind alle jene, welche diese ungesunde Entwicklung gefördert haben und daran festhalten. Hier liegen Fehler im System. Es wird erst besser, wenn die Menschen zur Vernunft kommen und sich bewußt sind: Dieser Weg der ständigen Überforderung der Regierung, besonders der Staatskasse, führt nicht in größeren Wohlstand und eine gewisse sittliche Höhe, welche die Garanten für das Glück im Staate sind, er führt in den Abgrund.

Eine schwere Verantwortung vor Gott und ein großes Unglück ist auch die lahme Rechtspflege unserer Zeit. Früher war sie zu streng und zu hart, heute fiel man ins andere Extrem. Ausdrücklich sagt aber der hl. Paulus im Römerbrief: «Die Obrigkeit ist nicht für gute, sondern für schlechte Taten zum Schrecken. ... sie ist ja für dich Gottes Dienerin zu deinem Besten. Tust du aber Böses, so fürchte sie; denn sie trägt nicht umsonst das Schwert. Sie ist Gottes Dienerin und vollstreckt an dem die Strafe, der Böses tut[307].»

Dies scheint heute ziemlich vergessen zu sein. So viele Verbrecher fürchten die Obrigkeit nicht mehr; sie spotten ihrer. Die Todesstrafe ist ja abgeschafft; so ist kein Risiko dabei. Es kostet einem nicht den Kopf, wenn man auch zehn Menschen umbringt; man kommt höchstens ins Zuchthaus. Dort läßt sich aber auf Kosten der Steuerzahler immerhin noch leben und schließlich kann man damit rechnen, daß auch die Stunde der Freiheit wieder schlägt. Die Folge ist: Die Verbrechen, und zwar solche scheußlichster Art, nehmen immer mehr zu.

Der Gehorsam gegenüber der Kirche

Die Kirche leitet ihre Kinder durch allgemeine Gesetze und durch persönliche Aufträge und Befehle. Die Gesetze sind ernst zu nehmen. Der tiefere Grund liegt in dem Herrenwort: «Was immer du auf Erden binden wirst, wird auch im Himmel gebunden sein[308]!» Ihnen entspricht im Alten Bund das Zeremonialgesetz. Dessen Haltung im ganzen Umfang war sehr schwer. Trotzdem haben Jesus und seine heilige Mutter jede Vorschrift beachtet. Um so mehr ist der Christ verpflichtet, diesem Beispiel auch bei den weniger schweren Kirchengesetzen treu zu folgen. Eine Übertretung derselben ohne zwingenden Grund kann nicht ohne Belastung des Gewissens geschehen. «Wer euch verwirft, der verwirft mich[309]»! wurde deutlich gesprochen und wird nie zurückgenommen. «Himmel und Erde werden vergehen, aber meine Worte werden nicht vergehen[310]!»

Das Rütteln an den Gesetzen der Kirche ist gefährlich. Wohl sind diese nicht unabänderlich; aber es steht nicht dem Nächstbesten das Recht zu, daran zu streichen oder hinzuzufügen, wie es ihm gefällt, auch dem nicht, der Tonsur und Priesterweihe besitzt. Gerade diese müßten am ersten den Gehorsam gegenüber den kirchlichen Gesetzen verkörpern. Dürfte hier jeder tun, was er wollte, dann wäre der Anarchie Tür und Tor geöffnet und Satan die Waffe in die Hand gegeben, die Kirche doch zu überwinden. Jeder eigenmächtige Erneuerer ist der Hölle willkommen. Sie hilft ihm und sorgt auch für Mitläufer, ebenso für zugkräftige Parolen, auf die viele hereinfallen. Ihr Urheber kann nicht immer gleich, sondern oft erst später erkannt werden. Wohl kommt die Entlarvung nie zu spät, weil Christus selbst bei seiner Kirche ist und über sie wacht. Aber inzwischen kann sehr viel zerschlagen werden und übergroß ist der Schaden an den Seelen, der angerichtet wurde. Wieviel Nutzen hat die Hölle bis auf den heutigen Tag aus der Reformation und Aufklärung gezogen! Ohne diese Vorarbeit hätte es nie zum heutigen Kampf gegen Gott, gegen Glaube und Sitte kommen können.

Eine List Satans ist der Hinweis auf Veränderungen der Kirchengesetze im Laufe der Zeit. Was früher Pflicht war, ist jetzt verboten. Was früher verboten war, ist jetzt erlaubt, z. B. die Änderung der Nüchternheit bei der heiligen Kommunion. Auch disziplinäre Verordnungen gehören dazu. Manche von ihnen sind wohl nicht aufgehoben, aber auf deren Beachtung wird selbst von der vorgesetzten Behörde kein Wert mehr gelegt.

Wer aber guten Willens ist, kommt dadurch nicht auf den Gedanken, daß auch er jetzt nach Gutdünken handeln dürfe. Änderung der Kirchengesetze und -vorschriften sind immer Sache der Kirche und nicht des einzelnen. Dieser müßte sich auch prüfen, warum er sich so gern über manche Gesetze und Vorschriften hinwegsetzen möchte. Geschieht es aus Stimmung und Laune, aus ichsüchtigen Beweggründen, dann richtet er sich selbst. Die Vorschriften der Kirche sind ja gerade dafür da, um den Menschen in seinem Leben und Streben allem Schwanken zu entziehen und ihn besonders vor den Irrgängen des eigenen Ich zu bewahren.

Sehr verdächtig ist es, das muß immer wieder betont werden, wenn keine Ehrfurcht vor der Tradition besteht und was bisher geleistet wurde, als nichts oder minderwertig hingestellt und behauptet wird, jetzt müsse alles anders werden. Wohl gibt es eine organische Entwicklung. Durch Bejahung dieser Tatsache beweist die Kirche ihre Jugendfrische und ist imstande, immer zeitnah zu sein. Aber in der organischen Entwicklung hat auch das Vergangene seinen Wert und darf nicht mit hochfahrender Geste abgetan oder mit roher Hand einfach zerschlagen werden.

Zu einem guten Kind Gottes gehört auch der Gehorsam gegen die Befehle der zuständigen kirchlichen Vorgesetzten. Diese sind: Der Heilige Vater, die Bischöfe und Seelsorger der Pfarrgemeinde, im Bereich des Inneren auch die Beichtväter, für die Ordensleute ihre Ordensobern. Letztere werden in einem eigenen Kapitel behandelt.

In jedem Betrieb, sogar schon in jedem Verein, muß eine Autorität anerkannt und deren Befehle befolgt werden; dann erst recht im kirchlichen Raum. Hier steht noch viel mehr auf dem Spiel. Wie sollen die Hirten ihre Herde vor Schaden bewahren und zu Gott führen, wenn ihnen nicht gehorcht wird. Mit dem Gehorsam steht und fällt das Wohl und Wehe der Kirche und der Seelen.

Kardinal Wendel wies in seiner Papstpredigt darauf hin: «Das Konzil soll auch die Kirchendisziplin den Bedürfnissen und den Bedingungen unserer Zeit anpassen» und er zog daraus folgenden Schluß: «Die Tatsache, daß der Papst diese Aufgabe einem Konzil stellt, muß uns doch zu denken geben und manchen zur Besinnung und zur Besonnenheit rufen, der allzu schnell in seinem eigenen Urteil mit kirchlichen Einrichtungen und Bestimmungen der Disziplin fertig ist, sie als veraltert bezeichnet und sich eigenmächtig darüber hinwegsetzt. Das ist kein Zeichen von Selbstdiszipliniertheit und ein solches Verhalten verrät keine umfassende Erfahrung und Umsicht[311].» Das Konzil hat inzwischen den Beweis geliefert, wie recht der verstorbene Kardinal hatte.

Schließlich war Christus ja schon immer alle Tage bei seiner Kirche und ist nicht erst jetzt gekommen. Neue Ideen können momentan blenden. Satan liefert gern solche. Aber erst an den Früchten kann man sie erkennen. Gute Früchte können nur von einem guten Baum kommen[312]. Er ist aber nicht gut, wenn seine Früchte Stolz, Ehrfurchtslosigkeit und Ungehorsam gegenüber den Vorschriften der Kirche sind. Jeder, der zur Besserung der Zeit beitragen will, muß bei sich selbst beginnen und hier ist das Fundament die Demut, die Ehrfurcht, der Gehorsam und die Liebe.

Die Rechtspflege der Kirche

Die Kirche ist das ins ewige Vaterhaus heimpilgernde Gottesvolk und damit eine menschliche Gesellschaft, die sichtbar in Erscheinung tritt. Ihr Schwerpunkt liegt im Geistigen, in der Gotteskindschaft, in der Gnade, in den Sakramenten. Ihre Glieder sind aber immer noch Bürger dieser Erde, denen die Folgen der Erbsünde noch anhaften. Ihr Leben lang haben sie mit eigenen Schwächen und allen möglichen Schwierigkeiten zu kämpfen.

Als Institution, welche aus Menschen zusammengesetzt ist, benötigt die Kirche auch eine gewisse Rechtspflege. Da diese von Menschen durchgeführt wird, haftet auch ihr selbstverständlich die Schwäche der menschlichen Natur an. Darum ist besonders die letzte Zeit das kanonische Recht und vor allem das heilige Offizium Zielpunkt mancher Angriffe gewesen. Auf jeden Fall steht jedoch fest: Ohne Gesetze und ohne geistliches Gericht kommt auch die Kirche nicht aus. Sie kann nie darauf verzichten, weil ihre Kinder keine Engel, sondern Menschen sind. Sie kann es aber vor allem schon deshalb nicht, weil der Widersacher nie ruhen und immer wieder alles versuchen wird, sein Gift den Gläubigen einzuimpfen.

Der Kirche ist das Wertvollste anvertraut, was es auf Erden gibt: Die Heils- und Gnadengüter, welche der Sohn Gottes der Menschheit durch sein Erlöserleiden und Sterben verdient hat. Ausdrücklich übergab er sie seiner Kirche. «Tut dies zu meinem Andenken! Was ihr auf Erden binden werdet, wird auch im Himmel gebunden sein ... Weide meine Lämmer, weide meine Schafe[313]!» Es ist keine leichte Aufgabe, die der Kirche damit auferlegt wurde. Sie wäre untragbar, wenn der Herr sie nicht selbst mittragen würde. Er tut es und hat versprochen: «Ich bin bei euch alle Tage bis ans Ende der Welt[314].»

Noch zur Zeit der Apostel zeigte sich, mit welcher Wachsamkeit der anvertraute Schatz behütet werden muß. Schon sehr bald sind falsche Propheten aufgetreten und haben sich Wölfe im Schafskleid in die Herde Christi eingeschlichen. Die Apostelgeschichte und die Apostelbriefe offenbaren deutlich, welcher Kampf gegen sie geführt werden mußte. Manche möchten heute daraus eine gewisse Fragwürdigkeit der Kirche und die Entstehung späterer Kirchen und Sekten rechtfertigen. Ja man hat die Form gefunden: Gerade die Vielheit verherrliche Gott. Man darf aber nicht übersehen, dies bezieht sich nur auf die Vielheit der Riten innerhalb der einen wahren Kirche. Daß aber die andere Vielheit, welche durch die Gegensätze der Bekenntnisse gegeben ist, Gottes Absichten widerspricht, wurde schon an anderer Stelle dargelegt. Es sei kurz gesagt: Wenn Gott diesen Wirrwarr der Sekten gewollt hätte, – er ist es nämlich, darüber können alle schönen Worte nicht hinwegtäuschen –, dann hätte er das klar gesagt; er hat das Gegenteil getan. Immer wieder muß darauf hingewiesen werden: Christus hat vor den falschen Propheten und den Wölfen im Schafskleid gewarnt. Er hat zum Vater gefleht, «daß sie eins seien wie der Vater und er eins sind[315]». Daß seine Warnung nichts geholfen und sein Gebet sich nicht erfüllt hat, kam nicht daher, weil er dies wollte, sondern vom Eigensinn der Menschen. Er mußte ihn zulassen, weil er ihnen den freien Willen gegeben hat. Er sucht trotzdem zu retten, was zu retten ist; auf jeden Fall gehen unschuldig in Irrtum Geratene, die guten Willens sind, nicht verloren. Dies ist aber nicht das Verdienst der falschen Propheten und der Wölfe im Schafskleid, sondern hat seinen Grund einzig im großen Erbarmen Gottes – und sagen wir es doch auch an dieser Stelle – im Einsatz seiner heiligsten Mutter, die er zur Mutter der Barmherzigkeit bestellt hat.

Ein grasser Fall, wie Satan bereits in der Urkirche gearbeitet hat, wird im 3. Brief des hl. Johannes angeführt. Der Heilige schreibt: «Ich habe an die Gemeinde geschrieben. Aber Diotrephes, der unter ihnen der erste sein will, nimmt uns nicht an. Damit noch nicht zufrieden, nimmt er selbst die Brüder nicht auf und wehrt es denen, die sie aufnehmen wollen, ja, schließt sie aus der Gemeinde aus[316].» Man könnte vielleicht entgegenhalten: Hier geht es nicht um die

Lehre Christi, sondern mehr um Randstreitigkeiten oder um pathologisches Geltungsbedürfnis und Überschreitung der Zuständigkeit der Amtsbefugnis. Und doch darf man annehmen, daß im Glauben des Diotrephes bereits viel faul war, sonst hätte er sich nicht geweigert, Johannes, der in seinem ersten Brief scharf gegen die Irrlehrer aufgetreten war, anzunehmen. Auf jeden Fall zeigt sein ganzes Verhalten, daß sein Leben bereits nicht mehr auf dem Boden der Lehre Christi stand. Es war ja unerhört, sich gegen den Lieblingsjünger des Herrn, den Metropoliten von Kleinasien, so zu benehmen. Ebenso war sein Vorgehen gegen die Brüder schwere Sünde. Wer war er denn, daß er so anmaßend auftreten durfte? Kaum der Finsternis entronnen und aus der Sünde herausgehoben zeigt er, wie stark beides noch in ihm herrscht. Wer darum so gegen die Lehre und Disziplin der Kirche fehlte, bedurfte der Zurechtweisung. Johannes hat sie ihm in Aussicht gestellt und wohl auch durchgeführt. Möchte man den Fall nun wirklich als rein disziplinären ansehen, so steht die andere Tatsache fest, daß Irrlehrer die Gläubigen in Verwirrung zu bringen suchten und damit die Notwendigkeit bestand, gegen sie aufzutreten. Oft war auch Paulus in diese Notlage versetzt. Hätte er geschwiegen, dann hätte er seine Pflicht schwer verletzt. Aber er schwieg nicht und hat immer eine sehr klare entschiedene Sprache gesprochen. In der Geheimen Offenbarung tadelt der Heilige Geist ausdrücklich den Bischof von Thyatira: «Ich habe gegen dich, daß du das Weib Jezabel gewähren läßt, die sich für eine Prophetin ausgibt und durch ihre Lehre meine Knechte zur Unzucht und zum Genuß von Götzenopfern verführt[217].»

Da Satan nach seinem Sturz am Karfreitag sehr bald schon wieder seinen Kampf um die Seelen beginnen durfte, ist es selbstverständlich, daß dieser Kampf durch alle Jahrhunderte weiterging. Die Kirche hatte die Pflicht, seine Angriffe abzuwehren; diese konnte sie nur dadurch erfüllen, daß sie die Irrlehren als Irrlehren erklärte und sie verwarf. Weil Satan dahintersteckte und er steckt hinter jeder Irrlehre, war es damit nicht abgetan. Das Übel fraß darum weiter und brachte vielen Gliedern der Kirche den Tod. War es da dann ein Verbrechen der Kirche, daß sie mit den ihr zur Verfügung stehenden Mitteln die weitere Ausbreitung des Unglücks zu verhindern suchte?

Man bricht heute den Stab über die Inquisition und distanziert sich von ihr. Manche sind auch über die zu große Strenge des heiligen Offiziums empört. Es mag sein, daß die eine oder andere Härte vorgekommen ist. Auch auf diesen Posten standen und stehen Menschen. Wo aber ist der Mensch, der nie einen Fehler macht? Man frage doch auch ehrlich: Wo wären wir, wenn es keine Inquisition und kein heiliges Offizium gegeben hätte? Der Teufel hat ohnehin viel erreicht und hätte noch mehr erreicht. Gott hätte noch ernster als zum Bischof von Thyatira gesagt: Ich haben gegen dich . . . Es steht fest: Auch jetzt und für die Zukunft kann die Kirche nicht auf die Wachsamkeit über den Glauben und nicht auf eine Institution verzichten, welche diese schwere Aufgabe erfüllen muß. So manches deutet darauf hin, daß ihre Aufgaben nicht weniger und leichter werden, als sie vor dem Konzil waren, wenn man nicht will, daß Satan die Kirche doch noch vergiften kann.

Freilich wird die Inquisition wegen ihrer Methode von uns modernen Menschen abgelehnt. Man müßte aber schon ehrlich sein und sich bemühen, sie aus der damaligen Zeit zu verstehen. Damals war die ganze Rechtspflege eine härtere. Außerdem ist auch die nicht immer glückliche Zusammenarbeit zwischen geistlicher und weltlicher Obrigkeit zu berücksichtigen.

Die schwersten Anwürfe gegen die Inquisition treffen sie wohl wegen der Hexenprozesse. Man muß leider sagen, mit Recht. Doch wer darf hier richten? Aus der Ferne kann man sehr leicht reden. Man darf nicht übersehen: Satan geht doch immer darauf aus, seine Gegner hereinzulegen und die Inquisition war ein gefährlicher Gegner der alten Schlange. Sie hat ihm manches Spiel verdorben, aber die Inquisitoren waren nicht alle Heilige. Mit dem Hexentreiben sind sie ihm dann auf den Leim gegangen. Menschliche Leidenschaften, Abneigung und Haß, Eifersucht, Neid und Habsucht leisteten ihm dabei gute Dienste.

Über die Rechtspflege der Kirche ist noch besonders zu betonen: Die Kirche verurteilt keine Andersgläubigen, weil sie anders denken und lehren. Sie verurteilt nur, was in diesem Andersdenken der klaren Lehre Christi widerspricht. Ihre Urteile richten sich nicht gegen die Person, sondern gegen die Sache. Ihre Verurteilungen treffen aber vor allem die eigenen Kinder, die sich gegen den Glaubens-Gehorsam verfehlen.

Es ist richtig: Der Mensch ist in seinem Denken frei. Aber in dem Moment, in dem er auf Irrtümer hereingefallen ist und andere dafür gewinnen will, wird er eine Gefahr für den Glauben und das Heil der Seelen. Viel Unheil schwelt hier jederzeit unter der Decke. Überschreitet es dann ein gewisses Maß, vertritt jemand seine Irrtümer in der Öffentlichkeit, sei es in Wort oder Schrift, dann darf die Kirche nicht schweigen, sondern hat die Pflicht, diesen Irrtum als Irrtum zu erklären. Sie würde sonst ihren Auftrag, Hüter der Wahrheit zu sein, nicht erfüllen.

Dieses Recht wird ihr nun von vielen nicht mehr zuerkannt. Auf der anderen Seite darf aber heute jeder dem andern seine Meinung aufzwingen, nur der Kirche wird es als Zwang ausgelegt, wenn sie ihre Pflicht erfüllt, den Irrtum als Irrtum aufdeckt und von den Ihren die Treue zum Taufgelübde und zur Wahrheit verlangt. Diese Haltung gegenüber der Kirche ist so unlogisch wie nur etwas. Man überlege doch einmal: Es fällt doch keinem ein, zu behaupten, man bräuchte keine ärztlichen Zeugnisse mehr und die Apotheker dürften solche nicht mehr verlangen. Jeder müßte das Recht haben, nach Art der Selbstbedienung, in die Apotheke hineinzugehen und sich nach seinem eigenen Urteil zu holen, was er für gut findet. Sehr viele würden da bald an Vergiftung unter gräßlichen Schmerzen sterben. Warum denkt man in bezug auf das Gift, welches in der Irrlehre liegt, nicht auch so? Warum gilt die Gesundheit des Lebens der Seele so wenig? Weil einem eben manche Wahrheiten unbequem sind und man es deshalb ablehnt, daß auf ihre Anerkennung bestanden wird. Wer andere vergiftet, wird vom Gericht bestraft, wer die Seelen vergiftet, braucht kein Gericht zu fürchten; er wird noch als Held und Gelehrter gefeiert.

Eine Gewissensfrage wäre nun: Besteht für alle, welche Gewalt ausüben, sei es eine staatliche oder geistliche, nicht die Pflicht, die Menschen ebenso vor dem Schaden ihrer Seele zu schützen, wie sie es für das irdische Leben tun oder leider – muß man sagen – tun müßten. Es war durchaus nicht so abwegig, wenn katholische Fürsten diese Pflicht erfüllten. Das Bedauerliche war höchstens die Methode und der Zwang, wenn sie Andersgläubige zum Glauben bringen wollten. Dieser Zwang war falsch, denn vor Gott gilt ja nur die freie Zustimmung und vor allem die Liebe. Aber ihre Untertanen vor dem Schaden, der ihrer Seele zugefügt wurde, zu schützen, war immer und bleibt immer die Pflicht auch der weltlichen Obrigkeit. Sie ist es heute noch. Glaubt man nicht, daß Gott auch darüber einmal Rechenschaft verlangt! Nicht bloß zum Schutz des Lebens hat Gott sie gerufen, auch den Schutz seiner Ehre und das Heil der Seelen hat er ihnen anvertraut. Es fehlt nur die Konsequenz im Denken, aber Gott denkt konsequent und handelt auch danach. Einmal wird dies offenbar werden.

Man hat sich im Konzil begnügt, die Wahrheit in ihrer Schönheit herauszustellen und darauf verzichtet, Zeitirrtümer zu verurteilen. Es wurde das heilige Offizium umbenannt und gewisse Sicherungen gegenüber zu großer Strenge geschaffen. Es wäre schön, wenn es in Zukunft mit der Liebe allein ginge. Es wäre zu schön, darum wird es nicht gehen, solange eben der Ehrgeiz im Menschen wohnt und manche wie Diotrephes die ersten und gescheitesten sein wollen. Es wird vor allem deshalb nicht gehen, weil Satan nicht ruht, immer wieder aufs neue versucht, seine Ideen in die Menschheit hineinzutragen und sie dadurch für sich und seine Pläne zu gewinnen.

Manche Irrtümer haben sich gerade im Zusammenhang mit den Erneuerungsbestrebungen des Konzils in den Köpfen und in der Praxis festgesetzt, so daß der Heilige Vater bereits öfter davon warnen mußte und manche Hirten der Kirche sich ernste Sorgen machen.

Satan ist es tatsächlich geglückt, eine Verwirrung der Begriffe ohnegleichen selbst in unsere Reihen hineinzutragen. Ein Beweis dafür ist auch, daß man dem Recht der Kirche, sich für die Wahrheit einzusetzen, das Recht der anderen gleichstellt, auch ihre verkehrten Ideen durchzudrücken, ja, daß man damit sogar die Methoden des Kommunismus entschuldigt. Letzteres ist unbegreiflich. Über das andere könnte man reden, wenn nur diese Welt für sich existieren würde, wenn es keinen Gott, keine Übernatur, keine Erlösung, kein Gericht und keine Hölle gäbe. Nun kann man aber Gott wohl wegdisputieren und leugnen; er hört aber deshalb nicht auf, da zu sein und verzichtet auch nicht darauf, seine Forderungen zu stellen. Er steht nur im Hintergrund und erwartet freien Glauben, freien Gehorsam und freiwillig geschenkte Liebe. Aber immer gilt: Er ist da und er allein ist maßgebend und in seinen Augen ist Wahrheit und Irrtum nicht gleich. Er duldet auch nicht, daß seine Kirche darüber anders denkt und lehrt als er. Sie ist deshalb neunzehnhundert Jahre den Kreuzweg ihres göttlichen Stifters gegangen. Er will auch nicht, daß sie jetzt auf einen anderen Weg abbiegt und ihrem Auftrag untreu wird. Sie tut es auch nicht.

Wie Gott über den Irrtum des einzelnen denkt, wird sich in der Ewigkeit zeigen. Daß aber der Irrtum durch gewisse Methoden anderen aufgezwungen wird, ist gottwidrig und ihm verhaßt. Diese Methoden sind Lüge, Verleumdung, Gewalt. Die Kirche hat nun im Konzil versucht, die Welt von der Wahrheit zu überzeugen und die getrennten Brüder zur Einheit zurückzuführen. Der gute Hirte hatte einst selbst gesagt: «Ich habe noch andere Schafe, die nicht aus dieser Herde sind, auch die muß ich herbeiführen. Sie werden auf meine Stimme hören und es wird eine Herde und ein Hirt sein[318].» Vergleicht man nun das Vorgehen der Kirche zur Erfüllung dieses Herrenwortes mit den Methoden, die hinter dem Eisernen Vorhang und in China angewandt werden, dann kann der gewaltige Unterschied, der hier besteht, keinem entgehen, wenn er noch ein wenig wahr und ehrlich sein will.

Man führt zwar zur Rechtfertigung dieser kommunistischen Methoden zwei dunkle Punkte aus der Vergangenheit der Kirche ins Treffen: Die Anwendung der Folter im Mittelalter bei den Hexenprozessen sowie manche Grausamkeiten bei der Ausbreitung des Christentums und im Kampf gegen den Irrglauben. Doch ist dabei folgendes zu beachten: Die Anwendung der Folter war einmal, aber sie ist nicht mehr und muß aus den damaligen Zeitverhältnissen verstanden werden. Die Folter wurde auch nicht von der geistlichen, sondern von der weltlichen Behörde vorgenommen. Bei dieser gehörte sie aber zu ihren Methoden, Verdächtige auf diese Weise zum Schuldbekenntnis zu bringen. Die ganze damalige Zeit glaubte, dieses Verfahren bestünde zu Recht und man könnte darauf nicht verzichten. Inzwischen hat sich auch in der Rechtspflege vieles geändert und sind diese grausamen Methoden verschwunden. Darum ist es um so unfaßbarer und verwerflicher, daß sie jetzt in noch viel grausamerer Weise zur Vergewaltigung der Freiheit und des Gewissens in den bolschewistischen Staaten wieder eingeführt und angewandt sind.

Zur Entlastung des gewaltsamen und grausamen Vorgehens des Kommunismus werden sodann angeführt: Die Sachsenkriege Karls des Großen, mancher blutige Kampf bei der Ausbreitung des Christentums im Osten Deutschlands, manch grausames Vorgehen bei der Eroberung Amerikas gegenüber den Ureinwohnern, die Bartholomäusnacht in Frankreich und vielleicht noch manch anderes. Das war auch Gewalt, ja leider! Es war auch nie im Geist Christi und im wahren Geist der Kirche. Auch hier findet sich wieder weltliches und geistiges vermischt. Vor allem aber war es nie das Prinzip der Kirche. Sie selbst hat nur zum Verteidigungskrieg gegen den Versuch, christliche Länder und Völker zu vernichten, aufgerufen. Die Kreuzzüge waren kein Unternehmen zur Bekehrung der Türken, sondern zur Wiedergewinnung der von diesen einst entrissenen heiligen Stätten. Sie waren ausgelöst durch die Schikanen, welche die christlichen Pilger und die dortigen Christen in steigendem Maße erdulden mußten.

Die Missionsmethode der Kirche ist anders als Gewalt. Ihre Boten sind mit dem Kreuz und der Bereitschaft, für Christus und die Wahrheit das Leben zu opfern, ausgezogen. Ihr Blut und ihre Opfer haben reichere Ernte eingebracht und sie besser gesichert als alle Hilfe der weltlichen Gewalt es vermochte. Auf jeden Fall steht in unserer Zeit die Kirche als rein geistige Macht da. Sie hat keine Panzer und keine Atombomben; sie nimmt keinen in ihre Reihen auf, der nicht freiwillig kommt und um Aufnahme bittet. Sie unterscheidet sich in ihrer Haltung und ihren Methoden wesentlich vom Kommunismus und Bolschewismus von deren Haltung und deren Methoden.

Zum Schluß dieses Kapitels «Die Rechtspflege der Kirche» darf darauf hingewiesen werden: Das Konzil hat alle Sicherungen getroffen, daß Fehler der Vergangenheit vermieden werden. Die gröbsten können ja sowieso nicht mehr vorkommen. Eroberungskriege weltlicher Mächte unter dem Zeichen des Kreuzes, Inquisition mit Foltermethoden wird es nie mehr geben. Irrtümer zu verurteilen und unter Umständen unverbesserliche Söhne und Töchter zu bestrafen, wird aber immer eine bittere Pflicht für sie bleiben. Mögen es ihr doch ihre

Kinder nicht so schwer machen und es ihr ersparen, diese Pflichten erfüllen zu müssen.

Die wahren und falschen Reformatoren

Gerade die reiche Erfahrung der Kirche zeigt: Wer seiner Kirche und den Seelen nützen will oder die Verpflichtung in sich spürt, sich mehr als andere für sie einzusetzen, muß sich bewußt sein: Das ist eine schwere Aufgabe und verlangt mehr als gewöhnliche Demut und Unterwürfigkeit unter die Kirche. Mancher ist auf eine Bahn gekommen, auf die er nicht wollte; er ist ein totes Glied außerhalb des Organismus der Kirche geworden. Entweder hat er sich selbst getrennt oder es wurde der Bann über ihn ausgesprochen. Mancher endete sogar auf dem Scheiterhaufen. Es kann einmal ohne Schuld geschehen sein wie bei der Jungfrau von Orleans. Das ist aber die seltenste Ausnahme. Wenn es zum Bruch mit der Kirche kommt, ist in der Regel der Betreffende selbst schuld. Er hatte zu wenig Demut und Gehorsam. Echte Reform setzt sich immer nur durch Demut und Gehorsam durch. Beweise sind unter anderen die große heilige Theresia von Avila sowie Sankt Franziskus und ihre Werke.

Gerade die Reform der großen Spanierin zeigt die Richtung, in der die gottgewollte Reform geht. Ihre Losung war: Zurück zur ursprünglichen Regel und unbedingter Treue zu ihr! Immer dreht es sich um die Treue zu Gottes Geboten, nicht um die einen oder anderen unwesentlichen Dinge.

Wenn die Gotteshäuser leer werden, die Vergnügungsstätten und Sportplätze aber voller, wenn der Sonntag nicht mehr richtig gehalten und die Hirten der Kirche nicht mehr gehört werden, wenn Unsittlichkeit und Verbrechen eine beängstigende Höhe erreicht haben, gibt es nur eine Reform: Wieder zurück zur Treue gegen Gottes Forderungen im Decalog, und zwar durch Gebet und Opfer. Damit müssen die Verantwortlichen und die sich verantwortlich fühlen, beginnen, und versuchen, alle, an die sie herankommen, von deren Wichtigkeit zu überzeugen. Eine wahre Reform kommt erst dann zustande, wenn es gelingt, daß viele auf diesem Wege mitgehen. Selbst der heidnische König im sündigen Ninive hat das ohne viel Theologie begriffen. Ihm hat die Predigt des Jonas genügt: «Vierzig Tage und Ninive wird untergehen[319].» Er hat den Entschluß zur Umkehr gefaßt und mit ihm die ganze Stadt. Darum ist Ninive damals verschont geblieben.

An unsere Zeit hat Gott durch Fatima den Aufruf zur Buße ergehen lassen. Er war in gewissen Kreisen nicht umsonst. Aber es muß noch mehr Wert auf Gebet und Buße gelegt werden als auf eigenmächtiges Vorgehen mancher meist jugendlicher Heißsporne. Mit Gebet und Opfer und wirklicher Treue gegen die Gebote Gottes und der Kirche sowie der Erfüllung der Berufs- und Standespflichten soll jeder, dem die Besserung der Zeiten am Herzen liegt, bei sich beginnen, wie es Theresia von Avila gemacht hat. Wer solches tut, trägt am meisten zur Reform bei und vermittelt der Welt die so nötigen Gnaden. Nicht auf sich-wichtig-machen und wichtig-tun kommt es an, sondern auf das eigene gute Beispiel und die Gnade, die aber verdient, erbetet, eropfert und erlitten sein muß.

Auch Sankt Franziskus weist in die gleiche Richtung. In der Kirchengeschichte von Lortz steht der Satz: «Franziskus gelang die Reform der Kirche, weil er auf seinen eigenen Willen verzichtet hat.» Wie ist das zu verstehen? Franziskus fand nach seiner Rückkehr aus dem Heiligen Land durch die Tätigkeit Kardinal Hugolins, den Protektor des Ordens, diesen ziemlich verändert vor. Die Brüder lebten jetzt nicht mehr in einfachen Hütten, sondern hatten feste Häuser. Auch begnügten sie sich nicht mehr bloß aus dem Herzen zu predigen, sondern oblagen ernsten Studien. Franziskus war dadurch tief getroffen und litt innerlich sehr unter den Milderungen der Lebensführung, die ihm abgerungen wurden. Er sah ihre Notwendigkeit nicht ein. Noch mehr, er glaubte durch sie die Ausführung seines ganz direkt von Gott überkommenen streng verpflichtenden Auftrages gefährdet. Und doch hat er sich unter den Willen des Stellvertreters des Papstes gebeugt und niemals hat sich im Laufe der Kirchengeschichte die geheimnisvolle Kraft des lebendigsten, heroischsten Gehorsams so glänzend gezeigt wie in Franziskus. Ihm gelang die

Reform der Kirche, weil er auf seinen Willen verzichtete. Katharer und Waldenser zerfielen, weil sie kritisierten, aber sich nicht unterwarfen[320]. Auch Waldes, der Stifter der Sekte der Waldenser, war zuerst ideal eingestellt. Er mag es wirklich ehrlich gemeint haben und scheute auch vor keinem Opfer zurück. Aber Demut und Gehorsam waren nicht seine Stärke. Da er öffentlich die Prälaten angriff, wurde ihm das Predigen verboten. Doch hielt er sich nicht daran. So wurde er der unselige Häretiker, der soviel Leid über seine Heimat gebracht hat.

Für Franziskus war der Gehorsam menschlich gesehen eigentlich noch schwerer als für Waldes. Er hätte wirklich darauf pochen können: Ich habe den Auftrag zu diesem armen Leben von Christus bekommen. Wem es von den Brüdern zu schwer ist, der kann ja wieder gehen. Ich bestehe darauf, daß es so beibehalten wird, wie wir angefangen haben. Was wäre aber geworden, wenn Franziskus so gesprochen hätte? Im Kampf gegen die Autorität der römischen Kirche wäre selbst ein Franziskus unterlegen. Alles Gute, was er vorher getan hatte, alle Opfer wären umsonst gewesen; denn Gott hält es nur mit den Demütigen und Gehorsamen. Dem Stolzen und Ungehorsamen entzieht er seine Gnade, mag er ihn auch vorher noch so sehr damit überhäuft haben. Die Kirche und die Welt hätten keinen heiligen Franziskus, sondern nur einen Ketzer und eine Sekte mehr. Die Kirche wäre aber trotzdem nicht untergegangen. Gott hätte eben ein anderes demütigeres und gehorsameres Werkzeug erwählt.

Franziskus hat die schwerste Probe des Gehorsams glänzend bestanden. Gott nahm ihn zu sich. Mit Hilfe seines dreifachen Ordens konnte sodann unter dem Schutz und dem ganzen Segen der Kirche die Erneuerung derselben durchgeführt werden.

Franziskus war freilich Ordensmann; aber im Gehorsam gegenüber der kirchlichen Autorität in Sachen des Glaubens besteht kein Unterschied zwischen Ordensperson, Weltpriester und Laien. Der Gehorsam gegenüber den Geboten der Kirche und den Befehlen der zuständigen kirchlichen Autorität ist jedem einigermaßen gläubigen Christen selbstverständlich. Er kennt das Wort und das Beispiel der Heiligen und ist überzeugt: Er kann auf keine andere Weise Gott gefallen als durch den Gehorsam.

Die Freiheit der Kinder Gottes

Sie ist das Geschenk des Ewigen Vaters in der Morgenstunde der Schöpfung an seine Kinder. Durch die Sünde ging sie aber in weitem Maße verloren. Die Menschen tauschten ihren gütigsten Herrn mit dem grausamsten ein, den man sich vorstellen kann: Satan ist der größte Tyrann. Sie hatten nicht mehr viel Freiheit. Ihr Leben wurde mehr ein Sklavendasein. Da hat sich der gütige Gott wieder erbarmt und seinen eigenen Sohn für die undankbaren Kinder geopfert. Dieser brachte unter den vielen Geschenken ewiger Liebe auch das Geschenk der wahren Freiheit wieder. Wir haben nicht mehr den Geist der Knechtschaft empfangen, so daß wir uns fürchten müßten, sondern den Geist der Kindschaft, indem wir rufen: Abba, Vater! Leider sind viele Christen sich der Größe dieser Gabe nicht bewußt und erweisen sich auch ihrer nicht würdig. Sie mißbrauchen sie wie einst unsere Stammeltern.

Im Kapitel der Reinheit wurde schon gezeigt, wie der Lügner von Anbeginn das Wort Freiheit zur Ungebundenheit und Zügellosigkeit auf sittlichem Gebiet mißbraucht. Er kann auf viele Hörer und Hörige hinweisen und sich damit brüsten.

Auch zur Unterminierung der Autorität und des Gehorsams mißbraucht er es wieder. Es war ja schon seine Waffe beim ersten Zusammentreffen mit den Menschen: Gott gleich sein, keinen über sich haben, selbst Herr, frei sein! Nun, sie haben erlebt und auch ihre Kinder und Kindeskinder, was diese vom Teufel ausgerufene Freiheit ist und bringt. Trotzdem fallen viele immer wieder darauf herein. Darum wendet sie Satan auch immer wieder an. So warf er vor 400 Jahren diese Parole der Freiheit der Kinder Gottes unter die Massen. Sie nahmen sie in seinem Sinne wie im Rausch auf und bald zeigten sich auch die entsprechenden Früchte: Die Entfesselung der niedersten Leidenschaften, Unrecht über Unrecht auf allen Seiten, Leid über Leid in jedem Lager und das schlimmste, die unselige Glaubensspaltung, der Riß durch die Völker. Satan kann seitdem Gott höhnisch entgegenrufen: Siehst du, sie sind nicht eins!

Vor fast 200 Jahren war der Boden Frankreichs dafür reif, daß der Widersacher Gottes wieder mit seinem Aufruf zur Freiheit es wagen konnte. Diesmal hat er ihn noch schlauer formuliert: Freiheit, Gleichheit, Brüderlichkeit! Und wieder fielen die Menschen darauf herein, das Blut floß in Strömen, die Revolution fraß sogar ihre eigenen Kinder. Ihre Wellen schlugen über die Grenzen Frankreichs hinaus und forderten überall Opfer. Ja, seitdem ist es nie mehr ganz ruhig geworden; immer wirft er die Brandfackeln der Revolution in die Länder.

Nun ruft das Konzil zur Selbstbestimmung und sagt den Menschen wieder: Die Freiheit der Kinder Gottes ist das große Geschenk unseres Vaters im Himmel. Die Konzilsväter fordern im Dekret der Religionsfreiheit: «Es darf niemand gezwungen werden, gegen sein Gewissen zu handeln innerhalb der gebührenden Grenzen. Nicht unter Zwang, sondern vom Bewußtsein der Pflicht soll der Mensch geleitet werden.»

Satan ist nun seit der Ankündigung des Konzils und auch während desselben nicht müßig gewesen. Er trieb manche zu geradezu hysterischem Eifer an, unter dem Deckmantel der Mitarbeit an den Konzilsbestrebungen seine Ideen durchzudrücken. Selbst Priester haben bei der Ankündigung des Konzils Morgenluft gewittert und geglaubt, es bringe größere Freiheiten und gehofft, die Fessel des Zölibats, abgenommen zu bekommen. Während des Konzils überpurzelten sich manche vor Freude über Angriffe auf das heilige Offizium und waren sich sicher, jetzt sei der Weg frei, mit lästigen Wahrheiten und hergebrachten Formen aufzuräumen und die Welt mit den Erzeugnissen ihres Geistes beglücken zu können.

Inzwischen steht das heilige Offizium neu da, zwar mit einem anderen Namen, etwas anderem Kleid, aber mit der gleichen schweren Verantwortung und mit der gleichen unbeugsamen Festigkeit, die der Kirche anvertraute Wahrheit treu zu hüten. Die letzte Instanz des heiligen Offiziums ist ja der Heilige Vater selbst, der wie kein Bischof und wie nicht das ganze Konzil zusammen die letzte Verantwortung trägt und darum auch wie sonst niemand aller Hilfe des Heiligen Geistes sicher sein darf.

Am schlimmsten ist die Ehrfurchtslosigkeit gegenüber der Tradition. Diese ist für bestimmte Kreise nicht nur ziemlich, sondern ganz erledigt. Die großen und heiligen Lehrer der Kirche haben nichts mehr zu sagen; mit einer Handbewegung werden sie abgetan. Viele sagen: Erst jetzt sind wir im Besitz der vollen Wahrheit.

Doch nicht nur die Tradition ist den «Modernen» ein Dorn im Auge. Auch in der Heiligen Schrift findet sich noch zu viel Übernatürliches und Wunderbares. Geheimnisse und Wunder liegen aber vielen heutigen Menschen nicht mehr. Schon der Lausbub in der zweiten Klasse wird ernst genommen, wenn er bei einer Stelle der biblischen Geschichte erklärt: Das glaube ich nicht. Daß der Glaube eine Gnade ist, die auch erbetet werden muß, ist ja schon wieder viel zu übernatürlich und überlebt. Wohin hat diese Haltung uns geführt und wo führt sie noch hin?

Man lese doch einmal im zweiten Sendschreiben des hl. Petrus seine klaren und ernsten Worte nach. Er betont ausdrücklich: «Überdies haben wir das zuverlässige prophetische Wort. Ihr tut gut, wenn ihr euch daran haltet. Es ist eine Leuchte, die einen hellen Schein in das Dunkel wirft, bis der Tag anbricht und der Morgenstern in euren Herzen aufgeht. Vor allem merkt euch, daß keine Weissagung der Schrift Sache eigener Deutung ist. Denn nie ist eine Weissagung aus menschlichem Willen hervorgegangen, vielmehr haben die heiligen Gottesmänner nur auf Antrieb des Heiligen Geistes geredet[321].»

Möge sich doch jeder das tief ins Herz hineinschreiben: «Keine Weissagung der Schrift ist Sache eigener Deutung» und ebenso «vielmehr haben die heiligen Gottesmänner nur auf Antrieb des Heiligen Geistes geredet.» Oder darf man fragen: Stimmen diese Worte des hl. Petrus auch schon wieder nicht mehr? Dann hätten ja schon damals die Pforten der Hölle die Kirche überwältigt. Dann dürfen wir aber wirklich zusammenpacken und sitzen wieder in Finsternis und Todesschatten. Aber was der erste Papst schrieb, behält ewige Wahrheit. Nicht Petrus hat sich getäuscht. Jene täuschen sich und täuschen jene, die ihm nicht glauben und nicht die Konsequenz aus seinen Worten ziehen.

Merken wir uns: Gott ist kein Leichnam in der Anatomie, den man sezieren kann. Er ist der lebendige Gott, wohl der große Liebende und unbegreiflich Barmherzige, aber auch der heilige Gott, das *Mysterium tremendum* und der *Deus terribilis*, wenn die Menschen ihn nicht ernst nehmen. Erleben wir das nicht gerade heute in den ständig sich ablösenden Katastrophen?

Die Heilige Schrift ist nicht der Aufsatz eines Hilfsschülers, in dem jeder herumstreichen kann wie er will. Mit welcher Ehrfurcht hat Christus immer von der Schrift und den Propheten gesprochen! Er verlangt diese Ehrfurcht auch von uns. Freilich soll Studium und Gebet immer mehr die Geheimnisse Gottes erschließen. Es bleiben aber immer Grenzen, an denen der menschliche Verstand halt machen, sich beugen und die Geheimnisse Gottes anbeten muß. Nicht auf das Wissen, auf das Leben, auf die Liebe kommt es an! In bezug auf das Verständnis der Heiligen Schrift gilt aber das Wort: «Vater, ich danke dir, daß du es den Großen verborgen, den Kleinen aber geoffenbart hast.»

Auch Laien glaubten den gleichen Weg wie die angeführten Priester gehen zu dürfen. Auch sie meinten, es wäre nun die Zeit gekommen, sich selbst eigene Auffassungen über die Religion bilden und ihr Leben nach eigenen Wünschen formen, noch deutlicher ausgedrückt, nach eigener Facon selig werden zu können. Die Dogmen der Kirche und die Gebote Gottes betrachten sie als Zwang. Daß die Betonung der Religionsfreiheit aber nicht so ausgelegt werden darf, hat das Konzil ein für allemal ausdrücklich festgelegt. Die Konzilsväter erklären klar und deutlich, «wir glauben, daß diese einzig wahre Religion ihre konkrete Existenz in der katholischen apostolischen Kirche hat[321a]». Ebenso klar und deutlich heißt es im Dekret: «Auch bei ihrer Gewissensbildung müssen jedoch die Gläubigen die heilige und sichere Lehre der Kirche sorgfältig berücksichtigen[322].» Man beachte: Es wird sogar ausdrücklich betont «sorgfältig». Es sagt mit anderen Worten: Der einzelne darf sich weder in bezug auf die Glaubenswahrheiten noch für sein moralisches Handeln eigene Ansichten bilden und erst recht nicht sein Leben danach einrichten wollen. Er muß vielmehr die Kirche und ihre Lehre als alleinige Wahrheit nehmen und bejahen. Und so heißt es wieder im Dekret: «Das ganze Leben nach den Forderungen der Wahrheit ordnen[323].»

Die Freiheit ist nie eine absolute. Immer steht über dem Menschen noch jemand, Gott; sie darf auch keine selbstherrliche sein, die sich über alle Wahrheiten und Bindungen hinwegsetzt und nur noch das eigene Ich, eigene Meinungen und eigene Wünsche gelten läßt.

Die Freiheit ist auch nur in gewissem Sinn das höchste Gut, insofern nämlich der Mensch dadurch die wirklich höchsten Güter erlangen kann. Das höchste Gut ist immer Gott und die Gotteskindschaft, das Hineingenommen-werden in die Gemeinschaft der Heiligsten Dreifaltigkeit. Das höchste Gut ist, daß wir von Gott geliebt werden und wir ihn wieder lieben dürfen. In der bewußt frei sich entscheidenden Liebe besteht ja der Vorzug unserer menschlichen Persönlichkeit. Gerade der Liebe aber ist es eigen, mit dem Geliebten im Denken und Wollen eins sein zu dürfen. Für die Liebe Gottes und unsere Liebe zu ihm gilt das noch mehr. Ist die unsrige echt, dann verzichtet man gern auf die eigene Weisheit und das eigene Wissen sowie auf das eigenwillige und selbstvertrauende Sorgen und Mühen. Man hat ja schon oft zur Genüge erfahren, wie unvollkommen dies alles und wie wenig sicher der Erfolg ist. Man weiß auch, welches Glück es bringt, wenn man von Gottes Liebe und Weisheit geleitet und der Gegenstand seiner Sorge und seines Wunsches sein darf, uns recht glücklich zu machen. Aus dieser Sicht heraus ist es auch dann nicht schwer, das wahre Glück darin zu sehen, gehorsame Kinder der Kirche Gottes sein zu dürfen. Dieser Gehorsam bleibt der schönste und gottgewollte Gebrauch unserer Freiheit.

Selbstverständlich will Gott nichts Erzwungenes, keinen erzwungenen Glauben, keine erzwungene Nachfolge seines Sohnes; aber es kann ihm auch nicht gleichgültig sein, ob sein ungeheurer Einsatz für die Rettung der Menschen, das Opfer seines Eingeborenen Sohnes so ziemlich umsonst sein sollte, weil die meisten doch nicht tun, was er will, sondern ihr eigener Lehrer sein wollen und sich ohne Rücksicht auf den Willen Gottes ihr Leben nach eigenem Geschmack einrichten.

Wer meint, man könne die Religionsfreiheit so auslegen, der täuscht sich sehr. Er lasse einmal die klaren Worte des Herrn bei der Aussendung der Apostel auf sich wirken: «Wo man euch dagegen nicht aufnimmt und auf euer Wort nicht hört, da verlaßt jenes Haus und jene Stadt und schüttelt den Staub von euren Füßen. Wahrlich

ich sage euch, dem Land Sodoma und Gomorrha wird es am Tag des Gerichtes besser ergehen als einer solchen Stadt[324].» Beachten wir doch: Wo man euch nicht aufnimmt, wird die apostolische Predigt abgewiesen. Wenn doch die Menschen einmal begreifen würden: Sie können mit Gott nicht umspringen wie sie wollen; er ist die Liebe, aber auch der Herr.

Der Aufruf zur Mündigkeit der Laien

Noch mehr als die Forderung der religiösen Freiheit mißbraucht Satan die Mündigkeit der Laien für seine Ziele. Der Aufruf zur Mündigkeit ist das Gebot der Stunde. Er ist wie der Vorwurf gegenüber Kindern, die im elterlichen Hof längst mitarbeiten könnten, statt dessen aber keinen Finger rühren und den Eltern bloß auf der Tasche liegen.

Der Aufruf zur Mündigkeit sagt zunächst: Der Christ muß sich seiner eigenen Verantwortung bewußt sein und immer verantwortungsvoll handeln. Die Mündigkeit legt ihm aber auch die Pflicht auf, am Heil der Seelen mitzuarbeiten. Der Christ darf nicht den Standpunkt Kains einnehmen: «Bin ich denn der Hüter meines Bruders[325]?» Ihm muß die Seele des Mitmenschen mehr am Herzen liegen als dessen irdisches Wohlergehen. Auch er muß in dem ihm möglichen Ausmaß Apostel sein. Zu allen Zeiten ist dies schon geschehen, aber es soll durch den Aufruf zur Mündigkeit jeder angesprochen und dazu gedrängt werden; keiner darf übersehen, daß auch für ihn diese Pflicht besteht.

Nun hat Satan sich auch hier eingeschaltet und versucht, den Segen des Konzils zu verhindern. Der Beweis dafür ist die Art, wie manche die Mündigkeit des Christen auffassen und sich benehmen. Sie drängen sich in die vorderste Front und glauben, in allen religiösen Dingen mitreden und kirchliche Einrichtungen kritisieren zu können.

Dabei zeigt sich: Manche reden, ohne daß bei ihnen die geringsten Voraussetzungen dazu gegeben sind. Solange jemand nicht einmal das dürftigste Wissen aus dem Katechismusunterricht beherrscht, und die klaffendsten Lücken seines religiösen Wissens nicht ausgefüllt hat, soll er es unterlassen, in religiösen Fragen Lehrer sein zu wollen. Am lächerlichsten wirkt es jedoch, wenn jene sich berufen fühlen, für die Reform der Kirche zu eifern und sie mit ihren Vorschlägen zu beglükken. Es wäre bestimmt auch besser, Leserbriefe, die ein tiefes Niveau an religiösem Wissen offenbaren und nicht selten auch jeden religiösen Takt vermissen lassen, nicht aufzunehmen. Anders ist es, wenn einfache, schlichte, fromme Menschen über religiöse Fragen sprechen; sie haben die Wahrheit im Herzen und verkörpern den Glauben im Leben. Sie erfreuen sich darum auch der Erleuchtung und der Führung des Heiligen Geistes. Ihre Worte überzeugen deswegen oft mehr als die glänzendsten Predigten und besten Artikel, ja selbst die besten Bücher. Im Bereich des Glaubens gelten eben andere Gesetze. Hier bestimmt die Gnade und diese steht über der Wissenschaft. Wahre Frömmigkeit bringt andere schneller und näher zu Gott als die Wissenschaft allein; der Beweis dafür ist der hl. Pfarrer von Ars und das Apostolat der Heiligen, selbst jener, die keine Weihe und keinen Doktortitel hatten. Diese sind gemeint, wenn das Konzil von Charismen der Laien spricht.

Ebenso leistet die Mitarbeit der Laien in anderer Richtung der Kirche wertvolle Dienste. Als Echo ihrer Kreise sowie als Fachleute auf Gebieten, welche zwar nicht zur Theologie gehören, aber doch für die Seelsorge von Bedeutung sind, werden ihre Urteile und ihre Mithilfe mehr als früher benötigt und geschätzt.

Wie dringend aber eine entsprechende Vorbereitung und ein entsprechendes Wissen für das Apostolat nötig ist, zeigt, daß das Konzil sogar für apostolisch tätige Ordensleute folgende Bestimmung erlassen hat:

«Männer, die nicht Kleriker sind und Ordensfrauen sollen nicht unmittelbar nach dem Noviziat apostolisch eingesetzt werden. Ihre religiös-apostolische sowie theologische wie praktische Formung ist in geeigneten Bildungsstätten sachgemäß fortzusetzen, wobei auch entsprechende Befähigungsdiplome erworben werden können[326].»

Schon im Handwerk, erst recht in den akademischen Berufen ist es selbstverständlich, daß nicht der Laie auf den verschiedenen Gebieten, sondern der Fachmann aufgrund seiner fachmännischen Ausbildung, seines Wissens und seiner Erfahrung die Autorität ist.

In der Medizin wird z. B. nie ein Student, der gerade das Abitur bestanden und kaum in seinen zukünftigen Beruf hineingeschmeckt hat, das große Wort über die anfallenden Fragen führen können. Assistenz- und selbst Oberärzte begleiten den Chefarzt bei den Visiten und sind dankbar, von ihm lernen zu können. Der Vergleich dieses Verhaltens mit dem vieler Jugendlichen und selbst junger Kapläne zeigt, wie unangebracht es ist, wenn sie sich anders benehmen. Es ist besonders für letztere um so unangebrachter, da gerade ihr Stand die Demut fordert und sie wissen müßten: Man lernt nie aus. Es ist nicht jeder ein hl. Karl Barromäus, den sein päpstlicher Onkel mit 19 Jahren zum Kardinal erheben konnte. Gewiß hat jeder, auch der jüngste Priester das unauslöschliche Siegel des Priestertums in seiner Seele eingeprägt und den besonderen Beistand des Heiligen Geistes. Dieser benützt aber nur die Demütigen zu seinen Werkzeugen. Der Stolze kommt jedoch immer mehr unter die Macht Satans und wird von ihm als sein Werkzeug gebraucht, auch wenn er es nicht will und nicht merkt.

Das Arbeiten Satans hinter den Kulissen zeigt sich auch beim Vorgehen mancher in der liturgischen Bewegung und der ökumenischen Frage. Das Dekret und seine Ausführungsbestimmungen sind doch sehr maßvoll. Aber auch dieses vermochte Satan für seine Ziele zu mißbrauchen. In manchen Kirchen inszenierte er den reinsten Bildersturm wie einst im 8. Jahrhundert; in diesen Kirchen wird kein Heiligenbild mehr geduldet, nicht einmal mehr eine Muttergottesstatue; sie fristet höchstens noch in einer versteckten Ecke ein bescheidenes Dasein. Ende des 19. Jahrhunderts wurden die schönen Barockaltäre hinausgeworfen, unersetzliche Kunstwerke zerstört. Heute macht man das gleiche: Man braucht keinen Altar mehr, keinen Tabernakel, bloß mehr einen Tisch; als ob Christus nur das Abendmahl gefeiert und nicht am Kreuz gestorben wäre.

Eine ernste Sorge bereitet auch die Art, wie in einem gewissen Schrifttum jene Männer emporgehoben werden, welche das Unglück der Glaubensspaltung auf dem Gewissen haben. Wohl sind sie unter dem Namen «Reformatoren» in die Geschichte eingegangen, doch widerspricht es jeder Wahrheit, sie in die Reihen der wirklichen Reformatoren der Kirche zu stellen. Letztere haben aufgebaut, erstere aber die Zerrissenheit in die christliche Welt hineingetragen.

Ebenso berührt schmerzlich, daß man heute so eifrig in die Schule dieser damaligen scharfen Gegner der Kirche geht. Glaubt man wirklich, daß diese bei so offensichtlicher Leugnung so und so vieler Wahrheiten und Abgleitens vom rechten Weg Werkzeuge des Heiligen Geistes waren? Dazu gehören andere Voraussetzungen, als diese mitbrachten und auch eine andere Haltung als die war, welche jene zeigten. Man darf wohl ruhig sagen: Sie hat nicht der Heilige Geist, sondern ein anderer Geist gerufen und geführt.

Werkzeuge des Heiligen Geistes waren die großen Heiligen der Gegenreformation. Ihr vorbildliches Leben und die Früchte, welche ihr Einsatz, ihr Gebet und ihre Opfer brachten, liefern den Beweis dafür. Es ist unverständlich und unverantwortlich, daß man heute vielfach ablehnt, was sie zum Schutz und zur Sicherung des wahren Glaubens geschaffen haben, dafür aber die Gedanken der sogenannten Reformatoren zum eigenen Anliegen macht. Wieviel wahre Frömmigkeit, welche Gott durch die Heiligen der letzten vier Jahrhunderte uns geschenkt hat, wurde bereits zerschlagen! Unschön und Verrat an der eigenen Sache ist auch die Art wie jene Männer, die durch ihren Einsatz uns den Glauben der Väter gerettet haben, heute zugunsten derer, welche sie bekämpfen mußten, herabgesetzt werden. Es mag sein, daß auch ihnen bei der Erfüllung ihrer schweren Aufgabe mancher Fehler mitunterlaufen ist. Warum versteht man das nicht und entschuldigt es nicht? Während man für die andern lauter Entschuldigungen hat und sie am liebsten um Verzeihung bitten würde, daß sie noch nicht heilig gesprochen sind.

Gewiß bestanden damals große Mißstände in der Kirche und wurden auch bei der Behandlung Luthers und seiner Mitarbeiter von manchen höheren kirchlichen Stellen grobe Fehler begangen. Dafür hatte auch bereits Papst Hadrian VI. und auch in unserer Zeit Papst Paul VI. öffentlich Abbitte geleistet. Doch darf man nicht übersehen: Die Fehler der Reformatoren waren größer als jene, welche gegen sie begangen wurden. Und wären sie heilig gewesen, dann wäre es nie zum Bruch mit der Kirche gekommen und alles wäre gut geworden. Der guten Sache und ihrer Seele hätte es nicht geschadet, wenn sie an Christus vor Pilatus gedacht und ihm zuliebe das Unrecht, mißverstanden und sogar ungerecht behandelt zu werden, ertragen hätten. Gerade bei Heiligen ist dies nicht selten vorgekommen, und es hat sich stets gezeigt, daß Demut und Gehorsam immer das Gott wohlgefälligste sind und der guten Sache am besten nützen und der eigenen Seele zum größten Segen gereichen.

Bei der Beurteilung der hier aufgeworfenen Fragen ist wohl das einzig Richtige, nicht Personen in den Vordergrund zu stellen, sondern einfach die nackten Tatsachen zu nehmen, wie sie sind. Nun ist aber Tatsache: Die Reformatoren waren schon unter sich nicht einig. Sie fanden sich nur zusammen im Kampf gegen die Kirche; dann aber gingen ihre Meinungen auseinander. Sie haben daher nicht lediglich Mißstände bekämpft, sondern die Substanz der Kirche angegriffen. Wahrheiten, die Christus uns gebracht, und wertvollste Gnadengüter, die er uns so teuer verdiente, haben sie einfach zerschlagen und – bildlich ausgedrückt – in die Kehrrichttonne geworfen. Gleich mit 5 von den 7 Sakramenten haben sie das getan, mit der Beichte, der hl. Firmung, der hl. Ölung, der Priesterweihe und der Ehe. Übrig ließen sie nur die Taufe und von der heiligen Eucharistie nur mehr den Tisch, nicht mehr den Altar, nur mehr die geistige Kommunion, aber keine ständige Gegenwart Christi im Sakrament, kein hl. Meßopfer, keine wirkliche Kommunion.

Von den Änderungen, die sie in der Lehre Christi vorzunehmen sich erkühnten, sei nur noch die Entwurzelung der Heiligen Schrift aus dem schützenden Boden der Tradition angeführt. Dabei steht doch einwandfrei fest: Nur mündlich waren das Leben, die Worte, die Wunder, das Leiden und Sterben des Herrn den Gläubigen viele Jahre hindurch verkündet worden. Erst im Laufe der Zeit wurden sie schriftlich niedergelegt. So ist die Bibel entstanden. Aus der Tradition ist sie herausgewachsen. In gleicher Weise wurde sie durch die Tradition vor Entstellung, Entblätterung und Zerstörung geschützt. Die katholische Kirche war die Hüterin der Bibel gegenüber allen Angriffen, die gegen sie gestartet sind.

Es war darum ein tollkühnes Unternehmen, die Tradition einfach zu streichen, die Bibel von dieser ihrer Schwester loszureißen und zur alleinigen Glaubensquelle zu erheben. Es war noch verwegener und verwerflicher, das Recht der richtigen Auslegung der Schrift für sich allein in Anspruch zu nehmen und es schließlich noch den eigenen Anhängern zu verpachten. Die Folgen ließen nicht lange auf sich warten: die Uneinigkeit im eigenen Lager bis auf den heutigen Tag und die immer mehr aus dem Boden schießenden Sekten. Über 400 berufen sich heute auf die Bibel. Da müßte sich doch jeder fragen: Kann das richtig und gottgewollt sein und die einzig wahre Antwort darauf finden: Nie und nimmer! Wenn es aber gegen die Kirche geht, schluckt man jeden Unsinn und opfert jede Logik; das ist wieder das Werk und der Triumph Satans.

Man könnte weinen, wenn man daran denkt, was unsere getrennten Brüder, von denen viele sehr guten Willens sind, ohne ihre Schuld entbehren müssen. Es fehlt ihnen die Fülle der Glaubenswahrheiten. Sie haben nur einen geringen Teil davon. Es fehlt ihnen vor allem die Glaubensgewißheit in den entscheidenden Fragen, weil sie keine letzte von allen anerkannte Autorität haben, welche für die Wahrheit bürgt und sie schützt. Ihre Hirten besitzen vielfach ein gediegenes Wissen, feine Herzensbildung und großen Seeleneifer; sie können aber ihren Schäflein die Sünden nicht wegnehmen, sie können ihnen Christus im Sakrament nicht reichen, weil sie keine geweihten Priester sind. Sie selbst und die ihren entbehren der Kraft, welche die hl. Firmung verleiht; sie können Trost und Segen der hl. Ölung in den schwersten Stunden des Lebens nicht geben; vor allem aber haben sie keine himmlische Mutter, die jeder so nötig braucht und welche das letzte Geschenk und ein heiliges Vermächtnis des Herrn vor seinem Tode war.

Jene aber, welche den getrennten Brüdern durch Preisgabe dieser Wahrheiten helfen wollen, müssen sich klar sein: Diese können dadurch nichts gewinnen; es wird ihnen höchstens der Weg zu den Schätzen versperrt, welche Gott ihnen durch die ökumenische Bewegung schenken will. Unsere eigenen Leute aber, die so reich sind, würden dadurch ärmer werden, der Glaube wird verwässert und die Gnadenquellen verschüttet, so daß sie nicht mehr so reich wie jetzt fließen können. Die Art des Vorgehens aber, welche eigene Werte so schnell preisgibt und den eigenen Brüdern in den Rücken fällt, bringt ihnen auch bei Andersgläubigen keinen ungeteilten Beifall. Gerade die Besten unter ihnen finden sich dadurch abgestoßen; auch in ihren Augen ist solches Treiben Verrat. Der Welt jedoch ist es Anlaß, um so mehr über die Kirche zu spotten. Die Abgefallenen und Abgestandenen triumphieren jetzt und sagen: Seht, jetzt geben sie selbst zu, daß bei ihnen vieles nicht stimmt.

Immer müßte man vor Augen haben: Bei allen menschlichen, ja zuweilen sehr menschlichen, selbst bei den dunkelsten Seiten der Kirchengeschichte soll und braucht doch eins nicht übersehen werden: In all diesen Zeiten hat es gelehrte, edle und heilige Menschen gegeben, welche selbst die größten Mißstände ihrer Zeit nicht zum Anlaß genommen haben, die Kirche Christi treulos zu verlassen. Warum haben die anderen das nicht gekonnt? An Gnade dazu hätte Gott es auch bei ihnen nicht fehlen lassen. Sie ließen aber letzten Endes nur ihren Kopf gelten und haben auf Satan gehört, statt sich an Christus und seine heiligste Mutter zu halten.

Gerade die düstersten Seiten der Papst- und Kirchengeschichte sind die Offenbarung der tiefsten Geheimnisse Gottes. Der allwissende und allmächtige Gott hat es zugelassen, denn er achtet immer den freien Willen des Menschen. Er wußte, wie dieser auch von den Seinen, selbst den höchsten Hirten oder jenen gemeinen Kreaturen mißbraucht wird, die seine Stellvertreter nur als Werkzeug ihrer Macht und ihrer Ziele eingesetzt und dirigiert haben. Er hat auch dieses fast Unfaßbare zugelassen, aber darüber gewacht, daß seine Worte sich erfüllen: «Die Pforten der Hölle werden sie nicht überwältigen[327].» Jedes andere Reich wäre bei solchen Belastungen längst zusammengebrochen. Gerade die dunkelsten Seiten der Papst- und Kirchengeschichte sind darum der beste Beweis für dieses Wort, für die Weisheit und Macht Gottes, welche die Kirche Gottes gegen alle Schäden im Innern und die Angriffe von außen vor dem Untergang bewahrt hat und immer bewahrt, und der Beweis, daß die katholische Kirche die eine und die Seinige ist. Für den gläubigen Menschen können die dunklen Seiten der Kirchengeschichte darum nur Anlaß zu um so lebendigerem und froherem Glauben sein.

Weiter zeigt die Betrachtung so mancher Erscheinungen der Vergangenheit und der heutigen Zeit sehr deutlich: Es rächt sich immer, wenn man die Mutter des Herrn zurücksetzt, ihre Verehrung auf ein Mindestmaß herabdrückt oder gar ablehnt und bekämpft.

Der große englische Konvertit Newman schreibt: «Es sollte allen zu denken geben, die Christus allein ehren wollen, ohne Dank und Gruß Maria zu zollen, daß die marienfrohe katholische Kirche und die orthodoxe Kirche des Ostens den Glauben an Jesus Christus unversehrt bewahrt haben. Jene christlichen Kreise hingegen, die in der Verehrung der seligsten Jungfrau eine Beeinträchtigung Christi erblicken, haben mancherorts auch den Glauben an Christus selber verloren. Wenn wir Europa betrachten, so finden wir, daß im allgemeinen jene Völker und Länder den Glauben an die Gottheit Christi verloren haben, welche die Andacht zu seiner Mutter preisgaben. Dagegen bewahrten jene, die den größten Eifer für ihre Ehre besaßen, den rechten Glauben. In der katholischen Kirche zeigte sich Maria nicht als Rivalin, sondern als Dienerin ihres Sohnes. Sie behütete ihn in seiner Kindheit wie in der ganzen Geschichte der christlichen Religion.»

Warum sehen die Menschen es nicht ein und warum wollen sie es nicht zugeben: Wo die Mutter des Herrn zurückgesetzt oder gar abgelehnt wird, führt dies auch zur Zurücksetzung des Herrn selbst. Gottes Sohn und die Gottesmutter waren von Ewigkeit in den Gedanken Gottes beisammen. Sie waren es auch im Leben und sind es jetzt in der Ewigkeit. Sie lassen sich nicht voneinander trennen. Weniger theologisch ausgedrückt, aber durch die Erfahrung bewiesen, kann man sagen: Wenn jemand die Mutter des Herrn aus seinem Herzen entfernt, nimmt sie ihr göttliches Kind mit, oder besser formuliert, verläßt der Sohn selbst mit seiner Mutter dieses Haus und dieses Herz. Anders ist es bei denen, welche die allerseligste Jungfrau ohne ihre Schuld nie kennengelernt haben oder ein falsches Bild ihnen eingeprägt wurde. Wer von ihnen den Sohn wirklich liebt, wird, wenn er vorurteilsfrei forscht, durch ihn auch zur Mutter geführt und durch sie wieder näher zum Sohn und zum Vater.

Seien wir uns doch vor allem wieder mehr bewußt: In der Religion und Theologie stehen wir auf einer ganz anderen Ebene als in den anderen Wissenschaften. Hier geht es um die andere Welt. Hier ist Gott der Entscheidende. Auch ist mit seinem Widersacher zu rechnen.

Eine Erneuerung der Kirche und ihre Reform gehen darum immer von Gott aus. Sie sind seine Sache. Er erwählt dazu die entsprechenden Werkzeuge, er formt sie und er führt sie. Die Geschichte beweist aber: Alle mußten zuerst durch viele Prüfungen und viele Leiden hindurch; erst dann waren sie brauchbar, Werkzeuge Gottes zu sein und erst dann konnte er sie einsetzen. Sie mußten zuerst ihre vollste Ohnmacht erfahren, damit sie sich nie mehr anders sehen konnten als armselige Werkzeuge. Der aufrechte Christ, als den sich heute so manche fühlen, ist nämlich vor Gott eine lächerliche Figur. Vor ihm gibt es diesen nicht; vor ihm ist jeder nur ein armer Sünder, der auf Gottes Erbarmungen sowie auf die Fürsprache und Hilfe der besten Mutter sehr angewiesen ist.

Diese Werkzeuge Gottes sodann mußten auch im Leid bewährt sein, um in den Leiden, die nun einmal unausbleiblich mit großen Aufgaben verbunden sind, durchstehen zu können. Manche, die Gott zu großen Aufgaben berief, hätten, wenn es auf sie angekommen wäre, gern darauf verzichtet; so schwer war oft ihr Weg. Gerade ihnen gegenüber gilt ja das Wort des Herrn vom Weizenkorn, das in die Erde gesenkt werden muß, damit es Frucht bringe[329]. Der Beweis, Werkzeug Gottes zu sein, ist darum Demut, Gebet und Opfer. Finden sich statt dieser Tugenden Anmaßung, Überhebung, Vertrauen auf das eigene Wissen und Können, dann ist es ein Arbeiten für die Hölle. Von einem Segen für die Kirche und die Seelen, von einer Berufung zur Reform der Kirche kann keine Rede sein.

Das Streben nach der Einheit der Gläubigen ist nicht nur ein frommer Wunsch vieler und das dringendste Bedürfnis der Zeit. Es ist auch der Wille Gottes. Doch gelten auch hier wieder seine Gesetze. Einfach und schlicht hat Theresia vom Kinde Jesu es ausgedrückt: «Durch Gebet und Opfer werden mehr Seelen gerettet als durch die glänzendsten Predigten[330].» Heute würde sie sagen: als durch alle ökumenischen Bemühungen. Diese sind wichtig und in jeder Weise angebracht, ja jeder in seiner Weise dazu verpflichtet. Aber sie führen zu keinem Ziel, wenn sie nicht begleitet und unterstützt sind von dem

Maß des Gebetes und der Opfer, die Gott in Ewigkeit dafür festgesetzt hat.

Der Beweis dafür ist Christus und unsere Erlösung. Es war schon etwas Ungeheuerliches, daß der Sohn Gottes Mensch wurde, das gleiche gilt von seinem verborgenen Leben in Nazareth, von seiner Lehrtätigkeit. Welche Aufgaben hat er in diesen drei Jahren erfüllt, den Menschen die frohe Botschaft gebracht, mit göttlicher Macht gepredigt, zahlreiche Wunder gewirkt, das vorbildlichste Beispiel gegeben und wieviel Undank und Gemeinheiten hat er eingesteckt! Der betende Christus am Ölberg und am Kreuz, seine namenlosen Leiden bei der Geißelung, Dornenkrönung, auf dem Kreuzweg und am Kreuz sprechen eine klare Sprache, sie sind ein eindringliches Beispiel, daß wir uns nicht täuschen dürfen, wenn wir ein wenig ehrlich sein wollen. Gespräche sind notwendig und gut. Ihr Erfolg hängt aber vom Gebet und Opfer eines jeden Priesters und aller Gläubigen ab. Damit muß jeder beginnen, welchem die Einigung der Gläubigen nicht bloß ein derzeitiges Hobby, sondern ein aufrichtiges Herzensbedürfnis ist. Nur damit beginnt die Reform und führt zum Sieg über die Hölle. Ach hätten doch jene, die so gern aus eigener Initiative reformieren und dabei soviel zerschlagen, eine Ahnung, wieviel Opfer, Tränen und Schmerzen es kostet, bis vor Gott einigermaßen wieder gutgemacht ist, was so leichtsinnig zerschlagen wurde. Die Leiden Christi und seiner Heiligen müßten ihnen das doch wenigstens in etwas zum Bewußtsein bringen.

Mehr noch aber als das Bild des leidenden Christus, hat der Gehorsam Christi für die ökumenische Bewegung seine große Bedeutung. Durch den Ungehorsam unserer Stammeltern ist das Unglück in die Welt gekommen. Nie hätte die Menschheit das rückgängig machen und nie das Ziel erreichen können, für das sie geschaffen und bestimmt war. Zuerst mußte der Ungehorsam wieder gutgemacht werden. Es ist wieder ein unfaßbares Geheimnis, daß der ewige Vater dazu seinen eigenen Sohn bestimmt hat. Wohl steht in der Erlösung sein Leiden und Sterben in erschütternder Größe vor uns. Er litt und starb aber nur, weil der Vater und er selbst diesen Weg zu unserer Erlösung wollten. Das letzte Geheimnis von Sünde und Erlösung ist darum nicht das Leiden und Sterben, sondern der Gehorsam Christi, freilich der Gehorsam bis zum Tod am Kreuz. Sünde und Erlösung, der Ungehorsam Adams und Evas und der Gehorsam Christi schreiten durch die Zeiten bis ans Ende der Welt. Sie prägen das Wesen und das Schicksal eines jeden Menschen. Mißbraucht er seinen freien Willen zum Ungehorsam, dann hat er nicht Anteil an dem, der durch seinen Gehorsam uns erlöst hat. Anteil an ihm hat Satan; er fällt in den unerlösten Zustand zurück und kann nur durch Gehorsam wieder gerettet werden. Christus und sein Gehorsam ist darum der Maßstab, aber auch das Urteil über wahre und falsche Reformatoren. Das II. Vatikanische Konzil wird soviel Segen bringen, als die Kinder der Kirche durch ihren Gehorsam beweisen, daß sie nicht auf Satan hören, sondern wirklich Gott gehorchen wollen.

Sie nennt der Heiland direkt sein Gebot[331]. Niemand nahm sich das mehr zu Herzen als seine heiligste Mutter. Aber auch niemand hatte schon vorher so die Liebe geübt wie sie. Von Anfang an war ihr diese ins Herz eingesenkt und dann am Beispiel ihres göttlichen Sohnes immer noch mehr gewachsen. In der Liebe zu den armen Kindern Adams sind Jesus und Maria eins. Für beide waren die Stunden von Kalvaria die schwerste Belastung dieser Liebe, aber auch die Zeit der Bewährung und der Beweis ihrer unerschütterlichen Echtheit und unfaßbaren Tiefe. Seitdem ist jedes Menschenkind und gerade das ärmste der Zielpunkt seiner göttlichen und ihrer mütterlichen Liebe.

Das Gebot des Herrn auch das Gebot der Mutter

So besteht bestimmt kein Zweifel, daß das Gebot des Herrn für die Seinen auch das Gebot der Mutter für ihre Kinder ist. Sie verlangt diese Liebe von jedem. Das braucht nicht mehr lange bewiesen zu werden. Es liegt auch sehr nahe, daß das Maß der Liebe der Mutter zu jedem Kind von der Liebe des Kindes zum Mitmenschen bestimmt wird. Denn wer wenig oder gar keine Liebe zum Nächsten hat, zeigt dadurch, daß er auch keine große Liebe zur himmlischen Mutter besitzt, sonst würde er das Gebot ihres Sohnes und auch das ihrige getreu halten. Wohl liebt die himmlische Mutter auch unwürdige Kinder und möchte jedem helfen. Aber hier hat Gott selbst in seiner Gerechtigkeit Grenzen gesetzt durch den Satz: «Mit dem Maß, womit du mißt, wird auch dir wieder gemessen werden[332].»

Die himmlische Mutter kann ein Kind, welches die Liebe nicht übt, nicht so gern haben wie eines, das in diesem Punkt treu ist. Sonst wäre ja etwas Ungeordnetes in ihr. Vor allem aber kann sie einem solchen nicht die ganze Fülle ihrer barmherzigen Liebe zuwenden, wie sie es so gerne tun würde und auch tun könnte. Umgekehrt zeigt die Erfahrung, daß selbst die größten Sünder ihre erbarmende und rettende Liebe an sich erleben dürfen, wenn sie ihren Mitmenschen wenigstens manches Gute getan haben. Wer darum ein Kind der himmlischen Mutter sein und ihr Freude bereiten will, kann dieses Gebot nicht ernst genug nehmen.

Gott und die himmlische Mutter verlangen hier nichts Unmögliches. Die von ihnen geforderte Liebe darf nicht mit der gefühlsbetonten Liebe verwechselt werden. Gefühle lassen sich nicht erzwingen, sie sind nicht einmal immer gut. Gefühle sind Mitläufer, oft unzuverlässig und gefährlich. Sie erliegen leicht einer Täuschung und gehen oft in die Irre. Besser ist die Liebe der Tat.

Für die Übung derselben bestehen an sich schon starke natürliche Beweggründe. Eine solche Veranlagung liegt bereits im gemeinsamen Menschsein und im gemeinsamen Schicksal. Wie oft und wie tief hat das die Menschen schon zusammengeschweißt! Der Beweis dafür ist das Verhalten in gemeinsamen Gefahren und bei großen Katastrophen. Hier ist dann wirklich der eine dem andern der Nächste. Wohl kann es auch da noch Ausnahmen geben, da manche selbst hier nur sich kennen und suchen. Aber es sind Ausnahmen, die nicht verdienen, daß nach ihnen alle beurteilt werden. Solche Menschen offenbaren sich durch ihr selbstsüchtiges Verhalten als Hörige Satans und Werkzeuge der Hölle. Sie sind Beweise dafür: Der Teufel ist schlau und nützt alles nur zum Schaden und zum größeren Leid der Menschen aus.

Ein Grund für die Liebe und ihre Verpflichtung ist auch die Gerechtigkeit. Jedem müßte einleuchten: Was *mir* recht und billig ist, ist es auch dem andern. Daraus brauchen dann bloß die Folgerungen gezogen werden. Der Mensch hat sie selbst formuliert in dem Satz: Was du nicht willst, das man dir tut, das füg' auch keinem andern zu! Vom Herrn wurde ihm noch die positive Prägung gegeben: «Wie ihr von den Menschen behandelt sein wollt, so behandelt auch ihr sie. Wie ihr wollt, daß euch die Menschen tun, ebenso sollt auch ihr ihnen tun[333]!» Keiner kann leugnen, daß es ihm wohltue, wenn er merkt, der andere habe ihn aufrichtig lieb. Es gibt auch höchst wenige, die sich nicht nach dieser Liebe sehnen. Mehr als die Sonne braucht der

Mensch in seinem Leben die aufrichtige Liebe der Mitmenschen. Wie die Strahlen der Sonne leuchten und wärmen, so bringen auch die Ausstrahlungen echter Nächstenliebe Licht und Wärme ins Menschenleben hinein. Wo sie nicht sind, wird es kalt und düster, kommt die Nacht über die Seele und wird sie zu Eis.

Der entscheidendste Beweggrund für die Liebe aber ist das Gebot des Herrn, sein eigenes Beispiel und das seiner heiligsten Mutter. Von ihnen kann jeder lernen, wie diese Liebe beschaffen sein soll. Die Liebe Jesu und Mariens ist aufrichtig und allgemein, selbstlos und opferbereit.

Die Liebe, aufrichtig und allgemein

Manche Worte und Taten Jesu sind geheimnisvoll, nicht immer gleich und nicht immer leicht zu verstehen. Nicht so ist es bei seiner Liebe. Wohl geht es weit über unsere Fassungskraft hinaus, daß er uns so liebt und soviel für uns auf sich genommen hat. Aber von der Tatsache und der Aufrichtigkeit dieser Liebe kann sich jeder überzeugen, wenn er die Evangelien durchbetrachtet und noch besser durchbetet. Sie lassen nicht den geringsten Zweifel offen. Jede Seite offenbart, wie aufrichtig und ehrlich, wie von Herzen gut Christus es mit jedem meinte und wie aufrichtig er jeden liebte und liebt.

Der Heiland hat nicht nur von Liebe gesprochen, er hat sie gelebt. Selbst seine Feinde konnten ihn keiner Sünde zeihen, also auch nichts vorbringen, was bei ihm gegen die Liebe gewesen wäre[334]. Sie haben im Gegenteil seine Liebestätigkeit zum Ausgangspunkt ihrer Angriffe gegen ihn genommen und ihm vorgeworfen, er habe am Sabbat geheilt[335]. Auch daß er mit Sündern speiste[336] und sogar von einer Sünderin sich salben ließ[337], wurde ihm schwer übelgenommen. Christus hat eben jedem geholfen, der zu ihm kam und um Hilfe bat, weil er wirklich jeden Menschen liebt. Die himmlische Mutter ist in dieser Liebe mit ihrem Sohne vollkommen eins. Auch ihre Liebe ist aufrichtig und allgemein und übersteigt alles, was wir uns vorstellen können. Wer an sie glaubt und sich an sie wendet, kann das im weitgehendsten Maße an sich erfahren.

Aufrichtig und allgemein muß darum die Liebe jedes Gotteskindes und jedes Marienkindes sein. In der Liebe darf keiner lügen. Was nicht da ist, darf er nicht heucheln. Nur zu bald kommt dies auf und ist dann um so schlimmer. Gott und die himmlische Mutter sehen das aber schon vorher im Herzen und sind darüber sehr unzufrieden. Die Aufrichtigkeit der Liebe liegt darin, daß der Mensch so spricht und handelt, wie er denkt und fühlt. Er braucht und darf sein Herz nicht auf der Zunge haben. Dies wäre sogar ein grober Fehler und würde ihm sehr schaden. Er muß auch nicht immer alles sagen, was wahr ist. Aber das, was er sagt, muß wahr sein.

Feinde der Liebe: Diplomatie

Eine große Feindin der aufrichtigen Liebe ist die Diplomatie im Alltagsleben. Diplomatie braucht ein Staatsmann. Je mehr er sie besitzt, desto besser ist es für ihn und sein Volk. Aber auch hier bleibt Lüge Lüge.

Im persönlichen Umgang, besonders unter lieben Menschen, ist Diplomatie aber anrüchig und der Tod jeder aufrichtigen Liebe. Sie deckt sich nicht mit der Kardinalstugend der Klugheit und auch nicht mit der Weisheit, der Gabe des Heiligen Geistes. Sie ist mehr mit der Gerissenheit verschwistert, die bei der Wahl ihrer Mittel nicht über Zwirnsfäden des Gewissens stolpert. Hier wird es zwar nicht direkt ausgesprochen, aber nach dem Grundsatz gehandelt: Erlaubt ist, was mir nützt. Da kann dann ruhig manche Lüge unterlaufen und sogar bewußt gebraucht werden. Das ist eben Klugheit. Man sagt, das geht nicht anders. Freilich erlaubt die Moral für gewisse Fälle den geheimen Vorbehalt[338]. Aber von den «Diplomaten» wird dieser meist falsch und zu weitgehend ausgelegt und angewendet. Der Heiligste der Heiligen hat gesagt: «Eure Rede sei ja, ja; nein, nein! Alles weitere ist von Übel[339].»

Am schlimmsten ist es, wenn jemand einem andern schön ins Gesicht tut, aber in liebloser und ungerechter Weise über ihn loszieht, sobald dieser ihm den Rücken gekehrt hat. Ein solches Verhalten richtet sich selbst; denn jeder möchte den andern doch ernstnehmen können und nicht fürchten müssen, von ihm bloß angeführt, unter Umständen durch ihn geschädigt zu werden. Aufrichtigkeit und Ehrlichkeit erwartet man ja schließlich von jedem Menschen, von dem man nicht von vornherein weiß, daß bei ihm das Gegenteil vorliegt.

Diese schlangenhafte Klugheit ist Gift und richtet großen Schaden an. Sie sucht sich überall einzunisten und findet sich wohl zu allen Zeiten auch in Kreisen, in denen sie kein Arbeitsfeld finden sollte und nicht vorkommen dürfte. Ein guter Boden und ein gutes Wachstum ist dort, wo es schon an der Ehrlichkeit gegen sich selbst fehlt. Ganz falsch ist es, wenn für ihre falsche Anwendung folgende Ausreden gebraucht werden: Um des Friedens willen, um Streit zu vermeiden, um anderen nicht weh zu tun. Es muß hinzugefügt werden: sehr oft aber nur, um Unannehmlichkeiten, die man auf sich nehmen müßte, aus dem Wege zu gehen. Es zeigt sich auch immer: Wer nicht ganz ehrlich gegen sich ist, läuft Gefahr, daß er auch nicht ehrlich gegen andere ist. Umgekehrt weist die Unehrlichkeit gegen andere darauf hin, daß sie bereits im eigenen Innern sitzt und hier auch gegen den Betreffenden selbst arbeitet. Außerdem wird mit der Zeit der Diplomat doch durchschaut und findet keinen Glauben mehr. Besonders aber entbehrt er wirklicher Freunde in der Not.

Die Unaufrichtigkeit ist ein großer Schaden und tut der himmlischen Mutter recht weh. Die Menschen dürfen nicht immer alles so drehen, wie es für sie günstig ist. Lügen sind Lügen, mögen die einzelnen noch so schöne Worte dafür finden und ihnen noch so schöne Mäntelchen umhängen. Dafür liefert Satan gern die blendendsten Phrasen und den wertvollsten Stoff. Das Marienkind muß sich aber klar sein: Über allem steht die Wahrheit. Nur sie kann uns freimachen. Sie bleibt immer die Grundlage für ein friedliches und schönes Zusammenleben der Menschen.

Hier ist zu unterscheiden, wann das Reden über andere ein Fehler ist und wann nicht. Pflicht zu reden haben die Erzieher, die in gemeinsamer Zusammenarbeit versuchen müssen, Fehler ihrer Anvertrauten abzustellen. In diesem Falle läßt sich eine gegenseitige Aussprache über dieselben nicht vermeiden, sondern ist direkt notwendig. Eine Pflicht zum Sprechen besteht vor allem auch dann, wenn ein Verbrechen aufgedeckt oder ein Schaden verhindert werden kann. Ebenso verlangt es die Liebe, daß man Arglose auf Gefahren aufmerksam macht, die ihnen von anderen drohen. Besonders ist vor Schwindlern zu warnen. Die Liebe ist ja nicht dazu da, um diesen das Handwerk noch zu erleichtern. In all diesen Fällen wäre es falsch, zu schweigen mit der Begründung, daß man über fremde Fehler nicht sprechen soll. Es gibt nicht nur eine Pflicht zum Schweigen, sondern auch eine Pflicht zum Reden. Auch diese muß erfüllt werden.

Mehr aber als die Pflicht zu reden, muß den meisten Menschen die Pflicht des Schweigens auf die Seele gebunden werden. Hier wird im allgemeinen mehr und sogar sehr viel mehr und häßlich gefehlt. Der Grund liegt darin, daß die Menschen zu wenig über ihre Worte wachen und sich zu wenig Rechenschaft ablegen, warum sie dieses und jenes sagen. Dies gilt besonders beim Reden über die Fehler des Nächsten. Es ist ein Armutszeugnis, daß manche keinen anderen Gesprächsstoff finden als diesen. Auch Neugierde und Sensation sind keine Gründe. Der Mensch hat ein Recht auf seine Ehre. Sie darf nicht der bloßen Unterhaltung, der Neugierde und der Sensation geopfert werden. Erst recht kein Grund ist die Schadenfreude. Hier hat eine Rechtfertigung dafür von vornherein keine Geltung. Dieses Verhalten zeigt eine ganz häßliche Gesinnung; noch mehr, wenn das Reden über die Fehler des Nächsten geschieht zum Ergötzen an dessen Schlechtigkeit oder um sich dadurch selbst in ein besseres Licht stellen zu können. Diese Fehler kommen leider oft vor.

Wer Selbstkontrolle übt und es mit den Forderungen Gottes ernstnimmt, merkt bald, wie oft er im Tag in Versuchung gerät, durch ein liebloses Wort zu sündigen. Menschen, die sich so über die Fehler anderer auslassen, legen das deutliche Zeugnis ab, daß sie sich selbst nicht kennen, sonst würden sie stille werden. Ein Gradmesser der Aufrichtigkeit und Selbsterkenntnis ist immer darin zu suchen, wie der einzelne sich dem Nächsten gegenüber verhält und über ihn urteilt.

Abneigung, Haß und Feindschaft

Wo Diplomatie das Fundament der Liebe, die Aufrichtigkeit, schon erschüttert hat, ist der Weg nicht mehr weit zu ihrem Tod. Dieser zeigt sich dann in der Abneigung gegen den Nächsten und in deren weiterer Entwicklung in Feindschaft und Haß. Wer Abneigung gegen einen Menschen aufkommen läßt, hat schon keine wahre Liebe mehr. Manche versuchen nicht einmal ihre Abneigung zu verbergen. Sie sind wenigstens ehrlich. Aber bei aller Anerkennung der Ehrlichkeit muß ganz klar gesagt werden: Abneigung ist und bleibt ein Fehler. Andere zeigen die Abneigung nicht, weil sie nicht aufrichtig sind. Feinde, die aus dem Hinterhalt schießen, sind immer gefährlicher als solche, welche offen kämpfen.

Dagegen ist das Gefühl der Abneigung keine Sünde, wenn es bekämpft wird. Hier darf das freundliche Reden und der freundliche Blick, das gute Wort und das hilfsbereite Handeln nicht als Falschheit bezeichnet, sondern muß als gediegene Tugend anerkannt werden. Die Überwindung der Abneigung dürfte schon vom Natürlichen her nicht so schwer sein. Man kann jeden Menschen lieben, wenn man ihn und das Leben nimmt, wie eben beide sind. Drei Sätze müßte man hier immer vor Augen haben, dann könnte Satan nicht viel erreichen.

Der erste Satz lautet: Die Fehler der anderen nicht zu schwarz sehen! Man darf nicht übertreiben und nicht verallgemeinern; nicht gleich von groben Fehlern sprechen, wenn es nur ein Versehen war, und keine böse Absicht zugrunde legen, die nicht erwiesen ist. Man darf nicht behaupten, es war zwanzigmal, wenn es nur zweimal war, und nicht von *immer* sprechen, wenn es nur selten vorgekommen ist.

Der zweite Satz heißt: Die Fehler des anderen nicht einseitig sehen! Es hat jeder auch seine guten Seiten. Diese müssen ebenso berücksichtigt werden, nicht bloß der eine oder andere Fehler. Gegen diese Forderung wird sehr oft verstoßen. Wie manche werden wegen der einen oder anderen unbedeutenden Schwäche abgelehnt. Hier arbeitet Satan und hat oft ein leichtes Arbeiten, weil viele Menschen in ihrem Urteil so oberflächlich sind und sich von Äußerlichkeiten und Nichtigkeiten sehr leicht bestimmen lassen.

Es müßte darum jeder versuchen, dem andern gegenüber gerecht zu sein und besonders mehr Ehrfurcht vor jedem Mitmenschen, vor seiner Art, seiner Überzeugung und seinem Gewissen, vor den schwieligen Händen und Nerven und vor seiner Seele zu haben. Welche Ehrfurcht brachte Christus selbst den einfachsten Menschen und größten Sündern entgegen! Er nahm jeden ernst und behandelte jeden seiner Art entsprechend.

Von ihm sollen wir lernen und uns darum auch selbst immer wieder sagen: Unter Christen dürfte nie betont werden: Ich bin der Herr und du der Knecht; ich die Herrin und du die Magd. Vor Gott sind wir alle gleich, Brüder und Schwestern in Christus, ganz gleich, in welchem Gesellschaftsrang der einzelne steht, welches Wissen er besitzt und welche Erfolge er aufzuweisen hat. Jedes Gotteskind ist ausgezeichnet mit dem Adel der Gotteskindschaft, der höher steht als der Adel des Blutes. Selbst die Seele des größten Sünders hat bei Gott noch ihren großen Wert. Darum müßte auch er noch mit Ehrfurcht, vor allem aber gerecht behandelt werden und unsere Liebe spüren dürfen.

Der dritte Satz ist der wichtigste und lautet: Die eigenen Fehler nicht übersehen! Sie sind oft ebenso groß, unter Umständen noch größer als die der anderen. Man müßte immer an das Wort des Herrn «vom Balken im eigenen Auge und vom Splitter im Auge des Nächsten[340]» denken. Ist es nicht für jeden das wichtigste, zuerst die eigenen Fehler abzulegen? Wer sich darum aufrichtig bemüht, merkt schon, wie schwer das geht, wieviel Anstrengung und Zeit es kostet und wieviel Geduld der Mensch mit sich selbst haben muß. Aus dieser Erfahrung heraus hätte dann jeder sich zu sagen, daß es auch beim andern schwer und langsam geht. Überdies darf nicht übersehen werden: Auch der andere hat unter meinen Fehlern zu leiden und muß unter Umständen auch viel Geduld für mich aufbringen. Darum ist es nur recht und billig, daß auch ich Geduld habe.

Prüfen wir uns, dann kommen wir schon darauf, wieviel Schwierigkeiten im Umgang mit anderen aus unsern eigenen Mängeln kommen! Oft wird der Mitmensch bloß deshalb verurteilt und abgelehnt, weil uns seine Art nicht liegt oder gar bloß aus übertriebenem ästhetischen Empfinden. Außerdem spielt in vielen Fällen die Unbeständigkeit im eigenen Charakter eine große Rolle. Es bedarf nur einer Kleinigkeit und schon fällt das Barometer der Sympathie und des Wohlwollens und wird der andere aus dem Verzeichnis der Geliebten gestrichen. Wer sich ehrlich prüft, kann leicht feststellen: Unsere Urteile und unser Verhalten sind oft viel zu stark und einseitig von uns her bestimmt. Sie entspringen einer gewissen Enge, einem gewissen Eigensinn und nicht selten auch aus einem unverzeihlichen Hochmut. Der große Fehler ist, daß wir zu sehr nur unsere Art und unser Urteil, unter Umständen auch unsere vermeintlichen Vorzüge, gelten lassen. Am gefährlichsten ist es bei Meinungsverschiedenheiten oder Gegensätzen in den letzten und tiefsten Fragen der Religion. Gerade hier ist es nötig, sich auf den Standpunkt des anderen zu stellen und Geduld zu haben, wenn er nur langsam mitkommt. Man muß Ehrfurcht vor seinem Gewissen hegen, warten können, ihn ertragen und für ihn beten. Nur diese Art, besonders Liebe und Gebet, befreit ihn aus der Umklammerung der von Satan so fein gesponnenen irrigen Gedanken und irrigen Überzeugungen.

In vielen Fällen, in denen wir uns zu dieser Einstellung nicht durchringen können, liegt der Beweis vor, daß auch wir noch unter einem gewissen Einfluß und Druck des Bösen stehen. Schauen wir auf Christus! Ahmen wir sein Beispiel nach, beten wir, dann werden wir staunend erleben, wie auf einmal Abneigung, Widerwille und was sonst noch anderes unsere Seele erfüllt, abfällt und aufrichtigste Liebe, viel Geduld und große Hilfsbereitschaft in unser Herz einziehen.

Leidet jemand unter den Fehlern seiner Umgebung, dann soll er daran denken, daß es sogar heiligmäßige Menschen gibt, die nach außen ihre Dornen haben. Von keinem, der noch im Leben steht, darf man darum schon die vollendete Seelenhaltung erwarten. Immer müssen wir uns bewußt bleiben: Ganz reif ist der Mensch erst, wenn die letzte Aufgabe erfüllt ist und Gott ihn heimholt. Solange er auf Erden weilt, kann und muß er immer noch reifer werden.

Beachtet man nun alle diese Mahnungen zur Liebe nicht und kämpft man nicht schon sofort gegen die ersten Regungen der Abneigung, dann besteht die große Gefahr, daß diese immer mehr Gewalt über einen bekommt. Langsam, aber sicher gleitet ein solcher in wirkliche Feindschaft und wirklichen Haß hinein und wird vom Teufel mit allen Mitteln darin festgehalten.

Zur Entschuldigung wird wohl immer angeführt, daß einem der andere auf die Nerven gehe, doch wird dabei übersehen, es können auch die eigenen Nerven sein, die hier im Spiele sind und zuweilen das eigene Ich an ihrem Vibrieren mehr Schuld trägt als der andere. Kleinigkeiten und lächerliche Dinge sowie Einbildungen von unserer Seite werden überbetont. Außerdem müßte ja wahre Liebe die Fehler der anderen entschuldigen. Aber hier gilt meist: Für seine Fehler weiß der Mensch immer eine Begründung zu bringen; für eine Entschuldigung der anderen hat er meist kein Gehör.

Gewiß kann es sein, daß der andere wenig Liebenswürdiges an sich hat und schwer zu ertragen ist. Auch besteht die Möglichkeit, daß ein solcher den Mitmenschen das Leben in jeder Weise bitter, unter Umständen sogar unerträglich macht und ihnen schwersten Schaden zufügt. Da ist es begreiflich, daß sich nicht nur Abneigung, sondern unter Umständen sogar Gefühle des Hasses einstellen. In diesem Falle kommt der Mensch mit den natürlichen Beweggründen und natürlichen Mitteln meist nicht mehr aus. Hier kann nur noch Christus fordern, «daß ihr einander liebet, wie ich euch geliebt habe[341]» und auch nur er kann die Kraft dazu geben, dieses Gebot selbst in den schwierigsten Lagen zu seiner Zufriedenheit zu erfüllen.

Es steht unzweideutig fest: Wirkliche Abneigung, Haß und Feindschaft sind Gift für die Liebe. Keiner darf sie in seinem Herzen hochkommen lassen. Versuchungen in dieser Richtung müssen unbedingt bekämpft und überwunden werden, mögen sie noch so schwer sein. Der Heiland ist hier unerbittlich. Er erträgt jeden Menschen sein ganzes Leben lang und erträgt von jedem sehr viel. Darum müssen auch die Menschen einander ertragen. Christus verzeiht jedem und verzeiht alles. Darum muß auch jeder jedem alles verzeihen. Wir dürfen nie den furchtbaren Ernst übersehen, der in der Parabel vom unbarmherzigen Knecht[342] liegt. Hier stellt der Heiland den riesigen Gegensatz heraus, der zwischen der Schuld, die der Knecht gegenüber seinem Herrn und jener, die sein Mitknecht ihm gegenüber hatte, klafft. Ohne Zweifel ist der Unterschied zwischen der Schuld, in der wir bei Gott stehen, noch unvergleichlich größer als jene, die sich mancher Mitmensch uns gegenüber zugezogen hat. Denn zwischen Gott und uns gibt es überhaupt keinen Vergleich. Darum kann auch kein Vergleich sein zwischen dem, was ein Mensch mir antun könnte und was ich durch meine Sünden Gott angetan habe. Wer will nun diese Schuld abtragen können? Keiner kann es. Jeder ohne Ausnahme ist auf die Barmherzigkeit Gottes angewiesen. Darum darf keiner die Schuld des andern zu sehr betonen und ihm die Verzeihung verweigern. Jeder muß jedem Schuldner von Herzen verzeihen.

Durch sein eigenes Beispiel setzt der Heiland jede Ausrede, jede Entschuldigung und angebliche Begründung eines Hasses und einer Feindschaft außer Kraft. Er fragt jeden: Ist dir nicht bekannt, was man mir angetan hat und was ich gelitten habe?

Ich habe wirklich bewiesen, daß ich nicht die geringste Abneigung im Herzen trage. Ich habe den Judas noch Freund genannt[343], ich habe am Kreuz aus ganzem Herzen für meine Feinde gebetet[344]. Ich bin jederzeit bereit, jedem alles zu verzeihen. Warum willst du nicht tun, was ich tat? Bist du besser als ich oder stehst du höher? Du sagst, ich kann es nicht. Ich aber sage dir, du kannst, wenn du willst. Ich gebe dir jederzeit die nötige Kraft dazu. Stephanus und viele andere sind der Beweis dafür[345]. Ich lasse in keinem Kampf, in keiner Lage den Menschen im Stich. Auch hier lasse ich erst recht nicht die im Stich, die guten Willens sind.

Der Herr ist unerbittlich. Er zwingt die Menschen, diese Forderung der Liebe anzuerkennen, indem er im Vaterunser bei der Bitte: «vergib uns unsere Schuld» den Zusatz beifügt: «Wie auch wir vergeben unsern Schuldigern[346].» Das ist der größte Nachdruck, den er seinem Gebot verleihen konnte. Jetzt steht der Mensch vor der Entscheidung: Entweder – Oder. Entweder bin ich bereit zu verzeihen, dann wird auch mir verziehen; oder ich verzeihe nicht, dann wird auch mir nicht verziehen. Aber was für Folgen hat das?

Selbstverständlich verlangt diese vom Heiland geforderte verzeihende Liebe nicht, daß jemand mit dem Hinweis darauf unbillige Erwartungen hegen und Forderungen stellen darf. So sind z. B. auch Charakterfehler, welche einen zu gewissen Ämtern und Vertrauensstellungen unfähig machen, deshalb noch nicht aus der Welt geschafft, wenn man sie verzeiht und solche Menschen erträgt. Es wäre darum ganz und gar nicht am Platz, diese für eine Stelle vorzuschlagen oder zu bestimmen, die auszufüllen sie durchaus ungeeignet sind. Eine andere Haltung und ein anderes Verhalten wäre nicht der Beweis heroischer Liebe, sondern mehr der einer großen Unklugheit und Schwäche.

Dagegen bleibt bestehen und ist sehr zu beachten: Wer bewußte Abneigung gegen den Mitmenschen im Herzen trägt, kommt trotz aller Gebete und heiligen Kommunionen dem himmlischen Vater nicht näher. Der allwissende Gott läßt sich nicht Sand in die Augen streuen; der gerechte Gott läßt sich nicht mit etwas anderem abspeisen. Er besteht darauf, daß wir das tun, was er fordert. Wer sein Gebot der Liebe nicht erfüllt, nicht verzeiht und in dieser Verfassung in das Gericht kommt, wird einen sehr strengen, unerbittlichen Richter finden. «Mit dem Maß, mit welchem du mißt, wird auch dir gemessen werden[347]!» Geht jemand mit unversöhnlicher Feindschaft in die Ewigkeit hinüber, so hat er keinen Platz im Reich der Liebe, sondern wird dorthin kommen, wo der Haß herrscht und quält. Wem im Leben das Hassen zur Natur geworden ist, der muß auch mit denen zusammenleben, die einander nur hassen und quälen können, und zwar eine ganze Ewigkeit.

Es darf sich keiner etwas vormachen und etwa behaupten, ich habe keine Abneigung und keine Feindschaft, wenn er sie doch bei jeder Gelegenheit zeigt. Hier spricht das Verhalten eine deutlichere und überzeugendere Sprache als der Mund. Es deckt auf, daß ein solcher nur sich und andere belügt. Darum hier Vorsicht! Ehrlich gegen sich sein! Es geht um den eigenen Frieden und die eigene Seele.

Augen auf! Satan sehen, der hier stark die Hand im Spiel hat! Er ist der Gegner, nicht der von ihm irregeführte Mensch. Zum Schutzengel des andern beten; beides im lebendigen Glauben! Die Erfahrung hat schon bewiesen, es hilft wunderbar. Man kann sogar erleben, daß das Gefühl der Feindschaft schwindet. Gott erfüllt das Herz mit aufrichtiger Liebe, so daß auch gefühlsmäßig nicht mehr die geringste Schwierigkeit vorhanden ist, freundlich zu sein, ja wirkliche Beweise der Liebe zu geben.

Wahrung eigener Rechte auf legalem Wege

Ausdrücklich muß betont werden: Unter dieses Kapitel «Abneigung und Feindschaft» fällt nicht, wenn jemand sich seine Rechte wahrt und das Gericht in Anspruch nimmt. Doch ist der Kampf um das Recht nur mit rechten und billigen Mitteln zu führen. Einem Unrecht darf nicht wieder Unrecht entgegengesetzt werden, sonst macht sich der Betreffende auch des Unrechtes schuldig und verliert schon im natürlichen Bereich das Recht auf Hilfe und erst recht bei Gott. Ganz wichtig ist selbstverständlich auch, daß der Geschädigte bei diesem Versuch, zu seinem Recht zu kommen, auf den Beweggrund achtet und auch nicht wieder Abneigung oder Haß hochkommen läßt oder gar Zeichen der Feindschaft gibt. Er muß sehr auf der Hut sein; denn hier ist Alarmstufe 1 für Satan. Wenn zwei streiten, ist es für ihn immer sehr aussichtsreich, etwas für sich zu erreichen und die Menschen in die unversöhnliche Haltung hineinzubringen, die er will, die Gott aber so haßt und bestraft.

Die Liebe, selbstlos und opferbereit

Der Herr ist auf unsere Liebe nicht angewiesen. Als wesensgleicher Sohn des Ewigen Vaters besitzt Christus mit ihm und dem Heiligen Geiste die Fülle der Seligkeit in sich und bedarf keines Geschöpfes, um glücklich zu sein. Ja, allen Dank und alle Liebe der Geschöpfe zusammen, eingeschlossen sogar jener seiner heiligsten Mutter, würde er nie entbehren, wenn sie ihm versagt blieben, und sie können sein Glück nicht erhöhen, da er sie empfängt. Wäre es anders, dann wäre sein Glück ja nie vollkommen gewesen. Das widerspricht aber dem ganzen Wesen und der ganzen Vollkommenheit Gottes. In ihm allein ruht alles in höchster Vollendung. Daneben steht freilich, daß Gott sich, menschlich gesprochen, nach unserer Liebe sehnt und sich über unsere Liebe freut. Was ist nun richtig? – Beides! In Gott verbinden sich eben die anscheinendsten Gegensätze zu vollster Harmonie. Es sind Geheimnisse, in die wir nicht tiefer eindringen, sondern ehrfurchtsvoll vor ihnen stehen und sie freudig akzeptieren sollen.

So war die Liebe Jesu schon aus seinem Wesen heraus selbstlos in der höchsten Vollendung. Sie hat sich auch während seines ganzen Erdenwandels als solche erwiesen. Wenn der Heiland etwas für sich gesucht hätte, dann hätte er gleich nach seinem Eintritt in die Welt wieder in den Himmel zurückkehren können. Ein so schmählicher Empfang wurde noch keinem Königskind, kaum einem Kind aus bürgerlichen Verhältnissen zuteil. Und er ist doch das wahre Gotteskind, der heißersehnte und der Welt so notwendige Erlöser. Monat für Monat, könnte man sagen, hatte er immer wieder Anlaß gehabt, möglichst schnell zum Vater heimzugehen. Er hat es nicht getan, auch nicht, als er nur Undank über Undank erntete. Seine Liebestätigkeit ging uneingeschränkt weiter. Das Verströmen seiner Liebe nahm eher zu als ab. Er hat wirklich bewiesen, daß er nichts für sich suchte, sondern nur das Wohl und die Seligkeit der Menschen. Für sich hat er fast nur Undank, Lieblosigkeit, Verkennung, Haß, Verfolgung, Schmach und Qual geerntet, den Menschen aber hat er Wohltaten über Wohltaten gespendet, ihre Kranken geheilt, den Trauernden ihre Toten wiedergegeben, die Gequälten vom Teufel befreit. Man möchte meinen, noch mehr Beweise seiner selbstlosen Liebe könnte selbst Christus als Gott nicht mehr geben. Doch seine Liebe gab und gibt wirklich noch mehr, besonders durch sein Wohnen und Wirken im Sakrament der Liebe. Hier wird er von vielen mindestens ebenso verkannt und mit mehr Hohn und Schmach überhäuft als selbst in seinem bitteren Leiden und Sterben. Man möchte ausrufen:

O Herr, genügt es dir nicht, was sie dir damals und bis heute angetan haben? Nein! Du möchtest auch den größten Zweifler von der Selbstlosigkeit und Unendlichkeit deiner Liebe überzeugen.

Die gleichen Tatsachen, welche die Selbstlosigkeit Jesu beweisen, sind auch Beweise seines Opfergeistes. Gerade er zeigt, daß dies zur Liebe gehört. Eine wahre Liebe kann ja ohne das wirkliche Opferbringen gar nicht bewiesen werden. Worte sind billig; sie sagen und beweisen nichts. Taten sind entscheidend. Nur sie überzeugen. Mit ihnen kann man nicht täuschen. Über sie kann keiner so leicht hinweggehen, erst recht nicht, wenn es Taten sind, wie Christus sie vollbrachte. Dem Heiland war wirklich nichts zu viel. Hätte er noch mehr tun können, dann hätte er das auch noch getan. Aber mehr war selbst für ihn nicht möglich, nicht weil er etwa nicht wollte oder nicht gekonnt hätte, sondern weil er wirklich das letzte an Opfer gebracht und die letzte Hingabe vollzogen hat. Über Tod und Kreuz und Altarsakrament hinaus gibt es keine größeren Beweise der Liebe mehr.

Auch nicht der größte Phantast hätte je denken können, daß Gott eine solche Liebe zu jedem in seinem Herzen trägt und solche Beweise seiner Liebe seinen undankbaren Kindern schenken würde. Ein Wort von ihm, der ewigen Wahrheit und Wahrhaftigkeit, hätte ja schon genügen müssen und unaussprechlich selig machen können. Aber Gott hat sich damit nicht begnügt. Seine Weisheit hat den vorgezeichneten Weg ersonnen und seine Liebe ist ihn gegangen. Hätte Gott einen Menschen gefragt, wie er ihn von seiner Liebe überzeugen könne, dann wäre vom einzelnen wohl dies und jenes aufgezählt worden. Aber an die Menschwerdung des Ewigen Wortes, an ein hartes Erdenleben, an Geißelung, Dornenkrönung, Kreuzweg, an den schmach- und schmerzvollsten Opfertod am Kreuz oder gar noch an die Hingabe unter Brotsgestalten und zwar an jeden, selbst den undankbarsten, hätte kein Mensch auch nur im geringsten gedacht und wäre nie auf solche Gedanken gekommen. Das konnte nur Gottes unendliche Weisheit, von seiner unendlichen Liebe gedrängt, ersinnen und seine Allmacht durchführen. Hier zeigt sich, was hinter dem Wort steht: «Wie ich euch geliebt habe[348].» Es war wirklich die selbstlose und opferbereite Liebe bis ins Letzte hinein. Im Gefolge und im Geleise dieser Liebe bewegt sich auch die Liebe der himmlischen Mutter. Auch sie ist uns gegenüber von lauterer Selbstlosigkeit und lauterem Opfergeist. Sie hat ihr Bestes und in ihm alles, was sie opfern konnte, für uns geopfert, ihren herzallerliebsten Sohn. Denn Jesus Christus war nicht nur der Sohn Gottes, sondern auch ihr Sohn.

Die Selbstlosigkeit des Herrn und seiner heiligsten Mutter können die Kinder nie erreichen, auch nicht ihre Opferbereitschaft und nicht die Opfer, welche Sohn und Mutter für jeden gebracht haben. Aber die Kinder der Mutter müssen danach streben, diese Selbstlosigkeit wenigstens in dem Maße nachzuahmen, wie es ihnen gegeben ist.

Schon im gewöhnlichen Verhältnis der Menschen gibt es nun einmal keine Liebe ohne Opfer. Wer nur an sich denkt, kann für andere nicht da sein. Wer selbst das Schönste, Beste, Bequemste haben will, kann das dem anderen nicht geben. Echte Liebe lebt immer vom Opfer. Man braucht nur an eine Mutter zu denken, die stets für die anderen da sein muß und auch gern da ist. Echte Liebe spricht auch gar nicht vom Opfer. Sie läßt es sich nicht anmerken, daß etwas schwerfällt. Ja, sie betrachtet das, was sie für die anderen tut, überhaupt nicht als schwer. Tatsächlich nimmt auch die wahre Liebe jedem Opfer das Schwere und alles was sonst drückend empfunden wird.

Selbstlosigkeit und Opfergeist soll auch jedes Marienkind erstreben. Es müßte lernen, zurückzutreten, für andere da zu sein, mit den Trauernden traurig und mit den Fröhlichen fröhlich zu sein. Wer Christus und die himmlische Mutter lieben will, muß versuchen, auch aus Liebe zu ihnen allen alles zu werden[349]. Wer selbstlos und opferbereit ist, hat es deshalb nicht schwerer, sondern im Gegenteil viel leichter als der andere, der es nicht ist. Ihm bleiben viele Schwierigkeiten erspart, die aus der Ichsucht entstehen. Er kommt auch nicht zu kurz. Der selbstlose, opferbereite Mensch ist überall gern gesehen, wird geliebt und hat auch echte Freunde. Vor allem aber bleibt ihm stets das Zeugnis und die Freude des guten Gewissens. Er darf auch immer das Wohlgefallen Gottes und der himmlischen Mutter spüren und in seinem Leben erfahren.

Feinde der selbstlosen Liebe

Die Ichsucht, Neid und Eifersucht: ihr Schaden und ihre Überwindung

Todfeind der Selbstlosigkeit und Opferbereitschaft ist die Selbstsucht und vielleicht noch besser ausgedrückt, die Ichsucht. Wohl jeder fühlt sich abgestoßen, wenn einer immer das Wort «ich» im Munde führt. Es kann freilich nicht ganz übergangen werden. Das Ich ist nun einmal Subjekt im Satz und Träger unserer Tätigkeiten. Es muß da sein; wenn es auch nicht eigens erwähnt wird. Doch besteht ein gewisser Unterschied zwischen der Verwendung des Wortes in diesen Fällen und der gewissen immer wiederkehrenden Betonung des eigenen Ich. Dieses sieht sich immer im Mittelpunkt und versucht sich auch immer in denselben hineinzustellen.

Die Ichsucht ist der Wurm, der an der Wurzel jeder Tugend nagt und sie zum Absterben bringt. Was dann noch von ihr dazusein scheint, ist wirklich nur mehr Schein, hohl und wertlos wie manche hohle Ähre auf dem Feld. Durch die Ichsucht wird die Beziehung zum Vater im Himmel sowie das ganze Gebäude der menschlichen Gesellschaft unterwühlt. Sie ist der Pionier des Teufels, der damit die Stollen unter die Stellungen Gottes in der Seele und in der menschlichen Gesellschaft treibt, um dann alles in die Luft zu sprengen. Wer die Wirkung dieser Arbeit vom Krieg her kennt, weiß, welch eine Verwüstung daraus entsteht. So ist es auch bei der Pionierarbeit der Ichsucht. Ihre Wirkungen sind schrecklich. Sie zerstört das Verhältnis zum Nebenmenschen, läßt überhaupt kein schönes Zusammenleben und Zusammenarbeiten aufkommen, schafft Verwüstungen in der Seele des Ichmenschen selbst und führt zuletzt auch zum vollkommenen Bruch mit Gott.

Wie sich die Ichsucht im Großen auswirkt, zeigen die Revolutionen. Gerade sie sind ihre Früchte. Wenn die Ichsucht bei den einen Kreisen ein gewisses Vollmaß erreicht hat oder sogar darüber hinausgeht, erfolgt die Revolution der anderen Kreise. Es kann allerdings auch sein, daß nicht die Opfer der Revolution, die gestürzten Gesellschaftskreise, die Ursachen sind, sondern die Ichsucht jener, welche die Revolution gemacht haben. Wehe, wenn die niedrigen Instinkte der Massen aufgepeitscht sind, wenn Neid und Haß aufgerufen werden, dann brennen die Häuser und ganze Städte, dann fließt das Blut in Strömen. Unter selbstlosen, opferbereiten Menschen gibt es keine Revolutionen.

Schlimme Auswirkungen der Ichsucht sind Neid und Eifersucht. Wieviel Unheil ist dadurch schon entstanden und wieviel Leid über Menschenherzen, über Familien und ganze Völker gekommen! Den größten Schaden hat aber der Ichmensch selbst. Er zieht hier Kinder groß, die ihm die bittersten Stunden bereiten. Alle Tage, ja schon bald zu jeder Tages- und Nachtzeit rühren sie sich und machen ihm das Leben schwer. Wird ein anderer gelobt, regt sich sofort das eigene Ich und heben Neid und Eifersucht ihre Köpfe. Wird einer vorgezogen, ist es das gleiche. Dazu kommt auch noch die Einbildung und die Angst, es könnten andere mehr gelten. Satan schürt natürlich das Feuer. Dann gibt es schlaflose Nächte, dann wachen das Ich, der Neid und die Eifersucht. Aber es ist kein wohlgefälliges Wachen; es sind Nachtwachen, die der Teufel mit ihnen hält, aber für sich ausnützt. Neid und Eifersucht haben immer nur Zeitverschwendung, Kraftvergeudung, Schädigung der eigenen Gesundheit im Gefolge. Ein Sprichwort sagt: Er wird gelb vor Neid und ein anderes: Er platzt bald vor Neid. Damit ist der Neidische richtig gekennzeichnet und das Leid, das ihm daraus erwächst. Wenn sich das Ich nicht mehr bändigen läßt, kommt es zu unschicklichen Bemerkungen. Der Betreffende verscherzt sich die Sympathie seiner Umgebung und das gerade Gegenteil von dem, was er gewollt, tritt ein; statt zu den ersten zu zählen, wird er zurückgestellt, statt geliebt zu werden, wird er gemieden.

Der größte Schaden aber, den die Ichsucht im Gefolge hat, ist die Störung der Beziehungen zu Gott. Der Mensch, der von ihr befallen oder gar besessen ist, schiebt auch Gott auf die Seite. Er setzt sich in den Mittelpunkt und kann darum niemand anderen, auch Gott nicht darin brauchen. Seine Interessen gehen nicht nur über die Interessen aller anderen Menschen, sondern sogar noch über die Interessen Gottes. Auch die Religion muß ihm dienen, und zwar oft seinen niedrigsten Instinkten. Im Kapitel «Die Scheinheiligen», in «Satan, der Widersacher Gottes», wurde das schon angeführt und aufgedeckt, wohin bei den Pharisäern Ichsucht, Neid und Eifersucht geführt haben: bis zum Mord des Gottessohnes und zur eigenen Selbstverwünschung. Es war das wohl von Anfang an nicht gewollt; aber es war zwangsläufig das traurige Ende. Wenn der Mensch die Ichsucht hochkommen läßt und diese Natter an seinem Busen nicht rechtzeitig tötet, kommt es soweit. Gott und das selbstsüchtige Ich vertragen sich nicht. Einer muß weichen, hier Gott. Es klingt unfaßbar, aber es ist so. Das Ich behauptet seine Stellung. Gott läßt es zu, weil er den Menschen den freien Willen gegeben hat.

Jeder Egoist sollte öfter an Golgotha denken; das «Hinweg mit ihm, ans Kreuz mit ihm, sein Blut komme über uns und unsere Kinder[350]» liegt in jeder ichsüchtigen Haltung und Handlung. Sie ist immer eine erneute Verwerfung Jesu, seiner Person und seiner Rechte. Auch der Ichmensch wird aber dann eines Tages sehen müssen, wen er durchbohrt hat. Es steht schlimm um ihn, wenn er nicht noch vor seinem Tode Gott den Platz in seinem Herzen wieder zurückgibt, der ihm allein zusteht. Nicht mein, sondern dein Wille geschehe; nicht mir, sondern dir, o Gott, sei die Ehre!

Selbstverständlich wohnt in jedem Menschen das selbstsüchtige, ungeordnete Ich. Jeder ist mit der Erbsünde und ihren Folgen belastet. In irgendeiner Form hat darum wohl jeder zu kämpfen. Er müßte nur nüchtern und vernünftig sein, dann würde er von jeder Ichsucht, die sich in ihm regt, selbst abgestoßen werden und alle Kräfte einsetzen, sie nicht hochkommen zu lassen.

Jeder muß sich klar sein: Neid und Eifersucht sind nichts anderes als die letzte Auswirkung des Stolzes, der Ursache allen Unglücks, das es gibt. Wer stolz ist, kennt nur das eigene Ich. Er muß an erster Stelle stehen und duldet keinen vor und keinen über sich. Er muß alles haben. Wehe, wenn ein anderer etwas hat, was er nicht besitzt! Eine solche Einstellung ist aber Unsinn und Wahnsinn. Dies offenbart so richtig Luzifer und sein Anhang, ihre Haltung, ihr Fall und Schicksal. Gerade er und die Seinen waren von Gott so sehr ausgezeichnet, Luzifer sogar der erste Engel und Gott am nächsten. Aber auch die anderen waren unvergleichlich schön und glücklich. Ihre Natur stand über jener der Menschen, die noch kommen sollten. Aus reinster Gnade hatte Gott die Engel so geschaffen, und so reich beschenkt. Doch stand es Gott jederzeit frei, noch andere Geschöpfe ins Dasein zu rufen, so die Menschheit Jesu und die allerseligste Jungfrau, aus welcher das Ewige Wort Fleisch annehmen sollte. Eindeutig stand Gott das Recht zu, von den Engeln zu fordern, den Sohn Gottes auch in seiner menschlichen Natur anzubeten sowie seine heiligste Mutter als ihre Herrin und Königin anzuerkennen.

Die Engel hätten sich immer bewußt sein müssen,· daß sie ihr Schöpfer aus dem Nichts ins Dasein gerufen und sie von ihm bis ins kleinste immer abhängig bleiben, nur in ihm und durch ihn leben können. Hätten sie wahr und gerecht gedacht, dann wäre kein Stolz, kein Neid und keine Eifersucht in ihnen hochgekommen, dann gäbe es keine Stünde und keine Hölle.

Das gleiche Unrecht und die gleiche Unvernunft wie dem Stolz, dem Neid und der Eifersucht der gefallenen Engel liegen auch dem Stolz, dem Neid und der Eifersucht der Menschen zugrunde. Auch wir sind bloß Geschöpfe, dazu durch unsere Schuld jetzt noch sehr entstellt, voller Fehler und Unvollkommenheiten. Würden wir doch daran denken, wie häßlich uns die Sünde macht, dann verginge uns jeder Stolz, jeder Neid und jede Eifersucht. Wir haben noch viel weniger Grund als die Engel, auf unser ich zu pochen, an erster Stelle zu stehen und niemand über uns haben zu wollen; wir haben keinen Grund, anderen nichts zu gönnen.

Dazu wäre noch zu beachten, daß Neid und Eifersucht immer unberechtigt und nur zum großen Schaden sind. Die guten Engel, die sich davon freigehalten haben, kamen nicht zu kurz, weil das ewige Wort die menschliche Natur annahm und die allerseligste Jungfrau ihre Königin wurde. Neben der Anschauung Gottes erhielten sie als zusätzliche Freude noch die Anschauung der heiligsten Menschheit Jesu Christi und die Freuden des Anblicks all der Schönheit ihrer Herrin und Königin. Außerdem noch einen viel tieferen Einblick in Gottes Schaffen und seine schönsten Wunderwerke.

Wir dürfen überzeugt sein, daß dies bei uns genauso ist. Wer niemand um den besseren Platz beneidet, keinem die Vorzüge, die er hat, mißgönnt, keine Eifersucht wegen der Bevorzugung eines andern hochkommen läßt, wer ohne Berechnung sich auf den letzten Platz setzt, kommt auch nicht zu kurz. Kennt er aber bloß das eigene Ich, gibt er dem Versucher, dem Neid sowie der Eifersucht nach, dann widersetzt er sich dem Willen Gottes und hindert ihn, all das zu geben, was er ihm geben möchte, ja er verscherzt sich immer mehr die Gnade. Klar hat das der Heiland in der Parabel von den Arbeitern im Weinberg gezeigt[351]. In derselben schildert er, wie der Hausvater zu den verschiedenen Stunden des Tages ausging und Arbeiter für seinen Weinberg dingte. Mit denen, welche er am frühen Morgen gedungen, kam er auf den Taglohn von einem Denar überein. Jenen von der 3., 6. und 9. Stunde sagte er: «Ich werde euch geben, was recht ist.» Die er in der 11. Stunde vorfand, tadelte er, daß sie den ganzen Tag müßig stehen, schickte auch sie in seinen Weinberg, aber ohne irgendwelche Bemerkung. Nicht einmal den Satz: «Ich gebe euch, was recht ist», hat der Heiland hier eingefügt. Am Abend kam dann die Entlohnung. Die Arbeiter der 11. Stunde erhielten jeder einen Denar. Sie waren wohl sehr überrascht. Die andern, besonders die ersten glaubten, nun mehr zu erhalten. Aber sie bekamen auch nur einen Denar. Da murrten sie: «Diese haben nur eine Stunde gearbeitet und du hast sie uns gleichgestellt, die wir die Hitze des Tages getragen haben[352].» Vielleicht gibt es nicht wenige, die sich bei dieser Szene auf die Seite dieser Arbeiter stellen und sogar noch unterstreichen: Ja, sie hatten recht, sich zu beklagen. Der Hausvater hat hier nicht richtig gehandelt . . . Aber langsam! Man muß Recht und Recht unterscheiden. Im Bereiche des Rechtsstandpunktes hat sich der Hausvater glänzend gerechtfertigt: «Freund, ich tu dir nicht unrecht. Bist du nicht auf einen Denar mit mir übereingekommen?» Stimmt einwandfrei! Da kann auch der gerissenste Jurist nichts dagegen machen.

Trotzdem kommen manche, die den Kernpunkt der Parabel nicht erfassen, über ein gewisses Mißbehagen nicht hinweg und können den Gedanken nicht loswerden: den Müßiggängern bis zur 11. Stunde gegenüber ist er so großzügig und freigebig gewesen. Warum war er es denn nicht auch bei jenen, die wirklich die ganze Tageshitze für ihn getragen haben? Sie hätten es doch erst recht verdient. Sehr richtig! Und wir dürfen auch überzeugt sein: Der Hausvater, der gegen die

Arbeiter der letzten Stunde so großzügig war, hätte auch sie reichlich belohnt, ihnen zwei oder sogar zehn Denare gegeben, wenn sie sich anders benommen hätten. Es war ja noch nicht der letzte Arbeits- und nicht der letzte Zahltag; vielleicht darf man sogar sagen, auch noch nicht das letzte Wort an diesem Tag. Aber durch ihre falsche Haltung haben sie sich alles verscherzt.

Diese ersten Arbeiter haben zwei grobe Fehler begangen: Sie haben gefordert – daß sie das taten, zeigt ihr Murren –, gib mehr! Gott gegenüber – auf ihn geht die Parabel zurück – darf das Geschöpf nicht fordern und erst recht nicht murren. Gott ist der freie Herr über seine Gaben. «Darf ich mit meinem Eigentum nicht machen, was ich will?» Gott weiß stets, was er tut, und macht immer alles recht und gut.

Der zweite Fehler dieser Arbeiter war ihr Neid. Dem ewigen Hausvater, der in die Herzen sieht, legt der Heiland ausdrücklich das Wort in den Mund: «Oder ist dein Auge neidisch, weil ich gut bin!» Hier hat der Herr selbst über die Ichsucht mit ihren Kindern Neid und Eifersucht das Urteil gesprochen. Der Hausvater sagt kurz und bündig: «Geht!» Er weist sie fort. Und Christus schließt mit den vielsagenden Worten: «So werden die letzten die ersten und die ersten die letzten sein!» Die Demütigen, welche auch einen Tadel, eine Verdemütigung einstecken, ohne Bedingungen und Sicherungen Gott willig folgen und für ihn arbeiten, werden die ersten. Die ersten aber, welche die Ichsucht, Neid und Eifersucht nicht aus ihrem Herzen bannen, werden die letzten. Gott darf keinen Neid und keine Eifersucht im Herzen sehen, sonst wird dadurch sein Herz und seine Hand verschlossen. Je selbstloser aber der Mensch ist, desto mehr ruft er die Freigebigkeit Gottes auf und wird von ihr überschüttet werden.

Noch eines ist zu bedenken, das wichtigste: Gottes Weisheit und Liebe haben längst beschlossen, was sie mir geben und wie sie mein Leben formen wollen. Sie haben immer nur mein Bestes im Auge. Warum soll ich dann unzufrieden, neidisch, eifersüchtig sein? Und drüben kommt erst recht niemand zu kurz. Bezüglich der Talente muß aber auch an dieser Stelle ausdrücklich betont werden: Es kommt nicht auf die Zahl der Talente an, die Gott einem gegeben hat, sondern darauf an, was man daraus macht: zu den zehn wieder zehn, zu den fünf wieder fünf. Hat jener, welcher nur eins bekommen hat, richtig gewirtschaftet und auch nur eins dazugewonnen, dann steht er höher vor Gott und bekommt einen größeren Lohn als jener, der zehn Talente besaß, aber nur acht oder neun dazugewonnen hat.

Merken wir uns noch: Wir haben nie Grund zu Neid und Eifersucht. Kein Mensch kann eine solche Sehnsucht haben, Gnade um Gnade, Liebe um Liebe zu empfangen, als Gott Sehnsucht hat, jeden mit der Fülle seiner Gnaden und Liebe zu überhäufen. In jedes Geschöpf läßt der große Gott soviel von seiner unendlichen Liebe einströmen, als dasselbe sich ihm erschließt und sich ihm hingibt.

Man muß bloß auch noch überlegen: Schon uns, die wir oft so verbildet sind, gefällt der selbstlose und opferbereite Mensch. Wieviel mehr gefällt er Gott und der himmlischen Mutter! Es ist auch nicht so schwer, selbstlos und opferfreudig zu sein, wenn man die Dinge vernünftig, nüchtern und vor allem im Lichte des Glaubens sieht. Man darf nur nicht immer auf das erbärmliche Ich und auf Satan hören, sondern muß die Selbstlosigkeit Jesu und der himmlischen Mutter stets vor Augen haben, und immer wieder um diese Tugenden bitten und wieder bitten. Gott und die himmlische Mutter hören gerade solche Bitten gern und erhören sie immer. Vertrauen wir! Es ist uns verheißen: «Bittet und es wird euch gegeben werden[353]!»

Die Liebe muß übernatürlich sein

Dies ist die letzte, doch nicht die unwichtigste Eigenschaft. In ihr liegt der tiefste Grund der Verpflichtung, aber auch die unerschöpfliche Quelle der Kraft selbst bei schwerster Belastung. Damit sie vollkommen ist, müssen drei Bedingungen erfüllt werden: Zuerst die Seele und dann der Leib; zuerst die eigene Seele und dann die Wünsche der anderen; zuerst Gott, alles andere wie er will und seinetwegen.

Die übernatürliche Liebe sieht bei jedem Menschen an erster Stelle auf dessen Seele. Sie läßt sich vom Körper mit seinen Reizen nicht blenden. Auch das schönste Gesicht nützt nichts, wenn es nur eine Larve ist, hinter der nichts ist oder sich ein anderer versteckt. Ebenso ist der schönste Körper wertlos, wenn in ihm eine häßliche Seele wohnt. Ein schönes Gesicht und ein schöner Körper ohne rechte Gesinnung sind für den Träger und für andere mehr ein Unsegen als ein Segen. Körper- und Seelenschönheit finden sich nicht immer verbunden. Ebenso trifft auch das Umgekehrte nicht stets zu, daß man von einem häßlichen Gesicht auf eine häßliche Gesinnung und von einem häßlichen Körper auf eine häßliche Seele schließen darf. Darum muß der Mensch in seiner Liebe in erster Linie auf die Seele achten und sich bemühen, tiefer zu sehen.

Sonach kann man sich bei der Beurteilung der andern täuschen, aber nicht auf die Dauer. Darum ist die Warnung angebracht: Wachsam sein, nicht zu vorschnell aburteilen und nicht so schnell Feuer fangen! Abwarten, sich vor Augen halten: Erst in der Prüfung offenbart sich die wahre Gesinnung und wahre Tugend, das wahre Gesicht und die wahre Schönheit. Die Menschen verstehen oft sehr, für sich einzunehmen.

Die übernatürliche Liebe darf aber selbstverständlich auch das Wohl des Körpers nicht übersehen. Sie wird auf seine Bedürfnisse und auf seine Nöte achten und diesen abzuhelfen suchen. Der Herr selbst gibt uns das verpflichtende Beispiel dafür in seiner Sorge um unser leibliches Wohlergehen. Wieviel Gutes hat der Heiland dem Körper der Menschen getan! Er hat die Hungrigen in der Wüste gespeist und die Kranken geheilt. Er hat jede Not gelindert[354]. Die himmlische Mutter will, daß auch ihre Kinder so eingestellt sind.

Auch die Werke der leiblichen Barmherzigkeit gehören zur Liebe. Es wäre keine echte christliche Liebe, wenn man einen Notleidenden bloß mit frommen Worten abspeisen würde. Ein Mensch, der dem Mitmenschen die notwendige Hilfe für seinen hungrigen, leidenden Körper verweigert, kann auch seiner Seele nicht helfen. Hier liegt ein ganz tiefer Grund für die Verpflichtung zur Ausübung der leiblichen Werke der Barmherzigkeit vor. Das Bild, welches St. Paulus von den Liebesmahlen in Korinth zeichnet[355], ist häßlich und abstoßend. Dagegen sind viele andere Berichte der Urkirche über ihre Liebesbereitschaft und Liebestätigkeit erfreulich und nachahmenswert[356]. Unter Christen darf es keine Gestalten wie den reichen Prasser im Evangelium geben[357]. Es muß viele geben, die gern das letzte mit dem notleidenden Bruder teilen.

Bei aller Liebe, welche der Heiland der notleidenden Menschheit schenkte, war der Körper aber nicht das letzte Ziel. Immer geschah es im Hinblick auf die Seelen. Besonders sie waren Gegenstand seiner größten Sorge und Liebe. Das ist gerade für Almosengeben und jede sonstige Hilfe für körperliche Not zu beachten. Ein Almosen kann sehr verschieden gegeben werden, auch ohne ein gutes Wort, ohne Liebe. Wird es so gereicht, dann mag die Gabe wohl irdischer Not abhelfen, kann aber die Seele verletzen. Die eine Not ist abgenommen, eine andere dafür aufgeladen. Diese Art zu geben wird bei den Beschenkten keine große Dankbarkeit auslösen und den Schenkenden keine große Dankbarkeit einbringen.

Darum darf nie übersehen werden: Alle Liebestätigkeit hat übernatürlich zu sein. Man muß an die Seele denken; oft hungert und darbt diese noch mehr als der Leib. Oft ist sie noch viel kränker als dieser und bedarf mehr Aufmerksamkeit als er. Sie braucht ein gutes Wort, vielleicht auch ein verständnisvolles, gütiges Aufmerksammachen auf manche Fehler. Das muß freilich in der rechten Form geschehen; wirklich übernatürliche Liebe ist dazu nötig. Ist sie vorhanden, dann gibt Gott auch immer das rechte Wort. Gerade er will ja, daß die Menschen sich gegenseitig helfen, besser zu werden und näher zu ihm zu kommen. Die Wohltaten, die der Seele gespendet werden, sind die größten und segensreichsten. Alles andere ist zeitlich und geht vorüber. Diese aber haben ewigen Wert und bringen aufrichtigen Dank sowie ewigen Lohn von Gott ein.

Keiner darf das Wohl der eigenen Seele aus dem Auge verlieren. Selbstverständlich hat die Liebe keine Grenzen. Sie gönnt allen alles, sie wünscht allen Gutes, sie umfaßt alle und nimmt alle mit ins Gebet hinein. Aber Grenzen hat die Liebestätigkeit schon aus dem einfachen Grunde, weil jeder Mensch beschränkt ist in seiner Zeit, in seiner Kraft und ebenso in seinen Mitteln.

Betreff der Mittel, die Gott einem geschenkt hat und deren Verwendung beim Almosengeben gilt: Liederlichkeit darf nicht unterstützt werden. Das hat mit den Werken der Barmherzigkeit nichts zu tun. Ein solches Verhalten ist keine Tugend, sondern ein grober Fehler. Gott hat keine Freude daran, wenn man die Mittel, die er uns gegeben hat, schlecht verwendet. Hier wäre es aber der Fall. Die Beschenkten werden dadurch noch liederlicher und das, was man ihnen gibt, wird einem wirklich Bedürftigen entzogen. Echte Arme gibt es zu allen Zeiten mehr als genug.

Auch trägt es bei Gott kein Verdienst ein, wenn man einem liederlichen Menschen ein Almosen gibt, bloß um von ihm Ruhe zu bekommen. Die Ruhe mag man damit haben, aber mehr hat man nicht. Es ist beachtenswert, daß der große Caritasapostel, der heilige Vinzenz von Paul, eine Stadt vom Bettlerunwesen befreite. Die ganze Bevölkerung seufzte unter dieser Knute; weder die weltliche noch die geistliche Obrigkeit konnte mit dieser Gesellschaft fertig werden. Da nahm der Apostel der Liebe der Stadt das Kreuz ab, aber nicht mit Liebestätigkeit für diese liederlichen Elemente, sondern indem er sie registrieren, die Bedürftigen selbstverständlich unterstützen, die anderen aber zur Arbeit anhalten ließ[358].

Es muß sich daher jeder merken: Ein weiches Herz ist etwas anderes als ein gutes Herz. Das gute Herz ist in Ordnung. Jeder soll ein solches haben; aber das weiche Herz nicht. Es läßt sich ausnützen und wird ausgenützt, nicht weil es soviel Tugend hat, sondern weil es eben so weich ist. Weichheit ohne Klugheit und Stärke ist aber keine Tugend, sondern eine Schwäche. Jeder muß auch nein sagen können, wo unbedingt nein gesagt werden muß. Wer das nicht fertig bringt, wird ausgenützt. Er ist wie ein Garten, der an der offenen Straße liegt und nicht eingezäunt ist. Dieser Garten trägt dem eigenen Besitzer nichts ein, weil ihn die andern ausplündern. Sich ausnützen lassen, hat mit Selbstlosigkeit und wahrer Liebe nichts zu tun. Es ist nur Schwäche. Aber eine Liebestätigkeit aus Schwäche ist keine Tugend.

Es gibt kein Gebot und keinen evangelischen Rat: «Du sollst dich von jedem Menschen ausnützen lassen!» Die Worte in der Bergpredigt vom «auch den Mantel geben, wenn jemand den Rock haben will[359]», von «noch zwei weitere Meilen mitgehen, nachdem man schon zu einer genötigt worden ist[360]», dürfen nicht als Rat zum «sich maßlos ausnützen lassen» ausgelegt werden. Der Heiland gibt keinen Rat, der zum Ruin des einzelnen oder zur Unterminierung der von ihm geschaffenen Ordnung führen würde. Manche Sätze des Herrn in der Bergpredigt sind der Aufruf des Herrn zum Heroismus in der einen oder anderen Situation. Daß sie aber nicht stur angewendet werden dürfen, zeigt Christus durch sein eigenes Verhalten. Dem Knecht, der ihm den Backenstreich gab, hielt er nicht die andere Wange entgegen, sondern ließ ihn durch die Frage: «Warum schlägst du mich[361]?» das ganze Unrecht seiner Tat spüren. Den Heroismus aber hat der Herr wie sonst niemand geübt, da er seinen Leib zur Geißelung und zur Kreuzigung hingab in der Art und unter den Umständen, wie der Vater es wollte.

Wer treu auf die Gnade hinhört, bekommt auch die Gnade, zu erkennen, in welchem Fall von ihm der Heroismus gefordert wird. Es trifft aber nicht zu, so oft ein Unverschämter seine Güte ausnützen möchte. Auf jeden Fall ist es ein Fehler, wenn jemand nie nein sagen könnte und zu allem bereit wäre, was andere verlangen. Dies braucht nicht immer bloß Geld zu sein. Es gilt auch von der Zeit und von der Kraft, die Gott einem für bestimmte Aufgaben verleiht. Es heißt eben auch, und zwar an erster Stelle: Du sollst die Gebote Gottes halten und deine Berufs- und Standespflichten erfüllen!

Hier ist darum die Grenze der Selbstlosigkeit und der Nächstenliebe gegeben. Wie oft ist es schon vorgekommen, daß mit lauter Entgegenkommen und Dienstgefälligkeit die Berufs- und Standespflichten vernachlässigt wurden! Mancher Student hat mit lauter Verpflichtungen gegenüber der Verbindung seine Studierzeit unnütz vergeudet und ist nicht an sein Berufsziel gekommen. Wer für alle da sein will und jedem entgegenkommt, schwebt in Gefahr, auch über die Grenzen der Gebote Gottes hinübergelockt oder direkt hinübergezerrt zu werden.

Keiner darf das Heil der eigenen Seele aus dem Auge verlieren. Vor Gott gibt es keine Hilfe und keine Seelenrettung auf Kosten der eigenen Seele. Der Heiland hat sein Blut und Leben für uns gegeben, aber nicht seine Seele. Die darf kein Mensch geben. Als erstes wird im Gerichte Gottes von jedem die eigene Seele verlangt. Die kann und muß ich als erste retten. Bei anderen weiß ich nicht, ob sie mitgehen und was etwa sonst noch alles hereinspielt. Zuerst kommt die eigene Seele. Das ist nicht Selbstsucht, das ist nicht Mangel an Liebe gegen die andern und nicht Mangel an Seeleneifer. Das will Gott. Das ist die Ordnung, die er geschaffen hat. Alles andere ist wieder nur Tarnung Satans unter dem Schein des Guten.

Zuerst Gott, alles andere wie er will und alles seinetwegen

Bedarf es überhaupt eines Wortes, daß Gott in jedem Menschen der erste Platz gebührt? Er ist doch der Allerhöchste und die unendliche Liebe. Welch tiefe Beziehungen bestehen zwischen ihm und jedem Menschen! Gott ist Schöpfer und Vater. Ihm verdankt jeder sein Dasein und was er ist. Von ihm wird jeder erhalten und erfährt ständig seinen Schutz, seine Sorge und seine Liebe. Es ist darum selbstverständlich, daß Gott in der Liebe eines jeden Menschen mit dem größten Abstand an der ersten Stelle stehen muß. «Du sollst den Herrn, deinen Gott, lieben aus deinem ganzen Herzen, aus deiner ganzen Seele, aus deinem ganzen Gemüte und mit deiner ganzen Kraft[362]!»

Niemand darf darum im Herzen des andern den ersten Platz einnehmen wollen. Und niemand darf diesen im eigenen Herzen jemand andern einräumen als Gott allein. Würde das Gegenteil geschehen, dann wäre es Unrecht gegen ihn und Götzendienst. Es ist Irrtum und Irrweg, in einem Menschen Inhalt und Ziel seines Lebens finden zu wollen, wie es ebenso Lüge und Anmaßung wäre, zu glauben, man könne dem andern sein Ein und Alles sein. Nie ist das möglich; denn immer bleibt das Wort bestehen: «Gott allein genügt[363]!» Man darf auch nicht übersehen: Gott ist ein eifersüchtiger Gott. Eindeutig und klar hat er das Wort gesprochen: «Du sollst keine fremden Götter neben mir haben[364]!» Gefährlicher als solche aus Holz und Stein sind jene aus Fleisch und Blut. Selbst wenn jemand alle Gebote Gottes halten würde, aber Gott nicht den ersten Platz in seinem Herzen oder im Herzen des anderen ließe, könnte er einst im Gerichte nicht bestehen.

Erst recht darf darum niemand zwischen Gott und der Seele stehen, auch nicht der geliebteste Mensch. Gott hat nicht bloß ein Recht auf den ersten Platz, er hat das Recht auf den ganzen Menschen. Jeder muß ihm dienen und seine Gebote halten. Wer jemand davon abbringen will, ist der Feind dieses Menschen, genauso gefährlich und schlimm wie der Verführer im Paradies. Es ist Hohn, wenn einer im Namen der Liebe etwas fordert, was Gott verboten hat. Hier spricht nicht Liebe, sondern Leidenschaft und begehrliches Ich. Hinter einem solchen Menschen steht wirklich der Teufel. Hier ist das «Weiche, Satan» am Platz. Es ist nicht immer leicht, die richtigen Grenzen zu sehen und einzuhalten. Die ungeordnete Liebe dämpft sehr stark das Licht des Glaubens und macht vor allem die eigenen Augen blind, nicht bloß gegen die Mängel und Fehler des Geliebten, sondern auch gegen die Forderungen Gottes. Sie macht taub gegen die Warnungen guter Menschen und auch gegen die Warnungen Gottes im eigenen Innern.

Wegen des Gebotes, Gott über alles zu lieben, kommt aber keine andere Liebe zu kurz. Den Beweis dafür liefert die Antwort des Heilandes auf die Frage der Pharisäer: «Welches ist das größte Gebot im Gesetz?» Christus bezeichnet als dieses die Liebe zu Gott, fügt aber sofort bei: «Doch das andere ist diesem gleich. Du sollst deinen Nächsten lieben wie dich selbst[365]!» Beim Abendmahl erhebt Jesus die Liebe zum Nebenmenschen sogar zu seinem Gebot[366]. Damit zeigt er, daß die wahre Gottesliebe der wahren Nächstenliebe nie im Wege steht. Im Gegenteil, sie ist die beste Bürgschaft und einzige Sicherheit für diese. Gott läßt keine Liebe ihm gegenüber gelten, wenn sie nicht auch die Liebe zum Nächsten im Gefolge hat. Jeder,

der letztere verweigert, muß die ernsten Worte Christi auf sich beziehen: «Was ihr dem geringsten meiner Brüder nicht getan habt, das habt ihr mir nicht getan[367]!» Es gilt von allem, was man dem Nächsten im Guten tut wie im Bösen antut. Gott nimmt es so, als wäre es ihm getan oder angetan.

Nur in der Liebe zu Gott ist die Liebe zum Nächsten gesichert. Die Erfahrung zeigt: Jede Art von Liebe ist schon in die Brüche gegangen, auch wenn sie noch so tief zu sein schien und selbst bereits Jahrzehnte gedauert hatte. Der Mensch kann eben nie für sich garantieren. Keiner kennt die Unbeständigkeit und die Schwäche des eigenen Herzens genügend. Wohl sind die Menschen je nach Temperament verschieden. Aber Satan ist klug und hat Mittel, immer wieder etwas zu erreichen. Auch die stärksten Seiten eines Temperamentes bieten keine Sicherheit. Garantie für die Liebe gibt einzig Gott. Diese besteht nur dann für immer, wenn der Mensch tief gläubig ist und treu nach seinem Glauben lebt, wenn er sich die Kraft für seine Liebe und die Erfüllung dieser Pflichten immer von Gott holt. Nur in den Fällen, in denen die Menschen durch ihre Haltung zu Gott es Gott möglich machen, über ihre Liebe zu wachen und sie zu beschützen, ist sie gesichert. Gott ist immer getreu. Er beschützt besonders das wertvolle Gut der echten, aufrichtigen Liebe zum Nächsten.

Die Liebe muß auch seinetwegen geübt werden. Vielleicht befremdet das auf den ersten Blick. Ichsüchtige Menschen bäumen sich sogar leidenschaftlich dagegen auf. Trotzdem bleibt die Forderung bestehen: um seinetwegen! Kein Geschöpf, auch kein Mensch, darf aus Gottes Schöpfungswerk herausgebrochen und als selbständige Größe angesehen werden. Auch er existiert und bewegt sich nur in Gott. Besitzt er hervorragende Fähigkeiten, zeigt er sich liebenswürdiger als viele andere, so ist das alles wieder nur ein Geschenk des Schöpfers. Hätte Gott es ihm nicht geschenkt, könnte er andere damit nicht beglücken. Nicht dem so reich Beschenkten und Guten, sondern dem so reich und hochherzig schenkenden Gott gebührt darum die Ehre und die Liebe. Jede Liebe muß sodann auch deshalb seinetwegen geübt werden, weil Gott in jedem Menschen wohnt. Empfängt dieser nun meine Liebe, dann darf der Größtliebende auch da nicht zu kurz kommen.

Die einzig richtige Haltung ist darum: Gott im Nächsten als den Ursprung und zugleich Zielpunkt aller Liebe sehen. Bei jeder Liebe, die ich empfange, nicht beim Geschöpf stehen bleiben, sondern zum Schöpfer vordringen. Nicht auf die schwache Hülle sehen, sondern den Gast beachten, der in ihr wohnt. Nicht den Boten sehen, der die Gabe bringt, sondern den Herrn, der die Gabe geschaffen hat und sie mir als ein Geschenk bringen läßt.

Nur in dieser Form ist die Liebe zum Nebenmenschen wirklich übernatürlich und wird sein Gebot auch in seinem Geist erfüllt.

Selbstverständlich muß betont werden: Es ist Gnade, zu dieser dargelegten Auffassung der Liebe zu kommen, und erst recht Gnade, die Erkenntnis auch in die Tat umsetzen zu können. Der Mensch bleibt ja immer ein Sinnenwesen und wird nur zu leicht aufs neue in das Reich der Sinne abgezogen. Er wird auch von den Menschen, mit denen er augenblicklich zusammen ist, leicht wieder eingenommen. Soll das vermieden werden, dann muß er sich immer wieder auf Gott und seine Gegenwart besinnen und besonders sich bewußt sein: Gott und die himmlische Mutter sind mir näher als jener Mensch, der vor mir sitzt und wäre er auch der beste und liebste. Jeder Mensch darf nur um Gottes willen geliebt werden.

Freilich hat jener, welchen Gott als Werkzeug benützt, uns Gutes zu erweisen, auch seinen Teil dazu beizutragen. Er hätte sich weigern können, hat es aber nicht getan. Darum ist das sehr wohl anzuerkennen und er darf nicht leer ausgehen. Er geht auch nicht leer aus; er wird von jedem edlen Menschen immer in den von Gott gesteckten Grenzen seinen Dank empfangen; Gott selbst sorgt dafür.

Richtig geübte Nächstenliebe ist zugleich auch Gottesliebe. In diesem Falle setzt dann auch der Lohn Gottes in seinem ganzen Übermaße ein. Gott schaltet alles aus, was Satan einschieben möchte und schenkt für das treue Stehen zu ihm das Einssein der Herzen in ihm. Diese Liebe trägt nichts Menschliches mehr an sich und ist kein Hindernis für die Liebe zu Gott, sondern steter Antrieb zu noch größerer Liebe zu ihm; für den Menschen aber, der geliebt wird, die Quelle eines noch größeren Segens. Die Liebe beider ist in Gott verankert und gesichert, jedem Sturm und jeder Prüfung gewachsen. Sie führt zur Vollendung der Liebe, die ihr höchstes Glück dann im Einssein mit und in Gott in der Ewigkeit findet. Die ewige Liebe selbst und die Verbindung aller Liebenden in ihm ist der unfaßbare Lohn, wenn die Liebe seines Kindes durch und durch übernatürlich ist.

Alle Tugenden sind im Leben eines Marienkindes wichtig, am wichtigsten aber ist die Tugend der Liebe. Das Maß der Gottes- und Nächstenliebe auf Erden bestimmt einst das Maß unserer ewigen Seligkeit.

Die richtige Beurteilung des Ordenslebens

Christus versichert: «Ich bin gekommen, Feuer auf die Erde zu senden, und was will ich anders, als daß es brenne[368]!» Wie könnte es auf der ganzen Welt lodern, aber es brennt kaum. Christus erließ die Parole: «Wer mein Jünger sein will, verleugne sich selbst, nehme sein Kreuz auf sich und folge mir nach[369]!» Die ihm nachfolgen, sind aber nur ein Häuflein, und nicht alle kommen ihm gut nach. Es ist schwer, den Berg der Vollkommenheit, auf den Christus uns weist, zu ersteigen. Wir Menschen schleppen immer zuviel Gepäck mit, auch im Geistigen.

Versagt auch die breite Masse, so gab es aber immer schon Männer und Frauen, die wirklich wollten, daß sie in Liebe brennen, die wirklich ernst zu machen suchten, Christus nachzufolgen. Sie erkannten, es geht am besten, wenn sie allen unnötigen Ballast über Bord werfen, ihm allein angehören, auf ewig ihm geweiht, einzig für ihn da sein und jeden Augenblick zu allem bereit, was er will.

Christus selbst hat durch die drei evangelischen Räte diesen Weg gewiesen: freiwillige Armut, Keuschheit und Gehorsam. In den verschiedenen Formen des Ordensstandes wurde dies im Laufe der Jahrhunderte zu verwirklichen versucht. Dies hat uns herrliche Vorbilder geschenkt und reichen Segen für die Seelen gebracht. Gott selbst hat es so gewollt und gefügt; die Klöster sind nun einmal die Pflanzstätten der Heiligkeit und des Segens für Kirche und Welt.

Sie sind es nicht allein. Vor allem darf keiner meinen, der im Kloster ist, er habe dadurch die Heiligkeit gepachtet und den Himmel bereits in der Tasche. Es gibt auch heilige Weltpriester und prächtige Laien, die Gott mehr Freude machen als manche Mönche und Nonnen. Man braucht bloß an Karikaturen von Ordensleuten und an die Niedergangserscheinungen der Orden zu den verschiedenen Zeiten denken.

Bei der Beurteilung der Orden sind zwei Extreme zu vermeiden: die grundsätzliche Ablehnung, die Herabsetzung, ja Verachtung des Ordensstandes.

Nicht minder falsch ist das andere Extrem: die Schönfärberei bei der Schilderung des Ordenslebens, die Ansicht, alle Ordensleute seien Heilige. Auch das Ordensleben ist zum größten Teil grauer Alltag ohne viel Poesie. Auch im Kloster ist der Mensch Mensch und oft sehr lang ein kämpfender, strauchelnder und fallender Mensch. Wenn dann manche Weltleute die Wahrheit erfahren oder gar manche Schwächen von Ordensleuten erleben, sind sie enttäuscht und möchten an allem irre werden; das ist aber auch wieder nicht recht. In den Klöstern wird trotz aller menschlichen Armseligkeit Gott meist mehr gedient als in der Welt und besonders mehr als von denen, welche die Ordensleute so kritisieren. Im Kloster kann man glücklich werden, wenn man nur Gott sucht. Er kann einen glücklicher machen, als die vortrefflichsten Menschen es vermöchten. Im Kloster kommt man schon voran, auch wenn es Enttäuschungen gibt und eigenes Versagen. Man darf nur nicht immer auf die anderen schauen, sondern muß den Blick auf Gott und die eigenen Pflichten richten. Gott gibt dann die nötigen Gnaden und führt aufwärts. Aber es hängt stets vom Mitgehen mit der Gnade und der tiefgläubigen vertrauensvollsten Hingabe an Gott in den Stunden der Prüfung ab. Hier fehlt es aber nicht selten auch bei den Ordensleuten. Darum dürfte wohl gelten, daß auch im Kloster weit über dem Durchschnitt stehende heroische Tugenden nicht die Regel sind. Wäre es so, dann würde die Welt in Flammen stehen.

Der hl. Augustinus soll einmal gesagt haben: «Ich habe nirgends bessere Menschen, aber auch nirgends schlechtere Menschen gefunden als im Kloster.» Die meisten sind darüber wohl entsetzt; vielleicht stimmt auch beides nicht ganz. Es muß eben richtig genommen werden. Auf jeden Fall ist etwas Wahres daran. Aber wie ist das möglich? Nirgends schlechtere Menschen als im Kloster! Die Erscheinungen in der Zeit der Reformation und auch in der heutigen Zeit sind eine gewisse Bestätigung dafür. Viele haben nur darauf gewartet, das Ordenskleid wegzuwerfen und sind dann mit fliegenden Fahnen ins andere Lager hinübergegangen. Die Reformation hätte nie erfolgen können, wenn die Klöster auf der Höhe gestanden wären. Dann hätten sie nämlich der Welt soviel Gnaden vermittelt, daß die Mißbräuche nicht so groß geworden wären. Sie waren es nicht und konnten darum dem Ansturm der Geister, der damals einsetzte, keinen Widerstand leisten.

Ein weiterer Grund für den Ausspruch «nirgends schlechtere Menschen» liegt im Mißbrauch der Gnade und der Sakramente. Er wurde schon in einem früheren Kapitel behandelt. Den tieferen und wichtigsten Grund für Mißstände in den Klöstern hat ein einfacher Laienbruder klar gesehen und ausgesprochen. Als ihm einer seiner Neffen geschrieben hatte, er beabsichtige ins Kloster zu gehen, machte er ihn aufmerksam: In der Welt ist der Teufel nur einmal, im Kloster ist er siebenmal. Er wollte ihn dadurch nicht vom Ordensberuf abbringen, denn er war selbst ein frommer, guter Ordensmann; er wollte lediglich eine Wahrheit aussprechen, die vielfach übersehen wird. Würde man sie aber beachten, könnte sie den Ordensleuten selbst und Außenstehenden zum großen Segen sein.

Viele Menschen in der Welt leben und arbeiten im Sinne Satans. Darum ist der Teufel in der Welt nur einmal. Er hat dort nicht soviel Arbeit, viele laufen ihm von selbst zu. Wäre Gott nicht so barmherzig, könnte er sie mit sich in den Abgrund ziehen. Klöster aber, in denen die Pflicht treu erfüllt wird, sind Satan nicht nur ein Dorn im Auge, sondern der größte Schaden für sein Reich und sein Arbeiten. Darum stellt er ihnen viel mehr nach als anderen. Die große hl. Theresia schreibt sogar, daß die Fallstricke, welche er den beschaulichen Seelen legt, noch viel raffinierter und gefährlicher sind[370]. Wird das nicht beachtet, ist die Ordensperson nicht stets auf der Hut, dann kommt Satan wirklich zum Zug. Er verhindert auf diese Weise viel Gutes. Heute versucht er und bringt es fertig, daß Ordensleute das Wort vom Heimholen der Welt zu Gott vielfach falsch verstehen und falsch praktizieren. Statt daß sie die Welt heimholen zu Gott, werden sie von Gott weg wieder in die Welt heimgeholt. Die zunehmenden Austritte aus den Klöstern beweisen das. Schlimmer aber ist es noch, daß der Weltgeist in nicht wenigen Klöstern immer mehr ein Heim findet. Es ist eine traurige und gefährliche Erscheinung der Zeit, daß Ordensleute sich heute nicht genug tun können, den Beweis zu liefern, wie aufgeschlossen sie jetzt für die Welt sind. Es geht dabei oft aber nicht um die Aufgeschlossenheit für die Nöte, sondern für die Freuden unserer Zeit. Man legt sogar großen Wert darauf, daß in Presse und Film immer mehr der Nachweis dafür geliefert wird. Man müßte aber jetzt doch fragen: Ja, für was haben sie dann die Welt verlassen? Was ist das für eine Nachfolge des Gekreuzigten? Berufe werden dadurch bestimmt nicht geweckt, denn um die Freuden der Welt zu genießen, braucht man nicht ins Kloster zu gehen und die Welt wird dadurch auch nicht für Christus gewonnen. Sie lacht bloß und findet bestätigt: Die sind auch nicht beser wie wir. Am ärmsten sind aber diese Ordensleute selbst. Man kann nämlich nicht zwei Herren dienen, nicht Gott und der Welt. Man kann nicht an zwei Tischen sitzen, nicht am Tisch der Freuden dieser Welt und am Tisch der Freuden des Herrn; diese schenkt er aber nur, wenn man mit dem Verlassen der Welt und der Hingabe an ihn ernst macht. Selbstverständlich sind damit nicht die vielen harmlosen Freuden gemeint, die es immer schon in den Klöstern gab, sondern jene, die außerhalb des Klosters gesucht und den Geist der Welt atmen und für die Seele nicht ohne Gefahr sind.

Die ersten Christen haben diesen Geist der Welt gefürchtet und gemieden; nicht allein wegen der Verfolgung haben sie sich in die Wüste zurückgezogen, sie haben es getan, um nicht von dem unseligen Zeitgeist angesteckt zu werden und nicht in und mit der Welt zugrunde zu gehen. Um darum auch heute nicht auf falsche Bahnen zu kommen, darf man in dieser Richtung nicht umdenken. Die Warnung vor der Welt mit ihrer Augenlust, Fleischeslust und Hoffart des Lebens gilt ebenso und erst recht für unsere Zeit. Die Welt liegt heute nicht weniger im Argen wie damals. Der Geist der Welt und der Geist Gottes kommen aber nie zusammen. Beide bleiben immer Gegensätze wie Feuer und Wasser. Was gut in der Welt ist, darf die Ordensperson annehmen, aber nicht was schlecht ist. Und schlecht ist, was sie an der Befolgung ihrer geschworenen Gelübde hindert, was sie von der wahren Nachfolge Jesu abzieht oder gar aus dem Kloster herauszieht. Gerade das Konzil hat dies gezeigt. Es ist ein Herzensanliegen Gottes, der Kirche und auch aller Guten der heutigen Zeit, daß die Klöster ihr Ideal wieder hochhalten und es im Leben noch besser verkörpern.

Die Vollkommenheit der Ordensleute besteht nach der Erfüllung der Gebote Gottes in der Erfüllung der heiligen Ordensgelübde sowie der treuen Beobachtung ihrer Ordensregel. Die heilige Armut und Keuschheit wurde schon in den diesbezüglichen Kapiteln behandelt. Im folgenden gilt darum die ganze Aufmerksamkeit dem Gelübde des Gehorsams. Es ist das wichtigste von allen. Erst der vollkommen geübte Gehorsam macht ja die Ordensperson zur Ordensperson.

Der Gehorsam gegenüber den Ordensvorschriften

Diese ordnen das Leben, das die Ordensleute selbst gewählt haben. Jeder Orden ist wie ein Organ im Organismus der Kirche und hat sein eigenes Gepräge, welches durch die Regel und die Satzungen bestimmt ist. Die Organe im menschlichen Körper müssen gesund sein. Schon die Erkrankung eines einzigen zieht den ganzen Körper in Mitleidenschaft. Ist diese stark, kann sie große Schädigungen der Gesundheit, ja sogar den Tod zur Folge haben. Die Kirche könnte durch das Versagen eines Ordens nicht direkt gefährdet werden; denn immer gilt das Wort: «Die Pforten der Hölle werden sie nicht überwältigen[371].» Aber ihre Lebenskraft kann darunter leiden und sie leidet immer, wenn die einzelnen Orden nicht mehr auf der Höhe sind. Darum befaßte sich das Konzil auch mit den Orden. Eindeutig traten die Konzilsväter für die treue Erhaltung des monastischen und klösterlichen Lebens ein. Im Dekret über zeitgemäße Erneuerung des Ordenslebens wurden klare Richtlinien dafür niedergelegt.

Der Wert eines Ordens aber und der Segen, der von ihm ausgeht, wird nicht bestimmt durch die äußere Tätigkeit und die äußeren Erfolge, sondern von der Treue, in welcher der Orden und seine Mitglieder den Geist des Stifters hüten, ihm folgen und dessen Ideal verkörpern. Darum erklärt das Konzil auch: «Geist und besonders Zielsetzung der Gründer sowie die gesunde Überlieferung sind treu zu bejahen und zu bewahren. Orden können nicht, ohne Schaden zu nehmen, umgekrempelt werden.» Darum gilt das gleiche, was von den Neuerungsversuchen in der Kirche gesagt wurde, auch hier. Es steht besonders jüngeren Ordensmitgliedern nicht zu, hier einfach umzustürzen. Wohl muß unter Umständen der eine oder andere Punkt den Zeitverhältnissen angepaßt werden, in denen er wirklich überholt ist. Aber solange die zuständigen kirchlichen Stellen hier nicht gesprochen haben, ist kein Haus und kein Ordensmitglied berechtigt, Änderungen zu treffen. Hinter den Ordensregeln und Ordensvorschriften steht reiche Erfahrung, steht viel Gebet und Opfer. Sie sind erprobt, manche nicht nur durch Jahrzehnte, sondern durch Jahrhunderte. Es ist möglich, daß der einzelne nicht gleich und nicht ganz die Bedeutung und den letzten Sinn versteht, dem die Vorschriften dienen. Wenn er sich aber bemüht, alles treu zu halten, so ergeht es ihm, wie es beim Glauben ist. Wie dort so erschließen sich dann auch hier die Schönheit und der Segen der einzelnen Regelpunkte. Das geschieht nicht so sehr durch das Studium als durch das Leben, in beiden Fällen also durch treue Erfüllung der Glaubens- und der Ordenspflichten.

Die Ordensregeln und Ordensvorschriften sind keine versiegelten Bücher, die dem eintretenden jungen Menschen vorenthalten und erst als Last aufgelegt werden, wenn er das Wort der Treue gesprochen hat und nicht mehr zurück kann. Die junge Ordensperson wird vom ersten Tag ihres Ordenslebens an damit bekanntgemacht und darin geschult. Ein ganzes Jahr des Unterrichts dient dieser Aufgabe. Sie lernt das geistige Gesicht ihres Ordens kennen und kann sich entscheiden, ob es ihr gefällt. Sie trägt vom Tage der Einkleidung an nicht bloß das Ordenskleid, sondern auch die Rüstung des Ordens als Streiter Christi und kann sich prüfen, ob ihr die Rüstung zusagt oder zu schwer ist. Niemand, der einmal die Schwelle des Klosters überschritten hat, muß im Kloster bleiben. Er kann sich ein Jahr lang prüfen und wird geprüft, bis er die ersten Gelübde ablegen darf. Er kann sich noch drei weitere Jahre prüfen, bis er das Wort «auf ewig» spricht. Darum ist die Pflicht und die Verantwortung auch so groß, wirklich regeltreu und ganz das zu sein, was man durch das Kleid vorgibt zu sein. Bei der Ordensperson gehört eben besonders die Haltung der Gelübde sowie der Regeln und Vorschriften des Ordens dazu.

Gewiß verpflichten die Satzungen der meisten religiösen Genossenschaften nicht unter Sünde. Nur der innere Grund, warum sie übertreten werden, kann Sünde sein: Geringschätzung, Verachtung der Vorschriften oder sittliche Schwächen, welche die treibende Kraft für die Übertretungen sind. Immer aber ist es wichtig, daß die Observanz treu gehalten wird, selbst wenn es bloß Kleinigkeiten sind. Sie gehören zur Treue und sind ernst zu nehmen.

Wie falsch eine andere Einstellung und Position ist, zeigt uns der Blick auf andere Gebiete. Überall spielen Kleinigkeiten eine große Rolle. So kommt es beim Räderwerk einer Uhr oder Maschine auf Millimeter an. Fehlt es hier, dann geht eben die Uhr und die Maschine nicht. Lockert sich am Auto bloß eine kleine Schraube und fällt weg, kann das zu einem Unfall führen. Schon ein Tropfen Wasser im Vergaser veranlaßt den Stillstand des Motors. Übersieht man im Telefonbuch nur eine Zahl, daß man z. B. statt zwei drei wählt, bekommt man den falschen Anschluß. Werden die Vorschriften des Verkehrs nicht treu eingehalten, kann es Zusammenstöße, Unglück und bittere Strafen geben. Jede Sportart hat ihre Spielregeln, deren Einhaltung für den Sieg entscheidend sind.

Immer ist Ordnung, Pünktlichkeit, exakte Ausführung gut, das Gegenteil abstoßend. Beim Parademarsch darf keiner nachhinken und keiner einen falschen Tritt haben. Beim Gesang geht es um ¼ Ton, beim Konzert um ¼ Takt. Wie sehr wird es störend empfunden, wenn jemand falsch singt oder im Orchester einer danebengreift. Im gesellschaftlichen Leben müssen gewisse Formen beachtet werden. Wer es nicht tut, erleidet Schaden.

Bezüglich der Einhaltung der Ordensvorschriften ist es um kein Haar anders. Gott und die vornehmste Mutter wollen erst recht, daß die Ihren Formen haben, daß alles harmonisch abläuft, daß eine Kommunität ein schönes Bild bietet. Das ist aber nur der Fall, wenn wirklich jede Vorschrift treu eingehalten wird. Wer das unnötig findet, soll an eigensinnige Dackel denken, die immer ihren eigenen Weg laufen, oder an eine Hammelherde, die formlos daherkommt. Es wäre nicht erbaulich, wenn eine Kommunität ein solches Bild bieten würde. Gottliebende Menschen müssen Selbstzucht und Form haben. Die Bemerkungen aber, mit denen die Treue im kleinen so schnell abgetan wird: Das ist nicht so wichtig, das sind bloß Kleinigkeiten, das ist eng und stur . . ., sind bloß wieder Schlagworte der Hölle, welche zur Begründung der Formlosigkeit dienen sollen.

Wie sehr hat die kleine heilige Theresia bedauert, daß es Ordensleute gibt, welche alles so leicht nehmen und sich über so vieles hinwegsetzen! Hier schwätzen, dort nachgeben . . . Sie sagt: «Ach, wie wenig Regeltreue, wie wenig Seelen gibt es im Kloster, die nicht nur so beiläufig tun, die sich nicht sagen: Es geht auch so, ich bin zu diesem und jedem nicht ausdrücklich verpflichtet; schließlich ist es kein großes Übel, hier zu schwätzen, sich dort nachzugeben usw. Wie selten sind die Seelen, die alles so gut wie nur möglich verrichten[372]!» Warum tun sie es? Sei man doch ehrlich: Bloß aus Nachlässigkeit und Bequemlichkeit, aus Eigenwillen, weil man sich scheut, sich eisern in die Gewalt zu nehmen. Und doch müßte es sein. Man könnte sonst einst im Gerichte nicht bestehen.

Je treuer die Ordensvorschriften von jedem Ordensmitglied gehalten werden, desto glücklicher ist der betreffende Mensch selbst, desto größer steht der Orden vor Gott da, desto mehr Segen geht von ihm aus. In der Oservanz, in der Treue des einzelnen und der Gesamtheit liegt tatsächlich mehr, als es auf den ersten Blick scheinen möchte.

Die früheren Instruktionen des «Ordens der allerseligsten Jungfrau Maria vom Berge Karmel» sagten: «Die ganz Regeltreuen sind jene, die den ersten blühenden Zustand unseres Ordens schützen und gleichsam in Händen halten. Ein einziger von ihnen ist in den Augen Christi mehr wert als eine Menge Prediger, Gelehrter, Schriftsteller und Personen jener Klasse, die nach menschlichem Ermessen für die Ordensgemeinschaft von großer Bedeutung sind[373].» Die Wichtigkeit der zuletzt angeführten Ordensmitglieder wird also voll und ganz anerkannt; ebenso ist aber gesagt: Noch wichtiger sind die Regeltreuen.

Selbstverständlich darf der Buchstabe den Geist nicht töten. Zu sklavisch an den kleinsten Punkten hängen und selbst einen vernünftigen und dringenden Grund, einmal von einer Ordensvorschrift abzugehen, nicht gelten lassen zu wollen, wäre stur, eng und kleinlich. Jedes Ordensmitglied zu bespitzeln und dann darüber zu urteilen, ob es in dem einen oder anderen Punkt nicht doch einen Fehler macht, verdiente den Vorwurf des Pharisäertums. Die Treue im Kleinen, die etwas so Großes ist, zeigt sich ganz anders. Sie fängt zunächst bei sich selbst an, bleibt nicht starr an den Vorschriften hängen, erfüllt sie treu bis ins kleinste, aber dem Geiste nach und aus Liebe.

Satan versteht es auch hier, etwas von seinem Geiste hineinzutragen. Darum ist Wachsamkeit sehr am Platze. Die Ordensvorschriften sind wichtig, aber über ihnen stehen die Gebote Gottes und besonders Aufrichtigkeit, Gerechtigkeit und Liebe. Sie dürfen nicht nach dem toten Buchstaben, sondern müssen im Geiste gehalten werden. Ihre Erfüllung muß die Liebe zur Wurzel und auch zum Ziele haben, die Liebe zu Gott, zum Orden und zu Mitbrüdern und Mitschwestern. Die himmlische Mutter will, daß die Ordensgemeinschaften ganz das seien, was sie sein sollen; dazu gehört die treue Erfüllung ihrer Ordensvorschriften.

Der Gehorsam gegenüber den Befehlen der Obern

Ein wichtiger Punkt ist sodann der Gehorsam gegenüber den Ordensobern. Hier liegt der Kernpunkt schon des ganzen Christen- und erst recht des Ordenslebens. Der Heiland konnte von sich sagen: «Ich bin nicht vom Himmel gekommen, um meinen Willen zu tun, sondern den Willen dessen, der mich gesandt hat[374].» Er darf am Schluß seines Lebens bekennen: «Der mich gesandt hat, ist mit mir und er hat mich nicht allein gelassen, weil ich allezeit tue, was ihm wohlgefällt[375].» So muß auch jede Ordensperson sagen können: Ich bin nicht ins Kloster gegangen, um nach meinem Willen zu handeln, sondern um den Willen dessen zu tun, den Gott mir als Oberen vorgesetzt hat. Nur so kann eine Ordensperson auch das Wohlgefallen des Vaters erlangen und einmal ruhig dem Tode und dem Gericht entgegensehen. Darum heißt es auch im genannten Dekret: «Durch die Ordensgelübde bringen die Ordensleute restlos ihren eigenen Willen gleichsam als Opfer ihrer selbst Gott zum Opfer dar. . . . sie unterwerfen sich, vom Heiligen Geist geleitet, gläubig ihren Obern, die Gottes Stelle vertreten und lassen sich von ihnen zum Dienst an allen Brüdern in Christus führen. Auf diese Weise werden sie dem Dienst der Kirche enger verbunden und reifen zur Christusfülle heran[376].»

Auch an dieser Auffassung über das Gehorsamsgelübde wurde die letzte Zeit viel herumkritisiert und dem eigenen Willen ein ziemlich hoher Thron errichtet. Nun ist er doch wieder zusammengestürzt und es bleibt die Verpflichtung zu gehorchen und die Tatsache, daß der Obere die letzte Entscheidung hat; denn er hat ja auch die letzte Verantwortung. Wohl legt das Dekret den Obern die Pflicht auf, ihre Untergebenen als Kinder Gottes zu leiten, sie zu Initative und Verantwortungsfreudigkeit anzuleiten. Dann heißt es aber: «Zur gehorsamen Mitarbeit.» Es steht also bei der Mitarbeit das Wort: Gehorsam, damit nicht manche glauben: Jetzt sei der eigensinnigen, eigenwilligen und eigenmächtigen Arbeit der Weg vollständig offen und frei. Ebenso darf auch nicht außer Acht gelassen werden, es heißt zwar: Darum werden die Obern gern die Meinung der Mitglieder hören und sie anregen, «miteinander über das Wohl des Institutes und der Kirche nachzudenken». Dann aber wird ausdrücklich festgelegt: «Beschlüsse und Anordnungen bleiben freilich den Oberen vorbehalten.» Was das Mitreden aber betrifft, dürfte wohl hier auch die Warnung des Herrn vor den unnützen Worten hereingenommen werden. Das Mitreden hat ja nur dann einen Sinn und bringt nur dann Segen, wenn wirkliches Wissen und Erfahrung dahintersteht und nicht bloß viel Reden der Grund ist und Besserwisserei das Wort führt.

Wenn darum jemand anders meint und es anders machen möchte als der Obere, ist das bestimmt falsch. So könnte einer versuchen, seinen Kopf durchzusetzen und zu verlagen, daß der Obere das tut, was er will. Der Weg, auf dem er das erreichen will, kann verschieden sein, einmal offener Widerstand, dann wieder demütiges, aber hartnäckiges Bitten. Am traurigsten ist es, wenn sich ein solcher auf sein Gewissen beruft, als ob der Obere kein Gewissen hätte und sich nicht auch nach seinem Gewissen richten müsse. Das Gewissen einer solchen Ordensperson, das oft alles andere als Gewissen ist, soll berücksichtigt werden; aber das Gewissen des Oberen, der die Verantwortung trägt, hätte keine Berechtigung. Es kann auch einer Behauptungen aufstellen: Der klare Ruf Gottes sei an ihn ergangen und dem müsse er folgen. Daß der oberste Ruf Gottes der Ruf zum Gehorsam gegenüber dem rechtmäßigen Obern in allen rechten und billigen Dingen ist, hat er aber vergessen und will es einfach nicht gelten lassen. Dieses Verhalten steht in krassem Widerspruch zu dem Beispiel, das Christus gegeben und das der einzelne als Nachfolge Christi gelobt hat. Ein solcher soll sich nicht einbilden, daß das Wohlgefallen Gottes auf ihm ruht.

Zwei Zitate seien hier noch angeführt, deren Beherzigung manche Zweifel und Streitfragen über den Gehorsam leicht lösen.

Es ging bei der hl. Theresia um die Frage: Soll die nächste Stiftung in Madrid oder Sevilla vorgenommen werden; Der zuständige Provinzial P. Gratian beauftragte sie, Gott um die Kundgabe seines Willens zu bitten. Einige Tage später konnte Theresia sagen: Gott will die Stiftung in Madrid. Der P. Provinzial erklärte jedoch: Ich glaube trotz allem, daß es besser ist, in Sevilla zu gründen. Theresia fügte sich ohne jeden Widerspruch. Später frug P. Gratian die Heilige: «Wie können sie nur gehorchen, Mutter, ohne den geringsten Widerstand, da ich doch nur eine Meinung geäußert habe, während sie eine sichere Offenbarung bekamen, die ihnen das Gegenteil sagte. «Darauf gab Theresia die so bezeichnende Antwort: «Wenn ich meinen Oberen gehorche, bin ich gewiß, daß ich nicht irre. Wenn ich aber meiner inneren Offenbarung folge, wie kann ich gewiß sein, keiner Täuschung zu unterliegen[377].»

Eine schöne Antwort einer Heiligen, wenn man bedenkt, daß die Heilige die Seele der Reform und fast nochmal so alt war wie ihr Provinzial. Das ist zugleich wieder ein Schlag gegen die falsche Mystik; der Gehorsam gegenüber dem zuständigen Obern geht immer auch der als echt angesehenen Offenbarung Gottes voraus.

Was aber Theresia sagte, ist an sich nur das, was Christus deutlich genug aussprach und verlangte: «Wer euch hört, der hört mich[378].» Aber die meisten Menschen nehmen diese Worte nicht ernst und meinen immer, es gäbe ein Wenn und Aber und Ausnahmen.

Das andere Zitat stammt von dem in Auschwitz ums Leben gekommenen Franziskanerpater Maximilian Kolbe. Er schreibt einmal: «Wenn sich alles gegen uns verschwört, nach welchem Leitstern sollen wir uns dann richten? Welcher Kompaß soll uns dann den rechten Weg weisen? – Der heilige Gehorsam! Mit diesem Wort verkündet die Königin des Himmels ihren Willen. Meine Obern können sich täuschen; aber ich täusche mich nicht, wenn ich ihnen gehorche. Wenn der Gehorsam mir heute ja sagt und morgen nein und ich heute tue, was ich morgen nicht tun darf, dann bin ich beide Male auf dem richtigen Weg und irre nicht[379].»

In der Biographie über ihn von Maria Winowska ist weiter sehr treffend angeführt: «In diesem Gehorsam überreichte ihm die Königin aller Siege eine unfehlbare Waffe; denn nur das volle *Fiat* vermag den zu überwinden, dessen Sünde im *non serviam* besteht. P. Maximilian Kolbe vertrat entschieden den Standpunkt: Wer nicht gehorchen will, ist nicht würdig, in den Dienst jener zu treten, deren höchster Ruhmestitel es war und noch ist, eine Magd des Herrn zu sein[380].»

Eine klarere und bessere Formulierung des Gehorsams findet sich selten. Wer sich danach richtet, kommt leicht über alle Schwierigkeiten des Ordenslebens hinweg.

Die Frage, wie die Ordensperson das Gelübde des Gehorsams auffaßt und hält, ist eine ganz grundlegende. Eine echte Ordensperson darf und wird nie versuchen, gegen die Ordensregeln und Ordensvorschriften auszubrechen sowie die Befehle der Obern zu umgehen.

Der klösterliche Gehorsam ist ein freiwillig auf sich genommener Gehorsam. Auch in der Welt muß Gehorsam geübt werden; dort ist er oft erzwungen und wird unter Umständen nur mit «Heulen und Zähneknirschen» geleistet. Doch wird in der Welt manchmal mehr geleistet als im Kloster und unter Opfern, die zuweilen sehr groß sind.

Eine Ordensperson, die nicht die richtige Einstellung zum Gehorsam hat, ist nicht am richtigen Platz. Sie ist sich und ihrer Umgebung zur Qual, ganz besonders den Oberen. Beim Militär liegen auf Gehorsamsverweigerung schwere Strafen. Gehorsamsverweigerung vor dem Feind wird sogar mit dem Tode bestraft. Die Ordensperson steht immer vor dem Feind. Die Orden sind ja die Kampftruppen gegen die Hölle. Dieser Kampf kennt keinen Waffenstillstand oder längeren Frieden. Soll darum Gott den Ungehorsam nicht auch bestrafen? Es ist undenkbar, daß eine Ordensperson sich dieser

Erkenntnis entziehen und bei Ungehorsam wirklich glücklich sein kann.

Wie schwer tut sich ein Befehlshaber mit Soldaten, die keine Disziplin, keinen rechten Gehorsam kennen! Wie schwer tut er sich, wenn er mit diesen Truppen vor dem Feind steht! Mit solchen Truppen ist kein Krieg zu gewinnen. Was soll aber ein Vorgesetzter im Kloster im Kampf gegen die Hölle und in der Arbeit für das Gottesreich tun, wenn auch nur ein solcher Untergebener unter seinen Leuten wäre, der andere anstecken würde? Das wäre ein Arbeiten und Kämpfen, dessen Früchte mehr die Hölle als der Himmel ernten könnte.

Zur Ehre des Ordensstandes darf wohl gesagt werden: Es gibt nicht viele schlechte Ordensleute. Aber weil das Unheil im Kleinen beginnt und bis zur Lawine anwachsen kann, muß es die Sorge jeder Ordensperson sein, hier auch den ersten Einflüsterungen der Hölle zum Ungehorsam und allen anderen Fehlern ein unerbittliches «Weiche, Satan!» entgegenzuschleudern.

Wie groß die Schwierigkeiten sind, die sich aus dem Gehorsam ergeben, hängt allerdings auch von verschiedenen Umständen ab.

Diese können im Betreffenden selbst liegen. Der eine Mensch ist von Natur aus gefügig, der andere nicht, der eine willig, der andere widerspenstig. Je nach den Anlagen empfindet der einzelne dann den Gehorsam leichter oder schwerer. Der ihn schwerer empfindet, müßte daran denken, daß er dadurch auch die Möglichkeit hat, größere Verdienste zu sammeln. Tut er es nicht und setzt nicht seine ganze Kraft ein, so fällt ihm der Gehorsam noch schwerer.

Der andere Unterschied liegt im Verhalten der Umgebung, besonders der Oberen zu dem Betreffenden. In einem Ordensleben kommen im allgemeinen keine schweren Belastungsproben des Gehorsams vor; es sind nur die alltäglichen. Bei einem anderen können sie sehr stark sein. Letzten Endes hängt das vom Willen Gottes ab, wie er es fügt oder zuläßt.

Freilich gibt es auch Ordensleute, die es meisterhaft verstehen, sich das Kreuz des Gehorsams leicht zu machen. Sie haben Talent, sich bei den Oberen stets in günstiges Licht zu setzen und ihre Gunst zu gewinnen. Wäre der Grund dafür ein aufrichtiges Wesen und ehrliches Streben, dann stünde es gut mit ihnen. Leider trifft es aber nicht für jene zu, die das Kreuz des Gehorsams sich auf diese Weise leicht machen. Auf diesem Gehorsam liegt darum kein Wohlgefallen Gottes, bringt dem Betreffenden kein Verdienst ein und ist auch kein Segen für ein Haus.

Auf jeden Fall muß die Ordensperson alles, was mit dem Gehorsam zusammenhängt, im Licht des Glaubens sehen und darf nicht auf die Einflüsterung Satans hören. Der Gehorsam ist das Joch Christi, das er selbst getragen und von dem er gesagt hat: «Mein Joch ist süß und meine Bürde ist leicht[381].»

Hat der Mensch in einem anderen Stand auch mehr Freiheit, so ist er in anderen Punkten oft mehr gebunden und hat ein noch schwereres Joch zu tragen.

Im Grunde ist das Joch Christi im Orden leicht, wenn es willig und in Liebe auf sich genommen wird. Auch hier zeigt die gute Gewohnheit ihren Segen. Wer sich angewöhnt hat, immer treu zu sein, nie auf die Einflüsterungen Satans zu hören, dem ist es nicht schwer, sich auch schwierigen Obern zu unterwerfen. Jedenfalls ist es leichter als viele meinen. Immer wieder trifft darum zu: Die Ordensregeln und die Ordensvorschriften, die Befehle der Obern, sind der Ordensperson Halt und Stütze, Schutz und Segen.

Fällt der Gehorsam aber doch einmal schwer, dann muß der Betreffende zu seinem Vorbild, zu Christus, aufschauen und erkennen, es war ja an sich auch nicht leicht, was der Ewige Vater von seinem göttlichen Sohn verlangt hat: Die 33 Jahre seines Erdenlebens in der ganzen Leidensfähigkeit der menschlichen Natur durchzustehen, die körperlichen und seelischen Nöte in solchem Ausmaß und dazu der schmach- und schmerzvollste Tod. Man sollte daher nicht so gedankenlos sagen: «Er war gehorsam, gehorsam bis zum Tod am Kreuz[382].» Es muß durchdacht und durchbetet werden, was in diesem Gehorsam bis zum Tode liegt.

Ebenso darf und soll man davon überzeugt sein: Auch bezüglich des Gehorsams wird keiner von Gott zu schwer belastet. Es kann wohl eine sehr schwere Last sein, aber der himmlische Vater gibt immer die nötige Kraft und Gnade. Darum ist die Behauptung nicht falsch: Im Grunde ist jeder selbst schuld, wenn er den Gehorsam so schwer empfindet. Christus hat das schwerste Kreuz des Gehorsams getragen und ist einige Male darunter zusammengebrochen. Er mußte die furchtbare Not der völligen Verlassenheit vom Vater erleben: «Mein Gott, mein Gott, warum hast du mich verlassen[383]?» Christus hat aber sein Kreuz in Ergebung und großer Liebe zum Vater und zu uns getragen und durch den Gehorsam gesiegt. Er schenkt diesen Geist des Gehorsams und Kreuztragens auch jedem, der ihn darum bittet und selbst guten Willens ist.

Der Gehorsam ist der Prüfstein der Demut. Es kann einer noch so fromm erscheinen, auch demütig reden und tun, wenn er im entscheidenden Punkt nicht gehorsam ist, beweist er nur, daß von wahrer Frömmigkeit und echter Demut nichts vorhanden ist. Diese Frömmigkeit gilt vor Gott nicht viel und diese Demut ist geheuchelt, aber nicht echt. Ein solcher ist kein Ordensmann, sein Leben ist Lüge. Auch er hat kein Öl in der Lampe und läuft Gefahr, vom Herrn, dem er Gehorsam gelobt, aber nicht gehalten hat, nicht als sein Diener anerkannt zu werden. Der Gehorsame aber hat den Beweis geliefert, daß er sich bemüht, demütig zu sein. An ihm haben der Vater und die himmlische Mutter ihr Wohlgefallen.

Gegenüber dieser radikalen Betonung der Pflicht des Gehorsams könnten sich nun doch manche Bedenken erheben. Eines lautet: Wird hier nicht zu sehr eine gewisse Unfehlbarkeit der Autorität vorausgesetzt? Beides aber: Unfehlbarkeit und Autorität decken sich nicht. Selbst der oberste Hirte der Kirche ist nur dann unfehlbar, wenn er *ex cathedra* spricht. Man kann auch an die arianischen Bischöfe denken. Durch den Einsatz ihrer Autorität hat die Irrlehre des Arius ihren großen Erfolg erzielt[384]. Auch könnte Papst Alexander VI. angeführt werden. Es ist bekannt, wie ärgerniserregend sein Lebenswandel war. Sehr leicht kann sich hier der Zweifel melden: Hatte er bei seinen Entscheidungen wirklich immer nur das Heil der Seelen und das Wohl der Kirche im Auge?

Außerdem sind auch nicht alle Träger der Autorität heilig. Vom sonst so verehrenswerten Bischof Ketteler wird berichtet: Das Domkapitel habe sich einmal verpflichtet gefühlt, ihn darauf aufmerksam zu machen, daß er durch seine Temperamentsausbrüche Ärgernis gebe[385]. Geht es dann um Auffassungen in den verschiedenen Dingen, so steht doch fest, keiner ist hier vor Selbsttäuschung unbedingt sicher, auch nicht eine Autoritätsperson. Ebenso spielen beim besten Willen oft persönliche Dinge sehr stark herein. Ist also die Forderung nach unbedingtem Gehorsam nicht doch zu stark und zu gewagt? Nein! Es muß nur klar gesehen werden.

Die arianischen Bischöfe standen nicht mehr auf rechtgläubigem Boden. In Glaubenssachen ist nicht der einzelne Bischof maßgebend, sondern die Lehre der Kirche, deren Hüter als Stellvertreter Christi der Heilige Vater in Rom ist. Wer nicht mehr mit ihm in vollster Glaubensgemeinschaft steht, hat seine Autorität als Bischof verwirkt. Er ist ein bereits abgestorbenes Glied am mystischen Leibe Christi.

Alexander VI. hat trotz seines schlechten Lebenswandels die Glaubens- und Sittenlehren der Kirche nicht gefälscht[386]. Höchstens könnte auf die Handhabung der Disziplin im Fall Savanarola hingewiesen werden. Vielleicht würde aber eine genaue Prüfung ergeben: Dieser eifrige Dominikaner war noch mehr als das Opfer der Politik das Opfer mancher Täuschungen auf dem Gebiet der Mystik[387]. Sein Handeln ist gerade auch von dieser Seite her stark und nicht immer vollkommen richtig beeinflußt gewesen. Darum wäre es besser, Savanarola nicht als Vorbild für einen Kampf gegen die Autorität zu nennen.

Das Domkapitel von Mainz hatte nur in aller Bescheidenheit und Ehrfurcht Bischof Ketteler um Mäßigung seines Temperamentes gebeten[388]. Das sieht sich wesentlich anders an als «das Widerstehen ins Angesicht», das wohl einem hl. Paulus anstand und zustand, aber wie wenige sind ein hl. Paulus[389].

Zu unterscheiden sind dann Meinungen einer Autoritätsperson und deren Befehle. In der katholischen Kirche gibt es verschiedene theologische Schulen, Systeme und Meinungen. Erst recht kommt das auch in anderen Fragen des Lebens vor. Hier ist jeder innerhalb der Rechtgläubigkeit selbstverständlich frei. Es verstößt nicht gegen den Gehorsam und nicht einmal gegen die Ehrfurcht, wenn einer aus wichtigen Gründen eine andere Meinung hat und vertritt als sein Vorgesetzter.

Vor allem aber ist zu beachten: Das Dekret über die zeitgemäße Erneuerung des Ordenslebens fordert besonders «da, wo es um Bußsakrament und Gewissensformung geht, müssen sie (die Oberen) ihnen die nötige Freiheit lassen[390].» Hier hatte es bei der früher üblichen oder sogar vorgeschriebenen Gewissensrechenschaft vor den Obern manche Mißstände gegeben. Darum wurde sie bereits vor längerer Zeit abgeschafft. Manche Obere und besonders Oberinnen hielten sich aber in diesem Bereich noch für zuständig und überschritten die Grenzen ihrer Zuständigkeit. Darum wurde die erneute Forderung der Freiheit auf diesem Gebiet gestellt. Etwas anderes ist es natürlich, wenn bei Ansichten und Handlungen des Untergebenen, welche der klaren Lehre der Kirche und der klösterlichen Ordnung widersprechen, auf die Freiheit des Gewissens gepocht wird. Dies ist eine falsche Berufung aufs Gewissen und darf nicht anerkannt werden. Es hat mit Freiheit nichts zu tun, sondern ist ein glatter Mißbrauch derselben.

Vor allem ist in disziplinären Fragen der Untergebene zum Gehorsam verpflichtet, auch wenn dieses hart und ungerecht von ihm empfunden wird, ausgenommen selbstverständlich Befehle, deren Durchführung offen gegen die Glaubens- und Sittenlehren der Kirche verstoßen. Daß ein Befehl als hart empfunden wird, ist nicht entscheidend und entbindet nicht vom Gehorsam. Auch der Hinweis auf die Pflicht der Liebe ist hier nicht am Platz. Die Verantwortung dafür trägt die Autoritätsperson. Sie muß eventuelle Fehler verantworten, aber ein Untergebener hat kein Recht, mit Berufung auf dieses Moment den Gehorsam zu verweigern.

Er darf wohl versuchen, auf erlaubtem Weg zu seinem Recht zu kommen; gelingt das nicht, dann bleibt nichts anderes übrig, als aus der Not eine Tugend zu machen und den Gehorsam auch einmal als Kreuz zu umfangen. Besonders der Priester muß im gegebenen Fall aus Liebe zu Gott auch ein Unrecht ertragen können; sonst sind seine Worte vom Kreuz nur schöne Phrasen und leerer Schall. Umfaßt er aber das Kreuz im lebendigen Glauben und in Liebe, dann geht immer reicher Segen daraus hervor.

Seit der Sohn Gottes gehorsam war, gehorsam bis zum Tod am Kreuz, kommt keiner am Gehorsam und auch am Kreuz des Gehorsams vorbei. Es steht aber ebenso fest, man geht hier den sicheren Weg, darf gerade auf ihm am meisten mithelfen, die Hölle wieder zurückzuwerfen und recht viele Seelen zu retten.

Bezüglich des Gehorsams wünscht die himmlische Mutter aber nicht nur dessen treue Beachtung, sondern auch die richtige Handhabung der Autorität. Der Geist eines Hauses und auch der Gehorsam, der in ihm geleistet wird, hängt in hohem Grade von der Persönlichkeit des Oberen ab. Gerade er muß sich bewußt sein: Worte begeistern, Beispiele aber reißen mit. Seine Pflicht ist es darum, wirklich mehr durch ein vorbildliches Beispiel als durch Worte oder gar strenge Autorität wirken zu wollen.

Ungeeignet zum Obern ist, wer zuerst ein schlechter Untergebener war. Wie will jemand Gehorsam verlangen, wenn er ihn selbst früher nicht geleistet hat? Auch sollte nie Oberer werden, wer nach dem Amt des Oberen strebt. Streber sind zu sehr auf das eigene Ich eingestellt. Es geht ihnen um die Würde, vielleicht auch um die größere Freiheit und das bequemere Leben, das sie sich ganz zu Unrecht in ihrem Amt erlauben. Streber können auch kaum ein aufrichtiges Wort ertragen und werden von Schmeichlern ausgenützt. Auf diese Weise kommt es leicht zu einer Nebenregierung und es brütet Unzufriedenheit in einer solchen Kommunität.

Es sollte auch nie einer Oberer werden, von dem man weiß, er ist nur selten zu Hause. Der größte Segen, den seine äußere Tätigkeit im Gefolge haben könnte, wird nicht ausgeglichen durch den Schaden, der dem eigenen Hause durch seine ofte Abwesenheit entsteht. Man sollte meinen, daß das nicht sein dürfte und nicht sein müßte. Im Kloster sind doch die Untergebenen erwachsene, vernünftige und pflichtbewußte Menschen. Gewiß! Aber trotzdem zeigt die Erfahrung: Ist der Obere sehr viel fort, so lockert sich die Ordnung und die Zucht. Ist die Herde ohne Hirten, kann der Wolf um so leichter einbrechen und hier Satan um so besser, zwar langsam, aber raffiniert und sicher arbeiten. Zum guten Obern gehört, daß er wirklich gern daheim ist.

Eine besondere Tugend eines Obern muß vor allem die Demut sein. Diese ist immer Wahrheit und Wahrheit bleibt, daß jeder auch als Oberer ein armseliger Mensch und armer Sünder ist. Die Demut wird dem Obern nicht immer leicht gemacht. Satan und auch die

Menschen arbeiten hier gegen ihn. Satan sagt ihm – nicht in einer Erscheinung – aber leise ins Ohr: «Du stehst jetzt an erster Stelle und bist schon etwas!» In manchen Fällen geht auch die schuldige Ehrfurcht der Untergebenen über das richtige Maß hinaus. Die meisten Oberen werden zuviel hofiert und bedient.

Theresia vom Kinde Jesu schreibt dazu: «O welches Gift von Lobsprüchen wird täglich denen aufgetragen, die auf den ersten Plätzen stehen! Welch verderblicher Weihrauch! Wie losgelöst von sich muß eine Seele sein, um daran nicht Schaden zu nehmen[391]!» Es erschien ihr als «ein wahres Wunder», wenn Menschen, die irgendwie «hervorragen», ihre ursprüngliche Frische und Lauterkeit bewahren.

Die nötige Ehrfurcht und die Einhaltung gewisser Zeremonien sind am Platz; auch, daß einem Obern manche Arbeit abgenommen wird, damit er für die seines Amtes frei ist. Aber sonst müßten jedem Obern immer die Fußwaschung im Abendmahlsaal und die eindringlichen Worte Jesu vor Augen stehen: «Ihr wißt, die Herrscher gebieten über ihre Völker und die Großen lassen sie ihre Macht fühlen. Unter euch soll es nicht so sein. Wer vielmehr unter euch groß sein will, der sei euer Diener und wer unter euch der Erste sein will, der sei euer Knecht. So ist der Menschensohn auch nicht gekommen, sich bedienen zu lassen, sondern zu dienen, ja sein Leben hinzugeben als Lospreis für viele[392].» Dabei kommt es nicht auf die eine oder andere Dienstleistung, sondern auf die ganze Haltung des Dienenwollens an, daß eben der Obere der Gemeinschaft dient und das Wohl jedes seiner Untergebenen sucht.

Eine wirklich weise Einrichtung der Kirche ist die Beschränkung der Amtszeit der Obern in den meisten Orden. Es ist sehr gut, wenn ein Oberer auch wieder Untergebener wird. Da gehen so manchem erst die Augen auf, wie gut es ist, sich nichts auf sein Amt einzubilden. Ebenso kann man sich überzeugen, wie falsch es wäre, all die Liebenswürdigkeiten, die einem in der Amtszeit gesagt werden, allzu ernst zu nehmen.

Kirchliche Amtspersonen, die ständig in ihrem Amt bleiben, haben nicht das Glück, durch solche Erfahrungen reicher zu werden. Sie sind deshalb fast zu bedauern. Wohl bleibt ihnen selbst in der letzten Krankheit noch Amt und Titel. Doch können diese das Kreuz derselben kaum erleichtern und im Gerichte Gottes kommt auch für sie die Stunde, in der Amt und Titel nur eine Verantwortung, aber keinen Vorteil und keine Begünstigung mehr sind. In dieser ernsten Stunde steht jeder Mensch, auch jener, welcher auf Erden selbst die höchste Würde inne hatte, vor dem ewigen Richter nur als armer Sünder. In der Ewigkeit wird jeder nicht nach Amt und Würden, sondern nach seinem Verdienst belohnt und bekommt er den Namen, mit dem der gerechte Gott ihn dann auszeichnet.

Zur Demut eines Oberen gehört auch die Überzeugung, daß er weit davon entfernt ist, unfehlbar zu sein. Das wird ihn vorsichtig in seinen Urteilen und Entscheidungen machen und aufgeschlossen für ein offenes Wort, ganz gleich von welcher Seite. Im genannten Dekret wird ihm dies sehr ans Herz gelegt. In wohl allen Ordensregeln und Vereinsstatuten sind Beiräte vorgesehen. Das ist sehr weise und durch die Erfahrung erprobt. Sechs oder mehr Augen sehen immer mehr als bloß zwei. Auch mehr Köpfe wissen immer mehr als einer. Wenn sie in Eintracht zusammenarbeiten, kommt dabei bestimmt Besseres heraus und ist es mehr zum Segen, als wenn ein Oberer eigenmächtig und selbstherrlich regiert.

Der demütige Obere gibt auch gern seine Meinung auf, wenn die andere besser ist. Es wäre falsch, ohne Grund seine Meinung zu ändern. Sind aber wichtige Gründe vorhanden, dann ist es nicht nur klug, sondern das einzig Richtige, von der eigenen weniger guten Auffassung abzugehen und die andere anzunehmen. Die Hauptsache ist ja, daß sie gut oder sogar besser ist. Von wem das Bessere kommt, spielt gar keine Rolle. Aus dem Leben des heiligen Papst Pius X. wird folgender schöner Zug berichtet: «Er war stets bereit, den Ratschlägen zu folgen, die er von Untergebenen erbeten hatte und wenn er sich zufällig geirrt hatte, bereitete es ihm nicht die geringste Schwierigkeit, es zuzugeben und richtigzustellen. Bemerkungen und Anregungen zog er in ernste Erwägung, und wenn er einsah, daß sie richtig waren, zögerte er nicht, auf seine eigene Einsicht zu verzichten. Eines Tages erlaubte sich ein Prälat bei einer Audienz ein Urteil des Papstes in einer sehr wichtigen Sache freimütig zu kritisieren. Der Heilige hörte ihn ruhig an, dachte einen Augenblick nach, blickte den Prälaten an und sagte: ‹Monsignore, Sie haben vollkommen recht.›

Der Prälat war sprachlos und bewunderte die tiefe Demut des Papstes[393].»

Zum Oberen gehört selbstverständlich ein großes Maß von Selbstbeherrschung, besonders der Zunge, aber auch des ganzen Temperamentes. Ein Oberer, der viel redet, bereitet sich nicht selten große Schwierigkeiten. Es wird immer wieder zu Entgleisungen kommen, die ihm dann sehr übelgenommen werden. Besonders gefährdet ist die Verschwiegenheit, die nun einmal auch, und zwar unbedingt zum Obern gehört. Indiskretion stößt ja immer ab, aber am meisten bei einem Oberen. Er verscherzt sich dadurch das Vertrauen seiner Untergebenen. Darum muß er ein Mann des Schweigens sein, der alles in sich verschließt und nichts preisgibt von dem, was er anvertraut bekommen hat. Die Untergebenen sollen überzeugt sein dürfen: Unser Vorgesetzter ist verschwiegen wie ein Grab. Selbstverständlich ist auch zu starkes Zugeknöpftsein nicht am Platz. Ein Oberer soll kein Geheimarchiv sein. Neben den Amtsgeheimnissen gibt es genug andere Dinge, welche die ganze Klosterfamilie erfahren darf.

Sehr schädlich für die Autorität ist die Unbeherrschtheit des Temperamentes. Ein scharfes Wort des Oberen geht tiefer als das eines Gleichgestellten; es verletzt mehr als das eines anderen. Gefährlich ist die Unbeherrschtheit auch deshalb, weil nach dem Satz: Der Ober sticht den Unter! der Mißbrauch der Gewalt hinzukommen kann. Es ist eine ungleiche Basis, auf welcher der Obere und der Untergebene bei einer Meinungsverschiedenheit stehen. Darum wäre es unfair und ein Zeichen von Schwäche, wenn der Obere bei der Gefahr, einen Irrtum oder ein Unrecht zugeben zu müssen, sich in seine Position als Oberer flüchten wollte. Hier ist dann der letzte, aber auch ein ganz schlechter Trumpf, wenn er seine Autorität ausspielt. Ist aber die Situation umgekehrt, hat er das Recht und die Pflicht dazu, nämlich dann, wenn ein Untergebener in einem wichtigen Punkt der Klosterdisziplin sein Unrecht nicht einsehen und nicht nachgeben will. Hier darf sich ein Oberer nicht klein kriegen lassen, sondern ist gezwungen, seine Autorität zu wahren und sich durchzusetzen. Das andere wäre Feigheit und Verletzung seiner Pflicht.

Ein Oberer muß gerecht sein und über den Parteien stehen. Er ist für alle da, nicht nur für die einen und für die anderen nicht. Hört er

Klagen, so hat er an den Rechtsgrundsatz zu denken: Es muß auch der andere Teil gehört werden; er darf nie unterlassen, beide Teile kommen zu lassen und der Sache auf den Grund zu gehen. Nur so kann Unrecht vermieden werden; im anderen Falle würde er das primitivste Rechtsempfinden verletzen und sich mit Recht den Vorwurf der Ungerechtigkeit zuziehen.

Ein Oberer darf auch keine Schoßkinder haben, keine Lieblinge, denen alles durch die Finger gesehen wird, die sich rühmen können, daß sie immer durchsetzen, was sie wollen. Hier ist dann der Boden für die Spaltung der Gemeinde in Parteien. Über den Schaden, der dadurch entsteht, braucht kein Wort verloren zu werden.

Ein Unglück für ein Haus und eine Kommunität wäre es besonders, wenn ein Oberer kein Herz hätte. Freilich sind die Anlagen verschieden; aber bei der Liebe geht es nicht um Anlagen, sondern um ein Gebot Gottes.

Schon in einer Familie sind die Kinder unterschiedlich geartet, erst recht in einer Klosterfamilie. So hat ein Oberer auch Untergebene, die nicht sein Typ sind und nicht seiner Art liegen, unter Umständen sehr auf die Nerven gehen können. Und doch muß er gerade auch diese ertragen. Er darf nicht übersehen, daß auch seine Art auf die Nerven gehen kann. Hier gilt darum: «Einer trage die Last des anderen und so werdet ihr das Gesetz erfüllen[394]!»

Unter keinen Umständen darf ein Oberer Abneigung in seinem Herzen hochkommen oder darin wohnen lassen. In diesem Falle könnte er nicht mehr gerecht sein und würde den anderen das Leben unerträglich machen. Deshalb sollte ein Oberer auch nicht empfindlich sein. Wer hier zu zart besaitet ist und gewisse Dinge nicht überwinden kann, tut sich sehr schwer. Fühlt er sich mit Recht oder Unrecht verletzt, so steht das meist zwischen ihm und dem Untergebenen. In Wirklichkeit darf nichts dazwischen stehen. Zwischen Christus und Judas ist nicht einmal die Untat des Verrates gestanden. Der Heiland wußte um sie und hat ihn selbst nach diesem Verrat noch Freund genannt[395]. Ein Oberer muß ertragen und vergessen können. Er darf nicht die Angst haben, er wäre deshalb kein Charakter. Das wäre er nur dann nicht, wenn es ihm mit dem Verzeihen nicht ernst wäre und er heucheln würde. Wer aber wirklich von Herzen verzeiht, ist gerade deshalb ein Charakter. Das andere ist bloß wieder ein Schlagwort Satans und wer sich danach richtet, ein stolzer Mensch, der Christus nicht kennt.

In der Gemeinschaft, besonders im Kloster und am ersten beim Obern ist es darum sehr wichtig, nichts nachzutragen, zu verzeihen und auch vergessen zu können. Hier wird in weltlichen und geistlichen Gemeinschaften sehr viel gefehlt und sehr viel guter Wille zerschlagen. Die Mutter der Barmherzigkeit wünscht, daß gerade in diesem Sinne Barmherzigkeit geübt werde. Wenn Gott verzeiht, müssen auch die Menschen verzeihen. Sonst ist ihr Gebet unwahr: «wie auch wir vergeben unsern Schuldigern[396]». Wenn aber verziehen ist, dann ist die Schuld ausgelöscht, dann darf nicht mehr davon gesprochen werden, sonst ist das Verzeihen nur geheuchelt. Jedem gefallenen Menschen müssen wieder Chancen gegeben werden, seinen guten Willen zu beweisen. Erst wenn das Vertrauen wiederholt mißbraucht wurde, ist er strenger zu halten. Ist aber guter Wille vorhanden und schon bewiesen worden, dann ist es herzlos und vor Gott ein großes Unrecht und schwere Sünde für die Obern, wenn jemand trotzdem sein ganzes Leben lang immer als schwarzes Schaf angesehen wird.

Christus hat uns hierfür ein Beispiel gegeben. Petrus durfte trotz seiner Verleugnung seine erste Stelle im Apostelkolleg behalten und der Fels der Kirche werden. Hat ein Oberer das Recht, strenger zu sein als Christus? In Petrus wird jeder arme Sünder seinen Fürsprecher, jeder harte Obere aber einen scharfen Ankläger und in Christus einen strengen Richter finden. Vom Messias hat der Prophet vorausgesagt: «Er wird das geknickte Rohr nicht brechen und den glimmenden Docht nicht löschen[397].» An dieses Wort des Propheten und an das Vorbild des Herrn müßte jeder Obere denken, wenn er einmal ein Richteramt auszuüben hat. Ein Oberer soll vor allem Christus, den guten Hirten, vor Augen haben und sein liebstes Stoßgebet soll sein: «Jesus, sanft und demütig von Herzen, mache mein Herz gleich deinem Herzen!»

Ein Vorgesetzter muß immer ab- und zugeben können. Er darf nie vergessen, daß jeder seine Schwächen hat. Keiner ist ohne Fehl und von keinem kann man verlangen, daß er von heute auf morgen vollkommen wird. Auch kann eine Gemeinschaft nie auf der Höhe des

Heroismus geführt werden. Dieser ist stets nur Gottes Ruf und Sache des einzelnen. Fehler gibt es immer wieder und wo Menschen beisammen sind, geht es auch menschlich zu. Das war selbst in dem Kreis, den der Heiland um sich gesammelt hatte, nicht anders. Auch da traten Schwächen bis zum Schluß auf. Wieviel hat sich der Herr mit seinen Aposteln geplagt, was für ein herrliches Beispiel durften sie an ihm sehen, bei wie vielen Wundern Zeugen sein! Wahre Liebe hat er ihnen geschenkt und trotzdem ist alles, was Christus sie gelehrt und ihnen vorgelebt hatte, so schwer in ihre Ohren und in ihre Herzen eingedrungen. Trotz all seiner Bemühungen mußte er zu Philippus am Ende sagen: «So lange bin ich schon bei euch und du kennst mich noch nicht[398]!» Das war der Erfolg seiner Arbeit nach drei Jahren. Darum bleibt immer wahr: Ein Vorgesetzter muß manches sehen und schweigen können. Er muß immer wieder Geduld haben.

Der Obere soll die ihm Anvertrauten vor allem in Liebe leiten. Er soll an das Gute, das in jedem Menschen ist, glauben und es zu heben suchen. Er darf nicht immer mit der Peitsche drohen, nicht immer von Verantwortung, von Gericht und den Strafen Gottes reden. Meist werden dadurch nur die Guten geängstigt und niedergedrückt; jene aber, die es angehen soll, nehmen es doch nicht ernst.

Man müßte auch an die Möglichkeit denken: Gott urteilt über manche Fehler nicht so hart wie wir Menschen; er ist die Liebe und in der Liebe liegt der Grund und der Zug zum großen Verzeihen. Es scheint nicht bloß so, sondern es ist wahr. Der unendliche Gott hat die erste Sünde zugelassen und läßt auch unsere Sünden zu, um seine Liebe gerade dadurch am vollkommensten offenbaren zu können, daß er alles, aber auch alles vom ganzem Herzen verzeiht und nicht das geringste nachträgt. Mehr als durch die größten Geschenke ist der Mensch ja erschüttert und ergriffen, wenn er erleben darf, daß auch größte Dummheiten, ja selbst Gemeinheiten, die er begangen hat, ihm verziehen werden. Die Schuld und das Ausharren in ihnen versperrt den Weg ans Vaterherz Gottes, die Reue und sein Verzeihen reißt alle Schranken nieder und läßt Gottes Liebe am herrlichsten erstrahlen, macht den armen Sünder glücklich und ruft am stärksten wahre, wenn auch armselige, aber doch aufrichtige und frohe Gegenliebe in ihm wach. Diese Wahrheit soll der Obere den Seinen immer wieder zum Bewußtsein bringen. Ihr Leben und ihr Tagwerk soll ein frohes Gehen zu Gott werden; dann strömen immer mehr Gnaden und werden Arbeiten wie Mühen sowie die Opfer der Gelübde und des Zusammenlebens weniger empfunden sowie leichter und lieber getragen und führen schneller und sicherer zum Ziel.

Selbstverständlich darf das aber nicht zu einseitig aufgefaßt und angewandt werden. Weckt diese so beglückende Liebe Gottes nicht die entsprechende Gegenliebe, wird sie nicht als ein Ruf zum Streben, sich dieser Liebe würdig zu erweisen, wirksam, dann ist schon die andere Seite zu betonen. Wie oft mußte selbst Christus das tun. Man kann es deutlich in den Evangelien verfolgen. Christus zeigt Liebe bis zum Übermaß und Verzeihung jeder Schuld, wenn ein Funke guter Wille vorhanden war. Er rechnete aber unerbittlich mit jenen ab, welche sich nicht beugen wollten.

Alle Liebe Gottes und eigene Liebe zu den ihm Anvertrauten darf den Obern nicht dahin führen, in allem durch die Finger zu sehen und überall nachzugeben. Satan operiert hier gern mit dem Schlagwort: «um des Friedens willen». Gewiß hat dieser Satz seine Bedeutung und Berechtigung, aber auch seine Grenzen. Vom Heiland wurden diese Grenzen ganz scharf gezogen. Als Petrus nach der ersten Leidensweissagung Jesus von seiner Leidensaufgabe abbringen wollte, stieß dieser ihn von sich und sagte das harte und furchtbare Wort: «Weiche, Satan[399]!» Bei seiner Predigt am See Genesareth über die Eucharistie trennten sich Jünger von ihm. Er hielt sie nicht zurück, sondern stellte auch den Aposteln die Frage: «Wollt auch ihr weggehen[400]?» Der Heiland hat fast im Übermaß die Schwächen der Seinen ertragen; aber er hat auch gewarnt und getadelt. Er hat ihnen sogar gedroht: «Wenn ihr nicht werdet wie die Kinder[401]», . . . «Wenn eure Gerechtigkeit nicht vollkommener ist als die der Schriftgelehrten und Pharisäer, werdet ihr nicht ins Himmelreich eingehen[402]!»

Der Heiland zeigt: Es gibt eine Grenze für das Wort «um des Friedens willen» . . . Darum darf man auf Satan nicht hören, wenn er damit kommt. Er versteht ja gerade mit diesem Satz die Menschen blind zu machen und in eine ganz falsche Haltung hineinzubringen. Da heißt es dann «um des Friedens willen» auch in den Fällen, die man nicht durchgehen lassen dürfte. Da kommt es dann vor, daß um des Friedens willen nicht nur eines, sondern beide Augen zugedrückt werden. Ganz schlimm ist es, wenn man dieses noch als Tugend ansieht und meint, man müßte in Fällen die «Liebe» üben, in denen ein ernstes Wort und sogar ein Eingreifen unbedingt notwendig wäre; Fälle, in denen die Mißstände schon um Abhilfe zum Himmel schreien.

So muß der Obere die Liebe üben, darf nicht ungeduldig, nicht ungerecht, nicht hart sein. Er muß die Liebe aber auch dadurch üben, daß er nicht alles durchgehen, nicht alles schleifen läßt. Hier hat das Wort «um der Liebe willen» mit Liebe nichts mehr zu tun. Hier ist es nichts anderes als Bequemlichkeit, Feigheit und Verantwortungslosigkeit.

Dieser Friede, den man dann immer im Munde führt, ist ein fauler Friede. Auch Heli, der Hohepriester, ließ um des Friedens willen seine ungezogenen Söhne ihr Unwesen treiben. Es war eben Schwäche, sehr wahrscheinlich auch Affenliebe. Gott ließ das nicht gelten, sondern hat diese Fehler streng geahndet. Das verheißene Priestertum wurde von seiner Familie genommen, die Söhne mit dem Tode bestraft und Heli selbst fiel tot vom Sessel[403]. Es darf keiner vergessen: Wer ein Amt hat, hat es nicht, um es sich bequem zu machen, auch nicht um andern jede Bindung zu lockern oder sie lockern zu lassen. Wer ein Amt hat, ist nur Verwalter und muß einmal Rechenschaft ablegen. Wer das Amt eines Oberen im Kloster innehat, ist zugleich auch der Seelsorger seiner Untergebenen und muß auch in dieser Richtung seine Pflicht erfüllen. Besser ist es daher, kein Verwalter zu sein als ein schlechter. Bei einer falschen Amtsführung wirkt sich der Schaden nicht bloß in der eigenen Seele aus, sondern leider auch in den Seelen vieler anderer. Dieser Schaden fällt dann doppelt oder hundertfach auf die eigene Seele zurück, weil der Obere auch die Verantwortung für die Seelen seiner Untergebenen, deren Rettung und Fortschritt trägt. Die Niedergangserscheinungen in der Kirchengeschichte, manch böse Katastrophen hätten nie eintreten können, wenn die Vorgesetzten immer verantwortungsbewußt und pflichttreu gewesen wären und wenn sie auch die Opfer ihres Amtes auf sich genommen hätten. Es können freilich Opfer sein; aber auch hier steht Gott hinter einem Oberen. Hier lohnt er es ihm selbst und auch den Untergebenen, die es verstehen, daß der Obere sie vor dem Satan und seiner Raffinesse schützen muß. Der Satz «um des Friedens willen» ist ein Honigtropfen, mit dem der Versucher die Seelen anzieht, einfängt und vergiftet.

Darum muß im Kloster ein Friede herrschen, der in der Ordnung, in der Treue dessen, was man gelobt hat, begründet ist. Alles andere ist nur Schein und Lüge. Es würde weder dem Oberen noch den Untergebenen zum Segen gereichen, sondern nur die Verantwortung vermehren und ein strenges Gericht einbringen. Wird von den Oberen und Untergebenen aber die Verwirklichung des Ordensideals treu angestrebt, dann sind die Klöster das, was sie sein sollen: Oasen des Friedens, Quellen des Segens, Burgen Gottes, von denen aus mehr als in offener Feldschlacht die Macht Satans immer wieder gebrochen wird.

Ein trauriges und ernstes Kapitel im Ordensleben:

Der Austritt aus dem Kloster

Christus und seine Frohbotschaft, sein Kreuz und die Kreuzesnachfolge ist den Juden ein Ärgernis, den Heiden eine Torheit. So war es zu seiner Zeit und bleibt es bis der Welt ihre letzte Stunde schlägt.

Christus und seine Kirche sind eben eine andere Welt als jene ist, in der wir leben. Ihre Geheimnisse können darum nur im Licht des Glaubens erfaßt werden. Dieser aber ist wieder das große Geschenk Gottes und hängt in seiner Tiefe und Lebendigkeit von dem Maß ab, in dem Gott ihn schenkt, aber auch vom eifrigen und beharrlichen Beten sowie der Mitwirkung jedes einzelnen. Ebenso kann das christliche Leben in seinen Forderungen und Leistungen einzig in der Kraft des Glaubens gemeistert werden. Blütezeiten der Kirche waren darum immer Zeiten, in denen der Glaube lebendig und stark war; glaubensarme Zeiten hatten den Niedergang zur Folge.

Diese Tatsache gilt besonders für das Ordensleben und wirkt sich bei ihm noch stärker aus. Es bekommt erst durch den Glauben und die Glaubenssicherheit Sinn und Berechtigung.

Die Treue zum erwählten Orden und das Ausharren in ihm hängt darum auch vom Grad des lebendigen Glaubens ab. Der tiefgläubige innerliche Mensch kommt nie in Versuchung nach dem Schwur der ewigen Treue sein Wort zu brechen. Ihm sind die Schwierigkeiten, die sich selbstverständlich in jedem Ordensleben ergeben, nur Mittel, in der Tugend zu wachsen, Christus näher zu kommen und ihm ähnlicher zu werden. Schwierigkeiten gibt es ja schließlich in jedem Stand und jedem Beruf. Wenn da immer jeder alles wegwerfen würde, könnte er es nie zu etwas bringen. Manche tun es; aber sie bringen in ihrem Leben dann auch die entsprechenden Früchte und die menschliche Gesellschaft muß sie als Last ertragen und mitschleppen. Sie bilden das Heer der asozialen Elemente.

Im Ordensstand zeigt sich immer wieder: Gerade die großen Gestalten in der Geschichte der einzelnen Orden hatten schwere Prüfungen durchzustehen. Erst durch Schwierigkeiten und Opfer sind sie gewachsen und das geworden, als was sie jetzt so herrlich vor uns stehen und in der Ewigkeit glänzen und glücklich sein dürfen.

Der Ordensaustritt darf darum nicht bloß vom rein natürlichen Gesichtspunkt aus betrachtet werden. Schon für den gewöhnlichen Christen ist dieser Standpunkt falsch, für die Ordensperson ist er es erst recht. Diese muß alles im Lichte des Glaubens sehen und danach beurteilen. Der Glaube sagt uns nun: Jede religiöse Gemeinschaft mit ewigen Gelübden ist kein Verein und kein Betrieb. Aus einem Verein kann man austreten, wenn er einem nicht mehr zusagt; den Betrieb kann man bei Einhaltung der gesetzlichen Kündigung mit einem anderen vertauschen. Da religiöse Gemeinschaften mit ewigen Gelübden aber kein Verein und kein Betrieb sind, sollte man meinen, es geht dort nicht. An sich wäre das selbstverständlich. Tiefgläubige Ordensleute sehen das auch so und kämen nie auf den Gedanken, eine andere Auffassung darüber zu haben oder gar anders zu handeln.

In der religiösen Gemeinschaft mit ewigen Gelübden bestehen ja Beziehungen und Bande, mit denen irdische Beziehungen und irdische Bande nicht zu vergleichen sind. Hier geht es um ein Gerufensein von Gott und um das freie Ja zu diesem Ruf, und zwar das Ja auf ewig bei den ewigen Gelübden. Die Bindung durch die Ordensprofeß ist sogar stärker als die in einer Ehe. Zwar ist diese ein Sakrament, die Profeß aber nicht; doch gibt es in diesem Fall noch andere Gesichtspunkte als Sakrament und Nicht-Sakrament.

In der Ehe besteht die Gemeinschaft nur zwischen zwei Menschen, bei der Profeß zwischen einem Menschen und Gott, der ewigen Liebe. Die Ehe hat Gott nur zum Zeugen der Treue, bis der Tod die Eheleute scheidet; die Profeß aber hat Gott zum Gegenstand der Liebe und Treue. An dieser Wahrheit ist nicht zu rütteln. Deswegen ist der Austritt aus dem Orden eine ernste und verantwortungsvolle Sache. Gott steht gleichsam da wie der Mann oder die Frau, welche der andere Eheteil treulos verlassen hat. Mit dem Austritt aus der religiösen Gemeinschaft ist auch immer die Zurücknahme des Gelübdes der Armut, der Keuschheit und des klösterlichen Gehorsams verbunden. Diese aber hat man Gott gelobt und sie sind ein wesentlicher Teil der vollkommenen Hingabe an ihn, die durch die Profeß vollzogen wurde. Im letzten Grunde ist es doch so, wie es im Bild der Trennung der Eheleute veranschaulicht ist. Man erkennt es nur nicht oder will es nicht anerkennen, weil man Gott, die größte Wirklichkeit, nicht von Auge zu Auge sehen kann. Könnte man dies, dann wäre alles anders und käme es wohl nie zu einem Klosteraustritt.

In einem gewissen Sinn kann man Gott aber schon sehen, ja sogar erleben, nämlich im Glauben. Aber selbst da kann sein Bild wieder verblassen und die Bindung sich wieder lockern, wenn sie nicht treu behütet wird. Zur Zeit des hl. Johannes vom Kreuz gingen zwei Patres aus dem Karmelitenorden von Spanien nach Italien, um dort die Interessen der Reform zu vertreten. Der Heilige sagte einem von ihnen voraus: «Als Unbeschuhter gehen Sie dorthin, als Beschuhter kehren Sie wieder[404].» Seine Worte gingen in Erfüllung. Der Betreffende hatte zwar die Gabe tiefer Beschauung und führte ein sehr abgetötetes Leben. Am Hof von Neapel erlag er aber doch den Einflüssen der Welt. Nur der Glaube, der ständig durch die Betrachtung genährt wird, tiefe Demut, welche alle Verdemütigungen annimmt und das Vertrauen einzig auf Gott selbst, bietet genügenden, ja überreichen Schutz in den Prüfungen Gottes.

Bezüglich der Gründe, die für den Austritt angegeben werden, darf man wohl fragen: Sind sie wirklich stichhaltig? Einer, der vielfach angeführt wird, lautet: Ich habe mir alles zu wenig überlegt. Wie unberechtigt diese Ausrede ist, dürften die vorausgehenden Abhandlungen bewiesen haben. Jeder hatte genügend Zeit dazu. Ein anderer Grund heißt: Die eigene Entfaltung ist im Orden zu stark gehemmt. Vielleicht darf dagegen angeführt werden: Dies gilt von der Entfaltung, die sich der einzelne selbst erträumt und durchsetzen will. Die gottgewollte und gottgesegnete Entwicklung ist dagegen nicht gehemmt. Doch gerade sie muß oft erst durch manche Prüfung hindurch und dadurch geläutert werden. Man muß auch warten können und darf sich die gottgewollte Entfaltung nicht selbst durch Ungeduld und eigenes falsches Verhalten verbauen. Hat Gott mit jemand seine Pläne, dann erreicht er immer sein Ziel, wenn nur der Betreffende selbst nicht dagegen arbeitet. Meist sind die Obern froh, wenn einer Fähigkeiten hat und unterstützen deren Entfaltung. Im übrigen wäre auch hier die alles bezwingende Demut und der alles überwindende Glaube das Mittel, daß man wirklich so wird und so arbeiten kann, wie Gott es will. Dies ist aber doch wieder das entscheidende; nicht, was einem selbst vorschwebt oder auch vom Bösen vorgegaukelt wird.

Ein Vorbild für Stunden der Krise, in die schließlich jede Ordensperson hineinkommen kann, ist auch hier die himmlische Mutter, und zwar schon in der Verkündigungsszene. Sie hatte Gott die Jungfräulichkeit gelobt. Das steht zwar nicht in der Heiligen Schrift, liegt aber in ihrem ganzen Wesen und ihrer ganzen Aufgabe, wie schon in Kapitel 2 ausgeführt wurde. Als der Bote des Himmels den Ratschluß Gottes ihr ankündigte, sie solle die Mutter des kommenden Erlösers werden, stellte sie sofort die Frage: «Wie soll das geschehen, da ich keinen Mann erkenne[405]?» Ihr geht es bei der Botschaft des Engels nicht um Königswürde und Königreich, sondern um ihr Gelöbnis der Jungfräulichkeit. Sie zeigt uns dadurch: Man darf sich durch kein noch so verlockendes Angebot blenden oder überrumpeln lassen. Immer muß man dabei zuerst an Gott und an die Verpflichtungen ihm gegenüber denken.

Maria weiß, Gott ist ein eifersüchtiger Gott und gibt nie ein einmal ihm gegebenes und von ihm genommenes Wort zurück. Sie ist auch überzeugt: Gott hat Wege genug, dem Menschen jede Möglichkeit zu schenken, um das gegebene Wort in jeder Lage einlösen zu können. Alles andere ist vom Satan. Gott will eine klare Linie.

Wenn der Mensch selbst ein Wort zurücknimmt, ist das seine Sache. Gott veranlaßt ihn nicht dazu. Gibt die Kirche zu einer solchen Zurücknahme die Erlaubnis, so geschieht es nur, damit die Seele nicht wegen Treuebruch zugrunde gehe. Die Lehrer der Kirche sagen aber klar und deutlich: Solche Dispensen von Gelübden sind kein Beweis, Gott sei damit zufrieden. Er will, daß man hält, was man ihm versprochen hat. Der hl. Augustinus erklärt sogar: «Wer nicht berufen ist, mache sich berufen[406]!» Gott verweigert keinem die nötige Gnade dazu. Er gibt im Gegenteil übergenug, wenn der Mensch ihn darum bittet und guten Willens ist.

Es wäre in diesem Zusammenhang nun bestimmt falsch, an Einzelfälle zu denken und sich als Richter über Entscheidungen aufzuwerfen, die jeder selbst verantworten muß. Urteilen kann nur Gott allein. Er tut es auch und urteilt sehr klar, aber nicht immer so, wie es sich der einzelne zurecht gelegt hat. Doch ist Gott barmherzig. Wie oft hat er in der Heilsgeschichte seines Volkes umgeschaltet, um trotz allen Versagens ganzer Generationen, trotz aller Blindheit und Bosheit der Menschen seine Verheißung der Erlösung Wirklichkeit werden zu lassen. Warum soll er nicht auch im einzelnen Menschenleben umschalten, unter Umständen sogar öfter, damit möglichst wenige verloren gehen. An sich will er ja, daß alle gerettet werden[407]. Leider ist das bisher am Widerstand jener gescheitert, die durch ihre Schuld in die Hölle kamen, und wird auch in Zukunft an allen scheitern, die Gott nicht gehorchen und selbst in der Sterbestunde nichts von ihm wissen wollen.

Vielleicht darf aber in bezug auf jene, die ein einmal Gott gegebenes Wort mit Dispens der Kirche zurückgegeben haben, gesagt werden: Es kann noch alles ein gutes Ende nehmen, wenn sie das Verkehrte ihres Schrittes aufrichtig bereuen und Gott weiterhin um so treuer zu dienen suchen. Gott gibt dazu gern seine Gnade. Doch dürfte man wegen dieser Barmherzigkeit Gottes seinen Schritt nicht als gottgewollt ansehen oder sich gar darauf etwas zugute tun.

Die Ursache eines Klosteraustrittes kann ferner auch Gott selbst sein. Er hat Mitleid mit einer Kommunität und einem Orden und befreit sie auf diesem Wege von einer schweren Belastung. Wenn jedes Wort der Oberen und auch gutmeinender Mitbrüder stets in den Wind geschlagen oder umgedreht wird, erfüllt sich schließlich der Satz: Der Krug geht so lang zum Brunnen, bis er bricht. Gott selbst macht dann bei einer solchen Ordensperson Schluß; bei der einen durch einen plötzlichen Tod, bei der anderen durch den selbstbetätigten Austritt.

In solchen Fällen ist die Dispens für die Gemeinschaft ein Segen. Wohl wird Gott immer wieder Möglichkeiten schaffen, eine solche Seele zu retten, doch bietet auch Satan, der schon im Kloster soviel Gewalt über sie bekommen hatte, in der Welt erst recht alles auf, um sie noch ganz zu verderben und mit sich in den Abgrund zu stürzen.

Hier ist die Menschenseele und ihr Schicksal wieder ein tiefes Geheimnis. Gott kennt es. Wir aber dürfen nicht urteilen, sondern müssen für uns selbst an das Wort des Völkerapostels denken: «Wer also zu stehen glaubt, der sehe zu, daß er nicht falle[408].» Jeder tragische Fall in einem Ordensleben sei für jeden nichts anderes als ein stets neuer Anruf zu um so größerer Treue im Kleinen und ein besonderer Anruf zu immer tieferer Demut und vollkommenem Gehorsam.

Wer aber vor der Entscheidung steht, einen solch folgenschweren Schritt zu tun, möge sich zuerst ernstlich fragen: Glaubst du wirklich, daß Gott dir nicht die Kraft geben kann und geben wird, auch diese schwere Situation, der du jetzt entrinnen willst, zu meistern, dieses schwere Kreuz, das du jetzt wegwerfen willst, zu tragen? Wer wagt da, Gott diese Bereitschaft abzusprechen und zu behaupten, er würde diese Gnade verweigern? Das allein wäre schon eine Beleidigung Gottes. Man sage nicht, in meiner Lage wäre es Vermessenheit, mit so viel Gnaden zu rechnen, wie ich sie hier brauchen würde. Das klingt nach schlechter Ausrede. «Bei Gott ist kein Ding unmöglich[409]», gilt auch hier. Nur muß man selbst auch seine ganze Kraft und sein ganzes Vertrauen einsetzen.

Es ist ratsam, in dieser Stunde der Versuchung zum Austritt aus dem Kloster an jene Stunde zu denken, die so sicher kommen wird wie die, in der man jetzt steht, an die Stunde des Gerichtes. Was wirst du dann antworten, wenn Gott dir sagen wird: Hier ist dein Wort, das du mir einst gelobt und dann wieder zurückgegeben hast. Warum hast du das getan? – Gib lieber jetzt dem Versucher die richtige Antwort: Weiche, weiche von mir Satan! Süßes Herz Mariä, sei meine Rettung!

Schau auf die himmlische Mutter! Sie hat das Wort der Hingabe und Treue nicht bloß in der Stunde, als der Erzengel Gabriel vor ihr stand, gesprochen; sie hat es Tag für Tag in ihrem Leben eingelöst. Es war kein leichtes Leben; in ihm waren schwere und schwerste Prüfungen: Bethlehem mit seiner Armut, die Flucht nach Ägypten mit ihren Entbehrungen, die Lehrtätigkeit ihres göttlichen Sohnes mit dem so sichtbar immer näherkommenden Kreuz und vor allem der Karfreitag selbst mit dem Ausruf: «Mein Gott, mein Gott, warum hast du mich verlassen[410].» Immer aber fand der ewige Vater sie bereit. Nie dachte sie daran, das Leid abzuschütteln, immer war ihre Antwort: «Sieh, ich bin eine Magd des Herrn, mir geschehe nach deinem Wort!» Immer war sie treu bis in die letzte Faser ihres Herzens hinein. Von ihr muß jede Ordensperson lernen. Es genügt nicht, daß man in der Hochstimmung der Profeß Armut, Keuschheit und Gehorsam gelobt und damit die Hingabe an Gott vollzieht; auch hier muß das Leben und jeder Tag in ihm das Amen dazu sprechen. Die Profeß darf nicht nur abgelegt und eine Zeitlang erneuert, sie muß auch in den schwersten Stunden gelebt und bis zum letzten Atemzug gehalten werden. Erst dann kann die Ordensperson sagen: «Ich habe den guten Kampf gekämpft, den Lauf vollendet, den Glauben bewahrt . . .[411].»

Abschließend darf zum Kapitel der Ordensleute gesagt werden: Niemand soll den Ordensstand erwählen, der sich nicht dazu berufen fühlt. Auch hier gilt, und zwar noch viel mehr als bei der Ehe: «Es prüfe, wer sich ewig bindet . . .» und hier kann man wirklich prüfen, mehr als vor einem Eheabschluß. Drei Punkte sind dabei besonders in Erwägung zu ziehen: Kann ich auf das Glück der Ehe, auf Vater- und Mutterfreuden verzichten? Wer ein zu liebebedürftiges, zu heißes Herz hat, eignet sich nicht gut für das Ordensleben.

Die zweite Frage ist: Kann ich in einer Gemeinschaft mit verschiedenen, unter Umständen schwierigen Charakteren leben? Wer mehr ein Einzelgänger, sehr empfindsam ist, mag ein vorzüglicher Mensch sein, aber im Kloster würde er sich wahrscheinlich sehr schwer tun und unter Umständen zerbrechen.

Die dritte Frage sodann ist: Kann ich mich auch Obern unterwerfen, deren Wesen oder Unvollkommenheiten mir zu schaffen machen? Neigt jemand sehr zur Unabhängigkeit, eigenem Urteil, eigenem Willen, dann ist ihm das Kloster und er selbst dem Kloster eine Last. Er soll lieber herausbleiben.

Wer aber diese drei Fragen bejahen kann und vor allem den Ruf Gottes in sich fühlt, ins Kloster zu gehen, soll ihm folgen. Berufe sind Gnaden Gottes, doch können sie in etwa auch verdient oder auch von vornherein unterbunden und sogar verscherzt werden. Jede Familie sollte es als höchste Auszeichnung betrachten, wenn Gott eines ihrer Kinder in seinen Dienst ruft. Ein Gerufener und eine Gerufene sollen den Anruf hochschätzen, dem Rufe Gottes willig und freudig folgen und alles tun, um sich dieser Gnade würdig zu erweisen. Die himmlische Mutter verhilft ihnen dazu, wenn sie eine innige Liebe zu ihr im Herzen tragen, immer zu ihr gehen und besonders grenzenlos und unerschütterlich auf sie vertrauen.

Das Priestertum ist so alt wie die Menschheit. In verschiedenen Formen findet es sich bei allen Völkern und in allen Zonen. Stark ausgeprägt war es beim auserwählten Volk. Obwohl alle Kinder Abrahams zu ihm gehörten, war das Priestertum nur einem Stand von Gott übertragen. Nur die Söhne Levis allein durften den Dienst im Heiligtum verrichten; den anderen Stämmen stand dies nicht zu, ja es war ihnen verboten.

Mit Christus begann eine neue Zeit, aber in diesem Punkt keine Neuordnung. Auch in seiner Kirche bleibt der Unterschied zwischen Priesterschaft und Gottesvolk. Doch ist er infolge der Verbundenheit aller Gläubigen im mystischen Leib Christi keine Scheidewand, sondern das Priestertum ist die Hilfe, durch welche jedes Gotteskind immer mehr in Gott hineinwachsen kann.

Die Priesterwürde und die damit verbundene Verantwortung

Die Würde und die Stellung des Priesters im Reiche Gottes ist etwas Einzigartiges. Oberster Priester ist Jesus Christus. Sein Priestertum ist etwas Einmaliges. Er allein war der Opferpriester und die Opfergabe auf dem Kreuzaltar auf Golgatha. Er bleibt beides auch im eucharistischen Opfer. Anders hätten die Konsekrationsworte ja keinen Sinn: «Dies ist mein Leib, der für euch hingegeben wird . . . Dies ist der Kelch des Neuen und Ewigen Bundes. Mein Blut, das für euch vergossen wird . . .» Der opfernde Priester ist nur Werkzeug in seiner Hand.

In dieses sein einmaliges Priestertum hat nun Christus alle hereingenommen, welche durch den Glauben und die hl. Taufe ihm einverleibt sind. Der erste Papst sagt ausdrücklich: «Laßt euch als lebendige Steine zu einem heiligen Tempel aufbauen, zu einem heiligen Priestertum, um geistige Opfer darzubringen, die durch Christus Gott wohlgefällig sind[412].»

Neben diesem allgemeinen Priestertum hat Christus aber noch ein besonderes eingesetzt. Die Wahl der Apostel, die besonderen Aufträge, die Ausstattung mit besonderen Vollmachten sind der Beweis dafür, auch die neunzehnhundert Jahre lange Praxis der Kirche. Aus diesen Gründen ist der Priester in noch tieferer und einzigartigerer Weise als seine Brüder und Schwestern in das Priestertum Jesu Christi hineingenommen. In der Weihe wurde seiner Seele ein unauslöschliches Merkmal eingeprägt, das ihn für die ganze Ewigkeit als Priester kennzeichnet. Katharina Emmerich sagte: «Ich sah auch an den geweihten Händen des Priesters, daß die Weihe der Finger unauslöschlich und ewig ist. Kein Tod und keine Hölle kann sie vertilgen. Sie wird auch im Himmel noch ausgezeichnet sein. Sie ist von Jesus, der uns erlöst hat. Und wenn auch der ganze Körper des Priesters in Staub verwandelt wird, so bleibt doch die Weihe der Finger in den Gebeinen erkennbar und wenn die Seele sich in der Hölle befinden würde, dann brennen diese Finger mit einem außerordentlichen Feuer, so sehr ist die Weihe tief und unaustilgbar[413].» Wohl sind diese Worte nur eine Privatoffenbarung, doch decken sie sich mit der Lehre vom unauslöschlichen Zeichen des Priestertums und veranschaulichen sie klar.

Auf jeden Fall bleibt immer ein unverwischbarer Unterschied zwischen dem Priester und jedem Laien, mag dieser noch so begnadet und heilig sein. Auch der heiligste Laie und die heiligste Ordensperson kann die entscheidenden Worte im hl. Opfer, die Worte der Konsekration, nicht sprechen und keinem Sünder die Sünden wegnehmen. Würden sie beides tun, dann wäre das erste Götzendienst, das zweite eine leere Phrase und Lüge, vor Gott verwerflich und strafbar. Nicht einmal seiner heiligsten Mutter hat der Herr diese Vollmacht gegeben. Als Pilgerin auf dieser Erde war auch sie nur Mitfeiernde beim Gottesdienst und empfing aus den Händen der Apostel ihren Sohn immer wieder unter den eucharistischen Gestalten, den sie als Mutter einst der Welt geschenkt hat. Damit dürfte der Unterschied zwischen Priester und Gottesvolk doch zur Genüge feststehen. Konsekrations- und Absolutionsgewalt besitzt einzig der rechtmäßig geweihte Priester; sie sind nur ihm vorbehalten. Das ist auch der tiefste Grund seiner Würde und einzigartigen Stellung, verpflichtet ihn aber auch zu einzigartiger Treue. Sein Priestercharakter und seine Priesteraufgaben geben seinem Leben ein Gepräge, das ihn immer von allen Gläubigen unterscheidet. Priester sein ist etwas so Erhabenes, Einmaliges, daß man nur staunend in Ehrfurcht davorstehen kann und Gott bitten, er möge jedem Priester die richtige Erkenntnis seiner hohen Berufung und vollkommenste Berufstreue schenken.

Die Hierarchie der katholischen Kirche ist nicht Menschen- sondern Gotteswerk. Sie mag nach außen anderen Organisationen gleichen, muß aber tiefer gesehen werden. Der göttliche Auftrag: «Weide meine Lämmer, weide meine Schafe[414]» und die heilige Weihe unterscheiden ihre Träger von denen jeder weltlichen Organisation und erlauben nicht, sie mit diesen in eine Reihe zu stellen. Die Hierarchie der Kirche und ihre Glieder sind Träger göttlicher Heilsgewalten, Verwalter göttlicher Geheimnisse und Spender der so sehr notwendigen Heilsgnaden.

Solange die Stiftung Jesu Christi, die Kirche, besteht, ist der Priesterstand eindeutig aus dem Kreis der Gläubigen herausgehoben; zuerst die Apostel und dann die Presbyter, die Bischöfe und unter ihrer Führung die Priester.

Auf sieben Stufen führt die Mutter Kirche die Söhne, von denen sie glaubt, Gott habe sie erwählt, zu dieser Würde empor und bietet sie ihm zum besonderen Dienste an.

Es ist wieder die Hölle mit ihrer Raffinesse und falschen Betonung der Demokratie, welche diese gottgewollte Grenze verwischen will. Dem gegenüber bleibt aber einwandfrei die Tatsache bestehen: Der Priester kommt zwar aus dem Volk und ist auch für das Volk da. Er arbeitet mitten im Volk, aber er ist nicht mehr einer der Ihren im landläufigen Sinn. Er ist Gott geweiht. Gott und die himmlische Mutter wollen ihre Priester für sich haben.

Die Familie des Priesters ist seine Herde, aber in einem ganz anderen Sinn, als die gewöhnlichen Familienbeziehungen sind. Hier muß alles auf den Willen Gottes und das Heil der Seelen abgestimmt sein. Der Reichtum des Priesters sind nicht die Güter dieser Welt, sondern die Seelen, die er Gott schenken darf. Die Freuden des Priesters können nie die Freuden dieser Welt sein, sondern die Freuden des innerlichen Lebens, die innige Verbundenheit mit Gott und die Freude, Gott zu dienen. Das Herrschen des Priesters ist Dienst an den Seelen, ist vollste Unterwürfigkeit unter Gottes heiligen Willen und seiner Vorgesetzten. In der Kirche Gottes ist keiner Herr; jeder hat einen Höheren über sich. Der Höchste, der Heilige Vater, nennt sich Diener der Diener Gottes und ist am meisten dem unterworfen, den er vertritt, dem ewigen Hohenpriester Jesus Christus.

Es ist viel Irrtum und viel Welt in die Auffassung über das katholische Priestertum hineingekommen und muß wieder ausgemerzt werden. Nur Priester, die wirklich nicht von dieser Welt sind, können die Welt noch retten.

Als oberster Grundsatz muß darum über jedem Priesterleben stehen: Ich bin Priester und gehöre nur mehr Gott und meiner Herde; nicht mehr wie einst meiner Familie oder jenen, welche diese Stelle einnehmen möchten. Ich gehöre auch nicht mehr mir selbst. Die Apostel und ihre ganze Haltung in dieser Richtung zeigen, was der Herr mit der Berufung von den Berufenen fordert.

Ein Priester, der das nicht hundertprozentig bejaht und zu verwirklichen sucht, steht nicht auf der Höhe seines Berufes und wird einst im Gerichte nicht bestehen können. Christus hat das ernste Wort gesprochen: «Ihr seid das Salz der Erde. Wenn aber das Salz schal wird, womit soll man es dann salzen? Es taugt zu nichts mehr. Man wirft es hinaus und es wird von den Menschen zertreten[415].» Wie oft hat sich dieses Wort in der Geschichte der Kirche schon erfüllt!

Die einzigartige Würde und Stellung des katholischen Priestertums ist aber nicht gegeben, damit der Mensch sich darauf etwas einbilde, sondern dessen einzigartige Aufgabe erfülle.

So hoch der Priester auch erhoben ist, er bleibt immer ein schwacher Mensch und weiß das zur Genüge; die Erfahrung zeigt es. Gerade er ist wegen seiner einzigartigen Stellung und wegen seines Wirkens der Hölle am meisten verhaßt und um so mehr Gegenstand ihrer Angriffe. Jeder Priester muß sich dessen immer bewußt bleiben. Er darf aber auch immer um so mehr mit Gottes Schutz und Hilfe rechnen.

In seinem Gebet für die Apostel vor seinem bitteren Leiden und Sterben fleht der Herr zum ewigen Vater: «Ich bitte nicht, nimm sie aus der Welt, sondern bewahre sie vor dem Bösen[416].» Die Apostel und ihre Nachfolger sind ja in die Welt geschickt, um der Wahrheit Zeugnis zu geben und die Menschen zu Gott zu führen. Dies ist nicht leicht. Da sogar an der Seite des Herrn ein Apostel verlorenging, ist die Gefahr um so größer, sobald er nicht mehr sichtbar unter ihnen weilt. Darum stellt er die Bitte: «Bewahre sie vor dem Bösen.» Sie ist nicht umsonst gestellt. Satan fiel bald über die junge Kirche und über die Apostel her. Es geschah durch die blutigen Verfolgungen. Gefährlicher war aber die Krisis, in welche er die junge Kirche auf andere Weise hineintrieb. Sie ist im 6. Kapitel der Apostelgeschichte angeführt. Unter dem Schein des Guten wäre es Satan beinahe gelungen, selbst die Apostel durch die Belastung mit weniger wichtigen Aufgaben von den wesentlichen Pflichten abzulenken.

«Als die Hellenisten ihre Unzufriedenheit über die Hebräer äußerten, daß ihre Witwen bei der täglichen Versorgung zurückgesetzt würden, beriefen die Zwölf eine Versammlung der Jünger und erklärten: ‹Es ist nicht recht, daß wir das Wort Gottes hintansetzen, um den Tisch zu besorgen. So wählt denn, Brüder, sieben Männer aus eurer Mitte von gutem Rufe und voll Geist und Weisheit. Diese wollen wir dann für diesen Dienst bestellen. Wir aber wollen dem Gebet und dem Dienst des Wortes obliegen.›»

Dies wurde auch durchgeführt. Die Apostel hatten die Raffiniertheit Satans rechtzeitig erkannt und die Gefahr der Krise abgebogen.

Die Kirche von heute treibt wieder einer Krise entgegen, ja sie steht mitten drin. Warum? Im Grunde ist es immer das gleiche wie damals. Der Priester wird mit zuviel Dienst am Tisch belastet und von seinen ureigensten Aufgaben abgezogen. Man geht heute so gern auf die Urkirche zurück und orientiert sich an ihr. Darum müßte man den Mut haben, es auch hier zu tun und die Konsequenz aus dem Beispiel der Apostel ziehen. Versuchen wir im Rahmen dreier Tatsachen dem Stehen des Priesters in der Welt gerecht zu werden.

Das Stehen des Priesters in der Welt verlangt von ihm seine Zeit

Die Zeit ist für jeden Menschen wertvoll. Wie er sie ausnützt, bestimmt ja seinen eigenen Wert und sein einstiges Glück. Dies gilt auch für den Priester, bei ihm sogar am meisten. Es gibt ja nichts Größeres als für Gott und das Heil der Seelen arbeiten zu dürfen. Dazu hat Gott ihn berufen und gibt ihm auch die Zeit. Viele Stunden des Tages nimmt bei den meisten Priestern diese Arbeit ein.

Heute hat nun aber die Entwicklung, besser müßte man sagen, die Raffinesse der Hölle, es dahin gebracht, daß manche Priester direkt gezwungen sind, noch geringerem als dem Tisch zu dienen. Die seelsorgliche Tätigkeit hat sich weitgehend aus dem geheiligten Raum des Gotteshauses in die profanen Räume der Vereinslokale und Pfarrsäle verschoben. Katholische Vereine haben gewiß ihre Berechtigung und sind auch notwendig. Doch haben sie buchstäblich den Tod mancher Seelsorger mit auf dem Gewissen, da sie zuviel Zeit in Anspruch nehmen und frühzeitig seine Kräfte aufzehrten. Das Übel liegt schon in der Vielzahl der Vereine und Gruppen. Jedem und jeder von ihnen soll der Seelsorger Zeit und Aufmerksamkeit schenken, oft sogar bei bloß geselligem Zusammensein nicht fehlen. Dazu kommt noch: Er muß unter Umständen das Mädchen für alles machen, die Veranstaltungen vorbereiten, sie leiten, bis spät in der Nacht dabei sein; manchmal wäre es sogar nötig, daß er noch mithilft, die Räume wieder sauber zu machen. Da darf man wohl fragen: Wie soll das gehen, ohne daß der Priester in einer ständigen Hetze ist; wie soll er noch Zeit finden für das innerliche Leben, für die Vorbereitung auf die Predigt und Katechese? Und dann darf man noch fragen: Was springt bei all diesem Betrieb für die wirkliche Seelsorge heraus? Zudem steht ungeschrieben als erster Paragraph über fast allen Vereinsstatuten: Ja nicht zuviel Religiöses bringen und nicht zu fromm sein. Darum darf man wohl sagen: Vereine, die nur der Unterhaltung und dem Vergnügen dienen, haben keine Berechtigung, unter dem Namen «Katholischer Verein» zu leben und die Zeit des Priesters zu beanspruchen.

Anfangs hat wohl jeder Priester, der es mit seinem Streben und

Beruf ernst nimmt, unter diesen obengenannten Dingen gelitten. Mit der Zeit fand er sich damit ab, schließlich war er selbst überzeugt, daß es nicht anders geht, findet an diesem Betrieb Gefallen und trägt noch das Seine bei, daß er immer größer wird. Äußere Erfolge scheinen ihm recht zu geben; das innere Defizit wird ja nicht registriert; es steht nur im Buch des Lebens.

Ein noch größeres Defizit ergibt sich aber noch aus der vielfachen Auffassung und Praxis, daß der Priester auch bei jeder Faschingsunterhaltung und jedem Ball dabei sein müsse, damit es anständig zugeht. Ist das nicht traurig, wenn katholische Vereine eine priesterliche Anstandsperson brauchen, Vorstände und Eltern diese Aufgabe nicht mehr meistern können! Auch da geht wieder viel Zeit verloren, weil im allgemeinen mehrere Vereine in der Pfarrei sind und die meisten solche Veranstaltungen und Bälle haben.

Man spricht heute so viel von der Mitarbeit der Laien. Man zieht sie mit Recht herein in alle seelsorglichen Bezirke. Dann wäre ihre erste Aufgabe, daß sie den Priester von Arbeiten entlasten, zu denen keine Weihe nötig ist.

Viel Zeit verlangt vom Priester auch die Erledigung der schriftlichen Arbeiten. Sie sind nicht zu vermeiden. Aber es könnte doch geprüft werden, ob der Papierkrieg in diesem Umfang unbedingt nötig ist. Weder durch die Statistiken noch durch vieles andere, was sonst der Seelsorger für den grünen Tisch beantworten soll, nehmen die Seelen an Zahl und Heiligkeit zu. Man reitet heute soviel Pferde gegen Übungen und Gebräuche, welche wirklich der Ausdruck echter Frömmigkeit waren und drängt zur Einfachheit auf allen Gebieten bis zur fast puritanischen Leere der Kirchen und Herzen zurück. Da müßte man doch auch hier auf dem genannten Gebiet abbauen und nicht noch mehr anhäufen. Mancher Seelsorger, der Stunden über Stunden am Schreibtisch sitzen muß, hat schon geseufzt: Bin ich denn dazu geweiht?

Wird die Frage vom Stehen des Priesters in der Welt aufgeworfen, dann ist dieser Punkt bezüglich der Zeit sehr zu beachten. Da man sich heute so stark an der Urkirche orientieren will, muß man es auch hier tun und die Worte der Apostel beherzigen: «Wir aber wollen dem Gebet und dem Dienst des Wortes obliegen.»

Das Stehen des Priesters in der Welt erhebt Ansprüche auf sein Können

Auch hier haben sich Forderungen eingeschlichen, die das berechtigte Maß überschreiten. Man findet vielfach die Meinung, ein Priester muß alles verstehen und können. Leider ist man auch in unseren Kreisen darauf sehr bedacht, daß Presse und Fernsehen dies noch unterstreichen. Dadurch wird aber das Ideal der jungen Theologen in eine falsche Richtung geschoben und schon bei der Vorbereitung auf das Priestertum das Wichtige vom weniger Wichtigen zurückgedrängt.

Aber es ist doch wieder eigenartig: Warum werden an den Priesterstand solch übertriebene Forderungen gestellt? Verlangt man das auch von den Angehörigen anderer Berufe? Von einem Arzt, einem Juristen, einen Philologen oder was sonst noch in Frage kommen könnte? Da wird kaum Notiz davon genommen, wenn einer außerhalb seines Berufes besondere Leistungen aufweist. Keiner dieser Berufe wird damit belastet, daß ihre Leute alles können müssen. Sie schauen auf gediegene Berufsausbildung, gediegenes Berufswissen und -können und Spitzenleistungen. Gewiß ist es gut, wenn ein Priester ein großes Allgemeinwissen besitzt und sich überall zu helfen weiß. Manche Heilige hatten auch in dieser Beziehung zehn Talente, aber es gehört nicht zur Heiligkeit und auch nicht zum Priestertum und Priesterdienst. Nicht allen ist es gegeben, alles zu können und auch nicht allen ist es nötig.

Die eigentliche Aufgabe und die Größe des Priestertums liegt woanders. Für einen Diener im Heiligtum ist das wichtigste, und das erwartet auch das Volk, daß er ganz Priester ist. Deutlich beweist das der Vergleich mit dem Arzt. Ein Kranker hat nichts davon und legt auch keinen Wert darauf, wenn ein Arzt auf anderen Gebieten sehr tüchtig ist, aber in seinem eigenen Beruf nicht viel leistet. Dagegen ersetzt die Tüchtigkeit als Arzt alles andere, und sie allein begründet seinen eigentlichen Ruf, vor allem jedoch seinen Wert vor Gott, der von jedem ohne Ausnahme in erster Linie die treue Erfüllung der Berufspflichten verlangt.

Dies gilt aber am allermeisten vom erhabensten und verantwortlichsten Beruf, von dem des Priesters. Ohne Zweifel besteht aber eine gewisse Gefahr, daß die Tüchtigkeit auf allen möglichen Gebieten die Tüchtigkeit in den eigentlichen Berufsaufgaben zurückdrängt. Ausnahmen gibt es, doch sie bestätigen nur die Regel.

Auch die Priester haben nun einmal nur eine beschränkte Zeit und beschränkte Kraft zur Verfügung. Was darum für andere Aufgaben verwendet wird, geht der eigentlichen Aufgabe verloren. Die Erfahrung zeigt auch, daß solche, welche auf vielen profanen Gebieten gar so erfahren und gewandt sind, im geistigen Leben Erfahrung und Gewandtheit vermissen lassen und nicht selten auch selbst wenig Geschmack am innerlichen Leben haben. Dies aber ist und bleibt immer der Inhalt des priesterlichen Lebens und Wirkens.

Das Konzil drängt beim Apostolat der Ordensleute darauf, daß der ganze Einsatz vom Geist der Innerlichkeit geprägt sei und aus der innigsten Verbundenheit mit Christus fließe. Dies gilt selbstverständlich noch mehr für den Priester und ist aber nur möglich, wenn er wieder mehr Zeit dazu bekommt, nicht mehr belastet, sondern entlastet wird.

Zusammenfassend und abschließend kann wohl gesagt werden: Der Priesterberuf krankt an Überlastung durch die Zersplitterung. Hier gibt es nur eine Heilung, die konsequente Durchführung des Satzes: In der Beschränkung zeigt sich der Meister. Man glaubt durch vielerlei Wissen und Können zu imponieren und die Welt für die Kirche zu gewinnen. In Wirklichkeit ist das Gegenteil der Fall. Die Anerkennung gewisser Leistungen gilt dem Menschen, nicht dem Priester. Was den Seelen aber nützen könnte, steht im Hintergrund und dringt nicht durch.

Auf den richtigen Weg aus dem verfahrenen Geleise wieder zu kommen, zeigt den Ärzten der Seele am besten wieder der Blick auf das Leben und die ganze Haltung der Ärzte des Leibes. Ein Chefarzt ist für seine Kranken da; Tag für Tag steht er im Operationssaal oder an den Krankenbetten, selbst am Sonntag schaut er nach, wenn besonders schwierige Fälle sind. Er kennt kein Stunde über Stunden dauerndes geselliges Zusammensitzen mit seinen Assistenzärzten, erst recht kein solches mit dem Pflegepersonal. In seinem Kalender stehen auch keine Ausflüge mit diesen. Selbst seine Familie kommt vielfach zu kurz. Er kennt keine Hobbys und keine großartigen Leistungen auf allen möglichen Gebieten. Er ist Arzt und ganz Arzt und als solcher, nochmals sei es gesagt: ganz für die Kranken da. Es gibt solch vorbildliche Ärzte. Es müßte noch mehr in diesem Sinn vorbildliche Priester geben, die nur für Gott und die Seelen da sind.

Das Stehen des Priesters in der Welt fordert gediegene Tugend

Sie ist es, die den Priester vor allem auszeichnen muß. Sie ist seine Visitenkarte. An ihr wird er erkannt, selbst wenn er kein Priesterkleid trägt. Das hat sich schon oft gezeigt. Das Volk hat ein feines Empfinden, ob einer Priester oder nur Beamter ist.

Im Anschluß an das Kapitel «Kinder Mariens» wurden schon verschiedene Tugenden behandelt. Sie gehören auch zum Priester. Ein Thema verlangt und verdient aber doch eigens noch besprochen zu werden:

Die Stellung des Priesters zur Frau

Der Priester wird durch den Zölibat von der Frau weg-, durch die Seelsorge wird sie ihm zugeführt. Das zeigt schon, in welch großer Verantwortung der Priester hier stehen muß. Er darf nicht die Frau, sondern muß die Seele der Frau sehen und suchen. Jede andere Haltung bringt Gefahren und entspricht nicht den Aufgaben des Priesters und dem Willen Gottes. Die Frau steht in verschiedener Sicht dem Priester gegenüber. Eine zweifache sei herausgegriffen: Die Frau als Gefahr, die Frau als Segen.

Nie darf vergessen werden: An den ersten Mann war Satan nur über die Frau herangekommen. Es ist kein Ruhm für die Männer, daß sich der erste Mann von der ersten Frau verführen ließ, aber es ist eine Tatsache. Dies war der Weg Satans und von ihm aus gesehen der richtige. Vielleicht war es sogar der einzige, um an das Ziel zu kommen.

Satan hat viele Wege, um den Priester in seinem Wirken zu hemmen, zu schaden oder gar zu Fall zu bringen. Ein Weg ist aber auch hier der Weg über die Frau. Die Erfahrung hat es leider bewiesen. Das französische Sprichwort, das bei Skandalen gern zitiert wird, lautet: *Cherchez la femme!* Leider gilt es auch für manche Entgleisungen des Priesters. Sogar ein Mann nach dem Herzen Gottes, der König David, ist den Reizen einer Frau erlegen, ebenso sein Sohn Salomon. Unglaublich hohe Weisheit hat Gott dem Letzteren geschenkt. Trotzdem haben die heidnischen Frauen es fertiggebracht, ihn zum Götzendienst zu verführen.

Damit aber kein falsches Bild entsteht und den Frauen kein Unrecht zugefügt wird, sei ausdrücklich betont: Nicht jede Frau ist eine Gefahr. Ein Marienkind ist es nicht. Es sieht ja nur den Priester und läßt sich auch vom Satan nichts anderes vormachen. Ein echtes Marienkind bietet im Gegenteil alles auf, um jede Gefahr, die dem Priester droht, ja selbst jeden falschen Schein, abzuwenden. Es ist aber nicht jede Frau ein Marienkind und nicht alle, die sich Marienkind nennen, sind so, wie die himmlische Mutter sie haben möchte. Es gibt auch schwache Marienkinder; es gibt vor allem auch Frauen, die mehr den Mann als den Priester, mehr das Menschliche als das Heil ihrer Seele suchen. Schon an der Kleidung und im Benehmen der Frau kann der Priester unschwer erkennen, wen er vor sich hat. Dies bezieht sich nicht auf standesgemäße vornehme Kleidung, sondern trifft jene Art, sich zu kleiden, in der das Weibliche gar so sehr hervortritt. Ebenso trifft es jene Frauen, die an Haltung, Takt und Anstand es gegenüber dem Priester fehlen lassen. Hier ist Vorsicht am Platz. Der Priester darf sich von solchen Frauen nicht einnehmen lassen; das Zusammensein mit ihnen ist auf das rein Seelsorgliche zu beschränken. In manchen Fällen ist es sogar besser, sie zu einem andern Priester zu schicken, bei dem nicht die Gefahr besteht, daß falsche Einstellung der Gnade den Weg versperrt oder die Frau gar dem Priester selbst zur Gefahr wird.

Die Frau als Segen

Die Heilige Schrift kennt nicht nur die Frau, welche dem Manne Gefahr ist und Fluch wird; sie kennt auch die andere, welche ihm Hilfe und Segen ist. Die Apostelgeschichte und auch die Kirchengeschichte überliefern uns genügend solch edle Frauengestalten. Es verträgt sich daher nicht mit dem Geiste Jesu und der Liebe zur himmlischen Mutter, über die Frau in Bausch und Bogen abfällig zu urteilen. Es muß auch hier unterschieden und Gerechtigkeit geübt werden. Auch bei den Männern und man darf sagen, selbst bei den Priestern, sind nicht alle vorbildlich und heilig. Der Mann hat ebenfalls seine typischen Fehler. Keiner soll sich darum über die Frau erhaben fühlen oder gar verächtlich auf sie herabsehen. Eine wegwerfende Einstellung der Frau gegenüber verrät oft bloß eigene Schwäche und ein «selbst nicht fertig werden» mit den hier auftretenden Problemen und Konflikten. Die einzig richtige Haltung ist auch hier Demut. Dies ist überall der Ausgangspunkt einer richtigen Bewertung und Ehrfurcht vor der auch in der Frau vorhandenen Persönlichkeit; Ehrfurcht vor dem Kinde Gottes und im gegebenen Fall vor der Braut des Herrn.

Ganz wertvolle Arbeit leisten Frauen in dem ihnen vom Schöpfer zugewiesenen Kreis der Familie als Gattin und Mutter sowie besonders in all den Bezirken, für welche die weibliche Art besser geeignet ist als die männliche. Darüber hinaus haben in diesem Jahrhundert Frauen auf allen möglichen Gebieten Leistungen vollbracht, welche denen ihrer männlichen Berufskollegen sehr oft ebenbürtig zur Seite stehen.

In der katholischen Kirche bleibt der Frau das Priestertum versagt. Dies liegt nicht darin, daß die Männer sich hier eine letzte Domäne ihrer Herrschaft sichern wollen, sondern in der Ordnung, die von Gott aufgestellt wurde. Christus hat bei der Einsetzung des Priestertums sehr wohl um die Tüchtigkeit der Frau gewußt. Schon zur Zeit Salomons gab es ja Frauen, die ganze Reiche regiert haben und regieren konnten, wie z. B. die Königin von Saba. Christus nennt sie sogar. Für den religiösen Raum aber sagt der Herr zu seinen Töchtern: Ich habe für euch andere Aufgaben. Hätte ich euch auch das Priestertum zugedacht, dann wäre meine heiligste Mutter, die bei meinem Opfer auf Kalvaria mit unter dem Kreuz stand, die erste gewesen, der ich es gegeben hätte. Sie wäre auch die würdigste gewesen und hätte dessen Pflichten am vollkommensten erfüllt. Sie hat in ihrer Demut nie daran gedacht und ich wollte es auch nicht. Ich will es bei euch erst recht nicht. Folgt nicht Luzifer im Stolz nach; anders ist euer Streben nach dem Priestertum nicht, sonst würdet ihr daran denken und es respektieren, daß die wahre Berufung zum Priestertum einzig von mir ausgeht. Keine Frau, die je versucht, in dasselbe einzudringen, kann sich auf mich berufen. Es ist auch hier wieder nur Satan und das stolze Ich, welche die von mir geschaffene Ordnung stören wollen. Es ist das Greifen der Eva im Paradies nach der verbotenen Frucht. Folgt darum meiner Mutter in der Demut nach!

Viele Frauen haben das getan und darin ihr volles Glück gefunden. Das tiefste Sinnen ihrer Herzen wurde gestillt; sie durften andere glücklich machen. Dem Gebet und Opfer der Frauen verdanken nicht weniger Seelen ihre Rettung und ihre Heiligung, ihr zeitliches und ewiges Glück, wie der mühevollen Arbeit der Priester. Vor allem aber durften sie eines, sie durften Christus durch ihre Liebe und Treue Ersatz leisten für so manche Enttäuschungen, die er an seinen Priestern erleben mußte und immer wieder erleben wird. Sie durften ihn damit froh und glücklich machen. An sich braucht Christus niemand, weder Priester noch Frau; aber er hat beide hereingenommen in sein Erlösungswerk und freut sich über ihre Mitarbeit und vor allem über ihre selbstlose Liebe zu ihm.

Die Frau ist besonders auch ein Segen an der Seite des Priesters. Es stünde schlecht um die Kirche und die Seelen, wenn die Priester diese Hilfe entbehren müßten. Auf die Zusammenarbeit mit der Frau braucht und darf darum der Seelsorger nicht verzichten; er muß nur darauf achten, daß es Zusammenarbeit und nicht bloß unnötiges Zusammensein ist. Gott und die Seelen müssen immer als Ziel vor ihren Augen stehen und der Segen der Zusammenarbeit im eigenen Wachstum und an den äußeren Früchten der Seelsorge sichtbar werden.

Das Verhältnis des Priesters zur Frau hat übernatürlich zu sein. Er soll in ihr die Seele und die Schwester in Christus sehen, die er für den König zu behüten und zu Gott zu führen berufen ist. Sein Stehen zur Frau darf nicht verkrampft und unnatürlich, sondern soll gesund und unbefangen sein. Die Frau muß den Eindruck haben: Der Priester steht über den Dingen. Seine Begegnung mit ihr sei immer frei und offen, voll feinem priesterlichen Takt und zarter vornehmer Reserve. Da dürfen sie nicht vom Priester enttäuscht werden. Schlimmer wäre es, wenn sie von Männern der Welt mehr Ehrfurcht, Takt und Vornehmheit erfahren dürften als von einem Diener im Heiligtum. Die Priester sollen immer vor Augen haben: Wir sind Söhne der vornehmsten Frau, Maria. Dies muß in ihrer ganzen Gesinnung, Haltung sowie im ganzen Auftreten zum Ausdruck kommen. Dann kann Satan mit aller Raffinesse nichts erreichen, der Himmel aber die wahren Freuden einer solchen Zusammenarbeit und auch schöne frohe Stunden sowie seinen Segen schenken.

Für das Stehen des Priesters in der Welt gibt es noch eine Menge anderer Fragen. Es ist unmöglich, sie alle zu nennen, sie ergeben sich aus den verschiedensten Sonderaufgaben und Situationen. Fragen sind es aber keine mehr, wenn die Kirche schon gesprochen und klare Linien gezogen sowie klare Weisungen gegeben hat. Hier ist nur eines wichtig: gehorchen. Besteht im andern Fall eine Möglichkeit, sich mit zuständigen Stellen oder erfahrenen Mitbrüdern zu besprechen, dann darf das nicht unterlassen werden. Es ruht immer der Segen Gottes darauf. Besteht aber keine Möglichkeit der Aussprache, so muß der einzelne vor allem grundehrlich gegenüber sich selbst und unerbittlich bei der Prüfung seiner Motive sein. Ein wahrer Priester wird immer auf Christus seinen Herrn und Meister als sein Vorbild schauen. Er wird auch immer den Heiligen Geist anrufen. Dieser ist ihm ja bei der Priesterweihe in besonderer Fülle eingegossen worden. Es geschah zur Erreichung der priesterlichen Vollkommenheit und zur Erfüllung seiner seelsorglichen Pflichten. Der Heilige Geist will ihm immer Lehrer, Führer und Helfer sein. Seine Leitung und Hilfe nimmt dem Stehen in der Welt die Gefahren und überwindet alle Hindernisse. Alle Probleme und Konflikte lösen sich durch innige Verehrung des Heiligen Geistes sowie die volle Hingabe an seine Führung. Er ist die Seele der Kirche, er will auch die Seele der Seele des Priesters sein. Jedem Diener im Heiligtum und jedem Hirten in der Kirche soll das Zeugnis wie einst dem hl. Stephanus gegeben werden können: «Er war voll Gnade und Kraft[417].» Nur so wird der böse Geist besiegt, die Lawine, die immer noch rollt, aufgehalten, die Hölle zurückgeworfen, verlorener Boden wieder zurückerobert und in furchtloser Offensive neu gewonnen.

Auf allen Gebieten zeigt sich, im Sport, in der Wirtschaft, in der Wissenschaft, im Krieg, es kommt immer auf die Führung an. Auf dem wichtigsten Gebiet, dem Gebiet des Dienstes Gottes und der Seelen, im Kampf gegen die Hölle, gilt dies erst recht. Die gottbestellten Führer sind aber die Priester. Sie dürfen ihre Kräfte nicht mehr weiter zersplittern, sie müssen sie auf das eine Notwendige konzentrieren, alles im Lichte des Glaubens sehen, im Licht des Glaubens ordnen und in der Kraft des Glaubens meistern. Die Gnade Christi, der Beistand des Heiligen Geistes, der himmlischen Mutter, aller Engel und Heiligen ist ihnen immer sicher und führt zum Sieg.

Der Dienst im Heiligtum

Das Erste und Wichtigste für einen Priester ist und bleibt der Dienst Gottes sowie die Liebe zu Christus und zur himmlischen Mutter. Jeder Priester muß sich immer wieder sagen: Ich bin für den Dienst Gottes erwählt und für diesen Dienst geweiht. «Ich nenne euch nicht mehr Knechte, Freunde habe ich euch genannt[418].»

Darum ist der persönliche Umgang mit Jesus und Maria, die innige Freundschaft mit ihnen und eine wahre Innerlichkeit die unbedingte Voraussetzung für ein echtes Priesterleben und -wirken. Schon für seine eigene Heiligung und sein eigenes Glück braucht der Priester

Christus und die himmlische Mutter, erst recht aber auch für ein gesegnetes Wirken im Weinberg des Herrn. Ohne ein bestimmtes Maß von Gebetsübungen verkümmert seine eigene Seele und steht er mit leeren Händen vor seiner hungernden Herde. Wer nur arbeitet und sich abmüht, ohne zu beten, ist wie ein Fischer, der nichts fängt; wie ein Kämpfer, der kaum über die Runden kommt und keinen Sieg buchen kann. Alle seine Worte sind nur wie ein Hauch, der im Winde verweht.

Immer wieder muß darauf hingewiesen werden: Die Apostel haben sich vom Tischdienst freigemacht, um in erster Linie dem Gebete obliegen zu können. Diese Einstellung muß auch jeder Priester haben. Er ist nun einmal der gottbestellte Mittler zwischen dem ewigen Vater und seinen Kindern. Er muß die Hände erheben wie Moses, damit sein Volk nicht unterliege[419]. Er muß gern und gut beten; er muß immer beten und im Gebetseifer dem Volke vorangehen. Es ist um eine Herde traurig bestellt, wenn ihr Hirte der seltenste und schlechteste Beter seiner Gemeinde wäre. Aber wenn der Hirte ein Beter ist, dann steht es gut, vor allem, wenn er täglich treu seine Betrachtung hält. Es sagt doch sehr viel, daß der vor dem Weltkrieg berühmteste deutsche Kanzelredner, P. Bonaventura Klotz, bei seinen Exerzitien, die er während der Heimfahrt von Amerika auf dem Schiff abhielt, nur den einen Vorsatz faßte: tägliche Betrachtung und tägliches Rosenkranzgebet[420].

Wohl ist das tägliche Arbeitspensum beim Priester größtenteils die Beschäftigung mit Religiösem. Er bereitet sich auf Predigt und Katechese vor, betet Brevier, steht am Altar und spendet die Sakramente. Er kann aber trotzdem selbst davon wenig berührt werden und Christus ziemlich fernstehen. Das aber merkt das Volk und ist ein großes Unglück für das Reich Gottes und die Seelen. Jeder Priester hat darum die Betrachtung sehr nötig. Er muß die Wahrheiten auf sich wirken lassen, die eigene Seele danach formen, die Gnade auch in sein Leben hereinholen. Es zeigt sich, wenn auch nicht immer gleich, aber mit der Zeit sicher, daß man auch als Priester und selbst im Kloster ohne treue und gute Betrachtung unweigerlich verflacht. Beschäftigung mit Religiösem ist noch lange nicht Religiosität; erst recht nicht liebendes Verbundensein mit Gott.

Die Bedeutung des Rosenkranzes aber ergibt sich für den Priester aus der Stellung der himmlischen Mutter gerade zu ihrem Priestersohn und aus der Segenskraft dieses Gebetes überhaupt. Das leuchtende Beispiel vieler Päpste und Bischöfe müßten jeden Priester davon überzeugen, aufmuntern und unter Umständen ernste Mahnung sein.

Der Lieblingsplatz eines jeden Priesters muß dann vor allem der Platz vor dem Tabernakel sein, der Platz vor seinem Herrn. Zu ihm soll er alle seine Sorgen tragen, mit ihm alle seine Fragen besprechen, von ihm sich zu all seinen Arbeiten den Segen holen. Priesterkonferenzen sind wichtig. Die wichtigste aber ist die, welche der ewige Hohepriester im Sakrament mit dem Hirten seiner Herde selber hält. Sie ist auch die segensreichste.

Der wertvollste Dienst sodann sei jedem Priester der Dienst im Heiligtum, am Altare, die Feier des heiligen Meßopfers. Was von Frömmigkeit und Altarssakrament gesagt wurde, gilt erst recht für den Priester. Durch seine priesterliche Gesinnung und Haltung beim heiligen Opfer kann er Gott die größte Ehre geben, die Macht der Hölle am stärksten brechen, seiner Herde die meisten Gnaden vermitteln. Gerade der Priester müßte sich Zeit zur Vorbereitung auf diesen erhabensten Dienst nehmen. Er müßte immer vor Augen haben: Die Feier des heiligen Meßopfers bringt Christus herzlich wenig Freude und ihm mehr Unsegen als Segen, wenn er bloß auf die äußere Gestaltung Wert legt, ohne daß das Herz dabei ist; wenn seine Darbringung wie ein lästiger Auftrag möglichst schnell, ohne Ehrfurcht und Liebe erledigt wird; wenn es den Anschein hätte, als könnte er es kaum erwarten, vom Altare wieder wegzukommen.

Wie Moses mit leuchtendem Angesicht vom Berge Sinai[421] kam, sollte auch der Priester vom Altare in tiefster Sammlung in die Sakristei kommen, sich durch nichts ablenken lassen und seine aus dem Herzen kommende Danksagung sprechen. Am Altar ist er ja Christus am nächsten gestanden und bei der Darbringung des Opfers mit ihm eins geworden. Ihm hat sich Christus als erstem geschenkt. Er ist sein Priester. Darum will Christus gerade ihn nach dem Opfer auch ganz nah und noch einige Zeit bei sich haben. Die bloße eucharistische Vereinigung mit Christus genügt nicht. Christus kommt wohl unter den Gestalten des Brotes und des Weines zum Priester, aber er will nicht als Brot und Wein, sondern als Persönlichkeit genommen werden und dementsprechend Ehrfurcht und Vertrauen empfangen. Der Verzicht auf den persönlichen Kontakt mit ihm nach dem Empfang der heiligen Kommunion muß als Taktlosigkeit und Zurücksetzung aufgefaßt und auch bewertet werden.

Wie teuer ist es dem Heiland während seines ganzen Erdenwandels und besonders auf Kalvaria zu stehen gekommen, uns gerade diese große Gnade des heiligen Meßopfers und der heiligen Kommunion zu verdienen! Darum muß sie der Mensch und besonders der Priester nicht bloß schätzen, sondern erst recht durch eine entsprechende Danksagung für sich und andere ausnützen.

Nicht erst eine ausdrückliche Vorschrift, sondern schon die Sache selbst, die Erkenntnis und Liebe zu Christus verlangen eine Danksagung. Nur so kann das «bleibt in mir und ich bleibe in euch[422]!» und das «Fruchtbringen» Wirklichkeit werden.

Kardinal Döpfner schreibt in seinem Fastenrundbrief von 1963 an die Priester dazu folgendes: «Ich würde die Gemeinde bedauern, die nie erleben sollte, daß ihre Priester ganz selbstverständlich außerhalb der eigentlichen Gottesdienste in der Kirche betend zu finden sind und sich einstimmen für die Gottesdienste, um eine tiefere Danksagung zu halten oder auch einmal untertags in der Kirche zu beten.»

In der Sterbestunde werden manche die Dinge anders sehen als im Leben. Da kommt dann die Erkenntnis: Es nützt wenig, viel über Christus gepredigt oder geschrieben, sich selbst aber keine oder nur wenig Zeit für ihn genommen zu haben. Der Herr will nicht nur unsere Werke, die zudem vielfach stark von der Eigenliebe durchsetzt und dadurch sehr entwertet, ja oft sogar wertlos sind: Er will in erster Linie uns selbst und besonders auch die traute Zwiesprache mit ihm.

Die Apostel gaben den Tischdienst auf, um dem Worte dienen zu können. Wohl fehlt es heute infolge des Priestermangels an der Zahl der Verkünder, vielleicht zuweilen auch an der Zahl der Verkündigungen des Wortes Gottes. Aber das größte Übel ist das wohl nicht. Das Übel liegt vielmehr in der Art der Verkündigung, daß die Bedingungen für die gnadenvolle Weitergabe des göttlichen Wortes nicht vollkommen erfüllt werden. Hier kommt es mehr noch als auf das wissenschaftliche und rednerische Können auf die eigene innere Einstellung und das eigene Leben an. Letzteres entscheidet den Segen einer Predigt. Der Einwand, es könne nicht jeder Priester ein heiliger Pfarrer von Ars sein, ist richtig. Doch muß jeder Priester die Überzeugung haben: Ich kann meine Zuhörer nur soviel mitreißen, als ich selbst von Christus mitgerissen bin. Äußerer Erfolg durch äußere Mittel sind kein Zeugnis und kein Beweis für die segensreiche Tätigkeit eines Priesters. Beweis dafür ist nur der öftere würdige Sakramentenempfang, die Besserung des Lebenswandels und der größere Opfergeist der Gläubigen.

Die Apostel würden wohl heute für das Aufgeben des Tischdienstes auch den Dienst im Beichtstuhl angeben. Hier vollzieht sich die eigentlichste Seelenarbeit, den armen Sündern die Last abzunehmen und sie wieder mit Gott auszusöhnen. Wird aber den Gläubigen keine oder nur wenig und ungünstige Gelegenheit zur Beichte gegeben, nützen alle Erfolge in der Predigt und alle Bemühungen um die Seelen nichts. Es ist immer eine Freude für den Teufel, wenn ein Mensch von seinen Sünden freiwerden möchte, aber sie wieder mit heim nehmen muß, weil er keinen Beichtvater gefunden hat. Die Notwendigkeit, den Gläubigen Gelegenheit zur heiligen Beichte zu geben, läuft der Verkündigung des Wortes vollkommen gleich. Ja, sie ist sogar noch größer. Der Priester muß auch die Ernte heimbringen, die reif ist. Auch wäre es falsch, immer weiter Fische fangen, aber die, welche schon im Netz sind, nicht sichern zu wollen. Letztere könnten sonst wieder entrinnen und auch vom Feind alles Guten aufs neue entrissen werden.

Eine auffallende Erscheinung ist heute die Zunahme der öfteren Kommunion und die direkt beängstigende Abnahme der öfteren Beichte. Erstere ist selbstverständlich zu begrüßen. Letzteres macht erfahrenen Seelsorgern ernste Sorgen.

Der Empfang der öfteren heiligen Kommunion verlangt besonders nach der großen Erleichterung des Nüchternheitsgebotes meist keine großen Opfer mehr und gehört besonders in liturgischen Kreisen zum guten Ton. Es bleibt aber die Frage, ob alle, die so leicht zur heiligen Kommunion gehen, auch richtig disponiert sind. Selbst in frommen Kreisen findet sich zuweilen eine ziemliche Freiheit im Benehmen und manche huldigen Auffassungen in sittlichen Fragen, die mit den Forderungen Gottes nicht übereinstimmen.

Die heilige Beichte schließt nun immer eine gewisse Verdemütigung in sich; zuerst schon in den eigenen Augen, besonders aber vor dem Priester und erst recht, wenn dieser einmal einige ernste Worte sprechen muß. Das scheut besonders der moderne Mensch.

Gewiß kann man über die achttägige Beichte frommer Seelen verschiedener Meinung sein. Auch wird zugestanden, daß sie dem Priester viel Zeit wegnimmt. Auf der anderen Seite haben aber Gründe zur Änderung einer immerhin schon längeren Praxis geführt, die nicht sehr stichhaltig und rühmlich sind: beim Priester das mehr Freiwerden von einer wohl nicht zu leichten, aber doch immerhin sehr segensreichen Arbeitslast und die Möglichkeit der Verwendung der Zeit zu angenehmeren Beschäftigungen: bei den Gläubigen das Entbundensein all der Begleiterscheinungen, die nun einmal mit einer aufrichtigen Beichte verbunden sind: Zeitverlust, tiefere Einkehr in das eigene Innere und die Verdemütigung vor dem Priester.

Es wird kaum der Beweis gelingen, daß der moderne Mensch das Beichten weniger nötig hat als die Menschen früherer Zeiten. Dagegen ist die Gefahr um so größer, daß er es mit der Sünde nicht mehr so ernst nimmt und die Zahl der wertlosen Kommunionen bei Unterlassung einer guten Danksagung sowie die Zahl unwürdiger Kommunionen wegen tatsächlicher schwerer Sünden zunimmt.

Das Kind Gottes soll nicht ängstlich sein, aber es darf auch nicht alles zu leicht nehmen. Es soll freilich im religiösen Leben selbständig werden, aber keine anderen Wege gehen wollen, als die Kirche lehrt und die Heiligen vorausgegangen sind. Jeder Priester, der es mit seinem Beruf und dem Heil der Seelen ernst nimmt, wird es darum immer als Glück betrachten, den Menschen die Sünden wegnehmen zu dürfen und wird auch bei den ihm Anvertrauten für die Hochschätzung der Beichte Sorge tragen und selbst gern Gelegenheit zur Beichte geben.

Wie wichtig die Spendung der anderen Sakramente ist, weiß jeder. Gerade sie gehört ja zu den eigentlichen priesterlichen Funktionen: die Spendung der Taufe und die Assistenz beim Ehesakrament. Was über die Sterbenden gesagt wurde, hat gezeigt, daß der Priester auch hier eine große Aufgabe hat. Immer aber soll die Spendung der Sakramente nicht als Dienst aufgefaßt werden, unter Umständen als eine Last, sondern als Sendung und Auftrag des Herrn, als ein heiliges und segensreiches Arbeitendürfen im Weinberg des ewigen Hausvaters.

Der Zölibat als Ganzhingabe des Priesters

Eine große Bedeutung für das Priesterleben, das Priesterwirken und das Priesterglück in Zeit und Ewigkeit hat die richtige Erkenntnis von der Bedeutung des Zölibats. Hier wäre wohl die Frage zu überlegen: Welche Berufung ist größer, die zum Priestertum oder zum Ordensstand? Ohne Zweifel ist es die zum Priestertum. Legt man den Schwerpunkt bei der Frage aber auf die Hingabe an Christus, so hat man sich daran gewöhnt, die im Ordensstand als die größere anzusehen. Man begründet dies durch den Hinweis auf die Gelübde, welche eine engere Nachfolge Christi darstellen und fordern. Die Ordensperson gelobt ja zur Keuschheit, auch die Armut und den klösterlichen Gehorsam, der engmaschiger ist als der kanonische, welchen der Priester seinem Bischof gegenüber zu halten hat.

Trotzdem müßte die Hingabe des Priesters an Christus eine noch vollkommenere sein als die jeder Ordensperson. Das Priestertum ist ja die größere Gnade. Er ist auch als Opferpriester viel inniger mit Christus verbunden als alle anderen und sollte darum ihm auch in allem am ähnlichsten werden. Mußte bei der Gegenüberstellung von Profeß und Ehe zugegeben werden, letztere ist ein Sakrament, erstere nicht, so ist dies bei der Gegenüberstellung Priestertum und Ehe anders. Priesterweihe und Ehe sind die beiden Sakramente, welche zwei Stände begründen, den Priester- und den Ehestand. Sie vermitteln die nötigen Berufs- und Standesgnaden. Sie haben gemeinsam, daß ihnen ein Jawort zugrunde liegt. Beim Priester ist es das Ja zum Ruf Gottes in das Heiligtum und zur Liebesgemeinschaft mit Gott; bei den Eheleuten ihr Jawort zu ihrer Lebens- und Liebesgemeinschaft, bis der Tod sie scheidet, und zur Mitarbeit am Aufbau der menschlichen Gesellschaft.

Auch hier gilt, wie im Ordensstand, jedes Jawort muß ernst genommen werden, das des Priesters und das der Eheleute; das des Priesters aber bestimmt noch viel ernster. Auch hier sei wieder darauf hingewiesen: Bei beiden ist das Jawort ein Schwur vor Gott; bei den Eheleuten einer, in dem sie sich gegenseitig die Treue schwören. Tiefer aber geht der Schwur des Priesters. Er hat ja Gott nicht nur zum Zeugen, sondern zum unmittelbarten Gegenstand der Treue.

In beiden Fällen ist der Inhalt des Schwures eine Hingabe. Die Hingabe des Priesters ist die wertvollere, weil Gott mehr ist als ein irdischer Bräutigam oder eine irdische Braut. Darum muß die Hingabe des Priesters auch tiefer sein und muß immer wieder betont werden: Gott und die himmlische Mutter wollen ihre Priester ganz für sich haben.

Der Priester war frei, ehe er an den Weihealtar trat. Er hätte den Ruf Gottes aus Angst vor der großen Verantwortung oder aus Demut abschlagen können. Wenn er es nicht getan, sondern sein Jawort gesprochen hat, darf er sich an seiner Ganzhingabe an Gott von Eheleuten nicht übertreffen lassen. Seine Gesinnung, sein Wille, seine Haltung muß sein: Ich gehöre Gott und der himmlischen Mutter! Es muß dabei aber auch klar vor ihm stehen, daß bei dieser Einstellung Satan mit doppelter Gier und doppeltem Haß nach ihm greift und ihn von dieser Ganzhingabe abzubringen sucht. Nie darf der Priester vergessen, wie Gott ihn ausgezeichnet und aus dem Gottesvolk herausgehoben hat. Er soll vor allem aber immer daran denken: So herrlich die Gabe ist, welche das Priestertum darstellt, so groß ist auch die Liebe, die ihm diese Gabe geschenkt hat. Aus Millionen und Abermillionen, von denen viele würdiger und treuer als er gewesen wären, hat Gott ausgerechnet ihn gerufen und an sein Herz genommen. «Nicht mehr Knechte, sondern Freunde nenne ich euch[423]!»

«Nicht mehr Knechte, sondern Freunde!» Es ist das gleiche, wie das Evangelium es von den Aposteln schildert: Diese durften ständig um den Sohn Gottes sein. Sie sahen ihn immer, sie durften ihn jederzeit fragen, mit ihm essen, mit ihm durch die Gegenden wandern, sie durften bei seinen Predigten stets in seiner nächsten Nähe weilen, sie waren Zeugen seiner Wunder und haben seine Sorge und Liebe jeden Tag an sich erfahren. Welche Haltung er ihnen gegenüber zeigte, kommt am schönsten in seinen eigenen Worten zum Ausdruck: «Lernet von mir, denn ich bin sanft und demütig von Herzen[424]!» Seine Haltung und sein Auftreten waren immer bescheiden, vornehm und gütig. In Geduld und Sanftmut hat er ihre Fehler ertragen und ihnen verziehen, was sie sich in ihrer Ungeschicklichkeit ihm gegenüber erlaubt hatten. Er war wirklich die Güte selbst und die Sonne ihres Lebens.

Doch es dauerte nur drei Jahre, dann galt auch hier: Es war einmal und kehrt nicht wieder! Nun hatten sie Christus auch nicht mehr anders gegenwärtig als im heiligsten Sakrament und im eigenen Herzen.

Was die Apostel damals erlebt, möchte Christus jedem Priester sein und schenken. Er beruft auch ihn zur innigsten Lebens- und Liebesgemeinschaft. Beides ist im Grunde um kein Haar anders als damals. Es hängt nur vom einzelnen selbst und seiner Stellung zu Christus ab. Freilich sagt man: Die Apostel haben ihn gesehen, wir sehen ihn nicht; doch wir sehen ihn auch. Wir sehen ihn im Evangelium, wir müßten die Szenen nur gläubig betrachten, persönlich nehmen und uns dem innewohnenden Herrn in Vertrauen und Liebe zuwenden. Wohl war das Sehen und Hören der Apostel im Erleben stärker als es unser Betrachten ist. Doch auch bei ihnen kam das tiefere Erkennen und Erfassen ihres geliebten Meisters erst ab Pfingsten nach dem Empfang des Heiligen Geistes. Von da ab gingen ihnen die Augen immer mehr auf. Auch jedem Priester, der den Heiligen Geist bei der Priesterweihe noch in vermehrtem Maß empfangen durfte, möchte dieser die Augen und noch mehr das Herz für das tiefste Verständnis Jesu, seiner Geheimnisse und seiner Liebe öffnen.

Bevor der Herr vor seiner Himmelfahrt Petrus den verheißenen Primat übertrug, stellte er ihm dreimal die Frage: «Liebst du mich mehr als diese[425]?» Liebende wollen immer wieder hören, daß sie geliebt werden, auch der große liebende Gott. Wohl sieht er in unser Herz, aber er will doch auch immer wieder die Versicherung unserer Liebe zugeflüstert bekommen.

Jeden Tag, ja jede Stunde, trifft den Priester der fragende Blick des Herrn: Liebst du mich? Wie selten und wie träg ist aber oft unsere Antwort! Jeder Priester müßte darum auch ein großer Liebender sein.

Das ist auch der Sinn und das Ziel des Zölibats. Stets zeigt sich: In der großen Liebe zu Christus lösen sich auch immer ohne große Schwierigkeiten alle Probleme und alle Konflikte. Nur darf eben die Begegnung des Priesters mit Christus bei der Betrachtung, beim Breviergebet, in der hl. Messe, besonders bei der hl. Kommunion nie eine gedankenlose und gleichgültige sein, wie dem nächstbesten fremden Menschen gegenüber, es muß immer eine persönliche, herzliche sein. Christus ist ja nicht der Nächstbeste oder gar ein Fremder. Er ist unser Herr und Gott, die unendliche Liebe, die sich am Kreuz für uns geopfert hat und sich uns in der hl. Kommunion schenkt. An diesem Herzen und in dieser Liebe kann sich auch immer wieder die eigene Liebe entzünden. Mag der Weg des Priesters auch ein Kreuzweg sein, mag die Arbeit des Priesters auch als Fiasko erscheinen wie die Arbeit des Herrn und sein bitteres Sterben, nie darf er müde und schwach werden.

Es ist richtig: Auch der Priester ist Mensch und bleibt es auch noch nach der Priesterweihe. Ebenso wurde genügend darauf hingewiesen, Satan und die ganze Hölle haben es gerade auf den Priester abgesehen; ihm gilt in erster Linie ihr ganzer Haß. Das erklärt so manches, auch manche dunkle und schwere Stunde im Priesterleben. Kämpfen muß jeder Priester und jeder Laie. Durchringen muß sich jeder, keinem bleibt der Kampf erspart. Es kommt nur darauf an, daß sich der Mensch diesen Kampf nicht unnötig schwer macht.

Es kann bestimmt keiner, der ehrlich ist, behaupten, daß durch die Ganzhingabe an Christus das Leben des Priesters schwerer wird oder daß ihm dadurch echte Freuden entgehen. Im Gegenteil: Erfüllt er die Wünsche des Herrn, dann werden viele unnötigen, oft sehr harten Kämpfe, viele Schwierigkeiten und Gefahren von vornherein ausgeschaltet und es bleiben bittere Stunden der Reue erspart.

Gott kann einem solchen Priester alles schenken, was er in brennendster Sehnsucht verlangt, ihm zu schenken: alle Weisheit, alle Kraft, allen Segen für das Reifen seiner eigenen Priesterseele und für sein Priesterwirken. Er kann ihm seine ganze Liebe und sich selbst ganz schenken. Für den Priester aber ist die Hauptsache das selige Bewußtsein: Ich bemühe mich, ein Priester zu werden, so wie Gott und die himmlische Mutter mich haben wollen.

Der Himmel und die Hölle arbeiten mit Werkzeugen, auch der Widersacher Gottes und seine Gegenspielerin. Beide haben ihren Anhang und ihre Arbeiter. Jene Satans wurden im ersten Buche ihrer Tarnung entkleidet und in den Vordergrund gezerrt. Auch die Apostel der Schlangenzertreterin sind bekannt. Es sind die Kinder Mariens, die Ordensleute und die Priester.

In diesem Zusammenhang darf auf den Satz hingewiesen werden: Gott braucht Menschen! Dieser Satz ist richtig und falsch. Falsch ist er, wenn er den Sinn von unbedingt hat. Gott braucht überhaupt niemand. Die Welt wurde von ihm allein ins Dasein gerufen. Da war niemand dabei und hat niemand geholfen. Gott ist vollständig unabhängig von jedem Geschöpf, jedem Engel und jedem Menschen. Er ist weder auf einen noch auf alle zusammen angewiesen. Er braucht vor allen Dingen nicht diesen oder jenen Engel und Menschen. Kein einziger ist unentbehrlich und unersetzlich. Für einen, der ausfällt, hat Gott hunderttausend und noch mehr andere als Ersatz.

«Gott braucht Menschen» gilt nur in dem Sinn: Er will sie als Werkzeuge einsetzen. In dieser Richtung hat er sich festgelegt. In diesem Sinne ist der Satz aufzufassen: Gott braucht Menschen, und zwar solche, die ja sagen und mit seiner Gnade mitgehen. Denken wir an die demütige Jungfrau von Nazareth. Hier zeigt sich tatsächlich: Gott tritt an den Menschen heran und fragt um sein Ja-Wort. Es ist immer eine Auszeichnung, wenn der Allerhöchste das tut und jemand mit einer Aufgabe betraut. Diese Auszeichnung verlangt aber auch, daß der Gerufene sich ihrer würdig erweist. Er muß seine ganze Kraft für das einsetzen, was Gott von ihm erwartet. Hier gilt das: aus ganzem Herzen, aus ganzer Seele, aus ganzem Gemüte und aus allen Kräften[427]!

Wohl bedarf jedes Werkzeug ununterbrochen des Beistandes der göttlichen Gnade. Aber es darf nicht meinen, daß diese allein alles vollbringt. In diesem Falle braucht Gott ja keine Menschen einzusetzen. Da könnte er es ja ohne diese vollbringen. Seine Werkzeuge sind keine Puppen im Marionettentheater, die selbst kein Leben haben, und auch keine Medien ohne eigenen Willen. Wenn Gott sich eines menschlichen Werkzeuges bedient, dann tut er es nur deshalb, damit dieses seinen ihm gegebenen Verstand anstrengt, die ihm verliehenen Fähigkeiten gebraucht und seine ganze Kraft einsetzt, um das Werk so vollkommen wie nur möglich zu gestalten.

Dabei ist zu beachten: Die große Linie gibt Gott an. In dem von ihm gestellten Rahmen muß der Mensch bleiben; das andere ist ihm überlassen. Es soll ja ganz Gottes Werk, aber auch ganz das Werk des Menschen sein. Deutlich beleuchtet dies die Arbeit der vier Evangelisten. Jeder empfing den Auftrag, das Leben, Leiden und Sterben des Herrn zu schreiben und mit dem Auftrag auch den Inhalt. Mathäus und Johannes hatten ihn aus eigenem Erleben, Markus wohl von Petrus erhalten, Lukas durch Befragen von Augenzeugen. Viel Licht kam ihnen bestimmt auch während der Arbeit. Sie schrieben ja unter der Inspiration des Heiligen Geistes. Jedes Evangelium ist Offenbarung Gottes, aber jedes spiegelt die Eigenart des Verfassers wider. Jeder hat von sich aus und in seiner Art das Beste gegeben. So ist es bei allen großen Aufträgen Gottes. Der Heilige Geist führt. Der Mensch muß aber alles einsetzen, um ein gutes Werk zu schaffen, dadurch verherrlicht er Gott und macht ihm Freude.

Verhängnisvoll könnte bei einem so Gerufenen werden, wenn er meint, mit dem Auftrag Gottes wäre das Werk auch bereits gesichert. Keiner darf denken: Gott hat mich als Werkzeug für eine gewisse Aufgabe bestimmt. Nun kommt alles so, wie Gott es will und es besteht keine Gefahr, daß ein Hindernis eintritt oder gar das Werk unvollendet bliebe. Diese Auffassung ist grundfalsch. Selbst in dem Fall, in dem Gott seinen Willen klar ausgesprochen hat, kann es noch schief gehen. Es tritt dann ein, wenn die Werkzeuge versagen. Ist der Mensch leichtsinnig oder nachlässig in der Erfüllung seiner Aufgabe, so wird das Werk von ihm nicht vollendet, denn Gott verlangt von seinen Werkzeugen wirklich das Letzte. In diesem Falle wird er anstelle des Versagers ein anderes, oft sogar ein besseres Werkzeug einsetzen. Denken wir in der Heilsgeschichte z. B. an den König Saul und König David[428].

Es ist eine unverrückbare Wahrheit: Satan versucht Gottes Pläne zu durchkreuzen, wo er nur kann. Sehr oft gelingt es ihm auch, natürlich immer nur mit Zulassung Gottes, wenn eben die Werkzeuge Gottes versagen. Es bleibt immer die Tatsache bestehen: Gott hat den Menschen den freien Willen gegeben. Er zwingt niemand. Zwar können Situationen kommen, in denen der Allerhöchste den Willen des Menschen einmal kurz ausschaltet und sichtbar in dessen Leben eingreift. In diesem Augenblick wird der Mensch nicht gefragt und hat auch nichts zu sagen. Es wird mit ihm einfach gehandelt wie z. B. mit Saulus, als Christus ihm vor Damaskus erschien[429]. Aber dann erhält die Seele wieder ihre Freiheit und wird vor die Entscheidung gestellt, ob sie mitgehen will oder nicht. Immer ist hier der entscheidende Punkt, ob und wie sich die Absichten Gottes und seine Aufträge erfüllen oder nicht erfüllen.

Haben Auserwählte Gottes versagt, dann muß Gott seine Pläne umstellen, andere einsetzen und gleichsam wieder neu aufbauen. Das Heilsgeschehen erfährt dadurch eine Verzögerung. So bekommt Satan aufs neue mehr Macht, die ihm wieder entrissen werden muß. Die Erfüllung der Vaterunserbitte «zu uns komme dein Reich» hängt vom Mitgehen der Menschen, von uns allen ab.

Wie soll sich aber nun solch ein Gerufener verhalten, der nun mit Recht oder Unrecht fürchtet, ganz oder teilweise versagt zu haben? Liegt ein schuldbares Versagen vor, dann fällt zunächst das Unrecht, welches Gott dadurch angetan wurde, und der Schaden, der für die Seelen daraus entstanden ist, sowie die persönliche Schuld des Betreffenden in die Waagschale. Dieser kann bewußt und freiwillig etwas falsch gemacht haben, oder das Versagen nur in menschlicher Schwäche liegen, im Mangel an Aufmerksamkeit und nicht genügendem Widerstand gegen den Versucher.

Das alles weiß Gott am besten. Darum spricht auch er das Urteil, wie es z. B. über Moses wegen seines Ungehorsams in der Wüste Sinai bei Kades geschehen ist. Dort führte dieser den Befehl des Herrn: «Nimm den Stab und gebiete dem Felsen» nicht gläubig aus, sondern sprach zum Volk: «Hört doch ihr Widerspenstigen, können wir wohl aus diesem Felsen für euch Wasser sprudeln lassen.» Und er erhob seine Hand und schlug mit seinem Stab zweimal an den Felsen[430]. So hatte Gott es nicht aufgetragen und nicht gewollt. Darum kam auch die Strafe: «Weil ihr mir kein Vertrauen geschenkt habt und mich nicht verherrlichen wolltet vor den Israeliten, dürft ihr sie nicht in das Land bringen, das ich für sie bestimmt habe[431].»

Spricht Gott beim Versagen seines Gerufenen ein Urteil, dann muß dieser vor allem den Beweis der Demut, Selbstlosigkeit und restloser Hingabe an Gottes Willen liefern. Er darf nicht erneut auf den Versucher hereinfallen und nicht dem Gedanken Raum geben, die himmlische Mutter hätte mich besser beschützen sollen. Immer hat er die Schuld allein bei sich zu suchen, sein Versagen aufrichtig und von ganzem Herzen zu bereuen, den ewigen Vater kindlich um Verzeihung zu bitten und die Folgen seines Versagens auf sich zu nehmen. Er muß sich vollständig in das ergeben, was Gott jetzt weiter bestimmt. Es wäre falsch und ein Zeichen von Stolz und Eigenliebe, wenn er über Verdemütigungen, die Gott ihm auferlegte, traurig wäre und sie wegbetteln möchte.

Wie falsch das ist, offenbart der Versuch des Moses am Ende seines Lebens. «Als Gott ihm vom Abarimgebirge aus das gelobte Land zeigte, hat er ihn gebeten: O Herr, du hast damit begonnen, deinem Knechte deine Größe und deinen starken Arm zu offenbaren. Nun möchte ich doch auch noch hinübergehen und das schöne Land jenseits des Jordans schauen dürfen, dieses schöne Bergland und den Libanon. Aber der Herr sprach: Genug davon! Rede nicht weiter in dieser Sache zu mir. Über den Jordan hinüber kommst du nicht[432].»

Gott erwartet nach einem Versagen seines Kindes, daß er sich ihm willig überläßt, auch für die verdiente Verdemütigung dankt und weiter grenzenlos vertraut.

Auch diese Verdemütigungen kommen ja aus der unendlichen Liebe des ewigen Vaterherzens. Ihre willige Annahme gibt Gott die ihm geraubte Ehre wieder und gereicht auch der Seele des Kindes zum besten. Es muß aber auch wirklich dem Vater vollkommen freie Hand lassen, mit allen, wie er es bestimmt, zufrieden sein und dankbar froh seinen Weg weitergehen und versuchen, in Zukunft treuer zu sein.

Diese Haltung bürgt dafür, daß der Vater in seiner Barmherzigkeit und Liebe sogar die Fehler wieder zum Segen werden läßt. Die letzten Worte der Heiligen Schrift über Moses sind das herrlichste

Zeugnis dafür. Sie zeigen, wie hochherzig und gut Gott auch nach einem Versagen seines Kindes wieder mit ihm ist. Sie lauten: «Er war 120 Jahre alt als er starb, seine Augen waren nicht schwach geworden, seine Frische nicht gewichen, in Israel stand fortan kein Prophet mehr auf wie er, mit dem der Herr von Angesicht zu Angesicht verkehrt hatte, mit all den gewaltigen Wundertaten, die er vor den Augen ganz Israels hatte wirken dürfen[433].» Der schönste Beweis, wie Gott auch alle Fehler seiner Werkzeuge verzeiht und wieder ausgleicht ist aber wohl, daß Moses mit Elias bei der Verklärung Christi auf Tabor zugegen sein durfte [434].

O Gott! Du bist unfaßbar in deiner Liebe. Du bist in ihr unendlich größer als Menschen- und selbst Engelsverstand erfassen kann. Selig! dein Kind, dein Priester, dein Werkzeug sein zu dürfen!

Der Wahrheit zur Ehre und zum Troste mancher darf und muß aber auch festgestellt werden: Nicht immer liegt ein Versagen des Menschen vor, wenn der Erfolg ausbleibt, der ihm zuerst in Aussicht gestellt war. Er tut selbstverständlich immer gut, in seiner Schwäche und seinem Versagen, das auch beim ersten Willen immer wieder vorkommt, den Grund dafür zu sehen. Oft stehen aber wiederum Gottes weise Ratschlüsse dahinter, welche einem Werk durch die letzte Selbstentäußerung des Werkzeuges eine noch größere Vollkommenheit und größeren Segen verleihen wollen.

Christus selbst ist den Seinen diesen Weg vorangegangen. An ihm hat sich erwiesen: «Wenn das Weizenkorn nicht in die Erde fällt und stirbt, bleibt es für sich allein; wenn es aber stirbt, bringt es viele Frucht[435].» Darum führen Gott und die himmlische Mutter gerade auch ihre besten Werkzeuge und liebsten Kinder diesen Weg der tiefsten Verdemütigung und Vernichtung. So viele Heilige sind der Beweis dafür. Man denke nur an den hl. Johannes vom Kreuz, den hl. Grignion von Montfort. Über ein Jahrhundert lang lagen dessen Schriften «Die wahre Andacht zu Maria» und «Das Geheimnis Mariens» vergessen und verschollen in einem Koffer[436]. Sie kamen zu der Stunde an die Öffentlichkeit, in der Gott es wollte, im Jahre 1842. Um so größer war dann der Segen. Daran kann man erkennen, wie wahr es ist: bei Gott spielt Zeit keine Rolle und keine Gnade geht verloren, wenn der Mensch treu ist.

Die von Gott Gerufenen müssen sich nur bemühen, einzig alles im Lichte des Glaubens zu sehen; dann können sie jede Prüfung, ohne die es nun einmal nicht geht, durchstehen. Grenzenloses und unerschütterliches Vertrauen sichert ihnen selbst in ausweglosesten Lagen tiefsten Frieden und froheste Zuversicht sowie den alle Erwartungen übertreffenden Endsieg.

Vielleicht darf noch einmal kurz zusammengefaßt werden: Für solche, die Gott mit Aufträgen betraut, ist wichtig: Gott hat sie gerufen; sie sind nicht aus sich selbst gekommen und hätten auch gar nicht kommen können. Es ist zunächst nur ein Ruf und eine Aufgabe. Alles hängt davon ab, wie sie täglich auf jeden Anruf achten und ihn in die Tat umzusetzen suchen. Entscheidend ist einzig und immer, wie sie ihre Aufgabe lösen. Gelöst ist sie aber erst mit dem letzten Atemzug. Sie haben darum nicht den geringsten Grund, sich etwas einzubilden. Satan stellt ihnen mehr als anderen nach. Sie müssen darum wachsam sein und beten, eisern festbleiben – tägliche Selbstkontrolle halten! Vor allem dürfen sie nie den geringsten Zweifel hochkommen lassen an der Liebe und Treue der himmlischen Mutter.

Das zweite ist: Sie dürfen nichts aus sich wollen. Keine eigenen Pläne und keine eigenen Wünsche haben! Sie müssen ein leeres Gefäß sein, sich und alles ihr restlos überlassen, jeden Augenblick ihr zur Verfügung stehen, treu ihre Weisungen befolgen, jede Anregung der Gnade sofort in die Tat umsetzen. Wenn Satan oder das Ich sie davon abdrängen möchten, müssen sie sofort umschalten. Nur und alles das, was die beste Mutter will soll geschehen, nicht das geringste anders.

Das dritte ist: Sie dürfen nichts für sich suchen, keine eigene Ehre, keine eigenen Vorteile. Sie müssen immer bestrebt sein, in uneigennützigster Weise der himmlischen Mutter zu dienen. Nur Werkzeug sein wollen und sonst nichts! Sie müssen die ganze Zeit und ihre ganze Kraft für die Erfüllung der Aufgabe einsetzen, die Gott ihnen gestellt hat. Dann dürfen sie erleben: Die himmlische Mutter sorgt für alles bis ins kleinste, besonders, daß sie so werden, wie Gott sie haben will.

Die allerseligste Jungfrau und das Konzil

Die allerseligste Jungfrau ist auf dem Konzil nicht zu kurz gekommen. Manche Entwicklung, besonders in den nördlichen Ländern, gab den Anlaß zu berechtigter Sorge, daß dies der Fall sein könnte. Man opfert die Mutter des Herrn, um die Brüder zu gewinnen und setzte sehr viel daran, sie aus ihrer überragenden Stellung in der Kirche immer mehr zu verdrängen. Es ist nicht gelungen.

Papst Johannes XXIII., dessen Initiative und Gottvertrauen der Welt das Konzil geschenkt hat, der selbst täglich drei Rosenkränze betete, wußte, wie notwendig die Fürsprache und Hilfe der himmlischen Mutter sei. Wenn nach dem Zeugnis des hl. Petrus der Teufel umhergeht wie ein brüllender Löwe, suchend, wen er verschlinge, dann mußte man doch damit rechnen, daß er dies auch während des Konzils tun würde. Es ist ja auch geschehen. Doch seine große Gegenspielerin hielt ihn schon fest an der Kette, so daß er mit seinen Intrigen nicht viel ausrichten konnte.

Papst Johannes XXIII. hatte darum in weiser Voraussicht und mit großem Vertrauen das Konzil unter ihren Schutz gestellt und auch eigens eine Wallfahrt nach Loreto gemacht, um diesen Schutz und ihre Hilfe zu sichern. An einem Marienfest, Maria Mutterschaft, wurde das Konzil begonnen und die erste Sitzungsperiode auch wieder an einem Marienfest, Maria Immaculata, geschlossen. Für das Ende der dritten Sitzungsperiode war wieder ein Fest der himmlischen Mutter gewählt: der 21. November Mariä Opferung 1964. Dabei stellte der Heilige Vater Papst Paul VI. die allerseligste Jungfrau noch besonders in den Vordergrund durch die feierliche Promulgation des Titels: Maria Mutter der Kirche. Auch empfahl er erneut das Konzil, die ganze Kirche und die ganze Menschheit innig ihrem Unbefleckten Herzen. Ein deutlicher Beweis für ihre Stellung in der Kirche war wiederum, daß auch der Abschluß des Konzils auf ihr

Fest Immaculata gelegt wurde. Mit der Schlangenzertreterin hatte das Konzil begonnen, mit der Schlangenzertreterin wurde es abgeschlossen.

Im Konzil wurden keine neuen marianischen Dogmen aufgestellt. Es war von vornherein nicht beabsichtigt. Das Bild der Mutter des Herrn strahlt in seiner Größe und Schönheit schon so herrlich und ist so gesichert, daß dies nicht nötig war. Nötig ist nur daran zu erinnern, daß die bereits aufgestellten Dogmen über die allerseligste Jungfrau Wahrheiten von hohem Werte sind und jeder, der Gott zum Vater haben will, sie von ganzem Herzen bejahen und in sein Leben hineinnehmen muß. Sechs marianische Dogmen stehen ein für allemal fest; daran ist nicht zu rütteln. Sie lauten:

Maria empfing Jesus jungfräulich vom Heiligen Geist,
Maria ist wahrhaft Muttergottes,
Maria gebar Jesus unversehrt und ist Jungfrau geblieben,
Maria blieb vor aller Sünde bewahrt,
Maria wurde bei ihrer Empfängnis von der Erbsünde bewahrt,
Maria wurde mit Leib und Seele in den Himmel aufgenommen.

Die Konzilsväter wiesen sodann im Dekret über die Kirche der Mutter des Herrn den Ehrenplatz zu. Sie schlossen es ab mit einem eigenen Kapitel: Die selige jungfräuliche Muttergottes im Geheimnis der Kirche. In ihm wird nicht das geringste von ihrer Größe zurückgenommen. Ausdrücklich wird sie darin das überragende, völlig einzigartige Glied der Kirche und die geliebte Mutter genannt[437].

Die Konzilsväter bestimmten auch klar und deutlich: Unangetastet bleiben die in den katholischen Schulrichtungen frei vorgetragenen Auffassungen über jene, die in der Kirche nach Christus den höchsten und uns nächsten Platz einnimmt[438].

Eigenartig ist auch der Umstand, daß das Konzil, welches am Fest Maria Mutterschaft begonnen, ihr den Titel «Mutter der Kirche» gebracht hat. Das sind Zusammenhänge, die deutlich das Walten der Göttlichen Vorsehung aufzeigen. Satan hat wohl den neuen Titel abzuschwächen versucht und dafür auch willige Schüler gefunden[439]. Pius X., der eucharistische Papst, hat aber bereits erklärt: Im Schoße der Mutter nahm Jesus Christus nicht nur einen sterblichen Leib an, sondern auch einen geistigen, der aus all denen besteht, die später an ihn glaubten. So kann man sagen, daß Maria, indem sie in ihrem Schoß den Erlöser trug, auch all diejenigen trägt, deren Leben in demjenigen des Erlösers eingeschlossen ist. Sie ist darum auf geistige und mystische, aber wirkliche Art Mutter von uns allen[440].

Die allerseligste Jungfrau im Streit der Geister

Das Leben und Schicksal der allerseligsten Jungfrau ist mit dem ihres göttlichen Sohnes aufs innigste verbunden. Sie hatte Anteil an seiner Armut in Bethlehem, an der Verbannung in Ägypten, an den Enttäuschungen und schweren Stunden seiner Lehrtätigkeit, an seinem bitteren Leiden und Sterben am Kreuz; immer war sie ihm nahe, in den 30 Jahren seines Erdenlebens und aus der Ferne während seines öffentlichen Wirkens; immer war sein Wohl und Wehe auch ihr Wohl und Wehe. Auch in bezug auf die Stellung, welche die Menschen aller Zeiten gegenüber Jesus und seiner heiligsten Mutter einnehmen, teilen sie das gleiche Los. Jesus wird abgelehnt bis zum leidenschaftlichen Haß; auch seiner heiligsten Mutter geht es um kein Haar besser, obwohl sie genau wie ihr göttlicher Sohn nur das Beste eines jeden Menschen will und sogar ihren liebsten Sohn für alle geopfert hat.

Tragisch ist nur, daß viele, die sich auf die Heilige Schrift berufen, die Mutter des Erlösers ablehnen. Denn gerade die Schrift ist es ja, die Zeugnis für sie ablegt. Das Traurigste aber bleibt: Man spielt den Sohn gegen die Mutter aus und dies geschieht selbst innerhalb der Kirche, in der man Sohn und Mutter und ihre beiderseitige Haltung und Beziehung kennen müßte. Das ist sogar so stark, daß selbst Mariologen, die viel für die himmlische Mutter übrig haben, sich erschreckt fragen: wie kommt denn das? Warum wird an der Liebe zu ihr Ärgernis genommen? Warum wird sie als das große Hindernis für die Überwindung der Glaubensspaltung erklärt? Ja, wie kommt das denn?

Äußerlich gesehen erklärt sich das geschichtlich. In den Glaubenskämpfen nach der Reformation hat sich viel Haß der Parteien gegeneinander aufgespeichert. Deshalb wurde, was den einen heilig war, von den andern abgelehnt und weil man den andern haßte, haßte man auch, was er liebte. Da nun in der Gegenreformation die Marienverehrung stark aufblühte, die Katholiken ihre himmlische Mutter noch mehr liebten und in ihrem Gefolge auch die katholische Kirche wieder an Ansehen zunahm, wurde die Muttergottes von der anderen Seite um so leidenschaftlicher abgelehnt und angefeindet. So war die beste aller Mütter die Leidtragende am Zwist ihrer Kinder, die sie doch alle in ihr Herz geschlossen hat.

Hophan schreibt in seinem Buch «Maria»:

> «Der eigentliche Grund der protestantischen Verkennung Marias liegt jedoch tiefer, in der Lehre selber. Der Protestantismus ist ausschließlich, der Katholizismus umfassend. Der Grundsatz des Protestantismus ist das «Allein», der des Katholizismus das «Allgemein». Der Protestantismus bekennt die *Sola fides,* den Glauben allein, ohne die Werke; die *Sola Scriptura*, die Schrift allein, ohne die Tradition; den *Solus Christus,* den Christus allein, ohne die Gemeinschaft der Heiligen, dessen Gerechtigkeit uns nur äußerlich bedeckt, nicht innerlich durch und durch begnadet habe. Hier gründet zutiefst die ablehnende Haltung des Protestantismus Maria gegenüber. Er fürchtet, Christus werde durch die Verehrung der Heiligen und durch die Hochverehrung Marias im besonderen geschmälert. Ein an sich edles Bedenken, das, wie wir uns überzeugen konnten, in manchen protestantischen Kreisen auch ernst und ehrlich gemeint ist[441].»

Und doch stimmt das nicht. Wo Maria im Geist der Kirche verehrt wird, zieht sie nicht von Christus weg, sondern führt zu ihm hin. Der wahre und letzte Grund der Ablehnung, ja nicht selten direkt feindseliger Gesinnung gegen die Mutter des Herrn liegt darum viel tiefer. Er ist nicht weltgeschichtlich, sondern heilsgeschichtlich. Er liegt in Satan und seinem großen Haß gegen sie. Der Teufel haßt Maria, weil sie der Natur nach unter ihm steht, er sich ihr aber stets beugen muß. Da bäumt sich sein wahnsinniger Stolz auf und tobt in geradezu wahnsinnigem Haß gegen die demütige Magd des Herrn. Er ist es, der überall das Gift gegen sie ausstreut. Die Menschen sind auch hier wieder das Opfer seiner Raffinesse und Lüge.

Immer bleiben tiefe Geheimnisse, und sie sind so tief in der Menschheitsgeschichte und dem ganzen Heilsgeschehen verankert, daß sie einfach nicht übergangen werden können. Läßt man sie außer acht oder leugnet man sie gar, dann kann man nie zur Wahrheit durchdringen, muß aber auch darauf verzichten, eine befriedigende Lösung zu finden.

Eine Tatsache besteht: Satan machte sich nicht an Adam, sondern an Eva heran, nicht an den ersten Mann, sondern an die erste Frau. Warum? Wäre Adam nicht auf ihn hereingefallen? Wir wissen es nicht. Sehr wahrscheinlich hat aber diese Tatsache für den weiteren Verlauf des Heilsgeschehens bei Gott die entscheidende Rolle gespielt.

Gewiß hing die Menschwerdung des ewigen Wortes neben dem Willen des ewigen Vaters ganz von der Bereitschaft und Zustimmung seines Sohnes ab. Da nach dem Ratschluß Gottes der Weg dazu aber über den Schoß einer Mutter bestimmt war, hing sie ebenso vom Jawort jener ab, die zu dieser Mutter erwählt war, sonst hätte Gott ihr nicht den Engel gesandt und nicht das Jawort von ihr eingeholt. Dadurch, daß sie es gab, hat sie Satan sein ganzes Konzept verdorben. Nun konnte der Löwe von Juda kommen, den Fürsten der Welt besiegen und ihm seine Beute entreißen. Umgekehrt wäre es der größte Triumph des Widersachers Gottes gewesen, größer als bei seinem Sieg über Eva, wenn die demütige Jungfrau von Nazareth das Jawort nicht gegeben hätte. Sie hat Satan diese Freude nicht gemacht; schon deshalb gilt ihr sein ganzer Haß. Zudem hat Gott sie ihm noch als Todfeindin entgegengestellt, und zur Herrin über die bösen Geister erhoben. Auf jedes ihrer Worte, auf jeden Wink von ihr muß Satan und die Seinen achten und haben sie unbedingt zu folgen. Darum krümmt er sich unter ihrem Fuß wie eine Schlange, winselt und kriecht vor ihr wie ein geschlagener Hund, versucht aber auch immer wieder, ihrer Ferse nachzustellen.

Damit haben wir nichts anderes als die Verwirklichung der Worte, die der Herr im Paradiese zu der Schlange gesprochen hatte: «Sie wird dir das Haupt zertreten und du wirst ihrer Ferse nachstellen[442]» Mögen die Exegeten dies auf Christus anwenden, die Kirche hat es seit Jahrhunderten auch auf Maria angewandt und wird es weiter tun.

Jede der beiden Auslegungen hat ihre Berechtigung. Die einwandfrei feststehenden Niederlagen Satans durch Maria im Laufe der Geschichte beweisen ja, daß sie wirklich Satan das Haupt zertritt und ebenso sind alle Kämpfe gegen Maria der Beweis, daß Satan wirklich ihrer Ferse nachstellt.

Wie ihr göttlicher Sohn Gegenstand grenzenloser Liebe, aber auch grenzenlosen Hasses ist, so wird es auch mit Maria immer sein. An Christus scheiden sich die Geister, aber auch um Maria wird der Streit bis zum Jüngsten Tage gehen. Die Menschen aber, die der himmlischen Mutter noch fernstehen, müßten diese Tatsache erwägen und einsehen. Satan ist es, der Maria in falschem Licht erscheinen läßt und ihnen den Weg zum Herzen dieser besten Mutter verbaut. Die aber Maria kennen, dürfen sich nicht von Satan gegen sie aufhetzen lassen.

Maria ist die Mutter der Kirche und auch jedes einzelnen. Sie ist kein Hindernis gegen die Einheit der Christen, sondern die beste Hilfe zur Erreichung dieses Zieles.

Die allerseligste Jungfrau in der Heiligen Schrift

Die Evangelisten bringen nicht viel über die allerseligste Jungfrau. Der Grund dafür ist offenkundig. Sie schrieben in einer Zeit und einer Welt, in der die Kulte der heidnischen Göttinnen blühten. Man erinnere sich nur an die Göttin Artemis von Ephesus. Darum mußten sie verhüten, daß die Mutter des Herrn als Göttin aufgefaßt und verehrt werden konnte. Was aber in der Heiligen Schrift über sie steht, genügt vollkommen, um ihre Einzigartigkeit in der Heilsgeschichte einwandfrei erkennen zu können. Nur drei Stellen seien hier angeführt. Die Verkündigungsszene: «Der Heilige Geist wird über dich kommen und die Kraft des Allerhöchsten wird dich überschatten. Darum wird das Heilige, das aus dir geboren wird, Sohn Gottes genannt werden[443].» Die zweite Stelle, die Geburt des Herrn mit der Engelsbotschaft: «Heute ist euch in der Stadt Davids der Heiland geboren, der Messias und Herr. Sie fanden Maria, Joseph und das Kind[444].» Die dritte lautet: «Bei dem Kreuz stand seine Mutter[445].»

Man weiß nicht, wie weit die Wissenschaft in ihrem Streben, die Heilige Schrift zu entmythologisieren noch gehen wird und ob in diesem Zug dann nicht auch die Mutter des Herrn als angeblich mythologische Gestalt verschwinden muß. Satan paßt diese Tendenz jedenfalls sehr gut. Wie bei so manchen Dingen der heutigen Zeit stand er auch hier dahinter. Man sieht ihn nur nicht, weil man zu wenig Glauben hat. Welcher Sieg aber wäre es für ihn, wenn er seine Todfeindin auf diesem Weg erledigen könnte! Schon einmal hatte er es versucht auf nicht so drastische Weise. Seine Parole war damals: Maria ist nicht die Mutter Gottes, sondern nur eine gewöhnliche Frau. Doch das Konzil von Ephesus hat feierlich erklärt: Die allerseligste Jungfrau ist Gottesgebärerin, wahrhaft Gottesmutter[446].

Es war nun einmal im Plane Gottes gelegen, daß bei der Menschwerdung des ewigen Wortes der Sohn Gottes nicht als erwachsener Mensch auf diese Erde kommen, sondern vom Heiligen Geist empfangen, aus einer Jungfrau geboren und ihr den Gehorsam eines Kindes leisten solle. «Er zog mit hinauf nach Nazareth und war ihnen untertan[447].»

Maria ist mit ihrem göttlichen Sohn so eng verbunden, daß mit der Annahme und Ablehnung ihrer Muttergotteswürde auch die Menschwerdung des ewigen Wortes, die Erlösung, unser ganzer Glaube, aber auch unsere ganze Seligkeit steht und fällt. Ist Maria nicht die Muttergottes, dann ist Christus auch nicht der Sohn Gottes, dann ist sein klares Ja: «Ich bin es» auf die Frage des Hohenpriesters «Bist du der Sohn Gottes[448]» Täuschung oder Lüge. Dann ist er ein gewöhnlicher Mensch und zu Recht wegen Gotteslästerung zum Kreuzestod verurteilt worden. Christus ist aber Gott. Er hat es bewiesen durch seine Wunder und besonders durch seine Auferstehung. Er beweist es immer wieder durch die Einlösung seines Wortes: «Die Pforten der Hölle werden sie nicht überwältigen[449].» Darum ist Maria auch Muttergottes und hat eine einzigartige Stellung im Reiche Gottes. Darum gebührt ihr auch eine einzigartige Verehrung und Liebe in der Kirche und von ihren Kindern. Gott selbst hat ja die Voraussetzung dafür durch die Erwählung zu dieser Aufgabe und Würde geschaffen. Er hat auch durch das Walten seiner Vorsehung im Laufe der Geschichte deutlich genug erkennen lassen, wie sehr er diese Verehrung wünscht und sie ihm wohlgefällt. Wem die Heilige Schrift noch etwas wert ist, muß darum mit Christus auch seine heiligste Mutter annehmen und lieben.

Die allerseligste Jungfrau im Glauben und Lieben der Kirche

Die Verehrung der allerseligsten Jungfrau nimmt in der katholischen und auch in den östlichen Kirchen einen großen Platz ein. Warum stößt man sich daran? Immer schon wurden in der Geschichte nicht bloß die Großen der Welt, sondern auch ihre Mütter geehrt und gefeiert. Deswegen hat Maria, die die einmalige Mutter eines einmaligen Sohnes ist, das erste Recht darauf. Zwar stimmt wieder, daß von den Müttern, welche der Welt bedeutende Menschen schenkten, nicht alle geehrt und gefeiert wurden. Besonders Emporkömmlinge haben sich ihrer armen schlichten Mutter geschämt. Für den Sohn Gottes und die Muttergottes gilt dies aber nicht. Christus ist kein Emporkömmling; er ist im Gegenteil von oben herabgestiegen. Christus ist kein undankbarer, sondern der beste Sohn, er, der selbst die größten Sünder noch liebt, liebt erst recht seine Mutter. Man beleidigt darum ihn, wenn man seine Mutter zurücksetzt oder gar ablehnt.

So ist es deshalb geradezu eine Selbstverständlichkeit, daß Maria in seiner Kirche geehrt wird und daß Männern und Frauen, die Christus sehr nahe kamen und tief in sein heiligstes Herz und seine Geheimnisse hineinschauen durften, auch die Erkenntnis der überragenden Stellung Mariens im Heilsplan geoffenbart wurde, ja die eigene Liebe des Herrn zu seiner Mutter eingeflößt bekamen. Man wettert heute so gegen die Auswüchse in der Marienverehrung und schüttet das Kind mit dem Bade aus. Man spricht von marianischen Maximalisten und stellt ihnen die Minimalisten gegenüber. Man meint damit jene, die zuviel, bis an die Grenze des Tragbaren gehen und jene, die gerade noch die unterste Grenze einhalten, um in dieser Lehre noch katholisch zu sein.

Gewiß gibt es Einseitigkeiten und Übertreibungen in der Marienverehrung des Volkes. Gewiß haben Heilige manche Ausdrücke gebraucht, die mißverstanden werden könnten. Aber es gibt noch viel größere Fehler in Glaubenssachen, die vor Gott viel schwerer wiegen. Damit ist nicht gesagt, die Marienverehrung sollte nicht in die richtigen Bahnen gebracht werden. Es ist aber unbedingt abzulehnen, daß alles, was nach Auffassung gewisser Leute nicht biblische Marienverehrung ist, abgeschafft werden soll. Meist haben diese ja auch für die Bibel nicht viel übrig und nehmen sich nicht die Mühe, sie zu verstehen und auszulegen.

Immer wieder muß gefragt werden: Wem offenbart sich Gott und wem offenbart er seine Geheimnisse und seinen Willen mehr, dem, der mit tiefer Ehrfurcht und glühender Liebe zu ihm kommt und anbetend vor ihm auf den Knien liegt oder jenen, die sehr selbstbewußt in den heiligen Büchern herumstochern, um für vorgefaßte Meinungen und Lieblingsideen Beweise konstruieren zu können, weil es ihnen ja garnicht um die Wahrheit, sondern um die Begründung ihrer Thesen zu tun ist. Schließlich dürfte man bei aller Hoch- und Überbewertung solcher Wissenschaft nicht übersehen, daß ja auch unter den Heiligen große Gelehrte waren und gerade die größten Kirchenlehrer zu den glühendsten Marienverehrern zählen. Oder waren sie deshalb oder nur in diesem Punkt nicht gelehrt genug? Auf wen sollen wir aber nun hören, wenn nicht auf jene, welchen die Kirche selbst den Heiligenschein und den Ehrentitel «Kirchenlehrer» gegeben hat. Oder soll man auf jene hören, von denen man – ohne ein Unrecht zu begehen – behaupten kann, daß sie es weder zum Heiligen noch zum Kirchenlehrer bringen werden.

Die Heiligen schrieben über die allerseligste Jungfrau nicht wie Journalisten, erst recht nicht wie Gelehrte, die aus vergilbten Blättern und beschrifteten Steinen sich ein Bild von einstigen Größen zu gestalten suchen. Die Heiligen schrieben aus einem liebeglühenden Herzen, das die Liebe Gottes und seiner heiligsten Mutter an sich erfahren hat. Sie waren ja nicht fremd in jener Welt, sie waren Sehende, ja noch mehr, Kinder im eigenen Haus; sie kannten Gottes Gedanken und Wünsche auch über die Verehrung der heiligsten Mutter und der Liebe zu ihr und haben sich danach gerichtet. Freilich, wenn das Herz und die Liebe schreibt, dann schreibt zuweilen auch die Torheit der Liebe mit und es kommt manches dabei heraus, bei dem andere, denen diese Liebe fehlt, nicht mehr mitkommen und darum Anstoß daran nehmen. Statt dessen sollten sie aber Schätze suchen, die sich auch ihnen erschließen könnten, wenn sie demütig forschen und beten würden.

Greift man die Gegenüberstellung vom marianischen Maximalisten und Minimalisten noch einmal auf, dann ergibt sich eine eigenartige Tatsache. Nicht einmal den Teufel kann man zu den Minimalisten zählen; denn er kennt und spürt die Macht, welche Gott der demütigen Jungfrau über ihn, den stolzen Geist, verliehen hat. Oft schon hat er das gegen seinen Willen aus Besessenen erklärt. Nicht aus sich besitzt die allerseligste Jungfrau diese Macht und sie selbst hatte sich diese auch nicht angemaßt. Gott hat sie ihr gegeben und will auch, daß sie davon Gebrauch macht. Zu den Maximalisten aber gehört Gott selbst, denn er hat die allerseligste Jungfrau zu dieser Würde der Gottesmutterschaft erhoben und nach ihrer Himmelfahrt zur Königin des Himmels und der Erde gekrönt. Hat jemand dafür aber wiederum nur ein überlegenes Lächeln, dann sei zur Prüfung der oben genannten Aussage auf den bekannten Satz der Heiligen Schrift hingewiesen und es wird gebeten, ihn als Maßstab für die Prüfung der vorgenannten Behauptung anzuwenden. Er lautet: «An den Früchten werdet ihr sie erkennen[450].» In den vorausgehenden Seiten wurden bereits manche Beweise für die Früchte und den Segen der wahren Marienverehrung erbracht. Zwei seien noch besonders angeführt: Die marianischen Gnadenstätten und die Legio Mariä.

Die marianischen Gnadenstätten

Gnadenstätten sind besonders jene Orte, an denen sich die großen Geheimnisse unserer Erlösung vollzogen haben: das Heilige Land, weil dort der Sohn Gottes gelebt und gewirkt hat und gestorben ist; und in ihm besonders die Orte Bethlehem, Nazareth, Jerusalem mit dem Ölberg und Kalvaria. Eine Gnadenstätte ist auch Rom, wo sich die Gräber der Apostelfürsten Petrus und Paulus befinden, und der Sitz des Stellvertreters Christi auf Erden ist, welcher die Gnadenschätze der Kirche zu verwalten und auszuteilen hat. Gnadenstätten sind besonders auch Orte, welche der Herr selbst vor anderen Orten auszeichnet, an denen er die Menschen, die dorthin kommen, mit mehr Gnaden beschenkt als anderswo. Gnadenstätten werden nicht von Menschen ausgesucht und geschaffen, sondern vom Himmel bestimmt, wenn er sich dabei auch der Menschen als Werkzeuge bedient.

Nun gibt es neben den großen Gnadenstätten des Heiligen Landes und der Heiligen Stadt noch verschiedene andere, welche mit einem Geheimnis unseres Glaubens oder mit Heiligen zusammenhängen. Weitaus die meisten sind aber marianische Wallfahrtsorte. Ihnen liegen entweder Erscheinungen der Muttergottes zugrunde, bei denen sie selbst diese Orte als ihre Gnadenstätte bezeichnete, oder es sind solche, wo sie die Menschen durch wunderbare Hilfe an sich gezogen hat und immer wieder zieht. An diesen Orten sind ihre Kinder gleichsam näher bei ihr, das heißt, sie weilt mit vermehrter Gnade an diesen Stätten und diese sind von ihr besonders gesegnet. Wer sich ihr dort mit großem Vertrauen nähert, wird von ihr reichlicher als anderswo mit Gnaden beschenkt. Es ist nicht gesagt, daß der Mensch bloß an Gnadenstätten Gnaden empfangen kann. Aber die Regel ist, daß an diesen bevorzugten Orten die Gnaden reichlicher fließen und jeder, der mit gutem Willen zur himmlischen Mutter kommt, dort reichlich beschenkt wird.

Damit die Gnadenstätten aber das sein können, was sie nach Gottes Willen sein sollen, sind zwei Bedingungen zu erfüllen: Die richtige Absicht beim Besuch einer Gnadenstätte und das richtige Verhalten an der Gnadenstätte.

Die richtige Absicht beim Besuch einer Gnadenstätte

Für den Geist und Segen einer Wallfahrt ist die Absicht wichtig, in der ein Christ zur Gnadenstätte und zur Gnadenmutter kommt. Es darf nicht aus Neugierde sein, nicht zur Unterhaltung und auch nicht nur so nebenbei. Wohl ist nichts dagegen einzuwenden, wenn bei weiten Pilgerfahrten andere Sehenswürdigkeiten eines Landes mitgenommen werden. Es hängt aber vom einzelnen selbst ab, ob das der Hauptgrund zur Teilnahme an einer Pilgerfahrt ist, oder ob er sie wirklich aus Liebe zur himmlischen Mutter unternimmt. Wem das Vergnügen die Hauptsache ist, der sollte sich lieber einer weltlichen Reisegesellschaft anschließen, aber nicht durch sein ganzes Auftreten und Benehmen den Charakter der Pilgerfahrt stören. Die kleine heilige Theresia bringt in der «Geschichte einer Seele» bei der Schilderung ihrer Romreise manche Anspielungen, wie sich der einzelne bei einer Pilgerfahrt nicht benehmen soll[451].

Weiter muß geprüft werden, warum ich zur Gnadenmutter komme. Sie weilt, bildlich gesprochen, am Gnadenort und will mit vollen Händen Gnaden austeilen. Sie verfügt ja immer über viel mehr Gnaden als wir uns vorstellen können und möchte viel mehr geben als die Menschen bei ihr abholen. Aber trotzdem hat sie es gern, wenn man nicht bloß zum Betteln kommt. Gewiß soll jeder Bedrängte Zuflucht zu ihr nehmen. Es mag auch sein, daß seine Not so lebendig vor ihm steht, daß er an sie zuerst denkt. Aber es freut die himmlische Mutter trotzdem, wenn der Pilger – wieder bildlich gesprochen – nicht gleich mit seinen Anliegen zur Tür hereinfällt, sondern die Gnadenmutter erst begrüßt und ihr als der Königin und Mutter huldigt. Eigentlich sollte das bei jeder Wallfahrt am Anfang stehen: Ich komme zur Gnadenmutter, um ihr zu huldigen und ihr so Freude zu bereiten. Die himmlische Mutter hat es gern, wenn ein Kind in uneigennütziger Weise zu ihr kommt. Sie muß es ja auch immer wieder wie ihr göttlicher Sohn während seines Erdenwandels erleben, daß sie wie er vielfach nur ausgenützt wird. Ihm sind die Menschen gefolgt, weil sie Brot von ihm bekommen hatten[452]. Sie haben ihn gesucht, weil sie ihn für ihre Kranken brauchten oder selbst geheilt werden wollten[453], oder sie sind ihm gefolgt, um in seinen Worten oder Wundern gegen ihn etwas zu finden[454]. Zehn Aussätzige sind gesund geworden; ein einziger, ein Samariter, ist zurückgekommen und hat gedankt, so daß der Herr die Frage stellen mußte: «Sind nicht zehn rein geworden? Wo sind die neun? Hat es sonst keiner der

Mühe wert gefunden, zurückzukommen und Gott dafür die Ehre zu geben als dieser Fremdling[455].» Auch der himmlischen Mutter geht es als Gnadenmutter vielfach so. Man sollte darum nicht das Ich in den Vordergrund stellen, sondern die himmlische Mutter und die Liebe zu ihr. Man muß dankbar sein. Es sollten nicht bloß Bitt-, sondern auch Dankwallfahrten gemacht werden. Nicht meine Anliegen allein, die Ehre der himmlischen Mutter, die Liebe zur himmlischen Mutter, der Dank an die himmlische Mutter sollen die tiefsten Beweggründe für eine Wallfahrt zu ihr sein.

Das richtige Verhalten an der Gnadenstätte

Bei großen Wallfahrtszügen hat darauf geachtet zu werden, daß Ordnung herrscht und auch die anderen Pilger zu ihrem Recht kommen. Es wäre falsch, wenn einzelne Gruppen ohne Rücksicht auf andere Andachten halten, so daß diese keine persönliche Zwiesprache mit der himmlischen Mutter pflegen können oder das Gebet der einen und der Gesang der anderen durcheinandergehen. Bei kleineren Wallfahrtskirchen müßte gesorgt werden, daß alle zur Gnadenmutter kommen können. Es soll einer dem andern Platz machen, nicht bloß an sich denken.

Bei großen Wallfahrten sind gemeinsame Kundgebungen, Lichterprozessionen etwas Schönes und Großes. Es ist aber immer eine gewisse Gefahr, daß das persönliche Beten, der innere Kontakt mit der himmlischen Mutter zu kurz kommt. Segensreicher ist es darum, die Gnadenmutter in einer ruhigeren Zeit an ihrer Gnadenstätte zu besuchen.

Ein anderer Punkt sind die Beschwerden der Wallfahrt beim Aufenthalt an der Gnadenstätte. Wenn die Gläubigen Gnadenorte besuchen, müht sich selbstverständlich Satan, die Wallfahrer durch alle möglichen und unmöglichen Ablenkungen an der innigen Verbindung mit der himmlischen Mutter zu verhindern. Dazu sind ihm äußere Anlässe eine willkommene Gelegenheit. Der Pilger ist übermüdet; hinter ihm liegen die Strapazen der Reise oder die anstrengende Fußwallfahrt, das frühe Aufstehen; der Umstand, daß der Körper aus der gewohnten Ordnung gekommen ist. Daran reiht sich das Gedränge in der Gnadenkapelle, die schlechte Luft, welche durch viele Menschen, Kerzen etc. erzeugt wird. Nun ist der Pilger enttäuscht. Er läßt sich darum zum vorzeitigen Verlassen der Gnadenstätte bewegen. Er geht lieber in eine Nebenkirche mit der Begründung: ach, ich kann ja in der Gnadenkapelle nicht beten! Der Heiland ist ja auch in dieser Kirche und die Muttergottes hört mich auch hier.

Wer so spricht, hat den Sinn und die Aufgabe der Wallfahrt nicht erfaßt. In diesem Falle könnte der Wallfahrer auch ruhig zu Hause bleiben und in seiner Pfarrkirche beten. Da bräuchte er keine Wallfahrt unternehmen, um beim Gnadenbild vermehrte Gnaden zu empfangen.

Wenn man zur himmlischen Mutter kommt, muß man es sich schon auch etwas kosten lassen. Man muß die Störungen in Geduld und Ergebung auf sich nehmen und sagen: «Meine himmlische Mutter, ich kann dir zwar kein gesammeltes, inniges Gebet anbieten, aber ich will dir dafür meine ganze Armseligkeit zu Füßen legen. Schau, es stört mich dieses Gedränge! Meine körperliche Verfassung ist auch nicht zum besten; alles lenkt mich ab; du siehst, wie armselig ich vor dir stehe. Bitte, nimm das an, was ich dir bieten kann. Du weißt ja, mit wieviel Liebe ich dir in inniger Verbindung nahekommen möchte; aber mich hindern diese äußeren Einflüsse.»

Das ist das beste Gebet, das ein Pilger der Muttergottes an der Gnadenstätte darbringen kann. Er muß verzichten auf die fühlbare Andacht, auf das Bewußtsein, der Muttergottes eine Freude zu bereiten. Im Gegenteil: er weiß, ich kann nicht einmal ein andächtiges Ave ihr darbringen. Aber er sagt kindlich zu ihr: «Du bist hier und ich glaube, du wirst in vermehrtem Maße die Fülle deiner Gnaden uns vermitteln.» Dieses Vertrauen belohnt die Hohe Frau.

Meist fordert sie ja von ihren liebsten Kindern gerade das, was ihnen schwer fällt. Sie meinen, wenn sie zu der himmlischen Mutter kommen, dann werden sie mit besonderer Liebe und Aufmerksamkeit überschüttet und oft spüren sie nicht viel von dem großen Segen, den sie trotzdem an der Gnadenstätte empfangen dürfen. Hier verlangt die Hohe Frau unbedingtes Vertrauen. Der Pilger muß beten: «Meine himmlische Mutter, ich glaube trotzdem, auch wenn ich nur Armseligkeit spüre, du freust dich, daß dich dein Kind besucht. Ich glaube es, auch wenn du mir keine spürbaren Beweise gibst, daß du mit mir zufrieden bist.» Dieser Glaube, dieses Vertrauen findet immer seinen Lohn und macht auch der himmlischen Mutter viel Freude. Immer ist das beste Gebet, wenn ein Kind sich in alles klaglos hineinfügt und der himmlischen Mutter alles schenkt, was an Enttäuschungen, Mühsalen, Beschwerden anfällt. Das ist der schönste Blumenstrauß, welchen es der himmlischen Mutter bringen kann. Es muß sich bewußt bleiben: Die Mutter hat eben andere Auffassungen von Geschenken als ihre Kinder.

Eine Gefahr ist noch, wenn bedrängte Menschen unbedingt Hilfe in einer bestimmten Weise erwarten, sie aber nicht erhalten. Satan könnte viel weniger die Menschen verfolgen und versuchen, wenn sie sich immer und so auch hier dem Willen Gottes unterordnen würden. Sie können und sollen mit ihrer Not kommen, aber stets wie der Heiland am Ölberg beten: «Doch nicht wie ich will, sondern wie du willst[456]!» Diese innere Bereitschaft muß immer vorhanden sein; dann kann der Teufel viele Versuchungen nicht anbringen.

Im andern Fall ist die Gefahr, daß der Mensch auf den Verführer hereinfällt, indem er zustimmt «nicht einmal diese Not wird mir abgenommen, jetzt habe ich so viele Strapazen und Opfer auf mich genommen und es ist umsonst». Wenn ein Kind so denkt, tut es der himmlischen Mutter weh und bereitet ihr Sorgen. Es gibt Satan neuen Raum zu noch größeren Anfechtungen gegen das Vertrauen und die Liebe zur himmlischen Mutter. Entscheidend ist, die ersten Verführungsversuche Satans zurückzuweisen und sich von keinem Schlagwort beeindrucken und berühren zu lassen. Das Kind muß sich sagen: es wäre schön gewesen, wenn mir die Gnadenmutter das Kreuz abgenommen hätte, aber ich bin zufrieden. Sie wird schon wissen, warum meine Bitte scheinbar unerfüllt bleibt.

Es ist immer nur eine falsche Einstellung, wenn ein Pilger enttäuscht von der Gnadenmutter geht; denn in Wirklichkeit enttäuscht die Mutter niemand und niemals. In der Ewigkeit wird das Kind einmal sehen, wie wahr dieser Satz ist: «Du kannst das heiße Flehen, deines Kindes nicht verschmähen.» Denn gerade da, wo ein Mensch ohne sichtbaren Erfolg wieder von der Gnadenmutter gehen muß, gerade da fließen die Gnaden am reichsten; freilich nur, wenn er trotzdem nicht irre wird. Die meisten Erfolge erzielt die Hölle ja immer, wenn der Mensch vorzeitig die Hoffnung aufgibt. Er muß unentwegt weiter vertrauen und weiterhoffen. Einmal wird es dann schon anders werden. Einmal wird die himmlische Mutter die Not lindern und der Mensch den Segen spüren dürfen.

Die Marienwallfahrtsorte sind große Gnadenstätten. Die himmlische Mutter freut sich, wenn ihre Kinder zu ihr kommen. Keine Wallfahrt, die in der richtigen Gesinnung gemacht wird, ist umsonst.

Wenden wir nun die beiden Sätze, die wir als Prüfstein für die Echtheit einer Sache erkannt hatten, auf die marianischen Gnadenstätten an: «An den Früchten werdet ihr sie erkennen.» Wir fragen: Sind all die Hilfen, alle Kraft und aller Trost, welche die Menschen an den Gnadenstätten erlangen, keine Früchte? Man müßte selbst einmal in der richtigen Gesinnung dort sein, dann könnte man sich leicht davon überzeugen. Eine treffende Formulierung lautet ja: Wer etwas sehen will, soll nach Rom fahren; wer beten lernen will nach Lourdes. Jetzt kann man noch beifügen: Auch nach Fatima. An den Früchten werden ihr sie erkennen. Die marianischen Gnadenstätten beweisen: Maria trägt zu recht den Namen Gnadenmutter.

Gott selbst ließ sie ja durch den Engel grüßen: «Du bist voll der Gnaden[457].» Besonders an den Gnadenorten wiederholt sich unzählige Male dieser Gruß und schließt sich auch stets aufs neue jener ihrer Base Elisabeth an: «Du bist gebenedeit unter den Frauen[458].» Was Maria im Magnificat auf Antrieb des Heiligen Geistes vorausgesagt, geht hier in Erfüllung: «Von nun an werden mich selig preisen alle Geschlechter[459]!» Sie tun es nicht umsonst; die vielen Votivtafeln an den Gnadenstätten bezeugen, wieviel Gnade die himmlische Mutter schon vermitteln durfte. An den Früchten werdet ihr sie erkennen! Neben dem Glaubensbekenntnis, dem Vaterunser und dem Ehre sei dem Vater werden dort viele Ave Maria gebetet. Man übersehe dabei aber nicht, daß jedem: du bist gebenedeit unter den Frauen, sich unmittelbar anschließt: und gebenedeit ist die Frucht deines Leibes

Jesus. So ist jeder Avegruß an die demütige Jungfrau auch eine Huldigung an ihren göttlichen Sohn.

Das gleiche zeigt auch der ganze Ablauf der Wallfahrten an den Marien-Gnadenstätten. Nirgends werden so viele Sünder mit Gott wieder versöhnt, als gerade durch die Vermittlung der Gnadenmutter an den Gnadenorten. Nirgends wird das eucharistische Opfer so oft dargebracht, als an diesen Stätten. Wer zählt die vielen heiligen Messen während einer Wallfahrtszeit und die überaus große Zahl der heiligen Kommunionen! Wieviel weniger oft könnte der Heiland in die Herzen der Menschen kommen, wenn es die marianischen Gnadenstätten nicht gäbe! Es dürfen auch die großen Sakramentsprozessionen nicht übersehen werden, besonders in Lourdes, und die Tatsache, daß die Krankenheilungen weniger an der Erscheinungsgrotte erfolgen als vielmehr beim Segen mit dem Allerheiligsten. Kann da wirklich noch behauptet werden, die himmlische Mutter nehme ihrem göttlichen Sohn etwas an Ehre weg? Im Gegenteil, sie ist es, die ihm Ehre verschafft. Ohne die Liebe des Volkes zu ihr würde auch dem Heiland viel weniger gehuldigt und würde er viel weniger geliebt werden. Ja, an den Früchten werdet ihr sie erkennen!

Legen wir noch einen zweiten Satz der Heiligen Schrift «Ohne mich könnt ihr nichts tun!» als Maßstab an, dann ist wieder zu fragen: Glaubt man wirklich, daß Propaganda und Betrieb diese Atmosphäre der Gnade schaffen könnte? Diese Hilfe in so vielen und schweren Anliegen, diesen Glauben, diesen Trost, diese innige Verbundenheit mit der himmlischen Mutter und durch sie mit Gott! Nie und nimmer käme so etwas zustande, wenn Gott es nicht wollte. Er ist die letzte Instanz der Gnade, er, der als eifersüchtiger Gott niemand neben sich duldet, würde hier keine Gnade zubilligen und schenken, wenn die Verehrung der Gottesmutter nicht in seinem Sinn und seinem Willen wäre. Denn Maria ist seine selbstloseste, beste Mitarbeiterin, demütiger als die niedrigste Magd und selbstloser als die liebeglühendste Gattin.

Die Legio Mariae

Es gibt viele marianische Vereinigungen, die mehr oder minder ihre ganze Kraft einsetzen, damit die himmlische Mutter immer mehr erkannt und geliebt werde. Sie bilden die marianische Bewegung der heutigen Zeit und haben das Ziel, das Reich Mariens und durch dieses das Reich Christi uns näher zu bringen.

Daß aus den vielen marianischen Vereinigungen die Legio Mariae herausgegriffen wird, sei keine Zurücksetzung anderer Marien-Vereinigungen, aber der Legio wohnt die stärkste Dynamik inne und sie darf auf außergewöhnliche Erfolge hinweisen. Darum soll gerade sie die Kronzeugin für die Bedeutung und den Segen wahrer Marienverehrung sein. Man fragt sich immer wieder, woher ihre großen Erfolge kommen? Mit anderen Worten: Was ist das Geheimnis der Legio Mariae? Zwei bischöfliche Urteile lüften darüber den Schleier: Erzbischof Riberi, der frühere apostolische Internuntius für China nannte die Legio ein Wunder der modernen Zeit und eine der größten Gaben der Muttergottes an die Welt[460]. Ein deutscher Bischof schreibt: «Der Gebets- und Opfergeist ihrer Mitglieder sowie ihre durch und durch kirchliche Gesinnung gewährleisten ein fruchtbares Apostolat[461].»

Das Geheimnis der Legio Mariae

Sie ist eine Kampftruppe der Kirche im Geiste Mariens

Der Schwerpunkt liegt in den Worten «im Geiste Mariens», und zwar sind es besonders zwei hervorstechende Züge der himmlischen Mutter, welche den Erfolg ihrer apostolischen Arbeit sichern: Tiefgläubiges Gebet und unbedingter Gehorsam.

Der Legionär stützt sich nicht auf eigene Einsicht und eigene Kraft. Er setzt sein ganzes Vertrauen auf die Hilfe der himmlischen Mutter. Das haben schon die Gründungsmitglieder der Legio Mariae getan. Sie haben den Heiligen Geist angerufen und den Rosenkranz gebetet. Das geschieht auch heute bei jeder Versammlung. Kein Präsidium – es ist die kleinste Zelle der Legio – beginnt seine Zusammenkunft ohne vorher vor der Statue der Muttergottes niederzuknien und das gleiche zu tun. Dann erst kommt eine kurze Lesung aus dem Handbuch der Legio, die Verlesung des Protokolls über die letzte Versammlung, darauf folgen die Arbeitsberichte der einzelnen und dann wieder ein Gebet, das Magnificat mit vorausgehender und folgender Antiphon und Oration. Anschließend hält der geistliche Leiter einen kurzen Vortrag. Diesem schließt sich die Verteilung der Arbeiten an und geschlossen wird wieder mit Gebet. Dieses ca. halbstündige Beten während der 1½- bis zweistündigen Zusammenkunft zeigt die tiefgläubige Einstellung der Legio, die Verbundenheit mit dem Heiligen Geist, der Muttergottes und den Heiligen sowie das grenzenlose Vertrauen auf sie. Ebenso betet der Legionär täglich das Magnificat mit Antiphon und Oration und unternimmt keinen Legionsgang, ohne sich vorher in der Kirche vom Heiland und seiner heiligsten Mutter den Segen geholt zu haben. Die aktiven Mitglieder verpflichten sich außer dem Erscheinen zur wöchentlichen Zusammenkunft zu einer wöchentlich zweistündigen Legionsarbeit, die ihnen vom zuständigen Seelsorger nahegelegt und vom Präsidenten oder der Präsidentin aufgetragen wird. Diese Arbeit ist sehr wichtig; denn der Priester kann ja heute in größeren Pfarreien nicht mehr selbst zu allen Pfarrkindern kommen und so manche kommen nicht mehr zu ihm. Ein Wort im Beichtstuhl oder auf der Kanzel, vielleicht auch eine persönliche Sache hat sie verletzt und nun eine Wand zwischen ihnen und dem Priester aufgestellt. Vielleicht hat der Priester sogar richtig gehandelt, vielleicht auch nicht. Auch er ist ja ein Mensch, dem Fehler unterlaufen können. Auf jeden Fall ist es zum großen Schaden der Betreffenden, wenn sie nicht mehr den Weg zum Priester finden.

Dazu aber wollen und können die Legionäre verhelfen. Andere halten ihre Sünden vom Priester und die lange Unterlassung des Empfangs der heiligen Sakramente vom Beichtstuhl zurück. Der Teufel setzt ja alles daran, daß sie nicht den Mut aufbringen, zur Beichte zu gehen. Er macht ihnen vor: Du wirst sehen, wie streng der ist und wie enttäuscht du sein wirst. In Wirklichkeit sind die schönsten Stunden im Priesterleben, wenn er einem armen Menschen die ganze Zentnerlast seiner Schuld abnehmen kann.

Besonderen Wert legt die Legio auf das Gebet der Hilfslegionäre. Dies sind jene Mitglieder der Legio, welche keine tätige seelsorgliche Arbeit leisten, dafür sich aber verpflichten, täglich den Rosenkranz zu beten und noch andere Legionsgebete zu verrichten, um dadurch den Segen auf die Arbeit der aktiven Legionäre herabzuziehen.

Bei wenigen Verbänden der katholischen Aktion dürfte das Gebet so stark ins Apostolat eingebaut sein wie bei der Legio Mariens. Vielleicht möchten manche das sogar als überflüssig oder gar als Zeitverlust ansehen. Wer aber an das Wort des hl. Petrus denkt: «Herr! Wir haben die ganze Nacht gearbeitet und nichts gefangen[462]» und die Erfolge der Legio Mariens ins Auge faßt, kann schon darauf kommen, daß wohl die Tätigkeit sehr wichtig, das Geheimnis der Legio aber im Segen Gottes besteht, der durch das Gebet herabgefleht wird.

Unbedingter Gehorsam

Neben dem Gebet ist das Geheimnis für den Segen der Legio der unbedingte Gehorsam, und zwar gegenüber dem Handbuch, den Amtsträgern und dem zuständigen Seelsorger.

Gehorsam gegenüber dem Handbuch

Dieses umfaßt 359 Seiten in der deutschen Ausgabe und geht sehr ins einzelne. Was die Regel für die Ordensperson und das Exerzierreglement für den Soldaten bedeutet, ist dieses «Handbuch» für den Legionär. Es ist aus der Praxis entstanden und hat sich in der Praxis bewährt. Der Legionär findet in ihm klare Grundsätze zur Bildung seiner eigenen Persönlichkeit und besitzt in ihm auch einen guten Berater und Führer für seine Legionsarbeit. Bei der wöchentlichen Versammlung erfolgt jedesmal auch eine Lesung aus dem «Handbuch», außerdem soll es der Legionär auch privat immer wieder studieren.

Wer die Literatur der Legio Mariae und ihre Praxis kennt, ist überrascht und erbaut, wie sehr der unbedingte Gehorsam gegenüber den Satzungen verlangt und auch geleistet wird. Präsidien, die es nicht tun, erzielen keine großen Leistungen. Es ist staunenswert, daß es auch in unserer Zeit, die fast keine Gebundenheit mehr anerkennen und erst recht nicht betätigen will, so viele Menschen gibt, die hier mit ganzer Seele ihr Ja sprechen und nicht meinen, immer nach ihrem Kopf handeln zu müssen, sondern sich an Normen und Weisungen halten.

Das ist aber auch wichtig und für den Fortbestand der Legio Mariae direkt entscheidend. Es ist der Geist der himmlischen Mutter selbst, der Geist der Demut, des Gehorsams und der unbedingten Treue. Gewiß könnte man denken, daß manches im «Handbuch» anders und besser gemacht werden könnte; aber mehr als um das geht es darum, daß der einzelne sich selbst aufgeben, unterordnen und einordnen kann und so die Hauptforderung der Nachfolge Christi erfüllt: «Wer mein Jünger sein will, verleugne sich selbst[463].» Auf dem Gehorsam allein ruht der Segen Gottes und in ihm muß auch immer das Opfer des Verstandes, des Willens und des Herzens dabei sein. Der beste Legionär ist darum jener, der treu nach dem «Handbuch» arbeitet. Selbstverständlich gilt auch hier der Satz: Nicht auf den Buchstaben, sondern auf den Geist kommt es an, und es kann im einen oder anderen Fall ein wirklicher Grund vorhanden sein, einmal ausnahmsweise anders vorzugehen.

Gehorsam gegenüber den Amtsträgern

Die Legio ist in kleinere und größere Gemeinschaften gegliedert. Die kleinste trägt den Namen Präsidium. An der Spitze steht der Präsident, der die Versammlungen leitet und die Arbeitsaufträge erteilt. Neben ihm der geistige Leiter. Das Handbuch verlangt, daß jeder Legionär den Weisungen des Präsidenten Folge leistet; eigenmächtiges Arbeiten darf nicht vorkommen; ihm fehlt sonst der Segen des Gehorsams. So ist gerade der Gehorsam gegenüber dem Amtsträger die Sicherung dieses Segens, zugleich aber die Ausschaltung gefährlicher Strömungen und eine Charakterschulung des Legionärs. Durch den Gehorsam wird Stolz und Eigensinn, ichsüchtiges Strebertum und eigenmächtiges Handeln unterbunden und damit so manche Dinge ferngehalten, die schon zur Aufhebung religiöser Verbände, die zuerst sehr viel zu versprechen schienen, führen mußte.

Der Legionär selbst aber gewinnt durch die Unterordnung mehr für seine eigene Persönlichkeit und erhält reichen Segen für sein inneres Leben. Voraussetzung ist natürlich, daß ein Präsidium gut geleitet wird, die Mitglieder wirklich guten Willen haben und sich an die Vorschriften des Handbuches halten. Immer geht es um den Geist der himmlischen Mutter, welcher der Geist der Demut und des Gehorsams ist.

Gehorsam gegenüber den kirchlichen Stellen

Sehr erfreulich und ganz im Geist der himmlischen Mutter ist die Forderung des Handbuches zur Leistung dieses Gehorsams. Die letzte Verantwortung für die Seelen hat nun einmal der Priester, der Bischof, der Papst. Das ist die von Gott geschaffene Ordnung: «Wer euch hört, hört mich[464].»

Es beweist wiederum, wie wahr und echt der Geist der Legio Mariae ist, daß diese Abhängigkeit von der kirchlichen Hierarchie nicht nur gefordert, sondern von den Mitgliedern auch praktisch geübt wird. Es bleibt ein Ruhmesblatt in der Geschichte der Legio Mariae, daß die Mitglieder des ersten Präsidiums in Deutschland in Ravensburg und vor allem die Gesandtin der Legio für Deutschland, Fräulein Firtel, diesen Gehorsam so vorbildlich geleistet haben. Da die Legon Mariens einer ausgesprochen guten Sache dient, wäre die Versuchung nahe gelegen, das Ausbleiben oder die Verweigerung der Erlaubnis zur Gründung in manchen Diözesen durch vorläufige Tarnung der Arbeit zu umgehen. Es ist jedoch nicht geschehen. In Geduld, Gebet und Opfer wurde immer gewartet, bis der zuständige Bischof die Erlaubnis der Gründung gab. Dieser Gehorsam der Legionäre ist um so größer anzuschlagen, als er heute auch in jenen Kreisen immer seltener wird, die durch Gelübde an das Treuwort gegenüber ihrem Bischof dazu verpflichtet sind und ihn unter allen Umständen leisten müßten. Er darf aber auch als Erklärung für die Erfolge der Legio Mariae angeführt werden.

Das Geheimnis der Legio Mariae: Sie ist ein Geschenk des Himmels

Diese Erklärung ergibt sich aus dem Blick auf ihre Anfänge sowie auf ihre starke Ausbreitung. Der Anfang war denkbar einfach. Zuerst bestand das Interesse für das Goldene Buch des hl. Grignion von Montfort: Die wahre Andacht zu Maria. Dann erfolgte die Zusammenkunft einer Gruppe von 15 Laien und einem Priester am 7. September 1921, am Vorabend von Maria Geburt in einem Hinterzimmer des Myra-Hauses in Dublin. Sie fanden beim Eintritt auf dem Tisch einen kleinen Marienaltar aufgebaut, die Statue der Immaculata zwischen Blumen und Kerzen. Alle hatten nur einen Wunsch, für Gott etwas zu tun. Sie wußten aber nicht, wie das geschehen sollte. Da knieten sie vor der himmlischen Mutter nieder, riefen den Heiligen Geist an und beteten den Rosenkranz. Ihre erste Aufgabe war dann der Besuch von Kranken im Fürsorgekrankenhaus.

Hier stehen am Anfang also keine großen ehrgeizigen Pläne, kein hohes Ziel; hier steht nur der Wunsch: Wir möchten für Gott und die

Mitmenschen etwas tun. Ohne diese bescheidene Haltung wäre nie das herausgekommen, was wir heute als Legion Mariens bewundern. Immer bleibt es das gleiche und ist gerade auch die Legion Mariens der Beweis dafür: Bei Gott darf man sich nicht wichtig nehmen und erst recht nicht wichtig tun. Es wäre falsch, das kann nie oft genug betont werden, eigensinnig und eigenwillig etwas zu unternehmen, selbst wenn etwas gut erscheint. Die Hölle täuscht ja auch unter dem Schein des Guten und versucht, sich in alles Gute einzumischen. Darum bleibt immer die erste Frage: Was will Gott? Um dies zu erfahren, sind die 16 nicht geräuschvoll oder gar selbstbewußt ins Heiligtum eingedrungen, sondern haben sich bescheiden und voll Vertrauen an den Heiligen Geist und seine liebste Braut gewendet; sie haben gleichsam durch den Rosenkranz zu ihr gesagt: Vermittle du, wir haben ja so wenig anzubieten, daß es nicht der Rede wert ist, nur unseren guten Willen und unsere schwache Kraft. Diese Haltung gefiel der himmlischen Mutter, die ja wie keine andere die Demut übte und liebte. Sie gefiel auch Gott und wurde darum von ihm so reich gesegnet. Er liebt es ja gerade durch armseligste Werkzeuge Großes zu schaffen, wenn sie nur mit der Gnade mitgehen. Dies ist hier geschehen. Die Aufgaben wurden größer, vor allem auch die Forderung unbedingten Vertrauens. Langsam und eindeutig wurde die kleine Gemeinde an eine Aufgabe herangeführt, welche alle Kräfte zu übersteigen schien, ja schon der bloße Gedanke daran vom nüchternen Verstand als heller Wahnsinn betrachtet werden mußte.

In Dublin war ein Stadtviertel, welches wirklich dem Teufel gehörte, ein Viertel, in dem alle Laster hausten: Trunksucht, Dirnenwesen, Erpressung und Mord. Ein anständiger Mensch konnte es kaum wagen, die dortigen Straßen zu betreten, schon gar nicht bei Nacht. Regierung und Polizei waren seit hundert Jahren dagegen machtlos; alle Versuche einzuschreiten scheiterten. Die Legio Mariae brachte es aber fertig, das ganze Viertel aufzuheben, Dirnen und Zuhälter, Mütter der Freudenhäuser bekehrten sich, wenige, die nicht dazu bereit waren, verschwanden. Ein neues Viertel mit einem neuen Geist entstand, wo bis vor kurzem nur das Laster und der Teufel hausten.

Jede nur einigermaßen vorurteilslose Überlegung sagt uns: Da genügte nicht menschliche Klugheit und menschliche Kraft. Hier war der Himmel am Werk und hat den Beweis für die Macht der Königin des Himmels und der Erde geliefert. Sie hat auch hier wieder der Schlange das Haupt zertreten: Sie hat dieses Werk geschaffen, dazu aber ihre Kinder, die sich ihr ganz geweiht haben, als Werkzeuge eingesetzt, von ihnen aber auch Opfer und übermenschliches Vertrauen verlangt und dieses dann über alle Erwartungen belohnt.

Das gleiche gilt von der Ausbreitung der Legion Mariens. Nach 40 Jahren gibt es kaum ein Land, in dem nicht die Legion Mariens Eingang gefunden hat. Über 1300 Bischöfe haben sie in ihre Diözesen aufgenommen. Die Legionsgebete werden in 70 Sprachen gebetet.

Zwei Gesandte, die sich für die Ausbreitung der Legion Mariens sehr verdient gemacht und ihr Leben dafür geopfert haben, verdienen besonders erwähnt zu werden. Die eine ist Edel Quinn, eine junge Irin, die trotz angegriffener Gesundheit im Jahre 1936 nach Ostafrika ging, um dort die Legion Mariens einzuführen. Acht Jahre lang reiste sie kreuz und quer durch das riesige Gebiet, das ihr aufgegeben war, zu Fuß, im Lastwagen, mit der Bahn, wo es eine solche gab, später in einem klapprigen Gebrauchtwagen, den sie erstanden hatte. Schon nach vier Jahren erlitt sie einen Zusammenbruch, doch gab sie nicht auf; nach einem Krankenhausaufenthalt setzte sie ihre Tätigkeit fort, obwohl jeder Schritt sie die größten Anstrengungen kostete. Ihr immer strahlendes Lächeln und ihr übersprudelnder Humor täuschten jeden Beobachter über ihren wahren Zustand hinweg. Völlig abgemagert und von äußerster Schwäche, unternahm sie Reisen, die selbst für einen gesunden Menschen eine Strapaze gewesen wären. Im Jahre 1944 starb sie in Nairobi, nachdem sie die Legion Mariens in ganz Ostafrika zu hoher Blüte geführt hatte. Schon zwölf Jahre nach ihrem Tode wurde der Seligsprechungsprozeß für sie eingeleitet[465].

Der zweite Gesandte, der seine Tätigkeit mit seinem Leben besiegelte, war Alfons Lambe, ebenfalls aus Irland, der im Alter von 20 Jahren nach Südamerika ging. Er bereiste nacheinander Kolumbien, Ekuador, Peru, Brasilien, Argentinien, Bolivien, Paraguay und Uruguay, überwand dort gewaltige Widerstände gegen die Einführung der Legion und wußte überall Begeisterung für diese Bewegung zu erwecken. Ein argentinischer Bischof erklärte: «Wenn die Legion Mariens nichts anderes getan hätte, als einen solchen Menschen zu formen, dann wäre dies allein schon ein Zeichen, daß sie von Gott gesegnet ist.» Alfons Lambe starb 1959 mit nur sechsundzwanzig Jahren; sein Grab in Buenos Aires ist heute schon das Ziel vieler Pilgerfahrten[466].

Auffallend sind auch die Erfolge in den Missionen überhaupt. Zu den bereits genannten Ländern wären noch besonders hervorzuheben: Die Erfolge in China, Japan, Indien, Neuguinea und Neubritannien.

Bezeichnend ist das Zeugnis des China-Missionars P. Leo Robert SVD. Er schreibt: «Im Mai 1949 erhob sich in Peking wie von unsichtbarer Hand getragen die Bewegung der Legio Mariae. Eigenartig; wir besaßen weder ein Handbuch, noch kannten wir genau die Regel der Legio, noch hatten wir Anschluß an die Gesamtorganisation, was bei jeder Gründung eigentlich erforderlich ist. Aber eines hatten unsere Legionäre von Anfang an: Den rechten Geist. Sie stellten sich bedingungslos unter das Banner Mariens zu ernster Arbeit an sich selber und an den Seelen anderer. Selbstheiligung und die Heiligung anderer wurde die Losung, die später bis in die Gerichtssäle und in die Protokolle hinein erklangen[467].»

Staunenswert ist auch ein Bericht aus Neuguinea: Zu Beginn des marianischen Jahres verlangte Bischof Nother wiederholt und dringend die Einführung des täglichen Rosenkranzgebetes und der Legion Mariens. Der Versuch wurde unternommen, die Legio gegründet. Legionäre ziehen aus in die armseligsten Behausungen. In elenden Hütten wohnten in den einen die Männer, in den anderen die Frauen und Kinder zusammen. Ein Legionär besuchte fünf Männerhäuser, erklärte den Zweck des Rosenkranzes, kniete nieder und begann ihn laut zu beten. Zunächst versuchten einige zu murmeln und zu spotten. Aber schließlich war alles ruhig und einer nach dem andern fiel in die Antworten mit ein, die Heiden ebenso wie die Katholiken. Und der Schluß! Die Leute brachten alle Zaubermittel zum Verbrennen. Ein bekannter Häuptling sagte dabei: «Hier liegt all das, was wir für wertvoll hielten, solange der Teufel unser Herr war; Tränen rinnen über meine Wangen, während ich diese Gegenstände verbrenne. Aber Gott ist unser Vater. Ihm gehören wir an und deshalb verbrennen wir alles, was dem Teufel gehört[468].» Hier sieht man wieder deutlich, wovon der Erfolg abhängt: Vom Glauben und der Gnade, welche durch Gebet und Opfer erfleht und von der Schatzmeisterin aller Gnaden im reichsten Maß geschenkt wird.

Die Feuertaufe bestand die Legion Mariens aber besonders bei den Verfolgungen in den verschiedenen Ländern.

Als die Kommunisten China überrannten, bestanden dort mehr als tausend Präsidien der Legion Mariens. Die Kommunisten dachten, wenn es ihnen gelänge, sich die Legion willfährig zu machen, würden sie in ihr ein ideales Werkzeug für das Unternehmen finden, das im kommunistischen System stets den ersten Schritt darstellt: Die Schaffung einer von Rom getrennten «Nationalkirche». Ihre Erwartungen wurden jedoch schmählich enttäuscht. Sie fanden nicht nur keine Hilfe in der Legion; wo immer sie bestand, scheiterte der Versuch einer schismatischen Kirchengründung restlos, denn die Legionäre gingen von Haus zu Haus und klärten die Katholiken über die wahren Absichten der neuen Machthaber auf.

Nun richtete sich die ganze Wut der roten Politiker gegen die Legion Mariens. Sie wurde zum «öffentlichen Feind Nr. 1» erklärt. Täglich brachten die Zeitungen wilde Angriffe gegen diese «reaktionäre Geheimorganisation des Vatikans», gegen diesen «imperialistischen Spionagering» und was man noch für schöne Namen für das Heer der Gottesmutter fand. Spruchbänder mit derartigen Schlagworten hingen quer über die Hauptstraßen der großen Städte.

Zu Hunderten, ja zu Tausenden wanderten die Legionäre ins Gefängnis[469]. Von 6000 Legionären kennen wir die Geschichte ihres Martyriums; lauter Studenten, Studentinnen der obersten Klassen der Gymnasien und Universitäten und Jugendliche, die gerade ins praktische Leben hinausgekommen wären. Sie sind alle hingerichtet, ermordet worden[470].

Obwohl sehr viele Legionäre zu den Neugetauften gehörten und ihre oft noch heidnischen Eltern und Verwandten sie anflehten, doch «Vernunft walten zu lassen», blieben sie treu; dabei ist es sicher schwerer, dem Flehen einer Mutter zu widerstehen, als der Drohung des Henkers[471].

Nun kam es in dieser Zeit auch vor, daß jemand abfiel. In Shanghai passierte es; dort war eine Legionärin abgefallen. Die anderen waren unglücklich darüber. Wie jene nun wiedergewinnen? Es mußte ja damit gerechnet werden, daß unsere Wiedergewinnungsbemühungen als Revolution und schlimmstes Verbrechen gewertet würden. Schließlich erklärten sich zwei Legionärinnen bereit, zu der Abgefallenen zu gehen. Die Abgefallene kehrte zurück, die Legionärin aber, die sie zurückgewann, wurde hingerichtet[472].

Da war ein junger Arzt in Shanghai. Er hatte Frau und fünf kleine Kinder. Er war führend tätig in der Legion Mariens und dachte nicht daran, diese Tätigkeit aufzugeben, obwohl menschliche Klugheit ihm geraten hätte, sich für seine Familie zu erhalten. Auf die Frage eines Priesters, wie er sich im Gedanken an vielleicht bevorstehende Schwierigkeiten fühle, erwiderte er: «Ich bin bereit.»

«Und Ihre Frau und die Kinder?»

«Meine Frau ist prächtig. Sie sagte mir, ich solle tun, was ich Gott und seiner heiligsten Mutter schuldig bin, und mir ihretwegen keine Sorgen machen; sie werde sich schon um die Kinder kümmern.»

Dieser Arzt erhielt später acht Jahre Gefängnis[473].

Erstaunlich ist die Geschichte der Johanna Hsiao. Dieses heldenhafte Mädchen hatte gerade an der Universität von Peking ihren Doktor gemacht. Wichtiger aber als ihre berufliche Laufbahn schien ihr die Vorbereitung der Katholiken auf die kommende priesterlose Zeit. Ein Zivilist konnte nicht unbehelligt reisen; so zog Johanna eine kommunistische Uniform an, hing sich eine Medaille mit den Bildern von Marx und Lenin um und begab sich auf die Wanderschaft. Bis in den hohen Norden ihres Landes, bis in die Mandschurei kam sie. Die Priester, die sie aufsuchte, erschraken stets vor ihrer Uniform; aber sie wußte sie zu beruhigen. Sie sollten eine Gruppe der Legion Mariens gründen, damit die Missionsarbeit weiterging, falls der Priester ausgewiesen oder verhaftet wurde.

Man hörte in Irland von ihrer Arbeit und lud sie ein, nach Dublin zu kommen, um sich dort zur Legionsgesandtin ausbilden zu lassen. «Nein, ich werde in China gebraucht», war die Antwort. An die 360 Präsidien gründete sie, ehe sie verhaftet und zu zwölf Jahren Gefängnis verurteilt wurde.

Es war eine Forderung der Wahrheit und der Pflicht gegenüber diesen mutigen Bekennern sowie der Herrin und Königin der Legion, diese Beispiele zu bringen. Die heroische Haltung dieser Helden war nicht die Frucht einer Wissenschaft, die mit ihrer modernen Einstellung soviel echtes Glaubensgut und wahre Frömmigkeit zerschlägt. Sie war auch nicht die Frucht jener modernen Bestrebungen, welche die alten Erziehungsmethoden und gediegene Aszese einer Nachfolge Christi des Thomas von Kempen lächerlich machen und die Freuden der Welt bejahen. All diese Tendenzen leisten nicht Gott und den Seelen, sondern dem Teufel gute Dienste und sind Wegbereiter des Kommunismus. Man schaue doch nach China! Das ist eine ganz andere Haltung wie jene, welche bei uns jetzt vielfach als Ideal hingestellt wird: Die Freuden der Welt zu bejahen und darauf hinzuarbeiten, daß auch die Ordensleute möglichst viel davon mitbekommen. Wer sich aber in diese Richtung schieben läßt, wird nicht mehr die Kraft zu den Opfern aufbringen, welche die Legionäre Mariens in China so heroisch gebracht haben und bringen. Es kann aber auch bei uns noch die Zeit kommen, in der Satan uns wie den Weizen sieben darf. Was ist dann?

Man schaue nach China? Was haben die Kommunisten angestrebt? Eine von Rom getrennte Nationalkirche, eine schismatische Kirchengründung. 6000 Legionäre und noch viel mehr haben lieber ihr Leben geopfert, als den Judasdienst dafür zu leisten. Wieviel Tränen und Leid hat diese Treue zu Rom gekostet! Wieviel Märtyrerblut ist dafür geflossen!

Uns zwingt niemand, von Rom abzurücken und mit Rom zu brechen. Bei uns liebäugeln aber manche mit einer immer größeren Unabhängigkeit vom obersten Hirten der Kirche. Man drängt in einen Kurs, der den getrennten Brüdern das Hereinkommen leichter machen soll, denkt jedoch nicht daran, daß er in Wirklichkeit von der Einheit der Kirche immer weiter wegführt, die *eine* Kirche in Kirchen und Kirchlein aufteilt und zum Schluß zu einem losen Kirchenbund mit gleichem Stimmrecht degradiert. Der Primat steht dann nur noch auf dem Papier wie heute schon so manche Worte Jesu in den Evangelien und Sätze im Antimodernisteneid.

Diese Aufführungen werden sehr wahrscheinlich von vielen mit den

Worten empört zurückgewiesen werden: Das ist Übertreibung. Nicht im entferntesten komme so etwas in Frage. Sie übersehen aber, Satan liefert immer neues Material dafür, deckt jedoch nie seine letzten Ziele auf. Er weiß sehr wohl, mit welchen Schlagworten und Gründen er uns immer näherkommt, bis er schließlich erreicht hat, was er will. Darum Augen auf, bevor es zu spät ist! Lernen wir von den Blutzeugen der Legion Mariens in China und beherzigen wir ihr Beispiel!

Nur kindlicher Glaube und Gehorsam, Gebet und Opfergeist haben zu solch heroischen Leistungen befähigt, noch mehr aber das Gerufen-, Geführt- und Gestärktsein von jener, die als erste und aufs Vollkommenste ihrem göttlichen Sohn auf dem Kreuzweg gefolgt, in seinen bittersten Stunden bei ihm ausgeharrt und darüber hinaus noch selbst dann im Glauben an die Liebe des ewigen Vaters nicht gewankt hat, als ihr göttlicher Sohn ausgelitten und sie in ihrem tiefsten Schmerz allein zurückblieb.

Die Leistung der Legio Mariae, der Bekennermut und Opfergeist der Legion in allen Ländern, wo die Kirche verfolgt wird, sind der Beweis und die Bedeutung Mariens auch in den Nöten der heutigen Zeit. Das Geheimnis der Legion Mariens aber ist der Geist Mariens, gediegene Frömmigkeit und Gehorsam, ihre Liebe zur himmlischen Mutter und zum Rosenkranz sowie deren mächtigen Schutz, deren treue Sorge und nie versagende Hilfe.

Der Weg und die Erfolge der Legion Mariens zeigen uns auch den Weg aus der Krisis heraus, in der Kirche und Welt sich heute befinden; er heißt Maria, und einer der besten, wenn nicht der beste Führer zu ihr ist der hl. Grignion von Montfort und seine vollkommene Andacht zu Maria.

Will man nun angesichts dieser Tatsachen immer noch bei der Verehrung dieser besten Mutter abseits stehen oder sie gar bekämpfen? Will man noch behaupten, daß sie ein Hindernis zur Einheit mit den getrennten Brüdern bildet? Sie ist es ganz bestimmt nicht; aber diese kommen deshalb nicht zu uns, weil viele der Unsrigen noch zu feige sind, diese ihre beste Mutter ihnen in ihrer Schönheit und Liebe zu zeigen. Gerade auch in der Lösung der ökumenischen Frage heißt das Geheimnis und ist die Bürgschaft für den guten Ausgang: Maria.

Die Stellung der Allerheiligsten Dreifaltigkeit zur allerseligsten Jungfrau Maria

Am überzeugendsten dürften aber wohl die Stellung des Ewigen Vaters zu seiner Tochter, des göttlichen Sohnes zu seiner heiligsten Mutter, des Heiligen Geistes zu seiner treuesten Braut, ihre Größe, ihre Aufgabe und ihre Bedeutung für die Kirche und auch jeden Menschen erweisen. Um falsche Auffassungen und Einwände von vornherein auszuschalten wird ausdrücklich erklärt:

Maria ist keine selbständige Größe

Sie war es nie, wird es nie sein und vor allem, sie will es selbst nicht sein. Sie bleibt immer in engster Abhängigkeit vom Dreieinigen Gott und findet nur darin ihr ganzes Glück.

Auch Maria ist nichts anderes als ein Geschöpf Gottes. Auch sie wurde von ihm aus dem Nichts ins Dasein gerufen und vergißt diese Tatsache nie. Aufgrund der vorausgenommenen Verdienste ihres göttlichen Sohnes durfte sie als Unbefleckt Empfangene ins Dasein treten. Sie weiß diesen Vorzug zu schätzen und mit noch größerer Überzeugung als der Völkerapostel immer wieder zu bekennen: «Nur durch die Gnade Gottes bin ich, was ich bin[475]!» Auch sie ist nur ein Werkzeug in der Hand des Heiligen Geistes; nur weil er sie überschattete, konnte sie Mutter des Herrn werden. Sie bleibt sich dessen immer bewußt und sieht darin immer wieder nichts anderes, als eine Quelle der steten Dankbarkeit gegenüber Gott und der reinsten Freude für sich und ihre Kinder.

Immer schon war diese Wahrheit über Maria eindeutige Lehre der katholischen Kirche. Keinem Gläubigen fällt es ein, Maria anders als in vollster Abhängigkeit von Gott zu sehen sowohl bezüglich ihrer Würde wie ihres Wirkens. Gerade die größten und glühendsten Marienverehrer haben das immer wieder betont. Es gehört darum schon ein großer Grad von Unwissenheit dazu, oder es liegt eine bestimmte Absicht vor, wenn immer wieder gesagt wird: Die Katholiken beten die Muttergottes an. Einem Marienkind fällt das nie ein. Es ehrt nur seine Mutter, nimmt zu ihr seine Zuflucht und fleht sie um Hilfe an. Denn es weiß und hat sich immer erwiesen, wieviel Maria bei ihrem göttlichen Sohn vermag.

Wenn nun die allerseligste Jungfrau auch nur ein Geschöpf und aus sich nichts ist, so hat doch keiner das Recht, ihr entgegenzurufen: Du bist auch nicht mehr als wir sind. Diese Behauptung stimmt nicht. Es ist ein gewaltiger Unterschied zwischen ihr und uns. Sie durfte als Immaculata in die Welt treten, frei von jeder Makel der Erbsünde. Keinem einzigen von uns war das vergönnt. Sie ist ohne Hauch einer persönlichen Schuld über die Erde gegangen. Wo ist jemand, von dem dies auch gilt? Sie ist die Mutter Gottes, etwas Einmaliges und Einzigartiges, und was bist du? Sie ist Königin des Himmels und der Erde; du aber weißt nicht, ob du überhaupt in den Himmel kommst, besonders, wenn du stolz und anmaßend bist, die Mutter des Herrn von ihrer Höhe herunterziehst oder dich an ihre Seite hinaufschwingen willst. Merke dir: «Der Pharisäer ging nicht gerechtfertigt nach Hause[476].»

Obwohl nun die allerseligste Jungfrau so erhaben ist und so groß vor uns und so hoch über uns steht, so ist doch gerade sie es, die diesen Abstand überbrückt. Als Mutter neigt sie sich zum kleinsten und ärmsten Kind herab; keines ist ihr, wenn man so sagen darf, zu wenig schön, zu unbeholfen, zu armselig. Jedes nimmt sie auf ihren Arm und drückt es an ihr Mutterherz. Sie ist mehr Mutter als Königin, versichert Theresia vom Kinde Jesu immer wieder aus eigenem Erleben heraus. Je kleiner, je mehr Kind wir darum vor ihr sind, desto mehr liebt sie uns, desto mehr kann sie uns schenken und desto eher zu der von Gott für uns bestimmten Vollendung führen.

Die Antwort des ewigen Vaters auf ihr Jawort zur Übernahme der Mutterschaft seines göttlichen Sohnes

Jedes Geschöpf ist dazu da, Gott zu dienen und dadurch selig zu werden. Der Hauptdienst Mariens war ihre Aufgabe, Mutter des Erlösers zu sein. Diesen hat sie am besten und unter größten Opfern erfüllt.

Wir sehen darin meist nur die schönen Seiten dieser Aufgabe, nicht all das Schwere und Harte, das mit dieser Würde verbunden war, die Armut des Stalles zu Bethlehem und das Kreuz von Golgotha. Man braucht bloß an die Worte denken: «O ihr alle, die ihr vorübergeht, sehet, ob ein Schmerz ist gleich meinem Schmerz[477]!» Die schmerzensreichen Geheimnisse ihres Lebens überwiegen bei weitem die freudenreichen; die glorreichen kamen erst am Schluß, als das härteste vorüber war.

Wie schwer das Leben Mariens war, sagt zur Genüge die Prophezeiung des Greises Simon: «Dieser ist bestimmt zum Fall und zur Auferstehung vieler in Israel und zum Zeichen des Widerspruchs, und auch deine Seele wird ein Schwert durchdringen[478]!»

Hier ist die Situation anders als beim Wiederfinden des verlorenen Jesusknaben. Dort fügt der Evangelist bei: «Sie verstanden nicht, was er ihnen damit sagen wollte[479].» Hier fügt er diese Bemerkung nicht an. Hier verstand Maria sehr wohl, was diese Worte bedeuteten. Sie kannte ja das erschütternde Bild, welches der Prophet Isaias vom Erlöser als vom Mann der Schmerzen gezeichnet hatte[480]. Nun bekommt sie es noch eigens bestätigt. Es ist so! Dieses Los erwartet dein Kind und dich. Viel klarer und ergreifender als in unseren Kirchen stand darum das Bild des Gekreuzigten und das ihre als Schmerzensmutter immer vor ihren Augen. Keine Stunde kam es ihr aus dem Bewußtsein. Wie schwer dieses Wissen aber ihr Leben machte, kann sich niemand vorstellen.

Um dies ging es nun beim Jawort, welches der Engel am Tag der Verkündigung von ihr einholte, bei der Frage, ob sie auch das Harte und Bittere dieser Würde auf sich zu nehmen bereit sei. Und damit mußte sie zuerst in seiner ganzen Furchtbarkeit und auf lange Zeit rechnen, bevor das andere, der Lohn, dafür kam.

Der Evangelist meldet zwar aus der Botschaft des Engels nur: Er wird der Sohn des Allerhöchsten genannt werden, und spricht von dessen ewiger Herrschaft[481]. Das sagt aber nicht, daß das andere verschwiegen wurde. Die allerseligste Jungfrau mußte klar um die Tragweite ihres Entschlusses wissen. Es durfte ihr nicht verborgen sein, was sie als Mutter des Erlösers alles erwartete und es war ihr auch nicht verborgen. Gott überrumpelt seine Geschöpfe nie und erst recht nicht seine großen Lieblinge in einer so ernsten Sache. Anders hätte ja das Einholen ihres Jawortes durch den Engel keinen Sinn. Dies ist im Auge zu behalten, damit ihr Anteil am Erlösungswerk nicht so leicht herabgesetzt werde. Der ewige Vater hat die Menschwerdung seines eingeborenen Sohnes und damit die Erlösung von der Zustimmung der demütigen Jungfrau und deren Bereitschaft zu allem, was er dabei von ihr forderte, abhängig gemacht. Daß sie mit ganzer Seele ihr «Siehe, ich bin eine Magd des Herrn[482]» sprach und dies Wort in einem opferreichen Leben restlos einlöste, ist ihre große Leistung und ihr Verdienst.

Ihr Jawort wird nur immer zu selbstverständlich genommen und damit ihr Verdienst geschmälert. Andere Geschöpfe, von denen Gott keine so großen Opfer forderte, haben ihm statt eines Ja ein Nein entgegengeschleudert, wie Luzifer, sein erster Liebling in der Schöpfung: «Ich will nicht dienen[483]!» Ebenso seine ersten Kinder unter den Menschen, Adam und Eva, durch ihren Ungehorsam gegenüber seinem klaren Paradiesgebot[484].

Luzifer und die ersten Menschen hätten leicht ihr Ja sagen können. Was von ihnen gefordert wurde, stand in keinem Vergleich zu dem, was die allerseligste Jungfrau auf sich nehmen mußte: Nicht bloß Mutter Gottes, sondern Schmerzensmutter zu werden. Um so größer ist ihr Ja zu bewerten, um so eindringlicher ist ihr Vorbild für uns, aber ebenso, weil es ja auch um unser zeitliches und ewiges Wohl und Wehe ging, die Pflicht der Dankbarkeit ihr gegenüber.

Das Größte aber liegt darin: Ihr ganzes Leben liefert den Beweis, wie ehrlich ihr dieses Ja bei der Verkündigung war. Auch in den schwersten Stunden steht sie treu zu dem, was sie damals gesagt hat: «Siehe, ich bin eine Magd des Herrn, mir geschehe nach deinem Worte[485].» Sie hält unerschütterlich, was sie gelobt hatte. Wir sehen: Maria stand unter dem Kreuz[486]; sie ist vor ihm nicht geflohen. Sie weicht nicht einen Zoll breit ihm aus; sie wankt nicht, als es ihr auch noch so schwer wurde. Sie klagt nicht: «Ich kann es nicht mehr mit ansehen, was mein göttlicher Sohn leidet», wie einst Hagar bei der Not ihres Kindes[487]; sie harrt beim sterbenden Erlöser aus und bleibt stark im Glauben an den Vater und in der Ergebung in seinen heiligsten Willen, selbst bei den unfaßbaren Worten ihres göttlichen Sohnes: «Mein Gott, mein Gott, warum hast du mich verlassen[488]!» Sie erfüllt die Erwartung des ewigen Vaters und sie gelobt: Ich bin eine Magd des Herrn!

Sollte der ewige Vater das vergessen, was sie hier für ihn und die ganze Menschheit auf sich genommen hat? Wenn ja, dann gäbe es überhaupt keine Treue mehr in der sichtbaren und unsichtbaren Welt. Aber es gibt sie; Gott selbst ist diese Treue. Darum hat der ewige Vater seine einzigartige Tochter für ihre Treue und ihr Opfer göttlich belohnt und sie zur Königin des Himmels und der Erde erhoben. Darum will er auch, daß sich alle vor ihr beugen und ihr huldigen, die im Himmel, auf Erden und unter der Erde wohnen.

Herodes war wegen des Tanzes einer leichtfertigen Tänzerin bereit, ihr sein halbes Königreich zu geben[489]. Soll dann der ewige Vater diese treueste Tochter nicht zur Herrscherin über sein ganzes Reich machen? Dabei liegt es ganz in der schon längst von ihm eingeschlagenen Richtung. Vom Sohne Gottes meldet das Evangelium: «Er zog mit hinauf nach Nazareth und ward ihnen untertan[490]!» Der Herr des Himmels und der Erde unterwirft sich dreißig Jahre lang den Befehlen seiner heiligsten Mutter. Er gehorcht länger als die meisten Söhne und Töchter ihren Eltern. Dann ist es doch nur in Ordnung, daß auch jedes Geschöpf sich ihr unterwirft und sie als Königin anerkennt. Nach der Lehre der Väter war das ja schon am Morgen der Schöpfung von Gott so beschlossen. Sie sagen: Die Prüfung der Engel bestand in der Bereitschaft zur Anbetung des Ewigen Wortes auch in Menschengestalt und zur Anerkennung seiner heiligsten Mutter als Herrin und Königin.

Gott wäre unkonsequent und in der Erfüllung seiner Pläne würde etwas fehlen, wenn er Maria nicht zur Königin des Himmels und der Erde erhoben hätte. Gerade aus der Weigerung Luzifers und seines Anhangs ergibt sich zwangsläufig, daß er und die Seinen nun erst recht die Mutter Gottes als ihre Herrin anerkennen müssen, und nicht nur ihr Sohn, sondern auch sie die Schlangenzertreterin ist. Selbstverständlich bedeutet ihr Königtum nie einen Gegensatz zum Königtum Jesu Christi und ihre Regierung nie eine Gegen- oder Nebenregierung. Hier herrscht immer die vollste Einheit und schönste Harmonie. Diese Königin benützt ihre königliche Macht einzig dazu, durch alle ihre Entscheidungen und die Führung der Ihren den Vater, den Sohn und den Heiligen Geist nur noch mehr zu verherrlichen.

Die Antwort ihres göttlichen Sohnes auf ihre einzigartigen Mutterdienste und Mutterliebe

Vollkommen klar ist auch, wie der Sohn seine heiligste Mutter sieht. Freilich verdankt sie ihm ihr Leben und ihre Unbefleckte Empfängnis; aber umgekehrt verdankt auch er ihr sein irdisches Leben. Sie ist wirklich seine Mutter und was für eine Mutter! Sie hat alles für ihn getan; nicht ein einziges Mal hat sie ihm einen Wunsch verweigert, nicht einmal ihn enttäuscht; Christus hat wirklich die selbstloseste Mutter sein Eigen nennen können. Ihre Liebe hat ihn den Undank der Menschen vergessen lassen. Was sie ihm an den Augen absah, hat sie ihm getan. Nie war sie ihm in seiner schweren Erlöseraufgabe im Weg gestanden, auch nicht, als dieser über ihr eigenes Herz führte und ein Schwert des Schmerzes dieses durchbohrte. Sie war wirklich die beste Mutter und seine treueste Gefährtin auch in seinen schwersten Stunden. Sie hat ihm durch keine Klage das Sterben noch schwerer gemacht, sondern ist ihm Trost durch ihre Stärke und ihr Einssein mit dem Willen des Vaters gewesen. Wie könnte darum ein Sohn eine solche Mutter vergessen? Den Beweis liefert er selbst; in den bittersten Stunden am Kreuz denkt er an seine Mutter: «Siehe da dein Sohn, siehe da deine Mutter[491]!» Er sorgt für sie; noch mehr: Er beschenkt sie. Ihn hat sie geopfert; nur er weiß, welches Opfer das war. Jetzt soll sie dafür göttlich entschädigt werden, Mutter aller derer, für die er stirbt, soll sie werden.

Bevor das aber noch weiter ausgeführt wird, ist es wohl nötig, zuerst noch auf den Anteil Mariens an der Erlösung hinzuweisen und zu fragen: Konnte Gottes Gerechtigkeit und Liebe unbeachtet lassen, daß der Opferpriester und die Opfergabe von Kalvaria der Sohn Mariens war? Wie es ohne sie keine Menschwerdung gäbe, so gäbe es auch ohne sie keinen Opferpriester und keine Opfergabe dieses einzigartigen Opfers, damit aber auch keine Erlösungstat. Selbstverständlich bleibt dabei die Tatsache völlig unberührt, daß Christus allein der Erlöser aller Geschöpfe, auch seiner heiligsten Mutter ist. Sie ist aber inniger als jeder Engel und Mensch mit dem Erlösungswerk verbunden.

Arme Sünder nimmt Christus im Priestertum in sein Heilsgeschehen mit hinein. Auch sie dürfen und sollen als Opferpriester und Opfergabe am Altare und damit in einzigartiger Beziehung zu seinem Erlösungswerk stehen. Da ist es wohl nicht schwer einzusehen, daß Maria an der Seite ihres göttlichen Sohnes erst recht eine bevorzugte Stellung eingeräumt wurde und sie den Titel «Miterlöserin» verdient. Dies gilt nicht in dem Sinn einer gleichmäßig auf Gott und die Mutter verteilten Leistung. Ihre Stellung gleicht mehr der Stellung und Aufgabe des Diakons, dem nur die Assistenz beim heiligen Dienst obliegt. Doch übertrifft Maria wiederum dessen Anteil beim heiligen Opfer, weil sie durch Gottes Willen und durch Gottes Entschluß die Menschennatur dieses einzigartigen Opferpriesters und dieser Opfergabe zu diesem einzigartigen Opfer liefern durfte. Auch hat sie wie sonst niemand jede Phase seines Leidens und Sterbens mitgetragen und mitgelitten. Wir dürfen darum schlicht und einfach beten: «Du, o Jesus, bist allein der Opferpriester und die Opfergabe und in und mit dir ist auch deine heiligste Mutter die würdigste Opferpriesterin und die würdigste Opfergabe. Wir Priester und alle Gläubigen aber sind in unserem Dienst beim heiligen Opfer recht unwürdige und armselige Werkzeuge, die es nicht wert sind, das sein zu dürfen.»

Eindeutig steht fest: Der Karfreitag hat uns die Erlösung und auch die Mutter gebracht. In ihrer Eigenschaft als Gottesmutter hat sich die allerseligste Jungfrau Maria als die beste und treueste Mutter erwiesen. Nur zu leicht erfüllt deshalb unser Herz der stille Wunsch: O möchte sie doch auch mir Mutter sein! Was sich nun keiner im Ernst zu wünschen getrauen würde, ist wahr. Die Mutter Gottes ist wirklich auch meine Mutter und sie liebt mich, wie nur die beste und treueste Mutter lieben kann.

Das beweist uns folgende Tatsache: Vom ewigen Vater wissen wir: «So sehr hat Gott die Welt geliebt, daß er seinen eingeborenen Sohn dahingab, damit jeder, der an ihn glaubt, nicht verloren gehe, sondern das ewige Leben habe[492].» Nun war der Sohn, den der Vater hingegeben hat, durch seine heiligste Menschheit auch der wahre Sohn Mariens, und wir dürfen nicht übersehen, auch sie hat ihn freiwillig und aus Liebe zu uns hingegeben. Also darf auch von ihr gesagt werden: So sehr hat sie die Welt und mich geliebt, daß sie ihren eingeborenen Sohn dahingab ...

Daraus kann jeder ersehen, wie groß die Liebe Mariens zu ihm ist und wie weit wir in der Liebe zu ihr noch zurückstehen. Nie wird jemand ihre Liebe mit gleicher Liebe vergelten können. Jeder bleibt ewig ihr Schuldner. Aber was wir zu ihrer Ehre tun können, sollen wir tun und nichts unterlassen, womit wir ihr Freude bereiten können. Wir wollen uns immer von ihr helfen und formen lassen. Sie tut es ja nicht nach ihren eigenen Wünschen, sondern nach den Plänen Gottes, nicht für sich, sondern für ihren göttlichen Sohn und die Heiligste Dreifaltigkeit.

Maria will uns nie für sich allein besitzen; sie hat uns viel zu lieb, als daß sie unser letztes Ziel sein möchte. Niemand weiß so wie sie, daß das nur Gott sein kann. Sie hat erst recht ihren göttlichen Sohn viel zu lieb, als daß sie ihm etwas vorenthalten möchte, was ihm gehört. Sie weiß, er ist unser einziger Erlöser und was ihn jede Seele gekostet hat. Darum gibt es für sie keine größere Freude, als ihm die Früchte seiner Erlösung, seine und ihre Kinder zuzuführen.

Diese sind freilich seiner oft sehr wenig würdig und ihre Werke oft sehr wenig wert. Darum ist sie so glücklich, wenn sie beides, die Kinder und ihre Werke, reinigen und ihres Sohnes würdig herrichten kann. Es ist ihr aber nicht möglich, wenn der Mensch sie ausschaltet oder sich ihr nicht überläßt. Doch ist ihr alles möglich, wenn das Kind sich demütig und vertrauensvoll der Mutter ganz überläßt. In diesem Fall kann sie alles erreichen und auch noch den größten Sünder so formen wie Gott ihn haben will. Darin liegt auch der letzte Sinn der Weihe an ihr unbeflecktes Herz.

Die Antwort des Heiligen Geistes auf ihre vollkommene Hingabe an ihn bei der Menschwerdung des Ewigen Wortes und seine Gnadenführung

Nun bleibt noch die Behandlung der Stellung Mariens zur dritten göttlichen Person, dem Heiligen Geist. Er hat das größte Werk der Weltgeschichte, die Menschwerdung des Ewigen Wortes durch Maria vollzogen. Das ist eine Tatsache, die nicht abgeleugnet werden kann. Im Zentrum des Glaubensbekenntnisses steht: « . . . Jesus Christus, seinen eingeborenen Sohn, unsern Herrn, der empfangen ist vom Heiligen Geist, geboren aus Maria der Jungfrau . . .» Für den Heiligen Geist war Maria Werkzeug zur Durchführung der Menschwerdung des Ewigen Wortes. Er hätte dies freilich auch ohne sie vollziehen können, aber er hat es nicht getan. Es ist immer falsch, mit all dem zu kommen, was Gott hätte anders machen können. Was er getan hat, ist entscheidend. Auf Tatsachen kommt es an und die Tatsache steht fest: « . . . geboren aus Maria der Jungfrau», und zwar durch den Heiligen Geist[493], so daß sich auch dadurch wieder eine einzigartige Beziehung ergab.

Mariens Aufgabe Gott und besonders auch dem Heiligen Geist gegenüber war mit dem Jawort bei der Verkündigungsszene nicht abgeschlossen, vielmehr setzt von der Stunde an die Arbeit des Heiligen Geistes, dem vor allem die Heiligung der Seelen obliegt, erst recht noch mehr ein; denn jetzt beginnt erst ihre große Aufgabe, Mutter des Erlösers zu werden und diese Aufgabe bis in die letzte Vollkommenheit hinein zu erfüllen. Wieviel Widerstand und wieviel Enttäuschung mußte der Heilige Geist im Laufe der Zeit fast an jeder Seele, auch an uns erleben. Über sie aber konnte er sich wirklich immer freuen. Man kann sagen: Sie hat seine Erwartungen übertroffen, sie war ihm gegenüber von einer einzigartigen Treue.

Nun ergibt sich die Frage: Sollte sich der Heilige Geist von einem Geschöpf an Treue übertreffen lassen? Das ist unmöglich. Man braucht nur ins Auge zu fassen: Er hat das größte Werk der Weltgeschichte durch Maria vollzogen. Sie hat sich wie niemand dabei bewährt. Darum bedient er sich ihrer immer wieder als seines besten

Werkzeuges. Sein Dank, könnte man sagen, ist, daß er Maria zur Mittlerin aller Gnaden und zur Pforte des Himmels machte.

Mittlerin aller Gnaden! Nicht in dem Sinne, daß man Maria die Gnade verdanke. Letzter Ursprung der Gnade ist immer Gott, das grenzenlose Erbarmen des Vaters und das Opfer seines Sohnes auf Kalvaria. Aber Mittlerin der Gnade ist Maria. Sie war es schon bei der Hochzeit zu Kanaan durch die Bitte: «Sie haben keinen Wein mehr[494].» Hier zeigt sich auch ihre eigentliche Haltung, ihre vollste Abhängigkeit und ihre ganze Übereinstimmung mit ihrem göttlichen Sohn: «Was er euch sagt, das tut[495].»

In welchem Ausmaß setzt nun Gott Priester und Laien als Mittler von Gnaden ein. Wieviel Gnade wird durch Gebet und Opfer von ihnen vermittelt! Dem widerspricht niemand, aber der Gnadenvermittlung der reinsten, heiligsten und gnadenvollsten Jungfrau gegenüber und dem ihr zugedachten Titel Mittlerin aller Gnaden meldet man Bedenken an. Als Gefäß für den Urheber aller Gnaden hat Gott sie erwählt und benützt. Liegt es darum nicht wieder in der gleichen Richtung, daß sie ihm auch als Gefäß für alle weiteren Gnaden dient? Ist es nicht ein Widerspruch? Den Geber aller Gaben durfte sie uns schenken, aber alles andere, was geringer ist, die sonstigen Gnaden nicht mehr. Sündige Menschen dürfen Gefäße und Kanäle der Gnade für andere sein. Die reinste und selbstloseste Mutter, das beste Gefäß und der Kanal, in dem nie der Fluß der Gnade gehemmt wird, soll nicht Mittlerin aller Gnaden sein?

Man hört so oft den abgedroschenen Satz: Es darf niemand zwischen Gott und der Seele stehen. O wäre das doch wahr! Wieviel Geschöpfe stehen zwischen Gott und der Seele, angefangen vom schnöden Mammon bis zu Herodias, die den Herodes zum Mörder machte. Warum ruft man da nicht lauter: Es darf niemand zwischen Gott und der Seele stehen. Die Mutter Gottes steht nie zwischen Gott und der Seele. Sie führt diese ja zu Gott und drängt direkt dazu, daß sie sich mehr an Gott halte und sich inniger mit ihm verbinde. Wenn das aber falsch ist, dann handelt auch jeder falsch, der andere zu Gott zu führen sich bemüht. Dann steht auch die irdische Mutter zwischen Gott und ihrem Kind, wenn sie es beten lehrt; dann ebenso der Religionslehrer in der Schule, der Prediger auf der Kanzel, ja jeder, der in ganz gleich welcher Kirche oder Sekte den andern religiös zu beeinflussen sucht. Man höre doch endlich einmal auf, die Dinge immer zu verdrehen.

Selbstverständlich darf die Gnadenmittlerschaft Mariens nicht zu eng genommen werden und nicht in den Sinn, man dürfe nur mehr zu ihr gehen, wenn man etwas brauche, nicht mehr zum Vater, zum Sohn, zum Heiligen Geist, oder sonst einem Heiligen. Die Mittlerin aller Gnaden sagt lediglich, wie der hl. Bernhard ausführt und Papst Pius XI. in seiner Rosenkranz-Enzyklika 1938 zitiert: «Gott will, daß den Menschen keine Gnade zuteil wird, die nicht durch die Hände Mariens geht[496].»

Deshalb braucht nun aber keiner, der keinen besonderen Zug zu Maria hat, Angst haben, er ginge bei der Gnadenausteilung leer aus. Die Mutter ist ja die freigebigste Herrin für jeden und hat für jeden eine offene Hand und ein offenes Herz. Wäre der Gnadenschatz der Kirche nicht unerschöpflich, dann wäre durch ihr grenzenloses Erbarmen und ihre unerschöpfliche Freigebigkeit die Schatzkammer aller Gnaden längst geleert. Aber dieser Reichtum nimmt nie ein Ende. Selbstverständlich kann, ohne daß ein anderer benachteiligt wird, ein echtes Marienkind die Freigebigkeit der himmlischen Mutter immer wieder in einem ganz besonders großen Ausmaß erfahren, mehr als ein anderer, der sie nicht so liebt. Das verlangt ja schon die Gerechtigkeit Gottes selbst.

Auch Pforte des Himmels wird Maria genannt. An sich ist auch das nichts Neues. Schon millionen- und abermillionenmal wurde sie in der Lauretanischen Litanei unter diesem Titel innig angerufen. Zahlreiche Beispiele beweisen auch, wie viele arme Sünder, die von Gott und vom Himmel nichts wissen wollten, noch im letzten Augenblick durch das Eingreifen der Muttergottes ihren harten Sinn geändert haben und sie ihnen so wirklich die Pforte des Himmels geworden ist. Auch hier muß selbstverständlich wieder ausdrücklich betont werden: Christus allein ist die Tür, durch den alle ins Himmelreich eingehen[497]. Diesen Ruhm will ihm die Mutter in keiner Weise streitig machen.

Doch gibt es nicht wenig Menschen, die alle Chancen, gerettet zu werden, restlos verscherzt haben. Da bietet ihnen Gott noch eine letzte Chance: Die allerseligste Jungfrau und Mutter als Mittlerin aller Gnaden und Pforte des Himmels. Nicht Maria hat sich vorgedrängt: er selbst hat dies bestimmt.

Es darf nicht übersehen werden: Nur über die demütigste Jungfrau von Nazareth ist Gott zu uns gekommen. Da liegt es bei der Konsequenz Gottes sehr nahe, daß auch der andere Weg, der Weg der Menschen zu Gott wieder über Maria führt. Durch Maria zu Jesus! Was gibt ein Recht zu behaupten, Gott will, daß Maria hier ausgeschaltet oder auch nur zur Seite geschoben werde? Sie tritt schon von selbst zur Seite, wenn der Weg zu ihrem göttlichen Sohn und zum Himmel frei ist. Sind die Menschen aber von diesem Weg schon so weit abgeirrt, daß sie ihren Sohn und den Himmel nicht mehr finden, dann ist sie nach Gottes geheimem Ratschluß wirklich die Pforte des Himmels, ohne die so und so viele nicht mehr zu Christus, dem ewigen Leben und nicht mehr zum Vater in die ewige Heimat zurückgefunden hätten und zurückfinden würden.

Auch das muß richtig verstanden werden: Nie ist die Barmherzigkeit Mariens größer als die Barmherzigkeit Gottes. Immer ist sie nur ein Geschöpf und darum in all ihren Eigenschaften und ihrer Tätigkeit endlich; immer aber ist Gott unendlich und unendlich darum auch sein Erbarmen. Aber für die Zuwendung dieses Erbarmens hat er in seinem geheimnisvollen Ratschluß Maria so stark eingeschaltet, daß gerade durch ihre Vermittlung Wunder über Wunder der Gnade und des Erbarmens geschehen und sie als Mutter der Barmherzigkeit wirklich auch Pforte des Himmels sein darf zur um so größeren Verherrlichung Gottes.

Am einfachsten und klarsten ist wohl die Stellung der himmlischen Mutter zu jedem, der zu ihr kommt, mit den Worten ausgedrückt, die sie einst Lucia von Fatima zum Troste sagte, als diese nach dem Tode der beiden anderen Seherkinder allein auf der Erde zurückbleiben mußte: «Mein unbeflecktes Herz wird deine Zufluchtstätte sein und dein Weg zu Gott!» Sicher darf selbst der größte Sünder diese mütterliche Versicherung auf sich beziehen, wenn er nur demütig und voll Vertrauen zu dieser Mutter geht und zu ihr fleht:

O Mutter so komm, hilf beten mir
O Mutter so komm, hilf streiten mir,

O Mutter so komm, hilf leiden mir,
O Mutter so komm, und bleib bei mir.
Immer ist es die Mutter, die das Kind
am besten beten lehrt.
Immer ist es die Mutter, die ihr Kind
in jedem Kampf zum Siege führt.
Immer ist es die Mutter, die dem Kind
auch das Schwerste tragen hilft.
Immer ist es die Mutter, die in jeder Not
beim Kinde bleibt
und das Kind am sichersten
zu ihrem göttlichen Sohn
und zum Vater führt.

Nach der Lehre und der Erfahrung der Heiligen ist die Liebe zu Maria und die Hingabe an ihr unbeflecktes Herz der einfachste, schnellste und sicherste Weg zu Gott, unserem höchsten und letzten Ziel, unserem Glück in der Zeit und in der Ewigkeit. Nochmals sei betont: Nur Weg, aber der einfachste, schnellste und sicherste.

STELLENNACHWEIS

Nr.

1 Grignion: Das goldene Buch 34
2 Parsch: Laienrit. 459
3 Mt. 7,1
4 1. Tim 2,4
5 Exorzismus, herausgegeben von Beuron
6 Ps 90,11
7 Gen 22,12
8 Gen 19,10
9 Gen 19,12
10 Richter 6,12
11 Tobis 12,13
12 Judith 13,20
13 Daniel 3,49
14 Daniel 6,22
15 1. Petr. 5,8
16 Lk. 1,26
17 Mt. 1,20
18 Lk. 2,9
19 Mt. 2,13; 2,19
20 Mt. 4,11
21 Lk. 22,43
22 Mt 28,2
23 Mt 28,5
24 Apg 1,11
25 Apg 5,18
26 Apg 8,26
27 Apg 10,3
28 Apg 27,23
29 Ott: Grundriß der Dogmatik 139
30 Papásogli 157
31 Ott: 367, 369
32 Papásogli: 122
33 Görres: Das verborgene Antlitz 134
34 Gen 41,41

Nr.

35 1. Kor 3,2
36 Pietro Bargellinus: Bernardino, der Rufer v. Siena, Herder Freibg. 161/2
37 Mt 11,11
38 Phil 4,9
39 Apg 9,6
40 Die letzten Worte der Theresia Martin 55
41 Gen 3,5
42 Lk 2,24
43 Lk 10,41
44 Lk 12,20
45 Joh 14,12
46 Mt 15,24
47 Joh 9,4
48 Apg 1,23
49 Mt 26,41
50 Mt 25,1
51 Mt 24,45
52 Lk 22,40
53 Mt 25,1
54 Mt 24,51
55 Mt 26,40
56 Mt 26,70
57 1. Joh 2,16
58 2. Kor 4,7
59 Mk 16,16
60 Mt 22,37
61 Geschichte einer Seele: Kirnach, Villingen 162
62 Lk 2,14
63 Phil 4,4
64 Pred 11,3
65 Lk 12,37
66 Joh 7,38
67 Joh 7,37

Nr.

68 Lk 18,1
69 Mt 11,28
70 Weg d. Vollkommenheit d. hl. Theresia 142
71 Lk 10,41
72 Lk 5,5
73 Mt 16,26; Mk 8,36
74 Papásogli: Teresa 121
75 Mt 7,20
76 Joh 20,22
77 Is 1,18
78 Lk 7,48
79 Lk 15,11
80 Mt 26,50
81 Lk 23,34
82 Lk 19,42
83 Mt 28,20
84 Mt 11,28
85 Mt 25,14
86 Encyklika Mediator Dei II 2 c
87 Joh 6,57
88 Mt 18,20
89 Mt 6,6
90 Joh 6,56
91 Mt 6,34
92 Joh 15,4
93 Gal 3,13; Deut 21,23
94 Phil 2,10
95 Pius XI. Enc. Ingravescentibus Malis 29. Sept. 37
96 Oda Schneider: Das hl. Skapulier 17,21
97 Oda Schneider: Das hl. Skapulier 56
98 Oda Schneider: Das hl. Skapulier 23
99 Parsch: Laienrit. 386
100 Mt 4,3

Nr.

101 Mt 4,6
102 Joh 8,46
103 Joh 10,39
104 Joh 14,12
105 Mt 7,17
106 Mt 23,27
107 Joh. v. Kreuz V 60,2
108 Mt 16,24
109 Röm 7,23
110 1. Kor 10,13
111 1. Joh 2,16
112 Job 31,1
113 Mt 16,26
114 Spr 10,19
115 Mt 12,36
116 Jak 3,2
117 Daniel 5
118 Mk 6,21
119 Phil 3,19
120 Nachfolge Christi I 20,2
121 Apg 17,28
122 Mt 4,1
123 Lk 6,12
124 Lk 4,42
125 Mt 11,12
126 Mt 16,21; 17,22; 20,17
127 Lk 12,50
128 Röm 8,18
129 Marcelle Auclair: Die hl. Teresa von Avila 65, 420
130 Lk 1,38
131 Lk 23,27
132 Joh 19,25
133 Lk 2,35
134 Apg 5,15
135 Apg 19,12
136 Mt 10,9
137 Herbert Auhofer: Aberglaube u. Hexenwahn 151 ff

Nr.

138 Mt 12,25
139 Job 42,11
140 Lk 1,26
141 Lk 1,28
142 Lk 1,26
143 Lk 1,35
144 Mt 1,19
145 Lk 24,34
146 Joh 21,15
147 Joh. v. Kreuz: I 253
148 Tobias 12,13
149 1. Kor 1,27
150 Herbert Turston: Die körperl. Begleiterscheinungen d. Mystik 121
151 Joh v. Kreuz I 246
152 P. Crisogono: Doctor Mysticus 98
153 P. Crisogono: Doctor Mysticus 309
154 II Nocturn 17,9
155 Joh. v. Kreuz: Lebendige Liebesflamme 45/6
156 Joh. v. Kreuz: Lebendige Liebesflamme 38/45
157 P. Crisogono: Doc. Mysticus 58
158 Lebend. Karmel, Paulus Verlag Freiburg 162/3
159 Joh. V. Kreuz: Aufstieg z. Karmel 201
160 Dr. François Trochu: Der hl. Pfarrer v. Ars 445/6
161 Joh. v. Kreuz: I 191/4
162 Mk 16,14
163 Apg 9,3
164 Apg 10,10

Nr.

165 Apg 12,7
166 Apg 27,23
167 Apg 10,3
168 Joh 3,9
169 Joh 14,24
170 Joh. v. Kreuz: I 250
171 Röm 11,33
172 Joh. v. Kreuz I 314
173 Denzinger 1713
174 Apg 9,15
175 1. Kor 15,9
176 1. Kor 15,10
177 Mt 20,23
178 Lk 2,7
179 Joh. v. Kreuz: Lebendige Liebesflamme 106
180 Papásogli 579
181 P. Crisogono: Doc. Myst. 343
182 Gal 2,20
183 Joh. v. Kreuz: Aufstieg z. Karmel 173/89
184 Edith Stein Sr. Theresia a Matre Dei: Edith Stein
185 Marcelle Auclair: Teresa v. Avila 436
186 Weg der Vollkommenheit d. hl. Theresia 25/34
187 Weg der Vollkommenheit d. hl. Theresia 61/67
188 Weg der Vollkommenheit d. hl. Theresia
189 Papásogli 418/20
190 Weg der Vollkommenheit der hl. Theresia 52/58

Nr.		*Nr.*	
191	Weg der Vollkommenheit d. hl. Theresia 42	220	Marianischer D. I 133
192	Joh. v. Kreuz: I 54/7	221	Joh 14,21
193	Mt 16,24	222	Mt 27,35
194	P. Petitot: Die kleine Theresia 119	223	Mt 8,20
195	Görres: Das verborgene Antlitz 159/60	224	Lk 2,24
196	Görres: Das verborgene Antlitz 312	225	Alfred Feder: Ign. v. Loyola, Geistige Übungen 32/33
197	Karrer: Die kleine Theresia 15	226	Mt 6,24
198	Lk 10,41	227	Mt 19,24
199	Joh 10,30	228	Lk 6,24
200	Joh 15,4	229	Lk 16,19
201	Joh 15,4	230	Mt 13, 7, 22
202	Apg 6,4	231	Mt 19,16
203	Apg 24,12	232	Mt 19,20
204	Mt 26,64	233	Mt 5,13
205	Daniel 9,24	234	Lc 16,12
206	Michäas 5,2	235	Mt 6,31
207	Mt 24; Lk 21,28	236	Papásogli 108
208	Joh 9,34	237	Weg der Vollkommenheit der hl. Theresia v. Avila 25
209	Alfred Feder: Ignatius v. Loyola, Geistige Übungen	237	P. Crisogono: Doct. Mystic. 71, 154, 195, 239, 294
210	Mt 19,11	238	Mt 19,29
211	1. Kor 7,38	239	Kath. Katechismus 6
212	Joh 19,26	240	Gen 3,5
213	Gold. Buch 203	241	1. Mos 1,28
214	Joh 19,27	242	Phil 4,13
215	Lk 17,17	243	Mt 18,20
216	Marianisch. Digest, Bargezzi, Bern I 1,137	244	Mt 14,5
217	Marianisch. Digest, Bargezzi, Bern III 1,4	245	Schillers Glocke
218	Encykl. Pius XI. 1938	246	Mt 6,33
219	Marianisch. Digest, Bargezzi, Bern III 1,23	247	1. Mos 1,28
		248	1. Kor 7,4
		249	Joh 7,11
		250	Joh 5,14
		251	Lk 12,48
		252	Mt 5,28
		253	1. Kor 6,9

Nr.		*Nr.*	
254	Mt 19,8	294	Mt 27,46
255	Mt 5,32	295	Phil 2,8
256	Off 14,3	296	Lk 1,38
257	1. Kor 7,38	297	2. Mos 20,17
258	Lk 1,35	298	Lk 2,51
259	Geschichte einer Seele 357	299	Joh 19,11
260	Js 7,14	300	Lk 10,16
261	Lk 1,48	301	Mt 18,17
262	Mt 6,27	302	Mt 22,21
263	1. Kor 4,7	303	Röm 13,1
264	Joh 5,44	304	Mt 10,17
265	Nevers	305	Joh 15,20
266	Mt 25,30	306	Kol 1,24
267	Mt 25,21	307	Röm 13,4
268	P. Crisogono 344	308	Mt 16,19
269	Job 15,15	309	Lk 10,16
270	Joh 20,27	310	Mt 24,35
271	Lk 5,5	311	Münch. Kath. Kirchenzeitg. 52 Jahrg. Nr. 46
272	Ps 126,1	312	Mt 7,17
273	Lk 17,10	313	Joh 21,15,17
274	Joh 14,10	314	Mt 28,20
275	Lk 23,18	315	Joh 17,21
276	Lk 23,34	316	3. Joh 1,9
277	Joh 19,30	317	Off 2,20
278	Mt 27,26	318	Joh 10,16
279	Mt 26,68	319	Jonas 3,4
280	Mk 15,18	320	Lortz: Geschichte der Kirche II 92
281	Joh 19,15	321	Dekret über die religiöse Freiheit Nr. 1
282	P. Crisogono 309	322	Dekret über die religiöse Freiheit Nr. 14
283	Ps 50,19	323	Dekret über die religiöse Freiheit Nr. 2
284	1. Joh 5,4	324	Mt 10,14
285	Mt 16,18	325	Gen. 4,9
286	Mt 24,30	326	Dekret über die zeitgem. Erneuerung des religiösen Lebens. Nr. 18
287	Mt 24,35		
288	1. Kor 10,12		
289	Num 20		
290	3 Kön 11		
291	Ott: Dogmatik 303		
292	Ott: Dogmatik 266		
293	2. Tim 2,7		

Nr.

327 Mt 16,18
328 Hophan: Maria 35
329 Joh 12,24
330 Die hl. Theresia: Weg der Vollkommenheit
331 Joh 15,12
332 Mt 7,2
333 Lk 6,31
334 Joh 8,46
335 Joh 5,9; Mt 12,9
336 Mt 9,11; Lk 5,31
337 Lk 7,37
338 Jone: Moraltheologie S. 298, Nr. 369
339 Mt 5,37
340 Mt 7,3
341 Joh 15,12
342 Mt 18,30
343 Mt 26,50
344 Lk 23,34
345 Apg 7,60
346 Mt 6,12
347 Mt 7,2
348 Joh 15,12
349 1. Kor 9,22
350 Mt 27,25
351 Mt 20,1
352 Mt 20,12
353 Mt 7,7
354 Mt 9,35; 14,14
355 1. Kor 11,17
356 Apg 2,42
357 Lk 16,19
358 Die guten Werke des Herrn Vinzenz
359 Mt 5,41
360 Mt 5,41
361 Joh 18,23
362 Mt 22,37
363 Die hl. Theresia: Weg der Vollkommenheit 295

Nr.

364 2. Mos 20,3
365 Mt 22,40
366 Joh 15,12
367 Mt 25,45
368 Lk 12,49
369 Mt 16,24
370 Die hl. Theresia: Weg der Vollkommenheit 20,55
371 Mt 16,18
372 Görres: Das verborg. Antlitz 288
373 Instr. d. Ordens 150
374 Joh 6,38
375 Joh 8,29
376 Dekret üb. d. zeitgemäße Erneuerung d. Ordenslebens Nr. 14
377 Papásogli 465/6
378 Lk 10,16
379 Maria Winowska: P. Maximilian Kolbe, Kanisiusverlag 80
380 Maria Winowska: P. Maximilian Kolbe, Kanisiusverlag 43
381 Mt 11,30
382 Phil 2,8
383 Mt 27,46
384 Lortz: Geschichte d. Kirche I § 26
385 Wenzel Kalous:
und Rapsodien v.
388 Priesterleben 184
386 Pastor: Geschichte d. Päpste III. Bd. 502
387 Pastor: Geschichte d. Päpste III. Bd. 416, 428, 429
389 Gal 2,11

Nr.

390 Dekret üb. d. zeitgemäße Erneuerg. des Ordenslebens Nr. 14
391 Görres: Das verborg. Antlitz 292
392 Mt 20,24
393 Hieronymus dal Gal, Paulusverlag Freiburg/ Schweiz
Pius X 292/3
394 Gal 6,2
395 Mt 26,50
396 Mt 6,12
397 Mt 12,20
398 Joh 14,9
399 Mt 16,23
400 Joh 6,68
401 Mt 18,3
402 Mt 5,20
403 1. Sam 2,22
404 P. Crisogono: Doctor Mysticus 147
405 Lk 1,35
406 1. Sam 8,7
407 1. Tim 2,4
408 1. Kor 10,12
409 Lk 1,37
410 Mt 27,46
411 2. Tim 4,7
412 1. Petr 2,5
413 Dr. Gertrud Theiner-Haffner: Das Marienleben nach den Geschichten d. Anna Kath. Emmerich S. 524 Marian. Verlag Innsbruck
414 Joh 21,15
415 Mt 5,13
416 Joh 17,15
417 Apg 7, 8,55

Nr.

418 Joh 15,15
419 Exod 17,11
420 Rudolf Donders: P. Bonaventura OP 78
421 Exodus 34,30
422 Joh 15,4
423 Joh 15,15
424 Mt 11,29
425 Joh 21,15
426 Phil 4,13
427 Mt 22,37
428 1. Sam 15,28
429 Apg 9,3
430 Numeri 20,8
Exodus 17,6
431 Numeri 20,12
432 Deut 3,24 ff
433 Deut 34,7
434 Mt 17,3
435 Joh 12,24
436 Dr. Back: Durch Maria zu Jesus 13
437 Dogmat. Constitution üb. d. Kirche VIII 53
438 Dogmat. Constitution üb. d. Kirche VIII 54
439 Lk 24,17
440 Pius X Ad diem illum 2. II. 1904
441 Otto Hophan: Maria 23
442 Gen 3,15
443 Lk 1,35
444 Lk 2,16
445 Joh 19,25
446 Denzinger 113
447 Lk 2,51
448 Mt 26,64
449 Mt 16,18
450 Mt 7,16
451 Görres: Das verborg. Antlitz 190

Nr.		Nr.	
452	Jos 6,26	471	Firtel: 23
453	Lk 5,12; Mt 4,24	472	Die Stimme der Legio: 8
454	Mt 19,3; 22, 15,23, Mk 3,2	473	Firtel: 23/24
455	Lk 17,17	474	Firtel: 24/25
456	Mt 26,39	475	1. Kor 15,10
457	Lk 1,28	476	Lk 18,14
458	Lk 1,42	477	Klagelieder 1,12
459	Lk 1,48	478	Lk 2,34
460	P. Leo Robert: Die Legion Mariens in Einsatz u. Bewährg. 11	479	Lk 2,49
461	P. Leo Robert: Die Legion Mariens in Einsatz u. Bewährg. 11	480	Is 53
462	Lk 5,5	481	Lk 1,32
463	Mt 16,24	482	Lk 1,38
464	Lk 10,16	483	Is 14,12
465	Firtel: Maria führt 20	484	Gen 2,17; 3,6
466	Firtel: Maria führt 20	485	Lk 1,38
467	P. Leo Robert: Die Legion Mariens in Einsatz u. Bewährg. 27	486	Joh 19,25
468	P. Leo Robert: Die Legion Mariens in Einsatz u. Bewährg. 95, 100	487	Gen 21,16
469	Firtel: Maria führt 22	488	Mt 27,46
470	Die Stimme der Legio: 16. Jahrg. Nr. 2, S. 8	489	Mk 6,23
		490	Lk 2,51
		491	Joh 19,27
		492	Joh 3,16
		493	Lk 1,35
		494	Joh 2,3
		495	Joh 2,5
		496	Encykl. Pius XI
		497	Joh 10,9

INHALT

Vom Verfasser und im gleichen Verlag:

Weg und Gotteserfahrung der Kirchenlehrerin Theresia von Avila

2. Auflage, 205 Seiten.

Aus den 3000 Seiten, in welchen die deutsche Ausgabe der Werke der großen Mystikerin und Kirchenlehrerin im Verlag Kösel vorliegen, wurde das wertvollste knapp zusammengefaßt und erklärt. Außerdem sind manche Probleme der heutigen Zeit darin erörtert.

Das Buch gibt Einblick in das Leben im Karmel. Es enthält die persönlichen Erfahrungen Theresiens mit Satan. Es zeigt die tiefen Geheimnisse der Mystik im Leben einer Frau, die als Reformatorin des Karmelitenordens mitten in der Welt stand. In ihrer gesunden und frohen Art ist sie äußerst sympathisch und zieht noch heute die Herzen in ihren Bann.

Edith Stein ist durch die Lektüre ihres Lebens zum katholischen Glauben gekommen. Egon von Petersdorf fand durch sie den Weg vom Spiritismus zur wahren Mystik. Maria Tauscher, die Tochter eines evangelischen Superintendenten hat sich durch sie für den Karmel begeistert und wurde so die Stifterin der Karmelitinnen vom göttlichen Herzen Jesu.

Erneuerung in Christus durch die Kirchenlehrerin Theresia von Avila

Miriam-Verlag Künzli, Jestetten

Die heute so nötige Erneuerung erfolgt einzig durch unsern Heiland und Erlöser Jesus Christus. Der Aufruf dazu ergeht vor allem an die Priester, Ordensleute, aber auch jeden Mann und jede Frau des Gottesvolkes. Christus selbst ruft dazu auf: Kommt zu mir ... lernt von mir ... bleibt in mir ...

Unterstrichen und erläutert wird dieser Aufruf noch durch die Erfahrung und Lehren der hl. Theresia von Avila. Als Abschluß finden sich kurz Ausführungen über die richtige Stellung zur Wissenschaft und Mystik.

Theresia von Lisieux
Ein Rekord und eine Botschaft

36 Seiten

Dies ist eine Kleinschrift über die große Tochter der großen Mutter. Sie bringt nur einige wichtige Punkte ihres Lebens, welche auch für uns Bedeutung haben. Zugleich soll das Vertrauen zu Theresia wieder geweckt werden. Auch sie hat in ihrer Weise Himmel und Hölle erfahren und ebenso die große Gunst unserer himmlischen Mutter.